U0484460

资助项目

民间文化论坛

40年精选集

专题研究

中国民间文艺家协会
— 编 —

中国文联出版社

编选说明

《民间文化论坛》(原名《民间文学论坛》,以下简称《论坛》)创刊于 1982 年,由中国文联主管,中国民间文艺家协会主办,是中国民间文学与文化研究方面的重要专业学术期刊。自创刊以来,《论坛》始终坚持马克思主义的唯物史观,秉承中国民协“学术立会”理念,开设多个栏目,刊发民间文学、民俗学和民间艺术等方面的学术论文,为推动我国民间文学理论学术研究和学科建构做出了重要贡献。

2022 年,恰逢《论坛》创刊 40 年,编辑部对 1982 年到 2022 年底已经刊印的 277 期,近 4000 篇论文,从学术理论探索与专题研究两个维度进行系统甄选和整理,结集汇编《〈民间文化论坛〉40 年精选集》,包括《〈民间文化论坛〉40 年精选集·理论探索》《〈民间文化论坛〉40 年精选集·专题研究》。

此次编选注重文章的学术水平和论文质量,同时遵循以下原则:1. 所选录文章引用率较高,且传播较为广泛,其作者多为学界影响力、知名度较高的学者。2. 收录时保持作者多元性,重要作者有多篇经典论文,坚持一卷只收录一篇的原则;文章话题具有多样性、丰富性、开拓性且持久影响力。3. 参考两届“银河奖”获奖名单及多位学术史研究专家意见。

所选录的文章按期刊刊发时间先后排序,同一刊发时间按其在期刊中页码先后排序。文字方面原则上尊重原文献,不做硬性统一,对有明显错误的地方进行了校正,标点符号等内容按照国家出版标准进行了修改。

本书参考文献出处统一为当页脚注,部分文章文末原有参考文献,收录时统一去掉。部分文章图片与内容关系特别紧密的,收录时予以保留,不影响理解文章内容的图片,进行了必要的删减。全书对作者简介进行了规范,文章刊发时有作者简介的,保持原貌,加 * 号的作者简介为刊发时没有的,编选者予以补充。

编辑部特别邀请刁统菊、漆凌云、李向振、张多担任学术编委,他们带领志愿者团队参与图书的审校编辑工作。此次选录没有将翻译文章纳入,限于篇幅,在选文上难免有遗珠之憾,希望将来有机会,我们能再出其他主题精选本。感谢 40 年来广大作者和读者对我们期刊的支持,期待《论坛》明天会更好。

不忘办刊宗旨　坚守学术品质

刘锡诚

《民间文化论坛》(原名《民间文学论坛》，以下简称《论坛》) 创刊于 1982 年 5 月。《发刊词》开宗明义，提出办刊宗旨:“发展马克思主义的民间文学理论，发表对我国众多的民族的各种形式的民间文学作品的研究成果，期望对马克思主义的中国民间文艺学有所建树，为繁荣社会主义新文艺创作，发展马克思主义的社会科学研究，促进我国社会主义的精神文明建设做出贡献。”在 20 世纪 80 年代改革开放大潮中，它的发刊已成为新时期民间文学研究重新启航的重要标志之一。

《论坛》创刊 40 年，在几代学人的努力下，牢记办刊初心和宗旨，与学界同人一起探索建构马克思主义的民间文艺学理论体系。在 14 任主编和各位编辑的共同努力下，它作为民间文化界的重要学术刊物，在不同阶段都站在学术前沿，有力推动和及时反映学科发展，并在一定程度上起到了引领学术探索和培育研究队伍的作用，完整地记录呈现着民间文艺学界几代学人从改革开放新时期到二十一世纪新时代的学术历程。

我于 1983 年调到中国民间文艺研究会担任驻会副主席和分党组书记，直到 1990 年离任。这段时间里，我很看重《论坛》在民间文学界的影响和作用，曾担任《论坛》主编，对《论坛》的编辑思想和编辑队伍的素质，陆续发表过一些意见。我认为要办好《论坛》，关键是提高编辑的文化素质和学术水平。《论坛》始终提倡编辑要“学者化”。如果我们编辑发现不了重要选题，觉察不到有价值的新观点，那么这个刊物就不可能站在学术前沿，就不可能编发出高水平、引领性的文章。

为了培养编辑队伍、提高刊物品质，当时《论坛》编辑部办了两件大事：第一，创办刊授大学；第二，举办了两届“银河奖”的评奖（两届“银河奖”评出来 49 篇优秀文章）。通过这两个措施，《论坛》培养了许多优秀的作者，有些人已经成为国内外知名的学者了。在培养和提高编辑人员素质方面,《论坛》编辑部组织和鼓励编辑们做民俗文化的实地调查、积极参与国内外学术交流、从事专业领域的学术研究。

《论坛》是民间文学界和民间文化界的一个公共的学术园地，是几代人苦心经营起来的。自创刊以来，开设多个栏目，常设栏目包括民间文学研究、民俗学研究、民间艺术研究、非物质文化遗产研究等，涉及民间叙事（包括神话、史诗、故事、传说、歌谣、曲艺、谚语、俗语、谜语等民间文学体裁）研究、田野调查研究、民族民间文化遗产抢救和保护研究、民俗志研究、民间信仰研究、民间艺术研究、影像民俗学研究、都市民俗学研究以及民间工艺美术研究等丰富多样的话题。

40 多年来,《论坛》发表了一批批优秀论文。这些论文不仅代表了《论坛》的学术水平，而且在一定程度上也能够代表中国民间文学界、民俗学界同一时期的学术水平。此次，编辑部从学术理论探索和专题研究两个维度对 1982 年到 2022 年已经刊印的 277 期刊物所发表的近 4000 篇论文，进行系统甄选和整理，结集汇编而成《〈民间文化论坛〉40 年精选集》，包括《〈民间文化论坛〉40 年精选集 · 理论探索》《〈民间文化论坛〉40 年精选集 · 专题研究》。这部精选集既是对 40 年办刊的一个学术总结，也是对未来学术立场的郑重承诺:《论坛》要坚定不移地守住学术品格，坚持马克思主义的唯物史观，努力推动我国各民族民间文学、民俗学、非遗保护等领域学术研究和学科建构，为发展和提升立足中国大地的民间文艺学、民俗学、非物质文化遗产学的理论体系和社会实践做出重要贡献。

2023 年 11 月 24 日

目 录

古代神话的发展及其流传演变[1]

袁　珂[※]

神话起源于母权制氏族社会的繁荣期（大约相当于摩尔根在《古代社会》一书里所说的野蛮时期的低级阶段），从我国现存的神话资料考察，这一时期的神话，是以歌颂女性的光辉伟大为其中心内容的，如关于女娲造人、补天的神话，精卫填海的神话，羲和生日、常羲生月的神话，都是很好的例证。

到了父权制氏族社会，神话就以歌颂男性的神或神性的英雄的征服自然、创造发明，或战胜敌人等为其中心内容了。这一时期是神话的繁荣期，许多重要的神话都是这一时期产生的。如夸父追日、羿射日除害、舜驯服野象、鲧和禹治理洪水、黄帝和蚩尤的战争，等等。

奴隶制社会的神话，就以阶级斗争做了中心内容，表现了被统治者对统治者的反抗，因而有反抗神的神的英雄形象被塑造出来。其中像刑天的反抗天帝，虽被砍头还"以乳为目，以脐为口，操干（盾）戚（斧）以舞"（《山海经·海外西经》），那种临死不屈、斗志昂扬的精神，就是一个典型的例子。这一时期的神话，基本上都是前一时期流传下来的，如羿射日除害的神话，鲧和禹治理洪水的神话，黄帝和蚩尤战争的神话，流传到了这一时期，都带上了反抗的色彩。其中以鲧禹治水神话的反抗色彩最为浓厚，"鲧复（腹）生禹"、父死子继的那种坚忍不拔的斗争精神，也可以和断头刑天的精神先后辉映，互相比美。

1　刊于 1982 年第 1 期。

※　袁珂（1916—2001），作家、神话学家，著有《中国古代神话》《中国神话传说》《古神话选释》《神话论文集》等。

古代神话发展到奴隶制社会，就算是到了顶端，再以后就开始转移到别的方面，而古代神话也就慢慢销歇了。在初期封建社会，神话便开始向着以下两个方面转移：一个是仙话，一个是历史。一方面神话受了仙话的影响而仙话化，如像嫦娥奔月的神话，就是神话受仙话影响而仙话化的最好的例子。又如像黄帝和蚩尤战争的神话，玄女来教黄帝兵法；鲧和禹治水的神话，禹上包山、入洞庭、得金简玉字书、通治水的道理等，都是神话受了仙话的影响而仙话化的。另一方面神话也受历史学家的修改而逐渐成为历史，如像《左传·昭公二十一年》记叙的少昊以鸟名官那段历史，它的本来面貌，实在应该是一段神话，但是已被修改而逐渐成为历史了。这类例子是不少的，说来烦琐，就不多举了。总之，古代神话向其他方面转移之后，古代神话也就慢慢销歇了。封建社会虽然也陆续有新的神话产生，如像牛郎织女的神话，七仙女配董永的神话，白蛇和许仙的神话，沉香救母的神话，孙悟空大闹天宫的神话等，都带着强烈的反封建和反抗统治压迫的思想意识，但是这些神话都是后来才产生的独立的神话，和古代之间并没有什么直接联系，所以，把古代神话的兴起断自母权制氏族社会的繁荣期，把它的衰歇断至封建社会的初期，想来不会有很大错误的。

这就是神话发展的大概过程。

神话的发展为什么每个时期都有其不同的中心内容，到奴隶制社会就发展到了顶端，到封建社会的初期就开始衰歇了呢？要回答这个问题，学习毛泽东同志《矛盾论》里所说的下面一段话，对我们是大有启发的。《矛盾论》说："神话中的许多变化，例如《山海经》中所说的'夸父追日'，《淮南子》中所说的'羿射九日'，《西游记》中所说的孙悟空七十二变和《聊斋志异》中的许多狐鬼变人的故事，等等，这种神话中所说的矛盾的相互变化，乃是无数复杂的现实矛盾的互相变化对于人们所引起的一种幼稚的、想象的、主观幻想的变化，并不是具体的矛盾所表现出来的具体的变化。"从这段话看来，毛泽东同志分明告诉我们：即使是神话，它也是现实生活的反映，不过这种反映是一种比较复杂、曲折的反映罢了。神话既然也反映现实生活，那么随着人类历史的进展，现实生活的中心内容发生了变化，必然也会曲折地反映到神话中而构成不同的中心内容。母权制氏族社会神话歌颂女性的光辉，父权制氏族社会神话赞美男性的伟大，奴隶制社会神话反映阶级斗争，初期封建制社会神话给涂上仙话的色彩：神话的发展过程总是和现实生活的发展过程基本上一致的。高尔基说："一般讲来，神话乃是自然现象、与自然的斗争以及社会生活在广大艺术概括中的反映。"（高尔基《文学论文集·苏联的文学》）这话可以作为我们这里所讨论的问题的最好的补充说明。

至于神话的流传演变，是说同一神话，长时期在群众的口头流传中，故事情节逐渐由简单而趋于繁复了，人物形象逐渐由粗线条的勾画而变得细致了，有的甚至和原来传说的形象有了差异，神话的气氛也由朴野而逐渐变得文雅了。这就是我们所谓的神话的流传演变。神话的流传演变，当然是和神话的发展过程分不开的。我们说神话的发展过程，是说神话的总的发展趋势，至于神话的流传演变，则是指每一个具体的神话在神话的总的发展趋势中的具体的演变情况。因而，研究神话发展和它的流传演变，将一些有名的神话挑选出来作较详细的分析研究乃是必要的。

这里，我们就想挑选出女娲造人、羿射日除害、鲧和禹治理洪水、舜服野象、黄帝和蚩尤的战争几个有名的神话来作些分析研究，从中就可以看出神话的发展和流传演变究竟是怎样的。

女娲造人

女娲抟黄土造人的神话始见于汉末应劭的《风俗通义》，虽然记录的时期比较晚，但就其内容性质而论，实在该是原始时代最早产生的神话之一。据原始文化史研究者们的意见，认为从很早的时候，人们就已经开始研究既往，研究一切存在的东西是从何发生的、如何发生的等问题，首先产生的是关于人类起源的神话，其次才是关于大地和万物起源的神话。那么女娲抟黄土造人的神话，无疑该是母权制氏族社会时期反映妇女诞育后代这一事实的神话了。

比这一神话的产生时期稍后，又有女娲兄妹（或伏羲兄妹）结婚繁衍滋生人类的神话。这一神话以各种不同的形式和大同小异的内容流传在如今西南少数民族地区。神话的大意说，一、兄妹的父亲与雷公为仇；二、雷公发洪水淹没大地；三、兄妹入葫芦逃避洪水；四、洪水退后，天下人类全部淹死，只有兄妹是仅存的孑遗；五、兄妹结婚再造人类。

这一神话不仅在少数民族地区，就是在汉族地区也有流传。不久以前，我们在四川省中江县搜集到了若干现代民间流传的古代神话，其中就有“伏羲兄妹制人烟”一则（见《民间文学》1964 年第 3 期《漫谈民间流传的古代神话》），情节和少数民族地区流传的差不多，可见这一神话确实是很早以前就流传下来的。

闻一多《伏羲考》（《闻一多全集》第一册）推论说，这一神话最初只是兄妹结婚繁衍人类，洪水的部分是后来粘附上去的，证以古书和古代文物的记载，我们觉得这种推论基本上是正确的。

这一神话最早见于文字记载的，是唐·李冗的《独异志》。《独异志》说：

> 昔宇宙初开之时，只有女娲兄妹二人，在昆仑山，而天下未有人民。议以为夫妻，又自羞耻。兄即与其妹上昆仑山，咒曰："天若遣我二人为夫妻，而烟悉合，若不，使烟散。"于烟即合。其妹即来就兄。乃结草为扇，以障其面。今时人取妇执扇，象其事也。

看得出来，所记的这段神话，除"结草为扇"以下云云是后来附加的以外，其余都比较符合原始的本貌。这才是真正人类起源的神话，是不知所从来的"女娲兄妹二人"结婚创造人类的神话。若是加上洪水，那便成为再造人类的神话。按事物的发展总是由简趋繁的公例，这段神话实在该早于有洪水情节的神话，如今我们所见汉代石刻画像和砖画中，亦只有人面蛇身的伏羲、女娲交尾的图像，而无洪水背景；唐·卢仝《与马异结交诗》也只说"女娲本是伏羲妇"，有注云："一作女娲伏羲妹"，女娲兄妹结婚的意思很明显，却也没有提到洪水：因疑洪水的情节确实是如闻一多所说是后来才粘附上去的。

是什么时候粘附上去的呢？据李冗《独异志》及卢仝《与马异结交诗》看，在汉族大概是在唐以后。在少数民族则由于文献缺乏，很不容易论定。不过想来也不会早于唐以前。因为如果唐以前就有了洪水的情节，那么在汉族的传述中也会反映出这个情节来的。可见洪水情节的粘附是比较近代的。

但是女娲兄妹结婚繁衍人类的神话和洪水神话都是原始时代的神话，起源是很早的了。前一个神话比起"抟黄土作人"的神话来，产生的时期或者稍迟，因为有了明确的"伏羲"这一男性的配偶神的出现，又有了把"结婚"和"生子"联系起来这样的认识，则这个神话的产生是不会早于单纯以一个女性用泥土造人的神话的。但是，神话的兄妹结婚又反映了上古氏族公社血亲婚配这一历史事实，是残存在人类脑膜中而由口耳相传保留下来的远年的记忆，其产生时期也不能太迟。推想起来，大约是从母权制向父权制过渡的原始社会时期传述的神话。这个时期，男性在经济上和生活上虽然已经渐渐取得显著的地位，然而女性却还保持其一定的威望，因而在这个人类起源的神话中，还残留着以女性的女娲为主的迹象。李冗记叙此一神话，也只说“女娲兄妹”，不说“伏羲兄妹”，可以想见。

至于洪水神话，也是很古的神话，不单中国有，世界各国也都有。这个神话反映了一更古的历史事实：就是当几万年前，地球上最末一次冰期消退，由于天气变暖，冰河融化，确曾发生过一次遍及全世界的大洪水。甲骨文昔字作昝或作㫺，日头的上或下画水波汹涌，以此来表示往昔，可见洪水的印象在人们的记忆中之深。

我国洪水见诸记载的有两次，一次是女娲时代的洪水，《淮南子·览冥篇》所记女娲补天神话中的女娲“积芦灰以上淫水”的洪水，即此（女娲补天神话的中心内容乃是女娲治理洪水，有说别见拙著《古神话选译》“女娲”章第三节“解说”）；一次是尧时候的洪水，《尚书》《孟子》等书都有记载。两次洪水大约实际上只是一次，由于传说的不同而呈歧异。《史记·夏本纪》索隐引《系本》说：“涂山氏女名女娲。”而涂山氏则是尧时治理洪水的禹的妻子，尤可见两次洪水的神话实在只有一次，而都和女娲有些关系。

根据以上的分析研究，可知女娲造人的神话，本来是女娲单独造人的，加入了伏羲的神话以后，始则成为兄妹结婚共同造人，继则联系上洪水的情节成为逃避洪水再造人类，在少数民族地区又多联系上与仇家斗争实即民族内部仇恨的“打冤家”式的情节，而成为逃避仇家所发洪水而再造人类。女娲造人神话的流传演变，大约就是经过以上几个阶段的。

羿射日除害

关于羿射日神话，最早见于大约作于战国初年而现在已经亡佚了的《归藏》（郭沫若说是晋·荀勖对《易繇阴阳卦》的拟名，近确）。梁·刘勰《文心雕龙·诸子篇》说：“《归藏》之经，大明迂怪，乃称羿毙十日，嫦娥奔月。”就是对于此书最早的正式征引。其后《楚辞·天问》说：“羿焉弹日？乌焉解羽？”又说：“凭珧利决，封狶是䠶(射)。”《离骚》说：“羿淫游以佚田兮，又好射乎封猪（猪原作狐，据闻一多《楚辞校补》改）。”《山海经·海外南经》和《大荒南经》并记有羿与诸怪之一的凿齿战斗的事。有关羿射日除害的神话，先秦古书中所记的，便大略尽于此了。

这些记叙都是非常零碎的。直到汉代初年成书的《淮南子》，才把羿射日除害的神话比较完整地记了一个大概。《淮南子·本经篇》说：

> 尧之时，十日并出，焦禾稼，杀草木，而民无所食。猰貐、凿齿、九婴、大风、封狶、修蛇，皆为民害。尧乃使羿诛凿齿于畴华之野，杀九婴于凶水之上，缴大风于青丘之泽，上射十日而下杀猰貐，断修蛇于洞庭，禽封狶于桑林。万民皆喜，置尧以为天子。

但是这段记叙却是有疑窦的。最大的疑窦就是先秦古书上所记的射日除害的羿都没有提到他的时代，确实是一个神话传说中常见的无所系属的人物，现在忽而属之“尧之时”了，不能不令人启疑。这是一。其次，东汉王充的《论衡》引此书，所叙又略与今本不同。其《感虚篇》说：“儒者传书言，尧之时，十日并出，万物焦枯。尧上射十日，九日去，一日常出。”《说日篇》说：“《淮南书》又言，尧时十日并出，万物焦枯。尧上射十日，以故不并一日见也。”《对作篇》说：“《淮南书》言……尧时十日并出，尧上射九日。”都是把尧当作了羿。而所引却是《淮南书》或“儒者传书”，所谓“儒者传书”，从其内容看，恐怕仍是《淮南书》。这就和今本《淮南子》所记的有了较大的出入：今本是“尧乃使羿……上射十日”，而王充所见本却是“尧上射十日”。照情理推论，在这段记叙中，如果说射日除害诸事都是尧为人民干的功业，因而使得“万民皆喜，置尧以为天子”，似乎比说是“尧乃使羿”干的功业更好。因而推想射日除害的神话，古或有两种不同的传说，一属之羿，一属之尧，属之羿的后来更占优势，于是乃有人改属之尧的《淮南子》使属之羿以成今本的状态，于是本来不记时代、无所系属的神话人物的羿，经此一改，就成为特定的时代——“尧之时”的羿，带着点历史的倾向了。

羿射日除害的神话，应该是父权制氏族社会产生的歌颂男性英雄征服自然的神话，它的内容，就只是简单的射日除害，而所除诸害，最初恐怕也只有最常见而又最为人害的封狶（大野猪）和修蛇（长蛇）两种，以后才逐渐加上了什么猰貐呀、凿齿呀等等。但是流传到了奴隶制社会，征服自然的神话就带上了阶级斗争的色彩。因而《天问》才有“（羿）何献蒸肉之膏而后帝不若”这样的问语，羿和天帝之间有了直接的矛盾。矛盾维何？古书无记。推想起来，不外和羿射日的事有关。据《山海经·大荒南经》所记：“羲和者，帝俊之妻，生十日。”十日乃是天帝帝俊的儿子，羿射十日去其九，自然是一种反抗天帝的“大逆不道”行为。宜乎羿虽射杀了大野猪，“献蒸肉之膏”于天帝，而“天帝犹不顺羿之所为”（《天问》王逸注）了。

奴隶制时期流传的羿的神话是如此，可算是一变。到了封建社会初期，又传说有“羿请不死之药于西王母，嫦娥窃以奔月”（《淮南子·览冥篇》）的神话，给涂上了仙话的色彩，可算是又一变。

嫦娥奔月的神话，前面已经说过，最初见于已经亡佚了的《归藏》，《归藏》大约是战国初期到中期的作品，这一神话也当产生于此时期并在此时期开始流传。为什么这样说呢？这是因为：一、原始人的思想观念，是以日月神即日月之本体，并非于日月神之外另有日月的本体；嫦娥奔月的神话说，嫦娥奔入月中为月精，便是明明把月亮当作一个可居住的地方，与原始人的思想观念不合［（此）说见沈雁冰《神话杂论》］。二、神仙不死思想的兴起和昌盛，是战国以后才有的事（参阅拙著《神话故事新编·前言》第五节）。因而把这段神话断作是封建社会初期受了仙话影响的产品，大概不会有太大的错误。

射日除害神话中的羿，是天神下凡为民除害的，这有《海内经》“帝俊赐羿彤弓素矰、以扶下国”和《天问》“帝降夷羿，革孽夏民”的记叙可以为证。但在嫦娥奔月神话中的羿，却须向西王母请求不死药，羿的地位就由天神降落而为凡人。如果这是一个独立的神话，那么这个神话的记录显然便不很完全。如果这是羿射日除害神话的发展和继续，那么这个神话和前一神话之间也还有需要弥补的空白：这空白便当是羿如何得罪了天帝而由天神贬为凡人。

除请不死药的神话而外，羿还有“射河伯、妻雒嫔”的神话（见《楚辞·天问》）和逢蒙杀羿的神话（见《孟子·离娄》），都是些神话的断片（片段）。它们产生的时代已不详悉，推想起来，大约也不会比嫦娥奔月神话早多少。逢蒙杀羿的神话，已只是一个普通描写人情世态的故事，神话的意味几乎没有了，仅仅因为它关系到古神话中善射者的羿，我们才当它做羿神话的片段看待。从它的内容看，是和战国时代的那种重利轻义的一般的社会风尚相适应的，故尔也应当就是这个时代的产品。至于羿“射河伯、妻雒嫔”神话，河伯是殷民族所奉祀的尊神，想来不会产生于奴隶制社会的殷代。而西周都丰、镐，雒（洛）水还不会受到人们太大注意，必是周室东迁洛阳，洛水受到注意以后，才有羿“射河伯、妻雒嫔”的神话产生。《国语·周语》说：“灵王二十二年，谷洛斗，将毁王宫。”《水经注·洛水》说：“《竹书纪年》曰：‘洛伯用与河伯冯夷斗。’盖洛水之神也。”不系年。《初学记》卷二十引《归藏》说：“昔者河伯筮，将与洛战，而放占昆吾，占之不吉。”从这些记叙看来，有关河水洛水的神话传说，都不是很早的，推想起来，这段神话必然也还是春秋战国时期的产品，最早当不能早于平王东迁以前。

上面所述几段神话中的羿，其性行已和古神话中射日除害的羿略有差异：请不死之药而被窃，是羿的失察；逢蒙杀羿，《孟子》已说“羿亦有罪焉”，盖言其交友不慎：羿原来是一个伤于知人之明的懵懂人物。至于“射河伯、妻雒嫔”的羿，则《天问》的作者已用叹惋的口气责备他说：“帝降夷羿，革孽夏民，胡鉃（射）夫河伯而妻彼雒嫔？”（天帝派遣羿下凡，本来是为了拯救下方人民的痛苦，为什么羿竟去射伤河伯，而将雒嫔霸占做自己的妻子？）从问语中已可见到诗人有责羿不直的意思。这些都是羿神话的演变：在一个原本是光明磊落的英雄羿的身上，渐渐给盖上了层层的阴影。

差不多与此同时，神话中射日除害的英雄羿的事迹，又和历史传说中夏代有穷国国君后羿的事迹糅混，而成为羿与后羿不分。例如《左传・昭公二十八年》所记叙的后羿射杀乐正后夔的“名曰封豕”的儿子伯封的历史，实际上就是羿射封豕神话的历史化；又如《楚辞・离骚》说：“羿淫游以佚田兮，又好鉃（射）夫封狐（豨），不顾难以图后兮，浞又贪夫厥家。”《天问》说：“凭珧利决，封豨是鉃（射），何献蒸肉之膏而后帝不若？浞娶纯狐，眩妻爰谋，何羿之鉃（射）革而交吞揆之？”都是把羿的神话混同于后羿的传说了。

羿神话的历史化，可说是羿神话的又一演变，但这已是走上了另一途径，而羿神话的发展也就从此结束了。

鲧和禹治理洪水

这个神话最完全而又最原始的记录，见于《山海经・海内经》：

> 洪水滔天。鲧窃帝之息壤以堙洪水，不待帝命。帝令祝融杀鲧于羽郊。鲧复（腹）生禹。帝乃命禹卒布土以定九州。

文字虽然只有四十多个，但是古代这种伟大的史诗般的神话的精神却是充分地表达出来了。从这段神话的内容看，它已带着阶级社会被统治阶级反抗统治阶级的阶级斗争的色彩，应该是奴隶制社会的产物。但是，神话的基调却又是对自然力的征服，其最早部分的产生时期还该在原始公社的父权制时期，即野蛮时期的由中级到高级阶段。

神话中“鲧腹生禹”的情节，带着父权制氏族社会男人乔装生子的风习的痕迹。据原始社会史学者们的研究，在某些由母权制进入父权制的部落里，存在着这么一种叫作“库瓦达”的风俗：就是当妇女生孩子时，男子为了使人确认其在家庭中的权力和地位，竟让其刚生孩子不久的妻出去操作，而自己则躺卧在其妻的床上作出种种生孩子的模样来。我国神话中丈夫国的国民，据说每一个人都能从腋窝下生出两个儿子来，儿子一落地做父亲的就死了，大约也是这一风习在神话上的反映。鲧禹治水神话既有“鲧腹生禹”的情节，神话又以对自然力的征服为其基调，那么推想这个神话的最早部分（也是主要的部分），应该产生于原始公社的父权制时期，当没有多大疑问。

关于鲧禹治水的神话，除《海内经》的记叙比较完全，能略见其梗概而外，其余还有很多零散的记录。其中像《绎史》卷二十引《随巢子》所记禹治洪水化熊通山和涂山氏化石生启的神话，原始朴野的气氛就很浓厚；又如《楚辞·天问》所记“鸱龟曳衔”以下一大段，虽然还不完全可解，但是它的内容却可以和《海内经》所记的互相参证；再如《吕氏春秋·行论篇》所记鲧反对尧以天下让舜，“怒甚猛兽……徜（仿）佯于野以患帝”的故事，虽然已经历史化了，但鲧的那种强烈的反抗精神，还是生动地表达了出来，等等，都是见于先秦典籍的。至于像《国语·鲁语》所记禹诛防风氏，《山海经·大荒北经》所记禹杀相鲧，《海外东经》所记禹命竖亥丈量大地，《荀子·成相篇》所记禹逐共工，等等，都是有关禹治洪水对敌斗争的神话而见于先秦典籍的。从这些神话的内容看，推想其起源，最早恐怕仍该是在原始社会，最晚也不会晚于奴隶制社会的西周时期。何以知其然呢？有《诗》为证。《诗·长发》说：“洪水芒芒，禹敷下土方。”《閟宫》说，“是生后稷……奄有下土，缵禹之绪。”《信南山》说：“信彼南山，维禹甸之。”《韩奕》说：“奕奕梁山，维禹甸之。”《文王有声》说：“丰水东注，维禹之绩。”这些诗多半是西周时代的作品，对禹的赞美颂歌已不遗余力，而且禹的神性在这些诗里也略见一斑，因而推想如果没有许多有关禹治水的神话传说为其嚆矢、先河，定然不会引起诗人们把禹当做天神而给予这样热烈的歌颂的。

在鲧禹治水的神话中，如果说，“鲧窃帝之息壤以堙洪水”是体现了如高尔基所说的“群众中产生的一种反抗神的意愿”（《苏联的文学》），那么“帝乃命禹卒布土以定九州”则是天帝对鲧和禹所作的让步，也是鲧禹抗暴斗争所取得的胜利果实。这当中鲧的那种不怕牺牲、敢于斗争的精神，真是可歌可泣。正因为这样，人民所创造的这位反抗神的神，才必然不会见容于后世的统治者，当统治阶级的历史家把这段神话来改写做历史时，就自然地要在鲧的周身涂上墨黑，使他成为一个坏蛋、恶徒，一个昭戒世人的反面形象。《书・尧典》称他“放命圮族”(不服从上面的命令，也和众人的关系搞不好),《左传・文公十八年》以比于“四凶”之一的梼杌：可见神话中的鲧和历史中的鲧的距离有多大。因而我们可以这样说，鲧的神话不但曲折地反映出了阶级社会的阶级斗争，就是神话被篡改做了历史，使鲧从正面形象变做反面形象这一事实，也具体地体现出了阶级社会的复杂的阶级斗争。

至于禹，神话中的记叙简略，只说是“鲧腹生禹”，没有直接叙写禹出生以后采取的反抗行动。但是据我们推想，禹既然是鲧用自己的全部心血从肚子里孕育诞生出来的，必然也会站在和鲧相同的立场，对天帝采取斗争行动的。天帝看见这种力量不可侮，才干脆正式任命禹仍用息壤去填塞了洪水。实际上禹也是一个“逆”种，由于天帝的妥协，他的“反”迹才没有十分暴露。既然群众也都拥护禹，这样一来，禹就在历史家们的笔下变成了一个可以被统治阶级接受和利用的正统人物了。并且当一提到禹时，还每每拿他的父亲来作对比：认为鲧治水是专主“堙”，所以失败；而禹治水则主“疏”，所以成功。其实都是社会发展到了初期封建社会的战国时代，民智日开，视野扩大，知道用“堙”的方法治水，只能治标，而要治本，要根绝水患，却必须用“疏”的方法才行，因而把后世的观点加到了古神话英雄的禹的身上。其实在古代神话中，禹也和他父亲一样，是用宝物息壤去“堙”(也就是《海内经》所谓的“布土”)洪水的。说禹用“堙”来治理洪水，古籍的记载非止一处，前面所举《诗・长发》说：“洪水茫茫，禹敷下土方。”《信南山》说：“信彼南山，维禹甸之。”“敷”和“甸”都是“布土”的“布”，也就是“堙障”的“堙”的意思。《楚辞・天问》说得更是明白，“洪泉极深，(禹)何以窴(填)之？地方几则，(禹)何以坟之？”可见禹用的仍是“堙”。不过下面又说：“应龙何画？河海何历？”则禹已“堙”“疏”并用了。从这以后，神话传说中治水的禹，不但“堙”“疏”并用，并且还更偏于“疏”的一面，大约都是受了历史记叙影响的缘故。

由于鲧的神话的历史化，光辉伟大的鲧被历史家们歪曲成了反面形象，于是鲧的神话在战国时代就告了终结，战国以后再没有什么发展了。即使像《吴越春秋》《述异记》《拾遗记》这类书里还有一些关于鲧的神话的极零片的记述，无非也是说他诞生的奇异和死后的变化而已，都是无关宏旨的。至于有关禹治水的神话，则各个时代、各个地区，都续有所传。尤其是名山胜水的地方，能够附会到治水的禹的身上去，总难免要附会上去，以为山川增色。直到现在，民间各地还流传着有关禹治水的神话。禹的神话如果从古书的记载、从民间口头的流传，全都收集起来，我们可以预计，那将会成为一部世界上少见的大书。诚然，禹也是古代劳动人民所造创的可爱的英雄形象，是值得我们高度赞美的，但是和他的父亲——那个被沉埋晦废了几千年的鲧的英雄形象比较起来，某些地方实在还有些比不上；至于说到他们的遭遇，则是有幸有不幸了。

不过禹也有禹的不幸。禹的不幸就是禹神话的仙话化，使禹由神人变而为道流羽客，至少是沾上了庸俗猥琐的道流羽客们身上的那分“仙气”。本来有关禹治水的神话，流传演变到了后世，作为神话中枢的禹这个神已渐近于人性，成为神性的英雄了，而神话本身以严格意义讲来，也就成了传说，这是禹神话的一变。而禹神话的变为仙话，则是禹神话的又一变。

禹神话的仙话化，也是从初期封建社会的战国时代开始的。《山海经·大荒南经》说：

> 大荒之中……有云雨之山，有木名曰栾。禹攻云雨，有赤石焉生栾，黄木，赤枝，青叶，群帝焉取药。

这段神话的记叙也嫌过于简略，看不出个所以然。郭璞注释说：“攻谓槎伐其林木。”又说：“言山有精灵，复变生此木于赤石之上。”又说：“言树花叶皆为神药。”郭璞的注当然是出于他自己的推想，不过究竟也稍微帮我们对此略有了解。大约说禹治水开山，忽然发现有栾木生在红色岩石上（是否为精灵所变可不敢说），这栾木乃是一棵如像《海内西经》所记昆仑山不死树那样的仙树，天上“群帝”知道了，都跪到这里来取神仙不死药。经文所记的“药”，以及郭璞注释的“神药”，决然不是寻常的药物，而是神仙不死药无疑，非此药不足以劳“群帝”亲自或遣人来“取”。这就是禹神话的初步仙话化。

自此而后，无论是汉代的历史书如《吴越春秋》也好，六朝的地理书如贺循的《会稽记》、孔灵符的《会稽记》等也好，都把禹写得有些仙风道骨，说禹在治水之前，曾经到会稽山南的宛委山去求得黄帝藏在那里的金简玉字书，才悟通了治水的道理。六朝的兵家书《黄帝问玄女兵法》更说禹在会稽山得到黄帝的兵书《天下经》十二卷，正展看时，前四卷忽然飞上天，后四卷落入陂池，只抓住了中间四卷：也把禹写得活像个道士。更荒唐的，还有汉代的谶纬书《河图绛象》所记的禹曾在太湖中的洞庭山藏下“真文”一事。据说吴王阖闾曾遣人取得其书一卷而还，吴王不认识书上的字，以问孔子，孔子引了一首童谣谏诤吴王，说“天帝大文不可舒……今强取出丧国庐”，吴王害怕了，“乃复归其书”。到晋·葛洪的《抱朴子》，同记此事，居然借孔子对答吴王的话说：“此乃灵宝之方，长生之法，禹之所服，隐在水邦，年齐天地，朝于紫庭者也。禹将仙化，封之名山石函中，乃今赤雀衔之，殆天授也。”最后作者还加以推论说：“以此论之，是禹不死也。”(《辨问篇》) 禹之作为一个道流羽客修仙慕道而登仙的形象，在这里算是清楚地完成了；然而神话中治水的禹的英雄形象却也实在被歪曲、糟蹋得不成样子了。

舜服野象

有些神话，我们从古书的记录里，还可以大致看到它的本来面貌，如《山海经·海内经》所记的鲧禹治水神话；有些神话，从古书的记录里，虽然已不能完全看见它的本来面貌，但是改动和添加的地方却不太大，如《淮南子·览冥篇》所记的女娲补天神话，《本经篇》所记的羿射日除害神话；而有些神话呢，它的本来面貌几乎一点也不能从古书的记录里见到了，所能见到的，已经是一变再变，面目全非的东西，例如我们这里要讨论的舜服野象的神话。

这个神话，本来是产生于原始氏族社会的父权制时期，神话中还残留着以母系为中心的尊重妇女的痕迹。它叙写勇敢的猎人舜，如何在天女们的帮助下，和凶猛狡谲的野象作斗争，几番险遭它的毒手，终于用智谋把它驯服了。但是，如今我们所见到的这个神话，已经一变再变，神话的意味几乎全部丧失，成为普通家庭矛盾纠纷的故事了。

故事大略说，瞽叟娶妻生舜，妻死，更娶后妻生象。象傲，后妻悍，常欲杀舜，瞽叟不明，从之。舜往耕历山。尧闻舜贤，欲禅以位，先妻以二女。象嫉舜，使瞽叟嘱舜往涂廪，纵火焚之，舜以两笠自扞，下，得不死。又使涂井，下土实井，舜从他井逃出。又招舜饮酒，醉将杀之，舜从二女计，亦得解免。尧乃使舜入山林，遇烈风雷雨，舜行不迷。尧遂禅以帝位。舜往迎瞽叟及后母，并封弟象于有鼻。舜晚年南巡，死于苍梧；二妃亦死江湘之间，是为湘水之神。

这段故事的大概，是以今本《列女传·有虞二妃》为主而参照了《孟子·万章篇》和《史记·五帝本纪》的记叙而综述的。照各书问世的先后，自然首先是《孟子》，其次是《史记》，最后才是《列女传》。但《列女传》虽说旧题汉·刘向撰，实系辑录旧文，而非自著，可能还保存着先秦时代若干比较原始的资料。可惜书已屡经后人修改，它的本来面目已不容易看到了。即如这段故事，今本《列女传》所记，和《孟子》《史记》等书所记，除了害舜诸事中多出饮酒一事而外，其他就无多少异同，都是些现实生活中可能发生的家庭矛盾纠纷，看不出有什么神话意味。但古本《列女传》却不同了，有一段古本《列女传》的佚文，被宋代洪兴祖引在《楚辞·天问》的补注里：

> 瞽叟与象谋杀舜，使涂廪。舜告二女，二女曰："时惟其戕汝！时惟其焚汝！鹊如汝裳，衣鸟工往。"舜既治廪，旋阶（应作"旋捐阶"）。瞽叟焚廪，舜往飞（去）。复使浚井。舜告二女。二女曰："时亦惟其戕汝，时其掩汝，汝去衣裳，龙工往。"舜往浚井，格其入出，从掩，舜潜出。

虽然仍旧是记叙的家庭矛盾纠纷，可是神话的意味却充分显露出来了。从这段朴质而多少带点稚拙味的文字的记叙里，可以相信确实是古代民间传说的庐山真面，洪兴祖所引的也确实可以相信是《列女传》的古本。

古本《列女传》所记叙的这段神话对于我们的研究工作是大有意义和价值的。从这段记叙可以看出这是有关舜象斗争神话演变关键性的一个环节。往上推，就该是猎人的舜在天女们的帮助下和野象作斗争而终于驯服野象的故事；往下推，就是像前面综述里所略记其梗概的普通家庭矛盾纠纷的故事。这里虽然仍叙写的是家庭矛盾纠纷，却是神话意味很浓而并不是普通一般的。

这段神话说，舜因二女的教导，穿了"鸟工""龙工"的衣服，变形为鸟为龙，逃脱了瞽叟和象预先设计好的"涂廪""浚井"的谋害。变形为鸟为龙在这里并未明写（想是已有删改），但从记叙中"飞（去）"，"潜出"等语及其他文献资料可以推知。今本《列女传》无"鸟工""龙工"等叙写，当二女听到舜要去涂廪浚井时，只是叫他"往哉"，或者还模仿《尚书》的口吻，叫他"俞，往哉"。古本里那种亲人之间的焦灼和友爱的情绪在这里是一概没有了，也并没有替丈夫出过任何计谋，只是鼓励丈夫去送死，真是不近人情。后面还说什么舜"每事常谋于二女"，可是经过删改后，二女的形象已经被描绘成颇为反常的怪人了，还有多少值得舜"每事常谋"的呢？这是删改者删改未尽给自己造成的矛盾之一。

在今本《列女传》中，二女确也曾替舜出过主意，见于饮酒事中：

瞽叟又速舜饮酒，醉将杀之。舜告二女，二女乃与舜药，浴汪，遂往，舜终日饮酒不醉。

清王照园《补注》说："乃与舜药浴汪；药，葛花之属，能解酒毒；汪，池也，《左传》曰：'周氏之汪。'" 就是二女给了舜一包药，叫他拿到池子里去洗个澡，再去饮酒，因得"终日不醉"。闻一多《楚辞校补》引陆龟蒙《杂说》，说"汪遂"当作"注豕（屎）"，连读，即注屎于药以浴，用解酒惑，似乎更得民间传说真象（相）。不管怎样，二女在饮酒一事中总算是替舜出过计谋。但后面替舜出计谋的二女和前面叫舜去送死的二女的行为又很不一致，这也是今本《列女传》删改未尽造成的另一显著矛盾。

古本《列女传》是经谁的手删改而成今本状态的呢？据我的考证，就是编校此书的宋代曾巩所为，我已另写有专文讨论（见《江海学刊》1964年2月号载《舜象斗争神话的演变》)，此不多赘。

曾巩删改古本《列女传》舜象事而成今本的状态，目的安在呢？无非如他在序文中不打自招地所说"其（指曾巩删改以后的今本《列女传》）言象计谋杀舜，及舜所以可脱者，颇合于《孟子》"，目的就是要求"合于《孟子》"。删改以后的今本，固然是"颇合"了，然而证以未经删改的古本，却是很不相"合"。马脚于是暴露出来。然而以此推论，《孟子》的记叙，想必已经是古代神话的再一演变，是从中间关键性的环节往下推的再一演变，在这一演变中，神话已完全消失其神话的因素，变而为普通传说故事了。至于曾巩所为，则只是篡改，以继承《孟子》等书的余绪，根本说不上什么演变。

舜象斗争神话的原始面貌，现在已不可见了，只能根据古本《列女传》所记和其他古书里一些零星的记叙加以推想，大致可以得出猎人舜在天女们的帮助下驯服野象这么一个结论。

在这个结论中，有三个问题必须加以研讨。即一、舜是否猎人？二、二女是否天女？三、舜的弟弟象是否野生的动物象？

现在先以最后一个问题谈起。《孟子·万章篇》说："象至不仁，封之有庳。"《史记·五帝本纪》集解说："庳，音鼻。"那么"有庳"就是"有鼻"。以后诸书所记，均径以"鼻"易"庳"而把象的封地说做是"有鼻"。因而后来传说中有什么"鼻亭神"，说是象的祠庙（《括地志》)；"鼻天子冢"，说是象冢（《幽冥录》)，"鼻墟"，也说是象的封地（《王隐·晋书》)，等等，都把那长鼻大耳的野生动物象的最（具）特征的鼻来做了象的称号。据以上诸证，可见舜的弟弟象实即野生动物象。而孙诒让《墨子闲诂》辑《墨子佚文》复有“舜葬苍梧之野，象为之耕”这样的说法，民间传说也说舜在历山用大象耕田；清代刻本《二十四孝图说》首刻“大舜耕田图”，使用的牲畜确就是长鼻大耳象。舜是殷民族的先祖，而殷民族古称服象的民族，《吕氏春秋·古乐篇》说：“商（殷）人服象”，而《楚辞·天问》说：“舜服厥弟”，则舜所“服”的“厥弟”岂不即是殷民族的先祖所服的野生动物象吗？

其次来讨论二女是否天女。《山海经·中次十二经》说：“洞庭之山，帝之二女居之。”旧来注家多以为此二女即尧的二女，这是对的，因为神话中尧本来就是天帝，这居于洞庭之山的天帝的二女自然也就是传说溺死江湘之间的尧的二女了。二女的神性于此可见。即以古本《列女传》所记二女的行迹来说，二女能以鸟工龙裳以救舜的井廪之难，二女的神性也就可知，则二女在最古的神话中之为天女，自是无疑问的。

最后说到舜是否猎人。舜古称虞舜（《书·尧典》），又叫有虞氏（《礼记》《国语》），“虞”是什么意思呢？有说舜姓虞（《潜夫论·志氏姓》），又说“虞，地名，尧封舜于虞，遂为天子之号”（《尧典》孔颖达疏），恐怕都是后起之说，不足为据。古说当以虞为《易·屯》“即鹿无虞，惟入于林中”的“虞”，亦是《书·舜典》“咨益，汝作朕虞”的“虞”，注以为“掌山泽之官”，但在还未设官分职的原始时代，“虞”实际上恐怕只不过是猎人之意。舜称虞舜，古书上对他又有“纳于大麓，烈风雷雨弗迷”（《书·尧典》）、“入大麓之野，虎狼不犯，虫蛇不害”（《论衡·乱龙篇》）等记叙，则古神话中的舜，原本是个猎人，也就无可疑了。

总之舜象斗争的神话凡经三个演变阶段：最初是猎人的舜驯服野象；后来演变为舜和他的名叫“象”的弟弟的斗争，加上许多家庭内部的人物在其间互相矛盾着，但还具有相当浓厚的神话因素；再到后来就成了普通的传说故事，所有的神话因素都消逝不见了。而后一次的演变，或者只是封建社会士大夫阶层有意识的篡改（从《孟子》开始即已是如此），不是演变，它们并未得到广大人民群众的批准。证以唐代的变文《舜子变》和现代民间流传的《害不死的大舜》（见《民间文学》1964 年第 3 期）等，虽写家庭纠纷，仍如古本《列女传》所记，有相当的神话因素；知有神话因素的这一传说，毕竟是源远流长，至今不绝；而无神话因素的却销声匿迹了：于此见《孟子》等所记是很成问题的。

黄帝和蚩尤的战争

黄帝和蚩尤战争的神话，是反映原始时代部落与部落间战争的，从神话里所叙写的这一战争的规模的巨大和程度的猛烈，以及还有类似部落联盟的组织看，它应该是父权制氏族社会的产物。神话里还说，“蚩尤作兵伐黄帝”（《山海经·大荒北经》）、“蚩尤造立刀戟兵杖大弩”（《太平御览》卷七八引《龙鱼河图》）、“黄帝伐蚩尤……炼石为铜，铜色青而利”（《拾遗记》卷十），等等，也都暗示着神话的产生时代，只能是父权制氏族社会而不是母权制。

这一神话和其他神话一样，都是些零片的记叙。其中比较完整而又可能出现较早的，是《山海经·大荒北经》的一段：

> 蚩尤作兵伐黄帝，黄帝使应龙攻之冀州之野。应龙畜水。蚩尤请风伯雨师，纵大风雨。黄帝乃下天女曰魃。雨止，遂杀蚩尤。

双方都调兵遣将，都使用法术神通，确实很近于原始神话的本貌。但从“黄帝乃下天女曰魃”一语看，黄帝已具有着上帝的身份，又从《大荒东经》黄帝取夔牛皮为鼓，“橛之以雷兽之骨”的记叙（这段神话恐怕仍和与蚩尤的战争有关）看，上帝的身份就更是明显。原始社会的末期神话中可能出现反映部落军事酋长的“众帝”，还不可能出现像黄帝那样具有统治宇宙气魄的上帝。神话所以表现为这样的形态，大约是由于后来传述累积上去的积层，它基本上无碍于是产生于原始社会并且反映原始社会部落间战争的这一事实。

黄帝和蚩尤的战争，实际上也就是黄帝和炎帝的战争，因为蚩尤是属于炎帝的氏族集团（《路史·后纪四·蚩尤传》：“蚩尤，姜姓，炎帝之裔”）；炎帝兵败，然后有蚩尤奋起，与炎帝复仇（见《史记·五帝本纪》）。其后夸父亦加入蚩尤战团，共同对付黄帝（《大荒东经》载，黄帝神龙应龙“杀蚩尤与夸父”），而夸父也属于炎帝的氏族（《海内经》：“炎帝生……后土”，《大荒北经》：“后土生……夸父”）。再后又有刑天继起，“与帝（黄帝）争神”（《海外北经》），刑天也是炎帝的属臣［《路史·后纪三》：“神农命邢（刑）天作扶犁之乐”］，当亦属于同族。其后“共工与颛顼争为帝”（《淮南子·天文篇》），“禹逐共工”（《荀子·成相篇》），当都是黄炎战争的余绪，因为颛顼与禹属黄帝族，而共工则属炎帝族（均见《山海经·海内经》）。从以上所说看来，黄、炎两族人的战争，实是当时的一场大战争，波澜壮阔，此伏彼起，战争绵延了多年。到黄帝族的人终于取得最后胜利的时候，大约也就临近原始社会瓦解，进入阶级社会的时候了。

黄、炎两族人绵延多年的战争，以黄帝和蚩尤的这场战争为最猛烈，于是神话也就通过奇幻的三棱镜，集中地把这场战争的猛烈程度反映出来。《列子·黄帝篇》说："黄帝与炎帝（蚩尤）战于版（阪）泉之野，帅熊、罴、狼、豹、貙、虎为前驱，以雕、鹖、鹰、鸢为旗帜。"《通典·乐典》说："蚩尤氏帅魑魅与黄帝战于涿鹿。"《路史·后纪四》说："蚩尤乃驱罔两（魍魉），肆志于诸侯。"可见双方都是棋逢对手，各不相下。但所谓"熊、罴、狼、豹……"和"魑魅""罔两（魍魉）"者，或者不过是双方所统率的不同图腾的氏族集团；蚩尤在后世有些传说里被当作是反面形象看待了，故尔人们以魑魅、魍魉等妖物目蚩尤所统率的部众，这当然是不公平的。

蚩尤的形象，从《山海经》的叙写里，还看不出有什么受到歧视的地方，可是从《书·吕刑》起，蚩尤就已经被歪曲地刻画为犯上作乱、凶恶残暴的人，接着《归藏·启筮》也说："蚩尤出自羊水，八肱八趾疏首，登九淖以伐空桑。"（《初学记》卷九引）那形象也是凶恶的。而站在蚩尤对立面的黄帝，却被抬高到九重天去做了上帝。《书·吕刑》所说的"皇帝"，就是把黄帝当作了皇天上帝；《韩非子·十过篇》也说："昔者黄帝合鬼神于西山之上，驾象车六蛟龙……"也是把黄帝当作了上帝的。黄帝和蚩尤形象的变化，就是社会划分阶级以后这一神话具体演变的重要标志之一。黄帝自然因为奴隶主和封建主的愈有权威而在天上升得愈高了，连带着也就使得蚩尤这个形象带上了反抗神的神的色彩，这乃是原始社会的神话演到了阶级社会必然产生的结果。

蚩尤的反抗精神，在一些神话零片的记叙里，已不容易直接看到了，仅在对他的形貌和本领的叙写中，还可略见一斑：如说蚩尤"铜头铁额，食沙石子"（《龙鱼河图》），"人身牛蹄，四目六手，耳鬓如剑戟"（《述异记》），"虎卷威文"（《春秋纬元命苞》）"作大雾"（《志林》），"变化多方，吹烟喷雾"（《黄帝元女战法》），"铜头啖石，飞空走险"（《广成子传》），等等。这些叙写，固然在很大程度上可能是民间传说中对于这个反抗英雄的奇才异能的描绘，但也不难看出，或多或少已带有将蚩尤视为妖异的正统思想的偏见了。

但是，对于这样一个失败英雄，民间终究是抱着同情态度的。《山海经·大荒南经》所记的"枫木，蚩尤所弃其桎梏"，就已表现出了这种态度。至于《皇览·冢墓记》所记的"蚩尤冢……高七丈，民常以十月祀之"，《述异记》所记的"太原村落间祭蚩尤神不用牛头”等，同情的态度更是明显。以至蚩尤的遗迹所在，都被众人所艳称。《述异记》说：“冀州有蚩尤神。今冀州人掘地得髑髅，如铜铁者，即蚩尤之骨也。今有蚩尤齿，长二寸，坚不可碎。今冀州有乐名‘蚩尤戏’，其民两两三三，头戴牛角而相抵，汉造角抵，盖其遗制也。”沈括《梦溪笔谈》说：“解州盐泽，卤色正赤，俚俗谓之蚩尤血。”等等，可见民间对于蚩尤的兴会。而《龙鱼河图》说：“蚩尤没后，天下复扰乱不宁。黄帝遂画蚩尤形象，以威天下，天下咸谓蚩尤不死，八方万邦皆为殄服。”尤可见到人民对于这一英雄的崇敬。

至于有关黄帝的神话，从战国时代起，便开始向着历史和仙话两个方面转移。

向历史的方面转移，例如《尸子》所记：“子贡问孔子曰：‘古者黄帝四面，信乎？’孔子曰：‘黄帝取合己者四人，使治四方……此之谓四面也’”（《御览》卷七十引）；又如《大戴礼记 · 五帝德》所记：“宰我问于孔子曰，‘昔者予闻诸荣伊，言黄帝三百年，请问黄帝人邪？抑非人邪？何以至于三百年乎？’孔子曰：‘……生而民得其利百年，死而民畏其神百年，亡而民用其教百年，故曰三百年’”，都是被儒家之徒巧妙地把神话来解释做了历史，因而在后世的传说中，黄帝被描绘做了一个人王，是不足异的。

向仙话方面转移，从《山海经》就已启其端倪了。《山海经 · 西次三经》所记黄帝在从（密）山种玉并服食玉膏的神话，就很有仙话的意味。在这段神话里，黄帝一方面位居“天地鬼神”之首而具有着上帝的身份，另一方面却又还要服食玉膏，像一个学道修仙的道人。这两个形象同具于黄帝的一身，看来很不协调，证明仙话渗入神话总是要破坏神话的统一性的。至于如像《庄子 · 在宥篇》所记黄帝问道于广成子，《徐无鬼篇》所记黄帝问为天下于牧马童子，道人的形象在黄帝身上就更是凸出。以至《史记 · 封禅书》记“黄帝采首山铜，铸鼎于荆山下，鼎既成，有龙垂胡髯下迎黄帝”；《龙鱼河图》称“天遣元女下授黄帝兵信神符，制伏蚩尤”；等等，黄帝身上都具有浓厚的仙气。到六朝人所著的书里，就简直说“黄帝登仙”（《博物志》），“皇（黄）帝乘龙上天”（《古今注》），或者说：“黄帝葬桥山，山崩无尸，唯剑舄存”（《列异传》），等等，便迳（径）把黄帝当作是一个由凡登仙的仙人了。

世界各国民间故事类型索引述评[1]

刘魁立[※]

一、编纂索引的缘起和最初尝试

格林兄弟于1812—1814年发表以《格林童话集》闻名于世的德国民间故事记录*Kinder-und Hausmarchen*——《儿童和家庭故事集》)，在民间故事搜集史上开辟了一个新的科学的历史阶段。从此，建立在科学基础上的民间故事搜集工作，几乎在世界的每一个角落里都相继开展起来，并且达到了前所未有的规模。19世纪下半期和20世纪上半期在欧洲搜集和印行了不可胜数的故事资料，在亚洲、非洲、拉丁美洲，这一项工作至今仍方兴未艾。[2]除出版了大量的民间故事之外，还在学术单位的档案馆里和有关的私人手中积累、保存了难以统计的民间故事资料。从整个历史发展的过程来看，这一百余年在全世界范围内确实是民间故事搜集工作的“黄金时代”。

19世纪前半期格林兄弟除以科学的方法搜集和出版民间故事之外，还著书立说，研究民间文学问题，使民间文艺学逐步成为一门独立的科学。如果把他们以及其追随者的活动算作是欧美民间文艺学史的第一章的话，那么民间故事研究作为民间文艺学的一

---

1 刊于1982年第1期。

※ 刘魁立（1934— ），民间文艺理论家，主要从事中国民俗学及民间文学、中国少数民族文学、欧洲民俗学的研究。中国社会科学院荣誉学部委员，民族文学研究所研究员，文化部非物质文化遗产专家委员会副主任，中国民俗学会荣誉会长。

2 关于世界各国民间故事的出版情况可参见：
Bolte J.und Polivka G.，Anmerkung enzu den Kinder-und Hausmarchen der Bruder Grimm,Bd. V.Leipzig,1932;*The Types of the Folktale:A Classification and Bibliogrphy*,translated and enlarged by Stith Thompson Second revision,Helsinki:Suomalainen Tiedeakatatemia Academia Scientiarum Fennica,1961,pp.10-18.

个部分已经存在一个半世纪了。

在这一段时间里，世界各国的为数众多的学者和研究人员，就民间故事的各个方面，从理论角度，提出并探讨了大量的课题。在整个民间文学领域中没有哪一个门类像民间故事研究这样景象繁荣。

几乎从第一次尝试对民间故事进行科学探索时开始，人们就发现，每一个国家所搜集的故事资料都有成千上万，而就全世界而言，这个数目更会大得惊人，并且随着时间的推移，数目还在不断增长，但是这并不意味着故事的情节或类型也有这样多。往往同一个故事在许多不同的国家都有流传，也就是说情节类型的数目是较为有限的，许多资料不过是某一共同情节的变体和大量异文而已。根据一些国家的统计资料，一个民族所流传的故事至少有三分之一以上属于国际性的或世界性的。由于人们发现，有一些故事不仅在亚洲及欧洲的不同国家流传，而且还可以在全世界几乎所有的民族中间都找到它们的踪迹，于是学者们就从方法论的角度提出了比较研究的问题。为了认识民间故事的本质，为了探求民间故事的形成、演变、流传的规律，不能不对大量的现存资料从各种角度进行历史的或地理的、贯时的或共时的比较研究。无论从一则故事还是从一类故事入手，无论从一个地区、一个民族、一个国家的范围出发，还是从若干民族乃至从世界范围出发来进行民间故事的研究，都必须了解：在某个地区、某个民族、某个国家有哪些故事流传；某一个故事流传的广泛和频繁程度如何；流传过程中的历史的和地理的变异情况如何；等等。而为了在更广阔的范围内进行民族间、国际间的双边的或多边的比较，就还要了解某个故事或某类故事在不同国家的状况和相互关系。如果对已经记录的和已经发表的民间故事资料缺乏切实的全面的了解和掌握，那么欲达到上述目的就是虚妄的、不可能的。

随着科学研究的日渐深入，特别是由于比较研究法的广泛运用，国际民间文艺学界在最近半个多世纪里深切地感到有必要探索出一条简捷的道路和方法，对世界各国浩如烟海、难以数计的民间故事资料，依据其相对有限的情节类型、主人公或其他特征进行分类、统编，以利检索和研究。各国学者在这一领域作出了极大的努力，并且在五六十年的时间里编辑了大量的民间故事情节索引，数目不下百十余种。从科学发展的趋势来看，关于情书类型的研究，以及类型学研究正在发展成为文艺学领域中的一个重要分支，因此在今后若干年中索引的数目还将大大增加，而且编辑索引的角度和原则亦会有更多的变化。

实际上，早在一百多年以前，民间文艺学界就已经开始在编纂情节索引方面进行探索和尝试了。从 19 世纪下半期起就有很多学者先后制定出各自的民间故事资料统编、分类原则。德国学者恩哈（I.Hahn）于 1864 年在《希腊及阿尔巴尼亚故事》一书中，把所有的故事统一归纳为四十种型式（formen）[1]。流传学派的一些著名研究家，如法国学者柯思昆（E.Cosquin）[2]、英国学者克劳斯顿（A.Clouston）[3]等都曾对民间故事进行过统编分类的尝试。俄国学者弗拉基米洛夫曾将所有的故事分为三部分（动物故事、神话、生活故事），总计列出四十一种类型（type）[4]。其他学者，如巴林·古尔德（S.Baring Gould）、斯蒂尔（F.Steel）、坦普尔（R.Templ）、戈姆（G.Gomm）、雅各布斯（I.Jacobs）、乔文（V.Chauvin）、哈宙（B.Hadjeu）、马卡洛夫、萨哈洛夫、柯尔马切夫斯基、斯米尔诺夫等，都曾致力于民间故事的分类统编工作。这些学者都试图把千差万别的情节划归成有概括性的、有一定限量的类型。他们的观点不同，方法各异，列出的类型及名称也迥然有别，特别是他们的这一工作仅仅建筑在极为有限的材料的基础上，而且也没有进行到底，所以他们并没有获得令人满意的成果。然而这些学者的探索却为以后大规模地编纂类型索引开辟了道路，提供了可资借镜的方法。

二、芬兰学派和阿尔奈的类型索引

20 世纪初，斯堪的纳维亚各国的民间文学理论家致力于民间故事研究，形成了史称的“芬兰学派”。芬兰学派的研究家们在编纂民间故事类型索引方面做出了重要贡献。1907 年，芬兰学者卡尔·克伦（K.Krohn）同瑞典学者卡尔·西多夫（K.Sydow）、丹麦学者阿克塞尔·奥利克（A.Olrik）在赫尔辛基组织国际民间文学工作者协会“Folklore Fellows”（简称 FF），并于 1909 年创办不定期的机关刊物《民间文学工作者协会通报》（*Folklore Fellows Communications* 简称 FFC，在七十年间已出版约 230 期，其中有许多期是某一国的或综合的民间故事类型索引）。关于芬兰学派的诞生、发展、代表人物、主要论著以及历史功过等等，应当另有专文加以评述。这里仅在本题的范围内简要介绍芬

---

1 Hahn van I.G.，*Griechische und albanische Marchen*，Leipzig,1864,45-61.

2 E.Cosquin,*Les contes populaires de Lorraine*,Paris,1887.

3 A.Clouston，*Popular Tales and Fictions,Their Migrations and Transformations*,London,1887.

4 普·弗拉基米洛夫:《俄罗斯文学史概论》，基辅，1896 年（俄文版。因印厂无俄文铅字，故改注中文，下同）。

兰学派的研究方法和基本原则。

芬兰学派的研究家们以19世纪下半期盛行于欧洲的流传学派的理论为出发点，认为每一个故事都是由一个地方流传到另一个地方，同时由简明的形式向繁细的方向发展。这些学者的理论原则和研究方法深受达尔文进化论和斯宾塞的实证主义的影响。他们认为，协会的重要任务之一就在于广泛地、详尽地研究故事情节，具体确定这些故事情节最初的发祥地及其流传的地理途径。他们通过对散见于世界各地的某一情节的各种异文的比较研究，根据纯粹形式方面的特征，来探寻它的所谓“最初形式”和所谓“最初国家”，同时力图指明它产生的时间和流传到其他地方的先后时序，他们还常常在自己的著作中绘制大量的图表和地图以标明流传的路线等等。他们将自己的这种研究方法称作“地理历史比较研究法”。由于他们忽视作品的思想和艺术的实际内容，而只着眼于情节的类型，由于他们对作品的创造者——劳动人民以及社会历史条件的重视不足，而把作品作为一种自生的现象来对待，所以他们在实际上并没有接触到民间文学作品历史发展的真实过程。1933年卡尔·克伦逝世之后，芬兰学派由于其形式主义和片面性愈益受到其他一些学者的批评，而日渐衰微，这一学派后起的研究家们的立论和观点距离学派创始人的方向、原则也日渐其远了。

然而，芬兰学派学者由于他们的研究方向和研究方法所决定，在民间故事的情节划分、统计分类、编纂索引方面，在世界范围内建树极多。虽然并非所有的研究家都赞同其原则和方法，但他们的工作却受到普遍的称道。

1910年作为FFC第3期出版了芬兰学派的主要代表者之一、后来成为芬兰科学院院士、赫尔辛基大学教授的安蒂·阿马图斯·阿尔奈（Antti Aarne，1867—1925）的《故事类型索引》[1]一书。阿尔奈分析比较了芬兰和北欧其他国家以及欧洲一些国家所出版的或保存的民间故事记录，把同一情节的不同异文加以综合，以极简短的文字写出了它的梗概提要，并根据一定的原则对这些故事情节进行了分类编排。

阿尔奈将所有的故事分为三大部分：

一、动物故事；

二、普通民间故事；

三、笑话。

---

1 Antti Aarne, *Verzeichnis der Märchentypen*, Helsinki, 1910（FFC No.3）.

每部分当中又分若干类。动物故事是根据故事的“中心人物”来划分细类的，如：野生动物（又分为“狐狸”“其他野生动物”两组）、野生动物和家畜、人和野生动物、禽类和鱼类等等。

普通民间故事则根据故事的性质分为四类：

1. 神奇故事；

2. 传说故事；

3. 生活故事；

4. 关于愚蠢的魔鬼的故事。

以上四类故事各类之中又依题材内容之不同划分成若干组，如神奇故事类便按“奇异”因素的性质，分为：神奇的敌手，神奇的丈夫（或妻子或其他亲属），神奇的难题，神奇的助手，神奇的物件，神奇的力量或技能，等等。

最后一部分笑话也按主人公之不同分为若干细类。

阿尔奈分析比较了所有的民间故事，抽绎出大量的基本类型（有时是整个一个故事，有时是一个情节，有时是一个片段的细节），同时分门别类，系统编号。1—299号为动物故事；300—1199号为普通民间故事；1200—1999号为笑话。尽管总编号为2000，但在他的索引中列出具体内容的总共仅有540个类型。原因是他在编号中间留下许多空白号码，以待发现新资料之后再行补充。

阿尔奈在索引的前言中写道，他的故事情节分类体系是为了对大量的不可能全部印刷出版的民间故事记录资料进行分类、编目和登记而用的。他建议，为了使这些宝贵的记录资料能为进行故事比较研究所广泛利用，希望能对每个民族的故事资料都按这一分类体系进行编目。他的建议很快在欧洲各国引起反响，他的分类体系也成为民间故事情节类型编目的一个国际性的模式了。

继阿尔奈之后，各国学者纷纷以阿尔奈情节索引的体系为基础，将各国的民间故事资料按其情节依例分类，利用阿尔奈的统一的编码，根据具体情况进行增删或修订，刊行了各个国家的故事情节索引。从便利技术性工作的角度看，应该说阿尔奈的开创性的工作以及遵循阿尔奈体系所编纂的大量的索引，对民间故事的统编分类起了良好的作用。在民间故事分类归档时，在刊印民间故事撰写注释时，在论述民间故事或查找故事资料时，特别是在对具有共同情节的民间故事进行比较研究时，常常会遇到种种不便，并且很难转述有关故事的情节梗概，因此依照阿尔奈的体系给每个民间故事以简明的梗概提要和相应的编码，就可以免除或减少在检寻和描述民间故事资料时必然会产生的诸多困难和不便。正如每一个人都有一个名字一样，名字虽不能反映人的实质，而仅仅是一种代号，但是经大家约定俗成，它的确为彼此交际带来极大的便利。

然而应该看到，阿尔奈的索引存在着一系列重大的缺陷。阿尔奈以及他的多数追随者主要着眼于研究所谓“国际性的”故事，即在许多民族中间流传的具有共同情节类型的故事。他们认为“国际性的”故事是古代和近代文明民族（所谓“Kulturvolker”——“文化民族”）人民群众的创作结晶，而生活于社会发展低级阶段的民族（所谓“Naturvolker”——“自然民族”），其故事情节大都不与文明民族中所流传的故事相雷同。芬兰学派的研究家们没有专门从事这方面的研究，因此阿尔奈没有把这些故事的情节列入索引之中。此外，阿尔奈分类体系还具有很大的主观随意性，这当然是由于在本世纪初学术界对各大类民间故事的体裁特征和相互界限还缺乏深入研究。但是阿尔奈体系的出现不仅没有促进这方面的研讨，相反却使这种学术探索在相当长的时间内变得更加迟滞了。至于说这种分类方法漠视了民间文学作品的思想艺术内容，那更是我们有目共睹的事实。

大多数民间故事研究家虽然对阿尔奈的学术研究的观点和方法各持不同的，甚至相反的态度，但多数人仍然将他的分类法当作一种约定俗成的技术手段而加以利用。到目前为止，作为这样的一种检索工具，阿尔奈的索引、特别是由他的后继者编辑印行的增订本，确实还没有被更为理想的索引代替，因此仍然具有重要的实用价值。

三、汤普森的增订和AT分类法

阿尔奈的索引问世之后，他本人以及他的同志很快便十分强烈地感到，在他的索引中民间故事的情节类型遗漏较多，有必要在新材料的基础上予以补充。在短短的十余年间，仅阿尔奈本人就在FF的机关刊物上就芬兰等地的民间故事资料做过多次重大的增补，如FFC第5期（1911年）、第8期（1912年）、第33期（1920年）等。

但是阿尔奈索引主要以芬兰民间故事资料为基础，充其量可以概括北欧国家的一般情况。尽管他在增补的过程中力图把自己的视野扩大到欧洲，但事实上他并没有实现这种愿望，欧洲南部和西部许多民族的民间故事，包括印度、中国在内的亚洲各国的民间故事都没有包括进去，更无须说美洲、非洲、大洋洲各民族的民间故事了。

针对这一情况，美国著名民间文艺学家、印第安纳州立大学教授斯蒂斯·汤普森

（Stith Thompson，1885— ）在1926年至1927年间，在芬兰学派创始人卡尔·克伦的指导下，进行了大量细致的研究工作，对阿尔奈的索引作了重要的补充和修订，并于1928年出版了英文版的《民间故事类型索引》[1]。此后在整个世界范围内许多国家不仅又出版了大量的民间故事资料，而且也编印了为数不少的民间故事情节索引。鉴于这种新的情况，对1928年版的索引进行重要的增补便成为十分必要的了。这一工作又委托给了汤普森。他根据世界各国所出版的民间故事的新资料，并且根据匈牙利、南斯拉夫等许多国家的档案资料再次进行增订，并于1961年印行了该索引的第二版（FFC No. 184）。这一版本后来又曾于1964年、1973年重印过。汤普森在编制索引方面所付出的辛劳和所作出的贡献，使他能够同这一索引体系的创始人阿尔奈双名并列。世界各国的民间文学研究家通常把他们的分类编排方法称作"阿尔奈—汤普森体系"或"AT分类法"。

现将汤普森分类和编码的情况列举如下：

Ⅰ. 动物故事（Animal tales）

1—99 野生动物

100—149 野生动物和家畜

150—199 人和野生动物

200—219 家畜

220—249 禽鸟

250—274 鱼

275—299 其他动物故事和物件

Ⅱ. 普通民间故事（Ordinary folktales）

300—749 A. 神奇故事（Tales of magic）

300—399 神奇的敌手

400—459 神奇的或有魔力的丈夫（妻子）或其他亲属

460—499 神奇的难题

500—559 神奇的助手

1 *The types of the folktale:A classification and bibliography*, Antti Aarne's. Verzeichnis der Märchentypen（FFC No. 3），translated and enlarged by Stith Thompson, 1928（FFC No. 74）.

560—649 神奇的物件

650—699 神奇的力量或知识

700—749 其他神奇故事

750—849 B. 宗教故事（Religious tales）

750—779 神的奖赏和惩罚

780—789 真相大白

800—809 人在天国

810—814 许身于魔鬼的人

850—999 C. 生活故事（爱情故事）[Novella（Romantic tales）]

850—869 公主出嫁

870—879 女主人公嫁给王子

880—899 忠贞和清白

900—904 恶妇改过

910—915 忠告

920—929 聪明的行为和聪明的话

930—949 命运的故事

950—969 强盗和凶手

970—999 其他爱情故事

1000—1199 D. 愚蠢的魔鬼的故事（Tales of the stupid Ogre）

1000—1029 雇佣合同

1030—1059 人和魔鬼合作

1060—1114 人和魔鬼比赛

1115—1129 企图谋杀主人公

1145—1154 吓坏了的魔鬼

1170—1199 人把灵魂出卖给魔鬼

Ⅲ. 笑话（Jokes and anecdotes）

1200—1349 傻子的故事

1350—1379 夫妻的故事

1380—1404 愚蠢的妻子和她的丈夫

1405—1409 愚蠢的男人和他的妻子

1430—1439 愚蠢的夫妻

1440—1449 女人（姑娘）的故事

1450—1474 寻求未婚妻

1475—1499 老处女的笑话

1500—1524 其他关于女人的笑话

1525—1639 关于男人（男孩）的故事（聪明人）

1640—1674 幸运的机遇

1675—1724 愚蠢的男人

1725—1850 关于牧师和教会的笑话

1851—1874 关于其他人的笑话

1875—1999 谎话

Ⅳ. 程式故事（Formula tales）

2000—2199 连环故事（Cumulative tales）

2200—2299 圈套事故（Catch tales）

2300—2399 其他的程式故事

Ⅴ. 未分类的故事（Unclassified tales）

2400—2499 未分类的故事

在新版索引中，汤普森在阿尔奈原有的类型基础上补充了大量的新的类型，并且还借助于各国已有的故事索引和大量的民间故事出版物，详细地列举出每一类型在世界有关国家记录的情况。阿尔奈 1910 年的索引主要依据芬兰和北欧国家的民间故事资料，而汤普森却将自己的视野扩大到芬兰和北欧（瑞典、挪威、丹麦、冰岛）以外的俄国、立陶宛、拉托维亚、爱沙尼亚、罗马尼亚、匈牙利、波兰、捷克、斯洛伐克、塞尔维亚、希腊、英国、苏格兰、爱尔兰、西班牙、法国、德国、意大利、土耳其、印度、中国、日本、印度尼西亚、加拿大、南美、非洲等国家和地区。尽管如此，在这部阿尔奈—汤普森的索引中仍然还有很多极为重要的国家和地区的民间故事资料没有被收纳进去；有些国家和地区的资料虽然在这部索引中得到一定的反映，但由于记录出版工作落后、研究工作薄弱等，索引并没有概括出民间故事在这些地方流传的实际状况。资料不全问题集中地反映了对民间故事流传十分广泛的亚洲、非洲、拉丁美洲、大洋洲的许多国家缺乏深入研究的客观事实。从事这一工作的汤普森本人也明确地意识到了这一点。他在 1961 年版的索引前言中写道，严格地说，应该把这部著作称作《欧洲、西亚及其民族所散居的地区的民间故事类型索引》(第 7 页)。

汤普森在增订时改写了阿尔奈的某些类型的梗概提要，使之变得较为具体而明确。为了便于读者了解 AT 索引的基本原则和提要方法，特举一二实例加以说明，例如在他单独划类的所谓程式故事中有这样的类型：

AT2018 “仓库在哪儿呢？”“火把它烧了”。“火在哪儿呢？”“水把它浇了。”等等。(下面列举了芬兰、爱沙尼亚、立陶宛、英国、西班牙、匈牙利、斯洛伐克、俄罗斯、阿根廷、波多黎各等国家和地区的资料索引出处，本文从略)

AT2044 拔萝卜。程式的结尾是：小老鼠拽着小猫，小猫拽着玛丽，玛丽拽着安妮，安妮拽着老奶奶，老奶奶拽着老爷爷，老爷爷拽着大萝卜，他们大家一齐拽，就把萝卜拔出来了。(下引各国资料出处从略)

以上二例为连环故事。

关于“圈套故事”汤普森在 AT2200 项下有一解释：这是一种讲故事的方式，这种方式逼得听者提出一个特殊的问题，讲故事的人便用一种滑稽可笑的答案来回复他。

AT2204 狗的雪茄烟。一个男人在火车上吸雪茄烟(或烟斗)，烟掉在车外，狗随之跳出。稍后，狗也赶到车站。“你猜它嘴里是什么？”“是雪茄(烟斗)吧？”“不是，是舌头。”(下引出处略)

汤普森在增订索引时，不仅修正了故事情节提要，增加了世界各国的资料出处，而且还对一些流传较广、情节较为复杂的故事类型进行了进一步的分解，例如：

AT852 主人公迫使公主说：“这是谎话。”

Ⅰ比赛。

(a)公主向一男人提出，看谁能说一个弥天大谎，迫使她说出：“这是谎话。”

Ⅱ谎话。

这青年讲了:(a)大公牛的荒诞故事;(b)一夜之间一棵树长上了天、他顺着一根稻草绳升上天又降下来的故事;(c)一个人把自己的头割下来又安上了，以及诸如此类的故事。

Ⅲ胜利。

当青年编了一些使公主本人感到羞辱的谎话时，公主才说出了“这是谎话”。

汤普森对这样一些故事的情节作详细分解之后，还就每一细节列出“母题”，同时标明他本人所编的母题索引（详后）的编号，以备查检。

汤普森在增订索引时做出了巨大的努力。但是他的工作囿于阿尔奈原定的规范，对阿尔奈的划型、分类、编码在原则上和总体上没有进行重大改革。因而阿尔奈索引所固有的某些根本性的缺点在这部已经通行世界各国的AT索引中仍然继续存在。前面已经提到，这部索引虽然在征引资料方面有了明显的改进，但对某些重要国家和民族的民间故事情况仍然反映不够或根本没有反映。此外，在民间故事内部分类问题、具体作品的划类问题、独立单位的划定问题、类型编排顺序问题以及其他问题上，汤普森也未能跳出原有索引的窠臼。关于这部索引的总的研究对象或体裁范围问题，汤普森在增订中依例作了一些限定（如不收地方传说以及历史上著名文集中未见于口头流传的故事等），但对阿尔奈原有的该收而未收、不该收而收进的某些驳杂情况，并未从正面彻底地科学地予以解决。当然，究竟什么是严格意义的民间故事，民间故事（或英语的“folk—tale”、德语的“Marchen”）的内涵和外延如何，这些问题几乎对每一个国家或民族来说都是十分复杂难解的问题。如果放到国际范围内加以考察研究，它就变得愈益复杂了。然而这又是编纂多国索引时首先必须明确的。我们希望在各国分别进行深入的理论研究的基础上，在今后的多民族、多国家的索引中，这一问题能够逐步得到更为理想的解决。

综上所述，阿尔奈—汤普森的这一索引虽然存在许多缺点和不足，但仍不失是一部有价值的、具有很大概括性的国际通用的检索工具书。

四、根据AT分类法编纂的其他索引

自汤普森增订索引出版以后，在半个世纪的时间里，出现了为数众多的民间故事情节类型索引，这些索引大都以AT索引的体例、分类、编号作为依据。

几乎在汤普森索引出版的同时，尼·安德烈耶夫依据阿尔奈的分类和编号，编纂了俄罗斯民间故事情节索引。[1]他删去了俄国未曾记录和出版过的情节类型，增补了俄罗斯人民群众流传的新的情节类型，同时还根据俄罗斯民间故事的具体特点对原有的梗概提要作了相应的改动，并且在每一种类型下面，详细列举了此前印行的全部民间故事资料的书目。阿尔奈—安德烈耶夫的类型编号系统以及安德烈耶夫所作的资料索引早已为俄罗斯民间故事研究家所广泛利用。这部索引以后又经著名民间文艺学家弗·普洛普增补，附印在著名的阿法纳西耶夫故事集的卷末。

其后，世界各国学者分析归纳了各地区或民族的民间故事的类型，出版了大量的索引，例如捷克（1929—1937 年）、西班牙（1930 年）、立陶宛（1936—1940 年）、中国（1937、1978 年）、意大利（1942 年）、爱尔兰（1952 年）、土耳其（1953 年）、西印度群岛（1953 年）、印第安（1957 年）、古巴、波多黎各、多米尼加和南美西班牙语区（1957 年）、乌克兰（1958 年）、法国（1957—1976 年）、印度、巴基斯坦、锡金（1960 年）、奥赛蒂亚（1960 年）、日本（1966、1971 年）、英国和北美（1966 年）、冰岛（1966 年）、东北非（1966 年）、中非（1967 年）、卡累利亚（1967 年）、墨西哥（1973 年）、拉托维亚（1977 年）、格鲁吉亚（1977 年）、白俄罗斯（1978 年）等国家、地区或民族均有民间故事类型索引出版。各种民间故事索引的总数实难精确统计，大致不下百十余种。本文由于篇幅的限制和作者识见的限制，只能挂一漏万，略举其要而已。

这些索引的规模不尽相同，有的仅三四十页，有的则长达 377 页（池田弘子所编日本民间文学情节类型索引）。一部分索引较为简略，很多索引则十分详尽完备，有的还附有若干地图，以标明某一民间故事在各地流传的广泛情况。另外，每一个民族都有一些较为复杂的、由若干个基本情节类型拼配组合而成的民间故事，因此很多索引还附录了拼配组合格局表。多数索引都还列出该索引和其他有关索引的编号对照表等等。

大多数编者在汇集各有关国家或民族的大量民间故事资料、进行分析排比、按部编类、开列索引时，花费了很多心血和精力。例如波兰学者尤·克尔日阿诺夫斯基（Krzyzanowski，1892—　）所编波兰民间故事索引第一、二卷（动物故事，神奇故事）出版于（20 世纪）40 年代末期。编者又经过十五年的辛勤劳作之后，才将全书（包括

1　尼·安德烈耶夫：《根据阿尔奈体系编纂的民间故事情节索引》，列宁格勒，1929 年（俄文版）。

生活故事、笑话、传说等部分）彻底完成。[1]他查阅了大量的书籍、期刊和未印行的档案资料。他利用波兰民间故事资料补充了很多新的情节类型，根据本国情况改写了情节类型提要，突出了民族特点。他在附录部分不仅列出常见的情节拼组格局表，并且还说明了故事的搜集地点和搜集（记录）者的情况。此外，还列出了许多民间故事情节被中古以至现代、当代作家改写为文学作品的情况。这一附录本身便是研究文学与民间文学相互关系的科学成果。

许多国家的学者在编纂民间故事情节索引的过程中，或者考虑到本国的特殊情况，或者考虑到AT体系的分类和编码的复杂不便，或者由于其他原因，通常都在AT分类法的基础上做出部分调整，有的不划分大的部类，有的则按自己的新的原则划分部类，有的则采用了新的编号。例如崔仁鹤所编《朝鲜民间故事类型索引》[2]即不同于原来的分部，而将所有民间故事分为六大部：I. 动物故事；II. 普通民间故事；III. 笑话；IV. 程式故事；V. 神话民间故事；VI. 未分类的故事。编者把所有的民间故事情节类型依以上六部分作了新的统一的编号，情节类型的总数为766型（在每一部分的末尾留有为数不多的空白编号，以待将来补充新的材料）。这一类索引虽然与AT编号不同，但书末列有详明的编号对照表，换算极为方便。

迄今为止，有一些国家或民族编纂过不止一本情节类型索引。由于新材料的不断发现，经过一段时间后，需要对原来的索引作相应的补充，这是很自然的事。有些国家的学者参考民间故事类型索引的体例编纂了传说情节类型索引。还有的国家依据不同体例、不同方法编纂了若干种民间故事类型索引，并且在索引之外还配合进行了关于故事类型的研究。例如芬兰以及日本的情况便是如此。

国际民间文学研究组织FF于1971年在赫尔辛基出版了池田广子以AT分类法为基础编纂的《日本民间文学类型和母题索引》[3]。在这以前，世界闻名的日本民间文学研究家关敬吾先生就在《日本昔话集成》及《日本昔话大成》中编纂了日本故事情节类型索引。现将他以及野村纯一、大岛广志在《日本昔话大成》第11卷“资料篇”[4]所作的对日本民间故事的分类和编号引录如下：

---

1 Krzyzanowski J., *Polska baika ludowaw ukladzia systematycznym*, T. I-II, Wyd. 2. 1962-1963.

2 In-hak Choi, *A Type Index of Korean Folktales*, Seoul, 1979.

3 Ikeda Hiroko, *A Type and Motif-index of Japanese Folk-literature* (FFC 209), Helsinki, 1971.

4 关敬吾、野村纯一、大岛广志：《日本昔话大成》，第11卷，资料篇，东京，1980。

Ⅰ.动物故事：1—6 动物纠葛；7—10 动物分东西；11—19 动物赛跑；20—24 动物争斗；25—31 猿蟹交战；32 山灵（胜胜山）；33 屋漏；34—45 动物社会；46—62 小岛的前世；53—83 动物由来；动物新 1—动物新 21—动物故事新类型；

Ⅱ.本格故事：101—109 婚姻·异类女婿；110—119 婚姻·异类媳妇；120—133 婚姻·难女婿；134—148 诞生；149—163 命运和致富；164—172 宝器的故事；173—183 兄弟的故事；184—196 邻家老爷爷；197—204 除夕的客人；205—222 继子的故事；223—227 异乡；228—239 动物报恩；240—251 逃跑的故事；252—269 愚蠢的动物；270—287 人和狐狸；本格新 1—本格新 46—本格故事新类型；

Ⅲ.笑话：301—458 傻子的故事；461—474 说大话；480—546 机智故事；550—626 狡猾者的故事；635—642 程式故事；笑话新 1—笑话新 26—笑话新类型；补遗 1—补遗 38。

日本的其他研究家，例如正在继续编辑出版的《日本昔话通观》的编者稻田浩二等，在分析、研究和厘定日本民间故事情节类型方面也有自己的贡献。由于中日两国一水之隔，文化交流具有悠久的历史，所以我们在研究我国民间故事的时候，倘能注意到日本民间故事的情况，倘能借鉴日本学者在类型研究、母题研究等方面所取得的成果，那么必会有很多新的问题涌现出来供我们思考。

五、专题索引和区域性比较索引

除就某一国家、某一民族的民间故事编纂的情节索引之外，我们还可以举出一种专门为某一部民间故事集所编纂的类型索引。这就是有关格林兄弟所记录的民间故事的情节类型索引。格林兄弟在民间文学研究领域内作出了重要贡献，他们搜集出版的德国民间故事（1812—1814）在世界范围内产生了广泛的影响。为纪念《儿童和家庭故事集》出版一百周年，捷克著名的民间文学理论家尤·波利夫卡同德国民间文艺学家约·鲍尔特编纂出版了五卷集的《格林兄弟故事索引》[1]一书。鲍尔特和波利夫卡在索引中就格林兄弟故事集中的二百个故事中的每一篇故事，都列举出当时已经记录下来的流传于世界各国的同一情节异文的篇目，详尽地标明国别和出处。这部索引以“BP”作为代号，在欧洲各国为所有民间文学工作者所广泛利用，

1 I.Bolte und J.Polivka, *Anmerkungen zu den Kinder—und Hausmarchen der Bruder Grimm*, Leipzig, B, I-V, 1913-1932.

成了他们不可或缺的工具书。汤普森在修订阿尔奈索引时，以及其他学者在编纂各国索引时，都曾大量援引过 BP 索引中的丰富资料。

近年来，由于国际性的比较研究的兴盛，有的民间故事研究家已经不满足于编纂一个国家、一个民族的索引，而是打开国家和民族的界限，把具有一定联系的几个国家或民族放在一起，统一考虑，编纂区域性的民间故事情节类型索引。《东斯拉夫民间故事情节比较索引》[1]即是这一类索引的最初尝试之一，这一索引概括了东斯拉夫三个民族（俄罗斯、乌克兰、白俄罗斯）民间故事流传的情况。这一类区域性的比较索引可以为各有关民族民间文学的比较研究提供较大的方便。从严格意义上讲，应该说它在体例上是汤普森索引的一种变体，它将概括的范围由汤普森的着眼于世界大部分地区改变为只描述若干有限的、密切关联的民族的民间故事情况，但是这种范围的缩小却给有关学者提出了新的研究课题，为他们进行更加深入的理论探索开辟了途径。

上述各种索引尽管在细节问题上存在着差异，有时甚至是较大的差异，但以总的编纂原则而论，性质是相同的，即以情节类型作为编纂索引的基础。迄今为止我们所见到的民间故事索引中绝大部分都属于这一种，而且从趋势上看在今后一段时间里，这种索引仍会继续增加，据知有许多国家和地区（如波兰、捷克、保加利亚、马其顿、斯洛伐克等）正在编纂或已经完成了民间故事的、民间传说的、民间叙事诗的以及其他民间文学体裁的情节类型索引。因此可以说，AT 分类法的原则在目前编纂民间文学索引方面占有压倒性的优势。

然而应该指出，以情节作为分类的基础绝非民间文学作品编制分类索引的唯一方法。早在本世纪初，即在阿尔奈确定他的分类原则的同时，保加利亚的民间故事研究家阿尔纳乌多夫就曾从另外的角度对保加利亚的民间故事进行了分类。他在《保加利亚民间故事分类的尝试》[2]一文中，以故事中所出现的形象（主人公）作为分类的基础。尽管阿尔纳乌多夫作出许多努力，但他的尝试存在着一系列缺点，最终没有被大家接受，这一段历史也较少为人所知。但是以主人公作为基础进行民间故事的分类在一定情况下，特别是在进行某些专题研究时，仍不失为可供考虑的分类原则之一。

1 勒·巴拉格等:《东斯拉夫民间故事情节比较索引》，列宁格勒，1979 年（俄文版）。

2 米·阿尔纳乌多夫:《保加利亚民间故事分类的尝试》，民间创作、科学及文学论文集，第 21 卷，索非亚，1905 年（保加利亚文）。

六、母题索引

20 世纪 30 年代中期，由于世界各国民间文学资料的大量发掘，对这些资料的系统分类问题一时成为民间文学理论研究的中心。自 1935 年以后举行过一系列的国际性会议，专门地或主要地讨论了这一问题。如上所述，由于民间文艺学历史发展的迫切要求，斯蒂斯·汤普森完成了增订阿尔奈索引的任务。在完成任务的过程中，他深深感到以情节为单位对民间故事进行分解编制索引，仍不能满足寻检和研究的需要。他认为应该把情节再进一步分解为更细小的单位——“母题”（motif）。

“母题”这个中文译名，大约是（20 世纪）30 年代下半期开始使用的。这一译名一半音译，一半意译，很符合我国翻译的传统习惯。如果我们在使用中能给它一个确定的科学的内涵，不使它引起歧义，那么它未必不是一个好的译名。然而“母题”一词常常会引起一种与本质无关的错误的联想，仿佛在“母题”之外还有“子题”似的，仿佛“母题”是与“子题”相对而言的。然而，只要我们大家约定俗成，使它变成一个确切的科学术语，久而久之终可排除这种错误的联想，正如当我们说“主题”的时候，并不（会）想到在“主题”之外，还有一个什么“副题”。所以，在我们找到更好的译名来代替它之前，只好暂且使用“母题”这个术语。所谓母题，是与情节相对而言的。情节是（由）若干母题的有机组合而构成的；或者说，一系列相对固定的母题的排列组合确定了一个作品的情节内容。许多母题的变换和母题的新的排列组合，可能构成新的作品，甚至可能改变作品的体裁性质。母题是民间故事、神话、叙事诗等叙事体裁的民间文学作品内容叙述的最小单位。关于母题是否可以作进一步分解，一些学者（如世界著名的民间故事研究家普罗普）提出了不同的意见，这是一个专门的问题，不属本文范围。但是我们必须指出，对于民间文学作品进行深层的研究，不能不对故事的母题进行分析。就比较研究而言，母题比情节具有更广泛的国际性。鉴于科学研究的这种实际需要，汤普森于 1932—1936 年花费了巨大的劳动，完成了六卷的《民间文学母题索引》[1]。这部书曾经多次翻印和再版，成为对文学作品及民间文学作品进行艺术分析的一本常备工具书。

---

1 Stith Thompson, *Motif-index of Folkliterature*, Vol. I-VI, 1932-1936, Bloomington.

这部书不仅是民间故事的母题索引，而且包括了口头流传的故事歌、神话、寓言、笑话、地方传说等许多民间作品的母题在内。这部书还包括了像《五卷书》、《一千零一夜》、中世纪小说等书面形式的群众创作的母题。索引中母题分类排列的顺序是以作者所谓的“从神话和超自然到现实和幽默内容的演化”为依据的。首先列出的是神话内容的母题，进而是关于动物形象、禁忌、魔法、奇迹、妖怪以及其他关于超自然力的观念，其次才列举有关人类社会、人与人之间的矛盾关系等方面的母题。现将汤普森的母题索引的大的部类列举如下：A. 神话母题（共 3000 号）; B. 动物（共 900 号）; C. 禁忌（共 1000 号）; D. 魔法（共 2200 号）; E. 死亡（共 800 号）; F. 奇迹（共 1100 号）; G. 妖魔（共 700 号）; H. 考验（共 1600 号）; J. 智慧和愚蠢（共 2800 号）; K. 欺骗（共 2400 号）; L. 命运的变化（共 500 号）; M. 预言未来（共 500 号）; N. 机遇和命运（共 900 号）; P. 社会（共 800 号）; Q. 奖赏和惩罚（共 600 号）; R. 捕捉和逃跑（共 400 号）; S. 异常的残忍（共 500 号）; T. 性（爱情、婚姻等等）（共 700 号）; U. 生活的本质（共 300 号）; V. 宗教（共 600 号）; W. 个性的特点（共 300 号）; X. 幽默（共 1100 号）; Z. 各种无法分类的母题（共 600 号）。

在这些大的部类之下，又分若干分部和更小的细类，每个母题均各归其类，有一序码，每一细类和每一母题下大都列引了文献书目。例如，在“神话母题”部类中有一细类为“人的创造”，包括了自 A1200 号至 1299 号的 100 个左右母题（有空白号码，同时也有分号码），其中开头的若干母题是：

A1200 造人

A1201 造人以统管大地

A1205 不称心的诸神是大地最初的居民

A1210 造物主造人

A1211 用造物主的躯体造人

A1211・0・1 神只凭其想象便用自己的躯体造出人来

A1211・1 用泥土和造物主的血液造人

A1211・2 用造物主的汗造人

A1211・3 用造物主的吐沫造人

A1211・3・1 用诸神的吐沫造人

A1211・4 用造物主的眼睛造人

A1211・5 摹拟造物主的躯体用泥土造人等等

（每个母题下面所列的书目索引均从略。）

母题索引的设想从理论的角度认识，应该说是必要的和有益的，汤普森在这方面作了不懈的努力。仿效汤普森编制这一类的索引的也不乏其人。然而汤普森在索引中兼收并蓄，巨细无遗，开列母题总数不下两万余条，而引用世界各地的资料虽然繁多，但难以搜罗尽致，因此就使得研究者在使用这部索引时，既有不便之处，又时而感到不能尽如人意。这样看来，倘能由泛杂而返于简约，或可于研究者有更多裨益。

七、中国民间故事类型索引

中国民间故事的丰富是举世闻名的。中国民间故事类型索引编纂工作的发轫应当追溯到到20世纪的20年代末。1928年，也即在汤普森出版其英文增订版阿尔奈类型索引的同一年，钟敬文和杨成志二位先生合译出版了《印欧民间故事型式表》一书。这并不是一部专门的民间故事类型索引工具书，而是夏洛特・索菲娅・伯恩所著《民俗学手册》（C.S.Burne：*The Handbook of Folklore*，London，1914）一书的附录。它提供了印欧故事70个类型的情节提要。该文迻译刊行后引起了我国民间文学研究界的很大注意。但大家所持的态度并不尽然一致，正如钟敬文先生在1931年的文章中所说，“有些人珍爱备至，常用以为写作民谭论文援引的‘坟典’。但有些人，却很鄙薄它，以为全无用处，甚至把它视为断送中国民俗学研究前途的毒药”。

此后数年内，中国民间文学界中一些以此为是的同道，便沿着这一方向，就故事类型比较研究做了许多探索。内中有一些较有影响的论文，如赵景深《中国民间故事型式发端》（载广州中山大学《民俗周刊》）；钟敬文《中国印欧民间故事之相似》（载广州中山大学《民俗周刊》）、《狗耕田型故事试探》（载宁波《民俗周刊》）、《呆女婿故事探讨》（载广州中山大学《民俗周刊》）；曹松叶《泥水木匠故事探讨》（载广州中山大学《民俗周刊》）；娄子匡《搜集巧拙女故事小报告》（载《开展月刊》《民俗学专号》）；清水《中西民间故事的比较》（载广州中山大学《民俗周刊》）；等等。

1931年，钟敬文先生在《中国的地方传说》[1]一文中，列举了中国地方传说的某些类型：鸡鸣型、动物辅导建造型、试剑型、望夫型、自然物或人工物飞徙型、美人遗泽

---

1 钟敬文：《中国的地方传说》，《开展月刊》1931年第10、11期合刊，《民俗学专号》。

型、竞赛型、（遗物型、）石的动物型、物受咒型。作者写道："除上述九（十）个'类型'之外，还有许多也是很普通（遍）或颇普遍的……待将来有机缘草写《中国地方传说型范》的专著时，再较详细地缕述吧。"[1]但是由于诸多原因，作者关于整理中国传说资料、编纂类型汇集的设想，迄今未能实现。

上述学者的局部探索为归纳和整理我国民间故事类型作了一定的准备。

1930 年至 1931 年钟敬文先生撰写了《中国民谭型式》，先在杭州《民俗周刊》连载，后于《开展月刊》之《民俗学专号》（或称《民俗学集镌》第 1 辑）集中发表。[2]作者所归纳出的中国民间故事类型的名称是（原未分类，亦无编号，编号为本文作者根据原有顺序所加）：1. 蜈蚣报恩型故事；2. 水鬼与渔夫型故事；3. 云中落绣鞋型故事；4. 求如愿型故事；5. 偷听话型故事；6. 猫狗报恩型故事；7. 蛇郎型故事；8. 彭祖型故事（共二式）；9. 十个怪孩子型故事；10. 燕子报恩（型）故事；11. 熊妻型故事；12. 享福女儿型故事；13. 龙蛋型故事；14. 皮匠附马型故事；15. 卖鱼人遇仙型故事；16. 狗耕田型故事；17. 牛郎型故事；18. 老虎精型故事；19. 螺女型故事；20. 老虎母亲（或外婆）型故事；21. 罗隐型故事；22. 求活佛型故事；23. 蛤蟆儿子型故事（共二式）；24. 怕漏型故事；25. 人为财死型故事；26. 悭吝的父亲型故事；27. 猴娃娘型故事；28. 大话型故事；29. 虎与鹿型故事；30. 顽皮的儿子（或媳妇）型故事；31. 傻妻型故事；32. 三句遗嘱型故事；33. 百鸟衣型故事；34. 吹箫型故事（共二式）；35. 蛇吞象型故事；36. 三女婿型故事；37. 择婿型故事；38. 呆子掉文型故事；39. 撒谎成功型故事；40. 孝子得妻型故事；41. 呆女婿型故事（共五式）；42. 三句好话型故事；43. 吃白饭型故事；44. 秃子猜谜型故事；45. 说大话的女婿型故事。

为使读者了解《中国民谭型式》的编写原则，特举第 5 型"偷听话型故事"的情节提要如下：

一、两兄弟（或两朋友），兄以恶心逐出其弟。

二、弟在庙里或树上，偷听得禽兽的说话。

三、他照话做去，得了许多酬报。

四、兄羡而模仿之，卒为禽兽所吃，或受一场大苦。

---

1 钟敬文：《中国的地方传说》，《开展月刊》1931 年第 10、11 期合刊，《民俗学专号》。

2 钟敬文：《中国民谭型式》（目录中写作《中国民间故事型式》），《开展月刊》1931 年第 10、11 期合刊，《民俗学专号》。

作者在编写中国民间故事型式时，“本拟等写成一百个左右时，略加修订，印一单行本（以）问世”，但是“写到原定数目一半的型式”，便“中断”了。[1]就我国民间故事资料编纂情节类型索引，在（20世纪）30年代初期是一项开拓性的工作。因此便难免一切处于初创时期的事物所具有的简约的特点。同时应该看到，这项工作更多带有尝试的性质和举要的性质。作者的立意与其说是要编纂一部反映中国民间故事类型全貌的索引，勿宁说是要为民间故事搜集家、研究家指出一条概括和分析情节类型以便于进行比较研究的新途径。由于这项工作因故中辍，并未最后完成，尤其是由于四十余年来，特别是解放以来，记录和发表了大量的民间故事资料，所以它已不能满足今天查检的实际需要。然而，从科学史的角度来看，这一著作无疑是具有其历史意义的。早在30年代，这一著作即被译成日文发表，在日本学界也受到相当的重视，产生了一定的影响。

1937年发表了沃·爱本哈德（W.Eberhard）在曹松叶的大力协助下编纂的《中国民间故事类型》[2]一书。这是关于中国民间故事的第一部大型索引。这部索引在刊行后的四十年间，几乎成了欧洲民间文艺学界认识和研究中国民间故事的唯一的类型检索工具书。该索引正文部分长达355页。引用的书籍、期刊等，总数为三百余种，搜罗之广，远及《山海经》《战国策》《吕氏春秋》等古籍，近逮30年代中期出版的民间故事集及民俗杂志等书刊。编者从这三百余种书刊里辑录了大量的民间故事资料，从中归纳出故事类型215种、笑话类型31种，共246种类型。

爱本哈德所编中国民间故事情节类型的分类和编号与AT索引有很大的不同，其具体情况如下：

故事：动物（1—7）；动物和人（8—19）；动物或鬼怪帮助好人，惩罚坏人（20—30）；动物或鬼怪嫁给男人，或者娶女人为妻（31—46）；造物、开天辟地、初人（47—65）；万物起源和人的起源（66—91）；河神和人（92—102）；仙人和人（103—111）；鬼怪和死神和人（112—124）；天神和人（125—142）；阴曹地府和起死回生（143—149）；天神和仙人（150—168）；魔法、有魔力的宝物和有魔力的事（169—189）；人（190—209）；勇士和英雄（210—215）。

笑话：傻子（1—10）；机智的人和狡猾的人（11—31）。

1 钟敬文：《中国民谭型式》（目录中写作《中国民间故事型式》），载《开展月刊》1931年第10、11期合刊，《民俗学专号》。

2 W.Eberhard，*Typen Chinesischer Volks Marchen*（FFC 120），Helsinki，1937.

爱本哈德索引的体例是:（1）在每一类型下首先按母题分述故事情节类型的提要；（2）在资料来源部分列出有关的书目、卷次、页码等;（3）最后，分别列出关于该类型的各种说明，如：关于其中某些母题的说明、关于故事中人物的说明、情节的延伸、补充、替代、变异、历史情况、比较对照、分布情况、附注等等。附列第三项是爱本哈德索引的重要特点之一。编者的这些说明是在对有关民间故事资料进行比较分析之后提炼得来的，因而对于进一步的比较研究具有一定的参考价值。

爱本哈德编纂索引的年代距今已远，与迄今已经印行的中国民间故事资料相比，它所引用的书目已显陈旧，已不能概括我国近世民间故事流传的实际情况。此外，编者在编纂索引时对于“中国民间故事”这一概念的理解似嫌过宽，因而在选材上便出现性质不一、繁芜驳杂的情况。国外学人研究我国民间文学问题虽可能有“旁观者清”之长，但另一方面又难免有“雾里看花”之殆。随着时间的推移，这部索引中的使人感到应该增补和修正的地方会愈益增加。然而，对于爱本哈德所编的这一部严肃的民间故事索引工具书，我们应当遵循“他山之石可以为厝”的古训，不妨翻译刊印，以为我国广大民间文学工作者之借鉴与参考。

1978年，继上述1937年刊印的FFC120德文版《中国民间故事类型》之后，FF刊印了丁乃通所编《中国民间故事类型索引》[1]。这部索引所概括的书刊资料达500余种，几乎超过爱本哈德索引的资料来源近一倍。资料较全，而且较新，大致包括了1966年以前我国中央和地方所刊印的绝大部分主要民间文学资料（台湾省1966年以后所出版的资料亦搜罗在内）。

丁乃通所编索引的分类和编辑原则以AT索引为基础，采用了国际通用的编码。这不仅是对所谓东方故事特殊论的一种有力的驳辩，同时也为各国学者进行民间故事的国际间的比较研究提供了极大的便利，即（便）对我国民间文学工作者来说，也不失为一部有价值的工具书。

这部索引分类编码的情况是:

Ⅰ.动物故事:1—299动物故事；

Ⅱ.普通故事:300—749神奇故事；750—849宗教故事；850—999生活故事（爱情

---

1 Nai tung Ting, *A Type Index of Chinese Folktales in the Oral Tradition and Major Works of Non-religious Classical Literature*（FFC 223）,Helsinki,1978.

故事)；1000—1199 愚蠢的魔鬼的故事；

Ⅲ．笑话：1200—1349 傻子的故事；1350—1439 夫妻的故事；1440—1524 女人(姑娘)的故事；1525—1874 男人(男孩子)的故事；1875—1999 说谎的故事；

Ⅳ．程式故事：2000—2199 连环故事；2200—2299 圈套故事；2300—2399 其他的程式故事；

Ⅴ．未分类的故事：2400—2499 未分类的故事。

现举其动物故事部分的第一型故事，以便了解该索引的一般编写体例：

No.1. 狐狸偷篮子

Ⅰ．(a)兔子(b)狐狸(c)鸟或者(d)其他动物(e)装死或装瘸或者(f)唱歌，引起过路人注意。

Ⅱ．当过路人(a)喇嘛(b)商人(c)姑娘或(d)其他的人或动物，停下来去捡装死的动物时(e)狐狸(f)兔子或(g)其他动物，偷掉他的(h)装有食物或(i)衣服或其他物件的篮子。

《动物故事集》，上海文艺出版社，1966 年，第 30—31 页(Ia，e，IIg，h)= 祝琴琴：《儿童故事集》，香港，1955 年，第 1—2 页；《动物故事集》第 70—72 页(Ib，e，IIa，f，g，h，i+70A)；第 160—16 页(Ic，e，IId，g，h+1115+49)；陈石峻：《泽玛姬》，北京，第 189—190 页(Ia，IIa，e，h，i，+70A)；贾芝、孙剑冰：《中国民间故事选》第一集，第 581—583 页(Ia，f，Ⅱb，e，h+21+30)=《动物故事集》，第 236—239 页……(以下从略)。

丁乃通先生用功最勤之处，也即此索引特长之处，在于资料出处罗列详尽，因而令使用者极感检索之便。至于提要部分，编者或因考虑到使用者可以借助于其他同类索引，所以在归纳和表述时，部分类型似有过分简略之嫌。倘译为中文供我国民间文学工作者使用，或应略作增补和调整为是。

本索引在附录中除刊有与爱本哈德索引(FFC120)的编码对照表之外，还附列了与池田广子所编日本民间文学作品类型索引(FFC209)的编码对照表，从而为中日民间故事比较研究提供了一定的线索。

八、关于编纂索引的浅议

在做过关于索引的概略评述之后，我们想再简括地谈几句关于索引的认识和关于编纂索引的建议。

民间故事作为人民群众集体创作的、传统的口头的语言艺术，是一种复杂的现象。民间故事不仅具有它特殊的艺术形式，而且还饱含着各自不同的思想内容。无论从形式方面，或是从内容方面，又都有多种因素在相互作用，以构成完整的有机统一的艺术作品。民间故事在它的本身中蕴含着集体的因素和个人的因素，传统的因素和即兴的因素，古代的因素和现实的因素，乡土的因素和更广阔的地域的因素，民族的因素和世界的因素，如此等等。

思想深刻的民间故事研究家不能对上述诸因素采取漠视或回避的态度。此外，他还必须对民间故事的实质、民间故事的想象的特点、民间故事的语言艺术的结构和特点、民间故事的价值、功能、在社会生活中的地位等问题，进行认真的、深入的探索和研究。民间故事的所有这些方面，固然都不可能脱离开情节而单独地、抽象地存在，但是关于情节的研究决不应该、也决不能代替对于蕴含于情节之中的其他因素的分析和研究。正如大家所知道的，单纯的情节归纳，不仅不能向我们提供一幅明晰的历史发展的画面，不仅不能为我们描述民间故事反映历史现实的图景，不仅不能使我们哪怕是最一般地认识民间故事创造者和讲述者的面貌，而且单纯的情节分类连民间故事本身的主题、形象、语言色彩、内部结构、思想倾向也不能向我们提示。

正是由于上述诸多原因使得我们只能把编纂索引看作是研究工作的手段，而不是研究工作的目的；看作是研究工作的准备，而不是研究工作本身。尽管如此，为便于掌握和利用无法数计的民间故事资料，类似 AT 索引的存在仍是十分必要的。我们利用这些索引，既不说明我们对它所存在的诸多缺点的迁就，也不意味我们对其编者的理论原则的苟同，我们利用这些索引手段仅仅是为了工作的便利和使大家在工作时能有一种共同的语言而已。一位学者曾经说过，一种语言的词汇在辞典中可以根据不同的原则，有多种排列方法，但是大家选定了按字母表来排列的方法，实际上这是一种最皮相、最不说明词汇本质的方法，但它最简便实用。我想，情节索引也与此相类似吧。但这只是比喻而已。

解放以来，在我们辽阔的国土上，在我国各民族中间，进行了大量的搜集工作，出版了大量的民间故事资料，这些珍贵的作品分载在不同的出版物中，分散在不同的机关、单位和个人手中，为了确切了解我国民间故事的蕴藏情况和搜集工作的现状；为了搜集工作和科学研究工作的方便；为了进一步规划和开展民间故事的搜集、出版工作；

为了搞好民间故事资料的档案保管，都需要对我国已经出版的（包括公开出版的和内部印行的）民间故事资料进行全面的统编分类工作。这项工作的现实迫切性是十分明显的。为了使这项工作能够取得良好效果，必须具备两个前提：一、搜罗要全；二、材料要真。第一点或许在付出相当的努力之后较易于做到；至于第二点，由于在一段时间里一些同志从不同的认识和不同的需要出发，在记录和出版方面要求不够严格，所以现在要做好剔抉辨正的工作大略并非容易。但对既往的搜集和出版工作应该看到它的成绩和主流，而不能求全责备。一般地说，作情节索引或许并不要求民间故事必须是准确忠实的记录，而只要基本情节内容保持原样就可以了。但是我们不是把索引看成为目的，而仅仅认为是发扬人民群众的文化艺术、加强对民间文学的认识和研究的一种工具和手段，因此才特别强调“材料要真”的这一前提。我们希望今后会有越来越多的科学版本出现，根据忠实的记录，选择精萃（粹）的故事，完全保持人民创作原有的面貌和语言，从而为人民群众的艺术天才留下真实的摄影。

如前所述，比较现有的几种中国民间故事情节索引，丁乃通先生所编索引搜集资料较新、较全，似可适应当前参考的急需，据知目前正在迻译之中，希望它能较快地出版。但据说在迻译出版时，只拟保留情节类型提要部分，而欲将故事出处的书目索引部分略去。这样做恐未允当。索引的价值正在于可以借助它按图索骥，便于查检。倘使略去书目部分，自然要减少这部工具书的实际价值的大半，而有悖于作者的初衷和读者的期望。当然，视今后的人力和条件而定，或许有必要在这部索引的基础上进行新的增补和订正，甚或有必要另起炉灶，重新编纂新的情节类型索引，以便进一步适应我们的要求。但这都是将来的话了。目前，我们还有许多空白需要填补。例如：

一、我国是一个传说极为丰富的国家，每一山水风物、名人巨匠、习俗节日，无不有瑰丽奇妙的传说伴随。传说之多、之美直如闪烁于夜空的万点繁星。我们急需有一部关于传说的类型索引，以便于我们更好地掌握和研究我国的传说资料，就像我们在浩瀚的星海之中要辨明方位，知其所指，就必须有一张给每一颗星起一个名称，并把它们划分为若干星座的星空图一样。

二、我国地域辽阔、人口众多。我国的许多民族的人数和许多省份的疆域，比起其他大陆的一些国家来还要多、还要大。而我国各民族各地区的民间故事又极为丰富。倘能就一个民族或一个地区的民间故事编成类型索引，那也将是一种具有开创意义的很有价值的工作。

三、我国是一个多民族的国家，各民族人民在长期的历史过程中创造了绚丽多彩的优秀文化。五十六个民族的民间故事和传说各放异彩而又相互映照。如果能根据各民族的密切的历史文化关系编纂不同民族的双边的或多边的，乃至全国性的民间故事类型比较索引，那将是我国各民族民间文学研究工作中的一个可喜的成果，将对各民族民间文学的比较研究产生良好的影响。

四、我国与许多国家接壤或隔水相望，文化的相互交流和彼此影响具有悠久的历史。对我国和日本、朝鲜、越南、印度、泰国、缅甸、蒙古等国家以及阿拉伯国家的民间故事作比较研究，可以帮助我们探索出各民族文化交流的历史规律，同时也可以帮助我们更加深刻地认识我国民间故事的特点和本质。因此，编纂各国民间故事比较索引将是一项很有意义的工作，对世界民间故事研究来说也是一种有益的尝试和有价值的贡献。

至于编纂除情节类型索引以外的其他种类的索引，也应该有适当的专人在适当的时机开始探索。

五、我国历史悠久，搜集故事的传统也甚为久远，以记录民间故事的时间的迟早而论，恐怕在世界各国很少能找到先于中国文献的。魏晋南北朝时期的《搜神记》《异苑》《幽明录》《续齐谐记》等，撰录的年代距今约有十三、十五个世纪之久；即使唐代的《酉阳杂俎》，辑录的时间至今也已经过去一千一百多年了。以后的记录工作始终连绵未断。对民间故事进行历史研究在我国具有极为优越的条件。如果在编纂索引的宗旨、原则和体例上能够另辟蹊径，从历史的角度来分析若干故事，把在不同历史时代记录下来的同一类型的故事编成索引，或将为我国民间文学研究者开拓一片新的田地。

六、人民的口头创作与作家的文学作品是不同范畴的艺术现象，既有联系，又有区别。我国不仅有很长的记录民间故事的历史，同时还有从文学角度改编、整理民间故事的传统。如果把一系列故事从古到今经不同作家、整理家用自己的艺术手段和艺术语言进行改编和重写的情况，多方寻求，详加稽考，分类编纂，著成索引，那必将为我们提供一部有重要学术价值的工具书。

此外，如母题索引等其他种类的索引，乃至建筑在新的分类原则基础上的新型索引，都未始不可成为某些有志于此的民间文学工作者的工作项目。

应该看到，我国的民间文学研究工作具有很多有利的条件：资料的丰富，历史的久远，现实环境的可贵，这些都是不言而喻的。更为重要的是我们有历史唯物主义和辩证唯物主义的思想体系和方法论作为指导来观察和认识民间文学现象及它的内部规律，这使我们能够摆脱唯心论和形而上学，从而可以避免歧途和少走弯路。但同时也应该看到，目前我们的工作距离人民的要求，距离四个现代化的要求，距离现代科学的发展，还相差很远，我们必须迎头赶上。我个人觉得，应该精于思，勤于作，不犹豫停顿，不原地踏步，不亦步亦趋，也不走弯路，更不后退，要选择捷径，加快速度，只有这样才能迎头赶上。说到这里使我想起一段往事：1958 年民间文学工作者第一次代表大会期间，我曾向当时还健在的我国民间故事搜集家李星华同志谈起过编译 AT 情节类型索引的问题，1962 年以后她又提起过此事，并且寄予了很大的期望。于是我在 1966 年以前的一段时间里，在其他工作的余暇，断断续续地积累了许多卡片，然而后来竟全部散失了。时日蹉跎，事犹未成。今天在写这篇关于索引的述评的时候，我不能不以一种抱愧的心情来追思这位优秀的民间文学工作者。“往者不可谏，来者犹可追”，有感于此，便说了上面这样一段题外的话，以作为本文之结。

1982 年 2 月

《六月雪》故事的演变[1]

顾颉刚[※]

每一个故事都是有生命的，传过一个时代有一个时代的变化，传到一个地方染一个地方的色彩，它们是最自由最真实的文学产品，决不似记载正经事那样要受种种事实的限制。同时它们的影响也是最大不过的，我们研究历史时常可以遇到有许多事实是在受着故事的影响，虽然那些作者都是不自觉地的在正经其事地著作着。更有一件，我们若用研究故事的态度来看历史，虽然不会完全无误，但有不少的时候可以省许多力的。

我个人是对于故事的研究最感兴趣的，只是年来的工作太多，每日俱在忙得不得了，实在没有工夫来过研究故事的生活了。更因为一个《孟姜女故事》十几年弄得没完没了，总打算有机会尽先把它整理出来，所以更不敢存野心去弄旁的故事的，但是这爱好故事的热力，却永远潜在着，一遇机会总要发泄出来。这次不知怎样见到了一本《六月雪》，又恰巧的翻到了关汉卿的《窦娥冤》，立刻把我对于这个故事的热情燃烧起来，想把它整理一下，又苦于没有时间去找材料，只得就手边一时所有的来草草地写一下。这些材料研究这个故事当然是不够的，可是也因为材料不多才容易成。同时其内容已很有可观了。

这样粗制的东西，当然不是我所满意的，有机会自然须改写，若是再能遇到像民国十三年时《孟姜女故事的演变》那样的幸遇，那就太好了。

记载这个故事的时代最早的，以手边的材料而论，要说《淮南子·览冥训》的“庶

---

1 刊于1983年第1期。

※ 顾颉刚（1893—1980），中国现代著名历史学家、民俗学家，古史辨学派创始人，现代历史地理学和民俗学的开拓者、奠基人。

女叫天”了。其文云：

庶女叫天，雷霆下击，景公台陨，支体伤折，海水大出。

高诱《注》云：

庶贱之女，齐之寡妇，无子不嫁，事姑谨敬，姑无男有女，女利母财，令母嫁妇，妇益不肯，女杀母以诬寡妇，妇不能自明，冤结叫天，天为作雷霆，下击景公之台。陨，坏也。毁景公之支体，海水为之大溢出也。

此是说这个故事出于齐景公之时，接着的要说到《说苑》卷五的记载了：

丞相西平侯于定国者，东海下邳人也。其父号曰于公，为县狱吏，决曹掾，决狱平法未尝有所冤，郡中离文法者，于公所决皆不敢隐情。东海郡中为于公生立祠，命曰于公祠。东海有孝妇，无子少寡，养其姑甚谨，其姑欲嫁之，终不肯。其姑告邻之人曰："孝妇养我甚谨，我哀其无子守寡日久，我老，累丁壮奈何！"其后母自经死，母女告吏曰："孝妇杀我母。"吏捕孝妇，孝妇辞不杀姑。吏欲毒治，孝妇自诬服。具狱以上府，于公以为养姑十年以孝闻，此不杀姑也。太守不听，数争不能得，于是于公辞疾去吏。太守竟杀孝妇，郡中枯旱三年。后太守至，卜求其故，于公曰："孝妇不当死，前太守强杀之，咎当在此。"于是杀牛祭孝妇冢，太守以下自至焉，天立大雨，岁丰熟。郡中以此益敬重于公。于公筑治庐舍，谓匠人曰："为我高门，我治狱未尝有所冤，我后世必有兴者，令容高盖驷马车。"及子，封为西平侯。

《汉书》卷七十一亦记有此事，虽大致相同，而亦有少许不同处，其文云：

于定国字曼倩，东海郯人也。其父于公为县狱史，郡决曹，决狱平，罗文法者于公所决皆不恨。郡中为之生立祠，号曰于公祠。东海有孝妇，少寡，亡子，养姑甚谨，姑欲嫁之，终不肯。姑谓邻人曰："孝妇事我勤苦，哀其亡子守寡。我老，久累丁壮，奈何？”其后姑自经死，姑女告吏：“妇杀我母。”吏捕孝妇，孝妇辞不杀姑。吏验治，孝妇自诬服。具狱上府，于公以为此妇养姑十余年，以孝闻，必不杀也。太守一听，于公争之，弗能得，乃抱其具狱，哭于府上，因辞疾去。太守竟论杀孝妇。郡中枯旱三年。后太守至，卜筮其故，于公曰：“孝妇不当死，前太守强断之，咎党在是乎？”于是杀牛自祭孝妇冢，因表其墓，天立大雨，岁熟。郡中以此大敬重于公。

《太平御览》卷四百十五“孝女”条下亦引《汉书》之文，但词句亦微有出入，其文云：

《汉书》曰：东海有孝妇，少寡无子，养姑甚谨，姑欲嫁之，终不肯。姑告邻人曰：“孝妇养我勤苦，我老，久累丁壮，奈何！”其后姑自缢死，姑女告吏曰：“妇杀我母。”吏捕孝妇，自经服罪。于公以为此妇养姑孝闻，必不煞也。太守不听，于公争之不能得，乃抱其狱哭于府上，因辞疾去。遂煞孝妇，郡中枯旱三年。后太守至，于公曰：“孝妇不当死，前太守强断之，当在是乎？”于是太守煞牛自祭妇冢，天立大雨。

以上三条，文字之间，虽互有出入，但其重要之点则完全相同，并皆为孝妇死后东海郡中枯旱三年，后经祭奠，立即大雨。以示上天在怜念孝妇之冤。不但这个故事如此，其他凡是冤枉而又不能分诉的，天也往往会有此种类似的表现给人们，如：

《晋书》曰：督运令史淳于伯刑于建康市，百姓喧哗，咸曰伯冤，于是大旱三年。（《太平御览》卷三十五“时序部”引）

上面的“枯旱三年”，乃天为孝妇诉冤的表示，是极明白的了。此外尚有一种表示，是使这故事特别动人，而其生命因之延长扩大，成为极伟大的悲剧的主因，厥为下雪。《太平御览》卷十二“雪”条下引《汉书》云：

《汉书》曰：汉女者，居东海，养姑。姑女谗之于姑，姑经，太守诉而杀之，五月下雪。

《御览》之文颇多不可解处，如汉女者之“汉”字即是。特以原书之文，一时不易寻到，故暂用之。五月后作“六月”，或原即作六月，原非下雪之时，天道之所以如此改常，也就是表现为这含冤的孝妇诉苦。关于这条，天道也有一种类似的表现“飞霜”，这是后来常被人们和“三年不雨”（即上引之“枯旱三年”）联用在一起的。

> 《淮南子》曰：邹衍事燕惠王尽忠，左右谮之王，王系之狱，仰天哭，夏五月（今《辞源》子二八三页引《史记》作“六月”，且普通亦俱作“六月”）天为之下霜。（《太平御览》卷十四“霜”条引）

枯旱和降雪都是上天自动的怜念孝妇的冤枉，来表现出来给世人看的。此外尚有一件是上天应了孝妇临刑时的请求，而作出来给世人看的，虽是这一件在故事的生命史里比较晚多了，但重要点比了上二条却是一样，并不因为没有上二条历史长而减轻了地位。这里所要说的，即是孝妇的血的奇异。

> 按《搜神记》，东海孝妇养姑甚谨。姑曰：“妇养我勤苦，我已老，何惜余年，久累年少！”遂自缢死。其女告官云：“妇杀我母。”官收系之，拷掠毒治，孝妇不堪苦楚，自诬服。之时于公为狱吏，曰：“此妇养姑十余年，以孝闻徼，必不杀也。”太守不听，于公争不得理，抱其狱词哭于府而去。自后郡中枯旱，三年不雨。后太守至，于公曰：“孝妇不当死，前太守枉杀之，咎当在此。”太守即时身祭孝妇冢，因表其墓。天立雨，岁大熟。《长老传》云：“孝妇名周青，青将死，车载十丈竹竿以悬五幡，立誓于众曰：‘青若有罪，杀，血当顺下。青若枉死，血当逆流。’既行刑已，其血青黄，缘幡竹而上极标，又缘幡而下云。”（《闺媛典》卷三十二“东海孝妇”）

这里所引的《搜神记》，与前枯旱各条所说相同，所引而《长老传》则非以前所能见到，并且孝妇有了名姓。及至王韶的《孝子传》，则比较着关于孝妇的身家更有了详细的记载和变更，这是大可注意的一点。

王韶《孝子传》曰:“周青东郡（据以上所引，东郡当作东海郡）人也。母患积年（“患”字下当有遗字），青扶侍左右，五体羸瘦，村里乃敛钱，营助汤药。母痊，许嫁同郡周小君。疾，未获成礼，乃求见青，属累父母，青许之，俄而命终。青供养为务。十年中翁姑感之，劝令更嫁，青誓以匪石。翁姑并自杀。女姑（依上所引二字应互换，女姑二字不易解）告青害杀。收考，遂以诬疑。七月刑青于市，青谓监杀者曰：‘乞树长竿，系白幡。青若杀翁姑，血入泉；不杀，血上天。’既斩，血乃缘竿上天。”(《太平御览》卷六百四十六“斩”条引)

行刑的时间，在此又成为七月了，这是以前所没有的。不过这也只有在这里一见，以后又不是这样的。

这个故事在唐、宋两朝很不发达，在唐人传奇和宋人小说里面，现在一时还没有查到有关于这个故事的记载和传说。不料到了元朝却极兴旺起来。据《录鬼簿》所载，《东海郡于公高门》的剧目，竟有王实甫、梁进之、王仲元三家，可见这时它被作家的重视了。不幸的是这三本《于公高门》都没有传下来，不能使我们明白其详细的内容。但是可以大概知道，所谓《于公高门》，一定是以孝妇的故事为主的。然而却又大幸的是此外有一种《窦娥冤》传了下来，这本戏不但即是前文所说“东海孝妇”的后身，并且是我国最有名的大悲剧。王静安先生曾称其“即立之于世界大悲剧中亦无愧色”的。其内容如下：

楚州住有秀士窦天章，家贫，欠本地富户蔡婆婆银子二十两，本利共计四十两，不能偿还，又因大比之年，欲上京应试，无有盘费。可巧那蔡婆婆看中了他的女儿端云，要她作她的儿媳，不但不再要他还钱，并且还帮助他上京取应的旅费。窦秀才出于无奈，虽然女儿还只有七岁，但因她三岁上就死了母亲，家中无人照应，现在又急于用钱，就应许了蔡婆婆把端云送到她家，又得了她十两银子，自己上京去了。从此端云改名窦娥，在蔡家作起童养媳来。

十三年后，窦娥已是二十岁，她的丈夫却早又死了三年了（她和他只结婚二年，他就死了），婆媳二人都守着寡，但是她们还很有钱，生活是不发愁的。这时她们已移到山阳县居住，在山阳县的南门外有一个开药铺的赛卢医，欠蔡家二十两银子不能还，这天蔡婆婆前去讨债，赛卢医暗起不良的念头，诓她到无人之处，打算用绳子勒死她，正在危极之时，来了行路的人，赛卢医看事不好，就逃去了。

那行路的乃是父子二人，年少的叫张驴儿，他们救下了蔡婆婆，知道她很有财产，并知道她有一个年轻的守寡的儿媳。张驴儿就逼令她招他父亲作丈夫，而把窦娥给他作媳妇，不应允就仍用赛卢医的绳子勒死她，蔡婆婆无奈只得含糊答应。回到家中，窦娥却怎样也不肯应允，蔡婆婆也不好逼她，张驴儿父子也就暂且在她家住下。张驴儿一时弄窦娥不上手，就想先把蔡婆婆害死，然后不怕窦娥再不应从他。可巧一天蔡婆婆有病，想吃羊肚汤，张驴儿认为是好机会，正好把毒药下在汤内，但城内耳目众多，无处去买毒药，才想到城外去买，却正巧被他寻到赛卢医药铺内，赛卢医欲不合毒药给他，禁不起张驴儿要声张他害蔡婆婆之事，不得已把药给了他，自己就赶紧逃走了。

窦娥做得了羊肚汤，张驴儿推说太淡，支开她去取盐，乘机会把药下在汤内。谁知蔡婆婆忽又不想吃了，让给驴儿的父亲吃，吃下不久，毒气大发，这个老儿就死了。张驴儿见他父亲一死，就将错就错说窦娥害死了他的父亲，若是窦娥肯嫁给他就算罢了，不然告到官里，就说她害死了公公。窦娥自然不肯依他，大家一同去到官里，偏偏遇到问官非常糊涂，只听张驴儿一面之辞，不管窦娥的言语，并要加重刑于蔡婆婆，窦娥因不忍年迈的婆婆受苦，只得屈招。

不久，窦娥出斩的日期到了，她自监里被押出来到法场上去，真是满腹的冤枉无处去诉，此时她怨天怨地都是无用，她又怕婆婆看见她受刑难过，央求着刽子手绕路从后街里走。到了法场，眼看就要受刑，她实在无法明白她的冤枉，遂要求监斩官允许她立下三桩誓愿：

第一，要一领芦席裹着身体站立，再要丈二白练挂在旗枪上，她死后，所有的血都飞在白练上，一点也不落在地下。

第二，现在虽是三伏天道，却要天下三尺大雪遮盖她的身体。

第三，要这楚州地面亢旱三年。

监斩官虽见她的要求都是无道理的，但在行刑之后，果然她的一腔血都飞在白练上，而天又立刻下起大雪来，也就非常惊异，三桩誓愿，立刻应了两件，想来那第三桩也要应验了，遂立刻把尸首交给她婆婆收殓去了。

果然一切都应了窦娥的誓言，楚州地面真个连着三年大旱。这时有一位两淮提刑肃政廉访使巡查到这里，对这三年大旱的光景很是奇怪，这人正是窦娥的父亲窦天章，他应试得中以后，就遣人去寻访他的女儿，但是据说搬走了，不知去到哪里，无处去访。十六年来他是时常想念他的女儿，甚至将要想出病来。这次来到楚州，夜间查阅案卷，见第一件就是害死公公的案子，犯人偏偏又姓窦，很不愿意看它，压在下面，谁知再看别的，却还是那一件，桌上灯光又时明时暗，如是好几次，最后被他发见有一个女鬼在那里拔灯、翻置案件。他用剑威吓她，那女鬼却哭起来，正是他的女儿。他一听她就是害死公公的窦娥，很是生气，及至听完其中的情节，乃悲哀的了不得，允许立刻为她报仇。

明日传齐了所有人犯，重新审问，张驴儿仍然狡赖，不肯招认，窦娥的鬼魂当堂出现，和他质对，他虽然害怕，却还不肯承认。后来人役又将那在逃的赛卢医拿到，证明了张驴儿曾买过他的毒药，张驴儿无可再赖，方才服法。

窦天章表明了女儿冤枉，又和蔡婆婆相认了。

这里最可注意的是孝妇（窦娥）的身世详细多了，并且三桩誓愿都合在一起，在以前是只有一种传说的，于此却都作了窦娥临刑的誓愿了。并且排列的次序，和发生的历史相反，是很可注意的。此外另有一点是在此剧中已把那“东海孝妇”的故事引用起来，似乎是另外一件事的（这是关于杂剧作家技术思想问题，以故事论，无疑的是一件故事，并非两个，此例在元杂剧中很多，不及细举）。也是故事中一件很有意思的问题。

传奇里的《金锁记》，就是《窦娥冤》的后身，情形大概差不多。最不同的是结果窦娥未死，成了个团圆的局面，所以后人对此多不满意，如：“元有《窦娥冤》剧最苦，美度（叶宪祖）故而此中写出，然不乐观之矣。”（《新传奇品》）其实这也是限于体例，传奇的文字，不做团圆的很少，若用研究故事演变的态度来看，也是很好玩的呢。

关于《金锁记》的作者，亦有不同的传说，有的说是叶宪祖，有的说是袁于令，所以又出了折衷的说法是：“或云袁于令合作，或云桐柏初稿，于令改定之。”（《曲录》于叶宪祖下引《传奇汇考》）这虽于故事的本身无关，但时代却发生了明（叶）清（袁）的问题。不过最可惜的还是不能见到全本，想来这《金锁记》的全本或者就是很少的（吴瞿瞿著《中国戏曲概论》多以见到者著录，于明无叶氏。于清代袁晋下只录《西楼记》一种，吴氏为专治戏剧学者尚未见到，通常人无论矣），不能窥其全豹，于今只能在选出最多的《缀白裘》中（共选六出，为《送女》《私祭》《思饭》《羊肚》《探监》《法场》，其他选本只《六也曲谱》有四出，且与此相同，余者只一二出耳）略可考见其故事之大概。

秀才窦天章与蔡家相善，因家贫屡受人家的周济，后来蔡家的男人死了，那蔡婆婆看窦秀士的人才文学俱好，遂把他的女儿定为自己的儿妇，两家作了亲家。这年窦天章因欲上京赴试，家下无人照料，遂把十三岁的女儿瑞云送去与蔡婆婆作童养媳，瑞云心里虽不愿意，但又无可如何，只得前去。到了蔡家，只有蔡婆婆一人在家，她的儿子入学去了。她见了瑞云很是喜欢，两亲家彼此谦逊一番，窦天章就要告辞，瑞云在和父亲分离的时节十分难过，但又无法留住他，终被蔡婆婆扶她进去，她的父亲乃洒泪去了。

后来蔡婆婆的儿子在外面落水死了，窦娥（改名的时候不详）虽然心里悲伤，但是既然未曾结婚，并且未见过面，在人前是不敢哭出来的，只得在暗地里落泪，一天趁着婆婆睡熟，自己备些祭礼，私自祭奠丈夫，不想在暗中却被她婆婆听见，见她那样伤心，心里又是喜欢，又是难过。遂出来和她相见，窦娥见已被婆婆知道，也就不再隐藏，她反倒想自己不该太悲哀了，致令引起婆婆的伤心，这时婆媳二人真是彼此同一苦楚，遂一同苦度下去这凄凉的岁月。

后来蔡婆婆因为遇到一种危险，被一对讨饭的母子救下了，她一来感谢他们的恩情，二来可怜他们的境遇，遂把他们留在家中住着。那个母亲倒是心满意足，不想那儿子张驴儿却心怀不良，想要霸占蔡家的财产，并要窦娥作他的妻子，所以他一心要害蔡婆婆一死。可巧这天蔡婆婆病了，因为略轻了些，想要吃些羊肚汤，张驴儿给买了来，又假说窦娥作的太淡，支开她去取盐，就趁势放些毒药在内，以为蔡婆婆吃了，一定死定了，谁知蔡婆婆忽然嫌腥不吃，让给他妈吃，张妈妈非常喜欢，以为从来未吃过这样好东西。谁知吃了不久，毒气发作起来，吓得蔡家婆媳不知如何是好。张驴儿这时进来，看见他妈那样，知道她错吃了毒药，但也只好将错就错。及至他妈死后，他就说她们婆媳无故害死他的妈，若要不见官，除非把窦娥给他作媳妇。她们自然不肯答应，张驴儿就扯着蔡婆婆去见官，窦娥也急忙赶了去。窦娥被收在监里，她婆婆放心不下，备了些水饭到监中前去看望于她。这时看监的禁子正因为窦娥没有钱给他，要收拾她，她婆婆到了也是没有钱，他如何容她们相见，经不起老婆子苦苦的哀求，才放她进去。窦娥听说婆婆来了，她怕她婆婆看见她受罪的情形难过，自己挣扎着出来和婆婆相见。这时她是吃不下饭的，婆媳二人正诉苦间，禁子进来说窦娥的死罪已定，就要出斩。她听了立刻晕过去，经她婆婆和禁子把她叫醒，又听说官府下来查监，硬把她们婆媳二人又给拆散了。

六月三日是窦娥应当受刑的日子，山阳县四衙钱为命奉命监斩窦娥，此时她真是“上天天无路，入地地无门”了，心中非常的悲苦，又怕婆婆看见受不住，要求行刑的人在前街里走，不要走后街被她婆婆撞见。并要求他们行刑时给她一个痛快，免得受苦，众人都为她伤心难过。到了法场，她早已晕过去。但是却早又被她婆婆找来了，她至此亦无话可说，只要婆婆自己好好保养，不要为她难过，她爹爹回来问时也不必告诉他实话。看看时候已到，就要行刑了，天却下起大雪来。接着就见提刑大人差了人来说：“炎天降雪，必有奇冤，应决人犯，带去收监，请宗定夺。”于是窦娥方得活命，可是又被带到监里，不能即刻和婆婆相见的。

这里所见的虽只六出中的情节（其实只五出，《思饭》乃写张驴儿之家庭，无有用的），可喜的是大体的主干已全有了。结果如何虽不能细知，但是窦娥不死，婆媳团圆（或者不止婆媳）总是可以的了。只是有两点不能明了，第一，是《金锁记》的名称，是否因为定婚时的礼物为金锁（见后），不能见到，且在《送女》句内毫未提及，似有可疑（见后）。第二，提刑大人为谁？这和后来的故事很有关系，若只据“提刑”二字证以“两淮提刑肃政廉访使”，似亦即为窦娥之父，但不敢断定。

这个故事在近百年来却是极发达的，在各种地方戏里面多可以见到这个名字，而在皮黄戏里更占到极重要的地位，成为一种极普通极常见的戏剧，不论在很早的过去，或最近的现在。不过在现在却有些是不和二三十年前相同的，这是因为有了演全本《金锁记》（皮黄）以后的事。如今且叙述一下较早一些的《六月雪》的剧情。

说是《六月雪》，最普通的，还不是演《法场》的六月下雪，其实乃是《探监》的一段，连合《探监》《法场》在一起的虽也有，但比较少见的。今为节省篇幅，以两出合在一起的为准来说。

山阳县监内的禁婆子，因为女犯窦娥到监多日，没有给过她钱，叫出来使私刑拷打。那窦娥满腹含冤，哭得禁婆子心软，不忍再下手。她听窦娥说明她的冤枉，知道都是“张驴儿买羊肚下毒药起心不良，不想却害死他自己的母亲，县太爷未曾查访，即把窦娥定罪”，也很为她伤心。这时窦娥的婆婆前来探望媳妇，禁婆子虽得不着钱，因看她们冤苦，也只得放她进来。那婆婆见媳妇不像人模样，乃特意为她梳洗，并拿宽心话开解她。婆媳们正说话间，禁婆子进来说，明日窦娥就要斩首了。窦娥一听立时死过去，半日方还醒过来，婆媳又在惨痛中分别了。

次日窦娥被绑上法场，真是丢魂失魄，心中非常难过，不知哪里说起遭此横祸。天地也不能分辨，亲邻怕被牵连都不敢照面，丈夫又在外边不能相见，婆婆年纪又高迈，难近前来，真是无人可以告诉。况且那些还不知底细的人，以为自己真作了恶事，死得真是何等冤苦！不过事到如此，想什么也不中用了，只有求那行刑的人，行刑后把尸首隐过一边，免得婆婆见了难过。那知她婆婆早已寻到法场上来了，婆媳见面，无话可说，只有哭泣。她告诉她婆婆，若是她父亲回来时问她，不要说出实话来，就说她得病而亡了。正在难分别时，时辰已到，看看就要动刑，窦娥仰天大叫，天却也立时大变，风雪大作，接着有旗牌到来，奉窦太师命，说“天降大雪，窦娥必有冤枉，且听候发落。”那知县爱钱如命，至此也不敢再坚持，乃将窦娥交与她婆婆，婆媳们相见，深感上天保佑，乃一同向天叩拜。

上面已然说过，通常是只演《探监》一节的，却即名为《六月雪》，若连《法场》一起演，则必曰“代（乃‘带’字之误）法场”，或曰“准代法场”，其意即以不演《法场》为正规，连演《法场》为特例也。特以上所述乃据普通剧本，最近见《世界日报》有《斩窦娥》剧话一则，其中有一节笑话，现在想来与此颇有关系。据云：老伶工刘春喜尝言窦娥乃关公之母，娥被屈杀于法场，身死后而关公降生。这真是神话中又神话了。无论人死后不能生产，且窦娥与关公实风马牛不相及，更何况窦娥生前为寡妇或处女，决无生子之可能。不过这样附会当然有他的原因，第一，《单刀会》《西蜀梦》与《窦娥冤》俱为关汉卿的作品，后人不明内容，很容易有混合的附会；第二，相传关公的生日与窦娥被斩，都是在六月里，也很容易牵合到一起。这都是在那则剧话里已被提到的。此外，似乎像关公这样的受人崇拜的名人于其出处，应当附以神话，而同时像窦娥那样贤孝而又遭受那样冤枉，其身后应当有特殊的表现，也未始不是形成这个神话的一个重要原因。因为每一个特殊的名人都全有类此的神话来附会的，如孔子、耶稣，就是最明显的例子。但是我所注意的还不是以上这些，乃是想到说此话乃一老伶工，早年的伶人知识不会很高的，他们所熟知的，无非戏剧范围以内的事。那么既然有如此的传说，则在当年演剧，窦娥或是被斩首的，并没有遇赦。不然这个传说决不会起来，这是与现在所见的剧本不同处，只是除此以外没有旁的证据，只可存疑，在这里不能遽下论断。

演全本《金锁记》始于程砚秋，自此以后，演全本的即名为《金锁记》或名《羊肚记》（坤伶杜丽云用此名，内容与《金锁记》完全相同）。演单出的名为《六月雪》，十之八九只演《探监》，连《法场》演的，更是不容易见到了，因为《探监》《法场》连在一起已占全剧唱工四分之三以上，与其演此，不如去演《金锁记》，名称既漂亮而又可以叫座了。这是近今这个故事的情形。其《金锁记》的内容大略如下：

> 《金锁记》乃是明朝万历年间事，蔡御史之子蔡昌宗，取窦尚书之女窦娥为妻，当初用金锁为定礼，故名为《金锁记》，本为昆曲翻改乱弹，乃秘藏旧本，向来无人演过。此剧自蔡昌宗别家赴考，中途为仆人张驴儿推落淮河，蔡老夫人闻信哀痛，病中想吃羊肚肠，张驴儿在汤中置毒，蔡夫人未吃，给与驴儿之母张妈妈吃了，中毒身死。驴儿欲霸占窦娥为妻，借尸图诈，拉蔡母到公堂，受刑不过，窦娥替姑认罚，定了斩刑。因其孝义感动天心，故尔六月下雪。巡按海瑞昭雪冤情，驴儿正法。蔡昌宗遇救得生，得中状元，回家团圆。共十五场，首尾完全，结构完密，乃旧剧中绝无仅有之佳剧也。……（程砚秋《金锁记》说明书）

观上所述，除“首尾完全”以外，中部情节和旧演之《六月雪》完全相同（说明书中有简略处，如驴儿与其母定计，蔡昌宗被渔船所救而遇其父执，及蔡婆婆探监等），然其云：“本为昆曲翻改乱弹”，却有可注意处，即其所谓昆曲，与以上所述《金锁记》稍有不同：第一，蔡家家世，在上引六出戏内虽不能见到，然细观所有言语动作事，似非御史之家，而窦天章在送女时实只一秀士而非尚书（或其后为尚书，然亦不应即作此称）。第二，用“金锁为聘礼，故名为《金锁记》”，聘礼为何物在上引戏中，亦未见到，不敢断定是否。第三，据上引《金锁记》窦娥与其夫并未谋面，此则云别家赴考。第四，据上引《金锁记》张驴儿并非蔡家之仆，且蔡子落水，并非被仆人所害。第五，此云巡按海瑞，而《金锁记》只云提刑大人。且以《窦娥冤》证之或即为窦天章也。于此可知此所谓昆曲，或另为一本，恐非上引之《金锁记》也。不过此只为证明皮黄之《金锁记》，非直接由传奇《金锁记》而来，若以故事演变之态度观察之，则又大有可研究之价值，与浓厚之兴趣在也。

今述此故事的整个转变，至此已可告完毕，只是其变化痕迹尚不十分明了，兹再就其内容分为下列数项观察之。

一、身世 此中可分为三项，甲，姓名，乙，婚前及结婚，丙，家庭人口。

甲《淮南子》《说苑》与《汉书》中，孝妇皆是无名的，至《长老传》始云：“孝妇名周青”，王韶《孝子传》仍之，至元《窦娥冤》杂剧则作姓窦名端云，后改名窦娥，《金锁记》又云瑞云后亦改名窦娥，皮黄戏中则只云名窦娥。

乙关于孝妇婚前，隋以前无记载（王韶隋初人），《孝子传》中始言其在家曾以孝侍母疾，母痊，方许嫁同郡周小君。《窦娥冤》云，娥三岁丧母，七岁上其父因上京，家中无人照应，将其送至蔡家为养媳。《金锁记》云，幼丧母，其为童养媳时为十三岁。旧皮黄本，娥婚前无可考，而最近之《金锁记》亦自其夫别家起，然既云尚书之女，或未为童养媳也。至其曾结婚与否，传说亦有所不同，《汉书》以前皆曰寡妇，其已结婚自无论矣。《孝子传》明曰：“疾，未获成礼”，《金锁记・私祭》亦云：“只是未曾婚配，从无半面。”《窦娥冤》云结婚二年夫死，皮黄中则皆作已结婚矣，而旧本中则又云其夫在外（《法场》反二黄有“我儿夫，在外面，不能回转”之句），窦娥且非寡妇矣（全本《金锁记》日后虽曾团圆，而在当时，娥固已自以为寡妇也）。

丙《淮南子》《说苑》及《汉书》中各条皆为“少寡，无子，养姑”，是其家庭中只婆媳二人，这与后来《窦娥冤》《金锁记》及最近之皮黄《金锁记》相同（姑其之女或为已嫁之女，后来因整个故事的变更，在剧中遂被淘汰而不见矣）。惟《孝子传》作“翁姑感之”“翁姑并自杀”，且其未婚夫亦曾“属累父母”，是又为翁姑并存，家庭中共三人矣，特只此一见，后来即只有姑而无翁矣（其《窦娥冤》所谓害死公公或即从此而来）。至旧皮黄本作娥之夫在外，虽无来源，而或即为全本《金锁记》团圆之所从出也。

二、被害 此项亦可分作三条来讲，甲、原因，乙、经过，丙、结果。

甲 “姑无男有女，女利母财，令母嫁妇，妇益不肯，女杀母以诬寡妇”（《淮南子注》），这是起因于其姑之女利母财，因其不肯嫁，遂杀母以诬之。《说苑》作“养姑甚谨”，其姑“哀其无子”，欲嫁之，因其不肯，又不欲以“老累丁壮”，乃自缢死，姑女告吏，《汉书》《闺媛典》所引《搜神记》皆与此同，（《孝子传》虽翁姑并死，其起因亦同）惟《太平御览》卷十二“雪”条所引“姑女谗之于姑，姑经”，似合《淮南》与《说苑》而成之者，然尚皆不外家庭变故也。至《窦娥冤》则作张驴儿因欲霸占窦娥为妻，想先害死蔡婆婆，把毒药下在羊肚汤中，不想却把老子药死了，他尚欲藉此要挟她们，把窦娥嫁给他。因不能达到目的，乃相扯到公堂。至此窦娥之被害，方非为起因于家庭，而为奸人图其财色。自此以后张驴儿即为此故事中之主要恶人，特自《金锁记》改为药死其母，而近日皮黄《金锁记》又改其母子为蔡家仆人，稍为不同耳。

乙 《淮南子注》只作“妇不能自明，冤结叫天”，身死与否不可知。而《说苑》与《汉书》则作“吏捕孝妇，孝妇辞不杀姑，吏欲毒治，孝妇自诬服，具狱以上府。于公以为养姑十年以孝闻，此（必）〔不〕杀姑也。太守不听，数争不能得，于是于公辞疾去吏，太守竟杀孝妇。”《搜神记》亦与此同。只《孝子传》不明言谁治狱，而只云“遂以诬疑”，然其结果亦正同也。《窦娥冤》以后亦俱以县官糊涂，不辨真像（相），只信原告张驴儿一面之辞，遽定窦娥以死罪，与以上所说亦大致相同。只有一节，于公为狱吏，曾极为孝妇辨冤，且以此辞职。而《金锁记》以后之狱卒（皮黄改为禁婆，以女性管女监，比较近于实际）却极凶恶，且私行敲诈，与所传于公适得其反（自然狱吏并非狱卒），然结果以见窦娥冤枉，又不忍横暴，或亦受于公传说之相当影响也。

丙 “冤结叫天，天为作雷雹”，自然亦是感动天地的结果，但是此事对于后来的影响并不大（详后），或即因其生死不明所致也。此后《说苑》及《汉书》《搜神记》有大旱三年之结果，而《汉书》又有五月下雪一则，至《长老传》及《孝子传》又作为血飞幡竿，只是后二者并未言及孝妇死后如何。而大旱三年之后，于公又为后太守言孝妇之冤，被祭，天雨，而冤方雪，乃为不同耳。《窦娥冤》则三者俱见，《金锁记》以后则只有六月下雪，且窦娥已不死，而得举家团圆矣。

三、誓验 这是本故事的中心问题，本故事之形成及其所以能如此普遍伟大，皆在于此。只是本项要说的也就第二项丙条所举的那几样，不过在这里不是列举，而要研究其转变的。在研究这转变以前，对于孝妇被刑的日期应先清楚，因为“大旱”和“飞血”虽和确定日期无关，而下雪对于日期却非常紧要，若在通常下雪的日子而遇到下雪，那么只是遇到，而不见是有什么特殊的表现了。《淮南子注》是没有日期的，《说苑》和《汉书》也没有，其讲大旱的有没有自不发生关系，而其雪的一条（《御览》引）只曰五月下雪，亦未言其行刑之日，或其意即日行刑在五月，而天为之下雪也。《孝子传》则作“七月刑青于市”。《窦娥冤》亦只言“三伏天道”（当在六月），至《金锁记》方明言“六月初三日”，自此以后，虽不明言时日，亦俱依此为六月矣。由此足见，《六月雪》之确定当在传奇《金锁记》之时也（《窦娥冤》不只下雪，应另论）。

1.《淮南子注》“冤结叫天，天为作雷雹……海水为之大溢出也”之所以不能传久，自然是因为上面所说的孝妇生死不明，但最重〔要〕的原因还是因为日期的不明。证以下文“海水大出”当然亦为夏日（至少不是冬日），夏日而降雷雹，并非特异，非特异即不能传久也。

2.《说苑》及《汉书》之“枯旱三年”之传说极为普遍，“齐妇含冤三年不雨，邹衍下狱，六月飞霜”早成为一种谈冤狱的口头语。邹衍事见于《史记》及《淮南子》，其孝妇被刑之日，后定为六月，或亦此二事之混合作用也。

3.“五月下雪”，当然非下雪之时（六月更无论矣），此以特异而传，与第一条适相反也。

4.人既被斩血不落地而反缘竿上天，亦为极奇异之事，颇足以表明死者之冤枉，且此说又比较晚出，故亦得流传下来。

以下四条皆为此故事所特有的灵异事件，第一条既以年代较久而事迹亦较为平凡而没落，于是只有二、三、四三条矣。至关汉卿作《感天动地窦娥冤》杂剧，因极力欲写出窦娥之冤枉，乃并此三条俱作为窦娥在临刑前的誓愿，由她口中极叫出来，而又桩桩应验，于是证明窦娥之冤真为至极，十足感天动地也。至《金锁记》的作者，因欲使窦娥将来团圆，即不能惨死，既不死，则无从流血，而亦不足为极冤，则亦无事大旱三年矣。于是三件异迹，已有两件不合用，只余下雪一事，而在以前各书中及《窦娥冤》下雪亦俱为孝妇死后，上天怜其冤苦，乃下雪以警戒世人。今欲勉强应用，只可采取最初“冤结叫天”之方式，在刑前下雪，以为窦娥被赦之地步。自此以后窦娥皆不死，所以亦只有沿用此“叫天”“下雪”之一途矣。

四、昭雪者《淮南子》《汉书》下雪条只言天之变态，《长老传》及《孝子传》又只言孝妇周青誓言之应验，而皆不及后来昭雪之事。言昭雪者只有大旱条，而以《汉书》卷七十一所记："后太守至，卜筮其故，于公曰：'孝妇不当死，前太守疆断之，咎当在是乎。'于是太守杀牛，自祭孝妇冢，因表其墓，天立大雨，岁熟"，为最详。至《窦娥冤》为娥昭雪者，自为其父窦天章，而因窦天章欲将窦娥事与"东海孝妇"相比，遂对于于公地位有所更动，其言云：

……后于公治狱仿佛见孝妇抱卷哭于所前。于公将文卷改正，亲祭孝妇之墓，天乃大雨。今日系楚州大旱，岂不正与此相类。……如此则于公即为前文所云之太守，而所以知孝妇冤者乃自己仿佛见之（此又借用于公抱狱词哭于府上事），此亦可考见元时对于"东海孝妇"传说之一斑也。（若三本《于公高门》俱在，则当更有可观之变化矣）传奇《金锁记·法场》有云"奉提刑大人之命"，证以《窦娥冤》窦天章为两准提刑肃政廉访使，则或亦为窦天章。皮黄旧本作"窦太师"，当亦为窦天章。只近日全本《金锁记》云"巡按海瑞"却为前所未闻，然既将故事移于明万历间，则雪此奇冤之责任，以戏剧的传说而论，亦只可放在此公头上矣。

总观此故事的衍变，亦有五个显著的阶段可寻，自《淮南子》至《孝子传》为第一阶段，就其家庭论，无论为婆媳二人，或其翁姑俱在，然至被杀时已仅只身一人矣。即不被屈杀，单身生活下去，亦无法成其孝义，反不如落此惨痛之结果为佳也。《窦娥冤》为第二阶段，以死者为张驴儿之父，娥若不被屈杀，婆媳仍可团聚也。不过其婆婆虽未正式招张驴儿之父作丈夫，而其意已甚动摇，不可为完全清白人家矣。《金锁记》改驴儿之父作驴儿之母，被收留在家，后来被害结果虽与《窦娥冤》完全相同，然而身份名誉较之《窦娥冤》高出多多矣，可为第三阶段。旧本皮黄《六月雪》对于蔡家婆媳及张驴儿母子的关系，仍同《金锁记》一样，而家庭方面最比较美满的是窦娥并非守寡，只是其丈夫并未在家罢了。那么窦娥被赦后，家庭团圆的生活，虽不演出，也是很可以想出的了，可为第四阶段。故事衍变至此，已和"少寡无子，姑自经"（或被杀）的起始传说几乎完全相反了，但是还没有尽变化之能事，于是来到第五阶段，这就是现在最通行《金锁记》中所表现的了。全本《金锁记》对于旧本《六月雪》除增添首尾外，更稍有改进之处，如以张驴儿母子为蔡家之仆，而又母子同谋侵害主人，则使人益憎恨其罪恶，且愈加对窦娥之被害的痛苦表同情，又如以蔡昌宗中状元回家，窦娥之官司方毕而尚未至家，及其归来，不但得命，且又与丈夫团圆，真可谓一团喜气，悲剧而成喜剧，至此至极峰矣。不料以少寡，无子，横遭惨祸、含冤莫诉之怨鬼，居然一变而为状元夫人，实可谓尽故事转变能事之极者也。

于上述故事整个转变之外，尚有一事须补述者，即蔡婆婆至监中探望窦娥是也。此节起源甚晚，却占有重要部分，以情理论之，亦必须有此方为圆满也。特在《孝子传》以前皆作其姑已死，自不能重生而来望其媳，《窦娥冤》杂剧为折数所限，未能及此，实为憾事。因窦娥即为孝妇，且属冤枉，其婆又深知之，是以断无任其在监受苦，而不来一看之理。若不如此则恐平日孝妇不足为孝，而“翁姑感之”“我老，久累丁壮，奈何”等老人爱惜之意，亦无从表现矣。是以自从《金锁记》有此一句后，即为人重视，无论何种戏凡演此故事者，多不能少此，且在皮黄中为最常见之戏。因今日虽多好演全本《金锁记》，然若与单演探监之《六月雪》相较，则后者比前者当多至数倍。此又为情节之外，而在剧场中之一种特殊收获也。

附记：

这篇《六月雪故事的演变》，是顾颉刚师抗日战争前写的一个初稿，在整理他的遗著时发现。原件是他的夫人殷履安用“国立北平研究院史学研究会历史组”的毛边纸稿纸墨笔钞（抄）写的。稿子上没有记下写作年月，在他的日记中也未找到写作此文的记载。案顾师于 1935 年 5 月 1 日任北平研究院史学研究会历史组主任。此稿既用该院的稿纸钞（抄）录，则此文当是 1935 年 5 月以后所写成，文章开头谈到他 1924 年研究孟姜女故事，十几年弄得没完没了，时间上正与此合。又原件上夹有王力致顾师一明信片内容如下：

颉刚先生：

日前辱询邹周窦三字古音，兹查高本汉氏所假定音值如下：

邹 tsiəu 周 taiəu 窦 dəu

前所奉告“邹”字音微有错误。又此指隋、唐之音而言；若以先秦之音而论，则“邹”音与“周”“窦”相差颇远，盖段玉裁以“周”“窦”归第三部，而“邹”归第四部；高本汉则认“周”“窦”在先秦为入声，而“邹”则为平声收音于 u 者也。专此奉告，即颂著安

弟王力　十二月卅日

这个明信片虽没有提到六月雪的故事，但顾师询问“邹”“周”“窦”三字的古音，

是为了写此文而想从“邹衍”“周青”“窦娥”三个人的姓上找到语音上演变的证据，则是很显然的。那么，12 月 30 日是哪一年呢？邮戳模糊，无从辨认，只能从其他方面探索。此明信片所写顾师住址是“北平府右街枣林大院一号”，他搬入枣林大院的时间为 1935 年 9 月 8 日，迁出的时间为 1936 年 10 月 8 日，前后仅一年一个月，则此年当为 1935 年无疑。查此年日记，12 月 27 中午，王力等在东兴楼宴请徐中舒、容庚、郭绍虞和顾师，和明信片上所说“日前辱询”也相符合。因此，这个初稿当是这一年前后所写。1954 年，顾师拟订工作计划时，又把写作此文列为一个项目，后来因故未能动笔。1979 年《民间文学》复刊时，顾师曾设为撰稿，但终因年老多病不能如愿，生前一直引以为憾。特将此稿缮清交付《民间文学》，籍（借）以实现他的遗愿。

王煦华 1981. 10. 28.

对 1927—1936 年民间文学运动的考察[1]

蔡铁民[※]

我国第二次国内战争时期，一批革命的文学家、进步的学者、民间文学工作者在祖国的南方，开展了一个颇具规模的民间文学运动，它在我国现代文学史上有着不可磨灭的历史功绩，并为外国学者所器重。解放后，对它的功过，评价上偏于否定是不公允的。如今应该实事求是地肯定它的历史作用，较正确地理解已消逝了的过去，有助于今天的研究工作；如果能认真地总结老一辈所走的道路，对我们也是有裨益的。

一、兴起的因由

1927（年）至 1936 年（人们习惯称它为“三十年代”）民间文学运动，指的是 1927 年中山大学出版《民间文艺》周刊、《民俗》周刊，成立民俗学会始，至抗日前夕，在国统区的十年。当时在国统区，以鲁迅为代表的左翼作家反对文化“围剿”的斗争异常尖锐和复杂，文化战线上日趋分野，各阶级各阶层为自己参与斗争的需要，纷纷创办刊物，成立社团。民间文学运动也以新的姿态、进步的面目出现在文化界。它的出现还有特殊的具体的原因：

五四时期北大歌谣运动提供了良好的基础。“五四”前夕，北大歌谣运动写下了现代民间文学研究的新篇章。他们发表“征集全国近世歌谣”的启事，发布征集简章。几位热心于民间文学的学者积极提倡，负责汇集编选资料；《北京大学日刊》辟有歌谣专

---

1 刊于 1983 年第 1 期。

※ 蔡铁民（1932— ），民间文艺学家，厦门大学海外函授学院副教授。

栏，广为传播。事经三年，组织了“歌谣研究会”，发展成员，创办“歌谣周刊”，收集歌谣、谚语上万首（条）。后来，“歌谣研究会”并入研究所国学门，扩大活动范围，发表评论，把民间的婚丧喜事、迎神赛会，饮食起居、宗派械斗等民俗的征集纳入该所的工作内容。应该说，北大的活动揭开了现代民间文学运动的序幕，为30年代打下良好的基础；也可以说，30年代民间文学运动的展开，在许多方面是顺着“五四”所走的路子曲折前进的。

有一批文学家、学者的带动。20年代中期，北大歌谣研究会一些成员陆续到祖国南方从事高等教育事业，他们把北京的活动种子带到南方加以传播。这批崭露头角的学者后来成为广州、杭州等地民间文学运动的领导者和骨干力量。先后到中山大学任教的顾颉刚、容肇祖、钟敬文、杨成志、董作宾等人便是校内工作的基本队伍。在校外，团结了谢云声、娄子匡、钱南扬等一批同仁志士。为了扩大队伍，他们在广州举办民俗学讲习班，招收二十几名学员，开设“民间文学与教育”“希腊神话”等课程。30年代，鲁迅、瞿秋白、茅盾，以及闻一多、朱自清、郑振铎、赵景深、白寿彝、孙伏园、吕叔湘等等，也撰写文章，讲授民间文学课，给民间文学运动以支持。

提供发表作品和评论的园地。社会科学的一种相当重要的手段就是通过刊物阵地，起传播交流的作用。30年代民间文学运动之所以很活跃，有生气，在于各个学术团体办起了刊物，出版丛书。这些刊物号召搜集资料、组织队伍、联络社会人士、登载作品、交流学术成果、翻译介绍外国作品和理论，成绩卓著。

近代西方民俗学被介绍到我国来，并广为传播。19世纪末，英国兴起民俗学，先后传入芬兰、俄国、美国、法国、挪威等国家。在西方成为一门新的热门学科，并形成了各种研究学派。20世纪初，外国学者对我国民俗、民间文艺兴趣很浓，纷纷搜集材料。这股民俗学热浪，冲击着我国文化界。我国许多学者渴望通过自身的努力，“要使民俗学得跑上去比肩于世界的民俗学”[1]。达到与欧美资产阶级民俗学并驾齐驱的局面。他们不但接受了西方民俗学的观点和方法，而且还影响自己的学术道路。

二、历史的功绩

30年代民间文学运动的成绩是显著的。当时，“南方一些省份，民间文学和民俗学

1 容肇祖:《告读者》,《民俗》1929年第71期。

研究也曾有较大的开展，发起搜集歌谣以至提倡民俗学研究，是当时新文化运动中提倡平民文学、反对贵族文学的一个重要表现，是我国现代民间文学科学的可贵的开端”[1]。

民俗学、民间文学研究团体的建立，使运动迅猛向前发展。随着 1927 年广州中山大学民俗学会的成立和影响，南方许多省市相继组织了民俗学、民间文学研究机构，如厦门民俗学会、福州民俗学会，浙江鄞县、广东揭阳的民间文艺研究会，以及杭州中国民俗学会等十几个组织。这些团体，发展成员、培养人材、出版刊物、发行丛书、建立资料和实物陈列室、组织调查。

盛况空前的刊物和丛书相继出现在文坛上，标志着运动的繁荣。像影响较大的《民间文艺》周刊及其后来的《民俗》周刊、《民俗》季刊刊行了一百四十一期、杭州的《民间》、福州《民国日报》的《民俗》周刊、厦门《思明日报》的《民俗》周刊、《民族》周刊（后来改为《民间》月刊）、《艺风》的《民俗园地》都是为人们所珍爱的刊物。此外，鄞县、汕头、揭阳以及上海、香港、北京等地先后有“民俗”“民间”刊物出现。社会上的文化和新闻报刊，如后期的《语丝》、《文学周报》、《小说月报》、《民众》周刊、《民众教育季刊》、《妇女》杂志、《新生》周刊、《新民》半月刊、《贡献》、《北新》半月刊、《儿童时报》、中国艺术运动社“亚波罗”、上海《民众日报》，等等，也时常组织专栏专号，选登作品和理论文章，译介外国民间文学。

出版选集、专著，颇具规模。中山大学民俗学会是一个多产的学术单位，头三年中，出版丛书三十几种。各地也陆续出版作品、评论集。作品选集如《吴歌甲集》《台湾情歌集》《歌谣与妇女》《闽歌甲集》《北平歌谣集》《中国民歌千首》《江苏歌谣集》《广州民间故事》《泉州民间传说》《祝英台故事集》《广西的民间文学》《历代童话故事集》《广州谜语》《中国气象谚语集》《湖南唱本提要》等都是影响较大的集子。理论专著，景象喜人，鲁迅《中国小说史略》、郑振铎《中国俗文学史》、茅盾《中国神话研究ABC》《神话杂说》、林惠祥《神话论》《民俗学》、朱自清《中国歌谣》、顾颉刚《孟姜女故事研究》、胡怀琛《中国民歌研究》、赵景深《童话评论》、杨荫深《中国民间文学概说》、钟敬文《民间文艺丛话》、容肇祖《迷信与传说》、娄子匡《新年风俗志》，皆卓有见地，把我国民间文学理论研究推向新的历史时期。

十年运动的史实告诉我们：一次大规模的采集民间文学运动出现在现代文学史上。

1 贾芝：《团结起来，为繁荣和发展我国的民间文学事业而努力》，《民间文学》1980 年 1 月号。

短促十年，条件有限，却能录存了我国历代，特别是近代大量的作品。如“民俗”“民间”“艺风”三种刊物，在 157 期（集）中，辑录神话、传说故事 636 组，歌谣 462 组，笑话 88 组，谜语 137 组，谚语 25 组，论文（包括调查报告）508 篇。体裁多样，品种类型多，涉及地区广，遍及全国二十几个省、市；题材广泛，古迹传闻、人物逸事、风俗习惯、奇山异景，样样涉及。许多作品反映了人民苦难的生活，揭露旧中国的社会现实，肯定人民的聪明才智和纯朴的爱情，讴歌祖国的壮丽山河。历史人物的传说，如宋帝昺、朱元璋、苏东坡、徐渭等人在粤、闽、浙等地的逸闻趣事，做到钩沉辑佚，提供很有价值的真实史料。

注重对作品历史渊源的考证和探索。他们注重探讨作品的产生、发展和演变，鉴别作品的真伪用力甚勤。既有对一种体裁演变的考察，又有对地区民间文学概貌的剖析；既对作品不同异文进行纵横交错的比较，又有对作品涉猎姊妹艺术关系的比较总结，力求达到“求真”的程度。如孟姜女、刘三姐故事演化的研究，道人所无道，提出富有启发性的见解。又如茅盾的《中国神话研究 ABC》、阐述古代神话与方士道教神仙之说的界限，分析神话被后人历史化的实质，论述中国神话保存下来较少的原因，作者“把杂乱的中国神话材料估量一下，分析一下。……有怎样的演化，受过怎样的改变”，所形成的观点是比较正确的。再如朱自清的《中国歌谣》是一部研究我国歌谣产生、发展及其分类的专著。它通乎古今，描绘了我国歌谣发展的轮廓，甄别历代学者对歌谣释名的是非，考证歌谣的起源引证繁富，品评近代各个研究学派另有所见，是一部资料丰富、学术价值甚高的专著。

写下了调查研究我国少数民族民间文学的新篇章。我国少数民族连同他们的文学艺术，历来被歧视、被摧残。经过五四运动对封建贵族文化的批判和冲击，人们逐渐改变对少数民族文化的偏颇。到了 30 年代，一些学者为研究民族学、民俗学，曾经到过我国西南、东南少数民族聚居地区进行实地调查。考察民族的起源、迁移，以及社会之风俗人情、文化艺术之成因。这是一件新颖又有意义的工作。见诸报刊的有对瑶族、苗族、高山族、黎族、畲族的历史生活、文化的调查。还辑录少数民族风俗，出版了《西藏故事》《壮语谜语》等集子。几篇专题调查报告，介绍了该民族文学与宗教、文学与习俗、文学与自然的关系。像槃瓠的神话，经过较多方面的调查，就它在我国西南、东南地区的苗族、瑶族、畲族、汉族中的流传和变迁，有了一个基本的了解。

探索民间文学的研究方法。“五四”前后的北大歌谣运动，以介绍推荐作品为主。

20年代开始，许多学者出洋求学，或翻译外国论著，把西方民俗学的观点和方法介绍到中国来，逐渐形成了以比较研究法为中心的各种研究方法。它们是:（一）类型法，或称型式表。这种方法把相似题材的故事归纳为一类，如龙王的女儿变为鲤鱼，称“变形系”，呆女婿称“愚呆系”。他们摘其人物，将雷同的情节列表对照，表列完成，研究目的便达到。（二）母题说。认为许多歌谣大同小异。“大同”是本旨，称“母题”（故事称“话根”）;“小异”是任意添上的枝叶。把相同“母题”的作品搜拢来，经比较，以完缺的程度为标准，找出一个原形来，并可制成歌谣传布的地图。这种方法，被认为是民俗学最新的研究方法。（三）因袭论，即发源同一中心说。他们认为一切民间文学，可以找出其发源于某一国家，而其他的一切文学形态都是各国互相“借用”的。“印欧民间故事型式”便是这种研究学派的集中表现。以上几种研究方法共同的特点是情节雷同与否（抒情诗的句型和用词）是研究的中心课题，搜集资料的目的是为情节的研究服务。情节的比较并寻找其出处便是研究的终极。当然比较研究法如果用于对文学的内容与形式的比较，用于文学在不同民族或地区流传的变异，用于文学与文学之间的互相影响并寻找其社会、历史的根据，还是一种可以借鉴的方法。

学术团体及其刊物是作为跟外国进行学术交流、介绍外国民间文学和理论的重要机构。当时南方一些民俗学、民间文学团体与外国民俗学团体有过频繁的接触。如跟意大利罗马民俗志博物院、美国民俗学馆、德国莱城民族志博物院、英国剑桥大学、牛津大学有通讯来往，交流情况，探讨问题，联系密切。翻译出版了《马来情报》《波斯传说》《苏联民间故事集》《东印度故事》《法国故事集》《印度寓言》《北欧神话》《世界神话》。理论方面有《印欧民间故事型式表》《民俗学概论》等专著，它们对我国民间文学学术界起了相当大的影响。

三、理论的探讨

30年代民间文学理论的探讨，打开了我国研究民间文学的闸门，尽管时代局限，条件限制，不可能就理论和实践提出的问题展开充分的讨论，但它是我国几千年来第一次出现民间文学学术气氛浓厚的时期，有力地推动了民间文学运动的发展。

关于民间文学的范围和特征

什么是民间文学？它包括哪些范围？这是理解民间文学一切问题的出发点。当时，由于认识不一致，分歧是明显的。鲁迅确认民间文学是不识字的生产者创造的艺术，他说，“民谣、山歌、渔歌等，这就是不识字的诗人的作品，也传述着童话和故事，这就是不识字的小说家的作品”。他举《诗经》为例说明“国风”中“好许多也是不识字的无名氏作品，因为比较的优秀，大家口口相传的”[1]。鲁迅抓住民间文学作者的阶级属性，抓住民间文学创作和流传中的口头性本质特征，见解是精辟的，并为后人所沿用。当时，就民间文学范围的理解也出现各执一端的现象。如郑振铎认为流传于民间的、不登大雅之堂的、为大众所嗜好的“通俗的文学”，便是民间文学。而杨荫深却提出：民间文学是“口述的，耳听的，是一般民众——不论其为知识阶级或无知识阶级”。它与文人的文学创作区别在于“口述的与书述的”，“群众的与个人的”，“平民的与贵族的”，“自然的与雕饰的”。[2]还有一种认为民间文艺是远古社会残留下来的文化，它包括荒古社会的“原始艺术”和世界上落后民族的“蒙昧艺术”，以及“文明社会或半文明社会（里）下层民众所流行的民间艺术”[3]。以上几种见解在于着重点不同，有的从作者的阶级属性及其产生的各种体裁划分，有的以作品流传的特征为依据，有的以通俗与否为准则。其中有正确的，有错误的；有言之成理，有认识上的差错和牵强附会。至于对民间文学特有的创作和传播的特征，看法分歧不大。他们认为民间文学“互相传诵之时，常经修改”[4]有些作品“经过悠远的历史，才到了现实，这期间自然有许多人的传述，便有许多回的改变”[5]。像歌谣“因时代的不同，地方的不同，或人的不同，常致传讹”，或“脱漏”，或“联缀”，或“分裂”等现象；[6]故事的变异则是对“旧的（有）情节的修改”，或“吸收或混合了别种故事的情节”，或“枝叶的变态”。[7]这些对民间文学特征的分析都是非常可贵的。

关于民间文学与现实生活的关系

劳动人民的文学创作不是无病呻吟，而是他们生活的真实反映，像鲁迅所说的“提取现实的精华”。当时《申报》登载的民谣，“虽只寥寥二十字，但将市民的见解，对于革命政府的关系，对于革命者的感情，却已经写得淋漓尽致”[8]。就是以神为主体的神

1 鲁迅：《且介亭杂文·门外文谈》。
2 杨荫深：《中国民间文学概说》，华通书局，1930 年。
3 钟敬文：《关于民间艺术》，《艺风·民间》1933 年第 1 卷第 9 期。
4 陈家盛：《广西陆川歌谣中的生活素描》，《民俗》1936 年复刊号。
5 杨荫深：《中国民间文学概说》，华通书局，1930 年。
6 朱自清：《中国歌谣》。
7 钟敬文：《中国的天鹅处女故事》，《民众教育季刊·民间文学专号》1933 年第 3 卷第 1 号。
8 鲁迅：《三闲集·太平歌诀》。

话，也是“昔者初民，见天地万物，变异不常，其诸现象，又出于人力所能以上，则自造众说以解释之”[1]。成为原始社会的文学。阶级社会里，人民大众“受社会的轻视和冷待，或者不满于官府的行政，他们就发泄而为民间文学”[2]。歌谣则是“从生活上压榨出来，胚生出来的。怎样的生活，产生怎样的歌谣”[3]。这些唯物主义观点能正确理解文学与生活的血肉关系是难能可贵的。至于宗教产生民间文学，或空想虚幻产生民间文学的观点，从日本松村武雄为《民众教育季刊·民间文学》专号撰写的《狗人国试论》中暴露得最明显。他认为少数民族的传说“至少一半并非仅仅是空想的产物。”言外之意，少于一半的传说则是人们“空想”的产物了。他还认为槃瓠故事“是以司灵者的咒术宗教的姿态或修行为母胎而生出来的。”并认为，与其说，“从语言表现的误解生出来的，还不如解作为从宗教的社会的制度的图腾主义生出来的，比较更多的盖然性。”民间文学与宗教的关系是一个复杂又值得研究的课题，当时对它没有进行缜密的辨别和细致的讨论。

关于民间文学的作用和价值

这个问题当时着重分析民间文学的社会作用和学术价值，意见是中肯的。认为民间文学是劳动人民“立身处世一切行为（所）取则的经典！一则神话，可以坚固（全）团体的协同心，一首歌谣，能唤起一部分人的美感”[4]。唱《梁山伯》“使我们感到婚姻的不满；像《孟姜女》，使我们愤恨当时朝廷的残酷”[5]。在少数民族中，像“苗族中的婚姻，全是以山歌而结合，山歌的力量，在他们中间比一切父母之命，媒妁之言还要重大”[6]。所以钟敬文有一个结论：“我们要晓得一个国家、一个民族整个的或大部分的民众的生活史实，那些辉煌的官家的史册，是不能告诉我们以较多的消息的，我们得掉头去请教那些民间的文艺。”[7]在学术上，民间文学是研究民间的社会、风俗、习惯、思想、迷信等一种绝好的材料。它在文学史上的地位，从某一个角度讲，“歌谣、谚语的价值，不亚于宋词、唐诗；故事、传说的重要，不下于正史、通鉴；寓言、笑话（语），不让

1 鲁迅：《中国小说史略·神话与传说》。
2 杨荫深：《中国民间文学概说》，华通书局，1930年，第30页。
3 张腾发：《客家山歌的社会背景》，《民俗》1936年复刊号。
4 编者：《民间文学和民众教育》，《民众教育季刊·民间文学专号》1933年第3卷第1号。
5 杨荫深：《中国民间文学概说》，华通书局，1930年，第6页。
6 杨志渔：《贵州山歌集序》，《艺风·民间》1933年第1卷第9期。
7 钟敬文：《江苏歌谣集·序》。

于产（庄）生东方的滑稽；小曲、唱本（书），不劣于昆腔乐府的美妙。因为这是民族精神所寄托，这是平民文化的表现。”[1]上述论断，是总结我国社会科学的互相关系，总结我国文学史上诸现象而得出的，因而比较扎实、可信。

关于民间文学与作家文学创作的关系

这里着重介绍鲁迅在他的杂文中许多可贵的见解。他总结我国古代文学家对待民间文学有以下几种态度和方法：（一）开一代文风。有见识的作家向民间文学汲取养料，使衰颓的旧文学焕然一新，这样的例子“常见于文学史上”。鲁迅指出：“偶有一点为文人所见，往倒吃惊，吸入自己的作品，做为新的养料。”[2]使一切文风有了变化。（二）取它又僵化它。鲁迅说：“（歌、）诗、词、曲我以为原是民间物”，经封建绅士们的摆弄，使它变成符合封建士大夫需要而追求“文字之乐”的情趣；或者“文人取为己有，越做越难懂，弄得变成僵石，他们就又去取一样，又来慢慢的绞死它”[3]。（三）采录和润色民间文学。鲁迅列举文学史上的《诗经》、晋以后的“子夜歌”、唐代的“竹枝词”“柳枝词”之类，说明这些无名氏的创作，是经文人的采录和润色之后，留传下来的。这一润色，也有可能“失去了许多本来面目”[4]。（四）集民间文学之大成，编成巨著。鲁迅分析《水浒传》的成因说到这部小说是作者“缀为巨帙，使较有条理，可观览，是为后来之大部《水浒传》”[5]。像屈原的《天问》，鲁迅认为是屈原见“先王之庙及公卿祠堂”上，画上神话传说故事，“因出其壁，呵而问之，以抒愤懑，曰《天问》”[6]。（五）采用民间文艺形式。鲁迅认为创造新文化可以利用传统的民间形式，“旧瓶可以装新酒”，写出接近群众的新文艺。当然，采取时，“必有所删除”“必有所增益”，有所变革，“融合新机，使将来的作品别开生面也是一条路”。[7]

综合如上，30年代有关民间文学理论的探讨是多方面的。这次较大规模的学术活动，奠定了我国民间文艺学理论体系的基础，相当程度上填补了这方面理论的空白。也因为时代的局限和一些人世界观的限制，许多观点是不成熟的，甚至是错误的。

---

1 董作宾：《为〈民间文艺〉敬告读者》，《民间文艺（广州）》创刊号1927年。
2 鲁迅：《且介亭杂文•门外文谈》。
3 鲁迅：《致姚克信》，1934年2月20日。
4 鲁迅：《且介亭杂文•门外文谈》。
5 鲁迅：《中国小说史略•元明传来之讲史》。
6 鲁迅：《汉文学史纲要》，原1927年中山大学讲义。
7 鲁迅：《且介亭杂文•〈木刻纪程〉小引》。

四、应有的认识

纵观整个运动发展过程，给人们留下深刻的印象。它是在国统区国民党实行反革命文化“围剿”中，环境十分复杂的情况下展开的。由于革命阵营的分化，参与这次运动的人们，既有跟革命的进步的文化团体联系，也有跟反动的或落后的文化团体的来往，而保持中立只求自己学术进展的也不乏其人。但总的倾向是进步的。它是继承“五四”以来学术民主的优良传统，它是跟贩卖封建意识煽起“读经”之风而对立的一次进步的学术运动。许多学者把文学与人民群众联系起来，提出“打破传统的腐化的贵族文艺的旧观念”“用批评文艺的眼光来欣赏民间文艺”的口号，这就带有民主主义革命的色彩。在文艺大众化运动的讨论中，民间文学被视为作家到群众中间去学习的对象之一，也是作家为发展革命文艺在民族形式、语言风格上学习的内容。十年运动，为我国现代和当代搜集、研究民间文学打下较深厚的基础，开辟了许多新的研究领域；培养了一批不可多得的人材；为民俗学、历史学、民族学、语言学、人类学、社会学做过有益的贡献，促进了许多边缘学科的发展。

当然，它也存在相当明显的弱点：

没有在党的领导下开展活动，又缺乏马克思主义作指导，运动处于自发性状态。除了鲁迅等一批作家外，所有民俗学、民间文学团体和刊物是靠一批热心于民间文学的学者自发地发动起来和努力支撑的。他们以教育为职业，自行筹备资金，遇上人员调动或外出，阵地就无人接替。社会或学校不能提供必要的条件，活动便偃旗息鼓了，甚至宣告结束。这说明在半殖民地半封建的旧中国，要使民间文学运动取得更大的成绩是相当困难的。在研究民间文学中，缺乏马克思主义指导，不可能解决民间文学工作“为什么人”和如何服务的问题。尽管当时有人提出“利于施教”，却无法提出“施教”的内容、怎样“施教”。他们只祈求学术的进展，不受政治干扰，停留在纯学术范围内。他们还没有把人民的愤怒之声，控诉旧社会的声讨之言，作为启发民族、阶级觉醒的号角。

向社会推广的作品没有经过认真的筛选。许多刊物以“忠实的态度”“客观的态度”，达到“求真”这一步，却也存在进步与落后并存，真伪互混，精华与糟粕不分的现象。

参与这一运动的人们，极少到工农群众的文化活动第一线去采集。十年中在刊物上发表的资料哪里来？除少数调查报告外，多凭过去耳闻记录下来，或从亲友谈吐中转述，或摘录史书、府州县志、野史笔记的记载，或缺少某资料登上一个“启事”要人们投寄。缺乏实地采访和核实的态度和做法。

对待欧美民俗学、民间文学理论存在全盘接受搬用的倾向。他们还不理解当时的民俗学是产生于资本主义社会，适应资产阶级的需要而建立的社会科学。介绍到我国来，不视我国实际和民情，全盘接受，到头来有碍自己从实践中总结符合规律的理论和研究方法。

天鹅处女型故事研究概观[1]

汪玢玲[※]

天鹅处女型民间故事简称“毛衣女”故事或“羽衣仙女”故事，属于幻想性强的民间故事，或者称为魔法故事。它是在世界各地广泛流传的、表现禁忌的民间童话。它的基本情节是：几只飞鸟，一般是天鹅、白鹤或孔雀，飞落湖畔，脱去羽毛变成美女在湖中洗澡，一男子见而爱之，取其一人的羽毛衣并与之成婚。美女生子女若干年后，发现羽毛衣，披而飞去。

这故事非常优美，而且普遍流传，早已引起各国学者们的注意，最早研究这一故事的是英国哈特兰德博士，其次是日本西村真次博士和我国学者钟敬文教授。最近，又有日本君岛久子教授。

早在20世纪20年代末30年代初，赵景深先生介绍过哈特兰德《童话学》中所讲到的全世界范围的天鹅处女故事，分为六种形式，基本是表现禁忌的。因为原始材料不易见到，在这里简单介绍一下。

（一）海生式

一少年名海生，被魔王劫去，关在皮包里，弃之高山上。一只鹰把皮包叼到山顶，海生从皮包中钻出来，丢下火把将魔王烧死。在逃走的路上，海生遇到七个姑娘，彼此成为朋友。当姑娘们被父亲叫回的时候，留下一半钥匙交给海生，告诫他只是不许打开禁室。海生在好奇心驱使下打开了禁室，原来是个浴池，十只鸟脱下了羽毛衣在沐浴，

1　刊于1983年第1期。

※　汪玢玲（1924—　），民俗学家、民间文艺学家，东北师范大学中文系教授，吉林省民俗学会名誉理事长，中国民俗学会理事。

为首的是魔王的女儿，海生深深地爱上了她。这时，七个女伴教他取下她的羽衣，海生于是与魔王的女儿成了亲，生了两个孩子。海生将羽衣交母亲收藏，一天，当丈夫不在时，她向婆婆讨回羽衣与两个孩子飞回维克岛魔王的住所，留下纸条嘱咐海生可以去找她。海生历尽千辛万苦，与其妹妹打仗，终于夺回妻子。此为《天方夜谈》中的故事，女主人公以天鹅为最多。瑞典、俄罗斯、爱尔兰、德克斯、斐尼亚、赫森等地都有异式。

（二）平阳侯式

平阳侯嗜赌，一少年与之赌，每赌必输，最后把自己的灵魂都输给平阳侯。少年在路上救了一死尸，替他还债，将他安葬，死尸变男子来报恩。少年看见河畔有三只鸽子变成公主在水中沐浴。死尸所变的男子教他抢下心爱者的羽衣。于是他和最小的公主结成夫妻。此女正是平阳侯的幼女，她领着丈夫到父亲那里讨还灵魂，平阳侯给了少年许多考验，叫他填平高山、种果树、采果子；在河内寻找丢下的盘子；平阳侯自己变成马，叫他追来骑坐；魔王施术后让他在三个女儿中辨认自己的妻子。少年依靠自己的勇敢和智慧，赢得胜利。

这种型式以塞维尔地方为代表，女主人公以鸽子为多，俄国异式为鹭鸶。

（三）海豹女郎式

一个少年在月光下看见几个裸女在海滨跳舞，旁边放着海豹皮，少年抓住一个美女的豹皮，与之结婚，并生了一个孩子。几年后孩子寻到海豹皮并拿给母亲看，美女立即将海豹皮披在身上变成海豹，入海不见了。女人鱼故事也属此类。

此故事流传于斯堪底那维亚、希腊、保加利亚、缅甸都有异式。

（四）星女儿式

一个猎人见十二个年轻美女（她们是星的女儿），从天上坐着篮子悬在空中。他想抓住她们，但篮子又吊上天去了。第二次，她们又坐着篮子下来，猎人扮作一只老鼠捉住了最小的姑娘，他俩结婚、生子，由于星女儿想念姐妹，做篮子与儿子同坐其中，口念咒语，回到天上。两年后，星女儿得到母亲的允许，将丈夫接到天上同居。

流传于阿尔冈昆地方。此式无禁忌。

（五）梅露西妮式

梅露西妮是魔王的女儿，魔王诅咒她每星期六自胸以下变成蛇形，因此，她禁止丈夫在此日偷看她。丈夫不明内情，从钥匙眼里偷看了她的裸体。从此，她便不见了。

希腊神话中邱辟（比）特与普赛克，也属此式。

（六）梦魇式

一女子因恋不遂，常变作梦魇，晚上从钥匙眼或门缝里进到室内与所爱的男子相会，男子为梦魇所扰，塞住门缝，第二天便见女子留在室内。她自言是从英国来的，男子藏起她的衣服，与之结婚。生三子，以后取衣而去，但她每星期六还要隐身回来，看望她的儿子。

此故事流传在英国，德国有异式[1]。

在东方，日本早稻田大学教授西村真次博士在（20世纪）20年代到30年代之间，搜集了五十多篇天鹅处女故事，进行分析，列为基本定式是：

1. 天鹅脱了羽毛衣变成天女而沐浴。

2. 男子（猎手、牛郎或渔夫）盗匿羽衣，迫使天女与之结合。

3. 婚后生子若干。

4. 夫妻分离，天女升天。

5. 破裂的原因是由于发现了被藏的羽衣。

研究的结果认为，这故事开始流传的时间至晚也在新石器时代终了以前。

西村博士的详细分类及论点我们无从得知，只从钟敬文先生1933年发表的《中国的天鹅处女故事》一文中得知以上情况。并说西村先生所搜集的五十篇故事中，只有一篇是中国的，不足以代表中国此类故事的丰富蕴藏。于是钟敬文先生“担负起叙述这有世界性的天鹅处女型故事在本国传播情况的责任”[2]。在他的文章里，根据中国此类故事的大量调查材料，研究结果大体分为三种类型：牛郎织女（近世）型，七星仙女型，百鸟衣（孔雀衣）型。最主要的是，他研究了中外此类故事之后，认为我国晋代干宝《搜神记》十四卷的“毛衣女”（豫章新喻县男子）故事，是此种类型故事的世界最早、最完整的文献记录。钟先生当年对中国天鹅处女型故事的发掘和研究，找出了我国公元3世纪的文献记录及其发展，给国际民俗研究提供了珍贵的东方资料，当时曾引起西村博士及其他国内外学者的广泛重视。

当代日本民俗学家君岛久子最近发表了《东洋的仙女们》[3]一文，她把日本、中国

---

1 以上材料根据赵景深《童话学ABC》第八章摘引，世界书局，1929年。

2 钟敬文：《中国的天鹅处女故事》，《民众教育季刊·民间文学专号》，1933年第3卷第1号。

3 梅棹忠夫、君岛久子等著《故事与传承》，朝日新闻社。

乃至东南亚的此类故事作了全面的比较研究。她把此类故事分为难题型、七夕型、七星始祖型三种。并考证《搜神记》中所记《毛衣女》故事所产生的地点——豫章，在六朝时原是苗瑶族集居的地方。因此她认为此故事最早当是苗、瑶族故事，在长期历史发展中得到广泛传播。它不只是中国此类故事的故乡，也是东方此类故事的发祥地。记载此故事的《搜神记》比日本新记羽衣故事的最早文献《近江风土记》要早上几百年。君岛久子教授的研究给人很深的启发。因是最近出版的书籍，容易得见，本文不作详细介绍。我搜集此类故事并撰写此文时，尚未读到君岛的文章，有些看法与君岛不同，也有些观点是比较一致的，将不揣浅陋，试一论之，以就教于各位同志。

一、中国天鹅处女故事的产生发展及分类流布情况

（一）故事的产生与发展

晋干宝《搜神记》卷十四传记“毛衣女”故事，是我国、也是全世界最早的比较完整的天鹅处女故事。兹录原文如下：

豫章新喻县男子，见田中有六七女，皆衣毛衣，不知是鸟。匍匐往，得其一女所解毛衣，取藏之，即往就诸鸟。诸鸟各飞去，一鸟独不得去。男子取以为妇。生三女，其母后使女问夫，知衣在积稻下。得之，衣而飞去。后复以迎三女，女亦得飞去。豫章为今江西省地。《南昌县志》亦有此故事记载，与《搜神记》同。

与《毛衣女》故事产生的同时或略早的《玄中记》所记鬼鸟的故事，可谓此故事的前身，不完全的毛衣女。故事说有一种鬼鸟，“夜飞昼藏”，“衣毛为飞鸟，脱毛为女人”，名曰帝少女。一名夜行游女，一名钩星，一名隐飞鸟。传说此鸟无子，喜取人子养之，以为己子，是专取小儿的鸟（今匈牙利有天鹅窃取小孩的民间故事）。此故事虽然尚不是完整的天鹅处女故事，但是“衣毛为飞鸟，脱毛为女人”这点上，正恰恰给“毛衣女”故事提供了重要情节，使它成为一个完整的故事。

同时“毛衣女”故事也是有发展的。清末发现的敦煌石室中所藏唐代（七、八世纪）句道兴《搜神记》中《田昆仑》故事，是从干宝《搜神记》毛衣女故事发展而来的。首先，男子有了姓名——田昆仑[1]，并说“其家甚贫”。其次，增添了飞鸟变美女入

1 “昆仑”，学者考证为“黑奴”意。今版《裴铏传奇》昆仑奴注：“昆仑，种族名。就是现在东南亚的马来西亚、爪哇等地的土著，皮肤黑而多力，唐代豪门贵族多雇用或买他们为奴仆，称昆仑奴。”引申意作耕田的穷苦劳动者讲，此处为人名。

池洗浴情节，而且说明这鸟是三只白鹤，田昆仑藏匿了其中之一的“羽毛天衣”。仙女不能飞去，因而与之结婚，生子田章。昆仑有事西去，仙女养子三岁，向阿婆婉转讨来“天衣”，“腾空从屋窗而去”。田章长大在董仲（舒）的指教下，来到池边认母，母亲带他到天上从外出学得本领，再回人间，一度作宰相，被谪。后因“聪明广识”能回答天子奇怪的问题而作了大官（仆射）。这后一段“答奇问”的故事显系附加成分，这说明故事到唐代已相当丰富完美。记录有生动的描写达两千多字。

（二）故事的各种类型及其流布情况

目前，中国各民族的天鹅处女故事十分丰富。在纳西族、傣族、彝族、苗族、壮族、蒙古族、藏族、朝鲜族、达斡尔族、赫哲族、汉族等二十几个民族中，都有各种不同异式。就初步掌握的材料，大体可分为创世始祖型、孔雀公主型、百鸟衣型、牛郎织女型、千羽锦型五种类型。“难题”在各种类型故事中几乎都有，故不单作一类论述。

第一类，创世始祖型故事

创世始祖型故事产生较早（至少在本民族中是较早的），主人公或他们的儿子都是民族或部族首领，或者是宰相、大官。如纳西族《创世纪》所反映的人类创世时期和自然、恶魔所作的各种斗争。其中重要一段写洪水过去，人类灭绝，只剩下从忍利恩一人。天帝命天女化白鹤飞到人间，变作美女衬红褒白，与从忍利恩结婚。后来男主人公随妻子到天上，受到天神子劳阿普的各种考验：爬刀梯、砍树林、烧树林、撒种、拾种、打岩羊、捉鱼、挤虎奶。由于从忍利恩坚毅勇敢（如挤虎奶时，要打死小虎，披上虎皮，装作小虎去吃奶），终于在妻子及动物的帮助下取得胜利。以后从天上带回作物种子回到人间，传下后代。这类故事都反映人类早期的生产斗争的特点。如云南少数民族刀耕火种的生产方式，东北满、蒙古等民族的原始狩猎生活，汉族早期的农业生产等等。其中除纳西族、蒙古族杜尔伯特部无沐浴情节外，苗族的《佛库伦吞果》神话，则明显受《史记》殷始祖故事的影响。《史记·殷本纪》记载殷始祖契就是其母简狄吞鸟卵而生的，“三人行浴，见玄鸟坠其卵。简狄取吞之，因孕生契”。可见仙女沐浴，吞鸟卵而孕的传说由来已久，它可能给后世天鹅处女故事的沐浴情节以影响。特别是“天命玄鸟，降生而商”那种带有图腾意味的玄鸟（凤凰），对以后的孔雀、天鹅、喜鹊……每个民族所尊奉、喜爱的“鸟与美人”的关系或“鸟变美人”这种构思不无影响。在《毛衣女》故事影响下，满族《佛库伦吞果》故事也有不同异式。有的说仙女变成天鹅飞去，留下的儿子向天呼喊“鹅娘”，因此满语称母亲叫“额娘”。这是汉族化了的故事。也有的说天女吞果生子以后，再没回天，她因翘首望子而化成长白山高峰上的美人松，而儿子则成为爱新觉罗氏，满清始祖。总之是，他们的子孙都成为民族或部族的酋长，有超人的智慧，在人间建立了功业。《田昆仑》故事是更早的记录：其子田章因被母亲接到天上，“经十五年以上学问”，学得本领，又得外公文书八卷，回人间后被天子召为宰相。虽然一度被贬，但终因他聪明广识，能回答天子各种奇问而被重用。天子游猎时，射得一鹤，从鹤嗉中“得一小儿，身长三寸二分，带甲头兜牟，骂辱不休”。复得一板齿长三寸二分，捣之不碎。无能识者。

天子召田章问之：“天下有大人不？”田章答曰：“有。”“有者谁也？”“昔有秦故彦是皇帝之子，当为昔鲁家斗战，被损落一板齿，不知所在，有人得者验之。”官家（天子）自知身得，更款问曰：“天下有小人不？”田章答曰：“有。”“有者谁也？”“昔有李子敖身长三寸二分，带甲（兜）牟，在于野田之中，被鸣鹤吞之，犹在鹤嗉中游戏，非有一人猎得验之即知。”官家道好。又问：“天下之中有大鸟不？”田章答曰：“有。”“有者何也？”“大鹏一翼起西王母，举翅一万九千里，然始食，此是也。”又问：“天下有小鸟不？”曰：“有。”“有者何也？”“小鸟者无过鷦鷯之鸟，其鸟常在蚊子角上养七子，犹嫌土广人稀，其蚊子亦不知头上有鸟，此是小鸟也。”帝王遂拜田章为仆射，因此以来，帝王及天下人民始知田章是天女之子也。[1]

从故事内容来看，是秦汉间传说，其中极大极小诸问，更显然受《晏子春秋》（卷八）中“答奇问”影响。

另一种异式是七星仙女故事。故事说天女是星的女儿，和人间男子所生一子，幼年受教于鬼谷子。鬼谷子告诉他是天女所生，教他于池边认母（天鹅洗浴）。此子被母携至天上，学得方术技艺。母送一葫芦带给鬼谷子，葫芦中出火，烧掉鬼谷子的天书，从此人间再不知天上事。此子自然在人间建功立业，“得一世荣华富贵”。这故事提到鬼谷子，当是从晋代就有的传说，它虽然比创世始祖为晚，但也是始祖型之一种，即君岛久子所说的“七星始祖型”故事。也可以说是星女儿式。它不同于外国的星女儿式者，是天女不是坐着篮子从天上吊下来，而是可以飞升的神鸟或仙女，要比外国的仙女灵巧多了。也有的说七星仙女中最后一颗星至今还是暗淡无光的，这是因为她到人间生子，不那么“圣洁”了的缘故。变作天鹅，羽毛也是“松”的。这已经渗入某些封建意识。也

1 引自罗振玉《敦煌零拾·搜神记一卷》。

有的地方传说她因怀念人间儿子，常常哭泣，因而目无光彩，这倒是真正符合人民思想的构思。这类故事一个显著特点，就是天女所生儿子在人间的不凡作为，因而把自己说成是天女之子，认天神或七星为始祖。

这类故事以西南云贵高原各族如纳西族、哈尼族、彝族及东北的满、蒙古族等地区流传较广。“七星仙女”则流传闽南及广东一带，北方不多见。

第二类，孔雀公主型故事

此类故事以云南傣族《召树屯和喃婼娜》为代表，女主人公是孔雀公主。其他各族则有变化，苗族是天鹅，彝族是雁。除《雁姑娘》外，都有沐浴情节。这类故事的女主人公都未脱离鸟的习性，她们一旦得到羽毛衣，都又飞回天上，女婿追到天上，受到天神或魔王岳父的各种考验。除《召树屯》外都是悲剧结局。《召树屯》故事完整而优美，已带有很大创造成分，但仍保留很浓厚的宗教色彩（解放前傣族全民信仰佛教）。魔祜拉（巫师）对喃婼娜的命运起决定作用。当战争爆发之后，召树屯出征，喃婼娜被说成是灾难的根源，必须用她的血来祭百姓之神，方能平息神怒。因此，孔雀公主喃婼娜在国王逼迫下，机智地骗得孔雀衣飞走。召树屯得胜回来，不见妻子悲痛欲绝。他经受各种艰难去孔雀国寻找她，得到孔雀国王的种种考验，终于得到完满的结局，谱写了一曲真挚爱情的优美颂歌。孔雀公主的故事在东南亚有各种异式。至今在西双版纳被改编成傣族舞剧。刀美兰的孔雀舞在国内外引起强烈的反响，享有崇高的国际声誉。苗族的《天鹅仙女》最有代表性，也较完整地保持了原始形态，其故事情节是：一农夫见池中有十二只天鹅沐浴，他窃取其中之一的羽衣，因而结亲。后共同回到天上，受到天神岳父的各种考验。返回人间时坐蜻蜓飞回。据说今天蜻蜓腰细，就是当时被骑压细的。日本的天鹅处女故事基本是这种类型的。彝族的《雁姑娘》是此类故事最激动人心的悲剧。小小的锅庄娃（一种家庭奴隶）被奴隶主放逐在荒无人烟的高山上。他吹得一手好笛子，吸引了天上的雁群，并得到一只雌雁的爱情，落下雁毛，变成美女给他做饭。被少年发现，两人结了婚。后因丈夫违犯禁忌，妻子复变为雁，飞还雁群。儿子在地上歌唱呼唤妈妈，雁女飞来触地而死。这故事明显受螺女型故事影响，悲剧气氛很浓厚。乌苏里江与黑龙江、松花江汇合处的赫哲族有人间女儿因受婚姻压迫，羡慕天鹅的自由生活而大量饮水、双臂变成翅膀两腿伸长像鸟腿，最后变成天鹅的传说。她怀念年老的母亲，年年回来给母亲下蛋。这类传说显然把人间悲剧美化为自由的飞鸟，正是人民对自由生活的憧憬。这类故事的特点都仍然保存鸟的原始形态，或鸟和美女变化中过渡状态，与后期的女主人出迳是人间仙女的形象有所区别，而且她们的羽衣只在自身着用时，才发生异样的魔力，与以后的魔衣（如百鸟衣）对敌人发生武器作用不同，故这类故事与百鸟衣故事有别，是传统《毛衣女》故事的正宗，最有代表性。流传地区也极广，以西南云贵少数民族地区以及广西、浙江、江西、山东一带最常见。

第三类，百鸟衣型故事

这类故事的基本情节是一猎人或农夫，救过一只鸡或仙女，鸡变美女（或画上美人下来）暗中给农夫或猎人做饭，被发现后（抱住）与之成婚。后美女被皇帝或县官所见，或画被风刮去，皇帝按图索人，妻子被抢入宫。临别时妻子嘱丈夫用百衣鸟救她。农夫捕百样鸟，用鸟羽做彩色斑斓的羽衣，穿之入宫。美人见衣极喜，皇帝为得美人欢欣，用龙袍与农夫交换百鸟衣。一旦换好，美人立即唤卫士将穿百鸟衣的皇帝打死，然后与丈夫逃走。

这类故事向无沐浴情节，魔衣也不是用于天女的变形，而是用于对敌斗争，突出其社会斗争性。这类故事产生的时间也较晚，但流传最广泛，在我国汉族广大地区普遍流传。在藏族叫《百雀衣》，壮族有《百鸟衣》、布依族《九羽衫》、朝鲜族《鸟羽》、蒙古族《黄雀衣》、台湾高山族《螺蛳变人》，都属于这类故事的异式。

第四类，牛郎织女型故事

此指近世型牛女故事，即牛郎织女和两兄弟型故事的复合体。故事说两兄弟，父母早死，兄嫂苛刻，弟受虐待，只分得一牛。牛通神，指点他去取正在池中洗澡的织女（七仙女中最幼者）的衣服，两人成亲。后织女得衣飞天，老牛死时让牛郎披上牛皮上天去追织女。于是牛郎携一女一子披牛皮追到天上，受到天帝的各种考验，织女用智救他。（也有的说牛郎穿牛皮时慌忙，少穿了一只牛腿，因此未赶上织女）逃跑时，妻子给他一支金簪，让他向前划，由于慌张往后划，弄错了方向，结果在身后划成一道天河，造成夫妻阻隔。这个故事在汉族各地大同小异，有说织女洗澡，有说织女洗衣的。总之，他们都是在老牛的帮助下与织女在池边相会。造成天河阻隔的原因，有说是王母娘娘划的，有说牛郎划的，也有说织女划的。最后牛、女变成两颗星星，被隔在天河两岸。牛郎附近的小星，正是他的一子一女。这类故事家喻户晓，并早已搬上舞台。前有梅兰芳的京剧《天河配》，后有严凤英的黄梅戏《牛郎织女》，都是脍炙人口的名剧。

此故事传遍东南亚，日本、朝鲜都有异式。日本此类故事名为《天仙媳妇》，男主人公名米克郎，打柴种地为生。也是在湖畔遇织女洗澡，取衣、结婚，婚后生三子。女携二子登天，留字给丈夫，让做千双木屐，栽竹三年，长至天上，然后缘竹上天，米克郎做了九百九十九双木屐，差一屐距离上不了天，织女用神梭接上天去。上天后米克郎受天帝各种考验，最后切冬瓜。米克郎未按妻子所示方法，按岳父指示切，结果冬瓜水流成天河，将牛郎和织女分隔在两岸，变成两颗星星，小星即其二子。留地上一子，织女每年自天上扔下稻米，后因河水不净，稻子不长，幼子不知去向。故事相当优美而富有人情味。这故事显然受中国故事影响，而又日本化了的结果（如做木屐的情节）。

第五类，千羽锦型故事

这类故事的基本情节是天鹅或白鹤为善良的农夫所救，变成美女来报恩。一般是先暗中做饭，被发现后才结成夫妻。这一类型故事的特点是女善织锦缎。丈夫家贫，她拔下自己的羽毛织锦缎，做云锦天衣。县官知农民有美妻神异，强抢美女及锦衣，农民穿天衣在水中淹不死，火里烧不死，棒子打不死。他与妻子巧妙用计，淹死官差，打死县官。最后的情节是：农民被抓到县衙，县官边打边要锦衣。农民因贴身穿千羽锦衣服，不觉疼痛，县官却痛得难熬，他摆手要说“打不得”。他刚说出一个打字，衙役便猛打起来，一气将县官打死。

此类故事显然是织女故事和百鸟衣型故事的复合体。《田昆仑》故事是鹤化女人，《董永行孝》中的七仙女是善织锦缎，助夫偿债。由是便自然形成现在的千羽锦。日本的《仙鹤女》(《仙鹤报恩》)明显受这两种故事影响。清代文人笔记小说中有《妾化鹤》故事，并无织锦情节。《千羽锦》是近年在吉林省发现的（见《吉林民间文学丛刊》)。但日本早已有完美的《仙鹤女》故事，比中国此类型故事更有代表性。它的基本情节是：雪天里一个烧炭者（农民）嘉六带钱去买棉被，途中见一只鹤被套住，嘉六救鹤，被套鹤人看见。嘉六把买被子的钱偿还给套鹤人，放走了白鹤。于是鹤变女子来报恩，做了他的妻子。因家贫，她拔下自己的羽毛织锦卖钱。她告诫丈夫，当她织锦时不许人看。丈夫违禁偷看，从此“缘法”尽了，妻子变鹤飞去。也有的情节是秃鹤被群鹤用翅膀托回天上。丈夫千辛万苦找到鹤岛上，见到妻子仍是一只秃鹤，这只鹤王被一群仙鹤拥戴着。夫妻虽然相见也永远不能再团圆。日本木下顺二的歌剧《夕鹤》正是根据这类民间故事改编的，1979 年曾来中国演出，得到很高的评价。就文献看，日本此类故事比中国近世的“千羽锦”故事要早许多年。因此，我认为日本《仙鹤女》故事是受中国《田昆仑》《七仙女》故事影响，而中国《千羽锦》故事又受日本《仙鹤女》故事影响。中日文化交流已有千年以上的历史，这种互相影响本来是十分自然的，此类故事所以单提出来，不与《牛郎织女》划为一类，即因它是鹤女或天鹅拔自己的羽毛织锦，与天上织女身份的仙女不同。织女故事并没有织锦的细节，七仙女的“织功”也不表现在织“羽”上，而是神妙莫测的咒法或神授的功能。这与仙鹤女不同，后者更带有人间气息和美学价值。

其他与各种天鹅处女型故事相混杂复合的故事尚有多种，如与寻幸福型故事结合的，与雄鸡型故事结合的，与螺女型故事结合的，与老人得子型结合的，等等，都说明在流传过程中，这种优美的故事不断得到各族人民和各国人民的加工创造，不断丰富着各国各族人民的文化生活。

（三）故事相似的原因

世界各民族的同一母题的神话故事大多相似，甚至相距很远的地区互相无文化往来关系，也会产生相同的故事。这一有趣问题早已引起过研究者的普遍注意。国外资产阶级各学派曾有过偶然说、外借说、心理说、印度起源说、阿利安种子说、历史说等等[1]。最近杨智勇在《民间文学》1981 年 1 月号也撰文论述此问题，从多方面探讨了《民间故事大同小异的由来》，很有参考价值。以为各国故事相类都来源于一个地区，阿利安系民族或只限于其中的印度当然比较牵强，同样说天鹅故事都来源于中国，也不尽然。但这不排斥在邻近地区、民族或国家之间有互相传播的事实和可能。但更主要的应从历史发展阶段上来寻找其根本原因。各民族都经历过共同的历史发展阶段，因而反映他们生活的民间故事自然会不谋而合，正如拉法格所说：“欧洲石器时代的野蛮人正和澳洲或别处的石器时代的野蛮人一样，用同样的方式，凿成他们的石刀石斧，以及别的工具。我们不能认为他们上过同一个训练班，学会了同一套凿石手法；也不能认为他们互通声气；而是工作的原料——打火石，迫使他们采取那样的处理方式。”各地不同的民族被同样现象所激动自然会用类似的歌唱、传说、礼俗来表达，世界各民族有关婚姻的歌谣和礼俗所以雷同、相似，一个主要的事实：“世界各民族都经历过大同小异的进化阶段。”[2]各民族都有过万物有灵的观念、图腾崇拜、原始宗教、相信巫术迷信的历史阶段，各族婚姻史都经历过由母系群婚制过渡到对偶婚、一夫一妻制，随着私有制的产生，阶级的出现，人们的关系也自然不同。因为历史发展阶段不同，生产力发展水平相

1　该莱：《关于相同神话解释的学说》（杨成志译），中山大学民俗学会编《民间文艺（广州）》1927 年第 3 期。

2 《关于婚姻的民间歌谣和礼俗》，拉法格《文论集》。

同，相似的心理要求和思想愿望也自然应运而生。如大量天鹅处女故事（《牛郎织女》《千羽锦》）所反映的男耕女织的生活理想，正是我国长期封建社会个体生产，自给自足的小农经济的产物。产生或传播这类情节的地区、民族、国家其生产方式也大体是相似的（云南少数民族中这类情节就很少）。

其次，文化传播是造成各民族民间故事相似的重要原因。过去一度把主张文化传播说说成世界主义加以批判（在苏联盛行），这是极左思潮的表现。

自然不能把天下故事都说成是起源于一个地方，但是，古代文化中心对外界有影响，这也是历史的事实。我们受印度文化影响才有唐代变文和敦煌艺术；我国文化对日本有深刻影响，日本的一些专家自己也承认。君岛久子说：在研究日本的《浦岛的传说》时，她以（已）先认为这是日本固有的，是日本人民长期积累起来的丰富财富；可是当她研究了中国天鹅型故事后，她发现两种故事同属一个类型，而且这一类型的故事，最早见于干宝《搜神记》。经过历史的和比较的研究之后，她得出这样的结论："这个类型的故事，是由中国流传到日本去的，就历史记载，比日本早几百年之久。此外，还有其他各种类型的故事，也不同程度地受到中国民间故事的影响。"[1]

这个推断是科学的，符合历史文化传播的发展规律。事实上口头文学不是国界和海洋可以界限得了的，它正犹如水银泻地，无处不在。更何况中日两国有千年以上文化交往的历史，不互相影响怎么可能？问题是当我们承认这种外来影响时，绝对不能抹杀或否认本国人民（或本民族）的创造能力。每个国家或民族的民间文学都必须依据它的民族历史、经济、地理条件、风俗习惯、文化教养而有它自己的特点。作品的题材或形象可以外借，但是只有它们和本民族的气质习惯、思想感情相适应时，才能被接受、利用，而且接受时也绝不会生搬硬套，消极模仿；总是要经过人民一番取舍和精心的创造。傣族的《兰嘎西贺》受印度史诗《罗摩衍那》影响，但它是傣族习俗风貌的反映，已经是中国化、傣族化了的作品，绝非印度原件；日本的《仙鹤报恩》故事明显受中国故事影响，但在拔羽织锦这一重要感人情节上，确有日本人民自己的创造。吸取借鉴外国的东西，一点也抹杀不了他们在世界文化财富上的创造精神。因此我认为承认历史发展进化阶段相同，使各族故事相似这一历史唯物主义原理，同时也必须承认文化传播对各民族文化的深刻影响和促进作用。当然还有其他原因，这里不及细述。

---

1 《〈灯花〉传友情——记一次与日本友人的座谈会》，《民间文学》1981年第1期。

二、故事中古代民俗的遗留

在天鹅处女故事中，我们经常能看到主人公的“变形”、魔法和禁忌的特异作用，沐浴或天际的淹留，婚姻上的考验以及故事所反映的古代生产方式，等等，而且各地的故事大同小异。这一切，给我们提供了从民俗学角度考察其时代背景、人民生活、心理状态、文化传播等多方面的研究价值。本段文字，试图就这些方面作初步的探讨。

（一）魔术与禁忌

天鹅处女故事常被称为魔法故事或表示禁忌的故事。这些故事中，古老民俗的遗留是非常明显的，通过魔法使人变形，天上神鸟“衣毛为飞鸟，脱毛为女人”，或者女婿到天上，受到天神或魔王岳父的各种考验。主人公要勇敢地战胜各种法术，才能取得胜利，有的则因为违犯某种禁忌而遭天谴。这一切反映着原始人的万物有灵观念。

原来蒙昧时期的人类，由于生产力水平很低，对自然界没有科学的认识，常以为宇宙的一切都是有灵的，给自然以人化，认为人类之外，会有鬼神，因而在想象中，便希望用神秘的方法来影响自然，控制鬼神，这种方法便是所谓的魔术或魔法（magic）。在原始人的观念中，人是不会真死的，肉体倒下了还有灵魂。古埃及人认为，只要尸体不坏，灵魂就可以附体复活，因而想法保存尸体，发明了木乃伊的制作法。其他民族也都有过这种古老的“灵魂”观念，他们认为鬼魂神灵所以有能力，是有一种秘诀，人类如果掌握了这种秘诀便可以同鬼魂神灵一样，产生一种超自然的力量。在一般民俗学家看来，魔术的产生有两种原理，一条是模仿的原理，一条是接触的原理。[1]前者叫类似律或象征律，因此而产生的魔术叫“模仿的魔术”。这种想法认为，凡相类似而可以互为象征的事物，能在冥冥中互相影响。如剪一纸人代替某人，针刺纸人便可以使真人疼痛；在狩猎中，自己学着投入罗网的样子，便可以捕获野兽；施行某种法术，人可以变形；等等。第二条魔术的原理叫接触的魔术或传染的魔术。认为发生魔术般力量的契机在于“接触”。首先，凡由整体分出的各部分之间，暗中互有感应，如雁变女人，雁毛与雁的整体有关系，因而雁毛也可以变成女人。其次，接触的两方面要有着某种神秘的关系，也能发生奇异的变化。如认为有了病是灵魂离开了身体，招魂时持着病人的内衣到外面去叫其名字，就会使魂附衣而归。取一个人的指甲，施术之后，此人可以受害。

1 参考林惠祥《文化人类学》第五篇第九章，商务印书馆，1938年，第313—321页。

同饮一杯血酒，可以使宣誓人发生密切关系，结婚时夫妻饮合卺酒，亦是同一意义。鸟变的女人，如披上羽毛衣，仍然恢复鸟形，就是根据这种接触的原理创造的。变形有自动的与被动的两种，天鹅故事中两者都有，梅露尼西亚的变形是父亲（魔王）诅咒的结果，其他天女变形，大多是自动的。

禁忌即“答布”（taboo），也可以说是广义的魔术之一种，如以魔术为专指积极的施术方法，那么禁忌即是与它相对的消极的禁止方法。魔术是教人应该怎样做，以达到所要求的目的；禁忌则教人不应该怎样做，以避免不幸的结果。禁忌所依据的原理也是象征律和接触律。相信禁忌的人以为，若触犯了这种神秘的禁令，则由于象征或接触的缘故，而导致不幸或死亡，发誓或禁忌在原始人观念里比法律还重要。他们以为，如果不遵守它，一定要在冥中受罚。

在故事中，鹤女在拔掉自己的羽毛织锦时，不许人看，这就是禁忌。被戒者违犯了禁忌，她再就不能以人的形象留在人间，雁姑娘因为丈夫违犯禁忌，委地复变为雁，无论她怎样思念自己的儿女也不能回来，忍不住回来看望一次，便触地而死，她是以自己的生命为代价的。总之他们一旦被识破，人间的“缘法”也就“尽”了。召树屯去找孔雀公主，藏在巨大雌鸟的翅膀里，本来它觉得碍事，要抖落他。雄鸟说：“初一不杀生，十五不害命，明天是十五，请你把他饶恕。”召树屯正是靠了鸟的禁忌，才能在它的翅膀里平安地到达妻子那里，魔法和禁忌在天鹅处女型故事中，表现于各个方面。在其他魔法故事中也一样，它对主人公的命运都起到决定性的作用，这正是古俗遗留的重要表现。

（二）沐浴与仙境淹留

天上仙女到人间洗浴，与人结缘；仙女重返天庭之后，丈夫或儿子又追到天上，并在仙境淹留。这种奇异的情节是天鹅处女故事浪漫彩色的重要部分，它曲折地反映了古代习俗，具有民俗学上的意义。

钟敬文先生在他的《中国的天鹅处女故事》中，引《月会粹编》《番社采风图考》及沙尔·费勒克《家族进化论》的材料，说明古时中外都有女子在婚前到河里洗浴的民俗。兹转引有关记述供参考：

《月会粹编》卷十二引《名胜记》：融县铁船山仙女泉，传说七月七日尝有仙女浴于泉侧。

《家族进化论》第十二章：古代罗马弗里季地方，女子在结婚前照例要到河里洗澡，目的在奉献她们的贞洁于“费略斯神”。

这是带有除秽和宗教上的意味的。有趣的是，我们在最近的报纸上也能看到这种材料：埃及境内，西部沙漠西北端的锡瓦绿洲人，现在仍保留着古老的习俗。姑娘八岁就要订亲，十四岁时完婚。结婚那天，男方女眷，要去迎亲。她们先陪新娘到“新娘泉”去洗澡，接着去见村长，请村长祝福之后，再把新娘送回娘家，然后才乘车前往夫家举行婚礼。赞比亚女孩的“成年仪式”中，有一项就是沐浴。女孩子到了青春期，都要举行成年仪式：姑娘由几个年长的妇女陪伴着，被“隔离”起来。其中有的部族是把她们送到丛林中隐蔽，或者禁闭在附近的小屋中。隔离期一般是两周至十个月，这期间不许任何人接触她。陪伴她的年长的妇女教姑娘做饭、酿酒，各种农活及养育孩子的知识，介绍部族传说。隔离期满，年长的妇女把姑娘带到河边洗澡，叫作“净化仪式”，然后在姑娘全身涂上彩色粘（黏）土，祝愿她走好运。净化仪式之后，把姑娘用毯子裹着，最后一次睡在母亲床上，第二天在歌舞高潮中由父亲用长矛挑开姑娘遮身的毯子，由母亲送她一把锄头，她到人群中表演隔离期内学到的本领。全部成年仪式才完成。

在我国南方，如西双版纳地区，湖泊池塘甚多，妇女去河塘洗澡是常见的。因此，在人们的想象中再现这些常见的情景，创造出孔雀公主的神话，是很自然的。

在天鹅处女这类故事中，仙女在人间居留养子是常见的，同时，与之结婚的男子也随之去仙境，并在仙境淹留一段时间。如《创世纪》中的从忍利恩、《召树屯》中的王子都是例子，仙境淹留有中国自己的传统，也有外国的来源。在我国魏晋时期的神仙传中，常常看到这样的情节，如王质入山采樵，看二童子下棋，待棋下完，斧柯已烂。刘晨阮肇入天台山采药遇二仙女。至十日求还，归来“乡邑零落，已十世矣”。《格列姆童话》中，有牧人彼得追踪亡羊到了仙境，回来时，人间已过二十余年。而且天上“常是春时，百鸟啼鸣”，格外美妙。在天鹅处女故事中，天女留在人间的儿子（如田章）也常有随母亲上天，学得本领，在天庭淹留的过程，得到非凡的智慧。由于人们企望长寿，想象出天上的时光可以永不消逝，于是产生了“天上方一日，世上已十年”的观念。有趣的是，现在用爱因斯坦相对论原理证明，空间旅行速度接近光速时，天上时间尺度拉长了，地上相对时间就短了，于是出现了“时间滞后”现象，地上年代就多起来了（有些科学杂志已论述这一现象）。可见古人“天上方一日，世上已千年”的构想，可能有一定现实感觉或科学根据。虽有夸张，未必全是偶合。

（三）服务婚与刀耕火种

我国云南各少数民族中的天鹅处女故事中被带到天上的女婿，总是受到岳父的百般刁难，给以各种考验。考验项目大都是砍树林、烧树林、撒种、拾种等。这反映着古代婚制中服务婚的特点和早期刀耕火种的生产方式。

恩格斯说："对女子的劫夺，已现出向个体婚制过渡的征候，至少，已表现在对偶婚的形式中。"[1]在婚姻发展史中，进入对偶婚以后，大体有掠夺婚、买卖婚、服务婚、交换婚几种形式，其中掠夺婚，即抢婚是无偿的结婚方式，而服务婚、买卖婚都是有偿的，后者以金钱为彩礼，前者则是男方用劳动赔偿女家的损失。因为结婚后到夫家定居，女方意味着失去劳动力，这是古时婚制中矛盾争执的焦点。依服务婚制，男子须在一定时期内居住妻家，为之操持各种劳役。期限一年至十年不等，期满携妻而去。有些民族以此为正当结婚法，或者以此为买卖婚的附加条件。据民俗学书籍记载，行服务婚的民族有印第安人、西伯利亚人、印度支那人、印度原住民、马来群岛土人、一部分非洲土人等。古代希伯来人的传说中也有此俗。在我国佤族实行氏族外婚，解放前多半采取姑舅表亲交换婚的形式，即姑母把一个女儿嫁给舅父的儿子，作为最初姑母嫁出后的补偿。在傣族中就有服务婚及从妻居的习惯。一般是新郎在岳家服务一年到三年，或长期从妻居。服务婚除以劳役赔偿女家损失外，还有试验新郎的意义。岳家给新郎以各种劳动、武艺或智慧的考验，使他忍受各种艰难痛苦，其意义是试验他的能力和情性能否负担一个家庭的生活。西伯利亚的科科押人，南美印第安人，都有过这种考验。我国有些民族亦如此。天鹅处女故事的"难题型"故事就是有代表性的例子，它正是古代服务婚的反映。

在这些考验中几乎无例外地提到砍树林、烧树林、耕种、撒种，这真切地表现了西南高山地区劳动人民刀耕火种的生产特点。此外，也有射箭、捉鱼、取虎奶的勇力方面的考验。从生产方式上看，这些情节表现的是蒙昧时代的高级阶段及野蛮时代低级阶段的特点，说明作品反映的时代是相当早的。每个民族生产力的发展是不平衡的。在我国西南边疆的佤族、傈僳族、拉祜族、景颇族、崩龙族、苦聪人等少数民族中解放前的生产方式，社会组织仍保留许多前阶级社会的特点，停留在原始的刀耕火种的生产阶段，如西盟佤族是将民族或村庄住地附近的树林、杂草经集体砍烧，在灰烬上播种。一般每

---

1 ［德］恩格斯：《家庭、私有制和国家的起源》，张仲实译，人民出版社，1954 年，第 44 页。

砍烧一次仅能种植一次，然后休耕数年，每种植一次便需新砍烧一片林地。这种刀耕火种的生产方法是解放前西盟佤族的基本耕地形态。而隔绝在深山老林里的苦聪人，尚用天然的树丫作木锄，用木棒削成的木锨除草、挖掘，磨擦竹片取火，有块火镰已很宝贵。他们与自然斗争，还停留在保存火种的原始状态。[1]乃至像苗、瑶比较开化的民族，有的山区也还采用烧林耕种的方式。这说明在偏僻的高山地区，刀耕火种的生产方式并不是遥远的过去，甚至就是尚在眼前的生活。那么天鹅处女故事中（特别是西南少数民族的故事）所描写的砍树林、烧树林等各种难题的考验，就正是这种刀耕火种生产方式的反映。

天鹅处女故事中所有的天女都不安于夫家，一旦得到羽毛衣就披衣而去，“天女忆念天衣，肝肠寸断”。也透露了由母系社会步入父系社会过渡期间人们的思想特点。母权制过渡到父权制，在婚姻史上是一个很大的革命。但对妇女来说，失去了原有的地位。至今世界个别土著民族还保留的“男子装产”或“丈夫分娩”的怪俗。就是刚刚进入父亲（系）社会，男子要证明自己与子女的血统关系，一反母系社会“只知有母，不知有父”的憾事，而采取的幼稚可笑的手段。丈夫郑重其事地卧床，装作腹痛分娩的样子，接受大腹便便的怀孕的妻子（或产妇）的多方照顾，一方面还接受亲友的祝贺，这样可笑幼稚的“装产”丈夫的唯一目的就是要社会承认所生婴儿和他自己的血统关系，用此奇怪的民俗，巩固父亲（男权）的地位。这当然说明母权的衰落，妇女已处于十分可怜的地位。

母系社会不存在抢婚、买卖婚之类的习俗。男子到妻家过夜，白天还回到自己的氏族里劳动生产，经济上也不存在“女方的损失”，只有定居男方，才出现女方失去劳力，提出赔偿的问题。从故事中天女终于离去，女婿要受到种种考验来看，透露着女子对母系社会的依恋或向往，或者说是母系社会某些古俗的遗留。因此可以推断，天鹅处女故事最早产生的年代应是母系社会过渡到父系社会时期，或者说是父权制尚不十分稳定时代的产物。如果系前人研究，“鸟化女人疑是图腾主义时代的思想”（哈特兰德）或从生产上反映新石器时期特点，则它的产生时期，更要古远。

1　参见宋恩常《云南少数民族社会调查研究》（上集），云南人民出版社，1980 年，第 44 页。

三、故事的美学价值

天鹅处女故事很富于美学情趣。一般西方古典美学意义上的崇高、优美、悲剧性等理论，都可以在它们身上得到集中的体现。

（一）诗意的场景

在故事中神鸟——天鹅、孔雀、白鹤、雁、鸽，都被赋予圣处女的美丽形象和天真、纯洁的性格。她们从天上飞到人间，挥动着光艳洁白的翅膀，穿过层云、森林和小溪，翩翩飞落在静静的湖滨，脱下羽毛衣变为美女，天真地在湖中嬉戏，清澈的湖水泛起层层涟漪。这种想象本身就是一首十分优美的抒情诗的意境，在这仙境般的湖边丛林里，一个英俊、勇敢、筋力强健的猎人正窥视着她们。“想吃鱼的翡翠鸟，总是蹲在水边。”年轻的召树屯王子得神龙的启示，悄悄地取走了孔雀公主喃婼娜五色斑斓的孔雀衣，回到竹棚里大声歌唱。六姊妹惊慌地披上孔雀衣飞走了，而喃婼娜只好裸着身体在湖水里微微打颤。召树屯脱下自己带着体温的衣服，轻轻地披在喃婼娜身上，俯身跪在受惊公主的面前，表白自己虽然行为鲁莽，但是绝没有一点恶意，“既不是吃小鸡的狐狸，也不是伤人的老虎”。“请白云作证，自己只是一只平常的蜜蜂。”喃婼娜像含羞草一样，因受触摸而躲藏，但她的眼睛，却像湖水一样闪亮。她眼望湖水，低低地歌唱：“热辣辣的太阳，会使鲜花枯萎，你过热的爱情呵，叫我的心跳荡。”“愿你像一棵椰子树，树高根深，我会天天坐在树下，觉得快活凉爽。”这一段湖边爱情的剖白，由王子果敢莽撞的行动，姑娘恐惧的心理，到“乐莫乐兮新相知”的喜悦，有声有色，有情有景，纯洁善良的心地有如水晶一样晶莹，像湖水般清澈。它本身是自然美、人体美、心灵美的和谐统一，它形成了客观的美，又揭示了主观美。用一句未必合适的话说，正是这种典型环境中的典型人物，典型情感，给人以强烈的美感享受。这样高妙的艺术构思，正是劳动者（猎人、渔夫或农民）在与大自然斗争中所进行的美的创造。因而故事的形象来自对大自然的观察，来自生活的需要。天鹅在空中自由翱翔，形与天接，自然使人联想到她们与仙女的关系。天鹅的洁白，孔雀的绚丽，大雁的忠诚，鸽子的驯顺，仙鹤的矫健，都使人们自然地想到姑娘的美，这种美不是宫廷贵妇的矫揉造作，而是朴素、自然和热爱生活的勤劳的美，所以才能成为劳动者和正义者理想的恋人，能干的妻子。猎手、农夫们要获得她们，于是运用智慧和勇敢，掌握了她们带有魔力的羽毛衣，获得了幸福。在北方，也有的猎手用自己猎兽的套子套住了仙女而获得爱情的，如蒙古族杜尔伯特部落的《天女之惠》。这种强制性的婚姻故事，虽然情节简单，但它蕴藏着温柔的爱情，歌颂人的力量，歌颂劳动和劳动工具的伟大，是它们给人带来了无上的幸福。这只能是劳动人民创造的美，也是它的魅力之所在。

（二）崇高的悲剧

原始形态的“毛衣女”故事，天女只是由于发现了自己的羽毛衣就披衣飞去，没有明显的社会原因。而《召树屯》中喃婼娜的飞去，则是出于巫师和国王的迫害。《雁姑娘》《仙鹤女》则是由于男主人公违犯禁忌，其悲剧性质都表现为人和命运，也即是人与神的意志的冲突。这些故事的悲剧性已带有社会冲突的因素。更晚的《百鸟衣》型故事，则更明显地加进了阶级斗争的内容。

亚里士多德与黑格尔的美学，把悲剧的性质归结为神的力量与人的意愿发生的矛盾冲突，自然界不可克服的客观原因，或者由于人的性格本身的内在冲突的结果。在古代神话、传说、童话中的悲剧，大多表现为这种早期悲剧的特点，即命运说或罪恶说或者两者结合。由于主人公的过错，得到天的惩罚，最后还是归结为不可抗拒的命运的裁判。如《雁姑娘》中的少年，并没有更严重的错误，只是由于他违犯了禁忌，说了“雁变的女人”这句话。妻子的原型一被说破，悲剧立即发生：“姑娘立刻闭了口，一句话也不说了，只悲伤地盯了丈夫一眼，脸色惨白地在地上一滚就变成一只雁，由窗口飞走了。”眼看着它越飞越远，越来越小，最后融进一群正在天边飞着的雁行里去了。故事的结果以悲剧告终，表现了人的意愿与神的意愿（这种意愿在古人观念中自然是被人格化了的）的严重冲突。

这故事的特点表现了人与命运的斗争过程，虽然人的斗争无法改变其悲剧结局，但其中却具有一种极其感人的人性美。还以《雁姑娘》为例。少年悔恨自己的错误，想把失去的妻子召唤回来。每到秋天过雁时，就让自己的儿女向着天边的雁群呼叫：

前面飞的是阿爷，中间飞的是阿婆，后面飞的是阿姆。
阿姆回来呀，阿姆回来呀！
每群雁都回答：咕呷，咕呷。
我们这里没有你阿姆！
可怜的小阿衣呀，
我们这里没有你阿姆！

秋天快完了，所有的雁群都过完了，最后一群雁飞来了，孩子们又出来唱着呼喊雁妈妈的歌。只有这群雁不回答，一直盘旋在孩子的头上。孩子们唱着唱着，忽然这群雁中最后的一只雁，用非常悲怆的声音唱道：

> 咕呷，咕呷！可怜的小阿衣呀，
> 阿姆回来了！阿姆回来了！

这只雁忽然往地面飞来，她刚飞到孩子的脚前，就一下子断气死去了。不管丈夫和孩子怎样呼喊（通常这种呼喊是带有咒语威力的），也不能改变悲剧的命运。只好把雁妈妈的尸体埋葬起来。奇迹发生了，在她的墓地上长出的树木可以给她的孩子们带来幸福。用这树做木槽养羊羊壮，用这树木做梳子头发美，奴隶主把它抢去烧了，烧剩下的梳齿，还可以做鱼钩，钓上大鱼，使生活富裕。相反，奴隶主抢槽喂羊羊死，抢梳子梳头头发落光。至今讲这故事的人们还说："多好的雁妈妈呀，她死了也没忘记她的儿女呵！"

故事是悲剧的结局，但她给人们留下的却是生死都阻隔不了的人间最宝贵的爱情与伟大的母爱！这一切，表现了问题的本质："悲剧是由崇高派生出来的。"悲剧留给人们的是比一切都巨大得多的崇高。

仙鹤女也一样，她用自己的羽毛连带着爱情和生命，织着精美的千羽锦，想以此改变丈夫的贫穷生活。她富有自我牺牲精神，全身心地创造着自己的幸福生活。然而她最终改变不了自己的悲剧命运，这一切表现了初期希腊悲剧式的特点，也曲折地表现了小农经济生活中劳动人民对命运的无力主宰。即恩格斯所说的"历史的必然要求和这个要求的实际上不可能实现之间的悲剧性的冲突"[1]。这种悲剧引起人们的深刻的同情和深思。它表明：人们为了遵循某种道德法则而受到无法抗拒的灾难时，他宁可毁灭自己，也不愿违背自己的誓言，这正是悲剧的庄严性和崇高价值，富有深刻的哲理性。

（三）壮美的理想

"美是生活"，同样，美也是理想。车尔尼雪夫斯基说："在美的范围内，一切都应

---

1 ［德］马克思、恩格斯：《论艺术》第一卷，人民文学出版社，1960 年，第 41 页。

该是生动和真实的。没有多样的憧憬，也就没有生机勃勃的人，因此崇高的善人在艺术上应该表现得具有生气勃勃的人所常有的多样憧憬。”[1]他认为依照我们理想应当如此地生活，那就是美的。鲁迅也同样把美看成“内心有理想之光”，并为之奋力以求的东西。人们把征服自然、改造社会和追求美好生活作为美的理想，大量表现在民间故事之中。《千羽锦》中的农民，在炎热的夏季耕作中，幻想着有一片白云给他遮阴，于是在空中飞着的天鹅便张开翅膀代替白云；他想摆脱贫困和孤寂的生活，于是天鹅化作美丽的姑娘给他做饭，终于缔结良缘。在追求幸福中，这些劳动人民表现了异常的勤劳、智慧和勇敢，致使天女为之动情，于是共同创造生活，得到妻子的帮助，终于战胜邪恶，获得胜利。任何艺术作品，都离不开理想和虚构，但任何理想和虚构都离不开现实，人民是有权力把自己的人物理想化的。

随着时代的发展和人民斗争的胜利，天鹅处女故事也不一定都是悲剧的结局，因为人民在改造世界的实际斗争中改变着这种神力的操纵。《召树屯》《百鸟衣》等都是喜剧的结局。召树屯的勇敢和坚贞终于战胜邪恶，突破天人界限，得到孔雀国王的承认，经过严峻的考验，美满的夫妻终于团聚在一起。《百鸟衣》型故事更加进阶级斗争的内容。愚蠢好色的皇帝（或县官）最后总是败绩于仙女和农夫的智慧（通过换百鸟衣来体现）。它和《召树屯》的结尾一样，虽不免带有乌托邦色彩，但毕竟是随着时代的发展，故事的社会属性不断加强，更能充分地表达人民的理想。

需要引起注意的是，天鹅处女故事在流传过程中，和寻幸福型的故事巧妙地结合起来，也有的与老人得子的故事结合起来，成为一种多合体的故事。前者如蒙古族的《沙丘国》、后者如达斡尔族《金光闪闪的儿子》，都是好例。《沙丘国》写一个沙漠地区的国王，派三个王子带着骆驼队到外地去寻找幸福，叫他们各自娶回一个美丽的妻子，带回一件珍贵的礼物。两个王子都去寻找珍宝和美女，独有三王子，他立志征服黄风怪，为沙漠中的人民求得幸福，他团结部下，多次在沙漠中战胜狼群，最后发现一汪清清的湖水，因他一箭射中一头恶鹰，救下了即将丧命的天鹅，于是天鹅变成一个老太婆，指点他去偷正在月下沐浴的仙女的羽衣，从而得到一位绝美的妻子，后来这姑娘帮助他战胜了黄风怪。三王子回到沙丘国时，给父亲带来了聪明的妻子和黄风怪的头。国王要三个儿媳也各送他一件礼物，大儿媳送上精制的帽子，二儿媳捧出讲究的靴子。独有三儿

1 ［俄］车尔尼雪夫斯基：《美学论文选》，缪灵珠译，人民文学出版社，1957 年，第 83 页。

媳献出一幅绣好的毯子，她用血泪把人民的愿望绣在了毯子上：青的山，绿的水，鲜艳的花朵，茂密的树林，宽阔的草原，满山的牛羊。正当三儿媳展献这奇妙的礼物时，忽然轰隆一声巨响，毯上的景物变成了现实的景象，人在图画中，沙漠变绿洲。

天鹅处女故事和老人得子型故事的复合体，更创造了常到人间沐浴的仙女见老人求子的香烟直升天界，自己便变成“金光闪闪的儿子”，投生到老太婆这里，一生下来就英勇非凡，背上生一个碗大的金色痦子，金光闪亮，他迅速长大，成为神奇的猎手。骑上风雷般的黄骠马，所向无敌，建功立业，满足了老人和人民的心愿。

在满族《天女浴躬池》的传说里的天女佛库伦是一个弓箭不离身的好射手，她和两个姐姐来到布库里山下的水池里洗澡，是天上的天狼星偷走她的衣服，满以为这样，佛库伦就一定会嫁给他。这时，长白老祖变成白发老人送她两件礼物，一把是天梯，一个是桦木扎成的小排筏。老人告诉她，天狼星正等待她去做新娘，共同发动一场人间战祸。这把天梯正好帮助她上天。天女佛库伦恨透了天狼星，她宁肯光着身子在萝山里和风雪搏斗，也不回天宫。于是长白老祖把小小的桦木排筏送给她就不见了。这时，天上飞来一只喜鹊，衔着一枚红果丢给佛库伦，这异香扑鼻、鲜艳诱人的红果，引起她的好奇。她拿起红果放在嘴里，红果落入腹中，她怀孕了，生下一个男孩。她让孩子坐在小排筏上，并把她的弓箭放在孩子身边，她对孩子说：“额娘金子一般明亮、纯洁的心，作为你的姓，你就姓爱新觉罗吧，生于布库里山下布库里雍顺就是你的名字，带着额娘的弓箭，去寻找吉祥的地方落土吧。额娘盼望你早日长大，为人间造福。”说完，把排筏向上一托，这小排筏凌空而起，驾着五彩祥云飘然而去。

佛库伦送走了孩子，因无衣着，就躲进森林，翘首仰望儿子的成长。后来，她成为一株高耸、笔直的长白松，由于长白松姿态优美，人们称它为美人松。她的儿子落在呼尔哈河（今牡丹江）上，顺流而下，流到鄂多哩城（敖东城），为城主收养，孩子长大后就与城主的女儿结了婚，平息了三姓地方的战乱，成了满族的始祖。

从这个故事可以看出，这里的天女完全是北方狩猎民族——满族强悍斗争性格的化身，她既不屈服于神力的淫威，也不屈服于自然威力的肆虐，赤身裸体、顽强地生存在林海雪原。传说天池近处的温泉，就是长白老祖派来一位罗汉给她送来暖身的一盆温水，因她裸体，罗汉背手相送，不小心洒在地上，因而留下了现在的温泉，那罗汉就变成了一座山峰，至今还“朱——朱——”（满语来的意思）地喊佛库伦来取水。

这里，不但仙女成为强悍坚强的狩猎民族的化身，连长白山有名的美人松，也被说成是翘首仰望的美人，赋予它以坚强、善良的性格，这真是劳动人民奇妙的想象。这是一个民族的英雄传奇，也是一种美好理想的寄托，至今，仍对后代子孙起着鼓舞作用。

古老的天鹅处女故事，是人类文明的标志，是探索古代社会的生产、文化、艺术乃至人民理想的丰富宝库。它和人类童年时期的神话、史诗一样，至今散发着浓郁的芳香，具有难以企及的艺术魅力。对于它的学术意义和美学价值，应该给予充分的肯定和深入的研究。

中原古典神话流变初议[1]

张振犁 ※

中原是我国古典神话产生和流传的典型地区之一。许多活生生的珍贵资料的被发现，不仅说明古典神话流变的课题有研究的必要，而且也有了逐步深入研讨的可能。尤其像运用现代口头保存的民间神话，去研究古典神话流变的情况和特点，对我国神话研究的科学理论意义和现实意义，都是十分重要的。本文仅就目前在这方面所接触的一些情况，谈几点粗浅的、初步的看法。

我国“开辟创世”和“洪水遗民，再造人类”神话的融合

神话学的主要内容之一，便是弄清楚它的发生、起源和形成的生活、心理的发展、变化法则。神话本来就不是固定不变的。它除在文献中固定下来的特殊情况外，在口头相传的状态（或者叫“自然之潮流”）中，它从内容到形式，必然是在逐渐流动、变化和发展的。而这种变化和发展，又是受一定的规律所制约的。因此，我们要提高这方面的研究水平，当前这些民间神话的被发现，就给我们提供了比较有利的条件。例如，我国“盘古开辟创世”和“洪水遗民，再造人类”，这两组在神话学中具有世界意义的、关于“末世学和毁灭”神话，见于古代文献的有三国时吴人徐整的《三五历纪》《五运历年纪》，梁任昉的《述异记》和唐李冗的《独异志》。可是，近两三年来，随着民间文学发掘、整理工作的逐渐深入，中原地区此类神话的异文也相继问世了。这就使我们大

1　刊于 1983 年第 4 期。

※　张振犁（1924—　），河南大学文学院教授，长期从事民间文学、民俗学以及中国神话的研究。历任中国民俗学会副理事长、中国民间文艺研究会理事、中国民间文艺研究河南分会副主席等。

大开阔了眼界，也提出了新的问题。

第一，从“开辟创世”和“洪水遗民，再造人类”这两大类神话流传的地区来看，最近在河南的商丘、开封、杞县、正阳、汝南、罗山、豫西等地，都记录到了一些重要异文。值得注意的是，中原的这两大类神话，已经出现了融合的现象。这说明它们在中原产生和流传的时间，也是很古老的。就以徐整记录的“盘古开辟创世”神话为例，在商丘的《两兄妹》中，同样出现了“世界一万八千年要‘混沌’一次”，洪水过后，“混天老祖”补天，“混地老祖”修地一类“混沌初开天地生”的神话。[1]如果把它跟《庄子·应帝王》中的“中央之帝为混沌”，“倏与忽谋报混沌之德”，而“日凿一窍，七日而混沌死”；以及《淮南子·精神篇》中的“古未有天地之时，唯象无形，窈窈冥冥……有二神混生，经天营地……于是，乃别为阴阳，离为八极”等神话相印证，应该说，商丘这篇神话在北方流传的时间，绝不会晚于徐整的记录。因为庄周是宋国蒙（今商丘市东北）人，他不仅对当时中原的神话很熟悉，而且还在自己的著作里记录或运用。实际上，《两兄妹》里的“混天老祖”与“混地老祖”，就是《庄子》里的“倏与忽”，《淮南子》里的“阴阳二神”和《盘古山》里的盘古兄妹。有的这个开辟尊神却只有“盘古”或“人间正神”。

“补天”的神话，尽管在《淮南子·览冥篇》中已有记载（司马贞的《补三皇本纪》相同），但在《两兄妹》中“混天老祖补天”，就很相近。《杞人忧天》里的女娲补天，不仅出现了新的“神谱”，而且还介绍了当时的地形构造特点（中天镇、西天镇、中天山、西天山）。特别在《盘古山》里，盘古与玉帝三女儿，就是用盘古开天辟地的斧子把作金针，用山上的葛藤作金线（而不是炼五色石）来补天的。他俩补天以后，天上留下的裂缝的痕迹，就是今天天上的银河。而银河两岸的星光，就是补天时留下的针眼儿。这样美妙的幻想，不仅更接近现实生活、事物，而且还由天空彩霞的解释神话，派生出了新的关于银河星系的解释神话。从这个流变中，也提出了新的问题。

再以《五运历年纪》和《述异记》里的“盘古垂死化身”的神话为例，不仅在王屋山的《盘古寺》(《盘谷寺》) 里有完整记录，而且，在正阳的《胡玉人和胡玉姐》里，同样提到了“人间正神”（创世人类始祖）死后变成人间花草、鸟兽和世上万物的故事

1　本文所引用的神话，除注明出处者外，均见河南师大中文系“民间文学研究组”编选的《河南民间故事》（增订试印本），1982 年 8 月。

（另外，灵宝的《夸父山和桃林塞》中，也有关于夸父死后，躯体化作“夸父山”，手杖化为桃林的记载）。

至于明代周游在《盘古开天辟地》一书中，所说盘古用斧、凿开天辟地的神话，原来也是从民间吸收进来的，而桐柏县的《盘古山》，同样有盘古用巨斧开天地的神话。如果再联系《杞人忧天》中洪水过后，女娲补天的神话，我们就同样可以看出流传在中原的“开辟创世”神话，同样是很古老的。

值得注意的一点，就是原来古典文献上记载的这类片段的上古神话，在今天的民间神话中，已经融进“洪水遗民，再造人类”的完整神话里去了。这的确是我国古典神话在民间流传中出现的独特现象。尽管原来是两大类神话，但后来却逐渐融合了。这种情况有两种可能：一种，原来在民间就是如此完整，后被文人记录时，只剩下片段；另一种是发生了新的融合。但它起码说明是符合流变趋势的。

第二，从民族文化环境方面来考察，中原地区的“洪水遗民，再造人类”的神话所反映的社会阶段比较早。洪水等灾害之后的“遗民”，在河南有盘古兄妹，有胡玉人和胡玉姐，也有“气人”和女娲；但更多的是不知名姓的兄妹二人，共同捏泥人，繁衍子孙（个别是在生的肉团炸开后，有了人烟）。唐代李冗在《独异志》中，就已经有了关于女娲兄妹看烟的聚散而结婚的记录。结婚时，女娲还要以扇遮面。可见，兄妹婚已经受到谴责。但在商丘等地的材料中，兄妹结婚都比较主动，不大重视舆论的指责。“滚石磨”不过是个占卜过场。特别是，正阳的《胡玉人和胡玉姐》在这个情节方面尤为突出。据说，在洪水（或地震）过后，“人间正神”给兄妹二人说：“我已经活了一世，世上的万千人类都是我的子孙，如今世上没有人了，下一世的祖先是你们兄妹了。”可见，这里所说的兄妹二人结婚是理所当然的。因此，二人也就无须经过激烈的思想斗争和履行什么复杂的婚前占卜仪式（如看烟的聚散、滚石磨、折竹、“龟鉴”，等等）和结婚时媒人作证等“合法”手续，而是兄妹自然成婚，捏泥人。当时，因为下雨，玉人把泥人扫进沟里。雷雨过后，泥人从沟里水中爬上来，就直接找胡玉人和胡玉姐认父母。有的说，泥人的本族姓氏，都是按他们去的地方确定的，汉族的孔（空）、何（河）、苟（沟）、林等。有的则认为，这些泥人的姓氏就是后来的“百家姓”的由来。可见，上面这些神话产生时期的婚姻制度，还没有开始从群婚（兄妹婚）向一夫一妻制的对偶婚过渡，更不用说反对兄妹婚了。当然，与此同时，中原也存在对兄妹婚既否定，又肯定的过渡状态。例如，《盘古山》和豫西等地的记录稿里，也大多是哥哥反对兄妹婚，妹妹起初犹豫，后来又主动要求结婚。这些情况告诉我们：如果对洪水故事中反映的这个问题，一概理解为都是“非兄妹婚”的表现，恐怕还需要进一步研究。

第三，从我国远古时代洪水出现的自然情况看，其洪水出现的主要地域在豫东、鲁南、苏北和安徽淮北等黄淮二水系经流的地区。我国上古水神共工就活动在豫北辉县苏门山下。这里百泉的水就叫“洚水”（共水）。大禹治水的地区，大部分在河南。即使认为他在南方治水的活动地区会稽，原来也不在浙江，而在安徽的当涂淮水下游。[1]在《杞人忧天》里，就明确讲到共工是中天山上中天镇镇首的大儿子，祝融是二儿子，三儿子气人（后叫“杞人”），最小的女儿是女娲。《胡玉人和胡玉姐》中，洪水过后，女娲成了父母捏的泥人中的一个。可见，在河南多次出现上古著名神话人物，决不是偶然的。他们和我国上古“洪水遗民，再造人类”神话的关系是极为密切的。

洪水出现的原因，在《杞人忧天》里，既不是共工与颛顼争为帝，也不是争夺私有财产，或为个人私仇斗争引起洪水，而是为了兄弟之间争吃一个天鹅蛋。共工与祝融互不相让，打了起来。当共工被祝融紧紧追赶时，最后用头撞倒不周山（西天山），才引起洪水灾害的。女娲补天，乃是出于同情世界遇到毁灭性灾难，人民无法生存的原因。这在同类洪水故事水与火的斗争的解释中，应该是比较原始些。至于中原其他材料中所说的洪水出现的原因，乃是由于“混沌”、“天地相合”、火山爆发、地震等所引起的说法就更早一些。因为它符合原始人善于用神话解释自然现象的习惯。可见其有生活依据。

第四，从与洪水等灾异毁灭神话有关的主题、人物、情节看，同属于“末世学和毁灭”神话。[2]主人公要再造宇宙，使人类再生，这类神话，世界各地大体相近。其主人公，在如前面所说，不论古文献上的盘古、伏羲、女娲等创世尊神，或者民间神话中的两兄妹，都不过是一对青年的血缘配偶，担负起了创世和绵延、再生人类的重任罢了。

毁灭世界的灾异到来时的情景怎样呢？河南这类民间神话说法不一，大部分说是洪水造成的。如有的说，洪水到来时，“霹雷闪电，裂空巨响，天塌地陷，洪水横流，人畜万物毁灭”。有的则是，“先刮了一个月的寒风，大地冰冻，死了不少人。然后，又刮了一个月的热风，人们死得万不留一。接着，天边兰光闪了半天，大地巨响过后，一切

1 参见徐旭生《中国古史的传说时代（增订本）》，第三章“洪水解”，文物出版社，1960 年，第 131—136 页。
2 K.W.BO：《神话与神话学》，载《英国大百科全书》，刘光耀译，张振犁校，1973—1974 年。未刊印。

沉在黑暗中。再过一个月，地上一片泥海，一切消灭，半年后，泥泞成了大地。水流在一起，成了海洋。内地的水汇成湖泊、江河"，很像地震前后的情景。有的则说灾异到来时，"天下油地生火（了），所有（的）人（，所有的）草木（，所有的）飞禽走兽，（都完）全烧死，世界上（，）成了一片枯红的野地"[1]。很像火山爆发时的景象。灾异发生不像因个人恩仇斗争所引起的。这和世界各地的"末世学和毁灭"神话，基本上是一致的。至于因人类社会原因引起灾异，相对地说要晚一些。

是谁帮助主人公躲过灾难，并协助兄妹结婚，再造人类的呢？西南地区多为葫芦。中原大半是石狮子，有的是石人、乌龟。有的则是"人间正神"和古老的奇树。它们都起了关键的作用。石狮子具有这样大的权威，可能与外来宗教影响有关，而"人间正神"、石人、奇树和乌龟却不同。

至于这类神话中出现新的"神谱"和人物之间的关系"易位"，也很值得注意。例如，女娲的形象在中原也不全是原始社会至高无上的创世尊神。有的把她降为中天镇镇首的女儿；有的把她降为洪水后父母捏的泥人中的一个。她的名字也是由父母给起的（由"女货""是"，转变为"女娲氏"）。她的地位也是无足轻重，有的说她是玉皇大帝的同辈，有的认为如来佛成了女娲的祖辈，等等。我们可以明显看出，母系社会的观念已退居次要地位，而被父系观念代替了。

捏泥人，是这类神话的另一关键情节。它反映了我国原始时期，黄河流域人民的经济生产和社会物质生活特征。作为中华民族文化摇篮的黄河两岸的中原地带，在历史上确实经历过用黄土制作陶器的特定阶段。创世神话里"捏泥人"，正是这一现实生活的曲折反映（另外，也与原始人的观念里，生子不是生理现象，而是与图腾相联系有关）。女娲捏泥人，这一重大事件，不仅与汉族姓氏习俗相通，而且说明，这一担负历史重任的人物，正是当时居于母系社会主宰地位的女性。但是，随着民族意识的变化，创世造人神话也逐渐复杂化，其中不可避免地渗透进阶级意识（如《风俗通》中所说，"富贵者，黄土人也；贫贱凡庸者，絙人也"）。可喜的是，在正阳的记录中，却说，捏泥人只有生理上的高矮、丑俊，性别的不同，而无其他差异。泥人从水中跳出来后，就直接跑到父母家门口，跪着等候胡玉人兄妹接见。父母还教孩子要"磕头"、知礼，女娲还单独留下侍奉父母。这正反映了中原汉族的习俗特点。《盘古山》里的盘古兄妹，还教会

1　林兰：《民间传说》（上），北新书局，1930年，第2页。

泥人各种谋生本领，取得族姓以后，到各地繁衍子孙生活去了。

当然，与此同时，中原的这类神话，也有说创世神捏泥人时，原来都是丑俊相当的。但后来因为下雨，创世神忙乱中，把泥人堆进山洞里，他们一活，互相说话，配偶就全错乱了。从此，社会上才有“怨男恨女”（好像与封建婚姻制度、习俗的危害无关）。有的还说，创世神造人时，由于只造了十二个观音菩萨，所以，后来佛庙里的十八个罗汉有六个没有配偶。[1]毫无疑问，这些都与阶级意识和宗教利用神话有关。

总之，从上面的情况可以看出，上古“开辟创世”和“洪水遗民，再造人类”神话，不仅在中原地区有广泛流传的民间神话重要异文，而且，出现了两大类神话互相融合的形态。这就给我们提出了许多值得思考的问题。

古典神话中出现了宗教化和非宗教化（或“世俗化”）倾向并存的现象

神话在流传中变化、发展的原因很多。其中重要的原因之一，便是民族的、宗教观念的发达，或其中原有宗教性质的日见稀薄，乃至丧失。[2]也就是说，既有宗教意识渗透的一面，又有阶级色彩加浓，宗教因素减少和人民愿望“衍化”的一面。前一种情况，大半出现在神话由文人记录而书面固定化的过程；后一种情况，一般出现在从书面回到口头流传的过程。这样的反复之后，就呈现一种异常复杂的变异形态。从神话学的角度来看，这就是所谓“低级神话和高级神话”分类学的依据。[3]其实，这样的划分也不全符合实际。因为，从书面到口头，又从口头到书面的流传过程是很曲折的，也是不断反复的。因此，截然分为两大阶段，就比较简单。就以中原的情况为例，有的原来比较朴素、原始的民间神话，在古代文人知识分子、诗人等特殊阶级记录或运用时，渗透进了代表统治阶级的“人为宗教”的意识成分，固然是事实；但同时，民间还在继续产生朴素、原始的同样的神话群，而这些作品却不见于古典文献（当然，其中也有反映某些宗教因素的）。两者明显的区别，正在于宗教因素逐渐减少，乃至消失的非宗教化（或“世俗化”“现实化”）倾向。[4]这正是不同阶级意识形态斗争在神话流变中的具体反映。正因为如此，通过具体作品的研究，就更能看出它的重要理论意义。从中原最近

1 参见林兰《民间传说》（上），北新书局，1930 年。
2 参见［日］松村武雄《神话》，载《世界大百科事典》，俞敏译，平凡社，未刊印。
3 参见［日］松村武雄《神话》，载《世界大百科事典》，俞敏译，平凡社，未刊印。
4 参见 K.W.BO《神话与神话学》，载《英国大百科全书》，1973—1974 年，刘光耀译，张振犁校。未刊印。

发现的许多古老的民间神话资料里，我们不仅可以看出人民愿望变化的脉络，而且可以发现社会发展的轨迹。大量的古典神话至今还活在人民的口头上，足见其艺术生命力之顽强是惊人的。

关于前一种情况，可以黄帝的神话为例。原来的黄帝神话，不过说他是用玉作兵器，造舟车弓矢，染色衣裳，发明指南针及与蚩尤作战等部族首领的形象。后来，逐渐把黄帝尊为中华民族的始祖，以至成了一切文物制度的创始者。这样的神话人物，正是原始社会末期，劳动人民在与自然斗争、部族斗争和社会文化起源方面的朴素理想、愿望的体现者。

但是，从战国至公元1世纪前后，由于道教哲学思想与古代民间崇拜与萨满教信仰融合而成为道教之后，道家为了用某些神话形象推行其教义，黄帝就成了开创道教的不老圣君。西王母也成了掌握不死药的王母。在《山海经》和以后的记载里，便逐渐渗入了道教思想。这便是我国古典神话仙话化的开始。有的记载说，黄帝在昆仑山神国里，不但地位极高，而且还是靠食“玉膏”可以长生的神仙。[1]后来，他还学会了炼丹术。这说明，黄帝已经成了远离现实生活和不食人间烟火的宗教最高头领。尤其最近在新郑县搜集到的《风后岭》里（见《轩辕故里》），尽管说到黄帝终日辛辛苦苦，跋山涉水，一心为民寻求治国的“贤者”“神图”“宝书”，但他所赖以获得这些图籍、人物的赐予者，却是道教的另一重要首领西王母。在这个神话里，王母的地位比起原来在昆仑山神国诸神，远远超出于黄帝之上，这不能不说是神仙观念对原始神话改造的具体反映。

再如，中原地区流传的开辟创世神话，也由于东汉明帝以后，佛教传入中国的影响，而呈现出明显神话宗教化的严重现象。像正阳地区流传的《胡玉人和胡玉姐》这篇神话，其中就把如来佛推崇到洪水后兄妹二人的父辈“人间正神”同辈的地位。而原来中原的创世尊神女娲，却被降为如来佛的孙辈。甚至道教尊神玉皇大帝的命运，也完全由如来佛主宰。玉皇大帝后来组成天宫统治集团，来镇压、残害百姓的阴谋，也是如来佛一手造成的。从此，我们进一步可以看到：在神话宗教化的问题上，外来宗教的侵入和影响原始神话是自觉的。而这个毒化的企图也是符合封建统治阶级的愿望的。这一严重的阶级斗争和民族斗争的现实，反映在古典神话流变中的情况，必须引起我们的重视。这一现象正说明，中原的开辟创世神话，至少在汉、唐以前就已广为传播了。否

---

1 参见《山海经·西次三经》。

则，神话的仙话化和佛教化的对象就不存在了。

关于后一种情况，在中原古典神话流变的过程中，也存在着非宗教化（或“世俗化”“现实化”）的倾向。仍以《风后岭》为例，其中固然存在着仙话化的倾向（如前所述），但黄帝的形象毕竟不像《山海经》的某些记载那样的、完全超然世外的神仙之首，而是一个勤劳的帝王。他日夜操劳，思贤若渴，为寻访治国将相和“神图”“秘籍”，历尽千辛万苦。这不仅反映了人民的愿望和理想，而且，他已成了人民心目中的贤明领袖的形象。相反，西王母的形象即极为模糊。尤其《王母洞》中的王母，更是个满怀热情、恋念和享受人间清福的女神。她根本与道教无关。

特别是，最近在灵宝记录的《黄帝岭》里，这一问题表现得尤为突出。原来，在延安桥山有《黄帝陵》神话。据说，黄帝在河南中岳嵩山骑龙升天经过桥山时，他见下面百姓贫苦，就落下来察看。老百姓感激他，不让他走。有的拉衣服，有的拉靴子。结果，当黄帝骑龙升天时，他的靴子、衣服被拉了下来，埋在桥山一带。这就是《黄帝陵》的来历。[1]这当然反映了黄帝关心人民疾苦的现实因素增强的特点。但是，灵宝的《黄帝岭》就有了更加明显的变异。据说，黄帝有一次从昆仑山来到河南灵宝，见当地老百姓不仅生活很苦，而且这里的山区疾病也很厉害。黄帝就在当地炼丹制药，给人民治病。因为他没有带来炼丹炉，就向这里的铜山山神要来铜，制成炉子，炼出药治好了百姓的疾病。这时，黄龙奉天帝意旨，要接黄帝上天掌管大事。老百姓感激他，不放他走。有的抓他的靴子，有的抓住黄龙的腰。后来，黄帝骑龙升天走时，老百姓抓下了黄龙的皮，就成了当地盛产的金子；有的拉下了黄帝的靴子，埋起来就叫“葬靴冢”。人们把黄帝炼丹的这条山岭，就叫“黄帝岭”。

比起《山海经》等文献上的某些记载，这个神话已经可以看出：黄帝已经由原来与人民无关的神仙人物，变为关心人民疾苦、灾疫，并亲自炼丹为百姓治病的现实性较强的人物形象了。他和劳动人民已有了密切的联系。尽管其中还保留道家方士炼丹的重要情节，但主题已经有所转化。宗教思想因素减少的变异倾向，是个很值得注意的问题。

再如，“商汤祈雨”这组神话里的倾向也非常典型。早在《全上古三代文》《吕氏春秋》《史记》《尸子》《说苑》《帝王世纪校集》等古典文献中，都记录有“商汤祈雨”的神话。其中心意思无非是说，商汤因大旱“自焚”祈雨，是由殷史占卜要“当以人祷”

1 中央电视台《黄帝陵》，又《史记·五帝本纪》。

来决定的。也就是商汤说的“吾所请雨者民也，若必以人祷，吾请自当”。他也认为，如果上天不降雨是为了惩罚人的罪过，自己应当承担全部罪责；“今天下大旱，（罪）当即朕躬”；“万方有罪，即当朕躬。朕躬有罪，无及万方”。这种爱民的自我牺牲精神，当然是可贵的。我国的奴隶社会制度至商汤刚刚建立。作为一代开国帝王，代表民意正反映了当时的进步的历史倾向。因此，这个传说才能广为传颂。值得注意的是，其中关于祭天时的宗教仪礼的细节描述是生动、具体的。这对研究当时的民俗是很有价值的。如写到商汤去桑林祈雨之前，要斋戒沐浴更衣；出发时，要“乘素车白马，着布衣，婴（缨）白茅”；致祭时，要“剪发断爪，以己为牲”，“祷于桑林之野”。其中充满了浓重的宗教气氛。它的确反映了我国奴隶社会初期人们的重要礼俗、生活和信仰。然后，也说明这则神话宗教化的痕迹比较严重。

但是，这样古老的神话，至今还流传在河南济源一带。《盛花坪》（也叫《圣王坪》）就是其中的一个。它比起《汤祷》来，有明显的变异。首先，当时天大旱十二年，直接是由于商汤一时失误，丢掉“雨簿”（上帝交他掌管下雨工作）所造成的。所以，他主动承担罪责，请求上帝降雨后，“自焚”谢罪（当时的宗教观念以为，火焚尸体后，就可以从罪愆中解放灵魂，或使灵魂永生）。因而，“汤祷”是他的主观强烈要求，而不是占卜中的神人意旨。其次，他主动提出从商代国都朝歌（今豫北淇县）射出一支箭（箭杆像屋梁一样粗），并在箭落的地方自焚。他的箭射出后，一直追了几百里，到王屋山后小析山（也叫析城山）的一处坪台上，才发现箭落的地方，然后自己砍柴自焚。这说明商汤自焚出于深刻的内疚和承担罪责的自觉性。最后，他在自焚时，群鸟衔水救火。乌鸦蠢笨，衔油浇火，火势愈大。商汤罚乌鸦夏天喝不到水。商汤死后，山坪上出现了百花盛开的动人情景。可见，在人民的心里，商汤是个好帝王，尤其值得注意的是，其中原来祭天仪礼的细节以及商汤祈雨前的一系列充满宗教气氛的活动，都大大减少了。这种宗教因素大为淡薄，现实因素的明显增强，以及反映人民对商汤敬爱的感情、心理的情节的丰富和发展，正是后来几千年社会制度不断变化的艺术反映。从民间神话到上层文人记录的过程中，统治阶级对它的宗教意识的渗透，是一种损伤和歪曲。而今天仍活在人民口头上的神话，对其中宗教意识的减弱以至否定，也是社会历史变迁中人们认识的变化和发展。这不是个人意志的产物，而是社会历史现象的艺术再现。因此，它比起原来文献上记录之所以这样富有吸引力，道理正在这里。袁珂先生在《古神话选释》中，由于看到它在古文献中浓厚的宗教意识，就贬低它的价值，不予入选，当然有其正确的、可以理解的一面；但是，同时也说明研究古代神话，如果忽略民间神话的活材料，就必然受到一定的局限。这确实是个神话理论研究中存在的重要问题。正如马克思、恩格斯说的："随着每一次社会制度的巨大历史变革，人们的观点和观念也会发生变革……人们的宗教观念也要发生变革。……抛弃一切宗教。"[1]从民族学的角度来观察，古代神话这种被宗教化和非宗教化（或"世俗化""现实化"）的倾向，不仅是古典神话流变的特点和实质，而且，出现明显增强其人民性的质的变化。这也正是西方某些学者所说的，"'世俗化'就可以使一切神话都最终丧失宗教功能的不可逆转的过程"。这是当前国际神话学研究中，开始重视的理论问题之一。[2]

此外，在与上述两种倾向并存现象有密切关系的，还有原来神话"衍化"人民意愿的问题，也很值得注意。例如，淮阳（陈州）的《伏羲墓》（也叫《太昊陵》）的神话，通过伏羲"显灵"，来帮助朱元璋躲过元兵的追捕，转危为安的故事就很奇特。故事中，伏羲并未出现。这实际是让神龛上的蜘蛛吐丝结网和庙里墙角吹起的冷风迷惑敌人，来"衍化"人民意愿的。[3]而这种"衍化"又是以伏羲生前创世的功业和死后为民的崇高思想为基础的。这正是原始人思维的神秘特点的遗留。在他们看来，人们的祸福都是由看不见的神秘力量的支持与否来决定的。这篇神话中的神秘色彩的后面，直接表现了人民对伏羲生前的感念和评价。因而，它的人民性的内涵是鲜明的（类似的例子还有许昌的关于张飞的《桂树椅》，韩愈帮助太平军渡黄河、送军粮和《包公镜》等）。

总之，这种特殊的观念形态在民间神话中的出现，看来荒唐，实际却有一定的内在生活思想逻辑的合理性。但如何对待这类问题，很值得研究。如果在民间文学理论研究中，一遇到这种情况，便简单予以否定或肯定，都不是科学的态度。

以上所谈的问题，究其实质，也是阶级色彩加重的表现。特别是，有的古典神话在流变中的这个特点就表现得更直接。像《愚公盘（移）山》这篇神话（以往叫寓言）就很有代表性。它原来在《列子》一书里就有记载（伪托，实为晋人所作）。但时隔一两千年，它至今仍在愚公的家乡——河南济源县王屋山一带中流传。尽管它的征服自然的主题、人物和基本情节都没有变动，但却有所丰富和发展。今天的这篇民间神话（严格

1 《新莱茵报"政治经济评论"第2期上发表的书评》，《马克思恩格斯全集》第七卷，人民出版社，1959年，第240页。

2 参见K.W.BO著，刘光耀译，张振犁校《神话与神话学》，载《英国大百科全书》，1973—1974年，未刊印。

3 "'衍化'人民意愿"的提出，是作者的想法，不一定恰当，仅供参考。

讲属于传说）的主题，已由原来的“移山”除掉交通阻碍，发展为解决生活第一需求的水源问题。在人物的关系上，增添了阶级对立的因素。在征服自然的过程中，也由“愚公精神”感动上帝，从而派神仙搬走大山的情节，发展为主要靠人力来完成挖山任务了（当然还有浓厚的幻想色彩）。这种发展、变异的特色，不仅反映了由社会性质变化所带来的作品的阶级倾向性的差异，同时，也反映了重视人的力量的内在思想因素的加强。这样，明显可以看出其中现实因素的增多。这不能不说是这篇神话在流变中质的飞跃。

我国著名古典神话的地方化

神话在流传过程中，一经与历史人物、事件和地方特异标志相融合，就要转化为传说。相反，传说在传播的过程中，一旦失去人物，历史事件或地方的特征，就要转化为神话或其他幻想故事。这一点同样反映在中原古典神话的流变过程中。其流变的重要原因，主要在于自然环境（如民族居住地区的自然景象、风土、形胜等）和文化环境的变化（如经济生活、社会制度、习俗、信仰等）。[1]随着自然条件和时代的影响，人们往往根据自己的观察、思考和感受，部分改变原来神话的某些人物形象特征和事物、情节的原貌。这样，就在原古典神话里出现了新的内容，丰富了原来主人公的精神世界。

例如，我国著名的神话《牛郎织女》，原来在古文献里早有记载。[2]但是，至今它还在河南各地有活的神话流传。除了像《黄牛分家》中所说的融进了“两兄弟型”“天鹅处女型”故事情节外，最近鲁山县的这篇神话说，牛郎叫孙如意，就是当地孙庄人。这一带还有牛郎洞和九女潭（九仙女洗澡的地方）等遗迹，十分亲切。而南阳的记录稿中，这篇神话的人物、情节和基本主题，都没有大的变化。其中明显不同的地方有五处：（一）牛郎叫如意，是南阳城西一个桑林村的人。他之所以得到黄牛相助，是因为他早先救助了伏牛山的老黄牛（因盘古开天地时，地上没有五谷，它从天上偷来五谷种撒向人间，结果被天帝踢到人间，摔伤了腿）。（二）织女从天上来到人间，与牛郎成亲时，不仅扤下了蚕篮，把天蚕分给了姐妹们，而且，还偷来一架织布机，带来了织布梭，亲手教南阳一带的姐妹们学会养蚕，抽丝，织绸缎。（三）织女和这一带老百姓很要好。（四）牛郎织女婚后，生了个男孩叫金哥，女孩叫玉妹。（五）人们想念牛女，每

---

1 参见［日］松村武雄《神话》，载《世界大百科事典》，俞敏译，平凡社，未刊印。

2 参见（明）冯应京《月令广义·七月令》引《小说》，（梁）吴均《续齐谐记》，（晋）张华《博特志》等。

天晚上在茶豆架下向天上看望。这些变化集中在，原古典神话跟当地经济生活和人民的关系上更加紧密、具体了。这样，这则古老的神话故事由于在南阳生了根，所以才形成南阳一带每年七夕，男女青年都要在茶豆架下讲牛女故事的习俗。很明显，这种动人情景告诉我们：不论在主题、情节和人物的精神境界等方面，都有了较大的发展。

又如，在《后羿射日》和《嫦娥奔月》这组神话里，同样出现了和古典文献迥然不同的异态。河南西部鄂、豫、陕边区一带，有位 97 岁的老人马富贵，讲述了一篇《后羿射日》。据说，后羿射下九个太阳时，嫦娥在月宫里因爱慕后羿的英武，也为了怕十个太阳全被射下之后，月亮里没有光明，才从天上下来劝阻后羿不要射第十个太阳的。事后，嫦娥就跟后羿结为夫妇了。二人回到天上，后羿变成了吴刚。原来，嫦娥飞升月宫，主要是她痛恨史官丈夫只会阿谀、谄媚昏君，而不是吃了不死药。因此，后来她的史官丈夫害怕把自己的丑事张扬出去，在写史书时，就编造出了嫦娥偷吃不死药而升入月宫的故事。这篇神话是否原始记录，尚待进一步研究，但至少可以看出它对其中渗入道家思想的说法是持异议的。这是研究同组神话的重要异文。它反映的人民对那些缺乏史官品德的人的鞭笞，无疑具有中原古老文化的善恶、是非观的特点。

同样，即使在《嫦娥奔月》的民间神话中，也出现值得注意的变异情况。以往的研究者推断说：嫦娥吃不死药，奔月，是由于她和后羿关系有矛盾（如后羿“妻彼雒嫔”之后，使嫦娥不满；或后羿射日，得罪上帝，影响他不能升天，嫦娥也受连累；或后羿“淫逸”，嫦娥不满）。嫦娥奔月之前，还要先求巫师有黄来“枚占”，她进入月宫之后，变成了蟾蜍。月中还有仙人吴刚伐桂。袁珂先生认为，嫦娥奔月变蟾蜍，“是有谴责的意思”[1]。什么原因，袁先生没讲，可能是后人以为嫦娥对丈夫不忠实。这是封建阶级意识对它的侵入的具体反映。因为神话在流变中，是要受“民族的道德观念的发展，阶级意识的明显出现，历史观念的加浓”[2]所制约的。

然而，近年在河南中部记录的《仲秋祭月》中，对嫦娥却有不同的说法。第一，后羿射日，为民造福，名闻天下。他娶嫦娥为妻子以后，二人恩爱情深。第二，一个道士对后羿钦敬，送他不死药，想让他长生、升天。后羿舍不得妻子，把不死药让嫦娥藏在床头的首饰匣里。第三，逄蒙慕名拜后羿为师学艺是假，想盗吃后羿的不死药是真。第

1 袁珂：《古神话选释》，人民文学出版社，1979 年。

2 ［日］松村武雄：《神话》，载《世界大百科事典》，俞敏译，平凡社，未刊印。

四,五月十五日，后羿带徒弟们出门打猎。傍晚，逢蒙溜回家，闯进嫦娥住室，逼她交出不死药。嫦娥急忙吃下不死药后升天。第五，嫦娥怀念后羿，飞到离地最近的月亮上去安身。最后，后羿在升空追赶妻子时，“他追三步，月亮退三步；他退三步，月亮进三步”。总追不到，后羿怀念妻子心切，就在这天夜里祭月亮。其中充满了人民对后羿和嫦娥的同情。嫦娥也没有变成蟾蜍。她离开后羿是受害者的不得已的行动。后羿也痛苦万分。至于“谴责”嫦娥的那些情节，一点影子也没有。

不错，嫦娥在月中变蟾蜍，固然见于文献记载，[1]但在民间神话中关于这个情节，也是大可研究的。就以《南阳汉代画像石刻》为例，其中关于“嫦娥奔月”的情景，除一幅月中景象模糊，不易辨认外，另一幅石刻画像，月亮中已经有了蟾蜍，而嫦娥却还在靠近月亮下面的云影中“作升腾状”（另外，在马王堆汉墓帛画中也有类似图像）。可见，月中蟾蜍并非嫦娥所变。因此，嫦娥变蟾蜍的记录，并不一定就是这篇神话的原来面貌。它说明神话逐渐“世俗化”的痕迹。至于嫦娥在汉代画像石刻里呈现出“人身蛇尾”形象的原因何在？也是值得研究的。这大概说明画像石刻里嫦娥的形象比较原始。因为我国古典神话里的女性典型的演变过程，都是由人兽不分到美女变化来的（如女娲、西王母等）。因此，民间神话《嫦娥奔月》比古典神话的资料，要朴素得多，单纯得多。它也表明：古典神话在中原的流变中，有可能被封建文人改造的一面，也有可能保持民间神话原始形态的一面。究竟哪些是真正劳动人民的口头创作的原始形态？哪些是经过文人改动的记录？没有民间神话活材料作依据，是无法对比、鉴别的。这也给我们提出了研究工作的新的课题。

古典神话在中原地区的地方化，还有一项十分重要的作用，就是增强了人们对它的可信感和对乡土热爱所激发的爱国主义的思想、感情。在古代文献中的神话记录，大都是比较粗略的片段资料。但是，随着这些作品在群众口头上的广泛流传，特别是由于今天民间文学搜集工作的大力开展，许多更加具体、生动的作品被发掘出来之后，就给我们提供了关于历史学、民族学、民俗学、文艺学等方面研究的可靠依据。

《夸父追日》是反映我国北方夸父族活动的唯一口头文学作品。但已（以）往这篇著名神话在文献上的记录材料是有限的。尽管在浙江台州、湖南辰州和甘肃的泾州，都有夸父追日留下的遗迹（如《覆釜山》《支鼎石》和《振履堆》等），但夸父究竟死在什

1（清）严可均：《全上古三代秦汉三国六朝文》辑张衡《灵宪》。

么地方？可查的材料就不多，从《山海经》中仅仅知道他死后扔下的手杖化为邓林（桃林），地点大约在潼关以东和函谷关以西之间三百多里的地区。至于其他就不清楚了。而在最近记录的资料告诉我们：夸父死后所变的夸父山，就在今天的灵宝县西三十五里阳平公社东南的灵湖峪和池峪之间。更为有趣的是，在夸父山下的涧沟大队，还有夸父族后代子孙聚居和繁衍生息的“夸父营”村。另外，发现当地之所以在隋代以前把灵宝叫“桃林”，就因为夸父族以桃树为图腾。后世子孙对桃树只许种植培育，不许砍伐。这里方圆几百里的桃林盛景，就因此而来。这就进一步提供了“夸父弃其杖化为邓林”，在民俗学方面的佐证。它不仅增添了这个神话转化为地方传说的可信性；而且使它在艺术上更加完整。所有这些都对研究夸父族的部族史，增加了非常有用的资料。这一点，正是传说与史学关系的重要标志之一。因为传说受习俗、信仰支配而存在的可能性最大。它可以提供很多社会风俗史、制度史和信仰史的素材。

关于尧的神话，文献上都说他是我国著名的勤劳、俭朴、体恤人民疾苦的好帝王。他不仅治国有方，君臣团结，人尽其才，而且，还特别表现在和儿子丹朱的关系中的公正无私的崇高品德上。他晚年将帝位禅让给舜。当丹朱谋叛时，他便毫不留情地予以惩处。《庄子·盗跖篇》就有“尧杀长子”的记载。他对丹朱是能大义灭亲的。不过，这些神话都比较粗略。而在河南范县城东北十五里的黄河岸上，发现了《丹朱墓》（“丹朱堌堆”），就非常生动、完整。它集中表现了尧除丹朱的可歌可泣的动人事迹。据说，丹朱很坏。他担心尧不把帝位传给自己，而传给舜，就假意骗父亲去他原来为自己盖的华丽的宫殿里养老，打算趁尧不备，害死父亲。但是，尧对丹朱早有警惕。他明察秋毫，当机立断：在快到宫殿门口时，却让丹朱在前面引路，先进入宫殿门里，然后，自己乘势将丹朱锁在宫门里，用土埋了起来。就这样尧为民除了这个祸害。这就和文献上说的，丹朱勾结三苗谋叛，尧出师讨伐三苗、丹朱有很大不同，但又使人觉得真实可信。这样地方化以后的民间神话材料，对于表达河南人民对尧的评价和爱戴感情，起了很好的作用。

与此相反，在淅川县丹江一带流传的《丹江的来历》，却从另一角度表达了同样的主题。据说，尧因见丹朱粗暴，就把他派往豫西南边界的偏远地方做诸侯。由于丹朱看到人民的疾苦，又想到人民对禹治水的功绩的歌颂，就转变好了。后来，他就教人民打猎、捕鱼。洪水到来时，他因与恶龙搏斗身死，受到人民尊敬。人民还把河水的名字称作丹江，这说明：尧对儿子的严格要求和在改造丹朱的过程中，收到了很好的效果。这篇作品尽管和黄河北岸人民对丹朱的评价截然相反（可能与淅川一代三苗后裔对丹朱的同情有关），但出发点都在称颂尧的品德。它们的主题是相同的。这些民间神话的异文，使我们从古典神话地方化的过程中看出，它对人民的道德观和历史观的反映就更全面了。

再如，大禹治水的神话，在我国历史的传说时代，占有极其重要的地位。流传在河南登封的《启母石》和桐柏的《无支祁》，原来在古文献上都有记载。但现在从嵩山脚下记录的同一篇《启母石》里，就生动地描绘了禹化熊在嵩山下面的峨岭口（轩辕关），开山掘石引导颍阳江流入黄洛的动人情景。如果再对照“启母阙”“启母石”的实景、实物，就更加亲切感人。尤其可贵的是，大禹治水时锁淮涡水怪无支祁的地方，在《古岳渎经》《太平广记》里，都说是在江苏淮阴龟山脚下。而新记录的《玉井龙渊》里，却说是在河南南部桐柏山主峰下面。在太白顶下，现在不仅有锁无支祁的大河花山的玉石八角琉璃井和系在定海针上的大铁链等实景可查；而且，关于大禹擒拿无支祁的具体故事情节，也大大丰富和发展了。据说，无支祁被锁之前，它在舍甲潭和老鳖精一起，还合谋抵抗过大禹的神兵。最后，无支祁被锁入玉井时，还问大禹：“我哪天出井？”大禹回答：“铁树开花之日，就是你出井之时。”当时，无支祁的神色傲慢，毫无恐惧之意。且不说它大大丰富了原来神话的内容和人物形象，仅从研究大禹治淮的地点来看，也是很有意义的。因为他治淮的指挥地点，主要在桐柏山（“三至桐柏”）。他杀掉的大将防风氏的家乡也在桐柏山。因此，大禹把无支祁锁在桐柏山主峰下，也就更合理些（只是相对而言，因为同一传说是可以产生在不同地方的）。中原地区，北从黄河三门峡，中经登封、禹县，南至桐柏山，东到淮南，禹的足迹几乎遍及全省。因此，关于大禹的传说特别多。如果我们能继续记录大量活的民间神话资料，它将为我们绘制《大禹中原治水图》，提供极为重要的依据。

总之，古典神话经过流变的地方化，不仅产生了真实的可信性（透过幻想形式显示的）和真实感，反映了人民对原来神话人物的全面评价观点，也增强了艺术上的奇异、感人的力量。这既激发了人民爱乡土并进而扩大为爱国主义的崇高感情，而且，也给人民提供了艺术上的重要精神食粮。这是其他文学形式所不能比拟的。从学术价值上讲，这些神话的地方化现象，正是神话学要研究的重要课题之一。

结束语

上面，我们从中原古典神话的流变中可以看出，发掘活的民间神话的意义是非常重要的，它不仅可以提供大量优秀的民间文学读物（具有人民口头文学独特色、香的作品），从而丰富人民的精神文化生活，而且，可以为我国的神话学的研究，提供可靠的资料。特别在我国古典文献在这方面存在着种种不利因素的情况下，它正好可以弥补这方面的缺陷。它可以用比较忠实的原始形态的民间神话，来匡正文献上由于种种原因而产生的影响和偏见；可以缀合、充实文献记录材料的断肢、残体，使之恢复原来民间作品丰腴的体态；也可以展现劳动人民的美学观和道德观。它对我们国家乃至世界文化及一般文化科学的发展，都具有非常宝贵的科学史料价值。它对我们了解各地区、各民族的社会制度、宗教、风习、艺术，特别是弄清这些神话的性质、意义和血缘关系等，都具有相当重要的作用。

从中原的古典神话的变异与人类所处的自然环境和民族共同意识等变化的密切关系看，它与世界许多地方的情况都是相同的。因此，它对我们开展神话学的研究，逐步弄清目前这方面存在的疑难问题，把民间文学的研究工作推向前进，都是十分有益的（至于在中原地区流传的古代历史人物、风习、事物、地方传说，其藏量之丰富、问题之复杂，同样需要认真研究，只要我们动手去进行，也是一片处女地）。

与此同时，这些情况也启发我们在方法论上，与重视古典文献的编纂、考订和研究的同时，还必须紧密联系民间神话的实际。这样，我们就可以通过互相印证、辨析，得出实事求是的论断。

佛本生故事与傣族阿銮故事[1]

刘守华[※]

在我国云南傣族中间，广泛流传着关于阿銮的散文故事和叙事诗。人们说："如果你们要听阿銮故事，三年也说不完；如果要运走，三辆牛车也装不下！"自1962年第1期《民间文学》介绍"阿朗故事"[2]以来，它便引起了全国各族读者的注意。近年来又发掘整理出一大批阿銮故事和叙事诗。德宏地区的傣族群众说这些叙事诗多达五百五十部。现已搜集到一百二十多部，已译成汉文发表的《召树屯》《松帕敏与嘎西娜》《苏文纳和她的儿子》《朗鲸布》《相勐》《红宝石》等，就是其中有代表性的几部。它们往往也以散文故事的形式在人们口头流传。1980年云南民族民间文学部门编辑的《阿銮故事集》资料本，收录德宏地区的阿銮故事四十一篇，加上零星散见于报刊的，已有五六十篇译成汉文和广大读者见面。它们成为最能代表傣族民间文学独特风格的系列作品，受到民间文艺学者们的关注。

人们在研究阿銮故事时，特别注意到它同佛经中的《佛本生经》或《佛本生故事》的关系。有的认为它源于佛本生故事，是从外国传入的；有的认为它是土生土长之作，同佛本生故事的联系不过是佛教徒的一种附会；还有的认为小部分来自佛本生故事，大部分作品则不然。考察阿銮故事同佛本生故事的联系不仅是为了弄清这些故事的源流，也是为了对其思想与艺术特征给予正确的评述。

本文就笔者见闻所及，试谈一下佛本生故事同傣族阿銮故事的关系。

---

1 刊于1984年第1期。

※ 刘守华（1935— ），华中师范大学教授，湖北省民间文艺家协会名誉主席、中国故事学会副主席。

2 阿銮，也有人译作阿朗、阿暖。

一

先谈谈关于佛本生故事及其在中国的传播情况。

《佛本生经》，或译《佛本生故事》，是按佛教轮回转生的观念讲述的关于佛祖释迦牟尼成佛之前累世转生所经历的或人或神或动物的种种故事。它是在佛灭后，约公元前3世纪中叶，由佛教徒用接近梵文的巴利文编订成集的。最初产生在印度，后流传到锡兰。原始经文早已失传，现存的本子，是由传入锡兰的古僧伽罗文本还原成巴利文的。全书分成22篇，共收故事547个。每个故事由现在生故事、过去生故事、偈颂诗、注释和对应五部分构成，而以散文故事体的过去生故事最有价值。

佛本生故事以巴利文原本、译本和改写本的多种渠道流传于锡兰、缅甸、泰国、老挝、柬埔寨和印度尼西亚等信仰小乘佛教的南亚、东南亚国家，在几百年的长时间内，达到家喻户晓、深入人心的程度。它也传入了我国云南傣族地区。我国没有完整的巴利文《本生经》汉译本传世，但载有佛本生故事的汉译佛经约有20部之多，吴康僧会译《六度集经》共八卷91篇，其中81篇朱明伟佛本生故事，吴支谦译《菩萨本缘经》三卷，西晋竺法护译《生经》五卷，佚名译《菩萨本行经》三卷及《大方便佛报恩经》七卷，宋绍德、慧询等译《菩萨本生鬘论》十六卷，均以演说佛本生故事为主要内容，经中的本生故事少则七八个，多则30余个。兼述佛本生故事的汉译佛经则有《撰集百缘经》《贤愚经》和《杂宝藏经》，各经有数十个本生故事。还有用一部佛经专讲一个本生故事的，如《长寿王经》《金色王经》《月光菩萨经》《太子须大拏经》《菩萨投身饴饿虎起塔因缘经》《大意经》《九色鹿经》《鹿母经》等。由此可以看出，巴利文《本生经》中的许多故事内容均已有大体相当的汉译。此外，唐代高僧玄奘去印度取经归来撰述的《大唐西域记》中，也介绍了不少得自当地僧俗口头传承的佛本生故事。新中国成立后，常任侠先生于1957年选注了一本《佛经文学故事选》[1]，共收故事78篇，可以断定为佛本生故事的近30篇，几乎把这本书中最精美动人的故事都包括进去了，如《太子须大拏》《四姓害子》《入海求珠》《投身饲虎》《舍身救鸽》《相扑》《长寿王》《慈童女》《大力士》《花鬘师》《鹿王》《鹿夫妇》《六牙白象》《孔雀王》《猴王》《雁王》等。季羡林先生在1963年第5期《世界文学》上，选译了七则巴利文的《佛本生故事》，并发表了《关于巴利文〈佛本生故事〉》一文。近年又有中央民族学院罗秉芬等编译的《佛经故

1 常任侠选注：《佛经文学故事选》，上海古典文学出版社，1958年。

事选》[1]问世，它的下辑共收50篇故事，大体上都是取自汉译佛经中的本生故事。赵国华、郭良鋆则分别撰写了《印度古代文学简介（三）:〈佛本生经〉》和《印度巴利文佛教文学概述》[2]，对这些已成为世界文学遗产一部分的印度古代故事作了较详尽的评述。尽管巴利文《佛本生故事》的全译本至今尚难见到，依据上述种种材料，我们已不难窥见它们的基本面貌了。

佛本生故事在内容与形式上有哪些主要特点呢?

1. 这些故事总的思想倾向都是为宣扬佛法服务的，但具体分析起来，又有很大差别。有的演绎佛教教义，整个作品的思想倾向是于人民消极有害的，如《太子须大拏》中的太子，崇尚佛法，乃至不惜将妻子儿女布施给人作奴婢，对身受的迫害完全采取忍让顺从的态度;《野兔焚身》中的野兔，以自身卑劣，别无所长，便投火自焚，以微躯饱人口腹，这显然是在美化俯首帖耳作牛马的可耻的奴才哲学。但更多故事所表现的是在奴隶社会、封建社会中处于底层的广大民众的智慧和美德、愿望与追求，那些附会的佛家说教不过是蒙在故事表面的一层泥沙罢了。如香象子对双眼失明的母象恭行孝养，鹿夫妇生死相随，鹿王舍身济众，雉王奋勇扑灭山火以救同类，雁臣在雁王陷入罗网后不避弓矢相随，等等，它们表现的处于困境中的人们互助友爱，甚至不惜生死相依、舍身济众的精神是很感人的。

这些故事所表现的不只是温柔慈爱，也有愤怒的抗争、英勇无畏的进取。在竞技场上愤怒扑杀背信弃义的婆罗门力士的刹帝利武士，浮海作战，奋勇诛灭罗刹的商人；以及那个以魔法震荡大海，迫使海神屈服求得宝珠救济群生的太子等，也是作为佛祖的化身出现的，在他们身上所体现的抗争同进取精神，却闪耀着英雄主义的光芒，反映出被压迫的劳动者鲜明的思想性格特征，明显地超出了佛教的人生哲学。

2. 这些故事的体裁也是多样化的，它采取了我们所常见的传说、童话或幻想故事、生活故事、笑话、寓言等散文故事形式。如果“佛教神话”之说可以成立，其中还有许多可以叫作神话。佛本生故事并没有构成一种单一的体裁，我们很难把它们全部归入故事分类学上的某种体裁中去。如果要寻找他们在艺术表现上的共同特征，可否认为：它们是一种关于主人公如何以超人的品质和力量来创造奇迹而寄托训诫的故事。故事中的

---

1 江西人民出版社1981年版。
2 《南亚研究》1981年第3、4期合刊及1982年第3期。

主人公不论是飞禽走兽，还是贵族、平民，往往是智仁勇的化身，以其超人的精神力量，并借助神力的护佑，创造出惊世骇俗的奇迹。这样，佛教徒才便于将那些主人公附会成为佛祖的化身，加上神圣的光圈，为礼赞佛的威力、宣扬某种教义服务。故事中充满神奇幻想、强烈夸张，然而这些幻想和夸张又同对于世态人情的生动描写结合在一起，展现出一幅幅有声有色的人生图画。由于编撰者把每个故事都和"佛本生"联系起来，因而在采取多样化体裁表现主题时，形成了一些共同的格调。

3. 这些故事大都出自民间，拭去宗教的泥沙，即呈现出民间故事的本来面目。它们的实际内容大都与佛教并无关联，所讲的就是人们敬仰的一些贤良智勇人物的故事，或借拟人动物角色来曲折表现这一主题的故事，只不过在开头或结尾点明主人公系佛祖的化身，附加一番说教罢了。《大唐西域记》中所载佛本生故事，多是客观叙述，最后加个尾巴："僧伽罗者，则释迦如来本生之事也。"佛经中的本生故事，则以讲经说法者的口吻，在叙述的开头或结尾点明，并作赞颂解说，如《六度集经》卷十八所载，《鹿王》开头就讲："昔者菩萨身为鹿王，厥体高大，身毛五色。……"最后加以礼赞："菩萨世世危命济物，功成德隆，遂为尊雄。"也有时由佛祖自已来现身说法，如《六度集经》卷四十六所载《猴王》的结尾："佛告诸比丘，时国王者我身也。妃者俱夷是，舅者调达是，天帝释者弥勒是也。"这可能是它原出于释迦牟尼之口所留下的印记。既然这些故事原来同佛教并无关联，以其中的正面主人公作为佛祖的化身不过是后来的附会，所以同一故事，在此时此地作为佛本生故事看待，在彼时彼地则不然。《虬与猕猴》，讲述海怪或龙王骗取猴胆，为妻治病，被机智的猴子识破的故事，《佛本行集经》中说："尔时佛告诸比丘言：汝诸比丘，当知彼时大猕猴者，我身是也。彼时虬者，魔波旬是。于是犹尚诳惑于我，而不能得；今复欲将世间自在五欲之事，而来诱我，岂能动我此之坐处。……"佛祖以故事中的猕猴为己之本生，表达不为邪魔外道所惑的智慧同决心。《苍鹭本生》讲述诱骗鱼儿的苍鹭，最后怎样死于螃蟹的利钳之下，菩萨化身为树神，成为这一故事的目击者和评述者。可是印度的一部古代寓言、童话集《五卷书》，却把它们作为两个普通的动物寓言故事收了进去，与佛祖事迹毫不相干。对故事中附会为佛本生的有关角色也是如此。《大唐西域记》中说，战胜诸罗刹的商人僧伽罗是佛祖的化身，《佛本行集经》记同一故事，却变了一个说法，认定佛祖的化身是那匹驮着僧伽罗飞渡大海的天马。宗教附会的泥沙，是可以根据宗教宣传的需要随意抛撒的。就这些故事的本来面目而言它们仍属于民间文学之列。正如季羡林先生在《关于巴利文〈佛本生故事〉》中所指出的："绝大部分的故事都与佛教毫不相干，有的甚至尘俗十足。但是佛教徒却不管这些，他们把现成的故事拿过来，只须按照固定的形式，把故事中的一个人、一个神仙或一个动物指定为菩萨，一篇本生故事就算是制造成了。""因为大部分原来都是民间的创作，所以思想感情都比较健康。有的故事可以提高人们的斗争勇气，改善斗争方法，有的故事可以给人一些适应当时社会情况的处世做人的道理，有的故事讽刺当时的统治者，嘲笑神仙和婆罗门。当然，也有少数的故事宣传逆来顺受、绝对忍让、绝对牺牲的精神，产生一些消极的影响。对于这些故事，我们应该区别对待，不能一概而论。"

我们对佛本生故事的面貌有了这样一个初步认识，就可以把它和阿銮故事相比较，探索它们之间的联系了。

二

阿銮故事同佛本生故事有联系吗？回答是肯定的。从现有材料中，就可以找到来源于佛本生故事的阿銮故事两例。

例一，岩峰的《贝叶寄语——试谈傣族文学与佛教的关系》[1]提到，《帕雅惟先达腊》系来自佛本生经。这里再略作补充说明：这篇本生故事，即巴利文本生经中之《维先陀罗王子本生》，也就是汉译佛经中的《太子须大拏》，它见于《太子须大拏经》《菩萨本缘经一切持王子品》等，是本生故事中的著名作品，不仅早有汉译本，而且见于敦煌壁画，所以在我国现在出版的几部佛经故事中，都选载了这个故事。《帕雅惟先达腊》的故事情节同《太子须大拏》完全一致，连人物名字也相同，"先陀罗""须大拏"同"先大腊"，其妻"曼坻"同"玛蒂丽"，显然是同音异译。《太子须大拏》以他"好善布施，在所求索，不逆人意"为中心来展开叙述，是典型的佛教传奇。但原作渲染的布施主要是针对穷人的，"人欲得食饲之，欲得衣者与之"，以至"贫者得富，万民欢乐"。他将儿女施舍与人，也是听信了那个婆罗门装穷叫苦的谎言，想让孩子去为之养老。而且故事中把施舍妻儿只是作为一种考验来处理，最后在帝释天的护佑下，他们终于全家团圆，回归王室。这些地方反映出劳动人民善良积极的愿望。《帕雅惟先达腊》却让主人公把孩子施舍给坏人，最后自己孤零零地在森林里念经顿悟，进入"涅槃"境界，死

1 《山茶》1981 年第 1 期。

后成佛。这恰恰是发展了原作内容中消极有害的一面，打上了更深刻的宗教思想的烙印。这个故事在改编前后，都不属于民间文学范围，只能作为宗教文学看待。

例二，《阿銮吉达贡玛》系从《六度集经》卷四十五所载之《四姓害子》的故事改编而来。《四姓害子》讲，“昔者菩萨，生于贫家”，因父母抚养不起，弃之于道，被一富而无嗣、人称“四姓”的人所收养，这个富人后来自己有了儿子，便心生恶念，三番五次企图害死穷娃娃，然而结果却害人反害己。他给铁匠写信，派穷孩子送信要铁匠把这个孩子抛进火中烧死，自己的亲生儿子偏偏抢去送信，做了替死鬼。他又写信给一个做大官的朋友，再派养子送去，信上要这个人将穷孩子用石头捆住沉河，可是途中被一个钟情于穷孩子的姑娘改换了内容，由这个做大官的朋友出面，给他俩办了婚事。富人得知此事，气恼而死。这也是一个很著名的佛本生故事，在我国出版的几部佛经故事中都有选录。其内容和形式具有鲜明的民间口头文学色彩，显然是由民间故事稍作点染，变成佛本生故事的。阿銮故事中的《阿銮吉达贡玛》内容与之完全相同，只是枝叶略有变异，如将穷孩子被樵夫所救，改为被渔人所救；将铁匠改成烧土锅的匠人；将富人开始是真心收养穷孩子，直到自己的孩子出生才产生谋害养子的念头，改为沙铁从一个迷信观点出发——害死这个出生于正月十五的有福气的孩子，就可以让他的福气落在自己的儿子身上，起心收养就出于谋害等。把两个本子加以比较，完全可以断定，这个阿銮故事是从《四姓害子》的本生故事脱胎而来。这里让我们从这两个难得的本子中摘取一节加以比较。下面是据汉译文言文本《六度集经》改译成白话体的《四姓害子》中的一节。这个故事传入中国已有一千七八百年的历史。

这时，四姓又生恶念，阴谋除掉这个深负众望的养子。他一方面给离城七里的一个铁匠写了一封信，要求他把这个孩子偷偷杀死。信中说：“我养育的这个孩子，自从进入我的家门，就弄得我家疾病不断，财产耗尽，牲畜也得了瘟疫死去。请卦师占卜，说一切都是此儿招致的灾难。请见信后把他立即抛进火中烧死。”另一方面又欺骗孩子说：“我年纪大了。又患重病，行动不便，你替我到铁匠家去结一下账。”孩子遵命向铁匠家出发，走到城门口时，看见弟弟和几个朋友在弹胡桃论输赢。（弟）弟看到哥哥来到，忙说：“你来得正好，替我把输的都捞回来！”哥哥说：“父亲有命令要我去办事。”弟弟说：“我替你去。”说着，夺去哥哥手中的信，径直向铁匠家走去。铁匠见信上说得很清楚，不由分说就把弟弟抛进火中烧死了。[1]

以下是1980年在云南德宏地区，根据人们口头讲述翻译整理的《阿銮吉达贡玛》中的有关情节。

> 沙铁看着这棵嫩竹笋越长越高，心中日夜焦灼不安，他眼珠一转，跑去找烧土锅的匠人，对匠人说:“如果你把岩佐纳丢进窑子里烧死了，我给你一斛金子，你的日子就好过啦！”匠人点点头。沙铁高兴地回到家，对岩佐纳说:“我向烧土锅的匠人买了两个小土锅，你挑着花篮去拿吧。”岩佐纳挑着竹篮走出家来，来到寨脚的大青树下，沙铁的儿子正在和寨里的娃娃打陀螺呢。他一见岩佐纳来，就问:“你到哪儿去？”岩佐纳说:“父亲叫我去窑上挑土锅哩。”沙铁的亲儿子高兴地说:“今天我和他们玩陀螺，输了一千文钱。我替你去挑，你把一千文钱赢回来吧！”
>
> 沙铁的儿子挑着花篮到烧土锅的窑上，烧土锅的匠人问:“你就是沙铁的儿子吗？”他回答说:“是的！”匠人一听，欣喜若狂，把他领到放了干草浇了油的窑边，并对他说:“小公子啊，你喜欢哪对土锅，你自己进去挑吧。”他一听，走进了窑里。匠人立即把窑门一关，点起火来，火光熊熊，把小公子烧死了。[2]

两相对照，后者脱胎于前者的痕迹甚为明显。傣族人民传述的阿銮故事既保持了原作来自民间口头文学的刚健清新的本色，又加之以傣族特有的生活习俗，显得更为生动真切。这个故事的变异情况，将引起人们的浓厚兴趣。它说明，表现被压迫者的不幸遭遇与美好企求的异国古代民间故事，完全可以借用来为表现相近似的历史文化环境中的本民族民众的生活思想情感服务。它长久的艺术生命力，来自对社会生活的广泛概括。以上两例，是在数量很有限的阿銮故事原始资料中发现的，如就更多材料作比较，肯定会找到很多这样的例子。

令人感兴趣的是，在阿銮故事中，还吸收了来自邻邦缅甸的不少民间故事。我将它

1 现代汉语译文见《佛经故事选》第128页，原文见《佛经文学故事选》第4页。

2 《云南少数民族文学资料·第7辑·阿銮故事集》，1980年，第136页。

和貌阵昂采录编撰的《缅甸民间故事》[1]稍作比较就发现了两例：

例一，傣族的《只有头的阿銮》[2]，讲穷人家生下一个只有头、没有身子也没有手脚的怪孩子，想不到这个畸形儿却才智超众，并有天神护佑，因而随同富商出海经商致富，最后还娶了公主为妻。它的故事梗概，和《缅甸民间故事》一书中的《头哥儿》大致相同，可以看出是同出一源。而且其中穿插的一些情节，如主人公在大海上空见到大鹏鸟和海里的龙王搏斗，龙王处于劣势，也是取自印度神话。这种大鹏金翅鸟是龙的死对头，它们是印度神话里所特有的两种动物，“是通过佛本生故事介绍到缅甸来的”[3]。《只有头的阿銮》这个具有浓厚异国情调的故事，看来是由邻国移植而来。

例二，《马利占杀龙》也是一篇情节奇特的阿銮故事，它叙述一个小伙子出门学本领，在师父的指点下，来到一个由寡妇当国王的国家。她嫁过许多丈夫，但都过不了七天，便不明不白地死了。小伙子同女王成亲后，在新房里勇敢机智地杀死了那条暗中同女王勾结害人的恶龙。后来又在乌鸦的启示下，猜中了女王为了给情人复仇借故杀害他而出的哑谜，终于克敌制胜，当了国王。它的情节乃至许多细节，同《缅甸民间故事》中的《貌帕钦》完全相同。这个被学者们称为“新房里的怪物”的故事在全世界广泛流传着，《貌帕钦》和《马利占杀龙》属于其中的一个类型，后者显然是由前者改编而来。

阿銮故事的这两个来源——来自佛本生故事和缅甸民间故事，乍看起来互不相干，实际上是结合在一起的，因为许多佛本生故事已经融汇在缅甸民间故事之中。貌阵昂在《缅甸民间故事》一书的《绪论》中告诉我们：缅甸文学中的故事可分为四类，即（1）佛本生故事；（2）有训诫意义或宗教背景的故事，它们大都是从梵文和巴利文中改编来的；（3）谚语故事；（4）法律故事。谚语故事中，也有好些是佛本生故事。而在缅甸农村中流行的故事则分为三类：（1）民间故事；（2）民间传说；（3）佛本生故事。“在农村里讲故事的人看来，他既不会区别自己所讲的故事，也不会给它们分类。”所以，“某一个故事第一眼看来也许是个地道的民间故事，可是经过仔细分析，就会发现它原来是个佛本生故事”。我们在介绍佛本生故事时，已经指出它们大都取自民间文学；从缅甸学者介绍的情况看，这些佛本生故事在流传过程中，又回到了民间。在佛教文化流行的地区，它已成为民间口头文学的一个重要组成部分。它们在内容上，自然是精华与糟粕掺

1 《缅甸民间故事》，施咸荣译，作家出版社，1957 年。收各类故事 70 篇。

2 《山茶》1981 年第 1 期。

3 《缅甸民间故事·绪论》，施咸荣译，作家出版社，1957 年。

杂，不可忽视其中的宗教思想毒素，但也不能因它们都被染上宗教色彩而一概予以否定，排斥于民间文学园地之外。云南傣族的阿銮故事，主要在德宏地区流传。《阿銮故事集》资料本，全是在德宏地区搜集整理的。德宏位于中缅边境，同缅甸的经济、文化交流十分频繁，一些缅甸民间故事和流行缅甸的佛本生故事，看来就是通过这一渠道进入我国傣族的阿銮故事宝库的。

但阿銮故事中，土生土长的傣族故事或来自本国兄弟民族的故事数量更多。这里略举数例：

《四脚蛇阿銮》即广泛流行于我国南方的《蛇郎》故事。蛇郎故事在印度、缅甸等国也有流传，探究其源流，我赞同一些前辈学者的观点，它是古代活动于中国南方的越族的故事，后随着越族进一步向南迁徙，扩大活动范围，才广泛传播于南亚和东南亚地区。傣族的先民即越人，这个故事应是傣族人民世代相传的传统故事之一。

《俄恩罕和他的朋友》，讲述八个有本领的巨人弟兄创造惊人奇迹的故事，它也是我国从北到南，在许多民族中盛传的著名故事，有十兄弟、七兄弟、六兄弟等不同类型，汉族的《水推长城》就是（为）人所熟知的代表作。它们情节各有特点，然而构思一致，均以夸张其形体和能力来塑造形象，并以诸兄弟的协力对敌寄寓团结御侮的思想。这也是一个深深扎根于我国民间的传统故事。

《阿銮金乱》讲一个小伙子同鱼姑娘相爱；《稀奇古怪》讲一个小伙子同化身为荷花的龙女相爱的故事，它们都属于我国南方各族广泛流传的田螺姑娘故事系统，早在唐人皇甫氏所撰的《原化记》中就有了很生动完整的记载，篇名为《吴堪》。这两篇阿銮故事不但故事梗概和《吴堪》相同，连结尾用一种可以喷吐烈火的怪物将蛮横霸道的反动统治者烧死的情节也那么一致。从它原出于江浙一带，后在百越系统的南方各族中普遍流传的情况来看，很可能它也是一个由古代越人创造的故事。

《樵夫与七公主》讲述一个要靠自己的福气生活的公主脱离家庭，走到深山野岭去同樵夫成亲，不料发现这儿满山遍野都是黄金，于是终得富贵的故事。这篇阿銮故事实际上也广泛流传于我国南北方的许多地区，它的主要情节被吸收进著名的《郭丁香》或称《张郎休妻》中，以故事、说唱、戏曲等形式普及于民间。钟敬文先生早在（20世纪）30年代所作的《中国民间故事型式》中，就以“享夫福女儿的故事”相称，把它作为一个有代表性的中国民间故事来看待了。

仅此数例，便可以说明，傣族阿銮故事的改编，其中许多故事是源远流长，具有鲜明中国民族特点的传统故事。这要从考察故事本身的基本构思与情节结构来判明。至于这些故事所具有的某些佛教色彩，则可能是由后来的人们渲染附会的，不能作为它属于佛本生故事的依据。《稀奇古怪》中的小伙子，本是从《吴堪》中的男主人公演变过来的，他善良朴实，因心地好而赢得了田螺姑娘或龙女的爱情，在反动统治者的无理追索下却又常常一筹莫展，不得不求助于妻子的神力。这样一个具有现实生活基础的典型人物，早在一千多年前就由我国南方劳动人民在口头文学中创造出来了，并一直活在人们的口头上。把他说成是佛祖的化身，只能是出于后世佛教徒的附会。如果真的把它当作出于释迦牟尼之口的佛经中的故事来看待，那就太天真了。

三

通过对佛本生故事同阿銮故事的初步比较，我们对阿銮故事的特点及其和佛本（生）故事的联系，可以获得这样的印象：

1. 佛本生故事在信仰佛教的南亚地区，已构成一种特殊的文学样式，它不仅包括对于古典《本生经》中那些故事的传承，而且有新的故事的编撰。佛本生故事在缅甸已和其他类型的民间故事融为一体。泰国清迈僧人大约在 13 世纪或 14 世纪时也编撰过一部《五十本生故事》，据说，曼德勒的正统佛教国王明顿王曾宣布它为非法之作[1]。但它至今仍在缅甸、泰国和柬埔寨的僧俗中广泛流传。从文学角度看，这正是对佛本生故事这种文学样式一种合理的“推陈出新”。我国云南傣族的阿銮故事，我以为也是模仿佛本生故事的艺术形式而构成的一个故事系统。

2. 阿銮故事反映了丰富广阔的社会生活内容，又具有一致的格调；既彼此独立，又存在一定联系。它给故事中的男主人公都加上了“阿銮”的称号，让他们以自己杰出的才智勇武，再借助神佛灵怪的帮助，通过艰险曲折的斗争，改变自己贫困不幸的境遇，获得幸福美满的生活。神奇幻想、英雄主义色彩和大团圆的结局，成为所有阿銮故事共同具备的特色。它可以说是一种具有神奇幻想的英雄故事。将其中的男主人公附会为佛祖转世，就可以适应宗教宣传的需要。而这种类型的故事，原来就在各族人民中间广泛流传，它是从劳动人民乐观进取的人生哲学、追求崇高美的意向中生发而出的，这就是它们的巨大魅力之所在。

---

1 《世界宗教资料》1982 年第 4 期。我国也有人把这部书直译为《班雅萨》或《班纳沙》。

3. 对古典的佛本生故事的传承只是阿銮故事来源之一。由于“这些故事随同佛教流传到东西方各国，通过互相交融渗透，直接或间接地影响（和丰富）了世界各国文学”[1]。我们不应把它作为宗教影响，而应作为文学上的交融渗透来看待。傣族人民从本国与外国的宗教性与非宗教性的故事宝库中吸取素材，结合傣族的生活习俗和文化传统，进行加工制作，造成了一个规模宏伟、内容广博而又具有自己民族特色的阿銮故事系统。其内容之丰富，远非古典的佛本生故事所能比拟。在艺术形式上，佛本生故事中包括多种体裁，其中有相当一部分是短篇的寓言、笑话，《本生经》第一篇的150个故事，几乎都是寓言，寓言中多由动物扮演各种角色。以散文体或叙事诗形式表达的阿銮故事，则均以英雄人物为中心展开叙述，情节曲折奇幻，引人入胜，把这种故事体裁发展到了前所未有的精美地步，这也是原来的佛本生故事所不及的。至于阿銮故事中所表现出云南傣族的生活与文化特色，就更是彼时彼地的佛本生故事所不能具有的了。文学上接受某些外来影响和保持本民族的文化特色是并不矛盾的。鲁迅曾用人们吃牛羊肉来比喻文化创造，说只要取其精粹，弃其蹄毛，吃下去只会滋养及发达新的生体，绝不会类乎牛羊。这是很精辟的见解。傣族人民在阿銮故事的创造上所表现出来的吸收融化外来文化的伟大气魄和高度艺术才能，不能不令人赞赏。我国新疆维吾尔等族的民间故事，融汇着具有伊斯兰文化色彩的阿拉伯地区的民间文学；云南傣族民间故事和叙事诗创造性地引进了具有佛教文化色彩的南亚地区的民间文学。它们对丰富中国民间文学宝库所作出的巨大贡献值得我们高度评价。

4. 阿銮故事这种形式，既不同于《格萨尔》《玛纳斯》这些史诗以一个英雄主人公贯穿一部长篇故事的始终，也不像阿拉伯的《一千零一夜》、藏族的《神奇死尸的故事》（亦作《说不完的故事》）那样采取连环体，在大故事里套着小故事。它的特殊结构形式倒是有点类似于我国各地广泛流传的鲁班故事。鲁班传说故事本是从我国古代战国时期鲁国巧匠公输般的事迹演化出来的，后世人们把他作为木石建筑等行业的祖师来供奉信仰，把他的本领加以神化，变成了一个无处不在、无所不能的神奇工匠。许多工艺创造，许多奇巧建筑，都附会在他的名下，借他的事迹来概括人们的杰出创造与美好理想，显示劳动者的智慧和天才，把他变成一个“箭垛式”的人物，编织出既彼此独立，又有其一致风格的一系列故事。阿銮故事也有这样的特点，以佛祖转世生成的阿銮来作

1　郭良鋆：《印度巴利文佛教文学概述》，《南亚研究》1982年第3期。

为“箭垛”，编成一系列神奇幻想故事。如果撇开神奇幻想这一特点，只就故事结构形式来看，那些以某一真实的或虚构的人物为“箭垛”编成的机智人物故事，也属于这个类型。阿銮故事的出现，既是一种同佛教文化有关联的特殊现象，也是符合民间文学的普遍发展规律的。

阿銮故事是一个具有独特艺术风格的故事系统，是傣族人民在继承和发扬本民族文学优良传统的基础上，广泛吸取中外民间文学滋养进行艺术创造所取得的一个重要成果。它的发掘整理，应受到民间文艺界的充分重视。

试评"骗子"说[1]

祁连休[※]

1983年2月，日本学者铃木健之发表了一篇题为《"机智人物故事"笔记——试论其欺骗性》[2]的文章，对我国的机智人物故事和我国民间文学界研究这类故事的一些见解进行了评论，坦率地讲出了自己的看法。作为一个中国的民间文学理论工作者，笔者对铃木先生的这篇论文自然是颇为关注的。铃木先生的这篇论文提出了不少值得我们探讨的问题。笔者拟就其中的"骗子"说谈谈自己的看法，并以此向铃木先生讨教。

一

铃木先生在《"机智人物故事"笔记——试论其欺骗性》中指出：

> 各个民族的机智人物有其不同的个性和特征，不能一概而论。不过，从这些机智人物的群像中，确实可以窥视出他们的欺骗性来。所谓机智人物，无非是一种骗子，一个得以流传下来的骗子吧。

我们不妨把铃木先生的上述观点称为"骗子"说。在这篇文章中，铃木先生一再坚持和强调这个观点。事实上，这个观点是他分析、理解机智人物故事及其主人公的一个主要思想和基本论点。这个观点究竟有没有道理呢？请允许笔者在发表自己的意见之

1　刊于1984年第2期。

※　祁连休（1937—　），中国社科院研究生院文学系教授，长期从事民间文学研究。

2　原文载《东京学艺大学纪要》第二部门，人文科学，第34集（1983），译文载《民间文学论坛》1984年第2期。

前，先对我国各民族的机智人物故事作一点简要的分析。

我国各民族的机智人物故事尽管各具特色，彼此之间存在着这样那样的差异，但是它们仍然有着不少的共同特征。如果从思想内容方面来考察，它们大致具有如下的共同之处：（一）它们大都是阶级社会的口头文学作品，讲得更明白一些，它们大都是阶级对立日趋紧张，阶级矛盾、斗争日渐尖锐的时期的产物。这里所说的对立的阶级，主要包括奴隶社会的奴隶和奴隶主，封建社会的农奴和农奴主，农民和地主。（二）它们有时也可能带有某些幻想的色彩，但并不多见。它们主要是运用写实手法，按照生活的固有面貌来再现社会生活，具有较为强烈的现实性、真实感。（三）它们的思想内容概括起来主要有三个方面：揭露、戏弄、鞭挞形形色色的反动统治者和剥削者；嘲讽旧时的各种落后的社会现象和不良行为，批评故事主角自身的缺点、毛病；展示人民群众的聪明才智和生活情趣，启迪人们热爱劳动、奋发向上；等等。第一项内容，是我国各民族的机智人物故事大量存在的最突出、最重要的内容，第二项和第三项内容，是对第一项内容的一种补充和呼应。（四）除了上述内容的作品之外，其中也掺杂了一些内容较差，甚至思想倾向不好的作品。不过后者的数量远不如前者多，瑕不掩瑜，这类故事的基本倾向是积极的、健康的。它们是我国各族人民世代相传的一宗口头文学遗产，值得我们珍视。

在对我国各民族的机智人物故事的时代背景、思想内容和基本倾向作了简要分析之后，再来评论铃木先生的“骗子”说，或许就比较容易阐述笔者的观点了。

铃木先生在文章中，反复谈到机智人物的“欺骗性”，把这种“欺骗性”作为“骗子”说的最基本、最重要的论据。是否凡具有欺骗行为或具有“欺骗性”的人，都可以一概断定为“骗子”呢？这恐怕是首先需要讨论的一个问题。

我们并不认为，阶级矛盾、阶级斗争，以及作为意识形态的阶级观念、阶级意识等等，可以囊括阶级社会的一切社会生活内容。但是，在阶级对立营垒分明，阶级矛盾、斗争比较尖锐、激烈的情况下，对于人们的各种带有社会性的言行，却往往应当进行阶级分析，看看他们的出发点是什么，他们的言行对谁不利，对谁有利，看看他们的言行产生什么样的社会效果，等等。对于机智人物的各种言行，包括他们的哄骗（也就是我国西南一带所说的“扯谎”）行为在内，也应当作这样的分析。如果不加分析地将欺骗行为、“欺骗性”同“骗子”画等号，把一切具有欺骗行为或具有“欺骗性”的机智人物通通说成是“骗子”，就容易混淆好与坏、善与恶、正义与非正义的界限，难以作出合乎实际的公允评价。

我国各民族的机智人物故事的主人公，究竟是怎样使用哄骗手段呢？情况各不相同，让我们逐一进行分析吧。

在很多时候，机智人物同骑在老百姓头上作威作福的权贵、豪绅及其帮凶们进行较量，采用了哄骗手段来制服对方，使他们一筹莫展，陷入困境。这种内容的作品数量很多，俯拾皆是。像阿凡提的故事《种金子》[1]、阿古登巴的故事《杀神牛》，巴拉根仓的故事《“金貂”的尾巴》，卜合的故事《神仙竹筒》，反江山（阿方）的故事《宝衣》，阿一旦的故事《拿鱼去》，甲金的故事《自鸣箫》[2]，错尔木呷的故事《水换酒》[3]，玉斯哈的故事《撒谎》[4]，阿卜杜（阿布都）的故事《挖金子》[5]，庞振坤的故事《卖画》[6]，韩老大的故事《宴请“榨油杠”》，金贵的故事《七星鱼变老蛇》[7]等，都是这方面有代表性的作品。在这些作品里面，故事主人公使用的哄骗手段，实际上是他们对付坏人的一种武器。他们使用这武器的目的是为了克敌制胜，灭贵权、豪绅的威风，替劳苦大众伸张正义。当然，他们在同恶势力进行较量的时候，在好多情况下也不曾采用哄骗手段，但同样可以愚弄对方，给对方以无情的嘲讽和打击。譬如，阿凡提的故事《哈兰喀孜的袷袢》，阿古登巴的故事《国王的座位》，阿勒达尔・阔赛（阿勒的尔・库沙）的故事《母马掉驹》，公颇的故事《两件新袍子》，艾玉的故事《锯酒盅》[8]，艾苏、艾西的故事《借谷种》，杜老幺的故事《三难顺风旗》，毕矮的故事《十八层地狱》，刘之智的故事《乱庙祭》，何瑭的故事《撵驴》，沈拱山的故事《麻袋里凉快》，王元和的故事《计惩贪官》，钱六姐的故事《审状元》。不仅如此，在有的故事里，机智人物非但没有采用哄骗手段，而且他们的行动正是为了揭露对方欺人行骗的恶劣行径，例如，阿古登巴的故事《升天的秘密》，阿凡提的故事《还要外套干什么》。

---

1 此则故事，以及本文引用的其他未注明出处的少数民族机智人物故事，均见《少数民族机智人物故事选》，上海文艺出版社，1978 年。

2 见贵州社会科学院文学研究所、黔南布依族苗族自治州文研室合编《布依族民间故事》，贵州人民出版社，1982 年。

3 见李德君、陶学良编《彝族民间故事选》，上海文艺出版社，1981 年。

4 见《东乡族民间故事集》，中国民间文艺出版社，1981 年。

5 见宁夏民间文艺研究会编《宁夏民间传说故事》第一辑，1981 年。

6 此则故事，以及本文引用的其他未注明出处的汉族机智人物故事，均见祁连休编《汉族机智人物故事选》，河南少年儿童出版社，1985 年。

7 见《贵州各民族机智人物故事选》，黔西南自治州民委会、贵州省群众艺术馆、贵州大学中文系编印，1982 年。

8 见云南少数民族文学丛书编辑委员会编《云南少数民族机智人物故事选》，中国民间文艺出版社（云南版），1981 年。

有一类故事，机智人物哄骗、捉弄的对象，不是现实生活中的人，而是虚幻世界里的神魔鬼怪，诸如阎王、判官、鬼卒、魔鬼等，或是虎、豹、豺、狼、猴、牛等兽类。上述两种故事，乍看起来有点荒诞不经，似乎与为数众多的现实性强的那些机智人物故事不太协调。其实并非如此。它们虽说与幻想性强的魔法故事（神奇故事）和动物故事有所交叉，就此而论，它们无疑是具有一定的特殊性的，但归根结底仍然是现实生活的写照，只不过反映现实生活较为曲折罢了。在上述故事里面，机智人物的对手，有的是按照人世的压迫者、剥削者的嘴脸来勾画的。例如，巴拉根仓、岩江片、阿一旦、喜山、王捣、“鬼见愁”、张三等人与之作对，用各种诓骗手段一一将其制伏的阎王、判官、小鬼。倘若抹去他们脸上的“油彩”，我们就会发现他们同旧时地方上的那些凶狠、狡诈、愚鲁的贪官污吏及其爪牙何等的相似。机智人物哄骗、戏弄的另外一些对手，如反江山的故事《反江山和老虎》[1]、倪张三的故事《三回定输赢》[2]等作品中的老虎和其他兽类，有的仍然按照它们的兽类特征来描绘的，有的则兼有山林中威胁人们生存的野兽和人世间欺凌、残害老百姓的邪恶势力的特征。正因为如此，这样两种故事作为我国各民族机智人物故事的一个有机组成部分，不但是协调的，而且是独具匠心的。

在另外一些时候，机智人物的哄骗行为，并不是针对剥削阶级营垒的，有的是为了揭发不良的社会现象，批评人民群众中的落后思想意识，有的是为了给人们以各种有益的启迪和帮助。譬如，庞振坤的故事《治疙瘩》在于戳破装神弄鬼的把戏，开导人们不要迷信；卢四运的故事《一生用不完》[3]在于惩罚不讲情义、贪图钱财的人；何三麻子的故事《带和》[4]在于教一对爱吵架的夫妻言归于好；吉二爹的故事《做媒》[5]在于让两个有生理缺陷、正为找不到对象发愁的青年男女结成眷属；光加桑的故事《找金子》[6]在于启发懒汉热爱劳动，改掉懒惰的习气。在这些相当逗趣的故事中，机智人物哄骗的对象，大都是人民群众内部的各种人物。他们对这些人并无恶意，而且往往是抱着与人

1 见中国民间文艺研究会贵州分会主编，燕宝编《苗族民间故事选》，上海文艺出版社，1981 年。
2 见《贵州各民族机智人物故事选》，黔西南自治州民委会、贵州省群众艺术馆、贵州大学中文系编印，1982 年。
3 见湖北民间文艺研究会编《杜老幺》，长江文艺出版社，1982 年。
4 见《湖北民间故事传说集・孝感地区专集》，中国民间文艺研究会湖北分会、湖北省群众艺术馆编，1982 年。
5 见湖北民间文艺研究会编《杜老幺》，长江文艺出版社，1982 年。
6 见云南少数民族文学丛书编辑委员会编《云南少数民族机智人物故事选》，中国民间文艺出版社（云南版），1981 年。

为善的态度，满腔热忱的态度，这跟对付敌人的那种毫不容情的态度是显然不同的。

此外，在有些故事中，机智人物的吹牛、扯谎之类的行为并无上述各种目的，只不过是为了逗乐，给穷苦的乡亲们带来笑声，借以活跃生活，消愁解闷。这种作品，往往通过机智人物使人忍俊不禁的言行举止，表现故事作者——人民群众的开朗、风趣的性格和热爱生活的情致。铃木先生提到的巴拉根仓的故事《说谎》，即是此种类型的作品。当然，《谎说》这则故事个别地方也带有讽刺世态人情的色彩。巴拉根仓说他上天之后，见到佛殿里边有几个佛爷正低头捉虱，一问才知道前来磕头者不多，供献者更少，因而他们一个个饿得面黄肌瘦。作者把笔锋一转，居然揶揄佛爷，对佛门表示不敬了。不过此类逗乐的故事，倒不一定都像这则作品一样都具有讽世的意趣。

综上所述，我国各民族机智人物故事的故事主人公的言行，有的采用了哄骗手段，有的却不曾使用哄骗手段，其目的大都是打击压迫者、剥削者和其他邪恶势力，以及匡正时风，扶持贫弱。他们的这些作为，无不有利于劳苦大众，不利于骑在劳苦大众头上作威作福的剥削阶级。在他们身上，体现了广大人民群众的思想感情和是非观念。笔者认为，对机智人物作何评价，最根本的一条标准，是看他们怎样对待人民群众，怎样对待压榨人民群众的人，简言之，就是看他们对待人民群众的态度。以此来衡量前面论列的各种机智人物故事的主人公，无疑应当给予肯定，而不应当给予否定。如果断言他们是"骗子"，对他们持否定的态度，这样的评价显然是不公正的。

毋庸讳言，我国各民族机智人物故事并非一色的好作品。其中不但混杂着一定数量的内容肤浅的作品，或者表现了消极、落后的思想意识的作品，而且混杂着一定数量的内容庸俗低劣，甚至带有反动倾向的作品。前者主要反映故事作者所受的历史局限和自身世界观的局限，后者则往往是受剥削阶级的反动思想和腐朽没落的趣味侵蚀的产物，有的甚至是剥削阶级及其代言人编造出来的。对此，笔者曾在《机智勇敢的劳动者形象——〈少数民族机智人物故事选〉序言》中作了初步的论述。后一种作品如《瞎子拜年》《上楼和下楼》以及某些徐文长的故事，他们的主人公倒的确是骗子流氓一类的角色。因为他们摆弄、打击的不是寄生虫、吸血鬼，而是被压迫的劳苦大众。"他们的名字尽管也跟那些机智人物相同，实际上两者是分别属于两个互相对立的阶级的。"[1]我们不能只看见他们在采用哄骗手段方面有某些相似之处，便将这样两种不同的人物形象等

1　见《机智勇敢的劳动者形象——〈少数民族机智人物故事选〉序言》。

同起来，把他们一律当骗子看待。

铃木先生在文章中，不止一次地肯定机智人物的行动。他说过："我读了不少机智人物故事，读后确实得出这样的印象，即见义勇为的好汉以自己的聪明才智为武器，勇敢地打击统治者。"他又说过："从机智人物群像中看到他对社会政治和宗教上的统治者的反抗性。"铃木先生的上述见解，无疑是公允的、正确的。但是，由于看到了机智人物的"欺骗性"，并且在对这种"欺骗性"缺乏全面的分析和深入的考察，就笼统地判定"所谓机智人物，无非是一种骗子"，或者说"机智人物从本质上来讲还是一个骗子"，这至少是以偏概全，立论失之偏颇。

机智人物故事的主人公是不是"骗子"的问题，并不是一个无关紧要的问题。它关系到这一类流传广泛、作品繁多、影响深远的民间故事的思想性质、阶级倾向和社会意义，简单地讲，关系到这类故事的整个思想内容的估价，不能等闲视之。我们难于赞同铃木先生提出的"骗子"说，首先是因为这样的论断不符合我国各民族机智人物故事的实际情况。如同前面论证的那样，在我国各民族机智人物故事中，大多数作品的主人公是作为正面形象出现的，他们不是"骗子"，而是见义勇为的智者，聪明机敏的好汉。其次，如果按照这样的论断把机智人物故事的主人公统统视为"骗子"，不但铃木先生肯定过的"反抗性"不复存在任何意义（为非作歹的骗子是谈不上"反抗性"的），而且势必从根本上否定我国各族人民塑造的反抗压迫、剥削，表现自己的聪明才智的艺术形象，从根本上否定我国各族人民世代相传的这宗具有较强的思想性、人民性的优秀口头文学遗产。

二

铃木先生的"骗子"说不是凭空产生的。铃木先生的这篇论文可以看出，"骗子"说的提出是同他接受西方民间文艺学某些学派的有关理论不无关系。他根据神话学派关于远古神话的"残骸""痕迹"的观点和人类学派关于原始文化的"残留物"的观点来探讨机智人物故事，认为机智人物故事及其主人公与古代神话及其中的某些天神存在着不可分割的血缘关系，并由此阐发了"骗子"说的许多见解。铃木先生的这些见解涉及对机智人物故事及其主人公的评价这样一个带根本性的问题，有必要加以讨论。

我们认为，在民间文学中，特定内容的作品是特定历史阶段的产物。古代神话产生在人类的童年时代，即历史发展尚未进入阶级社会的原始公社时期，它是"用想象和借助想象以征服自然力，支配自然力，把自然力加以形象化”[1]。机智人物故事产生在阶级社会，它主要是采用写实的手法再现社会生活，反映阶级矛盾和阶级斗争。只要我们全面考察神话和机智人物故事这样两种不同类型的口头文学创作的时代背景，它们所反映的社会生活内容，以及它们的艺术特色，进行对比分析，便能够发现两者之间的显著差别，不致（至）将它们勉强地联系在一起。

众所周知，在希腊神话中有一位受到人们尊崇的天神叫普罗米修斯。他曾使用诈术哄骗最高的天神宙斯，让人类得以减少给神的献祭。他又曾将天火盗去送给人类，教人们学会用火的方法。为此，他遭到宙斯的惩处，饱尝苦痛。对于这位天神，以及希腊神话中的赫尔墨斯，北欧神话中的洛基，日本神话中的倭建命、素戋鸣尊等，是否“可以看作是一种骗子”的问题，本文暂不评论。即令按照铃木先生的说法，上述各位天神和各民族的机智人物都是“骗子”，他们统统都可称为“神话般的恶作剧者”“恶作剧之神”或“文化英雄”，恐怕由此便得出从机智人物身上能够找到古代神话的“残象”“痕迹”的结论，理由也是不够充分的。铃木先生的这篇有关中国机智人物故事的论文，没有谈到中国古代神话是否有“骗子”形象的问题。他所列举的古代神话中的“骗子”，不是中国的，而是希腊、北欧、日本的。如果我们要在我国各民族机智人物故事里面寻觅外国古代神话的“残象”“痕迹”，那将是一件更加困难的事情。

铃木先生一再讲“骗子是一种原始存在”，“是神圣与非神圣之间尚无明显区分的远古时代的一种象征”。“骗子的造成，是‘一种超越界限和制约的自由翱翔的精神手段’，是人们普遍的精神上的经营的产物”，他是可以跨越不同的历史发展阶段而存在的。随着时代的前进，“骗子”的劣根性减弱了，“不过他始终还残存在那个类型之中”，因为“这种神话般的想象力的榜样会影响到很久很久以后”。在铃木先生看来，“骗子”这种“原始存在”贯穿古今，具有跨越时代、跨越阶级的永恒性，“他对道德和社会秩序来说是完全自由的”，他“就好像是自由自在地往来于充满正负两极的宇宙磁场中，并以正负两极的混乱作为自己的能源似的”。作为“一个得以流传下来的骗子”的机智人物，是不具有阶级属性、阶级特征、阶级倾向的，其行为是漫无目的的。铃木先生在评论“骗子”时说过的好些似乎费解的话，比如“他的特点是同时具有两种矛盾的性格，或两面性的人格”，“其行动表现得首尾不一致”，“其本质是超越界限，胡作非为”等等，

1 见马克思《〈政治经济学批判〉导言》，《马克思恩格斯选集》第二卷，第113页。

由此也就比较容易理解了。

如果以上分析没有曲解铃木先生这篇论文的观点的话，那么便可以说，把“骗子”解释成为超时代、超阶级的永恒的形象，宣扬超时代、超阶级的毫无目的的“欺骗性”“恶作剧”，正是铃木先生的“骗子”说的核心。笔者认为，用这种“骗子”说来分析、解释我国各民族机智人物故事，把民间文学创作看成是同社会物质基础没有联系的思想、精神的产物，就容易忽视这类民间文学作品的阶级内容和社会意义，因而难以对它们作准确的思想估价。

铃木先生在这篇文章中，曾批评“中国评论家们的看法未免太现实主义了”。“他们把故事和现实之间的关系给固定起来了”，“具有一种简单化、概念化的倾向”。“看来，在民间故事研究和神话研究方面，他们还根本接受不了象征论。”我们知道，文艺是一定的社会生活在人们头脑中的反映的产物。文艺反映现实生活是通过塑造形象的艺术手段来完成的，它绝不是机械的拍照（好的摄影自然也是一种艺术创作）。在反映现实生活的时候，各种文艺门类、文艺品种都有各自的艺术特点，民间文学亦不例外。在民间文学研究领域中，那些分明同现实斗争的关系并不密切的作品，硬要把它同现实斗争联系在一起，显然是不恰当的；那些分明同现实斗争的关系相当密切的作品，硬要把它同现实斗争割裂开来，同样是不恰当的。我们在前面已经阐述过，我国各民族机智人物故事具有较强的现实性和比较鲜明的阶级倾向性，对于这样的作品，假若我们不从实际情况出发，把它们同现实生活、斗争联系起来，作全面系统的科学分析和论述，就可能不得要领，甚至步入迷途。

铃木先生曾指出，对于机智人物故事，“一定要在充分分析、讨论的基础上，进一步从各个角度作全面系统的研究”。这个意见讲得非常好。然而，铃木先生尽管也看到了机智人物的“见义勇为”和“反抗性”，仅仅由于“通过一部分故事和解说，却也朦胧地显示出其欺骗性”，便断定“所谓机智人物，无非是一种骗子”，并以此立论，去探索“骗子的痕迹和残象”，这兴许正是铃木先生接受了“象征论”的缘故。但是，在方法论方面，这样做是否可以算作“在充分分析、讨论的基础上，进一步从各个角度作全面系统的研究”，就值得考虑了。

三

为了进一步阐述这种所谓超越时代、超越阶级的“骗子”及其“欺骗性”的见解，铃木先生还根据法国学者、结构主义的主要代表人物列维–斯特劳斯关于二元对立结构的普遍性质的理论，指出“如果说骗子是横跨二元，统一二元，消除对立的一种媒介的话，那么在与对立面结成婚姻关系这点上可以找到其欺骗性”。

由于机智人物同他的对立面——剥削者有着婚姻关系或者其他至亲关系，便能够说明他是“横跨二元，统一二元，消除对立的一种媒介”吗？

在我国各民族的机智人物故事中，劳动者型的机智人物跟剥削者结成翁婿关系的故事的确不少，除了铃木先生在文章中提到的瑶族的卜合、蒙古族的巴拉根仓、傈僳族的光加桑、壮族的老登、佤族的岩江片等外，还有侗族的卜宽、布依族的卜当、仫佬族的迭独、白族的艾玉、汉族的谎张三（云南）、吉二爹（湖北）、张扯谎（湖北）、喜山（湖南）、韩老大（河北）等。除了翁婿关系以外，处于被压迫、被剥削地位的机智人物同他的对立面之间，还存在着其他的亲戚关系、亲属关系，包括叔侄关系（如湖北汉族的桂鸦鹊），兄弟关系（如黑龙江汉族的张老三），亲家关系（如湖南汉族的游伯佬），舅甥关系（如河南汉族的张三），连襟关系（如贵州彝族的陆柱戛阿），中表关系（如湖北汉族的徐苟三）等。我们知道在阶级社会中，人们所处的社会环境和人们的社会关系相当复杂，阶级矛盾和阶级斗争的表现形式也是比较复杂，富于变化的。我国各民族机智人物故事在反映社会生活情况揭示阶级矛盾、阶级斗争时，注意到上述情况，并且作了较好的艺术概括和再现。应当指出的是，这些作品把故事主人公同他的对立面处理为各式各样的亲戚关系、亲属关系，非但没有模糊劳苦大众同地主老财之间的阶级界限，或者让他们彼此得以和解，恰好相反，用这样的关系来展开尖锐的矛盾和冲突，越发能够生动形象地揭示被剥削者与剥削者之间的对立和斗争，雄辩地说明被剥削阶级和剥削阶级之间的阶级矛盾是不可调和的。

为了进一步了解情况和说明问题，这里不妨介绍一组描写叔侄关系的汉族机智人物故事。在湖北东部的黄梅县有一位机智人物叫桂鸦鹊[1]，是个贫苦的农民。他的细爹（叔父）却是个大财主。在桂鸦鹊的故事里面，有不少叙述他为何跟他的细爹进行较量的趣事。他的细爹对穷人一向非常凶狠、刻毒。这年桂鸦鹊到细爹家做工，他的细爹当着长工们的面对他说：“人家都说我刻薄，其实我就是这样的脾气，遇到不顺眼的事就爱说爱骂，不过骂了以后我还是一样，并不计较。你是我的侄儿，今后如果我发脾气，

1 这是他的诨号。鸦鹊，黄梅县方言，即喜鹊。

你就忍一下。”桂鸦鹊马上回答：“细爹的脾气我是清楚的。不过我的脾气也很丑（臭），一听到别人骂我就爱动手打，打了以后我还是一样地做，并不偷懒，请细爹往后在我面前发脾气时留心一点。”（《脾气》）他的细爹每天煮给长工们吃的粥都稀得要命。一天正吃粥时，桂鸦鹊忽然对着碗大哭起来。细爹问他怎么了，他说：“我听人讲，看见自己的魂显身三天后就会死。今天我在粥碗里看到自己的魂了，三天后肯定要死，我不做啦！”说罢，丢下碗跑去睡觉了。（《吃粥》）有一次桂鸦鹊的细爹请一帮财主喝酒。财主们最恨桂鸦鹊，便要当众取笑他，出出往日的气。他们把桂鸦鹊叫到席上，可他的筷子是用钉子钉在桌上的，拿不起来。财主们大吃大喝，还故意问他为什么那样客气，不动筷子。桂鸦鹊急中生智，讲了一个故事，说天狗吃月时大家都敲锣打鼓，营救月亮，有一个人却怎么也找不到锣鼓，急得团团转。财主们忙问后来怎样啦？桂鸦鹊说，他一直没找到，只好眼巴巴地看着狗吃。借此骂他的细爹和财主们是畜生。（《天狗吃月》）桂鸦鹊总跟他的细爹作对，老家伙便与同族的财主们商量，要用家法惩办他。一天，他们宣布桂鸦鹊是“逆子”，在他身上绑了一扇石磨，准备示众后把他沉到湖里淹死。后来，桂鸦鹊设法逃走了。过些日子，他骑着高头大马回到家乡，谎称他在水晶宫里做客，临走时龙王让他请细爹去玩，并且要当面重谢细爹。他的细爹财迷心窍，结果被骗到湖里淹死了。（《整驼背》《见龙王》[1]）我们从这组桂鸦鹊的故事又一次清楚地看到，出身低贱、生活贫困的机智人物，虽然同财主们有着这样那样的亲属关系或亲戚关系，但是由于阶级地位的悬殊，他们之间互相对立，水火不容。试看，桂鸦鹊的细爹狠心盘剥长工，对自己的侄儿也不例外。他出于阶级本性，对桂鸦鹊恨入骨髓，必欲置于死地而后快。同样，桂鸦鹊出于阶级的仇恨，对他的细爹锋芒毕露，毫不留情，直至将那个贪婪、歹毒的吸血鬼除掉。

通观我国各民族机智人物故事，所有被压迫、被剥削的机智人物，不论与他们的对手地主老财们结成婚姻关系，还是有着其他的亲属关系、亲戚关系，都不曾缓和彼此之间的矛盾，改变彼此之间的对立状态。正像那些作品展示的一样，他们的对立，是一种阶级的对立，是由于阶级压迫、阶级剥削造成的，有其深刻的社会原因，所以无法调和、消除。因此，尽管我国各民族劳动者型的机智人物同财主们是至亲者甚多，但迄今却找不到印证他们“是横跨二元，统一二元，消除对立的一种媒介”的故事。我们以

---

1 两则故事和后面提到的《鹏高与鹏远》均系余士潮搜集，尚未发表。

为，这是符合阶级矛盾、阶级斗争规律的，并不出人意料。

四

铃木先生在这篇论文中又曾指出：

> 骗子还有一个不可忽视的重要特征，那就是他的好色性。他的冒险是离不开性欲的。在他的恶作剧中当然也包含着性方面的胡搞。性方面的活力是他自由奔放行动的一个源泉。回过头（来）看，在机智人物故事当中也有一些是有猥亵内容的。遗憾的是，我们无法读（得）到其具体内容。笔者对那种抽掉性爱的机智人物总觉得有不令人满意的地方。

倘若追本溯源，就可以看出，上述关于“好色性”的见解，是同奥地利心理学家、精神分析学派的创始人齐（西）格蒙德·弗洛伊德的泛性欲主义密切相关。弗洛伊德的精神分析派心理学，是现代西方心理学的一个重要派别，在全世界有着相当广泛的影响。弗洛伊德的理论认为，性欲冲动是人的全部活动的基本的和唯一的心理规律。在他看来，一个人从出生到衰老，一切行为无不带有性欲的色彩，或者无不受性本能的支配。他把文学艺术创作活动也跟性欲联系起来。弗洛伊德强调性欲本能的作用竟达到如此过分的程度，显然是很荒谬的。正像我们不赞成弗洛伊德的泛性欲主义一样，我们也难以同意铃木先生关于“好色性”是机智人物的“一个不可忽视的重要特征”这个见解。

在阶级社会中，人们的七情六欲表现形式多不相同，但无不受到他所处的社会环境和阶级地位的制约。我国各民族机智人物故事的主人公言行，大都是具有阶级性、社会性的。如果不正视这些客观存在的事实，用一种似乎是超阶级的、缺乏社会意义的“性欲”来解释机智人物的各种言行，认定“性方面的活力是他自由奔放行动的一个源泉”，就可能抹煞机智人物故事的社会意义，并且难免曲解机智人物的形象。这种看法，我们实在不敢苟同。

在我国各民族机智人物故事里面，有没有触及“性欲”，包含猥亵内容的作品呢？有的。拙作《机智勇敢的劳动者形象——〈少数民族机智人物故事选〉序言》曾经谈到过这方面的作品，即阿古登巴的故事中某些描写故事主人公同女领主发生两性关系的行为，借以勾销债务，甚至使其倾家荡产的作品，以及描写故事主人公赤身裸体地跑到尼姑庵内，让佛寺造成混乱的作品。这样的作品，尽管流露了反对世俗剥削阶级和宗教压迫的情绪，但它们夹杂着淫秽的情节，是不足取的。然而，这样的作品，在阿古登巴的故事里为数有限，在我国其他民族的机智人物故事中也不多。由于种种原因，徐文长的故事是我国机智人物故事当中糟粕较多的一种。我国解放前印行一些徐文长的故事集子，如林兰编的《徐文长故事》和《徐文长故事外集》，王忱石编的《徐文长故事》(1—4集)，王再思著的《徐文长趣事》，王芮著的《徐文长笑话》和《徐文长异事》，其中健康、有趣的作品屈指可数，大部分作品内容糟糕，庸俗无聊，读后让人作呕。即令如此，其中像《戏弄店主》《摸少女的奶》《智亲嘴儿》等描述故事主人公猥亵少女、少妇，《寡妇上坟》《同她拜堂》《落裤子》《要她点头》[1]等描述故事主人公调戏年轻女子、小寡妇的下流故事数量也是不多的。而且这样的作品，大约亦非铃木先生所讲的“性方面胡搞”的典型材料。铃木先生是否在日本国或者其他国家的机智人物故事中发现过足以说明“好色性”是机智人物的“一个不可忽视的重要特征”的材料，由于铃木先生的论文未作具体分析和援引例证，我们不得而知。不过，如果要在中国各民族机智人物故事中搜寻足以证明铃木先生所说的机智人物的“好色性”的材料，很可能是会失望的。

这里顺便提一提，我们对待过去时代的民间文学作品，并不兼收并蓄，一概肯定，而是采取批判地继承遗产的态度，吸收其精华，扬弃其糟粕，目的是为了丰富人民的精神生活，繁荣我国的文艺事业，建设社会主义精神文明。对于民间文学中的糟粕，包括猥亵作品在内，作为研究资料保存是有一定价值的，但我们并不将其作为公开的读物来介绍给读者，哪怕数量很少也不行。因为这种作品对人民，尤其是青少年一代非但无益，而且有害。

当然，在中国各民族机智人物故事里面，我们也能够找到一些颇能揭露“好色性”的作品。例如，徐苟三的故事《计惩“阎王”》、韩老大的故事《夫妻定妙计》、光加桑的故事《惩治色鬼》、潘曼的故事《又除了一害》[2]、甲金的故事《塘里有美女》[3]、龚岳山的故事《整骚公鸡》[4]、桂鸦鹊的故事《鹏高与鹏远》、刘才师的故事《卖桶》[5]。可是，那

1 以上七则故事，均见王忱石编《徐文长故事》1—4集，经纬书局，1947年。

2 见包玉堂主编《仫佬族民间故事》，漓江出版社，1982年。

3 见《甲金》，黔南布依族苗族自治州文学艺术研究室编印，1981年。

4 见《楚风》1982年第1期。

5 见《楚风》1983年第3期。

些见了俊俏的年轻妇女就流涎水，以侮辱、糟蹋女性，夺人妻女为能事的好色之徒，不是故事主人公，而是故事主人公的对立面——官家、土司、财主、花花公子。在这些作品里，故事主人公巧妙地播弄了各式各样的色鬼，充分暴露出他们的肮脏灵魂和丑恶嘴脸，使他们不但不能得逞，而且常常受到惩罚，搞得他们狼狈不堪。各民族机智人物同这帮好色之徒的斗争，维护了劳动妇女的尊严和利益，扫灭了权贵豪强的威风，无疑是过去时代的阶级斗争的一个不可缺少的组成部分。可惜这样一种内容的作品，实难印证铃木先生有关机智人物的“好色性”的论点，据此无从说明机智人物的“冒险是离不开性欲的”。设若这样的作品，以及我国各民族机智人物故事中的其他作品，由于缺乏铃木先生希望发现的“性爱”，让铃木先生“总觉得有不令人满意的地方”的话，我们只好抱憾了。

民间文艺学是一门具有国际性的学科。就这门学科中的一些共同关心的问题发表各自的见解，以期进行学术交流，对于增进彼此之间的友情和促进学术事业的发展，都将大有裨益。基于此种认识，笔者就铃木先生的论文，略陈管见，纰缪之处在所难免，尚望不吝赐教。

一九八三年夏末

论神话的起源与发展[1]

杨 堃※

一、什么是神话?

神话名称非我国所固有，系英文 Myths 一词的中文译名。研究神话的科学，即神话学（Mythology）。我国学术界所说的神话与神话学，大概全是借用日文的学名。

关于神话的定义，各家说法不一，我国学者在解放前多采用英国人类学派的说法。茅盾先生在（20 世纪）20 年代发表的神话著作可作为这一学派的代表。茅盾先生在 1980 年又将这些旧作，未加修改，重新出版，名为《神话研究》。该书采用英国人类学派所谓“比较神话学”的观点与方法来研究我国的古代神话与传说，对我国的神话学研究起过积极作用。它的成绩应当肯定。

但解放后，许多同志试用马克思主义观点和方法研究我国神话，已经取得了许多新的突破。而茅盾先生的《神话研究》却仅停留在解放前的水平上。而且茅盾先生还在《序》内说“我少年时好弄，从事于不急之务，殊不足”云云，就不免使人感到遗憾!

解放后，《辞海》1979 年版，关于《神话》一条内说:“神话反映古代人们对世界起源、自然现象及社会生活的原始理解的故事和传说。它并非现实生活的科学反映；而是由于古代生产力的水平很低，人们不能科学地解释世界起源、自然现象和社会生活的矛盾、变化，借助想象和幻想把自然力拟人化的产物。神话往往表现了古代人民对自然力的斗争和理想的追求。古代希腊神话对欧洲文学发展起了很大的作用。中国神话极为丰

---

1 刊于 1985 年第 1 期。

※ 杨堃（1901—1998)，中国民族学家、民俗学家、人类学家、社会学家，中国社会科学院教授。

富，许多神话保存在古代著作中，如《山海经》《淮南子》等。历代创作中，模拟神话、假借传说中的神反映现实或讽喻现实的作品，通常也称神话。”[1]

我认为《辞海》这一条目说得比较全面，可以代表解放后三十年来我国学者研究神话的新水平。我想讨论的神话，可以此为标准。但神话与传说和故事的区别究（竟）是什么？还应进一步搞清楚。原始神话、古典神话与民间神话的区别是什么？也应略作说明。

二、论神话的起源

摩尔根在《古代社会》第四编“财产观念的发展”第一章“三种继承法”中在讲“低级野蛮社会的财产”时，曾说“对于人类的进步贡献极大的想象力这一伟大的才能，此时已经创造出神话、故事和传说等等口头文学，这种文学已经对人类产生了强大的刺激作用”[2]。

马克思在《摩尔根〈古代社会〉一书摘要》中摘引了这句话，中译本译为：“在野蛮期的低级阶段，人类的高级属性开始发展起来。……想象，这一作用于人类发展如此之大的功能，开始于此时产生神话、传奇和传说等未记载的文学，而业已给予人类以强有力的影响。”[3]

因此，说神话产生于野蛮时期的低级阶段，这在我国学术界内似已成为定论。然而，这是有问题的。

因为摩尔根所说的低级野蛮社会，是“从陶器的发明到饲养动物，或从陶器的发明到灌溉法种植玉蜀黍及其他作物”。又说“弓箭和棍棒是处于低级野蛮社会的美洲土著的主要武器”。[4]这在原始考古学上，应属于新石器时代，最早也不会早于中石器时代。然而当时的原始考古学资料已经证明，早在旧石器时代的晚期，古人类学上所说的新人时期，或晚期智人时期，已经出现了原始宗教与原始艺术。如裴文中在解放前的《旧石器时代之艺术》一书，主要是介绍法国原始考古学家步日耶教授对西欧旧石器时代艺术的贡献。另有法国学者吕给氏的《化石人类的艺术与宗教》一书，有英译本，也可参

1 参见《辞海》下册，上海辞书出版社，1979 年，第 3625 页。

2 参见摩尔根《古代社会》下册，商务印书馆，1977 年，第 539 页。

3 参见马克思《摩尔根〈古代社会〉一书摘要》，人民出版社，1965 年，第 55 页。按：《马克思恩格斯论艺术》第二卷，中国社会科学出版社，1983 年，第 4—5 页，该译文略有不同，也可参考。

4 参见［美］路易斯·亨利·摩尔根《古代社会》下册，商务印书馆，1977 年，第 535—536 页。

考[1]。这全说明，原始宗教与原始艺术，早在旧石器时代晚期，就已出现了。

我们知道，神话是宗教的重要组成部分之一。一旦出现了宗教，同时也必然会出现与之有关的神话，否则宗教是不会出现。若以中国原始神话产生的上限而言，我认为，它是出现于18000年前的“山顶洞人”时代。在世界范围内，它是和古人类学上所谓新智人或晚期智人的出现分不开的。因此笔者相信，原始神话产生时代的上限，应在大约四五万年至一两万年之前的旧石器时代晚期，亦即母系氏族社会的初期。摩尔根所说的产生于低级野蛮社会，那就未免说晚了些，似不恰当。

有人说，神话“是人类童年时期的产物”。然而“人类的童年”这一概念究何所指？却需要明确一下。如马克思在《摘要》的第一编第一章（1）蒙昧期一开始便说，（1）低级阶段：人类的童年时代。人类栖止在自己原来的有限的地区里；以果实和坚果为实（食）物；清晰的语言开始于这一时期。这一阶段告终于把鱼类用作食物和获得用火的本领。在人类有史时期已无处于这种状态之下的部落了。[2]恩格斯在《起源》的第一章内也曾经明白指出：蒙昧时代的“低级阶段，这是人类的童年”[3]。那么，蒙昧时代的低级阶段是人类的起源时代，这是人类的形成阶段。而人类的起源与形成，约在二百万年之前。原始神话决不可能产生得这样早。这是可以肯定的。因此，我们可以断言，所谓神话产生于人类的童年时代，决（绝）非指产生于蒙昧时代的低级阶段。此“童年时代”当然另有所指。

马克思在1857年《政治经济学批判》导言内曾说：“为什么历史上的人类童年时代在它发展得最完美的地方，不该作为永不变迁的阶段而显示出永久的魅力呢？”[4]当时马克思还未读到摩尔根的《古代社会》，他此处所说的“人类童年时代”，显然是和摩尔根所说的蒙昧时代的低级阶段不同的。因为他所说的“在它发展得最完美的地方”显然是指古希腊的荷马时代而言。那是原始社会末期的军事民主制阶段，甚或也包括阶级社会的初期阶段在内。这是比摩尔根所说的蒙昧时代的低级阶段[5]，晚了二百多万年。

---

1 参见裴文中《旧石器时代之艺术》，商务印书馆，1935年；Luquet，G.B.：L'artet La Religion des Hommes Fossiles，Paris，1926，J.T.Russell译，1930年在伦敦出版。

2 参见马克思《摩尔根〈古代社会〉一书摘要》，人民出版社1965年，第1页。

3 恩格斯著，中共中央马克思 恩格斯 列宁 斯大林著作编译局译：《家庭、私有制和国家的起源》，人民出版社1972年，第19页。

4《马克思恩格斯选集》第二卷，人民出版社，1972年，第114页。——着重号为引者所加。

5 关于原始社会的分期问题，参看拙作《论从摩尔根的原始社会分期法到马克思主义的原始社会史分期法》，《史前研究》1983年创刊号。

拉法格在《关于亚当和夏娃的神话》中曾说："我们时代的所有人类学者都承认，野蛮民族……正经历着人类发展的儿童时代；莱杜诺认为在他们身上给我们展开一幅卓越的、活生生的史前期的图景。"[1]我们相信，拉法格所说的"人类发展的儿童时代"也正是马克思在 1857 年所说的"人类童年时代"，决（绝）非摩尔根的蒙昧时代的低级阶段。

我国学者毛星在《中国少数民族文学》《前言》内曾说，"氏族社会后期的奴隶制初期，马克思称之为'人类童年时代'，就文艺方面说，是产生神话和古代史诗的时代"[2]。显而易见，毛星所说的马克思的话，是指马克思在 1857 年的《政治经济学批判》一书而言，不是指马克思在晚年的《摘要》中说的。这是没有疑问的。

然而神话产生的最早时期即上限，究应在什么时期呢？有些学者根据马克思在《摘要》中所说，便认为神话产生时代的上限，应在野蛮期的低级阶段。但野蛮期的低级阶段，应指新石器时代而言，不属于旧石器时代。这应是原始神话的发展期，而不是原始神话的起源与上限。

总之，我们相信，原始神活的最早起源，约在三四万年以前或一两万年以前的旧石器时代晚期，亦即所谓新人或晚期智人的时代，当时的社会性质，属于母系氏族社会。当时的宗教信仰，主要是图腾主义的信仰。而当时的神话，也主要属于图腾主义的神话。这类神话可能出现得更晚些，却不会更早。同时也不排除，有些原始神话是产生于新石器时代或比新石器时代更晚。

三、论神话与原始宗教的关系

我在另一拙作中已经谈过"神话的概念及其与宗教的关系"[3]。今再谈几点补充意见。

第一，我在那篇拙作中，曾说原始宗教有四个要素：一是神话，二是礼仪，三是巫术，四是圣地。今想补充的是，神话和礼仪乃是原始宗教最基本的两个要素。这两个要素必须结合起来，才能形成为原始宗教。过去研究宗教学的专家，有的认为先有礼仪，然后才有神话。也有相反的说法，认为先有神话，然后才会产生礼仪。其实，在我

---

1 引自拉法格《宗教和资本》，王子野译，生活•读书•新知三联书店，1963 年，第 2 页。

2 引自《中国少数民族文学》上册，湖南人民出版社，1983 年，第 11 页。

3 参看拙作《关于神话学与民族学的几个问题》，载钟敬文主编《民间文艺学文丛》，北京师范大学出版社，1982 年。

看来，最早的神话与礼仪，应是同时出现的。它出现的时代，当在旧石器时代晚期。在民族学资料中，多数民族学专家认为，19世纪中叶澳大利亚土人尚处于这一历史阶段。然而澳大利亚土人也是一种古老的民族，至少也有一两万年的历史，不能完全保持着一两万年以前的原样，没有发展和变化。而资产阶级民族学者，特别是天主教派的学者，经常带有宗教偏见来解释民族学资料，这就使民族学资料的审定与注释，难免有些失误。我们马克思主义民族学工作者，如能组织一个综合性科学考察团，对于现存的澳大利亚土人，再进行一次深入的调查研究，那将是一件有益的工作。否则对于资产阶级民族学者所提供的调查资料，应持慎重态度。

旧石器时代晚期新人时代的社会性质是属于母系氏族社会的初期阶段，可以叫作氏族社会的初期阶段。这时的宗教尚处于形成阶段，可以叫作早期的氏族宗教。它的基本内容便是各种不同形式的图腾主义的信仰与崇拜。因此，氏族宗教也可叫作图腾宗教。但也有人认为，图腾崇拜尚不能算作宗教，仅可叫作巫术。我是不同意这一说法的。我认为，巫术也是宗教的一个要素。图腾主义乃是最早的原始宗教。但到了原始社会末期的部落社会，甚或到了阶级社会，这种原始宗教的残余形式还会以各种不同形式表现出来。

英国人类学派创始人泰勒尔认为，最原始的宗教是万物有灵论（animism）。我国早期民俗学工作者曾经接受这一学说，至今仍有人采用，但不叫作万物有灵论，而叫作“灵魂主义”。其实这一说法，已早过时。就连泰勒尔的学术继承人马瑞特也不承认这一理论，而另提出什么“先万物有灵论”（Pre-animism），以代替万物有灵论。也有人认为斯宾塞是万物有灵论的主要代表[1]，似不恰当。因为万物有灵论的主要代表应是泰勒尔，斯宾塞则是英国社会学派的主要代表。他主张最早的宗教是祖先崇拜。而祖先崇拜则是万物有灵论的一种表现形式。它仅能出现在原始社会末期的部落社会，是部落宗教的一种内容，不属于原始的氏族宗教。

氏族社会的语言，是人类语言发生和发展的第一阶段。语言是思维的外壳，是反映思想的外在形式。当时人类的社会生活是局限于一个氏族的范围之内。个人与个性的概念还不存在，氏族便是一切。氏族社会在生产方面，仅有男女间的分工，一切生活方面，几乎完全一样。因而语言非常简陋。人们的思想意识，当然也是非常简陋的。法国

1 参看朱天顺《原始宗教》，上海人民出版社，1978年。

社会学家列维－布留尔，将这种思想形式叫作先逻辑的思想形式，并认为这种思想规律是和文明人的思想规律不同。因为这些原始人不拿矛盾规律当作一回事。他将这种思想规律，叫作混沌律[1]。近来有人将混沌律译为“互渗律”。我认为，还是译为混沌律比较合适。

列维－布留尔所创的这一混沌律曾经引起学术界许多争论。他自己在晚年也作了自我批评[2]。其实，在我看来，列维－布留尔所说的混沌律，并非完全错误，错误仅在于不应绝对化，不应和文明人的思想规律对立起来。文明人中有些迷信，有些感情用事和偏见，也应属于混沌律这一范畴。唯混沌律在文明人的思想中不占主要地位。后进民族也和文明民族一样。列维－布留尔的自我批评是正确的。但在后进民族中也确实会受混沌律的支配，这是不应否认的。但对于后进民族来说，同文明人的儿童时代一样，受混沌律的影响比较多些就是了。

原始神话便是这种混沌律思想的产物。它是人类思想初期阶段的表现，既有合理的因素，也有不合理的因素；既有唯心的因素，也有唯物的因素。随着社会的发展，人类的思想方式也在不断地发展着。就是到了文明社会，就是文明的社会科学家与哲学家，也不免仍有迷信，仍有宗教偏见。因此，仍不断产生新的神话。当然，阶级社会的神话不同于原始社会的神话。原始社会的神话有时会产生积极的作用，而阶级社会的神话，却仅有消极作用。至于社会主义社会的神话，那仍是社会主义以前的残存物，当然也仅起消极的作用。

但阶级社会的神话，除作为宗教的组成部分外，它还具有文学艺术的一个方面，这却是不应忽视的。一般所说的神话与宗教不同，神话具有积极的意义，大半全是指这一方面说的。马克思对于古希腊神话的爱好，也是从这一观点出发的。这就是说，马克思所爱好的古希腊神话，并非古希腊的原始神话，而是古希腊的古典神话，亦即经过古希腊的诗人、戏剧家、雕刻家、绘画家等的艺术加工后的古典神话。这种神话本身便是一种文学作品和艺术品，故具有艺术魅力。若谈到古希腊的原始神话，那它就仅能对于古希腊原始社会的研究有所帮助，不失为一种历史科学的史料，但不会有那样强的艺术魅

---

1 按列维－布留尔（Lucien Lévy-Bruhl，1857—1939），我曾译为雷布儒。参看拙作《介绍雷布儒的社会学说》，《鞭策周刊》第2卷第10期，1932年11月6日北平鞭策周刊社出刊。我所说的“混沌律”有人译为“互渗律”，参见［法］列维－布留尔《原始思维》，丁由译，商务印书馆，1981年。

2 参看列维－布留尔的死后遗著《列维－布留尔的笔记》Les Carnets Lévy-Bruhl，1949年巴黎版。此书有英译本，系Peter Riviére译，名The Carnets of Lévy-Bruhl,Harper Torchbooks公司“国际社会学”丛书之一。

力。当然，氏族社会的社会意识形态，还在起源和形成阶段，一切哲学、科学、艺术、技术和迷信与偏见，全在形成初期，尚未分化，彼此混沌在一起。因此，如说原始神话一点艺术魅力也不具备，也是不恰当的。

总之，我认为神话是人类在生产劳动中开始出现的一种意识形态。在旧石器时代晚期，大约在四五万年之前，当时人类已初步具有了意识、语言和思维能力，对于劳动对象与自然界已有了初步的认识，并想用尽办法去战胜自然，战胜各种异己的力量。对于这些异己的力量，予以人格化，认为他们都和人类一样。这种初期阶段的思维，有人叫作神话思维。这种思维活动的规律，法国社会学家列维－布留尔叫作“混沌律”。其实这种思维乃是一种尚未分化的思维，它既包含着唯物的因素，也包含着唯心的因素，既有正确的和合理的，也有不正确的和不合理的。这是人类最初在混沌未开时的思维。然而，神话的目的却在征服自然力，使这些人格化的自然力去为自己服务。神话、宗教和巫术全是在这同一时期，为同一目的而出现的。这也就是神话的起源、宗教的起源和巫术的起源。但在民族学与民俗学的调查资料中，仅能找到若干残余和遗迹。数万年前的原始形态，不可能原封不动地保存到现在。

一般所说的原始神话，仅指后进民族中所流行的各种神话与传说而言，已经不是真正的原始神话了。只有结合原始考古学、古人类学和历史语言学等许多科学资料，才能对于真正的原始神话，亦即母系氏族社会的神话有所了解。因此，仅从民族学、民俗学的角度去研究神话是有局限性的。

四、论神话与传说、故事的关系

在一般的民间文学概论的教科书内，对于神话与传说和故事的区别，原是分得很清楚的。神话总是和信仰与仪式联系在一起的。如果对于神话的真实性失去信仰，不相信它是神话，不相信神话具有超人的威力，当然也就不会与崇拜的各种仪式联系在一起。这样的神话就变成了传说。也就是说，所谓传说仅是指自古以来，便有这样的说法。至于这一说法是否真实，是否历史上确有其事，却不去追究了。所谓故事，往往是故意编造出来的，并无这样的历史事实。这就是神话、传说、故事三者的区别。

然而深究起来，问题并不这样简单。在氏族社会中关于图腾主义的信仰与崇拜，仅有这一氏族的成员才相信他们的图腾是他们共同的始祖而崇拜之。因而出现了图腾主义的神话。其他氏族，相信其他的图腾，但对于本氏族以外的图腾，却无信仰，也不去崇拜。因而对于其他氏族的有关图腾主义的神话，并不认为是神话，而仅认为是传说。这就说明，传说与神话的出现是同时代的。如硬说神话发生在前，传说是由神话演变而来，也不完全恰当。

而且传说故事也可演变为神话。如关于孟姜女的传说，在《左传》内虽有关于杞梁妻的故事，但与后来的“孟姜女哭长城”传说却不一样。因此，我们仅能承认“孟姜女哭长城”是一种传说，和承认《左传》载有与此有关的“故事”，而不认为历史上真有此事，更不认为它是神话。

但“孟姜女哭长城”的传说故事，到了宋朝，根据这一民间故事而修建了孟姜女庙，即贞女祠。庙内主殿上供有披青挂素的孟姜女和两女童彩塑。墙上有历代名人诗文题刻。殿后有望夫石和振衣亭。而且附近还有“孟姜女坟”，俗称“姜坟雁阵”，还是一种有名的古迹。我于1980年暑假来此参观时还见有人在庙内神像前烧香磕头。在庙内墙壁上还陈列着许多关于“孟姜女哭长城”的书画和连环画。这就使我相信，“孟姜女哭长城”这一传说故事，由于被宋、明、清等朝的统治阶级利用，并由于劳动人民的愚昧无知而受骗，确已演变为神话，并已成为民间宗教的崇拜对象了。[1]这就说明神话的起源可能是来自传说故事，并非先有此神话，然后才演变为传说故事的。

为什么故事演变为传说？这是有其社会根源的。由于秦始皇修长城，不知害死了多少人，人民的艺术家创造了孟姜女这一典型人物，可说是一种故事，还不能算作传说。但这一故事有代表性，有它的艺术魅力，口耳相传，久而久之，便演变为传说了。一旦成为传说，就更增加了威力，一些被压迫的无知人民，特别是无知的妇女们，便想求助于这位传说中的女英雄来援助自己，解脱自己的痛苦。这样，传说就又有了演变为神话的思想基础了。而统治阶级见有机可乘，可以借此机会，欺骗人民，好使人民安分守己，不要造反，便修建孟姜女庙。从此，孟姜女的传说，不仅演变为孟姜女神话，而且有了庙宇，有人来烧香磕头，求子乞福等宗教迷信活动。这样，孟姜女神话又进一步演变为民间宗教的一个组成部分。

同样，关羽的传说与神话，也是如此。关羽原是三国时蜀汉的一员大将，真有其人。关于他的事迹，《三国志》内有记载。他是一个历史人物，不是编造的故事。但在

1 参看秦皇岛市文化局编《万里长城·山海关附：秦皇岛、北戴河》，文物出版社，1980年；秦皇岛市群众艺术馆主编，周春霆编《秦皇岛的传说》，上海文艺出版社，1983年。并参看贾芝《关于孟姜女故事研究》，《民间文学论坛》1984年第2期。

《三国演义》内却增添了许多故事与传说。这些故事与传说，后来经过统治阶级的提倡，封关羽为神，到处修建关帝庙，并宣扬什么关帝显圣的奇迹，这就创造出关于关帝的各种神话。

我幼年初生于河北省大名县西南城角，记得有一座小庙，名“骑马关帝庙”，其庙虽小，然而这位骑马关帝的神威却大，因而烟火颇盛，给我留下深刻的印象。

关于关帝显圣的书，我曾搜集过，共十余册。我去过一些边远省份和少数民族地区，也全有关帝庙，也全有关于关帝显圣的神话，解放后，这类传说与神话仍不断可以听到。

以上是说，先有故事或历史人物，然后才演变为传说与神话。然而一般地讲，还是先有神话，然后才逐渐演变为传说。最后才有人根据传说，编成故事，成为民间文学或书面文学。

从民间宗教的角度来谈，神话乃是宗教的一个要素，而传说也经常与神话混杂在一起。关于故事，便排除于宗教之外。但从民间文学的角度来谈，神话、传说、故事三者全是民间文学研究的对象，也全可以单独成为研究的专门学科，即神话学、传说学和故事学。这三种学科是并列的，并无高低大小之分。

再从神话学的角度来谈，我们可以说，神话有广义与狭义之分。狭义的神话，仅指原始神话与古典神话而言。广义的神话，却包括传说与故事在内。如楚图南译，斯威布著《希腊的神话和传说》（人民文学出版社，1978 年）和袁珂编著《神话故事新编》（中国青年出版社，1963 年）等，便全指广义神话而言。我们所要调查研究的神话，也是这种广义的神话。

五、关于女娲氏的神话、传说与故事

女娲氏炼石补天的神话传说，可视为我国最古老的神话传说之一。虽说关于女娲氏的记载，并非太古，然而从原始考古学与民族学的角度来看，专凭文字记载不能说明问题。很多古老的神话与传说，并未经过文字记载，或有过文字记载而已失传，全是有可能的。

根据古书记载，不仅有关于女娲氏炼石补天的神话传说，而且还有女娲娘娘庙。我国最有名的神异小说《封神演义》开宗明义第一章，便是从殷纣王朝拜女娲娘娘庙开始的。而全书的布局也是由女娲娘娘对殷纣王的报复而引起的。最后“摘星楼纣王自焚”，还是女娲娘娘吩咐碧云童儿："将缚妖索把这三个业障锁了，交与杨戬，解往周营，与子牙发落。"[1]这说明女娲娘娘的神话传说在我国古代原是一种比较普遍的崇拜对象。我们相信，女娲娘娘可能是我们中华诸民族的共同女始祖。所谓炼石补天，可能是母系氏族社会中以石为图腾崇拜的残余。所谓"炎黄子孙"的"炎黄"，很可能也是女娲娘娘的后代。因为太古之时，仅知有母，不知有父。总是先有始祖母和先妣，然后经过激烈的革命，父权制代替了母权制，才会出现父权与祖先崇拜和英雄崇拜。

闻一多先生在《高唐神女传说之分析》中曾认为女娲即涂山氏，是夏王朝的神禖与始祖母。我认为，涂山氏也是女娲的一种幻影与化身，而最早的女娲氏，则是夏王朝之前，我国母系氏族社会时代以石为图腾的先妣的化身。所谓以石补天，不过是怀念这位始祖母的伟大功绩而已。

我们有理由相信，女娲娘娘在我国古代宗教中的神格地位是极高的。后来可能被西王母所代替。在某一地区，也可能被"白衣娘娘"或其他女神所代替。甚或，女神也可演变为男神。如灶神原为女性，后却演变为灶王爷，[2]便是一例。

至于说女娲娘娘的神话传说是起源于汉族？还是起源于某些少数民族？我认为，女娲娘娘的神话传说应起源于五千年以前，当时夏王朝还未出现，华夏族还未形成，汉族自然更谈不到。今天我国最大多数的少数民族与汉族，当时还处于分化的氏族与部落时代。因此，仅能说女娲娘娘是我们中华民族共同的始祖母，不能说仅是现代某一民族的始祖母。

清代中叶曹雪芹著《红楼梦》时也是先从女娲娘娘炼石补天的神话传说叙起的。《红楼梦》第一回内云："却说那女娲氏炼石补天之时，于大荒山无稽崖炼成高十二丈、见方二十四丈的顽石三万六千五百零一块，那娲皇只用了三万六千五百块，单单剩下一块未用，弃在青燻峰下。谁知此石自经锻炼之后，灵性已通，自去自来，可大可小；因见众石俱得补天，独自己无才，不得入选，遂自怨自愧，日夜悲哀。……"

第二回，叙述贾宝玉生时"一落胞胎嘴里便衔下一块五彩晶莹的玉来"。

这可说是曹雪芹创造的女娲娘娘的故事，已经不是女娲娘娘的神话传说了。然而从这一故事中还可看出最古老的图腾崇拜的残迹来。

---

1 参见许仲琳编《封神演义》下，人民文学出版社，1973 年，第 966 页。

2 参看拙作《灶神考》，载《汉学》第一辑，北平中法汉学研究所，1944 年。

贾宝玉生来时便衔着一块宝玉。这块宝玉原是女娲娘娘炼石补天剩余下来的那一块顽石的化身。这块顽石下凡，变成了贾宝玉。贾宝玉的灵魂象征物或命根子，便是这块宝玉。因而他的名字才叫宝玉。这在原始宗教内叫作“个人图腾”。我们知道，母系氏族社会的图腾主义，即母系氏族的宗教，亦即氏族宗教。后来由于社会分工，社会组织复杂化，因而图腾崇拜的对象也复杂化，除去氏族的图腾之外，还出现了男女之间的性别图腾和个人图腾。贾宝玉的宝玉便是他的个人图腾。可能曹雪芹无此认识，因为他当时还不知道什么是图腾主义。但从他所描述的贾宝玉和他的“玉”的关系来看，一旦这“玉”遗失，他便失去灵魂。他是由女娲炼石补天剩下的这块“玉”而生，最后他出家当僧，那“玉”便仍回到女娲炼石补天之处。这不正说明这块“玉”是贾宝玉的个人图腾么?

英国人类学家弗雷泽认为中国处于图腾主义分布的范围之外，即是说，中国是没有图腾主义的。而法国社会学家及中国学家葛兰言教授却在六十多年前早已证明，中国古代存在过图腾主义。他在《中国古代的舞蹈与传说》一书中，引证过《左传》中一段话，即“宣公三年：郑文公有贱妾，曰燕姞。梦天使与己兰，曰：余为伯儵余而祖也。以为是而子。以兰有国香，人服媚之，如是。既而文公见之，与之兰，而御之。辞曰：妾不才，幸而有子，将不信，敢徵兰乎？公曰诺。生穆公，名之曰兰。……穆公有疾，曰：兰死，吾其死乎！吾所以生也。刈兰而卒。”

我国学者论述中国图腾主义的文章已经不少，但未见引证过《左传》中这一段话。故特录出，以备参考。[1]

我国的红学家们，曾从各个不同的方面去研究《红楼梦》这部伟大的文学作品，却未见从神话学的角度去分析、研究这部书。仅有肖兵在一篇小品内是从神话学的角度去看问题的。他曾指出，贾宝玉的“玉”在本质上便是澳大利亚土人具有图腾主义信仰的一种“灵物”。这种“灵物”，澳大利亚阿兰达部落土语叫作“珠灵卡”(Churinga)。[2]我认为肖兵同志这一见解很具有启发性。但“珠灵卡”是澳大利亚氏族图腾的象征物，是全氏族的“灵物”和崇拜的对象，而贾宝玉的“玉”却仅是贾宝玉的个人图腾。个人图腾仅是图腾主义的残余形式。故两者虽本质相同，却有区别。

---

1 关于图腾主义的介绍，可看［法］倍松《图腾主义》，胡愈之译，上海开明书店，1932 年。

2 参看肖兵《通灵宝玉和绛珠仙草——〈红楼梦〉小品（二则）》，《红楼梦学刊》1980 年第 2 辑。

曹雪芹在这部伟大的文学作品中，讲了许多佛教与道教的道理，却在无意间透露出一些原始神话与原始宗教的情况。女娲炼石补天的神话，应视为中华民族最早的原始神话的一种。女娲所炼的石，应是灵石，非一般的“顽石”可比。而这种灵石的由来，据我推测，应来自以石为图腾的图腾崇拜的信仰。这种图腾崇拜是起源于母系氏族社会的初期，但到了原始社会末期的部落时代，甚至到了阶级社会，还会保存着若干图腾崇拜的残余。如我国民间宗教中的灵石崇拜，便是一例。解放前，孙作云教授曾写过一篇《中国古代的灵石崇拜》[1]。最近宋兆麟同志著有《原始的生育信仰》一文。[2]笔者也在一篇拙作中谈过以石为图腾的氏族。[3]笔者认为，关于我国石头的神话与传说，以及关于女娲的神话传说，全需要进一步调查研究。[4]

六、《封神演义》是否属于神话？

英国的中国学专家倭讷先生（E.T.C.Werner，1864—1954）于1922年出版的《中国神话及传说》一书，其主要内容是取材于《封神演义》，曾被茅盾先生斥为“内容极为荒唐”“此书之无价值自不待言”，[5]我认为茅盾先生的这一论断，似可商榷。

根据我个人的经验，我所看到与听到的民间神话与民间宗教以及许多庙宇，有许多神像全是根据《封神演义》塑造的。人民所谈的许多神话人物，也全是直接地或间接地来自《封神演义》。我在幼年时喜听《封神榜》的故事，我觉得这些故事很有趣，可以启发人们的思想。我不迷信，不承认神话是崇拜的对象。但我喜欢逛庙会，我曾亲眼看见、亲耳听到许多宗教迷信活动。在讲到这些神像的人名和故事时，全是根据《封神演义》。许多老太婆是文盲，没有读过《封神演义》这部书，但民间的戏曲、说书、庙宇中的神像与庙墙上的画像以及元宵节时各种灯笼上的图绘等等，却是大半来自《封神演义》这部书。华北许多老百姓家中供奉“老天爷”，即“玉皇大帝”，也是来自《封神演义》。因此，如说《封神演义》仅是一部神异小说，不是神话，那么民间宗教的许多神

1 参看孙作云《中国古代的灵石崇拜》，载《民族》杂志1937年第五卷第一期。

2 参看宋兆麟《原始的生育信仰》，《史前研究》1983年创刊号。

3 参看拙作《论从摩尔根的原始社会分期法到马克思主义的原始社会史分期法》，《史前研究》1983年创刊号。

4 关于女娲的神话传说，另有女娲是以蛙为图腾和以鼋（大鳖）为图腾诸说，需要另文讨论。

5 参看茅盾《神话研究》，百花文艺出版社，1981年，第227—230页。按倭讷是英国社会学家斯宾塞主编《叙述社会学》巨著“中国人”卷的撰稿人，另著有《中国人的中国》（1919年）、《中国神话辞典》（1932年）、《中国文明史》（1940年）诸书。他在英国学术界宣传中国文明是有功绩的，我们应向他表示敬意。

话，均将失去依据而被淘汰。请问我国神话学工作者和民间文学工作者能否将这类民间神话全部否定呢？

《辞海》1979年版“神话”条所说：“历代创作中，模拟神话、假借传说中的神反映现实或讽喻现实的作品，通常也称神话。”我同意这一说法。我认为《封神演义》既是一部神异小说，也是一部神话。因为从文学史的角度来看，一切神话均属于神异小说。但从神话学的角度来看，却不能说一切神异小说全是神话。仅应说许多神异小说全包含着神话的因素和内核。

总之，我认为从我国当代民间宗教的实际情况出发，说《封神演义》是一部广义的神话著作，似非荒唐。

七、神话的起源与发展阶段

神话约可分为原始神话与文明神话两类。在原始神话中，又可分为氏族社会的神话与部落社会的神话两类。

氏族社会的神话，主要是关于图腾主义的神话。它的原始形态，仅能求之于原始考古学。而原始考古学所留给我们的仅是些有形的事物，那些无形的事物，已不可追求了。

民族学所研究的原始神话，主要是以当代后进民族的神话为对象。内容十分丰富，但却混杂着许多后来的附加物，需要经过科学的甄别与鉴定，才能去伪存真。这就需要具有历史唯物主义的社会发展史的知识与唯物辩证法的灵活运用，更需要具有比较神话学与比较宗教学的基本知识。否则不易收效。

恩格斯在1891年《起源》的序中所说的“希腊的三部曲”，是反映父权制战胜母权制的神话，亦即部落社会初期的神话。而荷马史诗《伊利亚特》与《奥德赛》，却代表原始社会最末期军事民主制时代的神话、传说和史诗。

我以上仅谈到神话与传说、故事的关系与区别，还未谈到史诗。我认为史诗乃是神话、传说、故事、歌谣的混合物，仅到原始社会最末期及阶级社会初期，才会出现。

至于阶级社会的神话，则可分为统治阶级的神话与被统治阶级的神话，前者是替统治阶级政治需要服务的，所谓“神道设教”的用意是很明显的。如基督教《圣经》中的神话和一切官方所宣传的神话，全属于此类。这类神话大半全是将原始神话加以改造，予以歪曲，以达到其统治的目的，最富有欺骗性。

被统治阶级的神话，亦即人民大众的民间神话，它保存的原始神话的成分最多，但也混杂有许多后来的不健康的成分在内。因为，统治阶级的文化是占主导地位的，被统治阶级的神话，不可能不受到它的影响。因此，如认为民间神话可以代表原始神话，那是不恰当的。

若问到共产主义社会，神话是否还会存在？我说神话有两种功能：一是宗教的组成部分。到了共产主义社会，宗教不存在了，这样的神话，也就自然消灭了。但神话的另一功能，即文学艺术的功能。马克思所说的古希腊神话的永久魅力，即指神话的这一功能而言。这样的神话，已经脱离宗教，而是文学艺术的组成部分，其艺术魅力是不会消失的。

八、如何调查民族民间神话？

我所说的民族民间神话，不仅指我国五十多种少数民族而言，而且也包括汉族在内，也包括国外的各种民族。

人类是分成为各个不同的民族的。每个民族全有他的民族特点。表现在民族民间神话中，也是如此。

为什么我叫作民族民间神话？当一个民族分成为阶级时，统治阶级的少数贵族，便不属于民间的阶层。这些少数贵族的神话，往往属于高级形式的神话。这些神话，如基督教《圣经》中的神话，全是经过乔装打扮，引经据典，被称为圣迹和神学，甚至还说是神学的科学，而不认为是神话。我们不为此而争辩，也不向它们调查。我们所要调查的，则是劳动人民的神话，是广大群众的神话，是真能代表这一民族特点的神话，故叫作民族民间神话。云南少数民族有些人也相信天主教。但他们所听到的天主教的神话，却是外国传教士们别有用心地编造的，颇富有欺骗性。这已由别人揭露过了。

我在上一章讲的民族民间宗教时，曾说这种民族民间宗教是一种大杂烩。而民族民间神话，是一种大杂烩。其中既包含有极古老的原始神话的因素，也包含着人为宗教的神话因素以及各种有关的传说与故事。这类民间神话，具有民间文学的特征，亦即它的口传性、变异性和大众性。而我所要讲的调查方法，却和一般民间文学工作者所采用的调查方法与研究目的，有所不同。

一个民间文学工作者，采集到一种神话传说时，也要进行整理、分析与比较。但他们喜欢采用类型学的方法，将神话、传说、故事分为各种不同的类型。我所采用的是民族学调查方法。需要深入民族地区，用“三同”（同吃、同住、同劳动）的调查方法，去调查这一民族整个的生活情况、生活水平和生活方式及文化特点等。这是调查民族民间神话的准备工作。必须先将这一准备工作做好，才可开始调查民族民间神话。

其次，在调查神话时，要和他们的宗教生活联系起来，先从他们的宗教生活调查起。从他们的宗教生活，各种崇拜仪式、祭礼、祈祷、迷信、禁忌和咒语等来寻找其原因和目的要求。这才自然地可以开始调查神话。

在调查神话过程中，要选择一两位在行的专家如“摩莫”“萨满”等人物，和他们交朋友，帮助他们生产劳动。不仅听他们讲，还要观察他们的举止和表情。还要尽可能地利用录音机、录像机等先进科学器具，详为记录。而被访问者的姓名、年龄、职业和访问的地点、场所、时间等，也要详为记录。这一神话是被访问者如何得来，也要问个明白。他是听谁说的？如何学来的？他对于这一神话的态度与意见，也全要记录下来。

在整理材料时，也要采用比较的方法。但我们所说的比较研究法，是一种历史比较法，并要结合这个民族的特点和这一地区的特点，进行比较研究。我们不将这一神话单独地孤立起来，去做类型学的比较研究。

我们认为，一种神话是一种社会意识形态，纵然在各个不同的民族内全会有同样神话，然而每一民族、每一地区之内，又必然会具有民族特点与地方特点。这些民族特点与地方特点，正是我们调查研究的对象。

不要认为仅有原始社会与后进民族才能创造神话，就是在发达的资本主义社会，在帝国主义国家，甚至在大科学家中还不断会出现新的神话。神话来自无知与迷信。科学无论怎样发达，总有些未知的事物和解释错误的事物。对于这些未知的事物误以为知，错误地给予解释，而且信以为真，这便是神话的由来。但不必与宗教联系在一起。科学的不断发展与进步，这些新的神话，总是会被克服的。

至于说神话的永久魅力，那是指神话的艺术魅力而言，并非一切神话的本身，全具有艺术的魅力。马克思所赞扬的古希腊神话的永久魅力，非指古希腊的原始神话，而是指希腊古典时代，经过伟大文学艺术家加工后的希腊古典神话说的。这种古典神话，已经是文学艺术中的一个组成部分，故具有艺术的魅力。

我们民族学工作者调查民族民间神话，同时必须具有民间宗教学的知识与民间文艺学的知识。还要灵活掌握民族学调查方法中那些常用的方法与技巧[1]。而自己亲身的观

1 参看拙作《略论民族学调查方法》，《中南民族学院学报（哲学社会科学版）》1984 年第 2 期。

察与体验，最为重要。一面调查，一面思考；一面观察，一面比较。既要熟读社会发展史，又要活学活用辩证法。随时记录，经常补充，必要时作一小结，写成素材。积少成多，最后写成调查报告。

马王堆汉墓飞衣帛画与楚辞神话南方神话比较研究[1]

林　河[※]　杨进飞

飞衣帛画反映了多民族文化特征

马王堆西汉古墓出土之后，其出土文物之丰富多彩，灿烂辉煌，曾震惊了全世界。对马王堆汉墓出土文物进行深入的学术研究，任务远未结束。笔者拟通过南方民族神话、楚辞中的神话，对马王堆汉墓飞衣帛画所反映的神话内容，在前人研究的基础上，再进一步加以探讨。

笔者认为：马王堆汉墓飞衣帛画，反映的并不是单一的汉文化特征，而是汉文化、楚文化与南方民族神话的结晶体。

马王堆汉墓是汉朝长沙国丞相轪侯利苍及其家族的墓葬。当时的长沙王是“番君”吴芮，曾是楚国的将领，因助刘邦灭秦有功，被汉王朝封王，是唯一没有遭到杀戮除国的异姓王。利苍的民族出身虽然不见著录，但从墓葬出土文物来看，其中有《易经》《老子》《战国策》等等帛书，有西汉式鼎、楚式俑人和越式印纹硬陶等文物，说明其具有汉、楚、越文化的多种特征。

飞衣为南方民族以衣招魂的习俗

墓中出土的遣策，把这衣形帛画称为“非衣”。非衣即飞衣，马王堆三号汉墓出土的帛书《老子》，文中引《诗经》“燕燕于飞”句，凡是“飞”字，都写“蜚”字或

1　刊于 1985 年第 3 期。

※　林河（1927—2010），历任湖南省文联主席团成员，湖南民间文艺家协会副主席等，中国作协会员，享受国务院政府特殊津贴。

“翡”字，“非”字即“蜚”字或“翡”字的省写，这种省写字的例子，古书中极多。故“非”字即“飞”字，应无须怀疑。

飞衣在古代南方民族中，是作招魂用的。

解放前，在湖南的沅、湘之间，这风俗仍有保留。如小孩生病，巫师常认为是失了魂，要取小孩贴身汗衣一件，用竹篙穿了，扦在屋顶上，巫师则去四方喊魂，把小孩的魂招回来。

《楚辞·招魂》有：“魂兮归来，入修门些！工祝招君，背行先些。秦篝齐缕，郑绵络些；招具该（皆）备，永啸呼些，魂兮归来，反故居些！”其中，篝是竹篓子，缕是麻线，绵络就是飞衣。永啸呼则是拖长嗓子喊魂。

湘西一带，招魂时，便是用竹篓子装着水饭纸钱，到四方去施舍，求野鬼把小孩的魂放回来。同时，还要在病孩的头上或腕上，缠上七道青线，并以病孩衣悬挂屋上，随风飘扬。然后，巫婆拖长嗓子去四方喊魂，处处都和《楚辞》的描写吻合。

以飞衣招魂的习俗，东汉郑玄的《仪礼》注写道：“古之复者，升屋而号曰皋复。招以衣，受用箧。”即用衣招魂，而用箧把魂收回来。但他没有说明这是什么地方的风俗。

宋朝范成大的《桂海虞衡志》写道：“家人远而归者，止于三十里外，家遣巫提竹篮迓，脱妇人贴身衣贮之篮以前，导还家，言为行人收魂归也。”记的是广西北部风俗，那一带属越文化范畴的壮、侗、苗、瑶等少数民族，近世还保留这风俗，很可能是受南方民族神话影响而产生的。

在屈原投江的湖南省汨罗江一带，据湖南人民出版社出版的宋克顺所著的《屈原的传说》一书中说：

> 罗子国的风俗，要招死者的魂魄，就得把他生前的贴身衣高高撑起，魂魄听见呼唤自己的名字，又嗅到自己的汗臭，知道亲人在招唤，就一定回来。

屈原是到沅湘间来“走亲戚”

罗子国原来在湖北，是楚文王把它迁到湖南汨罗来的。今日，就在屈子祠所在的玉笋山附近，还存在有古罗城遗址，农民耕田挖地，还偶尔可以拾到一些残存的春秋战国时期的遗物。罗子国与楚同姓，与屈原有宗族关系。屈原为什么要在这里投江呢？就因为他和罗子国的关系较密，才住下来的。不能想象：屈原能在一个陌生的环境，甚至连语言也不通的地方，写出他的伟大诗篇来的。屈原逝世后，溆浦的人民为什么会那么悲痛，为之设招屈亭，当地的首领在汉初为什么被封为义亭侯？如果，平日和屈原没有一点交往联系，感情上没有产生共鸣，也是难以想象的。

只有屈原确曾流放于沅、湘间，从汨罗到溆浦，处处都有他的朋友和同情者，他才有可能那么熟悉沅湘间的民间神话、民情风俗、巫师歌舞，才有可能写出处处用楚语、写楚物、传楚俗的作品来。

人死后将“乘龙升天”

闲话少说，再说靖县苗侗杂居地区的一个风俗：那里的人死后，要让他端坐在堂屋中，用一匹白布作引魂幡，死者端坐在布的下端，白布从堂中升起，拆瓦穿屋而出，用竹篙高高地撑到空中。因为当地的神话，人死后将乘龙升天，那匹白布就代表亡灵乘坐的飞龙（一说是上天梯）。

将上述神话与风俗，与飞衣帛画对照，以衣形作幡，上绘升龙，很可能与南方民族以衣招魂和乘龙升天的神话有关。南方还有死后烧纸船（纸船代表龙船），划龙舟招魂之俗，楚墓帛画中还有死者乘龙升天图等等，都可证明南人是相信死者乘龙升天之说的。

飞衣不是“铭旌”

中原丧俗，按《礼记》等书记载，用的似“铭旌”，考古中也出土过铭旌的实物，不是衣形而是长条形。湖南博物馆与中国科学院考古研究所合编的《（长沙）马王堆一号汉墓》一书中也说：“与这幅帛画（指飞衣）形制完全相同的文物，在考古发掘中还没有发现过。”马王堆一号汉墓的“遣策”中，称“飞衣”，而不称“铭旌”，也说明它不是《礼记》中的铭旌。因为从三号墓中，飞衣与许多古籍同时出土的情况分析，轪侯一家颇有文化素养，不会不懂礼制，他们之所以要这么做，可能是本民族的风俗在起作用，不敢“数典忘祖”的原故。

由于飞衣是南方民族神话的产物，飞衣上所绘的种种神话人物，必与南方民族的神话有密切关系，单用某一个民族的神话去作解释，就有可能失之片面。

关于马王堆汉墓飞衣，已有许多学者根据古代文献和神话传说，作了许多研究，本文试图以南方民族特有的神话传说，再作补充如下：

飞衣绘画部分（见封二），分天上、人间、地下三部分，表现了古人的原始宇宙观。

飞衣上部，画的是天上景象，右有太阳金乌，左有月亮、蟾蜍、玉兔，这与古代神话传说是一致的。但却有不一致的地方。

南方的“九日神话”

《山海经》《招魂》《庄子》《淮南子》等古籍记载，都是“十日”的神话，而飞衣上却只画了“九日”，与“十日”之说不同，这是什么原因呢？学者们纷纷猜测，如郭沫若猜测可能有一个太阳被扶桑树遮住了。但这猜测缺乏说服力。这些太阳都是画家画上去的，若要画一个被遮住的太阳，总得要微露一点在外才能说明问题。又有学者认为：飞衣画的是夜间景象，有一个太阳值日去了，夜间便只剩下九个在休息的太阳了。此说也欠根据。因为飞衣帛画还看不出画的是夜间景象。

但若到南方民族神话中去寻找，这问题却不难解决。原来，南方各民族的神话中，太阳的数目都不很相同的。七个、九个、十个、十二个都有。苗族神话就有《九个太阳的故事》，侗族神话中也有“九日”之说。如侗族《鸡冠花》故事就说：“天上曾有九个太阳，被螟蛉子射下了六个，剩下的三个。一个吓白了脸，只敢夜晚出来，便是月亮；一个掉进地洞中去了，再也爬不出来；还有一个躲在岩背后，谁也请不出来它，最后，由公鸡把它请出来了。据说公鸡原来是没有鸡冠的，只因请出太阳立了大功，天神把一束红花插在公鸡头上，作为奖赏，因此，今日的公鸡，才总是高傲地昂首阔步，炫耀它的红冠。”

既然南方民族中本有“九个太阳”的传说，那么画上只画了九个太阳，就可以得到较合理的解答了。是不是因轪侯的民族出身不同，因而没有完全采纳当时盛传的“十日”之说呢？

飞衣帛画中没有嫦娥

月中蟾蜍、玉兔与古代神话虽然一致，但月亮下方有一个乘飞龙的天神，在用手托着月亮。有学者肯定这位天神便是嫦娥。我看也不一定对。因为嫦娥有说是借助偷食灵药之力飞升的，并无乘龙飞升之说。而细看这位天神，很难说他是女性，因为他手足都长有粗毛，与画家的习惯画法不类，而衣饰也不类。如果说他是嫦娥，为何他不是奔月而是托月？因此，他或许不是女性而是男性，不是奔月的嫦娥而是托月的天神？古代神话中，有擎月之神，而南方神话中，也有此类神话。如湖南城步苗族的神话中,《金沙》(即城步苗族神话中的天神)神话就是这样说的：原来，日月躲进了地洞，就是天神金沙把它们找出来的，金沙左手托月，右手托日，把日、月推上九天之后，天上才有了日月。

飞衣帛画中托月的这位天神，会不会是南方民族神话的反映呢?

扶桑树为什么弯腰曲背?

飞衣帛画中画的扶桑树弯腰曲背，与古代神话及出土文物中的扶桑树枝干笔直很不相同，是什么原因呢?

古代神话中，很难找出扶桑树弯腰曲背的原因，但在南方民族神话中，这个谜却不难解答。如湘西苗族神话：从前天上的神和地上的人，都可通过马桑树互相往来，因为马桑树高大异常，是上天下地的梯子，后来，天神发怒，一巴掌把马桑树打弯了腰，还不许它长高，才变成这样矮小弯曲的。马桑树被打弯之后，神和人才不能从马桑树爬上爬下了。飞衣帛画可能是反映了人神隔绝后的情景，所以，才把马桑树画得这么弯腰曲背的。马桑树即大桑树，“马”与“扶”字同义，马桑应即扶桑。现在的马桑树都很矮小，但因为它曾经长得极其高大，因此，虽然现在长小了，当地仍然叫它为马(大)桑树。

这解释，似乎可以为飞衣帛画中扶桑树为什么被画成弯腰曲背，提供一点参考资料。

飞衣上的女神不是烛龙

飞衣帛画的上方正中，画了一位人首蛇身的天神，学者们众说纷纭。有的根据《山海经》《诗含神雾》等书，认为它是“烛龙”。有的根据古代神话传说，认为它是“女娲”。

古代神话中的“烛龙”是“人面蛇身而赤”，单看这点，飞衣帛画中的这位天神，倒也相符。相同之处有人首、蛇身、色赤等。但“烛龙”是直目，而此神五官端正，并无异相，是第一个不同之处。烛龙之所以跑到西北海之外、赤水之北去，是因为“天不足西北，无有阴阳消息”，故“衔精以往，照关门中”。(大概就是北极光起源的神话传说吧?)但细看此画，日月俱在，唯独不见天神“衔精”。这是第二个不同之处。

再分析之：既然日月俱在，要它衔精照什么天门?而且，烛龙只不过是管西北一个小角落的天神，也不应该在飞衣帛画中占有如此重要的地位。因为，从中国的传统来看，至上和至中，是一个神圣的地位；有如南方民族风俗，在宴席中，只有“上宾”才能坐“上席”，其他的宾客，是谁也不敢僭越的。

因烛龙神住在北方，有学者又把飞衣帛画的顶部正中当作北方，这完全是一种穿凿附会，把 20 世纪的地理科学，强加于古人了。因为把地图的顶部定为北方，完全是近代的事，古人未必有之。就以马王堆三号汉墓出土的《地形图》为例，与当今地图的方位对照，就是南北相反的。

因此，把这位天神说成是“烛龙”，未免证据不足，欠说服力。

飞衣上的天神也不是女娲

再把这位天神，与女娲作些比较：

从女娲“人首蛇身”这一点来看，与飞衣帛画中的那位女神，好像是一致的。女娲有抟土做人、炼石补天、一日中七十化等等神通，飞衣帛画中虽然没有画出来，也不妨加以想象。但仔细从画面分析，却又有不少可疑之处。

女娲神话多出于《淮南子》等汉代古籍中，似也是南方民族的神话。女娲神话在古籍中记载都很简略且与伏羲神话混淆，常把女娲说成是伏羲之妹。在与马王堆汉墓时代相近的汉代石刻和砖画等等出土文物中，伏羲、女娲多被画成一对男女，二人都是人首蛇身，两尾相交，男的手握曲尺，女的手握圆规，或男的捧日，女的捧月，日中有金乌，月中有蟾蜍……二人周遭，多画着一些人首蛇身长着翅膀的其他天神。

飞衣帛画的反传统倾向

画飞衣帛画的无名画家，似乎没有接受与他同时代普遍流行的这一画法，是什么原因呢?

要知道：在封建社会里，一个无名画家，敢于违背主子的旨意，在极其严肃的葬仪中，画出违背主子意愿的画来，是不可能的，那是有杀头之罪的！而主子并不降罪，反而把这种帛画放进棺椁之中，也是难以想象的。

只能有如下的解释，即无名画家是奉了他主子之命故意这样画的；或墓主人本人就具有这种原始宇宙观，是特意挑选懂这种神话的画家来为她画的。

如果是这样，那么，墓主人的民族身份，就值得怀疑了。她是不是有可能属于南方的某一个古代民族呢?

从画面看，天神是一位人首蛇身的女性，而不是一男一女；两手作拱手式而不是手捧补天之石，或拿着曲尺圆规，或擎日擎月等等。围绕在她周遭的不是人首蛇身并有翅膀的天神，而是一群水鸟……

笔者认为，上述的种种差异绝非偶然，可能与墓主人的民族文化传统有一定联系。研究飞衣帛画的人似不应拘泥于古籍中已见著录的神话，而应到南方民族中去寻找古代神话的“活化石”，进一步加以阐述。

从南方民族口头保留的古代神话中分析：飞衣帛画中的女神，与女娲神话虽有一定的联系，但不一定就是女娲神话。

各民族最初的天神都是女神

马列主义的《社会发展史》告诉我们，世界上任何一个民族，都是从母系社会走向父系社会的，因此，她们最原始的天神总是女性。如欧洲出土的一座两万年前的女神石刻，赤裸着身子，口中吹着牛角，就和我国原始宗教以牛角为法号相同。但是，弛隔万里，很难把它与我国的女娲神话攀上亲戚。

从飞衣帛画中顶部这位女神的“人首蛇身”这一特征看来，它与女娲神话的确又有一些亲缘关系，因为它们都是蛇图腾的产物。

关于“女娲神话”，最早见于《楚辞·天问》，仅有“女娲有体，孰制匠之？”一句“没头没脑”的话，其身首模样，并无记述。只在稍后于《楚辞》出现的《山海经》、王逸注《楚辞》等书中，才提到女娲是“人首蛇身”。

蛇图腾曾是我国古代最重要的图腾，它是我国龙凤图腾中龙图腾的前身。在新石器考古中，多有发现。

在原始社会中，由于崇拜蛇图腾而产生了人首蛇身的女神，并不奇怪。把开天辟地、制造人类、化育万物等等神奇功能，都归功于一位原始神灵，也是各民族的共性。

要看到共性，还要看到个性

作为一个研究者，不但要看到共性，还要注意个性。人面蛇身、化育万物的原始女神，是我国特定环境中所产生的共性之一，应该还有个性。

由于地理环境、历史条件、语言、风俗等等的不同，即使各民族的原始天神，都具有人首蛇身、化育万物的共性，但在个性上，总会有其不同之处的，如吐鲁番出土的高昌绢画（见 1972 年《文物》第 1 期）中，也出现了伏羲女娲手执曲尺、圆规的人面蛇身交尾像，但其人物的面目服饰，却具有明显的维吾尔族风格。

马王堆汉墓飞衣帛画中，女神的周遭，没有带翅飞翔的其他人面蛇身天神，没有手持规矩、手擎日月等内容，却围绕着一群水鸟，这群水鸟，很可能就是其个性所在。

这位女神为何与水鸟发生联系呢？有些学者曾作过某些解释。

一说：这些水鸟可能是鹤，与鹤主长寿有关。

一说："也可能是鸿雁"（《长沙马王堆一号汉墓》书中有此说），但未加考证。

一说：水鸟是毫无意义的填空装饰。

笔者倾向于"鸿雁"说，谨考证如下：

此类水鸟在马王堆一号汉墓的飞衣帛画、棺绘和刻画纹漆奁上常有出现，分长尾、短尾、有羽冠、无羽冠等几种。说它是鹤类，却不见丹顶，首尾身足等都不尽相似；说它是鹭鸶之类，它又没有羽冠；把它和雁类相比，它赤颈青身等特征，与雁类都有接近之处。

此类水鸟形象，多出现在南方早期的文物之中，如浙江河姆渡距今约七千年的新石器时代的遗址中，出现过"双鸟朝阳"（今曰"双凤朝阳"的最早雏形）等许多鸟纹的牙骨雕刻、陶器、木器；西南少数民族使用的铜鼓纹饰上、云南少数民族使用的贮贝器上，都大量出现有这种水鸟形象，而且都与宗教祭祀有关。说飞衣帛画上的水鸟是填空装饰是站不住脚的。

最能说明问题的是江苏六合一座东周墓中出土的铜匜残片。因为它直接描绘了南方民族以嘉禾祀神的情景。铜匜上刻画了一片水田，水田边有一座二层的楼台式神庙，有人正在以丰收后的禾穗祀神，神庙周围环绕着一群水鸟，其形态与飞衣帛画上的水鸟非常相似。

出现这种水鸟纹饰的南方文物，水鸟多与牛、蛇等纹饰有联系，说明它与农事活动的关系极为密切。

再看飞衣帛画上的女神，端居高位，有五只水鸟侍立左右，两只水鸟飞翔于女神下方，引颈作取物状。再下面，画着一个装着供物的神案，神案下面吊着一个铜铎。神案上面装的供物模糊不清，但很像是一丛嘉禾。

把飞衣帛画与东周铜匜进行比较，其情景何其相似！帛画上画的是女神，铜匜上刻的是神坛，虽不相同，但帛画上描绘的是天上景象，铜画刻画的是人间祭祀，这是环境不同出现的差异，其实质是相同的。飞衣帛画上的供物是嘉禾，而铜匜上的祭品也是嘉禾；女神周遭围着一群水鸟，铜匜神坛周遭也围着一群水鸟，几乎都可对比。

我们能不能这样解释呢？

飞衣帛画还原了一个不为人知的神话

这些图画，似乎为我们还原了一个尚未为人所知的南方民族神话：

南方有这么一位女神，她是天地日月万物的创造神，也是把嘉禾赐给人间的农业神，她差她的神使水鸟，将嘉禾赐给人间，并帮助人民除虫除草，使农事丰收。于是，丰收后的人民，便以嘉禾作为供物，祭祀这位女神。

先从南方民族的神话中去找依据。

侗族神话《雁鹅谷》是这样说的：谷米本是天神的食物，雁鹅则是天神的使者，有一次雁鹅衔着谷穗从天上飞过，掉了一穗到地上，人们才有了谷种。

壮族神话《雁的故事》是这样说的：雁鸟本是一个名叫“雁相”的青年变的，而雁相则是一个耕田种地的能手，他与人间的一位姑娘相爱，后来变只雁鸟飞上天去了。

南岳山炎帝传说：炎帝有一根金鞭，为人赶山开地，但没有谷种。有一天，他看见天上有只巨大的朱鸟，口衔着金光灿烂的嘉禾飞过，他便提着金鞭去追，把朱鸟赶了下来，今天的回雁峰，便是把朱鸟追得打回转的地方，朱鸟落地后，化成了南岳衡山，那口里衔着的嘉禾，也在江南繁殖起来，成了人的主粮。

土家族祭祀五谷神，一定要用糯米粑粑，在大粑粑上又用粑粑捏一只小鸟，并把它涂红，象征朱鸟，还要捏一根象征“牛鼻索”的条条，摆在朱鸟一旁，一同祭祀。

湘南瑶族也有同样的风俗：在春耕前用粑粑捏只朱鸟，到田间去祭祀，祈祷它帮助人除草啄虫，保佑丰收。

这一类神话传说，在民间极多，都可以与飞衣帛画对比印证。

帛画上的水鸟反映了南方的“鸟耕”习俗

水鸟与农事的密切关系，在与南方民族有关的古籍中，也不乏记载。《水经注·浙江水》记载吴越风俗道：禹崩于会稽，因而葬之，有鸟来为之耘，春拔草根，秋啄其秽。《越绝书》道：“大越海滨之民，独以鸟田（田作耕字解）。”《吴越春秋》道：“百鸟佃于泽”“有鸟田之利”“安集鸟田之瑞”……

原来，我国的南方民族，是水耕的发明者，由于南方气候温和，杂草虫蛇危害很大，想要得到一个好收成，必须战胜这些灾害，而古代低下的耕作方式，很难办到这一点。水鸟可以给人类带来谷种，使不长谷的地方，忽然长出谷来，水鸟可以啄虫除草，使庄稼长得茂盛，凡是水鸟群集的地方，必定丰收，反之，则必定歉收。于是，经验使人们产生了把水鸟当作“天神派来的丰收使者”的神话。因此，连江南的儿童都懂得水鸟与丰收的关系，有这么一首江南童谣：“雁鹅接长来，排个人人字，雁鹅团饭团，落我衣兜里！”

因此，古代祭祀画中出现水鸟，就不难理解了。而水鸟之王，则是雁鹅。即今日南方民族所祭祀的“朱鸟”。

“朱鸟”在古代越语中叫“雒朱”，这一名称至今仍保留在越人后代的壮侗语族的口语之中。“雒”即“鸟”，“朱”乃“首领”之义，故“雒朱”可译作“鸟王”或“神鸟”。又因南方民族是火的发明者，故把红色也叫作“朱”，所以，“雒朱”，又被解作“红鸟”了。（详细考证属语言学范围，此处从简）

雒是南方民族所崇拜的一种神鸟。因为雒是鸟名，故“鸟田”又可称为“雒田”。《交州外域记》载：“交址昔未有郡县之时，土地有雒田，其田从潮水上下，民垦食其田，因名为雒民。设雒王、雒侯主诸郡县，县多为雒将。”用今天的语言解释，即当初广西南部还没有汉化以前，当地少数民族把田称为“雒”，而凡是种田的人，也被称为“雒”，连他们的王、侯、将等等首领，都统统称之为“雒王”“雒侯”和“雒将”。《十三州志》又有“百粤有骆田”。（“骆”也是“雒”的记音）说明“雒田”不只广西南部有，只要是越族地区都有“雒田”。

与民俗对照，也的确如此。凡受古代越文化影响的地区，少数民族仍然有这一语言残存，如广西的壮族、湖南通道的侗族和江华的瑶族，至今仍把“鸟”称为“雒”，壮族把水田称为“雒”，而侗族则把旱田称为“雒”。人也称为“雒”，女子称“雒缅”，男子称“雒汉”，首领称“雒汉头”，等等。至于“雒田”的“田”字，“雒民”的“民”字，则是汉语释义附加词。如英文“摩托”，本义就是“车”，介绍到中国后，被称为“摩托车”。少数民族也同样如此，如侗族称“菜”为“骂”，但引进汉族的菠菜，被称为“骂菜菠”，都是同一道理。

帛画上的水鸟是“雄雁”图腾

因此，飞衣帛画顶部正中的女神，有可能是百越某一部分的神，而周遭围绕的水鸟，有可能是“雒”，也是百越人所崇拜的神鸟。水鸟虽已被画家神话化了，但其基本体型还保留了“雒雁”的特征。《马王堆一号汉墓》一书中疑其为“鸿雁”，是疑对了的。

今日，侗族姑娘的头帕上，“鸟”与“人”这两种图案，必不可少。祈求五谷丰登跳的芦笙舞，前面要以鸟旗为前导，芦笙队要穿羽衣、跳鸟舞，随行群众，男的头上要扦鸟羽，女的头上要戴鸟冠，颇类似铜鼓纹饰中的祭祀装束，都说明了这一神话在南方民族中的巨大影响，也说明古代越族是把“鸟”当作最尊敬的神来敬的。

女娲这位女神，不见于《楚辞》之前的汉族典籍，讲述她的地区也偏于东南，似为南方民族神话。如女娲陵在山东济宁县，女娲炼石补天处在湖北郧阳地区，女娲石出在江西南康，都在古代越族活动的范围之内。而郧阳更是在屈原的家乡附近。在楚未受封之前，这里的居民中主要是濮越民族。女娲神话或许就是濮越民族的神话也未可知。

女娲又有“娲皇”“女皇”等称呼，“皇”是古代对祖先或神明的敬称，而“女”字是区别她性别的附加语，因此，她真正的名字便只有一个“娲”字。人们取名，总有一个含义，而《辞源》娲字条，仅说“娲”是人名用字，别无解释，很不合逻辑。

不管人名、地名，开始在取名时，总有个含义的，只能说古代留下的人名，后世由于语言变化，风俗消失等原因，不了解其含义了。今人不了解古人，就像古人不了解今人一样。如“五一路”“八一桥”之类的地名，古人是不可能了解其含义的。

要知道女娲是一位什么神，弄清这个“娲”字的含义是很有必要。

女娲可能是“蛇女”或“鸟女”

“娲”字的上古音，与蛇、雒、傩、罗、离等字，都在“歌韵”，因此，她可能是“女雒”，即“鸟女”；或“女蛇”，即“蛇女”。从飞衣帛画和汉代图画来看，她是“人首蛇身”，娲字即蛇字的可能性很大。又从越人崇拜罗平鸟，并图其形以祷之来看，娲也可能就是“雒”。古代各民族神话，因文化交流而起变化，或兼收并蓄都是有的，反正，从古代越语的角度来看，“蜗”就是“人”的意思，崇拜蛇图腾的民族，人的含义就是“蛇”，崇拜鸟图腾的民族，人的含义就是“鸟”。越语发音多短促，龙字或雒字的促音区别甚微，因此，娲字发促音也可转变为“龙”（东韵）字。不管它是龙是蛇是鸟，反正它都是“祖先神”之义。

飞衣帛画上的女神，看来是蛇鸟、龙凤图腾等多种文化相融合的产物。在纷纭的多文化特征中，我们还得找出它的主要方面来。飞衣帛画上的女神，并没有体现出抟土作人、炼石补天、手擎日月、拥有人面蛇身的带翅神人等属于女娲的特征，我们就不能肯定她是女娲。

帛画上的天神可能是“傩神”

相反，由于女神甘与傩雁为邻，体现了水鸟助耕的百越特征，她应是南方民族普遍供奉的傩神。傩与雒同音，上古音同在歌韵，傩字在汉语中作“行有节度”解，如《诗经·卫风·竹竿》有：“巧笑之瑳，佩玉之傩。”除此之外，便只有宗教上的含义了。如《论语·乡党》：“乡人傩，朝服而立于阼阶。”疏：口作“傩傩”之声以驱疫鬼也，一年三过为之，三月、八月、十二月也。《吕氏春秋·季冬纪》：“天子居玄堂右个……命有司大傩旁磔。”注：“大傩，逐尽阴气为阳导也。今人腊岁前一日，击鼓驱疫，谓之逐除是也。”

古人虽解释了“傩”是驱疫，是因口作“傩傩”之声而得名，但是并没有解释“傩”字本身的含义，为什么要口作“傩傩”之声？从字里行间看来，孔子时代的人好像并不懂得“傩”是什么玩意儿。“乡人傩，朝服而立于阼阶”的解释是：当乡民跳傩的时候，要赶快穿起朝服，站到宗庙大门口的阼阶上去，保护宗庙里的列祖列宗，不要被跳傩时的大锣大鼓，狂奔狂叫吓坏了。

由此可以反证，对正统的“礼制”来说，跳傩是异端，傩是民间的神而不是统治者的神。同一的民族应有同一的祖先神，这又说明某些被统治的人民和统治者不一定属一个民族。当时，受孔子“不语怪力乱神”的影响，民间虽有不同的风俗习惯，统治民族受他们非礼无（勿）视、非礼无（勿）言、非礼无（勿）听等教条束缚，是不屑去研究和谈论的。这样自然就加深了民族隔阂，使他们不懂得乡人跳傩时为什么口中要“傩！傩！”作声的道理了。

但对某些南方民族来说，傩神是他们的祖先神，跳傩时自然要不断地“傩！傩”作声，呼唤着他们祖先的名字。这种习俗，解放前，湘南的夷江民歌中仍有保留，他们在节日去山间水畔祭祀神灵时，要唱很风流的《灵傩歌》，歌中仍不断地喊叫“傩！傩！”选一首如下：“太阳一出（傩！傩！）照白岩，照见阿姐（傩！傩！）好人才；今天和姐（傩！傩！）多恩爱，可惜明天（傩！傩！）要分开！”

由于傩神是他们的祖先神，他们跳傩就是请出傩神，为民间驱逐灾星瘟疫，他们自然用不着害怕跳傩冲撞了祖先，所以用不着到祖庙前去保护祖先，相反，倒要敞开庙门，把傩神迎出来巡行地方呢。

长江流域各省，普遍有祭祀傩神的风俗，因为傩神是女性，又名“傩娘”，由于“傩”“陆”系一音之转，又有称“陆娘”的。有的地方则转化成了夫妻神，称傩公傩母，又与各种神话混淆，认为“傩公傩母”即伏羲伏妹、姜郎姜妹、东山老人南山小妹等等。

湖南有些地区，如湘西又把“傩神”称为“溜傩”，“溜”者“龙”也，因当地忌说“龙”字，凡提到“龙”时，多以“溜”或“溜子”代替，故“溜傩”者亦“龙神”也。

由此推论：飞衣帛画上人首蛇身天神可能即南方民族的祖先神“溜傩”或“傩娘”之类的神灵，与女娲神话有关，但并不就是女娲。

江西、湖南、广西等地的祭祀傩神曾盛极一时，宋代文天祥《衡州上元记》一文，记载上元观灯火盛况，有蒙淇之戏（戴假面而舞），即跳傩之类。而宋代广西桂林地区的跳傩，进入宫廷后曾名震京师，也是于史有据的。由此可见南方祭祀傩神的盛况，宋代尚且如此，秦汉想必更甚。马王堆汉墓帛画中的女神，应即傩神，当有可能。

华盖是天幕的象征

再谈飞衣帛画的中部：天门之下，反映的是人间景象。紧贴天门，有一华盖，上有凤凰双栖，下有怪鸟飞翔，《长沙马王堆一号汉墓》书中，说华盖“象征屋顶”，并引了汉代一些建筑物装饰为证。

笔者认为：这些论证似乎失之片面。因为，飞衣帛画画的是死者乘龙飞升的情况，死者已经离开宫室，离开地面，飞升到空中了，何得仍在屋中？因此，华盖不可能象征屋顶，而应是象征“天幕”。《淮南子・原道训》有“以天为盖，以地为舆”的说法。《太玄・玄告》：“天穹隆而周乎下”（天空的形状，中央隆起而四周下垂）都说明天很像一座华盖。

在古人的想象中，真正的九天是看不见的，因为中间还隔了一层华盖似的天幕。要不然，天上神人的私生活将会一览无余，那成什么体统？南方民族的神话中有天像一口大锅或像一把伞的说法，长沙楚墓出土的《人物御龙图》帛画，天也是用华幕来表现的，足见用华盖表示天幕是楚民族的传统。也可说明飞衣帛画中的华盖，是表示天幕而不是表示屋顶。

怪鸟可能是雷神

那么，在天门之下，华盖之中的那头怪鸟又是何神呢？有人“疑其是神禽飞廉”，还有人又把它当作填补空白的装饰。

根据壮、侗等族的神话，天是由雷婆管辖的。谚语有“天上只有雷婆大，地下只有舅婆大”的说法。而壮、侗等族神话中雷神的形象也是鸟形，飞衣帛画上的怪鸟，有没有可能是画的雷神呢？

壮族学者蓝鸿恩在他写的《人的觉醒——论布伯的故事》（见《广西民间文学散论》）一文中说道：“在壮族民间传说里，雷王的形状和王充的描写（请参考《论衡·雷虚篇》）是不一样的。壮族民间传说雷王的形象是：青蓝色的脸，鸟的喙，背上长一双翅膀，左手可以招来风，右手可以招来雨。他的舌头像蛇信一样，前头开岔（叉），从嘴里一吞一吐伸出来缩进去，就发出一小串一小串火花。”

侗族神话中，雷神的传说与壮族基本相同。青色的脸，红色的鸟喙，有双翅，长着十二只手，分掌日月星辰雷电风雨云霓等，上身赤裸，腰系树叶短裙，足似鸟爪，耳尖眼圆，长着硬毛。

壮、侗等族神话传说中雷神形状，与飞衣帛画中怪鸟形状是多么相似啊。

壮族神话说龙、蛇、虎等大神和雷神都是兄弟，侗族神话也相同。雷神和他的兄弟姐妹曾有过不和，雷打败了龙、蛇、虎等，而他们却全输给了人类的祖先姜郎姜妹，雷被赶上了天，龙赶下了水，蛇赶进了洞，虎赶入了山。于是，雷变成了管天的神。

由于雷神和人类都是神的后代，所以在帛画上，最初的天神老祖母，自然要安排在九天之上的最高处，雷神要管天下，所以安排在天门外的天幕下，而人在地上。因为雷神总管着天下人间的善恶赏罚，随时要体察民情，它也就不可有缘在九天之上养尊处优。

雷神是南方民族最敬畏的神。《太平广记》记雷州风俗：“其事雷畏最，甚谨，每具酒肴奠焉。”《岭外代答》：“广右敬事雷神……其祭也极谨。虽同里巷，亦有惧心。一或不察，而家由偶有疾病官事，则如里亲戚共忧之，以为天神实为之灾。”

南方畏雷神，至今犹有余俗。发誓赌咒必曰：“我若负心，必遭雷打！”骂不孝子必曰：“你这个遭雷打的！”连小孩撒饭在地，父母也马上会告诫道：“招呼雷公来劈你！”

对于南方民族这么重要的雷神，飞衣帛画能够把它漏掉不画吗？因此，华盖下的怪鸟，应该是当年人们心目中的雷公形象。

怪鸟下方，是墓主人乘龙升天的形象，和楚墓帛画《人物御龙图》相比，除了内容更加丰富以外，特征基本相同。御龙图是单龙，飞衣上是双龙，并画了拱璧束帛等内容，这是因人物身份不同与时代不同而出现的差异。

人死后魂归何去

有一个问题值得一问：人死之后，乘龙飞升到哪里去呢？

从屈原的作品《招魂》《大招》等反映的民俗来看，那时已有了“幽都”的概念，但幽都却住有吃人的怪兽土伯，魂是去不得的。那时也有了“上天”的概念，但上天却有啄害下人的虎豹豺狼等恶兽，魂也去不得的。既不能上天，又不能下地，那么，魂归何处去呢？

天上和地下是一个什么样子？先秦古籍中，给我们留下的神话传说实在太少了。夏代，只有《尚书·甘誓》有这么一段话：“有扈氏威侮五行，弁弃三正，天用剿绝其命，今予惟恭行天之罚。”这段话只能使我们模糊地感觉到有一个主宰人间的天。甲骨文中出现了上帝，但除了上帝之外，是否还有其他天神，甲骨文中就找不到明确的答复了。往后，文字从占卜运用到了记事上，资料渐渐多了起来。《诗经·时迈》有“怀柔百神，及河乔岳”之句，说明当时神灵的数目已很多了，水神与山神也进入供奉之列了，但仍然缺乏完整而明确的记载。对各种神灵记载得比较具体、形象、系统的书，首推《楚辞》。《九歌》描绘了天上有“东皇太一”“东君”“云中君”“大司命”“少司命”等神灵，地上有湘君、湘夫人、河伯、山鬼等神灵。诗中也涉及了这些神灵的职责、性格等等。《国觞》一篇是为战死的亡灵招魂之作，还有《天问》《离骚》《九章》《远游》《招魂》《大招》等作品，虽然都写进了先楚的种种神话，但都没有明确提到魂归何处的问题。

不管什么宗教，都是要给亡灵一个安宿之所的。如基督教认为：人死后好人将上天堂，坐在上帝身边，有天使为他送来好吃的糖果，坏人则将入炼狱受罪。佛、道等教也有天宫、地狱之说。屈原时代的人们，死后究竟升入什么样的天堂或投入什么样的地狱呢？

《楚辞·远游》有“集重阳入帝宫兮，造旬始而观清都”，描写神游太虚，极尽乐事，随意到任何一个仙境去游玩，教鸾凤去迎来美丽的宓妃，在天池为他奏承云之乐，教娥皇、女英为他唱动听的歌，教湘水之神为他鼓瑟，教海神、河神、仙禽、神兽为他跳舞，到天边去寻找裂缝，到海底去寻找大壑，一直尽情地游玩到了那无天无地的“泰初之境”……在这里，天帝似乎毫无尊严，不见有行三跪、九叩之礼或不许闯进御花园偷吃仙果等清规戒律，连那些仙妃神女，也都是可以任意把她们叫来和自己行乐而不会触犯天规。天帝可算得够开明的了，在天宫的行动，也可算得够自由的了。这是什么原因呢？

雁鹅村是亡灵的极乐世界

这里使我联想到侗族《雁鹅村》的神话。

在湖南侗族古老的神话中，充满了原始的宇宙观，没有天堂、地狱的概念。认为人死了之后，都是回到“沙婆”那里去了。沙婆是南部侗族至高无上的女神，译成汉语，则是老祖母之意。

老祖母（也有译作“圣母”的）住的地方叫“鹅雁村”（按汉语习惯应作“雁鹅村”），里面的生活，除了没有屈原作品中描写得那么高级以外，其自由和快乐，一点也不比“帝宫”逊色。亡灵回到“雁鹅村”后，能够见到所有的亲人，一个个都能恢复青春美丽，连那死去了不知几千年的老祖母，在这里也是一个年轻美丽的姑娘。

雁鹅村里处处都是花树，每天，大家游山玩水，在山坡上、小河旁，围着花树唱花歌，跳花舞，饿了有仙果充饥，渴了有清泉解渴，个个无忧无虑，尽欢尽乐，在对情歌、吹芦笙、跳“多耶”（一种集体舞）中过日子……

你瞧！雁鹅村与屈原描写的“魂游远方”不是很相似么？是侗族受了屈原的影响呢？还是这本来就是沅湘之间的古老神话，被屈原吸收进作品中去的呢？

魂归何处？原来南楚的神话，就是回到老祖母住的地方去了。再回头来看《楚辞·招魂》有“魂兮归来！反故居些！”故居不也是老祖宗住的地方么？！原来，古代的楚人，同样地没有天堂、地府的概念，认为人死了便是回到老祖宗住的地方去了的，而老祖宗住的地方是在天上。

艰难的天路历程

侗族的雁鹅村，是在极远极远的地方，据说要渡过鸟也飞不过的芦苇塘（也许是洞庭湖），要走过一眼望不到边的烂泥坑（也许是沼泽地），要爬过九十九座比蚌壳还陡的大山，还要涉过清水河、黑水河、冷水河等等河流，才能到达。凡人根本无法去。侗族叙事长诗《金汉》（意为侗族的青年），描写金汉死了之后，他的妻子黎妹到雁鹅村去寻找金汉的故事。因为黎妹是生人，必须通过上述的种种险阻，才能到达雁鹅村，而且一路上遇到了不知多少灾难，如大熊、虎、豹、四眼、白马等种种怪物，都要抢她去做老婆，还有山崩、水堵等神灵，时时阻挠她的去路，只因她是“宗堂大巫师”的女儿，有神灵护佑，才能脱险，终于到达雁鹅村，把她的丈夫金汉接回去了。

路途那样险阻可怖，亡灵又是怎样到达雁鹅村的呢？原来，侗族认为：人死之后，老祖母便会派一只雁前来，把亡灵驮到雁鹅村去。因为亡灵是乘了雁鹅飞去的，自然就无须通过地面上的种种险阻了。至今，侗族送丧时，仍有在棺罩上，扎一只白色雁鹅的习惯，便是这样来的。

这样一来，《楚辞》和飞衣帛画上的一些情节，便可得到解答了，原来，屈原说的天上有虎豹把守九关，会吃掉凡人，是吃掉那些企图偷进天国的人。至于那些由天神派了神龙或神雁去迎接来的亡灵，是不会受到危险的。你看飞衣帛画上，当亡灵乘着神龙飞升，接近天门的时候，那把守天门的神豹，不是都俯首帖耳，比哈巴狗还温顺么？那司天门的神灵，不是恭恭敬敬地在迎接亡灵么？

把南方民族神话与《楚辞》、飞衣帛画进行对比，一些疑问，都不难解答了。

地上和地下的神话

飞衣帛画的地面部分，摆着桌案，案上有杯、勺、酒罐、铜壶等物，地上罗列着鼎、壶等楚墓中常见的文物（请注意：墓主人是西汉人，但器皿犹存楚风，说明她对楚民族的感情是很深的），两旁肃立着许多人物。有学者认为是宴饮场面，这也是不从宗教信仰角度考虑而得出的错误结论。

从飞衣帛画整体来看，女神的下方吊着有铜铎，铎是天神用来发号施令，召唤下民之物，当女神以铎声召唤亡灵，指引她飞上天门之时，亡灵的亲人和部僚，自然要设案祭奠，恭送亡灵升天，哪得有闲心去宴饮作乐？画上明明画的是一群肃立祭奠的人，案上的祭器也陈列有序，哪有一丝宴饮的气氛呢？

飞衣下部，画的是地下景象，有力士撑地、足踏两条长鱼，和大蛇、龟鸱、怪兽等物。

《楚辞·天问》有“鸱龟曳衔，鲧何听焉？”（鲧有什么圣德啊？连鸱龟之类都来帮他治水啊！）也许那驮着鸱鸟的乌龟口中含着的瑞物，就是它们为鲧到天宫去偷来的神土“息壤”吧？据说这种“息壤”，需要时可以变得很大很大，对于治水来说，的确是一件极其有用的法宝。飞衣帛画的作者，可能很熟悉这一传说，便把它画到飞衣上去了。

南方民族神话传说，地是由鳌鱼驮着的，鳌鱼有时驮得不耐烦了，要翻翻身，便会发生地震。飞衣上的那两条长鱼，或许就是那驮地的鳌鱼。但为什么鱼背上还有一个托地的力士？其他的大蛇、怪兽又作何解释？有学者认为：那力士是海神“禺强”，怪兽是幽都的“土伯”。

飞衣帛画是多种文化的结晶体

总之，飞衣上所画的内容，几乎包括了从生到死、从天上到地下的全部神话，集各民族神话之大成，而特别突出地反映了南方民族的神话内容。如果只从某个单一民族的神话，或只从古代文献所留给我们的一点资料，片面地、孤立地去解释，便会有混乱无序之感，如果用多种文化进行对比研究，便比较地条理分明，逻辑严密。

前人由于多只接触到既有的文献资料，由于语言不通、交通不便、受传统观念束缚等种种原因，对活生生的事实很少接触，对其他民族的文化缺乏了解，常出现用单一民族的文化去理解多民族的文化的现象。使得许多是多民族文化的事物，被注解得玄而又玄，无法理解。今天，时代不同了，各民族都团结在一起，成了中华民族大家庭的一员，可以办到过去办不到的事了。重新恢复我国多民族文化的本来面目，不是站在一个民族，而是站在中华各民族的立场上，去解决前人所没有解决的问题，应该引起大家的注意。

飞衣和铭旌泾渭分明

马王堆汉墓的“飞衣帛画”，明显地反映了南方民族“巫官文化”的浪漫色彩，与北方受“史官文化”影响表现出的现实色彩泾渭分明，还可引山东临沂金雀山九号汉墓出土的“铭旌帛画”来加以对比。

金雀山九号汉墓葬于汉武帝时期，年代略晚于马王堆汉墓。“铭旌帛画”也以神仙为内容，风格也与马王堆飞衣帛画近似，但却明显地反映了北方“史官文化”的特征。

马王堆汉墓的帛画作“衣形”，金雀山汉墓的帛画作“长条形”。衣形反映了南方民族以衣招魂的习俗，而长条形则明显的是中原礼制中的“铭旌之制”。

马王堆汉墓飞衣上画的是南方民族神话，反映了亡灵如何回到其老祖母居住地去和有关天上、人间、地下的全部神话内容，浪漫色彩浓厚。而金雀山汉墓铭旌，反映的是北方盛行的求仙长生的仙话内容，故不见有亡灵返祖先故居的内容，画的全是亡灵在蓬莱仙山饮宴享乐，问炼丹长生之术于仙人的情况，与现实生活极其相近，现实色彩较浓。

马王堆汉墓飞衣反映的是一种远离现象，把欢乐寄托于鬼神的出世思想。金雀山汉墓铭旌，反映的是留恋世俗，追求长生之术，飞升成仙，仍继续享受荣华的入世思想。

《续汉书·礼仪志》：大丧“礼之制……画日月升龙，书旐曰天子之柩”。两座汉墓的帛画上都画了日月升龙，则是多民族文化融合的结果。轪侯是汉朝的官员，从三号墓中出土的大量学术著作看来，他的汉文化造诣是很深的，他的丧俗当然会受汉文化的影响。

我们的结论是：马王堆汉墓飞衣帛画表现出来的神话内容，是中原文化、楚文化和南方各民族文化相结合的产物。

（1984 年 10 月第 5 次修订稿）

八仙故事的传播和“上中下”八仙[1]

车锡伦[※]

汉钟离、吕洞宾、张果老、铁拐李、蓝彩（采）和、何仙姑、韩湘子、曹国舅八位仙人，是中国古代众多的仙人中一组特殊的群体，他们被称作“八仙”。这组仙人的来历和他们的组合，已故赵景深师《八仙传说》[2]和浦江清《八仙考》[3]已作了详细考证。大致说来，作为一组仙人群体，他们形成于宋、元，定型于明代中叶。元明以来，这组仙人在中国社会生活中的影响越来越大：道教徒把他们奉为“教祖”，让人们去顶礼膜拜；广大群众则在口头传承中继续编造他们的传说故事，同时，又把他们看作可以使人增福添寿、可亲可近的仙人，让他们扮演逢场作戏的角色，出现在迎赛的舞队和庆寿的活动中。正是在群众的口头传承和迎赛庆寿的活动中，“八仙”的队伍逐渐扩大，出现了“上、中、下”三组八仙、二十四位仙人的名目。

一

有关八仙的来源的传说和他们的组合，本来就带有道教的色彩。中国传统的道教，也像世界上其他宗教一样，掠取人民口头传承的神话、传说来丰富宗教的内容。它又是一种崇拜偶像的多神教，随时都把群众中产生重大影响而带有传奇色彩的人物“神化”，变成宗教崇拜的偶像。所以，八仙传说产生以后，到了元朝，其中的吕洞宾已被封作

1 刊于 1985 年第 4 期。

※ 车锡伦（1937— ），从事中国古代文学、戏曲史教学和俗文学史、民俗学研究，江苏省民间文艺家协会副主席，江苏省民俗学会理事会理事、副会长，中国俗文学学会常务理事。

2 原载《东方杂志》1933 年第 30 卷第 21 期；现已收入作者《中国小说丛考》，齐鲁书社，1980 年。

3 原载《清华学报》1936 年第 11 卷第 1 期；今收入《浦江清文录》，人民文学出版社，1958 年。

“纯阳演政警化浮佑帝君”，汉钟离成了“正阳祖师”，他们被列为道教全真教派的“北五祖”。延至近代，从著名的道观白云观中抄出的《诸真宗派总簿》中，除了蓝采和、何仙姑二位，八仙中的其他六位都成了道教各宗派的“祖师”。[1]但是，作为道教的偶像神，除了吕洞宾，其他各位在群众中的影响都不大。全真教派极力推崇吕洞宾，为他在各地大量修建庙宇，编造他的各种奇迹和遗迹，甚至为他编辑了诗文集，[2]以扩大影响。但是，大量广泛流传的民间传说故事表明，群众对他的崇拜和信仰，并不在于他是道教的“纯阳祖师”，而是因为他是一个有七情六欲的仙人。因此，甚至道教的吕祖庙也成了群众编造新传说的题材，下列的传说就说明这个问题。

东岳泰山有一王母池，古称瑶池，是一道观，供奉王母娘娘（它原是古代神话中的西王母，在道教中的封号是金母，是掌管女仙名籍的神仙领袖）。在王母池外有一吕祖洞，洞内原供奉吕洞宾石像。道教徒说吕洞宾曾在此炼丹（各国各地这类吕洞宾的“遗迹”甚多），群众是怎样传说的呢？三月三日王母生日，王母娘娘在此开蟠桃会，宴请众仙，吕洞宾在筵席上调戏了何仙姑，被王母娘娘赶出瑶池，只好屈居在那个小山洞中。[3]另一种说法，吕洞宾来赴宴时，同王母娘娘争吵起来。他指责王母娘娘“酒色财气”四者皆备，因而被拒之门外。[4]其实，就在这座王母池后院中有一“七真殿”，首座上供奉的就是这位吕洞宾。

实际上，群众中很少有人知道这位吕洞宾是全真教的祖师，倒是旧社会中的剃头匠把他奉为本行业的祖师爷。这同最早的传说中他是个“剑侠”“有剑术”有关。宋人《吕洞宾传》引岳州石刻吕洞宾的“自述”说：“世言吾卖墨飞剑取人头，吾闻哂之。实有三剑：一断烦恼，二断贪嗔，三断色欲，是吾之剑也。”[5]吕洞宾说的这段话很像一个佛教徒。佛教徒出家必须剃除须发，以示摆脱世俗的欲望和烦恼。吕洞宾自称其“剑”可以断“烦恼、贪嗔、色欲”，如剃度俗人落发出家一样。这就是剃头匠拉他来作祖师爷的缘由。这是改造宗教教义而变为群众民俗信仰的例子。

宋元以来，道教徒不断把八仙神化，把他们变成泥塑木雕的偶像，而人民群众则继续把他们“人化”，让他们置身群众生活中。尽管他们具有神格，也居于蓬莱仙岛、神

---

1 ［日］小柳司气太《白云观志》卷 3，浦江清《八仙考》引。

2《全唐诗》卷 856—900 为吕岳诗:《道藏》中收苗善时编《纯阳帝君神化妙通纪》七卷。

3 见《七仙殿和吕祖洞》，载陶阳、徐纪民等编《泰山民间故事大观》，文化艺术出版社，1984 年。

4 见《瑶池会》，载《泰山传说故事》，中国民间文艺出版社，1981 年。

5（宋）吴曾《能改斋漫录》卷 18 引。

仙洞府的众神之中，但他们却不守神仙的戒律，甚至在神仙世界中造起反来。

比如元明之际无名氏《汉钟离度脱蓝采和》杂剧中的蓝采和，就不是唱着“踏踏歌”行乞散钱的道人，而是现实社会中一个冲州撞府的戏曲演员。他与妻子和亲属们组成一个戏班，作场演出，“觅几文济饥寒得温暖养家钱”，因不堪官府的凌辱，抛下幼儿娇妻出家学道。三十年后，他功成行满，赴瑶池阆苑，路上遇见妻子在偏远的农村作场。姑舅兄弟王把色邀他参加演出，他还跃跃欲试呢！在这个剧本中，与其说是对神仙世界的歌颂，不如说是对现实世界的控诉。它反映了宋元时期的艺人们所处的被污辱被损害的社会地位。

再如流传颇广的赵州桥传说，鲁班（他是古代能工巧匠的代表）造了远近闻名的赵州桥，蓬莱岛神仙队里的张果老骑上毛驴，驮着太阳月亮，又约了柴王爷用小车推上四大名山，要把赵州桥压垮。不料那桥非但没被压垮，反而压得更结实了，只是桥面上留下了七八个驴蹄子印。[1]在这个故事中，群众并没有把张果老当成一个庄严神圣的神仙，而是让他扮演了一个好事人的角色，用他来衬托古代劳动人民的伟大创造。这个传说大概产生于元明之间，明初无名氏《孙真人南极登仙会》杂剧中，便提到了这个故事。[2]

元代以后有关八仙的最著名的传说是八仙过海、大闹龙宫的故事。这是这组仙人群体的一次集体造反行动。有关的文字记载最早见于元明之际的无名氏杂剧《争玉板八仙过海》。故事说三月十五日蓬莱仙岛牡丹盛开，白云仙长宴请八仙、五圣（齐天大圣、通天大圣、搅海大圣、翻江大圣、移山大圣）等众仙观赏牡丹。宴罢回程，吕洞宾等人各自拿出自家宝贝，大显神通，渡越东海。东海龙王之子摩揭、龙毒抢了蓝采和的玉板，又把他拉下海去。八仙大怒，吕洞宾当先仗剑同二龙搏斗，斩了摩揭，伤了龙毒。东海龙王聚合四海龙王来为儿子报仇，但敌不过吕洞宾的飞剑，于是又到水官那儿求救。水官约了天官、地官一起助战。“五圣”则来助八仙，最后大获全胜，吕洞宾用火葫芦烧东海。佛祖如来出面，把三官、四海龙王、五圣、八仙一起请到灵山，为他们消仇解怨。

值得注意的是，在这个最早被记录下来的八仙过海传说中，八仙不是被道教尊为金母的王母娘娘寿诞（或蟠桃会）上的客人，而是被那位杜撰的白云仙长请到蓬莱岛上去

---

1 见《赵州桥》，载贾芝、孙剑冰编《中国民间故事选》（第一集），人民文学出版社，1980 年。

2 该剧张果老的唱词中有“驴蹄儿印在赵州桥”，即指这个故事。

赏牡丹。他们宴罢归来，酒足饭饱之后在东海洋上卖弄神通，引出了与道教众神——四海龙王和“三官”（即上元天官、中元地官、下元水官。唐代以后他们便被道教封为神；天官赐福、地官赦罪、水官解厄。旧社会各地的三官庙、三官殿便是供奉他们）大战一场。帮助八仙打败三官的“五圣”，也不是道教的神，而是神话传说中的英雄：齐天大圣自然是那位曾大闹天宫的孙悟空，他在五圣中被称作大哥。其他四位，单就那名字——搅海、翻江、移山、通天，也说明他们富于造反精神。龙王的太子盗宝伤人，挑起争端，正义是在八仙一边，他们也取得了胜利，最后只好由佛祖如来出面做和事老儿。这些都说明八仙过海的故事最早起源于民间传说，它的反道教色彩也是很清楚的。

明代中叶以后，汇集了八仙传说故事的长篇小说《东游记》（吴元泰撰），其主要故事也是八仙过海的故事。清代尚有鼓词《东游记八仙过海》等。在山东以演唱八仙过海故事为主要剧目形成了蓝关戏、八仙戏、渔鼓戏等剧种。[1]最近又搜集到产生于清末的民间皮影戏《八仙过海》[2]。从明代中叶以后大量流传的这些八仙过海故事来看，他们的基本情节和思想倾向都大致相同。个别作品中也可看出道教对这一故事的渗透，比如《东游记》中的八仙过海故事，最后由如来、观音和太上老君来为双方调解，而让神仙世界中的皇帝——玉皇大帝出面将双方各打五十大板。但是，这个充满了反抗精神的闹海故事，如同孙悟空大闹天宫故事一样，不可能纳入宣扬宗教教义的轨道上去。相反，它在中国人民的生活中，产生了巨大的积极影响。“八仙过海，各显神通”，成为表现人们的积极进取精神的最常用的俗语。

从上面的介绍看出，宋元以来实际上存在着两种“八仙”：一是道教的偶像，一是群众口头传承的仙人。两者大相径庭。以其中最著名的人物吕洞宾为例，他既是八仙中被道教徒捧得最高的偶像，也是群众口头传承的八仙中反抗性最强的一位英雄。这样也就可以理解，为什么明末农民大起义中，起义军也唱起了“吕纯阳，当头将，抖起威风”的歌。[3]

---

1 见李赵璧、纪根垠主编《山东地方戏曲剧种史料汇编》，山东人民出版社，1983 年。

2 见简涛《山东民间皮影戏〈八仙过海〉初探》，《山东师大学报（哲学社会科学版）》1984 年第 2 期。

3 见《家谱宝卷》，今存明末抄本。此据李世喻《宝卷新研》引，载《文学遗产增刊》第四辑。这本宝卷写了李自成起义军的动向、组织等情况。

二

把八仙作为祝寿迎赛、逢场作戏的仙人，大致从他们集合在一起时就开始了。在这些场合出现的八仙，与民间口头传承的八仙形象基本一致，它反映了群众的民俗信仰，其道教色彩并不浓。

据文献记载，南宋时京城临安迎赛的舞队中便有“八仙道人”的装扮。吴自牧《梦粱录》卷二“诸库迎煮”条记，清明节前，临安府各酒库（酒坊）开市煮酒，新煮的酒要送到州府教坊由点检所检查。这在当时的社会生活中是件大事，送新酒的队伍组织得十分热闹：“差雇社队鼓乐”，以三丈余长的“布牌”为引导（这犹如现代北京地区社火中的舞幡），“次以大鼓及乐官数辈，后以所呈酒样数担，次八仙道人、诸社行队……”这种在社火舞队中扮演八仙（后来多是扮演八仙过海故事形象）的习俗，后代一直沿袭下来。

金元院本中便有了八仙庆寿的戏曲。元陶宗仪《辍耕录》卷二十五“院本名目・诸杂大小院本”中记载了《八仙会》《瑶池会》《蟠桃会》三个院本。这些院本同明初朱有燉的杂剧《群仙庆寿蟠桃会》《瑶池会八仙庆寿》一样，都用于祝寿活动。元代及元明之际又产生了相当多的八仙故事戏，如今存马致远《吕洞宾三醉岳阳楼》、岳伯川《吕洞宾度铁拐李岳》、谷子敬《吕洞宾三度城南柳》、范康《陈季卿误上竹叶舟》、无名氏《瘸李岳诗酒玩江亭》《汉钟离度脱蓝采和》等，这些八仙戏也用于祝寿活动。它们均以度脱凡人得道成仙为内容，其中颇多哭哭闹闹的场面，而这类哭哭闹闹并非都是插科打诨的喜剧性穿插，而是戏剧矛盾的贯串情节。这自然不适合庆寿祝贺的气氛，所以明初藩王贵族戏剧家朱有燉对此表示不满，从而改编创作了不少这类神仙庆寿戏，以作“庆寿佐樽之设”[1]。文献资料说明，从明代初年开始，皇家剧团教坊司演出的戏剧中，这类剧目占了很大的比重。其场面也越来越大；祝寿的神仙不止八仙，而且出现了以金母（西王母）、木公（即东王公，西王母的配偶神，道教封号是东华帝君，是掌管男仙名籍的神仙领袖）为首的群仙。清代的皇家剧团升平署沿袭这一传统，流传下来的御前承应戏中，这类神仙庆贺的戏也是一重要的内容。明清以来，面向广大群众的民间剧团演出，当然没有皇家剧团的规模，但八仙庆寿戏也是经常上演的剧目。各种曲艺（讲唱文

---

1 《瑶池会八仙庆寿引》，此剧收入《奢摩他室曲丛》第二集。

学）因不受演员数量的限制，八仙故事曲目更为普及。

除了戏曲和曲艺外，宋元以来在绘画中也表现八仙祝寿故事。如元代便有了《八仙祝寿图》。[1]明清以来，不仅有大量出自画工的风俗画（如年画），在民间工艺美术中（如瓷器、漆器画及雕刻等）也有表现八仙庆寿、八仙过海故事的画。

由神仙来庆寿，源于神仙可以长生不老这一古老的迷信观念。这种观念在公元前的战国时期已出现。当时的一些国君希求像神仙那样长生不死，方士们便以寻求不死之药来炫耀。神话中昆仑山上的西王母，便被尊为掌握了不死之药的仙人，于是产生了后羿请不死之药于西王母，嫦娥窃以奔月的神话；[2]产生了周穆王于瑶池宴请西王母的传说。[3]汉代以后，又有汉武帝接待西王母的传说：西王母降至承华殿，汉武帝请不死之药。西王母送他五枚“三千年一结果的美桃”。[4]这就是“蟠桃会”“瑶池会”这类群仙庆寿故事的起源，西王母成了长生不死的象征。封建社会中，统治者孜孜以求长生不死，是为了永远享受穷奢极欲的生活，广大群众希望健康长寿，则表现了群众追求生活美好的愿望。这也就使得祝寿和迎赛活动中的八仙受到人们普遍的欢迎。

中国古代的仙人数以百计，为何“八仙”被用来迎赛和祝寿？其原因是多方面的。其一，迎赛祝寿是向神祈福，但是它的实际功利却是娱人。那些神圣庄严冷若冰霜的宗教神，在这类场合，既不便装扮，也不能形成热闹欢乐的气氛，而八仙却不同了：他们既是“神”，又具人情；不论是人物装扮的直观形象或艺人演唱的文学形象，他们的外形、性格各具特点，符合艺术形象多样化的要求。其二，向神祈福是旧社会各阶层人们的普遍愿望，这八位仙人具有广泛的代表性：男女老幼、富贵贫贱、文庄粗野……社会上各色人等，都可以找到自己可亲近的人。何仙姑最后取代张四郎或徐神翁，为女性在八仙中取得一席之地，也可说明这一问题。其三，古代早已有“八仙”的观念，且已有实际的“八仙”，如唐代的“饮中八仙”[5]、五代的“蜀中八仙”[6]，所以这组仙人群体在明代中叶以前人选虽然不很稳定，但却不能突破“八”这个数，而成为“九仙”“十仙”。

---

1 见《严氏书画记》，《古今图书集成·艺术典·画部汇考》引。

2 见《淮南子·览冥篇》。

3 见《穆天子传》。

4 见《汉武故事》鲁迅《古小说钩沉》本。

5 见杜甫《饮中八仙歌》。

6 见《太平广记》卷214引《野人闲话》所述后蜀道士张素卿《八仙真形图》注。这组八仙是李阿、容成、董仲舒、张道陵、严君平、李八百、长寿仙、葛永槐。

自然，人们并不满足于“八仙”，因而把庆寿的群仙舞队也组织起来，于是出现了“上中下”八仙。

三

元代已有“上八仙”的说法，但那就是指吕洞宾、汉钟离等八位仙人。如无名氏杂剧《瘸李岳诗酒玩江楼》中铁拐李自称“贫道上八仙铁拐李岳”,《汉钟离度脱蓝采和》杂剧中汉钟离称蓝采和是“上八仙数内蓝采和”，明初贾仲名《吕洞宾桃柳升仙梦》中称汉钟离、张四郎是“上八洞神仙”，朱有燉《吕洞宾花月神仙会》中称他们是“上八位天仙”，明无名氏杂剧《河嵩神灵芝庆寿》称“上位八仙”,《祝圣寿金母献桃》中称“上洞八仙”等。明代中叶后的小说《东游记》亦称《上洞八仙传》。

“洞”即洞天福地，是道教所说神仙们居住的名山胜地，有“十大洞天”“三十六洞天”“七十二福地”的说法。[1]在这些洞天福地中自然没有八仙的位子。他们被称作“上八洞神仙”“上洞八仙”“上八位天仙”“上位八仙”等，其意犹如对道行高的神仙称之为“上仙”一样，是抬高他们地位的尊称。

由上洞八仙自然联想到下洞八仙。明前期无名氏杂剧《众天仙庆贺长生会》中便出现了“下八洞神仙”，那是个由净扮的插科打诨的丑角蓼花先生。他自报家门说：

> 不吃斋食不念经，肥羊牛肉不嫌腥。
> 神仙队里没有我，卖嘴虚头说谎情。
> 贫道乃下八洞神仙蓼花先生是也。
> 我也不修真养性，
> 则是吃酒赌钱做贼说谎，因此上为大罗活神仙。……

这位蓼花先生还有一个搭挡的师弟虚头居士，也是下八洞神仙，他说:“办道修行绝不知，羊头蘸蒜且充饥。成仙了道都无我，则我是光边油嘴脚梢皮。”

“大罗天”是道教所称三十六天中最高一重天，是三界之上的“道境极地”。让这位“吃酒赌钱做贼说谎”的蓼花先生自称为“大罗活神仙”，反映了人们对现实社会中专事

1 见《云笈七签》卷 27。

诓骗的道士们的强烈讽刺。因此，这两位“下八洞”神仙的出场，就不单是为了增加舞台上的热闹气氛了。

明代以后出现上、中、下八仙名单的作品，一类是庆寿用的戏曲、曲艺，一类是演八仙过海故事的作品。最早排出“下八洞神仙”名单的是明代前期无名氏杂剧《贺升平群仙庆寿》。剧中第一折有一支【寄生草】曲，排出这八位仙人的名目：

> 有王乔共陈戚子、徐神翁能布摆，更有那刘伶造酒胭脂色，陈抟法令能驱怪，毕卓端的神通大，任风子道行有谁同？海蟾公心性无人赛。

这八位仙人中，除陈戚子的情况不详外，其他几位略作介绍。

徐神翁，名守信。北宋海陵人，原为海陵天庆观佣工，后得道。据说他能知过去未来之事，为人谈祸福必验。他还不畏权贵，当面讽刺揶揄蔡京是“作坏世界”的“魔君”。浦江清《八仙考》对他的事迹有考证。他同张四郎，在明代中叶以前经常出现在吕洞宾等一组八仙中，后来才被女仙何仙姑取代。

王乔，《历代（世）真仙体道通鉴》中著录了三位名王乔的仙人，但都不是这个王乔。剧中他“自报家门”说：“贫道王乔是也，道号烂柯山。……贫道未登仙之时，累举进士，不能及第。”原来是把晋人王质的故事戴在这位“王乔”头上了。有关王质的烂柯山传说，最早见于梁任昉《述异记》。

刘伶，西晋人。他与阮籍、嵇康等人友好，被称作“竹林七贤”。他蔑视礼法，纵情饮酒，写过一篇著名的《酒德颂》。关于他纵酒有许多传说，比如《世说新语·任诞门》载，妻子劝他戒酒，他要妻子拿酒肉来供在神前起誓断酒。待妻子摆好酒肉，他却向神祝祷说：“天生刘伶，以酒为名，一饮一斛，五斗解酲。妇人之言，慎不可听。”然后把供神的酒肉吃光，酩酊大醉。这样一个角色自然不具备道教的神格，但后世的酒徒们却把他视作“酒仙”。

陈抟，五代宋初著名的隐士。隐居在武当山和华山中，字图南，号扶摇子。《宋史》有传，其中多为不根的传说。大致在宋初他就是一个著名的传说人物，《河南邵氏闻见前录》（卷七）、《玉壶清话》（卷八）、《东轩笔录》（卷一）、《青琐高议》（前集卷八）等书中均记有他的传说。他的事迹的特点，一是拒不出仕，二是能睡觉，可以“一睡三年”。宋元以来戏曲小说中也经常写到他，马致远《陈抟高卧》杂剧、《古今小说》卷十四《陈希夷四辞朝命》等都是写他的故事。《飞龙全传》中写他连赢赵匡胤三盘棋，急得赵匡胤将华山卖给他。

毕卓，晋人，字茂世，《晋书》有传。他也是一个酒鬼，自称得一大船装满酒，左手拿酒杯，右手拿下酒的螃蟹，浮游船中，便可心满意足了此一生。大兴（318—321）末年，官吏部员外郎。一天邻家酿好了酒，夜里他去偷酒吃，被人家捉住，打了一顿。清晨主人才认出他来，赶紧为他松绑。他也不计较，就在缸边与主人吃得大醉始归。

任风子，即马致远《马丹阳三度任风子》杂剧中那个杀牛宰马操刀卖肉的任屠。剧中说他被马丹阳点化出家。大概这个剧目流传影响较大，这位任风子也就成了“放下屠刀，立地成佛”的代表人物，被拉来凑数。

海蟾公，即刘海蟾，名操，字昭远，或说名哲，字元英。五代后梁人。他在燕王刘守光处作官，有一位道人来见他，向他要了十枚金钱、十只鸡蛋，将十只鸡蛋叠起放在金钱上。刘海蟾大惊说：“危险！”道人说：“人居于富贵利禄之中，比这还要危险！”说罢将金钱劈破而去。刘海蟾从此悟道出家。元代他被封为“明悟弘道真君”，是全真教北五祖之一。但在民间传说和戏曲中这个人物却完全变了形，只留下一个躯壳。明清便有“刘海戏金钱”（或“刘海撒金钱”）的传说，道人劈破金钱成了刘海（省去“蟾”字）自己“戏金钱”，所以《何仙姑宝卷》中说他“六宝金钱手中提，脚踏钱儿戏”。后来又讹为“刘海戏金蟾”，内容、躯壳都变了，成了一出描写青年农民刘海和狐狸精爱情故事的民间小戏（解放后整理本多称《刘海砍樵》）。有些剧种中还有一出民间小戏《打金钱》，也难找出同出家学道的刘海蟾有何直接联系了。

从最早出现的这组“下八仙”来看，他们是一批乌合之众。虽然都多少带了一点“仙气”，但他们的组合却不是出自道教的教义：刘伶、毕卓的纵酒，同视“酒色财气”为“四害”的道教绝对无缘；任风子这个文学故事人物“立地成佛”，又带有佛教色彩；海蟾公虽有道教祖师的原型，在民间传说中却已被偷梁换柱；王乔是道教的仙人，此处已张冠李戴……他们是戏曲艺人们从戏曲、小说及民间传说故事中凑合起来的一组各具特点的人物，其作用是使庆寿的仙人舞队更加丰富多彩。

由上、下八仙而又引出“中八仙”，这是清代的事了。但是，一般都是将吕洞宾等一组八仙居中，而又增出上、下八仙。这样二十四个仙人的舞队，一般民间剧团无法上演（明清一般民间剧团演员十人左右），但在讲唱文学中却不受此限制。所以已见列出上、中、下八仙名目的作品都是清代中叶以后的曲艺作品。它们列出的名单也不相同。

光绪十六年（1890）金陵一得斋重刊《何仙姑宝卷》中所说的“上洞八仙”是福星、禄星、寿星、张仙、东方朔、陈抟、彭祖、骊山老母，“下洞八仙”是广成仙祖、鬼谷子、孙膑、刘海、和合二仙、李八百、麻姑女。这十六位仙人中陈抟、刘海（即刘海蟾）与前重复，其他是新出。

福星，又称“增福星”，是封建社会中“掌善恶之因，注增福之事”的神；禄星，又称注禄星，是“掌人间荣禄贵贱之事”的神；寿星，又名老人星，是主管人的寿命的神。这三位星君本来是民间信仰的神，后来又被道教改造为宗教的神。旧社会一般群众祈求福星、寿星为他们增福添寿，这种追求生活幸福、健康长寿的愿望，并不全是宗教感情。至于禄星，主要还是强烈追求功名利禄的封建知识分子崇拜他。道教把他奉为“文昌帝君”，各地的文昌阁就是供奉这位神仙。

张仙，民间信仰中使人子孙繁茂的神。这位神的来历就颇有点传奇色彩。传说宋灭后蜀，后蜀宫人花蕊夫人入宋宫，带有后蜀皇帝孟昶画的一幅《张弓挟弹图》，托名是张仙，诡称祈求他可以使人有子。传入民间，就成了这位送子的张仙。[1]宝卷中说他“头戴鸦鹊一字巾，手执金弹子，银弓送子孙”。过去民间流传的张仙画像就是这一形象。他同民间信仰中那位女性神送子娘娘差不多。

东方朔（前154—前93），汉武帝刘徹（彻）的弄臣，官至太中大夫。由于他诙谐滑稽，当代就产生了不少他的传说，方士们又把他附会为神仙。在《汉武故事》中，西王母同汉武帝会面时，东方朔从窗户中偷看这位华贵的女神，被西王母发现，便对汉武帝说：“此儿好作罪过，疏妄无赖，久被斥退，不得还天。然原心无恶，寻当得还。”后来的传说中，他便在西王母蟠桃会上扮演了偷桃的角色。

彭祖，古代神话传说人物。据说他是颛顼帝的玄孙。他的特点是长寿，帝尧封他在彭城，西周时他还在做官，寿至八百多岁。汉刘向《列仙传》、晋葛洪《神仙传》、干宝《搜神记》等书中，都有他的故事。

骊山老母，或作黎山老母，古代神话传说中的女神。传说唐代道士李筌在嵩山遇到她，她给李筌数升麦饭，李筌食后，从此不饥，见《集仙传》。明清以来的小说戏曲和民间传说中经常提到她。许多英雄好汉总是以她为师学到高超的武艺。

广成仙祖，即广成子，古代神话传说人物。传说是轩辕时人，隐居崆峒山中，黄帝

1 参见明陆深《金台纪闻》、郎瑛《七修类稿》卷26。

曾向他问修身之道。他的特点也是长寿，活了一千二百年还不见衰老，见葛洪《神仙传》。群众对他的认识主要还是来自神魔小说《封神演义》，在姜子牙带领众神灭纣兴周的战斗中，他是一个积极的角色。

鬼谷子，古代传说人物。他的姓名、时代说法不一，或谓姓王，名诩，或名利。因为隐居在鬼谷，故称鬼谷子，或鬼谷先生。民间传说中又说他就是王禅老祖，孙膑、庞涓、苏秦、张仪都是他的学生。[1]传说也善知过去未来之事。传世的《鬼谷子》三卷，系后人伪托。小说《东周列国志》《孙庞演义》中都提到他。

孙膑，战国时军事家，著有《孙膑兵法》。他同庞涓之间的传奇性故事，[2]也是宋元以来的戏曲、小说大量演唱的故事，如元无名氏杂剧《庞涓夜走马陵道》、明冯梦龙《东周列国志》，明末又有吴门啸客的《孙庞演义》。大概因为他曾师事鬼谷子的缘故，民间传说中又把他说成是善知阴阳的人物，[3]这就使他带了一点“仙气”。

和合二仙，古代民间信仰和传说中的神。最早他们是一个神，名叫万回。他可以使外出的人归来。明田汝成《西湖游览志余》中说：“宋时杭城以腊日祀万回哥哥，其象蓬头笑面，身着绿衣，左手擎鼓，右手执棒。云是和合之神，祀之可使人在万里外，亦能回家，故日万回。”元陶宗仪《南村辍耕录》中记录了一则传说，可能是这个神的来源：虢州人张万回，兄万年，久在辽左。万回母思念其兄，万回早晨前往辽左，晚上便拿了其兄的书信而归。由于他能使家人团聚，后来又演变为象征男女相爱夫妻好合的神，并一分为二，成为和、合二仙。过去举行婚礼时便悬挂他们的画像，以祈求婚姻幸福。画像上的和合二仙，“蓬头笑面”，一持荷花，一持圆盒，“荷”“盒”谐音，取和谐合好的意思。和合二仙加入庆寿的群仙舞队也较早，明初朱有燉《福禄寿仙官庆会》杂剧中，便有这两位仙人。

李八百，古代传说中的仙人，本名李脱，蜀郡人。据说人们在八百年中不断见到他，故号李八百。道教徒把他拉来做了神，唐朝时已封他为紫阳真人。后蜀道士张素卿画《八仙真形图》，就包括这个人物。[4]他的事迹见葛洪《神仙传》《抱朴子·道意》等书。

麻姑女，古代神话中的女神。她的外貌年轻美丽，但长了一双像鸟爪的手。她的特

---

1 见《孙膑和庞涓的故事》，载《山东省民间文学资料汇编·临沂地区卷》。

2 始见《史记·孙武列传》。

3 敦煌写本《董永变文》中，董永的儿子董仲寻母前便是向孙膑问卦的。后来仙女让董仲带回金瓶，放出天火，将他的卦书烧掉。见《敦煌变文集》。

4 见《太平广记》卷214引《野人闲话》所述后蜀道士张素卿《八仙真形图》注。

点也是长寿，自称“已见东海三次变为桑田”[1]，所以也用她来象征长寿；又流传三月三日王母寿辰，她以灵芝酿酒祝寿的故事，所以祝女寿时，总少不了一幅“麻姑献寿图”。

清末抄本《八仙上寿》宝卷（亦称《大上寿》宝卷）中所列出的上、下八仙，又与上述《何仙姑宝卷》不同，上八仙是寿星、王母娘、观音娘、斗姆娘、黎山老母（即骊山老母）、圣母娘、金刀母（原文缺一）；下八仙是张仙、刘伯温、诸葛亮、苗光裕、徐茂公、鲁宁秀、牛郎、织女。其中寿星、黎山老母、张仙三位与前重复，其他为新出。

王母娘，即西王母，古代神话人物，也是道教的金母，上文已作介绍。

观音娘，即观世音，简称观音，中国佛教四大菩萨之一。她本是佛祖如来的侍卫，是一男性佛，而在中国最后变成一位妙庄玉女，大慈大悲的救护神。旧社会中对这位菩萨的信仰，已经远远超出佛教徒的范围。她是群众普遍崇拜的偶像，所以这里也拉她来凑“上八仙”之数。

斗姆娘，即斗母，据说她是北斗众星之母。她的形象是三目四首、左右各出四臂，看来也是一位古代神话人物，被道教徒拉去做了宗教神。小说《封神演义》中说这位斗母正神统领五斗群星、二十八宿、三十六天罡、七十二地煞等共八万四千吉曜恶煞，是十分威风的一位女神。

圣母娘，民间传说中的华山圣母（或称三圣母）。她是二郎神的妹子，爱上了凡人刘彦昌，生子沉香。二郎神将她压在华山下。沉香长大，劈山救母。元明之际的无名氏《沉香太子劈华山》杂剧、清《沉香宝卷》及各地方戏的传统剧目《宝莲灯》，都是讲这一故事。

金刀母，此人待查，大致也是民间传说中的仙人。

刘伯温，即刘基（1311—1375）。他本是元朝的官吏，后来投奔朱元璋，参与建立明王朝的各种制度，官封诚意伯。《明史》有传。他是个历史人物，但明朝已经流传他的不少传说故事。在明中叶的小说《皇明英烈传》中，便把他写成一个像诸葛亮那样的神机妙算的人物，至今民间仍流传着他的许多故事。

诸葛亮（181—234），这是大家熟悉的一个历史人物，但一般群众对他的认识，还是小说《三国演义》和大量三国戏中所描绘的那个通晓阴阳、料事如神的形象。

苗光裕，即苗训，五代宋初人。《宋史》本传说他善天文占侯术，曾参与策划赵匡

1 见葛洪《神仙传》。

胤夺取后周政权的陈桥兵变，后官至检校工部尚书。但在小说《飞龙全传》中，他也成了一个经常为人看相算命、判断阴阳的角色。这大致是把他拉入“八仙”的原因。

徐茂公，即徐勣（594—669），隋末唐初人。曾参加瓦岗寨起义，降唐后赐姓李。他随李世民东征西讨，在建立唐王朝的过程中立了大功，被封为英国公。新旧《唐书》均有传。在小说《说唐全传》《隋唐演义》和传统戏曲中，他是一个运筹帷幄、神机妙算的军师，所以宝卷中说：“徐茂公来上寿计策要紧，保定了李世民征战得胜。”

鲁宁秀，事迹待查。宝卷中说他是“忠良善人，到庙堂见活神，难见真身”。

牛郎、织女，著名的神话传说牛郎织女故事的男女主角。

清末宝卷已成为一种拥有广大听众的曲艺形式。在江浙一带，这种曲艺形式常在祝寿、礼佛、还愿等活动中演出。《八仙上寿宝卷》本身就说明了它的作用，《何仙姑宝卷》中的上、中、下八仙也是以祝寿的方式出现的。新发现的清末民间皮影《八仙过海》讲的是战斗故事，那里出现了一组“上八仙”（缺下八仙）就与此不同，他们是孙悟空、杨二郎、孙膑、毛遂、雷震子、哪吒、严增、真人。其中除了孙膑外，均为新增。

孙悟空，他是中国人民家喻户晓的英雄人物。在小说《西游记》中，写他最后皈依佛门，但流传最广的还是他大闹天宫和战胜各种妖魔鬼怪的故事。如上所述，最早的八仙过海故事杂剧中，他已作为“五圣”之首，帮助八仙斗四海龙王和“三官”。

杨二郎，中国古代有不少关于二郎神的传说故事，影响最大的还是借助小说（如《西游记》《封神演义》）、戏曲（如《宝莲灯》）而广泛流传的杨二郎。据说他姓杨名戬，住在灌口，有“梅山七圣”相助。在《封神演义》中所写的灭纣兴周的战斗中，他大战众神，屡显神通。在《西游记》中他曾同大闹天宫的孙悟空交手。在《宝莲灯》中他将向往人间的三圣母压在华山下，扮演了一个令人讨厌的角色。

毛遂，战国时平原君赵胜的食客。赵孝成王九年，秦攻赵，平原君去楚国求救，毛遂自请前往。平原君请求楚王联合抗秦，楚王不答应。毛遂按剑上前，陈说利害，楚王被他说服了。平原君说：“毛先生以三寸之舌，强于百万之师。”事见《史记·平原君列传》。

雷震子，古代神话传说人物。《封神演义》中说他是周文王姬昌在一阵雷雨后从古墓中捡到的一个孩子，云中子收他为徒，教他法术。后来他吃了二枚红杏，变得身长二丈，巨口獠牙，蓝面红发，身上又长出两个翅膀，一翅生风，一翅生雷，能腾空飞行。

哪吒，神话传说中的少年英雄，他的形象是在小说《封神演义》和《西游记》中最后完成的。他是玉皇大帝部下李靖的小儿子，性格勇猛，出生不久就打死龙王三太子敖丙，四海龙王奏准玉帝来捉他父母。他为了父母免受连累，剖腹、刳肠、剔骨肉还与父母而死。死后他的魂魄借莲花、荷叶为躯体复活。后来因怨恨李靖烧了他的行宫，父子成了对头。燃灯道人给了李靖一座金塔，时时托在手中（因此李靖又称作托塔李天王），才算镇住哪吒。后来哪吒又助姜子牙灭纣兴周，屡建战功。

严增，可能是严遵，音近而误。遵字君平，西汉蜀郡人。《汉书·王吉传序》中说他一生不做官，在成都市上为人卜筮，日得百钱即闭门读《老子》。因为他善卜筮，后来就成了一个能知天文地理、过去未来的著名传说人物。张华《博物志》记，有人乘木筏从海上到了天河边（《天中记》引《荆楚岁时记》说是张骞乘木筏探河源），见到一个人在河边饮牛，问是何地？牵牛人告诉他回去问严君平。宋元话本《董永遇仙传》中，严君平告诉天仙织女的儿子如何可见到他的母亲。天仙织女嫌他多事，让儿子给他捎回一个金瓶。严君平将瓶盖打开，忽然飞出一团星火，烧了他的卦书，也烧瞎了他的眼睛。所以后来的算命先生多是瞎子。

真人，道教把得道成仙的男子称作“真人”，女子称作“元君”。这儿没有写出名号，就不知道是哪位真人了。

上文共列出明清以来文艺作品中的上、下八仙各三组名单，涉及 41 人物。[1]这么多的人物被列入上、下八仙，清楚地表明，尽管明代初年就出现了上、下八仙之说，但人选却始终没有固定下来。究其原因，一则这些人物时代相差太大，不可能产生将他们黏合在一起的故事，而吕洞宾一组八仙，因为有了闹海故事，便不容易解体了；其次，出现在文艺作品中的上、下八仙，大多是作为吕洞宾一组八仙的陪衬，是“过场式”的人物，同作品的故事情节没有必然的联系；作者临时拉几个人来凑数（有时甚至只称上、下八仙而不列出具体人名）。这也不利于人选的稳定。

但是，从上面介绍的这些人物的情况来看，他们也不是随便拉来的：西王母及福禄寿群仙归入上、下八仙，自然是直接继承了以八仙庆寿和祈福的传统观念；人们希望婚姻和谐、子孙昌茂，又请来和合二仙、牛郎织女和送子的张仙，人们相信命运，又掌握不了命运，因而敬重那些可窥见命运之神的人物，如鬼谷子、徐神翁，也敬佩诸葛亮、徐茂公那样大智大慧、料事如神的智者。酒在旧社会可以满足不同阶层的人的不

---

1 在近代曲艺作品中还可找到不同的名单，比如鼓词《孙悟空大闹蟠桃会》中的上八仙是东方朔、李大仙、王禅、王敖、孙膑、毛遂、白猿、二郎神；下八仙是罗圣主、张仙、鲁班、张千、李万、刘海、刘伶、杜康。

同需求，于是以饮酒著名的刘伶、毕卓也成了“仙”，甚至把造酒的杜康也请了来。[1]八仙过海自然是人人乐道的壮举，那帮助八仙的也应当是孙悟空、哪吒等叱咤风云的人物。……这些三教九流各具特色的人物，是探察旧中国各阶层群众的精神生活的窗口，从中可以看出他们的信仰、向往和对生活的追求。

上述四十多个人物既有历史人物，也有宗教偶像，更多的是古代神话传说中的人物，通过上文的介绍可以看出，群众对他们的认识，基本上不是来自历史、来自宗教宣传，而是宋元以来戏曲、曲艺、小说等俗文学和群众口头传承的传播。这些不登大雅之堂的非正统的文学艺术形式，它们对中国人民精神生活所产生的巨大影响，由此可见一斑。而研究中国文化史、中国文学史的同志，对此的认识似嫌不足。

作者附记：校过拙稿后，见吴晓铃先生大作《八仙过海，各显神通——剧考零札之一》(《戏剧电影报》1985 年第 5 期)，文中指出山西芮城县元代道观永乐宫纯阳殿壁画中有八仙过海的场面，可供参考。拙意壁画中有八仙过海的场面，不一定能说明当时存在“大闹龙宫”的故事。大概“过海”“显神通”“闹龙宫”是在民间传说中逐渐丰富起来的。

1 见上条注释所列“下八仙”名单。

鱼考[1]

陶思炎[※]

大约自公元前五千年的仰韶时期始，鱼类就同华夏民族结下了不解之缘，从此鱼纹成为社会生活中最主要的图饰。及至封建社会，鱼纹在工具、兵器、佩饰、酒器、灯具、乐器、餐具、文具、建筑构件，以及婚、丧礼俗方面无处不见，其神秘的内涵随神话的传承、变异而日趋复杂。在初民的观念中，鱼为图腾的标志，后又成为星辰的化身，并演化为魂灵的乘骑和禳祸降福的祥瑞动物。

闻一多先生曾在《神话与诗·说鱼》中指出鱼为“匹偶”“情侣”的隐语，这种象征在于鱼的“繁殖功能”[2]，而后世论者在闻先生的立论基础上，为解释鱼的图腾性质也作出了努力。

我们认为，鱼神话的源起与衍变是一个长期的复杂的过程，就其内容而言，也并非只受制于鱼的繁殖功能，它既有图腾意义，又有天象认识，还带有灵魂观念，是初民生产实践、哲学思考和宗教信仰的集中体现。本文拟就鱼神话所包容的上述图腾、星体与灵魂观念略加考析，以揭示我国鱼神话的真义。

鱼为图腾

图腾作为氏族的徽号或标志，是氏族的祖先或恩主。关于鱼为图腾的实证，我们可以从新石器时代的文物中找到。例如半坡型仰韶文化的彩陶，其图饰多为鱼纹，有单体

1 刊于 1985 年第 6 期。

※ 陶思炎（1947— ），东南大学艺术学院教授、东南大学东方文化研究所所长，中国民间文艺家协会副主席。

2《闻一多全集》（第一集），三联书店，第 119、134 页。

鱼、双体鱼、两头鱼、三体鱼和人面鱼纹等十数种。其中，人面鱼纹尤为特殊。它绘制在陶盆的内壁或外壁上，其人面口衔两鱼，耳环两鱼，旁边另设鱼（渔）网或另绘单体游鱼，表现了人鱼互化、合体的亲缘关系。此外，在半坡原始村落的遗址还发掘出大量的渔猎工具，包括用石、骨、角等材料加工制作的鱼钩、鱼叉等物，验证了在仰韶文化阶段，渔猎是先民生存的重要手段。费尔巴哈曾从原始人类的功利目的和客观心理论析动物、人、神三者的关系，他指出："动物是人不可缺少的、必要的东西；人之所以为人要依靠动物；而人的生命和存在所依靠的东西，对于人来说，就是神。"[1]可见，直接的生存需要造就了最初的神。初民本临河而居，鱼类作为取之不尽的食物来源，成为他们赖以生存的物质基础。于是鱼为神物的观念产生了，其恩主的地位得以渗入想象的神人关系，并成为图腾形成的前提。

我们在长江流域的河姆渡文化遗址中亦发现鱼纹陶片。特别是 1978 年（年）初的第二期发掘，出土了木雕鱼形器柄一件、圆雕木鱼一件和陶塑鱼一件。[2]耐人寻味的是，木鱼周身阴刻着大小不等的圆窝纹，而陶鱼周身则阴刻着大小基本相近的圆圈纹。上述窝圈纹决不是鱼鳞的摹拟，而是有关鱼崇拜的印记，它具有特殊的功用和意义。此外，1980 年在河南偃师二里头遗址发现契刻鱼形骨片一件，骨片长 9.8 厘米，宽 3.1 厘米，其上仅刻一鱼，别无文（纹）饰，[3]因此它不可能是单个文字的记录，也正是宗教图像的例证。这类图像比动物崇拜有着更为浓重的神秘色调和更为深厚的信仰基础，与图腾物当有一定的联系。

我们在半坡型马家窑文化中还发现了类似仰韶文化网鱼图的网点纹彩陶盆。该盆外壁满绘网纹，网眼中加有长点。这些长点应是鱼纹的变形和简化。《诗经・小雅・鱼丽》有"鱼丽于罶""物其多矣，维其嘉矣"句，《说文句读》释"罶"为"鱼所留也，从网"。[4]可见，"鱼丽于罶"即鱼落在网之意，是物多且嘉的吉兆。上述诗句与《尔雅・释地》所说的"鱼丽，言太平、年丰、物多也"是一致的。因此，仰韶文化的网鱼图和马家窑文化的网点图都表现了"鱼丽于罶"的主观愿望，说明了初民与鱼类在幻想中的感情互通，暗示了鱼能降福赐物的恩主性质。

---

1 《费尔巴哈哲学著作选集》，三联书店，1962 年，第 438—439 页。

2 《文物》1980 年第 5 期。

3 《考古》1983 年第 8 期。

4 王筠《说文句读》卷二十二。

在《山海经·东山经》里记有“聃用鱼”，郭璞注云：“以血涂祭为聃也。”[1]用鱼血涂抹祭器应是对人祭的替代，鱼血与人血的置换反映了二者的同质共性，根源于鱼、人间有血缘联系的图腾意识，而“人们的某一血缘联合体和动物的某一种类之间存在着血缘关系”，正是“图腾崇拜的特点”。[2]显然，有关“聃用鱼”的神话表明了这一信仰民俗的产生是由图腾观念所命定的。

从中国神话的谱系看，颛顼及其族裔均为水兽，特别与鱼类相亲相密。颛顼死即复苏，化为半人半鱼的“鱼妇”；而颛顼所生的鲧，本身就为鱼族。《说文句读》释“鲧”称：“鲧，鱼也。《玉篇》曰：‘大鱼也’。”[3]正因鲧为鱼属，故死后虽经幻化，仍得以“入于羽渊”。鲧之子禹，其形虽非鱼类，然在治水中多得水族之助，除黄龙曳尾，玄龟负泥之外，最为得力的该数“白面长人鱼身”的河精了，正是他的河图，才使禹从鲧的“水来土掩”式的局部、被动治水法而转为运用疏导式的整体、主动的治水法成为可能。鱼体的河精为何助禹？我们知道，“物以类聚，兽以群分”，只有同族同类间才有这样的协同动作，特别在原始的氏族社会，只有在同血缘的氏族内部，才可能想象这样精诚的合作。由此看来，以鲧禹为始祖的夏族与鱼图腾有一定的联系，鱼类对华夏民族的历史乃具有其他动物所难以企及的意义。

1978年在河南临汝阎村发现的《鹳鱼石斧图》，已引起学术界的普遍关注，并触发了对鱼图腾的思考。我们认为，鹳鱼相连正是两图腾氏族外婚制的标记。石斧是物质生产的象征，鸟鱼是人口生产的象征，它们体现了原始初民求生存、生殖的两大功利目的。《经籍纂诂》卷四十七引《楚辞·自悲》“鸟兽惊而失群兮”注云：“鸟者，阳也”；而卷六引《诗灵台序》云：“鱼，阴虫也”，又引《易井》云：“鱼为阴物。”可见，鸟鱼的相接正是阴阳、男女的相合，其象征作用服务于生殖的目的。因此，战国漆器、汉代铜器、历代器用及墓葬中的鸟鱼图都根源于图腾婚合的繁殖意义，并由此派生出它的祥瑞因素。至于《山海经》中的互人国，汉代画像石中的人头鱼身图，以及五代墓葬中的人头鱼身俑，其人、鱼互化一统的形象特征都是对鱼为图腾这一原始神秘观念的复现。

---

1 袁珂《山海经校注》，第105页。
2《普列汉诺夫哲学著作选集》（第三卷），三联书店1962年，第383页。
3 王筠《说文句读》卷二十二。

鱼为星辰

鱼在华夏民族的神话信仰中不仅是图腾的标志，而且是星辰的象征。

初民临河傍泽而居，见远端水天相接，而产生了水天一统的玄想；夜晚水面倒映出灿烂星空，又触发了星入地川，鱼翔天河的臆断；此外，雨露的飘落，也加深了他们视天空为星河的认识。

《山海经·大荒西经》有“风道北来，天乃大水泉”句。《黄帝书》有载：“天在地外，水在天外，水浮天而载地者也。”《浑天仪》注云：“天如鸡子，地如鸡中黄，孤居于天内，天大而地小，天表里有水，天地各乘气而立，载水而行……”[1]在唐诗中将水、天相连的句子就更多了，如李白有“君不见黄河之水天上来”句，贾岛有“露滴星河水”句，刘禹锡有“火山摧半空，星雨洒中衢”句，王建有“夏夜新晴星校少，雨收残水入天河”句，等等。天上有水，星空为河的幻想是鱼翔天河，鱼星互代的认识基础。

要说明人、鱼、星三者的互代共通并不困难，考古学和文献资料给我们提供了大量的佐证。

从新石器时期的遗物看，1956年河南陕县庙底沟出土的圆点网纹彩陶盆，就揭示了在神话中鱼星的互代，其上的圆点是早先鱼纹的浓缩，也是星辰的指代，表现了半坡型网鱼纹向庙底沟型网星纹的变通。《诗（经）· 苕之华》有“牂羊坟首，三星在罶。人可以食，不如无生”句。上述网星纹陶盆正是“三星在罶”的写照。前已引证《诗经》有“鱼丽于罶”句，从鱼、星与罶的微妙关系，也可以看出它们在初民幻想中的主观同一。

1978年在江苏铜山县青山泉发掘出汉代画像石四块，其中有一石刻作三鱼与三星叠合图。此为墓顶画像，它在摹拟的天文图中叠合的形式直接点画出鱼、星的异形同种关系。无独有偶，在南京博物院收藏的汉代木刻星像图上，也有金乌载日，蟾蜍在月，两飞仙、众星宿和三尾鱼。图中鱼同星辰的叠合正同金乌与日，蟾蜍与月的叠合一样，表明它为后者的象征。

我们从1971年在河南唐河县针织厂发现的汉画像石墓的墓顶天文图中，还可找到鱼翔天河的例证。该图中绘有金乌与日、蟾蜍与月、繁星、白虎、四神、虹蜺与七尾鱼。“四神”即“四方宿名”，王充《论衡·物势篇》云：“东方木也，其星苍龙也；西方金也，其星白虎也；南方火也，其星朱雀也；北方水也，其星玄武也。天有四星之

---

1 转录于蒋祖怡：《王充卷》，中州书画社，1983年，第288页。

精，降生四兽之体。”至于虹蜺，《春秋运斗枢》有载：“枢星散为虹蜺。”[1]可见上述各兽均与天体相关。图中七鱼虽与星辰分列，然不失为星辰的表代。《穆天子传》有载：“天子葬盛姬，画日月七星。”由此可知，图中的七鱼就是“七星”，它们同四神、虹蜺一样，是以星精的兽体形象而出现在摹拟的天盖上的。

在南通市博物苑收藏的“神码”中，有一幅《魁星神君图》，也揭示了星、鱼间的对应关系。该图中心是龙头人身的魁星神君，左上为金乌载日，右上为北斗七星，左下有一尾鱼。所谓“魁星”，即北斗星座的斗枢四星。《春秋运斗枢》曰：“北斗七星，第一天枢，第二旋（璇），第三机，第四权，第五衡，第六开阳，第七摇（瑶）光。第一至四为魁……”[2]尽管魁星神君为道教之神，且图中金乌所载之日已化作金钱，神君两旁又附赘了“连升三级”之类的吉祥图饰，但鱼、星、金乌的同图对应关系透过全图“升官发财”的氛围，仍传导出鱼为星辰的神话信息。魁星神君的龙头当是鱼的变异，其作为水族的形象说明了它们在原始意义上的混同。

我们从颛顼的谱系关系亦可发现鱼星间的微妙关系。《国语・周语下》有载：“星与日辰之位，皆在北维，颛顼之所建也。”《山海经・大荒西经》有载：“颛顼生老童，老童生重及黎；帝令重献上天，令黎邛下地；下地是生噎，处于西极，以行日月星辰之行次。”前已论及颛顼裔族皆为水族，其中含鱼，他们决定日、月、星辰之位的神功是以鱼星互化的神秘认识为基础的，实际上是水族之神在天河中的自我定位。

鱼、星形异而类同，相合而又相克。这一凶吉对立关系我们可以从 1973 年在西安北郊高堡子村西侧发现的巨型圆雕石鱼所揭示的神话意义中去认识。该石鱼呈橄榄形，长 4.9 米，中间最大直径有 1 米，头径 0.59 米，尾径 0.47 米，值得注意的是，其头部仅刻出一只眼睛。它出土于汉代太液池北岸，发掘报告引证《三辅黄图》和《长安志》的记载，判定此石鱼为汉代的石鲸。[3]据《西安府志》议，秦始皇也曾引渭水为兰池，“筑为蓬莱山，刻石为鲸鱼”。秦汉为何临池刻鲸？我们从《淮南子・览冥》中的“鲸鱼死而彗星出”一句可以找到解谜的钥匙。鲸鱼与彗星在唯物认识中本毫无干系，一个居水，一个行天，但鱼为星辰的神话观念却使它们成为生存在同一空间的、相互制约的“克星”。彗星常被视作灾变的凶兆，人们因恐惧而称之为“妖星”。《经籍纂诂》卷

1 《艺文类聚》卷二“天部下・虹”。
2 《艺文类聚》卷一“天部上・星”。
3 参见《文博简讯》，《文物》1975 年第 6 期。

六十三云："彗，所以除旧布新也。"变更秩序，改朝换代是封建统治阶级最担心的大事，因此他们刻石为鲸显然是想以鲸克彗，让鲸鱼永在，彗星不出，从而国泰民安，江山长坐。至于石鱼何以独眼，我们从《经籍纂诂》所引《左传·宣公十二年》"取其鲸鲵而封之"的注中可以找到一点线索。注云："鲸鱼数里，或死沙中。云得之者，皆无目。俗云，其目化为明月珠。"鲸本为海中大鱼，其目变珠的幻想成为后世龙王献宝一类神话故事的根由。出土的汉代石鲸，一目尚存，可见该鲸未死，犹能克彗，另一目则已化作明珠，献宝于世，因此，独眼石鲸既表现了时人消凶灭祸的祈望，又体现了他们求宝得福的心理。石鲸将鱼人关系与天人关系简化为鱼星关系，表现出较为原始的意义。

从下雨、求雨的迷信认识中，我们也能还原出鱼、星、人在神话观念中的混同合一。《尚书·洪范》曰："庶民惟星，星有好风，星有好雨。月之从星，则以风雨。"它认为人人是星，星同庶民一样有好恶，有好风的，也有好雨的。古人幻想，由星的运动而招致雨落。如《春秋说题辞》有载："一岁三十六雨，天地之气宣，十日小雨，应天文，十五日大雨，以斗运也。"此外，《史记·天官书》关于毕星的《正义》也云："毕动兵起，月宿则多雨。"至于《汉书》所言的"五星不失行，则年谷丰昌"，其所谓"五星不失行"，亦即风调雨顺之意。应当说，星雨关系在农业形成以后才受到了特别的关注。宋人陈淳在谈及"神"的观念时说："山林川谷丘陵，能出气为云雨者皆是神。日月星辰，民所瞻仰者，亦皆曰神。"[1]显然，"出气为云雨"，是造神的功利性所在，而星雨间想象的因果关系，则成为求雨活动的信仰依据。《益部耆旧传》日："赵瑶为阆中令，遭旱，请雨于灵星，应时大雨。"[2]此例说的是求星得雨。而《帝王世纪》所载"黄帝出游洛水之上，见大鱼，杀五能牲以醮之，天乃甚雨……"以及《述异记》所载："关中有金鱼，（神云，）周平二年，十旬不雨，遣祭天神，（俄而生涌泉，）金鱼跃出而雨降。"此两例则说的是求鱼得雨。可见，灵星、天神、金鱼三者互通，鱼作为灵星的兽体显形也一样能呼风唤雨。

我们再从求雨的方式看，人们往往用男女交合的行状以乐神降雨。[3]董仲舒《春秋繁露·请雨止雨篇》有载："四时皆以庚子之日令吏民夫妇皆偶处。凡求雨之大礼

1 （宋）陈淳：《北溪字义》，中华书局，1983年，第61页。

2 《艺文类聚》卷二"天部下·雨"。

3 赵沛霖：《鱼类兴象探测》，《争鸣》1983年第1期。

（体），丈夫欲臧（藏匿），女子欲和而乐神。”又《路史·余论》引董仲舒《请雨法》云：“令吏妻各往视其夫到即起雨而止。”求雨礼俗中的男女交合，显然意在模拟双鱼，以诱发云雨。这种礼俗的形成源起于鱼为天神、鱼主风雨的观念，它比星主风雨说更为原始。先民模仿动物，或为避祸，或为求福。如古代越人文身断发，“以象龙子”，从而躲避蛟龙之害；而求雨中的欢合，以作双鱼状，让鱼神视作同类，从而出没天河而降雨。这种礼俗所凭依的神话思维仍旧是鱼、星、人的同感互渗。

至于交合状的鱼纹，原作为吉祥的符志在半坡型仰韶文化的彩陶上早已有之。究其类型，主要有两种：一是比目连体双鱼，一是同体双头鱼。它们当为后世交蛇、交龙之类变形复体神话形象的始祖。双体鱼在当时表丰稔、繁盛，但发展为交龙形象，则往往与“日月合璧”或“五星连珠”等祥瑞天象结合，其神话的认识范围有所转移和扩大。在1980年山东嘉祥宋山出土的汉代画像石中，就有一块日月合璧、交龙、单鱼图。其中鱼作为星的象征，表现了日月星同升共辉，阴阳相易，男女构精，万物化生的神话哲学。

在初民的原始思维中，天河成了鱼的生存空间。《楚辞·天问》中有“陵（鲮）鱼何所？鬿堆焉处？”的问句，也是从天上查询陵鱼的居所。可见，鱼作为飞游银汉的天神，它是星精的兽体，或者说，它与星能互化互代。

鱼表灵魂

鱼在中国神话史上既是图腾的标志，又是星辰的象征，同时也是灵魂观念的集中体现。我们可以从鱼龙幻化、鱼为乘骑和鱼为祥瑞之物诸方面去认识鱼表灵魂这一命题。

有关鱼龙互化的神话我们在文献与实物中亦可发现多例。

《山海经·海内经》注引《开筮》云：“鲧死三岁不腐，剖之以吴刀，化为黄龙。”[1]鲧本为鱼，死后其体化变为龙，乃经历了鱼龙化的过程。而《山海经·大荒西经》中的“鱼妇”神话则说“颛顼死即复苏”“蛇乃化为鱼”。蛇者，龙也。颛顼所经历的命途则又表现为龙鱼化。

鱼龙幻化的神话认识还派生出一些“鱼龙混杂”的合体形象。如1977年在铜川市

1 袁珂：《古神话选释》，人民文学出版社，1979年，第293页。

黄堡镇出土的唐代金花银碗的碗心，就捶出了龙头鱼身带翅纹；[1]1976年，在内蒙古巴林左旗乌兰套海出土的辽代白釉注壶，做成人首与带翅鱼龙连体形；1950年南唐李昇的钦陵中出土的人头鱼身陶俑，其颈项则塑成龙脖。以上数例都表现为人、鱼、龙的幻化、融合，反映了灵魂永生、变形转体的观念。

再说，作为"八宝"之一的龙门，也包容着鱼龙幻化的神话成分。《符子》有载："观于龙门，有一鱼，奋鳞鼓鬐而（登）乎龙门而为龙。"《三秦记》也载："河津一名龙门。大鱼集龙门下数千，不得上，上者为龙。"而《说文》释蛟云："蛟，龙属也。鱼满三千六百年，蛟为之长，率鱼而飞去。"[2]以上三例虽也说鱼化为龙，但有龙尊鱼卑的隐义，附会了帝王龙属，庶民鱼类的等级划分，表现了神话在阶级社会传承、变异的特点。

鱼龙幻化说的动因是前逻辑思维所决定的灵魂观念。初民相信万物有灵，灵魂不灭，并视人的生死为灵魂与躯体的聚合与分离。他们认为，在魂、体或神、形的相互关系中，魂是永久的、不死的，而体是暂时的，要朽灭的；魂灵可以游离于形体之外，也可以寓寄到别种形体之中。这一认识是天人感应、物人互化、物物通变的信仰基础。就神话发生的先后而言，鱼龙化在前，龙鱼化居后；就风俗而言，由起始的鱼的礼俗向后世的龙的习俗渐变。我们考察这一过程，就会发现：双体鱼演化为交蛇、交龙，器具上的鸟鱼纹改成了龙凤图，由向鱼神求雨转化为向龙王求雨，由鱼多子说变化为"一龙九子"说，由向鱼求子变成了向龙求子……鱼龙幻化的多形式性演示了灵魂观念的随意性，这是神话变异的一个内在动因。

从遗存的某些文物看，鱼作为能飞临天泉的神物还充当了亡灵登天的乘骑或前导。

在江苏铜山县洪楼地区出土的东汉画像石上，有登天的鱼车、龙车图。鱼车由三鱼牵引，车轮作云雷状，车上亡灵头著鱼冠，表现其为鱼的属种。图中的鱼冠仍反映着互渗的观念，但是鱼已变为登天的乘骑。鱼的这一职能在有关人头鱼身的神话中也得到了反映。人头鱼身的实物资料有山东嘉祥县宋山出土的画像石、南唐二陵中出土的陶俑和木俑，江苏邗江县蔡庄杨吴公主陵中的木俑，等等。人头鱼身者，即《山海经·大荒西经》中"互人之国"的"灵恝"之子，"上下于天"是其神性所在，也是人魂附丽的前提。在历代随葬品中，多有鱼或鱼形物，究其材料而言，有石、陶、木、玉、琥珀、

1 《文物》1980年第7期。
2 《艺文类聚》卷九十六。

铜、金、银、骨等，其样式更不胜枚举。鱼形从葬也根源于灵魂凭依而超度的观念，它们既可认作亡灵乘骑的象征，又可视为引领魂灵归入星位的向导。

1973年，在长沙城东南子弹库楚墓发掘出帛画一幅，上绘墓主人乘龙舟登天图，他上有天球华盖，下有一鱼空游。郭沫若曾在《西江月》题词中把这条鱼称作“上九重”的“前导”。从这重意义上说，鱼在中国神话中的职掌有类似希腊神话中的赫耳墨斯的地方，即起了神使或亡灵接应神的作用。不同的是，鱼不是把亡灵引过冥河，送入地府，而是带上天国，使“为星”的“庶民”在星河中归位。鱼为乘骑的幻想与大地鱼载的神话有一定的连系，想象的鱼的负载本领成为它充作乘骑的基础；而“庶民为星”的认识，灵魂不死的观念和鱼能“上下于天”的神功又决定了鱼为前导的性质。

由于鱼有灵魂，鱼表祥瑞，因而它成为社会生活中最常见的图饰之一。鱼形刻作水标，以兆丰年；做成门闩，以辟邪守夜；制为兵符，以逢凶化吉，无祸太平；捏成面鱼，象征夫妻恩爱，家庭美满；铸成挂灯，助月为明，以求有道……总之，鱼的形象无处不与先民的幻想和现实紧密地连接在一起，成为了解中国神话史、民俗史、宗教史与思想史的一个重要方面。

综上所述，鱼神话同华夏先民的物质生活和精神生活有着千丝万缕的联系，它是有关婚丧礼俗、信仰风俗的形成前提，也是鱼作为祥瑞动物的基础。鱼神话在传承中的变异、发展使其内容日趋复杂，而后世不断增长的功利需求和人为迷信的长久渗透，又使其原始因素逐步衰减。神话的象征和类比正是在这一过程中发生了转移：象征夫妻和合的双鱼在婚礼中被“囍”所取代；葬俗中死者口中的玉鱼饭含改成了珠宝；鱼图饰表丰稔昌盛的图腾意义演化为“吉庆有余”的谐音理解；鱼飞天河、鱼为星辰、随鱼归天的神话为乘龙骑鹤、“得道升天”的仙话所改造……尽管如此，在考古发掘、文献记载和民俗活动中，我们仍可以发现一些可贵的原始资料，并得以探究鱼神话的真义。

鱼作为图腾标志，表现了人鱼的互通；作为星辰的化身，决定了天人间的感应；而作为灵魂的体现，则表现了永生不死的幻化之功。这种鱼人、鱼星、鱼灵间的前逻辑联系，实际上是神人间多角度的幻想同一。鱼神话既表现了对丰收的祈望，对生殖的崇拜，也表现了对宇宙、人生、死灭的幼稚认识，它是初民现实的物质需求与虚幻的精神现象的融合。物质需求的转换性和精神现象的丰富性构成了神话发展、变异的两大内在动因。鱼神话的变异正是这样，它是社会存在与社会意识的反映，其神秘的形式包容着明确的功利目的。

随着星人关系、龙人关系对鱼人关系的取代，鱼神话逐步衰亡。从控制论的观点看，它对一定时代、社会呈收敛型反馈；从结构主义观点看，其神话素发生了转移，结构型式虽没有变更，但因事间的联系发生了置换作用；从信息论的观点看，由于载体的变异，原代码间的动态联系趋于中断；从功能主义的观点看，由表现原始社会的全民意识逐步向宗教迷信发展。因此，从事鱼神话的还原、探究只能借助片段的文献资料、久远的民俗活动和各类的历史文物，相信随着考古学的发展我们将掌握更多的实证，以最终揭开鱼神话的千年之谜。

纳西族汉族龙故事的比较研究[1]

阎云翔[2]

奋发腾飞的巨龙，是中国文化的象征；丰富多彩的龙故事，是各民族民间文学宝库中的珍品。比较研究各民族的龙故事，进而探讨龙在中国文化中的地位和作用，无疑是一件有意义的工作。本文即试图通过比较纳西族和汉族的龙故事，探讨纳西族的龙与汉族的龙之异同及其原因，希望能为龙的研究略尽绵薄之力。

一

1. 纳西族、汉族龙故事的系统和类型

纳西族和汉族都与远古时的氐羌族群有着血缘关系，因而两族文化有许多相同或相似之处，龙故事的广泛流传即为其一。对这些故事进行简单的分类，当是比较研究的基础。

纳西族的龙故事，就其来源和体裁而言，可以分成东巴经中的龙神话和民间故事中的龙王龙女故事（属幻想故事类）两大类；而就其内容而言，它们又是具有很大差异的两个系统。

东巴经中的龙神话主要见于祭龙经，这是东巴教最重要的经典之一。[3]永宁地区的

---

1 刊于 1986 年第 1 期。

2 阎云翔，男，31 岁。1984 年在北京大学获文学硕士学位，现在该校中文系任教。主要论文有《从北京歌谣看歌谣的民俗志功能》《图腾理论及其在神话学中的应用》《印度的那伽与中国的龙》等。

3 据方国瑜先生介绍，东巴祭龙经的主要经书有十九部之多。见方国瑜编撰，和志武参订《纳西象形文字谱》，云南人民出版社，1981 年，第 600—602 页。

达巴口诵经也有类似的祭龙经和龙神话。[1]这些龙神话反映出纳西族先民的生产、生活状况，特别是他们与作为自然力代表的龙王的斗争。在《休曲苏埃》中，凶恶的龙王霸占了所有的山林田地，人类为了生存不得不与之斗争，最后在神鹏帮助下取得胜利。《高来秋沃受》描述了智勇双全的猎人高来秋挫败山神龙王，救回老父的故事。《多萨欧吐哲作》的主人公多萨欧吐怒斩龙王之子牛生许卢。《古生都丁哲作》的主人公古生都丁为民除害，射死与人类为敌的龙王苏主尼马。[2]这些故事塑造出一组斗龙英雄（纳西族先民集体力量的化身）的光辉形象，同时也详细描述了在神性、神格等诸方面都颇具特色的纳西族的龙，是本文研究的重点。

纳西族民间故事中的龙王龙女故事，表现的主要是龙女（或龙子）与穷苦青年相爱成亲，并与社会上的恶势力斗争的内容。如《龙女与樵哥》，龙女为报答樵哥帮助父王的恩情，请樵哥入龙宫选宝，又变作白鸡随他来到人间，后又同他一起战胜了领主。《七星披肩的来历》中，龙王三太子与纳西族姑娘英古结婚，同心协力斗旱魔。《文笔峰》讲的是龙王三公主违抗父命嫁与樵郎，老龙王怒而停雨三年，龙女则写天状告龙王，舍身救民。[3]《宝猎》故事的主人公养了一头能使大海动荡不止的宝猎。他凭此宝猎迫使龙王献宝嫁女，又在龙王帮助下战胜了土司。[4]

从上面的简介已可看出，东巴经上的龙神话和民间故事中的龙王龙女故事内容相差甚多，确应分作两个系统。另外，在流传过程中，这两个系统之间也有某种界限。东巴经上的某些龙神话如《休曲苏埃》尽管也通过东巴讲述而人人皆知，但却不能像一般龙王龙女故事那样广泛流传。[5]笔者认为，这是因为龙神话具有神话的神圣性和特殊的文化功能，因而只能在特定场合（祭龙仪式）由特定的人（东巴）背诵而非讲述。这种情况又反过来扩大了东巴经上的龙神话与纳西族龙王龙女故事之间的差别，使这两个故事系统越离越远。

由于种种原因，汉族的龙故事数量最多，仅笔者目前所掌握的异文就有数百篇，而且形成若干稳定的故事类型。这些龙故事就体裁而言，有龙神话、龙传说和属于幻想故事的龙王龙女故事三大类。

---

1 参见和志武《纳西族古文字概论》，《云南社会科学》1982 年第 5 期。
2 这些故事均见于和志武编译的《纳西东巴经选译》。
3 这些故事均见于中共丽江地委宣传部编《纳西族民间故事选》，上海文艺出版社，1981 年。
4 见《山茶》1981 年第 4 期。
5 参见杨世光《试论纳西族的东巴文学》，《思想战线》1983 年第 6 期。

汉族的龙神话只剩下片段残存于古籍中。如《史记》载“夏后氏之衰有神龙二止于夏帝庭”的故事；又，《山海经·大荒东经》云：“应龙处南极，杀蚩尤与夸父，不得复上。故下数旱。”

汉族的龙传说多与历史人物或地方风物结合在一起，异文较多的类型有四：

（1）屠龙豢龙传说。如董父精于养龙，被舜帝封为豢龙之官。[1]又，陆机请张华赴宴，博学多识的张华认出盘中味乃是龙肉。[2]

（2）乘龙传说。汉族的龙常常成为圣人仙人的坐骑，有“龙之为虫可狎而骑”之说。[3]黄帝在首阳山铸鼎，有龙从天而降，黄帝遂乘龙升天，即属这类传说。[4]

（3）神龙显圣传说。龙是四灵之首，象征吉祥如意，故有此类传说出现，后渐与皇权结合。

（4）斩孽龙传说。这类传说现在仍流传于民间，主要表现英雄如何力斩孽龙为民除害，禹王爷治水、李冰化牛斗龙、杨将军斩无义龙等皆为此类型内名篇。

汉族的龙王龙女故事是在唐朝以后，受印度那伽故事（即汉译佛经中的龙故事）影响而产生的，[5]有这样几种主要类型：

（1）龙女报恩型，主人公搭救了龙王或龙女。龙女邀主人公入龙宫选宝，或嫁与主人公。脍炙人口的柳毅传书故事即属此类型。

（2）龙女与渔夫型。龙女与主人公相爱成亲后，又战胜破坏他们幸福的恶势力。这类故事常常与螺女型、百羽衣型故事复合。目前所见较早异文是“柳子华故事”[6]。

（3）张羽煮海型。主人公利用宝物与龙王斗争，迫使龙王献宝嫁女，元杂剧《沙门岛张生煮海》是较早的代表作。

（4）龙王龙女助人型。此类故事多数是表现龙王龙女违抗天旨帮助人解除旱涝之灾

1 《左传·昭公二十九年》。

2 《太平御览》引《晋书》。

3 《韩非子·说难篇》。

4 《史记·封禅书》。

5 关于此问题，学者们已有不少论述，可参见霍世休《唐代传奇文与印度故事》，《中国比较文学》1985 年第 1 期；台静农《佛教故事与中国小说》，《现代佛教学术丛刊》第 2 辑 9 版；季羡林《印度文学在中国》，载《中印文化关系史论文集》，生活·读书·新知三联书店，1982 年。另外，笔者在《论印度那伽故事对中国龙王龙女故事的影响》一文中，比较详细地探讨了这种影响的性质、范围和具体因素等问题，也论证了中国龙王龙女故事中的改造和再创造因素。

6 见杜光庭《录异记》卷五。

的内容。[1]

通过故事类型的划分，可以很容易地看出纳西族东巴经上的龙神话与汉族的龙故事相比基本相异。虽然二者之间也有较近似的类型，如古生都丁杀龙王与汉族的斩孽龙传说近似；但是二者之间更多的还是相异之处。《休曲苏埃》《高来秋沃受》《多萨欧吐哲作》这样的故事在汉族闻所未闻，而豢龙传说、乘龙传说、神龙显圣传说等类型在东巴经里也看不到。

另一方面，纳西族民间故事中的龙王龙女故事与汉族的龙王龙女故事基本相同，它们大部分都可归入汉族故事类型。如，《龙女与樵哥》属于龙女报恩型，《文笔峰》属龙女与渔夫型，《七星披肩的来历》可划入龙王龙女助人型，《宝猎》则是相当典型的张羽煮海型。

龙故事是讲龙的，纳西族、汉族龙故事之间的异与同，都集中表现在龙的异与同上。下面，我们便比较分析纳西族的龙之异同。

2. 东巴经中的龙与汉族的龙之比较

东巴经中的龙与汉族龙故事特别是龙神话、龙传说中的龙相比，基本相异，这主要表现在以下几个方面。

（1）龙的出身不同。东巴神话里，龙与人有血缘关系，是同父异母兄弟。“很古很古的时候，龙王人祖两个呀，好父亲哟是一个，好母亲哟是两个，俗话称作同山不同海。”[2]东子阿璐在危急关头躲到龙王家避难，因为其母是龙女，龙王是他的舅舅。[3]

汉族的龙与人就没有这种关系，至少目前尚未发现龙是汉族祖先或兄弟的明确记载。相反，大量文献、文物资料都证明汉族的龙始终是作为一种水生动物、一种神奇的异类出现的。“龙生于水，被五色而游，故神。”[4]“龙是水畜，云是水气，故龙吟则景云出。”[5]古人还有“吾无求于龙，龙亦无求于我”，[6]人与龙毫无关系的看法。[7]

---

1 如四川的“赤溪老龙王”、桂林的“龙母岩”、杭州的“小黄龙”、无锡的“龙王岩下锁老龙”等故事，皆为此类型。

2 《休曲苏埃》，载和志武编译《纳西东巴经选译》，第 46 页，以下简称《选译》。

3 《东埃术埃》，载《选译》，第 37 页。

4 《管子・水地篇》。

5 《〈易经〉正义》。

6 《左传・昭公十九年》。

7 笔者不同意“龙为华夏图腾”说，此为重要原因。“毫无疑问，如果一个民族未曾宣称与神圣动物有血缘关系，图腾制最主要的特征就不具备。”（安德鲁・兰《现代神话学》，伦敦，1867 年，第 86 页）被视为水畜异类，可以饲养、乘坐，甚至食肉的龙，不可能是华夏族的图腾。关于此问题，笔者另有专文探讨，从略。

（2）龙的神性不同。东巴神话中的龙首先是权威赫赫的山神，掌管着山林土地以及飞禽走兽，花草树木。龙王是山上一切自然物的主人，还拥有为数不少的奴隶、牧人替他照看猎场，放牧家畜。[1]龙王的山神特性，在祭龙仪式上也鲜明地体现出来。在大祭龙王道场上，有丁巴什罗和五方大神，有龙王，还有鹰、豹、虎、熊、箐鸡、雉鸡等龙王管辖的山林动物。"东巴摇铃挥刀，口念经咒后，环供桌起舞，依次跳描述丁巴什罗和五方大神德行及法力的动作及龙王管辖下的一些山林动物舞。"[2]

山神龙王又是水神，掌管着世上所有的水源。所以，龙王左那里赤被神鹏捆到树上后，龙子金里各具找到大神丁巴什罗，以若杀死龙王则水源将断相威胁。"如若真的把他杀死后，美令达今海呀不枯也要干。""地上所有的人类呀，没有水喝将会渴死掉！"[3]

山神龙王在很大程度上是一种恶神。东巴经中的龙神话反复强调的主题就是人类为了生存如何与山神龙王斗争。远古时，龙王、人类分家产，龙王藏起传家宝，又霸占了所有的山林土地，以至于"地上所有的人类呀，没有一块地盘可做活，没有一座山头可放牧！"[4]山神龙王既贪婪又凶恶，只因为高来秋的父亲猎获了山上的野猪，就把他抓起来百般折磨。[5]龙王有时还故意与人做对，放出龙狗龙马，使得"普尺阿鲁家，新开辟的肥田干地里，长的庄稼全被龙狗、龙马所踏平"[6]。

汉族的龙则全然不同。概括说来，龙在殷商时代仅是一种动物神，缺乏明确的神性。《周易》中的龙，开始具有某种象征性的神异特点，后逐渐变成四灵之首，成为吉兆瑞应。自汉代始，封建统治者利用龙的象征性，龙与皇权发生关系。另一方面，龙为水畜、生于水的观念古已有之，印度影响又带来专司行云布雨的龙王，故自六朝以后龙的水神特性日趋突出，但汉族的龙一般都要遵照更高的神之旨意行雨。无论是作为灵物还是作为行雨之水神，汉族的龙基本上是一种善神。发洪水造旱灾的孽龙仅是龙族中的败类，而且往往是蛟而不是龙。

（3）龙的神格不同。龙王在东巴教里神格比较高，位在教主丁巴什罗和其他几尊主神之后，而在众神鬼之前。龙、鹏、狮是东巴教三尊护法神，经常并列出现在东巴经

1 参见《高来秋沃受》，载《选译》，第94—97页。
2 杨德鋆、和发源：《东巴跳神舞蹈》，《舞蹈论丛》1983年第1期。
3 《休曲苏埃》，载《选译》，第52页。
4 《休曲苏埃》，载《选译》，第52页。
5 《高来秋沃受》，载《选译》，第94—99页。
6 《普尺阿鲁哲作》，载《选译》，第133页。

书、东巴舞蹈和东巴神路图中。在神路图中就有这样一个片段，中央画丁巴什罗，“什罗上端画的是翅类之王大鹏鸟、角类之王飞龙、纹类之王白狮子。三者代表神威与法力，是胜利神的化身”[1]。纳西旧俗，每年三月，合村祭山神龙王，祈求本年风调雨顺，老少平安。[2]东巴经上的龙神话，既有人类战胜龙王的故事，又有人类不得不向龙王献祭的情节，反映出纳西族先民对于山神龙王那种又惧、又恨、又敬的复杂情感。普尺阿鲁辛勤劳动过上好日子，首先想到的是请来祭司，设龙寨、安龙门、建龙塔、插龙牌，大念祭龙经，“赔偿龙王家的损失”[3]。在《休曲苏埃》等故事中，虽然人类都战胜了龙王，但最后还是要祭龙王，向龙王表示敬意。因为龙王很喜欢享受人间香火，“财产瞒住龙王眼，粮食遮住龙王脸；龙王心也笑起来，恰似满锅开水倒出来！”[4]

汉族龙的神格，有一个不断升高的发展过程。现在人们常见的地位尊贵的龙，是明清时才成型的。先秦时，龙作为一种动物神地位微不足道，豢龙传说、乘龙传说即是证明。正如东汉思想家王充所言：“龙可畜又可食也，可食之物，不能神矣。”[5]秦汉之后，龙被皇帝拉来光宗耀祖，神格也随之升高，但仍是虚幻性、象征性很强的神灵。从官方祭祀看，龙神一直到唐代才开始受祭。[6]相应地，汉族龙故事中的龙在神格上也不如纳西族的龙高。

（4）龙的居所不同。众所周知，汉族的龙是水物，总是居于水中。“蛟龙伏寝于渊，而卵剖于陵。”[7]“积水成渊，蛟龙生焉。”[8]一旦离开水，龙便去神性，“神龙失水而陆居兮，为蚁蝼之所裁”。龙宫或水晶宫是汉族龙王龙女故事中的重要母题。

东巴神话中的龙却居所不定，或高山或大河，有时也住在天上。天国龙主牛苟堆畏率族聚居于“天国龙家大院”里；[9]而龙王苏主尼马，“偏要住到与世隔绝的地方，住到狗也不屙屎的山卡卡里头”[10]。在那场著名的鹏龙之战以后，龙王左那里赤向大神丁巴什罗讨居所，丁巴什罗规定：“冬天冬三月，又让龙族住到高山深林中；春天春三月，

---

1 杨德鋆、和发源：《东巴跳神舞蹈》，《舞蹈论丛》1983年第1期。
2 参见和志武《略论纳西族的东巴教和东巴文化》，《世界宗教研究》1983年第1期。
3 《普尺阿鲁哲作》，载《选译》，第132页。
4 《休曲苏埃》，载《选译》，第54页。
5 《论衡·龙虚篇》。
6 参见樊恭炬《祀龙祈雨考》，《新中华》1948年第4期。
7 《淮南子·泰族训》。
8 《荀子·劝学篇》。
9 《多萨欧吐哲作》，第109页。
10 《古生都丁哲作》，载《选译》，第136页。

又让龙族住到纳萨云雾山；夏天夏三月，又让龙族住到碧绿大海中；秋天秋三月，又让龙族住到河边大石上。”[1]

（5）龙的人格化不同。汉族的龙在神话和传说中多为一种象征性很强的动物神，它不能变人形，说人言，缺乏人的思想感情，尚不是人格化神灵。六朝以后，受印度那伽故事影响，龙王龙女故事和人格化的龙才在汉族出现，但人龙异类的观念仍时有反映。

相比之下，东巴经中的龙人格化程度非常高，非常彻底，而且具有鲜明的民族特色。山神龙王除了具有人所不及的神力外，几乎在各方面都与人相同。龙王与人交谈来往，无须任何媒介。龙王家有院落，有竹床木床，[2]还有纳西族特有的厨房薰（熏）棚。[3]龙王相貌漂亮，性爱美，每个月初一、十五都拿着金盘银盆、玉篦珍梳到海边洗头梳长辫。[4]庞大的龙家族里有龙子龙女，还有龙头目、龙长老、奴隶、牧人等。[5]天国龙子变作人形，骑马牵狗来人间打猎，看上多萨欧吐的妻子后，便与之调情成欢。龙王寻找儿子也同凡人一样求巫占卜。[6]龙王与人交战也同样使用弓箭对射。[7]

出身、神性、神格、居所和人格化，这些重要的差异足以证明东巴经中的龙与汉族的龙基本相异。

3. 纳西族民间故事中的龙与汉族的龙之比较

纳西族民间故事中的龙与汉族的龙，特别是与汉族龙王龙女故事中的龙相比，相同处远远超过相异处，或者说二者基本相同。这些相同处似无必要反复比较，下面仅从纳西族故事方面择要列之。

纳西族民间故事中的龙已不像东巴经上的龙那样主宰一切自然物，而是像汉族龙王龙女故事中的龙那样专司行云布雨之事。白龙与黄龙交战，表现形式是白、黄两股水流淌。[8]黑龙作孽，便发洪水冲坏村庄，淹没庄稼。[9]龙王三太子与纳西姑娘结婚后，马上来到久旱的丽江施法行雨，并且用喷水柱的方式与旱魔交战。[10]生碧河龙王禁止

1《休曲苏埃》，《选译》第54页。
2《休曲苏埃》，《选译》第50页。
3《高来秋沃受》，《选译》第95页。
4《休曲苏埃》，《选译》第50页。
5《高来秋沃受》，《选译》第97页。
6《多萨欧吐哲作》，《选译》第110页。
7《古生都丁哲作》，《选译》第138页。
8《龙女和樵哥》，载中共丽江地委宣传部编《纳西族民间故事选》，上海文艺出版社，1981年，第222页。
9《白塔与丹桂的故事》，载中共丽江地委宣传部编《纳西族民间故事选》，上海文艺出版社，1981年，第255页。
10《七星披肩的来历》，载中共丽江地委宣传部编《纳西族民间故事选》，上海文艺出版社，1981年，第262页。

龙女嫁樵郎，盛怒之下便准备降暴雨冲散这对夫妻，后又考虑到龙女是龙种，逐改为撤回河水，停雨三年。[1]这些例证都证明纳西族民间故事中的龙在神性上已经同汉族的龙一样了。

此外，在纳西族民间故事中，龙王的居所也固定在水下，而且同样是金碧辉煌的龙宫。凡人进入龙宫必须通过某种媒介，如樵哥是将手搭在龙肩上，闭着眼睛；[2]英古姑娘则靠龙王三太子赠送的戒指。[3]故事中出现了东海龙王、河龙王、龙王三公主等汉族故事常有的龙。龙王的地位相对下降，龙女（或龙子）成为主要形象，决定着情节的发展。这些特点都与汉族龙王龙女故事中的龙相同，与东巴神话中的龙相异。

二

通过上文的比较，我们可以清楚地看到一种耐人寻味的现象：纳西族的龙故事和龙分成两个差异很大的系统，其一与汉族的龙故事和龙基本相异，另一系统则与汉族的龙故事和龙基本相同。

该如何解释这种现象呢？笔者认为纳西族和汉族的龙故事以及故事中的龙，都是起源早、变化多、发展过程长的事物；民间文学的变异性和龙本身的虚幻特点，又增加了它们变化、发展的多样性。我们现在所见的龙故事和龙，都蕴含着很多代人在不同历史时期内对它们的不同理解，积淀了丰富的多层次的内容。横向的现状比较仅仅能够展示出它们的共时性丰富内容，无法揭示出它们的历时性多层内涵，当然也不能很好地解释它们之间的异同现象。因此，我们还必须从纳西族、汉族的龙神观念和龙故事的历史发展过程中去寻求它们之间有异又有同的原因。

1. 东巴经中的龙与汉族的龙基本相异的原因

纳西族和汉族在远古时代是亲戚，都与古羌人有血缘关系。“纳西族渊源于远古时期居住在我国西北河湟地带的羌人，向南迁徙至岷江上游，又西南至雅砻江流域，又西迁至金沙江上游东西地带。”[4]汉族的前身华夏族，是由许多古代氏族和部落融合而成的，其中就有古羌人之大部。[5]方国瑜先生认为，古羌人先后向东、西、南三个方向迁

1 《文笔峰》，载中共丽江地委宣传部编《纳西族民间故事选》，上海文艺出版社，1981 年，第 272 页。
2 《龙女和樵哥》，载中共丽江地委宣传部编《纳西族民间故事选》，上海文艺出版社，1981 年，第 223 页。
3 《七星披肩的来历》，载中共丽江地委宣传部编《纳西族民间故事选》，上海文艺出版社，1981 年，第 261 页。
4 方国瑜编撰，和志武参订：《纳西象形文字谱・绪论》，云南人民出版社，1981 年，第 3—4 页。
5 参见田昌五《中国古代的氏族和部落》，载《古代社会形态研究》，天津人民出版社，1980 年。

徙，西迁者形成吐蕃，即藏族之先民：南迁者成为云南各族之先民，纳西族是其中一支；东迁者则并入夏部族，成为后来的汉族。[1]

就目前资料判断，古羌人是最早信奉龙神的民族；随着古羌人各支系的迁徙，龙神信仰也被带到汉族、纳西族等民族中。甲骨文中即有“龙来氐羌”“弋羌龙”等记载。[2]《山海经·海内经》云：“伯夷父生西岳，西岳生先龙，先龙是始生氐羌。”夏族与龙的关系十分密切，但是，“禹出西羌”[3]“禹兴于西羌”[4]等记载恰恰透露出夏族的龙来自古羌人的信息。这也可反证古羌人是最早信奉龙神的民族。东迁羌人将龙神信仰带入夏民族，于是有夏一朝，屡见神龙出现。“大乐之野，夏后启于此儛九代，乘两龙。”[5]“禹南省，方济乎江，黄龙负舟。”[6]“夏德之盛，二龙降之。”[7]从此，龙便开始了它在汉族文化内的发展演变。

南迁羌人同样也携带着龙神信仰的精神财富。上文说过，南迁羌人是从西北河湟地区经今四川北部和西部逐渐南行的，西昌曾是他们重要的活动区域。在三国时代，西昌地区普遍信奉龙神。“夷人大种曰昆，小种曰叟。……夷中桀黠能言论（议）屈服种人者，谓之耆老。（……）其俗徵巫鬼（……）诸葛亮乃为夷作图谱，先画天地日月，君长（城府），次画神龙，龙生夷，及牛马羊……”[8]这里的昆、叟，即是南迁羌人，当然也包括纳西族先民。诸葛亮作图谱须画神龙，说明南迁羌人一直保持着龙神信仰，流传着龙故事。因为“诸葛亮既定南中，欲攻其心，故以昆叟之传说为材料，作为图画，以表示对昆叟宗教传说之敬重”[9]。

纳西族和汉族的龙神观念都来自古羌人，但是，在漫长的民族形成和发展史中，两族人民必然要将自己的思想感情寄托于龙神身上，必然要根据自己的生活需要重新创造龙故事。于是，本为同源的龙和龙故事就在两个民族内各自独立地发展演变，最终产生重要的差异。造成差异的原因，主要有四，略述于下。

---

1 参见方国瑜编撰，和志武参订《纳西象形文字谱·绪论》，云南人民出版社，1981 年。
2 转引自刘城淮《略谈龙的始作者和模特儿》，《学术研究（社会科学版）》1964 年第 3 期。
3 《盐铁论·国病》。
4 《史记·六国年表》。
5 《山海经·海外西经》。
6 《吕氏春秋·恃君览·知分》。
7 《博物志·卷二》。
8 《华阳国志·南中志》。
9 徐嘉瑞：《大理古代文化史稿》，中华书局，1978 年，第 31 页。

其一，东巴经上的龙在某些地方还保留着古羌人的龙之原始面貌，故与失去原貌的汉族的龙产生差异。以龙的居所为例，汉族的龙非水不能居住，显然不是古羌人龙之原貌，而是经过华夏族改造的；因为古羌人是游牧民族，活动于西北高原，逐水草而居，不可能也不应该将他们的龙神想象成只可居于水中。纳西族东巴经中的龙居无定所，随遇而安，就比较符合古代游牧民族的生活特点，可能在一定程度上保持着古羌人龙之原貌，或更接近于原貌。

彝族史诗《英雄支格阿龙》曾详细叙述了远古时代龙族的变迁史。龙最初都是在天上飞翔的，后来有一条龙因为怀孕不方便而掉到地面，于是龙便开始在地上繁衍。地上的龙又经过岩间的龙、林中的龙、江湖中的龙等许多代变迁后，生下人类的女始祖。[1]纳西族属于汉藏语系藏彝语族彝语支，与彝族有近亲关系，而彝族族源也与古羌人有关。《英雄支格阿龙》中龙从天上到地面，又从岩间林中到江湖之中的变迁也可证明纳西族东巴经上的龙居无定所的特点，非常可能是古羌人龙之原貌。

有些习俗也可说明东巴经中的龙与古羌人龙之关系密切。纳西族在祭祀仪式上，要把龙牌（绘有龙王图像的木牌）插在村旁、水边，以表示对龙神的敬意。古生都丁祭龙王阴魂，就有“白龙牌哟做七百”之举。[2]据学者考证，此俗系来自古羌人，在西北敦煌、居延等地也有不少类似的人面形木牌出土。[3]

其二，东巴经上的龙神话反映的是纳西族先民的生产生活和思想感情，故与汉族龙故事不尽相同，而龙的神性神格也随之产生差异。

东巴利用象形文字写经书始于 11 世纪。[4]龙神话一旦写入经书，便成为宗教圣典，一般不会再有大的改动。因此，我们可以判定这些龙神话反映的主要是 11 世纪前纳西族的生产生活状况。纳西族长期处于迁徙中，定居以后的很长时间内，生产上也仍以狩猎和放牧为主。直到“公元九世纪中叶，磨些地区还是‘土多牛羊’，牧畜业生产占据社会经济的主要地位”[5]。这反映在龙神话中，就是人类与山神龙王的冲突总以争夺牧场和山中猎物为主。

在生产方式落后，自然对于人类来说还是完全异己的力量时，人类总是把自己最迫

1 参见罗希吾戈《从英雄史诗〈英雄支格阿龙〉看彝族古代社会》，《山茶》1983 年第 5 期。
2《古生都丁暂作》，载《选译》，第 136 页。
3 参见汪宁生《纳西族源于羌人之新征》，《思想战线》1981 年第 5 期。
4 参见和志武《略论纳西族的东巴教和东巴文化》，《世界宗教研究》1983 年第 1 期。
5《纳西族简史》编写组：《纳西族简史》，云南人民出版社，1984 年，第 40 页。

切的需要转化为神的神性，又反过来祈求神满足他们的需要。纳西族先民一直在高原地区迁徙，长年累月在山中狩猎放牧，迫切地需要丰富的自然猎物和良好的牧场。于是，他们将这些需要变成神性，寄托在龙神身上。认为龙神管辖着山林水泉田地以及所有的飞禽走兽。他们虔诚地拜倒在自己创造出的龙王脚下，建龙塔、插龙牌，杀牛宰羊，祈求山神龙王赐予猎物和牧场。但是，大自然并不总是向着人类微笑。猎物缺乏，牧场破坏，牧畜死亡等不以人们意志为转移的灾难，又使纳西族先民想象是大自然的主宰山神龙王有意跟人类为敌。现实生活中人与大自然的斗争就以人与龙王的斗争的形式再现于东巴经。大自然慷慨与人和残酷无情的两方面以山神龙王的双重性格表现出来。纳西族的龙在纳西族先民与大自然的长期斗争中，就这样逐渐形成自己的特点，既是山神又是水神，还是猎神、牧神、护法神……这些神性都是纳西族生存的需要，都必须到纳西族社会历史中去寻求其起因。

其三，东巴文化对龙和龙故事的重塑，使它们与汉族的龙和龙故事产生了差异。

纳西族的民族宗教东巴教是一种发展到较高阶段的自发宗教，盛行自然崇拜、多神崇拜和巫术占卜，并形成独具一格的东巴文化。东巴教的神鬼为数甚多，山神龙王是其中重要角色。据 J.F. 洛克统计，有名字的龙王竟达 675 个之多。[1]

东巴教对龙的重塑可以巫术观念的影响为例。天国龙子牛生许卢同多萨欧吐的妻子谈情说爱时，驱使自己的灵魂变化，让老虎去放牛，让野狼去放羊。“龙主苏美那布之心做变化，三只野鸡呀，拔了普尺阿鲁的三根头发，飞回龙王家，把那头发塞进苏美那布的嘴里，普尺阿鲁的灵魂被关进龙家。”[2]这些都是原始宗教中灵魂可以任意离开肉体的观念之体现。原始宗教还认为，人活着时可以役使自己的灵魂，或将它藏于体外；人死后同样可以利用灵魂作祟，必须经过一定的禳解仪式之后，灵魂才会回到祖先们那里，并等待着新生。纳西东巴经中的龙王就是如此，苏主尼马被杀后，灵魂来作祟讨债，直到古生都丁举行祭龙仪式后才罢休。[3]这种善使巫术，利用灵魂作祟的龙王，显然与汉族的龙不同。

其四，外来文化影响也造成了东巴经的龙与汉族的龙之差异。

纳西族文化的迅速形成是在 3 世纪到 9 世纪之间，特别是在 7 世纪丽江巨甸的纳西

1 参见杨德鋆、和发源《东巴跳神舞蹈》，《舞蹈论丛》1983 年第 1 期。
2 《多萨欧吐哲作》，载《选译》，第 108 页。
3 《古生都丁哲作》，载《选译》，第 139 页。

先民强盛之后。在这一时期内，纳西族一直处于唐、吐蕃和南诏三大政治势力的包围和控制之下，因而也很自然地接受了这三种文化的影响。东巴教就主要受本教和喇嘛教的影响而形成。[1]因此，东巴神话中的龙，也有不少本教和喇嘛教影响的痕迹，而这些影响又是汉族的龙未曾接受的，故而也扩大了二者间的差异。

龙与鹏、狮同为东巴教护法神，这种观念就是受喇嘛教影响才有的，而其最终源头则是印度。早在吠陀时代，印度婆罗门教便奉蛇神那伽（Nàga）为守护神，四大天王中的广目天王率领众那伽守护西方。[2]佛教兴起后，将那伽与神鸟迦楼罗（Garuda）都列入护法天神八部众之内。[3]佛教传入中土，那伽被译成龙，迦楼罗被译作金翅鸟，又作大鹏金翅鸟。喇嘛教是藏传佛教，也信奉那伽和迦楼罗，不过又加上狮子并称为龙鹏狮三尊护法神。东巴教从喇嘛教那里接受了龙鹏狮三神护法观念。在纳西象形字里有一字，画三神头像，意为“龙鹏狮三神面偶也，系藏语”[4]。也表明它来自喇嘛教。

《休曲苏埃》中神鹏与龙王左那里赤斗法，最后将龙王叼出海面捆在树上而获胜，此即为著名的鹏龙争战。象形字神鹏作一飞鸟，头上有宝石并生角，意为“相传能治服洪水、龙王之神鸟也”[5]。这种神鹏降龙的观念也是来自印度文化的。汉译佛经中有许多金翅鸟降龙食龙的故事，有的异文与《休曲苏埃》非常相似，都是描述神鹏（金翅鸟）出其不意将龙王抓出水，又提到神山顶的树上。[6]

金翅鸟降龙的故事在印度由来已久。大史诗《摩诃婆罗多》讲述了迦楼罗与那伽（按，即汉译佛经中的金翅鸟与龙）结仇的原因。它们本是表兄弟，但因那伽之母设计使金翅鸟之母成为奴隶，遂结下不解之仇。金翅鸟历尽艰辛找到苏摩酒，变得神通广大，迫使因陀罗答应它以那伽作为食物。从此，它就成为专门降伏那伽的神鸟。[7]这在汉译佛经中是金翅鸟降龙，而在藏译佛经中是神鹏降龙，译名不一，实为一事。

纳西族在东巴教形成时大量吸收本教和喇嘛教文化，很自然地将神鹏降龙观念化入本族的龙神话中，变成《休曲苏埃》这样的故事；另一方面，汉族的龙自秦汉起与皇权

1 参见和志武《略论纳西族的东巴教和东巴文化》，《世界宗教研究》1983 年第 1 期。

2 参见雷奈·格鲁塞《印度的文明》常任侠、袁音译，商务印书馆，1965 年，第 12 页。

3 八部众，又称作“龙神八部”或“天龙八部”，即诸天、那伽、夜叉、乾闼婆、阿修罗、迦楼罗、紧那罗、摩侯罗迦。

4 方国瑜编撰，和志武参订：《纳西象形文字谱》，云南人民出版社，1981 年，第 342 页。

5 方国瑜编撰，和志武参订：《纳西象形文字谱》，云南人民出版社，1981 年，第 175 页。

6 见《菩萨处胎经》卷七。

7 参见丁·维吉尔《印度的蛇传说》，伦敦，1926 年，第 50—53 页。

结合，龙凤呈祥是最理想的瑞应，故汉族很难接受金翅鸟降龙这样与本民族文化传统格格不入的观念。尽管汉译佛经中金翅鸟降龙故事很多，却未能融于汉族龙故事中去，即出于此因。这样，由于本民族文化传统制约着一个民族接受外来文化影响时的选择，纳西东巴经的龙与汉族的龙之间又产生了新的差异。

2. 纳西族民间故事中的龙与汉族龙的基本相同的原因

这个问题比较简单，答案是纳西族民间故事中的龙和汉族龙王龙女故事中的龙，究其根源同受印度那伽故事影响，而纳西族又是由于汉族龙王龙女故事的传入才间接受到这种影响的，故二者基本相同。

上文已有所述及，汉族的龙王龙女故事是在六朝以后受到印度那伽故事（即佛经中的龙故事）的影响才产生的。它的几个故事类型，都可以在汉译佛经和更为古老的印度故事中找到。如，感恩的龙女型在《摩诃僧衹律》《旧杂譬喻经》等佛典中屡见不鲜，在《五卷书》《故事海》中也时有记载。[1]龙女与渔夫型，在印度可以追溯到《摩诃婆罗多》中的阇罗提伽故事。

但是，汉族的龙王龙女故事又并非印度那伽故事的复制品，而是经过汉族人民加工创造的新故事。譬如，它摒弃了金翅鸟降龙故事；把龙女所爱的主人公由王子、商人变成渔夫、猎人或穷苦孤儿；通过龙女故事与螺女型、百羽衣型故事的复合，反映了更深刻的社会现实问题。因此，它一经出现，便在民间广为流传，表现出强大的生命力。

纳西族民间故事中的龙王龙女故事与东巴经上的龙神话的重大差异，说明这类故事与传统文化没有直接的联系，不是纳西族龙神话自然发展的结果。根据它与传统文化发生“断痕”的现象，我们可以假设它是受外来文化影响产生的。上述重大差异还说明纳西族龙王龙女故事产生和流传的时间应在10世纪以后。因为东巴经的写作始于11世纪，如果在此之前有这类故事流传，东巴神话中不可能没有一点记载。此外，这类故事所反映的纳西人以农业生产为主、出现领主经济、龙王神性以雨神为主等内容，也与10世纪后纳西族历史相吻合。[2]而10世纪以后，正是纳西族与汉族人民往来日益密切，纳西族开始大量吸收汉族文化的时期。至明代木氏土司统治期间，统治者大力提倡学习汉族文化。改土归流之后，汉族文化在丽江地区的传播又有了进一步的发展。

---

1 参见《摩诃僧衹律》卷三十二；《旧杂譬喻经》二十一；丁•维吉尔《印度的蛇传说》，伦敦，1926年，第139、136页。

2 参见《纳西族简史》，云南人民出版社，1984年，第40—46页。

纳西族龙王龙女故事在内容上与本民族的龙神话基本相异，却与汉族龙王龙女故事基本相同；它的产生和流传又是在汉族龙王龙女故事广泛流传之后，纳西族与汉族交往密切的时期，这只能使人得出一个结论：它是受汉族龙王龙女故事影响而产生的。也正由于此，这类故事中的龙才与东巴经上的龙不同，却与汉族的龙相同。

10世纪以后，纳西族也接受了不少藏族文化影响。从明代开始，佛教也传入丽江。纳西族龙王龙女故事有无可能不是受汉族故事影响，而是通过佛教或喇嘛教受印度影响呢？回答是否定的。因为汉族龙王龙女故事不是印度那伽故事的复制品，二者之间也有不少差异。纳西族龙王龙女故事是与汉族故事相同不是与印度故事相同——它保持着汉族龙王龙女故事所创新的因素，而又缺乏印度故事原有但被汉族故事摒弃的那些因素。

试以《宝猎》故事为例略作分析。纳西族这篇故事属于汉族的张羽煮海型，其印度原型是淘海取宝型。据《贤愚因缘经》载，某王子大施信奉佛法，舍财济贫，为此而入大海求得三颗如意宝珠，但在归途中被海龙盗走。大施遂发誓用一片龟甲淘干海水，因有天神相助，海水枯竭，他终于讨回宝珠。同样的异文还见于《六度集经》《大志经》等佛典，六朝时皆已译传中土。汉族的张羽煮海类型以元杂剧《沙门岛张生煮海》为最早的完整故事。而在此之前，有婆罗门咒海，[1]有僧人喝干海水，[2]也有煮海，[3]形态不一；直到现代，民间尚流传多种异文，但以煮海为主要类型。[4]汉族的张羽煮海故事保留了印度故事中向龙王作斗争的情节，但作了两点重要修改，一是故事主题从弘扬佛法变成为个人谋幸福，二是重要母题"淘海"变成以宝物"煮海"。纳西族的《宝猎》故事正是在这两点上不同于印度故事，却与汉族故事相同。

类似例证还可举出很多，比如《龙女与樵哥》也采取了汉族故事中龙女故事、螺女故事和百羽衣故事三类型复合的形式。又，在丽江龙盘流传着一个火把节传说，内容与著名的四川故事《望娘滩》基本相同，也是叙述一个穷孩子割草发现了能生出万物的夜明珠，后在财主来抢时吞入肚内，遂变成龙离家远去。村民们和他母亲一道打着火把送行，共走了三天才到东海，这三天就是后世的火把节，而穷孩子频频回首望娘，遂形成蜿蜒的大江。[5]显然，这个故事是《望娘滩》再加上举火把送行的情节而复合成的，它

1 （唐）谷神子、薛用弱撰：《博异志・集异记・叶法善》，中华书局，1980年。
2 见黄文暘《曲海总目提要》卷二引《幽怪录》，人民文学出版社，1959年。
3 《太平广记》卷四〇二引《广异记》。
4 可参见丁乃通《中国民间故事型索引》592A・型所列26例。
5 此故事系白庚胜同志提供给我的资料，尚未公开发表，谨在此致谢。

保留着较多的汉族故事痕迹，可能传入纳西族的时间尚不太长。把这则故事与其他故事联系起来看，可以发现汉族龙王龙女故事传入纳西族，产生影响，最后形成纳西族故事的演变过程。

简言之，东巴经的龙与汉族的龙基本相异是同源异流发展的结果，纳西族民间故事中的龙与汉族的龙基本相同则是受汉族影响的结果，这就是笔者的解释，恳请专家学者多加指教。

英雄与太阳

——《吉尔伽美什史诗》的原型结构与象征思维[1]

叶舒宪[2]

世界上迄今发现最早的史诗——或许也是人类第一部伟大的文学作品——《吉尔伽美什史诗》在埋没了数千年之后重见天日，确实是值得庆幸的大事。乔治·史密斯的名字似乎远不如哥伦布的大名那样赫赫远扬，然而正如后者的地理大发现把人类的视野导向新的空间，前者的历史（考古）大发现则将人类的目光带回到往古的时间深处，把一个久已被遗忘了的文明世界——苏美尔—巴比伦文明重新还给了现代人类。自哥伦布以来，人们对自己所寄居的这个星球有了新的了解，自史密斯以来的考古学则对人类文明从何处而来这样的问题做出了新的回答。仅从诸如《历史始于苏美尔》这类翻案著作的标题中也能看出一些消息了。

任何一个有理性的人读过《吉尔伽美什》都难免会对《圣经》所说的亚当为人类始祖的信条产生怀疑，更不用说老荷马作为史诗鼻祖的正统地位了。

论述这部古老的东方史诗对于文学史及文化史的意义，不是笔者的目的，本文只想就有限资料，对史诗的结构及所表现出的象征思维问题做一尝试性的探讨。

一、表层结构：情节母题及来源

一般习惯称《吉尔伽美什》为巴比伦史诗，实际上它是苏美尔人和巴比伦人的共同

---

1 刊于1986年第1期。

2 叶舒宪，男，31岁。陕西师范大学中文系毕业，现在该校任教。主要论作有：《“美的规律”考论》《神话·仪式·风俗·文学》《艺术起源与符号的发生》等。

创造。更确切地说，它是公元前二千年的巴比伦人对公元前三千年苏美尔人的文学遗产进行加工改造的结果。因此，探讨史诗结构特征的一个首要前提便是，明确史诗中哪些内容是苏美尔文学中原有的，哪些是巴比伦人创造的。相对来说，这个问题要获得精确完美的答案是不可能的。不过，在国外学者们的长期努力之后，我们至少已掌握了一个比较可信的粗略答案，它可以大大有助于对全诗做由表及里的深入开掘。为了便于说明，笔者将史诗的基本叙述故事依次分解为若干母题，进而讨论它们之间的联系。

1. 对主人公的赞语。

2. 人们向天神控告主人公的暴虐。

3. 天神造出敌手。

4. 敌手的“人化”。

5. 主人公与敌手决斗并化敌为友。

6. 主人公与朋友征讨杉妖。

7. 主人公拒绝女神的求爱。

8. 主人公与朋友杀死女神派来的天牛。

9. 朋友之死。

10. 主人公寻求不死的旅行。

11. 洪水故事。

12. 生命之草得而复失。

13. 主人公与朋友亡灵对话。

在以上十三个情节母题中，可以在苏美尔作品中找到对应物的至少有六个。它们是：6. 征讨杉妖；7. 女神求爱被拒；8. 杀天牛；10. 求永生；11. 洪水故事；13. 与亡灵对话。[1]这些情节母题分别出现在关于吉尔伽美什的五部史诗作品中，它们是《吉尔伽美什和生物之国》（诛杉妖情节）、《吉尔伽美什和天牛》（女神求爱被拒情节，主人公杀天牛情节）、《吉尔伽美什之死》（求永生情节）、《洪水》（洪水情节）、《吉尔伽美什、恩启都和地下世界》（与亡灵对话情节）。

关于吉尔伽美什的苏美尔史诗现已发现有六部，除上述五部外，还有一部叫《吉尔

1 参看《美国百科全书》1980 年国际版第十二卷，第 747—748 页；克拉莫尔（S. N. Kramcr）《苏美尔神话学》1944 年英文版，第 33—38 页；克拉莫尔《巴比仑的吉尔伽美什史诗传说及其起源》，《内蒙古民族师院学报（社会科学汉文版）》1981 年第 1—2 期。

伽美什与阿伽》。它的内容情节是唯一没有被巴比伦史诗吸收利用的。理由大概是，这部苏美尔作品完全是历史性的记载，其中没有任何神话的或超自然的因素。而且其中的主人公作为历史上的苏美尔城邦民主制的领袖，是遇事与民众商议的国君，同中央集权的巴比伦专制政治相去甚远。[1]

在巴比伦史诗所袭用的六个母题中，除了最后一个即与亡灵对话情节完全是苏美尔原作的翻译而外，其余五个情节都受到了不同程度的增删和改造。

巴比伦史诗中的1、2、3、4、5、9、12诸情节母题在现有的苏美尔文献中没有发现对应物。这样，在不排除其中仍有某些部分源出于尚未发现或已永久失传了的苏美尔文学的可能性的前提下，可以认为它们主要是巴比伦人的创造。

接下来的问题是，巴比伦人是怎样对已有的题材进行增删改造的，他们又为什么进行这种改造？

关于前一个问题，已由美国东方学家克拉莫尔做了有说服力的解释。他指出，巴比伦人把五部篇幅长短不一、故事内容毫不连贯的苏美尔作品整理在一起，剔除了它们彼此之间互相矛盾的成分，赋予它们以前后连贯的叙述线索，使之成为新的统一整体。因此，作为统一整体的吉尔伽美什故事应该看作巴比伦人的功绩。不过，笔者以为，即使从表层叙述上看，说巴比伦的史诗是情节连贯的统一整体，也只能是相对而言。因为各泥板的情节之间有些联系得并不十分自然。如第十一块泥板中插入的洪水传说便显然游离于整体情节之外，还有个别情节同全诗几乎没有任何联系，从表层叙述上看甚至抵牾不合，如第十块泥板记载的主人公与亡灵对话情节。本来，在第八块泥板的叙述中，恩启都已经死去，可是到了第十二块泥板上，又出现了活着的恩启都为了找回吉尔伽美什丢掉了的鼓及鼓槌而欣然前往地府的情节。况且，丢失与寻找鼓及鼓槌的事件似与全诗情节不大相干，以至于许多学者干脆认为第十二块泥板不属于巴比伦史诗原文。史诗的日文译者矢岛文夫就只收了十一块泥板，将第十二块泥板当作"赘疣"而割舍掉了。

事实上，不论是否包括第十二块泥板的情节在内，史诗的故事都没有一个明确的、完整的结局。如某些学者推测，巴比伦改编者显然是"有意将它处理成无结局"[2]的。那么，这些现象该如何解释呢？为什么改编者对原有题材做了大量的加工，却不顾后半

---

1 参看《吉尔伽美什与阿伽》，林志纯主编：《世界通史资料选辑・上古部分》，商务印书馆，1962年，第31—36页。
2 尼尔林（N.O.Nielsen）等编：《世界上的宗教》，1983年英文版，第55页。

部分出现的明显矛盾呢？既然不连贯的苏美尔传说已被巴比伦人重新创造连贯的故事，又为什么偏偏删去了苏美尔史诗《吉尔伽美什之死》已经提供的必然结局——“他倒下了，没有起来”[1]，使现有的作品不了而了之呢？

这些疑问的解答是难以从史诗的表层结构即叙述层次中找到的，有必要进一步深入考察史诗的深层象征层次。在那里，我们不仅可以对上述问题做出解释，从而更全面地把握史诗的意义和改编者的用心，而且能沿波讨源，从史诗中认识到人类思维发展早期阶段的某些特征。

二、从原型观点探索深层结构

早在上一（19）世纪末，著名的英国东方学家、史诗的发现者史密斯的老师罗林逊（Henlv Rawlinson）就曾推测，《吉尔伽美什史诗》具有某种象征内容。他认为记载史诗的十二块泥板正与天象中的黄道十二宫相对应，史诗的故事叙述暗合着太阳一年十二个月的行程。[2]罗林逊的这一推测尽管没有得到普遍承认，但却为理解史诗的结构提供了一条有益的线索。另一位英国学者史本斯便按照这一线索分析了史诗主人公吉尔伽美什与太阳神舍马什具有关联和对应关系。[3]不过，罗林逊和史本斯都还停留在现象描述的水平上，即把史诗的象征性当作一种特异的现象来处理，未能从原始心理和神话思维的普遍性方面来认识问题。因而，尽管他们的推测和分析极富启发性，却还不能说达到了令人信服的理论高度。

那么在今天，变换新的角度重新挖掘史诗的深层内容有没有可能呢？笔者认为，西方现代文艺学中的原型批评在很大程度上提供了这一可能性。

原型批评又称神话批评，是当代世界最有影响的批评流派之一。原型批评的产生是本（20）世纪以来获得迅速发展的文化人类学、心理学、语言学等人文学科向文艺领域渗透的结果，或者毋宁说是文学批评理论同上述学科交叉融合的结果。原型（archetype）一词由心理分析学家荣格首先引入创作领域，用来指构成人类原始的种族记忆即所谓“集体无意识”的远古意象。这些重要的原始意象世代遗传，并以各种形式反复出现在神话、传说、童话等民间创作中，历久而不衰，因称之为原型。原型中渗透

1 参看《新大英百科全书》“代美索不达米亚的碑铭学”条目，1974 年版第 6 卷，第 20 页以下。

2 参看佛雷泽（J. G. Frazer）《旧约民俗学》，1923 年英文版，第 50 页。

3 史本斯（L. Spence）：《巴比仑尼亚和亚述的神话传说》，1920 年英文版，第 4 章。

着远古人类世世代代的感受、情感和思考，成为后代艺术创作的源头或灵感触媒。

关于原型产生的心理基础，荣格指出，“原始人对于客观理解显而易见的事物并不感兴趣，但是他有一种本能的需要，或者说他的无意识心理有一种不可压制的冲动，要把所有外在的感官经验同化（assimilate）为内在的心理的（psychic）事件。看到日出与日落，对于原始人的心理来说是不能满足的，这种对外界的观察必须同时代表着某一神或英雄的命运，而这一神或英雄归根结底只存在于人的灵魂之中”[1]。这也就是说，客观的自然过程在原始心理中都被神话化、有灵化了。表现在远古文学中便是自然现象与人事生活的混同一体，用神或英雄的行为和命运对自然运行的诸经验现象作象征性的解释。由于这种象征解释植根于人类认识水平的不发达阶段，所以在理性时代到来以前，始终是唯一的、权威的解释。由它们所构成的“自然—人”的原型成为相对固定的信息单位，作为一种生成性的“结构素”，不断促成新的作品诞生。[2]

肇始于荣格的原型理论，经过一些批评家的实践和改造，在加拿大著名批评家弗莱（N.Frye）手中形成了新的体系。弗莱认为同其他学科相比，文学批评理论只有到了20世纪中期才具有了系统性的“科学”地位。这种称得上“科学”的批评家乃是一种“文学上的人类学”，它把整个文学视为一个宏观整体，把文学的源头追溯到远古的宗教仪式、神话和信仰中去，从中发现基本的原型，从原型的角度来透视文学作品构成的规律性，进而找出各文学种类发生和发展演变的规律性。

弗莱对原型一词做了新的界说，认为原型是文学中可交际的意义单位（communicable unit），是一种典型的、反复出现的意象。通常表现为被赋予了某种人类意义的自然物象。[3]具体地说，“一天日出、日落的循环，一年不同季节的循环，以及人的生命的有机循环，其中都有同样意义的模式；根据这一模式，神话环绕某个形象构成了具有中心地位的叙述——这形象一部分是太阳，一部分是茂盛的草木，一部分是神或原型的人”[4]。归纳起来，循环模式的原型又可划分为几个规则阶段：（一）对应于黎明、春天的，是宇宙的创造、万物的复苏、英雄的诞生；（二）对应于正午、夏天的，是英雄的婚姻或战斗的胜利；（三）对应于日落、秋天的，是英雄的战败和死亡；（四）对应于黑

---

1 荣格：《集体无意识的原型》(*Archetype of the Collective Unconscious*)，《荣格选集》第9卷，第1部分，1968年英文版，第6页。

2 弗雷泽（A.Fletcher）：《原型》，《美国百科全书》（第二卷），1980年国际版，第215页。

3 弗莱：《批评的解剖》，1971年英文版，第99、113页。

4 弗莱：《同一的寓言》，载任蠡甫等编《现代西方文论选》，上海译文出版社，1983年，第344—345页。

夜、冬天的，是英雄或世界的毁灭。后代的每一文学种类，如赞美诗、传奇、喜剧、悲剧、挽歌、讽刺文学等，都可以在上述诸阶段中分别找到根源。

笔者认为，如果把原型模式作为硬性尺度来套整个文学史，自然不免偏颇和牵强，但从原型观点来考察具体作品，却能获得独到理解。在简述了原型理论之后，回过来再看《吉尔伽美什史诗》，不难发现，这部英雄史诗正是以上述循环模式为基础的，"太阳—英雄"这一原型使整个作品具有了一种意味深长的象征性结构。象征结构包含着两个层次：表层叙述层次和深层象征层次，不妨称为表层结构与深层结构。

在表层结构的叙述中，我们先后看到英雄诞生的追述和赞美诗；化敌为友的传奇经历；战胜杉妖和天牛的喜剧性胜利；战友逝去的悲剧与英雄探求失败的结果。有的学者认为，这部史诗"简直就是一篇挽歌，一种在美索不达米亚最早出现的文学样式"[1]。这种看法显然是从史诗结尾的悲哀调子着眼的，似还不足以概括全篇。从总体上看，表层结构呈现出由喜转悲，由生的赞美到死的恐惧这样一个过程，而决定这一过程的则是太阳运行所构成的深层结构。如前所述，主人公吉尔伽美什与太阳神舍马什有着特殊的对应关系。史诗中宣称主人公"三分之二是神，三分之一是人"[2]，是太阳神舍马什"授予他俊美的面庞"（第 16 页），给他以"厚爱"（第 23 页）；他则于征战之前或危难之际向太阳神献祭祈祷，太阳神又总是赐给他特别的帮助和庇护。如战胜杉妖芬巴巴（第 48—49 页），在众神会议上为杀死天牛的二位英雄辩护（第 61 页），等等。英雄与太阳神的这种关系是否在无形中透露了表层结构与深层结构的相互对应呢？前者以主人公经历为线索，后者以太阳的行程为线索。

进一步探讨，可以证明这种对应关系的出现并不是偶然的。按照巴比伦人当时的习惯，日月星辰常被设想为生物。他们把太阳运行的黄道圈叫作"太阳轨道"，划分出黄道十二宫，并在天象观测的基础上建立了巴比伦历法，把一年分为十二个月，每一天分为十二个时辰。[3]这种来自天象历法的十二进位制在史诗中出现得十分频繁。尤其值得注意的是，恩启都恰恰在生病后十二天死去，而吉尔伽美什虽没有明确写出他的死，却也恰在第十二块泥板结束了他的必死生涯的故事。可以断定，同史诗中另一个神秘数

---

1 尼尔树等编：《世界上的宗教》，1983 年英文版，第 55 页。

2 《世界第一部史诗〈吉尔伽美什〉》，辽宁人民出版社，1981 年，第 16 页。以下凡引此书，只标明页码，不另加注。

3 参看阿・尼・格拉德舍夫斯基《古代东方史》，高等教育出版社，1959 年，第 83—84 页；赫罗兹尼《西亚细亚、印度和克里特上古史》，生活・读书・新知三联书店，1958 年，第 131 页。

字“七”一样，十二这个数字的用法是有象征意义的。从日常的经验观察来看，太阳每天或每年一次的行程周期，呈现为一种先上升后下降的曲线，这条曲线的最高点是在一天的中午时分，一年的仲夏时分，因为这时距地球表面较近。与太阳上升的行程相应，史诗主人公从出场到诛杉妖这一段生涯一直是一个征服者和胜利者的生涯。即使遭到人民的诅咒和天神特意造出来与他为敌的野人恩启都的威胁，吉尔伽美什仍然能化险为夷。即使面临无法征服的芬巴巴，也仍然能借助太阳神的威力而获胜。很显然，从第一块泥板直到第六块泥板结束时，他的征服者、胜利者的生涯不曾中断，他在前进着，上升着。但从第七块泥板起，他的好运气就渐渐离开他了。首先是好友恩启都之死，接着是他的悲悼和忧虑。为了免遭同样的命运，他踏上了探求永生的旅程。然而正像过了正午的太阳必然要走下坡路，主人公的这次行动也再不能像往昔那样幸运，那样顺利，那样成功，那样具有胜利的性质了。等待着他的是必然的失败。在这次旅程中，出现了许多与太阳有关的意象来暗示主人公的命运，并有一处向读者点明，英雄是“沿着太阳的路前进（向前）”（第 74 页）的。对于太阳来说，若想不死，即永久停留在生命的土地上是根本不可能的，于是，在第十一块泥板中主人公侥幸得到生命之草一事，也不过像西沉前夕的残阳那样，闪现出最后一道希望之回光，不久仍将堕入黑暗之中。到了第十二块泥板，主人公就只能如同行将隐没的落日，把注意从这充满生机的地上世界转向阴森凄惨的地下世界了。对于主人公的命运之起落升降，太阳神似乎是个关键。第七块泥板以后的舍马什不能再成功地保佑他的信奉者了，因为他自己也已经在下落了，尽管他在前不久才享用过吉尔伽美什献祭给他的天牛之心（第 57 页）。太阳神对英雄的最后一次告白是在第十块泥板开头，那话中充满了“困惑”与失望：

> 吉尔伽美什啊，你将徘徊到哪里？
> 你所探求的生命，恐怕你不会获得。

就这样，史诗在表层叙述的后半部分以各种不同的方式突出着这样一个主题：永生不可得，英雄必死无疑（第 78 页、81 页、92 页、96 页）。正是这样一个主题的出现，使全诗的旋律逐渐从高昂变为低沉，英雄业绩的颂歌终于变成了英雄末路的挽歌。

至此，我们对前文中提出的问题似可得出一个初步的结论：巴比伦改编者是以自然—人的同一性为结构原则，以“英雄—太阳”的原型为结构素，把原有的、分散的苏美尔传说整合统一起来，构成一个象征的整体。在象征整体中，以主人公经历为线索的表层结构的叙述，在实质上由以太阳运行为线索的深层结构所决定、所制约的。因此，对史诗的原型结构和象征性的认识，就成了把握史诗的人物、情节和主题思想的前提性线索。从原型结构出发，首先可以理解，史诗的第十二块泥板虽然只是苏美尔原作的译文，同全诗的表层情节毫不连贯，但却不能像许多译者和学者那样把它视为赘疣而删掉，因为它对于象征整体来说是必不可少的。不难看出，巴比伦改编者为了保证作品深层结构的完整性是不惜牺牲表层结构的连贯性的，当现有的统一题材不足以凑足具有天文意义的十二进位制时，就只好照搬另外的苏美尔作品的译文了。第十一块泥板上的洪水故事也可以作如是观。如前所说，这个故事被生硬地插进吉尔伽美什的经历中来，显得游离于基本情节之外。是从象征性来看，它同原型结构又有必然联系：巴比伦历法中的十一月正值一年中雨季之高峰，其名称为“拉曼”（ramman），暗合暴风雨之神的名字，原文意为“大雨天灾之月”[1]。巴比伦人根据太阳每年在天空运行的方位变化，就可预知雨季洪水的到来。所以与太阳有特殊关系的英雄吉尔伽美什也就在史诗开端被说成“洪水未至，他先带来了讯息”（第 15 页）的神人了。水灾的十一月份则暗合泥板的顺序数。

三、超越死亡：英雄—太阳原型的本义

以上初步确定了《吉尔伽美什》的原型结构，对若干疑点作了解释，我们已经看到，不知名的巴比伦作者是怎样把“英雄—太阳”的原型作为作品的基础结构，创作出一部伟大史诗的。不过，仍有一个尚待解决的重要疑问：巴比伦人既然已将英雄必死的主题引入史诗的后半部，又何必偏偏删去了苏美尔史诗原有的关于英雄死去的描写，使整个作品显得似终未终，没有实际结局呢？解释这一疑点，也就等于回答另一个深一层的问题，即巴比伦人为什么要把“英雄—太阳”的原型作为统合原有题材、构造全篇的基础。

实际上，这个问题的解答依然包含在这个原型的潜在内涵之中，而探索该原型的本义，则势必把我们引到史诗之外，带向比较文化和原始思维的广阔领域。

“英雄—太阳”的原型是如何起源的呢？难道是因为太阳与人同样不可避免地要死

1　弗雷泽：《旧约民俗学》，1923 年英文版，第 50 页。

去，原始思维才把它们比附在一起吗？事实与此相反，人与太阳的结合，不是为了必死，而是为了永生。太阳虽然每天沉下西天，但次日便从东方诞生，这种永恒的循环在原始心理中便理解为不死或再生的象征，理解为超自然的生命。太阳崇拜这种古老的宗教形式便在各原始民族中普遍发生了。德国著名生物学家海克尔认为："我们整个躯体的和精神的生命也像所有其他有机生命一样，说到底都要归结为光焰四射的散着光和热的太阳。按照纯理性的观点来看，作为自然主义一神论的太阳崇拜较之基督徒和其他文明民族的人类特殊说的礼拜要有根据得多。"[1]这位学者还报告说："1881年11月，我在孟买怀着极大的同情心看到虔诚的拜火教徒的高声祈祷，他们在日出日没之际站在海边或跪在（摊开的）地毯上，向旭日和夕阳表达其崇敬之心。"[2]这段记述使我们想起甲骨卜辞中"出入日，岁三牛"的祭俗和《尚书·尧典》中"宾日"于东、"饯日"于西的礼仪，不禁要进一步追问这种普遍流行的拜日信仰背后的原因。对此，古埃及的《亡灵书》提供了明确的线索，书中一首歌颂太阳神拉的诗写道：

我是光明的主宰，自生的青春，
原始生命的"初生"，无名事物的"初名"。
我是"年岁"的王子；我的躯体是"永恒"。
……[3]

根据古代埃及信仰，太阳每天乘舟从东方之山出发，到西方之山降落。太阳落下后在地下世界向相反的方向继续航行，直到次日清晨重新在东方出现。人们之所以崇拜太阳，同灵魂不死的原始意识有密切的关联。灵魂其所以不死，因为它同不死的太阳走的是同一路线。人的肉体死后灵魂去到地下世界，经过诸般考验后借太阳神的舟重返阳界。所谓"亡灵书"就是为了灵魂在下界旅行作向导用的书。人的灵魂若能与太阳结伴而行，便能使人超越死亡，得到再生，这不正是"英雄—太阳"原型得以产生的信仰基础吗？

其实，这样的信仰绝非古埃及人所独有。人类学家利普斯指出："灵魂国土的位置，

1 ［德］恩斯特·海克尔：《宇宙之谜》，上海人民出版社，1974年，第265页。
2 ［德］恩斯特·海克尔：《宇宙之谜》，上海人民出版社，1974年，第265页。
3 锡金译：《亡灵书》，吉林人民出版社，1957年，第14页。

时常与太阳运行直接联系。太阳神是引导死者灵魂去他们新居的向导。在所罗门群岛上，灵魂是和落日一起进入海洋，这一观念和太阳早晨升起就是出生、黄昏落下就是死亡的信仰是有密切关系的。因此地球上没有任何活的东西比太阳更早，太阳第一个‘出生’，也第一个‘死亡’。玻利尼亚人有一个神话和这种思想相联系，即认为太阳神‘毛以’不死，在它以后的人类也不会死亡。”[1]另一位人类学家在分析了许多同类现象后概括说：“一个死了的人并不意味着永远失去他的亲人和社会，而只意味着他暂时去到另一个世界，最终仍将再生到这一世界上来。”[2]由于太阳在白昼和夜晚的运行方向在原始人看来是正相反的，所以地下世界中的一切价值都被想象为与地上世界正相颠倒。“于是，那些代表着死亡的人便常有与正常人相反的举措……当他们热的时候却诉说冷”，“在某些非洲部落，危险动物的猎捕者（时刻有死的可能）用故意同女儿乱伦的方式来表明他们与正常活人相左”。[3]由此看来，所谓“颠倒是非，混淆黑白”在原始思维中是取法于太阳，是同日月推移、昼夜交替的宇宙节律具有同样逻辑的。

如果上述材料能够在一定程度上说明“英雄—太阳”原型的本义，那么剩下的问题就是证明史诗的作者巴比伦人是否也懂得类似的信仰和观念。不论从作品本身还是从历史材料来看，答案都应是肯定的。关于灵魂和地下世界的观念乃是第十二块泥板所表现的基本内容，无须多论。值得注意的是，吉尔伽美什对为他去冥界寻找鼓槌的恩启都所说的一段告诫话，足以表明他对下界的颠倒价值早已了然于心了：

你切莫穿洁净之衣，
（否则）像个做客的，他们会（把你）注意。
……
脚上的鞋子，你不能绑紧，
你不能从阴间发出声息。
你不要吻你心爱的妻子，
你不要打你憎恶的妻子；
你不要吻你亲爱的儿子，

1 ［德］Julins·E. 利普斯：《事物的起源》，汪宁生译，四川民族出版社，1982 年，第 341 页。
2 提泰（M.Titiev）：《人的科学》，1963 年英文版，第 533 页。
3 提泰：《人的科学》，1963 年英文版，第 533—534 页。

你不要打你憎恶的儿子。

（否则）阴间的哀号就要抓住你。（第 100 页）[1]

这一段常使读者莫名其妙，使注释家亦大伤脑筋的“奇谈怪论”，看来只有从比较文化的透视中才能理解。恩启都大概还不知天高地厚，他置朋友的忠告于不顾，依旧按照阳世的价值在阴间行事，结果呢，“在人类的战场上他没有倒下，阴间却捉住他了！”（第 102 页）

此外，在第七块泥板上，恩启都临死前的梦也透露了地下世界的观念。在那被称为“黑暗之家”的地方，“尘埃是他们的美味，粘土是他们的食物”。而且，通向黑暗之家的路是“步行者有去无回的路”（第 65 页），这一点使我立即联想到古埃及的冥府，在那里，搭不上太阳之舟的亡灵也只有在幽冥世界中永住。不过，总的看来，巴比伦的阴间观念与埃及有所不同，大概一般人的灵魂是没有再生可能的。吉尔伽美什先还抱有一线希望，以为恩启都会有“复苏”之日，然而无情的事实纠正了他：“自从他一去，生命就未见恢复。”（第 78 页）因而，对朋友死的痛悼又何尝不是对自己宿命的悲怜呢：

我的死，也将和恩启都一样。

悲痛浸入我的内心，

我怀着死的恐惧，在原野徜徉。

终于，奔向那乌巴拉，图图之子，

乌特那庇什提牟……（第 71 页）

我们已经注意到，英雄这次旅行是严格地“沿着太阳的路”（第 74 页）进行的，在整个旅程中，表层结构与深层结构、叙述意义与象征意义几乎合而为一了。随着英雄的脚步，我们不断看到这样一些意象：白天与黑夜、日出处与日落时、阳世与阴世、死亡海与生命山、深邃的黑暗与太阳的光线，等等。这些含有原型意义的意象似乎不断向人们暗示着：“亘古就没有这原型不变的东西。”（第 81 页）死之于生，如同宇宙的运行，是天经地义的。人类无法逃避死亡，但或许可以超越死亡。超越的唯一途径便是与太阳

1 参看克拉莫尔《苏美尔神话学》，1944 年英文版，第 35—36 页。

相随同行，脱离有限的死海，加入无限的宇宙循环。英雄对太阳神的下列表白或许正说出了同样的意思：

难道我白白地在旷野里跋涉，

我的头颅仍然必须躺在大地的正中，仍然必须年复一年地长眠永卧？！

请让我的眼睛看到太阳吧，使我浑身广被光泽；

那有光的地方，黑暗便告退，

让我仰沐太阳神舍马的光辉，

将死亡给予那些死者！（第 77 页）

史诗的作者或许就是从“英雄—太阳”原型的这一原始的宇宙哲学意义上来构思和运笔的。苏美尔人从经验中升华出来的理智告诉他们，人是必有一死的，哪怕是超凡绝伦的英雄。巴比伦人无法否认这理智的声音，但他们又太不情愿承认那黑暗的永劫了！于是，在史诗表层叙述中虽然奏出了英雄必死的挽歌调子，然并不写英雄之死，反而借一个古老的原型为英雄的再生做出深沉的寄托，其用心之良苦，足以使四千年后的读者为之感慨。面对这表面上（从表层叙述看）似终未终而实质上（从象征意义看）寓意深长的英雄结局，恰似从高山之巅眺望长河落日，如血残阳，哪一个热爱生命、向往光明的观者不会因之触动情感的波涛，引发无限的思考呢?！

四、哲学结论：从原型结构看象征思维

从上面的讨论中可以看出，史诗的原型结构不是特异现象，若能从人类思维和认识发展的宏观视野来进一步透视的话，对于这部作品的理解还可深化。以下分两点来阐述。

第一，史诗深刻反映了人类思维方式发展中的一个重要阶段，即原始思维的结束阶段。

对于原始思维，一般有各种不同的叫法，如直观思维、神话思维、表象思维等等。这里，笔者拟采用“象征思维”这一术语。荣格曾把这术语作为他的理论体系中一个核心概念，用来指原始人的思维方式。著名的心理学大师，发生认识论的创始人皮亚杰收

了这个概念，用来说明个体思维发生的早期阶段。[1]

所谓象征就是意指其他事物的事物，而在作为本体和作为客体两事物之间“多少总有直接的相似处”[2]。象征是一种可见的视觉符号，它既可以意指别的可见的事物，也可以意指不可见的事物如观念、性质等。象征思维便是以象征为符号形式进行动演的思维方式，它不同于以概念语言为符号形式的抽象推理思维。人类在达到抽象推理思维以前的全部思维发展史都可视为象征思维。在儿童那里，象征思维表现为象征性游戏，绘画和前语言的心理表象活动；在原始人那里，象征思维表现为仪式行为，巫术性的歌舞、绘画和雕刻、图腾崇拜等。所有这些象征性符号物都直接促进了语言符号的发生发展，借助于语言符号，象征思维开始创造出新的象征物——原型和神话。

在荣格看来，原型和神话是无意识心理过程的产物。“原型并不是来源于物质事实，而是描述心灵如何体验这些事实。”[3]按照象征思维的程式，“一个原型内容的表现，首先要通过隐喻（mataphor）的形式，如果这一内容中涉及的是太阳，那么用来表示它的会是狮子、帝王、由龙守护的金堆、或给人以生命和健康的力量等等。”[4]这里需要修正的是，原型的物质符号及其所代表的对象之间的关系，只是对我们现代人来说才是隐喻的，而对原始人来说则是明喻的，因为这种关系植根于原始心理，具有约定俗成的性质。唯其如此，原型才能成为具有相对固定意义内涵的“典型的意象”，并反复出现，发挥“可交际的单位”之作用。

从前后的发展中看，《吉尔伽美什》的原型结构无疑是象征思维的产物，但是还有一个重要差别似应指出：巴比伦作者并不像荣格所说的那样无意识地运用原型，不自觉地在英雄与太阳之间建立类比联系，而是有意识、有目的地使用原型，自觉地表达象征意义。根据这一重要区别，我们可以划分出借助于语言的象征思维（相对于前语言的象征思维而言）发展的两个不同阶段：把无意识象征称为“隐喻”阶段；把有意识象征称为“寓意”（allegory）阶段。在寓意阶段，神话式的“不自觉的幻想”正在为自觉的能动想象所取代，随之而来的必然是更高一级的自觉理性思维的崛起。寓意阶段之所以重要，就在于它是原始思维自我解体的标志，是人类思维方式发生伟大变革的前奏和准

1 参看皮亚杰（J.Piaget）《儿童的游戏、梦和模仿》，1962年英文版，第198—212页。

2 皮亚杰：《儿童的游戏、梦和模仿》，1962年英文版，第169页。

3 荣格：《儿童原型心理学》，《荣格选集》，第9卷，第1部分1968年英文版，第154页。

4 荣格：《儿童原型心理学》，《荣格选集》，第9卷，第1部分1968年英文版，157页。

备。没有对这一过渡阶段的明确认识，似很难理解野蛮人的幻想如何走向了文明人的哲学，或者难免把一种有迹可追的渐变过程看成一场奇迹般的突变。苏美尔、巴比伦作为人类文明的发祥地，提供了最早的文字和用文字记载的文学作品，包括《吉尔伽美什》在内的这笔珍贵遗产，应成为思维史研究的重要对象。

第二，史诗的原型结构表明了人类认识发展中的重大变革，也就是人类自我意识的萌生，即人与自然、认识主体与认识对象的初步分化。

在整个史前社会，人类尚未从理性上把握自身的独特本质，尚未达到明确的自我意识，人同自然是混为一体的，主体与客体之间还没有分化。这种混同和未分化表现在原始人的宗教世界观方面，便是以人与自然交感作用为基础的巫术，把人的特征变化投射到宇宙万物中去的“万物有灵论”，以及把人类由来追溯到动植物中去的图腾崇拜，把自然现象人格化的自然崇拜，表象在原型和神话中，就是以人的意志活动，以社会生活现象来象征性地解释自然现象和自然过程。

人们所熟悉的神创世界、盘古开天、共工触山、羿射九日……都是这种象征解释的明证。这里，为了与史诗相对比，我们再引用一个流传极广的苏美尔神话《杜姆兹和印南娜》为例。故事说丰产之神杜姆兹和储备女神印南娜在秋季相爱结婚，后因丈夫被冥间神夺去生命，致使大地草木凋零，生机全无。印南娜下地府与冥神达成协议，每年定期让杜姆兹重返阳界，届时万象复苏，大地回春。这个神话经巴比伦和叙利亚辗转传到古希腊，变成了美神阿弗洛狄忒与少年阿都尼生死恋的神话。[1]从思维方式看，这个神话典型地反映出无意识象征思维的一般特征；从思维—认识对象看，它是用人（神）的情感意志活动，用社会生活的偶然事件来解释一年四季的自然变异，说明大地岁岁枯荣的终极原因。与《吉尔伽美什》相比较，二者都表现了人与自然同一的观念，但在程度和对象方面已有明显差异：史诗运用“英雄—太阳”原型并不是要以社会生活过程来解释太阳运行的自然过程，恰恰相反，是以自然过程来解释社会生活，解释人的命运。在神话中，自然过程和社会过程（神的结婚与生死）是完全浑然一体、不可分割的，因为无论是自然还是社会都尚未得到理性的认识；在史诗中，自然过程和社会过程已经有了分离，表现为平行对应的深层结构和表层结构。这是由于自然的必然性已经部分地被理性之光照亮，高度发达的巴比伦天文学已向人们表明，季节的变化，日月的运行本身是

1 参看弗雷泽《金枝》，1978 年英文版，插图版本，第 121—129 页。

不以人的意志为转移的客观过程，所以，自然本身已无须再用社会的、人事方面的偶然原因来解释了。然而社会生活现象，人的命运方面却远比有规律有秩序可循的自然过程更难认识和理解，这里的问题更复杂，具有更多的偶然因素，它们倒是反过来需要以自然性来解释了。

德国现代哲学家斯宾格勒说，原始人只有对他能够做出解释的事物才不会感到惊恐，不管这种解释荒谬到何种程度。儿童心理学的观察也表明，孩子长到一定年龄，会产生某种“解释癖”，即对众多的陌生事物总要问一个为什么。如果我们把神话的发生看作史前人类对自然现象的象征解释，那么史诗作为神话的历史化或历史的神话化，又何尝不是迈向文明门槛的人类对社会生活的象征解释呢（如《荷马史诗》把特洛伊战争解释为神灵世界中一场金苹果之争的结果）？用太阳运行解释人类宿命固然远远算不上一种科学的解释，但用意识到了的自然必然性解释尚未意识到其必然性的社会生活现象，这毕竟是认识过程的一大跃进。人类好奇的目光从纷纭变化的宇宙万物转向更加纷纭万变的人生和命运，这恰恰说明人已经在把自身从自然界中提升出来。把宇宙运行的结构、秩序和规律投射在尚无从把握其结构、秩序和规律的社会生活过程上，也正反映着人类竭力挣脱疑惑和恐惧，把自己从偶然性中拯救出来的顽强愿望。

如果说自由便是对必然的认识，那么诚如黑格尔所言，处在蒙昧无知中的人是谈不上有多少自由的。然而，“好奇心的推动，知识的吸引，从最低级的一直到最高级的哲学见识，都只是发源于一种希求，就是要把上述不自由的情形消除掉，使世界成为人可以用观念和思考来掌握的东西”[1]。从这一层来看，吉尔伽美什，这位呼唤着太阳、执着于生命奥秘的远古巨人，不正象征着人类从必然迈向自由的伟大而艰难的一步吗？

1 ［德］黑格尔著，朱光潜译：《美学》第一卷，商务印书馆，1979年，第125页。

格萨尔艺人“托梦神授”的实质及其他[1]

杨恩洪[2]

藏族史诗《格萨尔王传》作为世界文化的瑰宝，日益受到中外学者的重视，其宝贵价值已为世人所认识。随着对于这部史诗的深入研究，那些为保存、传播、发展史诗做出了巨大贡献的民间说唱艺人——仲堪[3]，也逐渐为人们所瞩目。这些“仲堪”大都没有文化，然而却能出口成诵，滔滔不绝地说唱几部至几十部。那韵白相间、曲调各异的演唱，已为不少人所目睹。那么，他们是如何学会说唱这许多部的呢？艺人的回答是：这么多部怎么学得会？那是梦中神授的。对于这一客观现象，能否做出令人信服的科学解释，是摆在我们面前的一个重要课题。

法国学者亚历山大·达维·尼尔是对格萨尔史诗进行过搜集、整理、研究的国外学者之一。她曾两次到我国的西康地区考察，并与永登活佛一起整编了一本《格萨尔传奇》，用法文发表，后又译成英文并多次再版。在此书中达维·尼尔介绍了艺人的神授说，并认为他们在演唱时“要自觉或不自觉地进入昏迷状态”[4]。但遗憾的是并未对这种现象做出解释。

英国 R.A. 石泰安教授，对格萨尔演唱艺人曾进行过研究，他的长篇巨制《格萨尔王传与演唱艺人研究》于 1959 年发表。在此书中他对艺人的情况、演唱时的服饰与宗教的关系等，进行过分析和研究，应该说这是迄今为止对格萨尔艺人进行研究的比较详

---

1 刊于 1986 年第 1 期。

2 杨恩洪，女，40 岁。中国社会科学院少数民族文学所《格萨尔》办公室副主任、助理研究员。曾在本刊发表《仓央嘉措情歌与西藏民歌》《国外格萨尔研究评述》等文章。

3 仲堪：藏语，仲：故事，堪：人、者。意为讲故事的人。

4 青海民研会译本第 16 页。

细的、有参考价值的著述。石泰安认为：演唱艺人的本质是纯粹属于宗教性质的，“当演唱艺人召请鬼神附身而进入幻境时，所有这些幻觉显然就是他记忆的内容，也是由他一生中不断地到处奔波跋涉的过程中所学习和领会的一切东西所提供的”。在这里，石泰安正确地指出了史诗的来源是艺人平时学习记忆的结果，但是并没有进一步揭示所谓“鬼神附身”的实质和由来。

国内有的学者认为艺人有特异功能，因此不同于一般人，还有的学者认为，民间艺人说唱史诗的两条途径是师承、家传，或是在前人创造的基础上进行再创作，而梦境神授只是艺人用以抬高社会地位的一种谎言。

很明显，梦境神授不符合唯物主义的观点，应持否定态度。然而，对于这样一个现象，又不能用“谎言”简单地一言以蔽之，应该结合民间艺人所走过的人生道路，通过深入细致的调查研究，从历史唯物主义的观点出发，对于他们在心理和记忆方面所经历的特殊过程，进行科学的分析，得出合理的结论。这也是撰写本文试图达到的目的。

艺人概况

根据目前掌握的情况，说唱格萨尔的“仲堪”主要活动在西藏的那曲、昌都、阿里专区，以及青海、甘肃、四川、云南等省与西藏接壤的边缘地带，或者说主要流传在操安多方言和康方言的藏族人民中间。由于艺人大都过着四处朝圣的漂泊生活，致使他们的足迹遍及卫藏地区。然而，出生在卫藏地区的职业说唱艺人却几乎未见。

在迄今发现的“仲堪”之中，既有颇负盛名的八十岁高龄的老艺人扎巴，又有初出茅庐的年轻后生，更有引人注目的二十八岁的女艺人玉梅。由于环境和条件的不同，他们讲述的部数不尽相同，少则几部、多则几十部，而且在说唱中存在着方言的差别、曲调的不同、演唱特色的各异，但是故事的大致脉络却是相同的。

从类型上来看“仲堪”大约有三种：“包仲”“酿夏”“退仲”。“包仲”自称为神授故事家，他们不承认故事是学来的，认为是通过做梦，受到神或格萨尔的启示，致使史诗故事降于头脑之中，从此便会说唱。“酿夏”意为从心里生长出来。这些艺人也不承认故事是学来的，认为是从自己心里想出来的。“退仲”则是听别人讲述后而会说唱的艺人。这三种艺人之中，前两种极具神秘色彩，而且比较有成就的艺人也大部分属于这两类，其中，“包仲”在艺人中占多数，且有较大的影响，所以，本文拟主要侧重于对“包仲”的分析研究。

这些艺人一般都自称在童年时做过梦，尔后害病。梦中曾得到神、格萨尔大王或其他战将的旨意，病中或病愈后又经寺院喇嘛念经祈祷，并为之开启说唱格萨尔智门，从此，便会说唱了。如昌都老艺人扎巴，他在九岁那年，到山上放羊时做了一个梦，梦见格萨尔的大将丹玛用刀把他的肚子打开，将五脏全部取出，装上格萨尔的书。梦醒后回到家里便大病了一场，其间神志不清、颠三倒四地说着格萨尔的故事，家人把他送到边巴寺请甘单活佛念经祈祷，至十三岁才逐渐清醒，以后便开始了说唱生涯。又如：那曲索县的女艺人玉梅在十六岁时，一次到山上放牧，睡着后做了一个梦，梦见一黑水湖中的妖怪与白水湖里的仙女争夺她，仙女对妖怪说：她（指玉梅）是我们格萨尔的人，我要教她一句不漏地将格萨尔的英雄业绩，传播给全藏的老百姓。玉梅梦醒后曾大病一个月，昏迷不醒，嘴中断续地说着格萨尔故事，病愈后便会说唱。那曲班戈县六十岁的老艺人佣珠，自称十三岁那年，曾请达隆寺的活佛玛仁波切为其降神附体，打开说唱的智门，从此不断地做梦，晚上梦到什么，白天就说唱什么，以至会说唱的内容逐渐增加。那曲安多县三十岁的年轻艺人格桑多吉讲，他的父亲是比如县的格萨尔艺人，以那曲“仲堪”多吉班单著称，父亲十三岁时曾请热振活佛念经祈祷，为其广开说唱的智门。墨竹工卡的六十三岁的艺人桑珠也称在梦后得到了寺院喇嘛的明示后才会说唱的。以上即是几位艺人的托梦神授之说。

托梦神授的实质

首先，我们相信艺人所说的有关做梦的情节是事实，他们确实做过有关格萨尔的梦。据说有的是一梦过后便会说唱，如扎巴、玉梅；有的是从几岁开始便经常梦见格萨尔的故事，以至不断增加会说唱的内容，如佣珠、桑珠。由此看来，梦在艺人学会说唱史诗的过程中，曾起到相当重要的作用。因此，有必要探究一下梦的实质和由来。

据国外心理学的最新研究表明，人的一生大约有三分之一的时间是睡眠，有五分之一的时间是在做梦。梦是人入睡后出现的一种正常的心理现象。关于梦的生理机制，俄国生理学家巴甫洛夫曾指出：梦是睡眠时的兴奋活动，是在大脑皮层普遍抑制的背景上出现的兴奋活动。通常认为人在反映客观事物的过程中，形成了各种各样的条件反射，

以至在大脑皮层上建立种种暂时的神经联系，其中第一信号系统与形象认识相联系，第二信号系统与人的抽象认识和逻辑思维相联系。在觉醒时，第一信号系统是在第二信号系统的监督、指导下进行的，因此人的思维具有理智性和批判性。在睡眠状态，

由于第二信号系统首先受到抑制，使第一信号系统失去控制而加强活动，致使大脑皮层上的兴奋痕迹自由释放和随意重新组合。同时，人的睡眠抑制过程要经历“反常相”这个阶段，即强的刺激物开始引起弱的反应，而弱的刺激物却引起强的反应。尤如亚里士多德形象地比喻的那样：就像弱微的火光在没有强光照射的条件下变得明显起来那样。任何一个运动都可以与另外一个运动相遇、结合、发生形态改变，最终形成神奇的幻象——梦。

奥地利心理学家弗洛伊德从临床出发，试图在对大量的梦例进行分析的基础上，对梦进行解释。他认为梦完全是潜意识的精神现象，实际上是一种愿望的达成，梦提供我们过去的经验，是一大堆心理元素的堆砌物。

我国著名科学家钱学森认为：形象思维、抽象思维、灵感思维，是普遍的思维形式。人的大脑既有可以直接控制的显思维，或叫显意识，又有无法控制的潜意识。他说：“我们在科学工作中也有这样的情况，常常一个问题，醒着的时候总是想不起来，不想时，或夜里做梦，却忽然来了。这说明潜意识在工作。”[1]

目前，尽管科学家们对于梦还存在各种看法和解释，但有一点却是相同的，那就是梦是现实生活在头脑中的反映，只不过这种反映的形式是特殊的，其材料来源于脑中积存起来的各种表象（印象）。因此，我们可以说所谓托梦神授而得来故事的说法是唯心的，其实质是史诗格萨尔的表象在艺人头脑中长期积累的结果。如前所述，艺人们生活在格萨尔故事的环境中都具备这一积累的条件，在这里梦可以看作他们心理愿望的达成。从目前掌握的艺人说唱部数看，虽然艺人之间存在着差异，然而说唱的主要情节与主要部名，如四部降魔史及十八大宗（即每攻打一城堡，夺取一宝物）却是大体一致的。这也说明艺人头脑中的史诗不是神授的或自己想出来的，而是客观事物——《格萨尔》的长期流传在艺人头脑中积累的结果。那些差异则是由于在流传中产生的变异，以及在积累过程中个人的不同理解和想象力使然。

既然如此，神授之说从何而来呢？应该指出，这种说法并不是说唱艺人的凭空捏造，而是有其根源的。这种神授说与公元前 5 世纪末被德谟克利特采用并由柏拉图加以发挥的神赐的迷狂状态说相似。柏拉图所指的神赐是说诗人在感情极度狂热或激动的特殊精神状态中，才会从诗神那里得到灵感，以至产生成功的作品。对此柏拉图在《伊安

---

1 《钱学森同志与本刊编辑部座谈科学、思维与文艺问题》，《文艺研究》1985 年第 1 期。

篇》中借苏格拉底之口说："凡是高明的诗人，无论在史诗或抒情诗方面，都不是凭技艺来做成他们的优美的诗歌，而是因为他们得到了灵感，有神力凭附着。科里班特巫师们在舞蹈时，心理都受一种迷狂支配；抒情诗人们在做诗时也是如此。"[1]他认为诵诗人的本领并不是一种技艺，而是一种灵感，因为"这类优美的诗歌本质上不是人的，而是神的，不是人的制作而是神的诏语；诗人只是神的代言人……"[2]。其实，柏拉图的灵感说、神附说是希腊神话的延续。按照希腊神话，人的各种技艺如占卜、医疗、耕种、手工业等都是由神发明并由神传授的。这一观点当然与他的唯心哲学分不开。但是，在这里柏拉图指出的巫师与诵诗人得到灵感并进入迷狂状态，这一形式与心理状态上的相似之处，却是值得我们思考的。

巫术与巫师是产生在原始氏族社会，作为原始宗教的重要组成部分而存在的。当时人们对人本身以及人以外的自然界还处于蒙昧状态，便赋与大自然以人格化，产生了万物有灵及人与自然存在着某种神秘联系的错误观念，幻想人可以通过某种方式达到影响自然以及其他人的目的，于是有了祭神的仪式、歌舞。"因崇拜而思献媚，假歌舞以祈福祐，中国与欧洲相同。媚神歌舞成为巫的专职。"[3]巫师被认为是神和人之间交往的媒介，是神的代言人。这种原始巫师一方面出现在宗教场合，被看作精神领袖；而另一方面，他们出现在娱乐场合，又是民族文化的保存者、传播者。随着社会分工的出现以及宗教仪式的日益复杂，巫师与民间歌手一身兼之的情况逐渐消失，出现了专司宗教活动的巫师和祭司。这说明在古代民间歌手与巫师之间有着极为密切的联系。目前这种情况已不多见，在我国南方少数民族中，巫师兼歌手的情况还存在，如彝族的贝玛（毕摩）、景颇族的斋瓦、哈尼族的米谷（贝玛）、拉祜族的慕拔等。在西藏格萨尔民间艺人中这种情况已很少见，就笔者所知，只有那曲艺人佣珠的父亲，曾是一个既会降神、占卜，又会说唱史诗的人。

虽然如此，在格萨尔艺人的说唱中，这种精神恍惚，有如神力凭附的形式依然得以保留。那是因为原始宗教的长期影响，尤其是本教在西藏尚保留至今；而佛教自印度传入以后，几经劫难，为能在西藏立足扎根，也融合了本教的一些色彩，吸收了本教的一

1 柏拉图：《柏拉图文艺对话集》，人民文学出版社，1980 年。
2 常任侠：《关于我国音乐舞蹈与戏剧起源的一考察》，《东方艺术丛谈》，新文艺出版社，1956 年。
3 H. 奥斯本：《论灵感》，原载《英国美学杂志》，1977 年夏季号。转引自上海师范学院中文系文艺理论教研室编《文学理论争鸣辑要》，上海文艺出版社，1983 年。

些祭祀仪式，而发展成西藏所特有的宗教——藏传佛教。关于这一点我们在《格萨尔王传》的各部章节中也能明显地看到。虽然这部史诗具有浓厚的佛教色彩，但在格萨尔举行祭祀、求神、上供、卜筮、诅咒等仪式中，原始本教的祭祀仪式，尚完好无缺地保留下来。因此，可以说艺人的神授说及说唱时的神力凭附形式，是历史遗留下来的，非如此不能表明其神圣，只有这种形式，才有利于艺人精神集中以至尽快进入角色。应该指出的是，他们虽与巫师在形式上有相同之处，然而在社会功能方面却截然不同。

艺人所说的在梦中或在迷狂状态中，得到神谕而会说唱史诗，实际上是我们常说的得到了灵感。正如奥斯本解释的那样："在（灵感）这个术语的一般用法上，我们常常说当一个人（在他自己或者别人看来）仿佛从他自身以外的一个源泉中受到了帮助和指导，尤其是明显提高了效能或增进了成就之时，那我们势必会说这个人是获得灵感了。对于那样的灵感源泉可以被认为是系自然所赐或系某种超自然的神奇力量所赐。"[1]因此，我们说艺人由于认识上的局限以及在传统意识的影响下，对于奇特而荒诞的梦，做出了超自然的解释，是极为自然的，应将此种情况与谎言加以区分。被宗教麻痹了的蒙昧思想固然落后，然而不失其天真与淳朴，而说谎欺人则是一种道德上的堕落与败坏，这两者是不可同日而语的。当然，在艺人们坚持托梦神授说时，夸张的可能性也是存在的。因为，他们的社会地位低下，被旧西藏的统治者视为乞丐，而讨要也并非易事，还要缴纳"乞讨税"。他们到处流浪，以说唱故事来养家糊口，求得生存。为了得到人最起码的生存条件——温饱，他们必然要渲染故事得来的神秘色彩，给人们造成悬念，以引起重视，这是完全可以理解的。

记忆故事的奥秘

梦中神授之说通过分析得到了解释，然而新的问题又提了出来：这些艺人不懂藏文，没有受过正规教育，他们无法借助于笔和纸或更先进的技术来帮忙，那么他们是怎么学会数十部史诗的呢？一些外国人对于扎巴老人、玉梅姑娘都曾表示过怀疑。的确，如果一部史诗以大约八千行计算，三十几部就有几十万诗行之多，如此众多的人物、情

1 H. 奥斯本:《论灵感》，原载《英国美学杂志》，1977 年夏季号。转引自上海师范学院中文系文艺理论教研室编《文学理论争鸣辑要》，上海文艺出版社，1983 年，第 463 页。

节和词汇，人类大脑的记忆是否有可能承受？

心理学家认为记忆是人类的心理过程，它包括识记、保持、回忆或再认三个基本环节。从信息加工的观点来看，记忆是信息的输入、贮存、编码和提取的过程。那么人脑的记忆潜力有多大呢？美国芝加哥大学教育研究员布卢姆的研究表明：人类的潜力远比我们用智商及才能测试所估量的要大。有的科学家认为，人的大脑皮层至少有 140 亿个神经细胞，但经常活动和处于工作状态的脑细胞只占 10% 左右，就是说，人脑未加使用的潜力竟达 90% 之多。有的学者甚至说，如果始终好学不倦，那么一个人大脑储藏的各种知识，将相当于美国国会图书馆藏书的五十倍，而该图书馆藏书一千多万本。那么，照此计算人脑的记忆容量相当于五亿本书籍的知识总量。从而说明了人的记忆潜力是可以大大发掘的。当然不能否认人与人之间记忆能力的差异，但一般认为，虽然身体素质是影响记忆的一个方面，但是，造成差异的主要原因还在于主观能动性发挥的程度和记忆方法是否得当。

格萨尔艺人主要生活在牧区，分散的游牧生活，几乎使他们与外界隔绝。他们每日朝出暮归，放牧牛羊，如此单调的生活周而复始。看到的是无际的蓝天、宽阔的草原和成群的牛羊，心里只有那原始、古朴的格萨尔曲调和雄浑的故事。在这里，史诗几乎是他们记忆中的唯一占据者。他们吟唱史诗不只是给别人听，而更主要的是使自己从中得到解脱，在这里民间文学的自娱性就显得尤为突出。在这种自娱性的反复吟唱中，人们不仅得到了精神上的陶冶和美的享受，同时记忆得到增强。

此外，艺人在说唱时注意力高度集中。当他们全神贯注地投入说唱后，感情既无法抑制且不被周围环境影响。在果洛州我们访问了一个名叫次登多吉的五十多岁的艺人，他的演唱极有特色，既形象又富于感情色彩。只见他时而似拉弓射箭，时而似纵马驰骋；时而朗声大笑，时而泣不成声，以至感情不能自已，即使结束演唱后，也很难立即把感情拉回到现实中来。艺人桑珠也曾说过，在说唱中，即或我的对手是格萨尔也绝不留情。（此语为着表明艺人在说唱中，哪怕是对待描述格萨尔敌手的段落，也是一丝不苟的，说明艺人说唱时情感专注的程度。）云南迪庆藏族自治州德钦县颇有名气的史诗艺人兼故事家索南次仁，经常为牧民通宵达旦地说唱。因为他一旦进入角色，就无法使自己摆脱，以至在说唱时达到旁若无人的境地。有时讲到深夜，劳累了一天的听众不知不觉入睡后，索南次仁依然毫无察觉地将史诗唱至天明。其精神之高度集中实为常人所罕见。其他艺人如玉梅、扎巴、桑珠、佣珠、昂仁等在说唱时大都微闭双目，或手捻佛珠，均具有不被外界干扰、将注意力完全集中的能力和意志。当人的心理活动对一定事物（比如史诗）有选择性时，那么才能在每一瞬间都能准确无误地指向和集中于此，而离开其余事物使心理活动具有一定的方向。

人们的记忆又与他们的需要、兴趣有着直接的关系，对于他们喜爱的、朝夕相伴的、有情趣的事物的印象，往往感觉强烈，在头脑中的印迹也深刻。而一切与他们的激情无关，和他们的生活方式相左的东西，他们就会视而不见或过目即忘。比如女艺人玉梅，她的外貌及反映事物的能力与一般人相比无大差异，甚至有时还显得有点迟钝，像经常与她接触的汉族同志的姓名，她都记不住。然而当她一旦唱起格萨尔，那记忆的闸门一经打开，流利的唱词和逼真的故事却犹如江河奔流涌泻而出。这说明记忆有一定的选择性，记忆目标明确的部分，记忆效果就好。这种记忆的注意和选择，使艺人有可能在背诵史诗方面优于他人。

当然，艺人记忆史诗的过程并不是一朝一夕就能够完成的。这是他们长期进行识记、保持和回忆的结果。扎巴老人曾说过，每当他第二天要说哪一部或哪一片段，那么头一天他要很好地进行思索，也即回忆。这说明了记忆在说唱中起决定性作用。至于在即兴说唱中，个人发挥的那一部分，也只占整个说唱的很小一部分，而且是在不妨碍主要情节、脉络的前提下进行的。

以上论证说明，史诗并不是从天上掉下来的，不是神授的，而是艺人长期处于史诗演唱环境之中，通过识记，积累所得到的结果。正如罗素所说："每个人的知识，从一种重要的意义来讲，决定于他自己的个人经验：他知道他曾看到和听到的事物、他曾读到和别人曾告诉过他的事物以及他根据这些与件所能推论出来的事物。"[1]

艺人成功的条件

应该说，社会发展缓慢是史诗流传至今及艺人得以存在的重要因素。解放前的藏族社会长期处于封建农奴制阶段，政教合一制度下农奴主阶级对人民的残酷剥削及众多寺院的沉重赋税，造成藏族地区经济不发达、文化落后、交通闭塞。而文化教育除寺庙以外实际上几乎不存在，寺庙垄断了藏族的文化。藏族群众的文化生活，只能靠自娱性的民间文学来解决。这样，故事情节引人、曲调感人而深沉的史诗，就成了他们在茶余饭

1 ［英］罗素：《人类的知识——其范围与限度》，张金言译，商务印书馆，1983年，第4页。

后、牛羊归圈之时，打发漫漫长夜的极好精神寄托。其次，史诗传唱中，宗教起着巨大的精神支柱作用。艺人处在一个全民信教的社会之中，而他们都属于社会地位和经济地位最低下的阶层。宗教环境的影响、贫困不安定的生活，使他们比一般人更加笃信神佛，并把今生与来世的幸福寄予其身。如果说神佛是高不可攀的较为渺茫的偶像的话，那么格萨尔大王却是他们心目中能够降伏妖魔、为民除害的既见其形又闻其声的最实际的偶像了。至今藏区各地仍有不少格萨尔的传说、遗物、遗址。如四川德格有专门供奉格萨尔及其战将的庙宇；云南藏族群众家中亦供格萨尔神像，每天烧香祈祷。而广大藏区将史诗格萨尔的抄本、刻本收藏并供奉更是极为常见的现象。他们毫不怀疑格萨尔确有其人，认为如今藏地的一切财富如牛、羊、骡、马、盐、茶、青稞、药材、珠宝等，无一不是格萨尔东征西伐所获取，并希望他再度降临人世，解救劳苦百姓。这说明格萨尔及其战将，以及这部史诗在藏族人民心中享有极高的地位。因此，当他们一经梦到神佛的旨意，或格萨尔的命令（令其唱格萨尔），便以极其虔诚的心情来服从。他们把说唱《格萨尔》看作一件神圣的事情。说唱之始，首先要向护佑三界的诸神顶礼膜拜，以求吉祥。说唱中往往不愿意被别人随意打断，在一个段落没有讲完以前是不会自动停下来的。与此同时，几位艺人在十一二岁时，都曾到过寺庙，得到过有威望的上师的指点，即他们称之为“开启说唱智门”，从此，使他们坚信自己是得了神谕，是完全可以说唱好史诗的。在这种信念下，更加努力听、记、说唱，以至逐渐掌握更多的部数，说唱技艺不断提高并日臻成熟。

另外在艺人的成长道路中，家庭和环境的熏陶也是一个必不可少的重要因素。在我们调查的几位艺人当中，有一个明显的共同点，那就是他们的长辈几乎都是格萨尔说唱艺人。除上面提到的年轻艺人格桑多吉的父亲是一位那曲有名的艺人外，玉梅的父亲也是那曲有威望的艺人，在玉梅十七岁时去世。艺人桑珠曾回忆说，在他年轻时，到过那曲索县一带，当时曾见到过玉梅的父亲，并认为他是这一带最有名气的艺人之一。桑珠的父亲也是一位非常出色的艺人，桑珠那天真无邪的童年，正是在父亲的怀中，听唱格萨尔度过的。艺人佣珠的父亲班觉也是一位既会降神、占卜、在天葬台刻字，又会说唱格萨尔的艺人。青海果洛藏族自治州甘德县的艺人昂仁的祖父会说唱格萨尔，他的父亲喜饶嘉措也是果洛著名的说唱艺人，他不但会说唱，还精通藏文，曾用藏文写过一部《岭国的一人一马》，其父在昂仁十一岁时去世。以上情况说明了这样一个事实：民间艺人的幼年和童年，是在讲述格萨尔故事的环境中度过的。由此可见，说唱史诗的环境是一所天然的传授学校，孩童落地伊始，便是在这种古朴悠婉的旋律中生活，通过耳濡目染，在那幼小的心灵中打上了烙印。他们在崇拜格萨尔神奇变幻、为民除害的同时，也被艺人的生动说唱折服。而不少人的父辈就是艺人，这就使他们无论从气质到审美情趣等方面均与他们的前辈息息相通。

当然，在这种环境中成长的儿童，并不是都可以成为艺人，应该承认人的智力存在着差异。天才就是指那些智力超常、记忆力非凡的人，然而重要的还是要靠人的主观努力，如勤于思索、长期积累知识。应该说在艺人形成过程中，这两者都是不可或缺的。那么，一个偶然的机会，在十一二岁这个爱幻想的时期做了梦，或者是在情绪非常高涨时成功的第一次试说后，便会出现顿悟，出现突然清晰、有如茅塞顿开之感，于是往日积累的那些表象，都会从游离的而突然变成有联系的、较为系统的故事。这便是得来了灵感。灵感的出现虽然极偶然，然而这种偶然性正是孕育于长期积累的必然性之中。艺人的说唱实践也正体示了这种偶然性与必然性的关系。

根据以上的分析，我们可以说，民间艺人的知识积累是经历了一个量变的过程，即由少到多、由劣到优、从渐变到突变的过程。不能否认梦在记忆格萨尔故事中所起的作用，而经常地梦到史诗情节和唱词，则有助于对史诗的记忆。同时，那富于幻想的奇特的梦，无疑为艺人说唱增添了传奇色彩，也体现了民间艺人对史诗的丰富和发展所做的创造性贡献。

综上所述，我们可以毫不夸张地说，格萨尔说唱艺人为史诗的继承、传播、发展做出了重大贡献，他们是活跃在群众中备受欢迎的民间艺术家，是我们民族民间文学事业不可多得的宝贵财富。目前，对于史诗艺人的研究刚刚起步，相信随着格萨尔抢救工作的完成，我们的研究定会取得新的发展。

史诗《玛纳斯》歌手“神授”之谜[1]

陶 阳[※]

近几年来，由于创世史诗与英雄史诗的大量发掘，不仅丰富了我国民间文艺宝库，而且随之带来许多值得研究的问题。最近，不少人谈到关于说唱史诗的神秘性问题，特别是歌手“梦境神授”问题，例如演唱阿昌族创世史诗《遮帕麻与遮米麻》的歌手赵安贤说，他是在病中由神教会唱这部史诗的；又如藏族的玉梅姑娘也说是在大病中被神传授学会唱《格萨尔》的；等等。这一问题引起了民间文学界和社会上的注目和兴趣。一部分同志开始探讨这一问题。由此使我想起：从 1964 年至 1966 年，我在新疆柯尔克孜族地区参加《玛纳斯》调查采录小组工作期间，也曾经注意了“玛纳斯奇”（专唱《玛纳斯》的歌手）“梦境神授”问题的调查。现在我想根据在调查采录中所获得的资料，探索一下歌手“神授”的问题。

我在调查《玛纳斯》“神授”问题时，主要对象是柯尔克孜族当代著名大歌手居素普·玛玛依，久已传闻他唱的《玛纳斯》是“神授”的，我当时用逐步深入的方法，不先谈他本人的事，而请他谈他所知道的其他歌手“神授”的故事。居素普·玛玛依讲了几位大歌手的情况，像居素普·阿洪以及苏联的大歌手萨根巴依和铁尼拜克等人“神授”的故事。其中以大歌手铁尼拜克接受“神授”的故事最为典型和有趣，这个传说，是了解“神授”说的一个具体的形象的宝贵资料，兹录于下：

---

1 刊于 1986 年第 1 期。

※ 陶阳（1926—2013），曾任中国民间文艺家协会书记处书记、研究部主任，《民间文学论坛》主编，中国民间文艺家协会常务理事，中国民间三套集成总编委，国务院特殊贡献专家津贴获得者。

铁尼拜克是苏联的一位大歌手，他大约于1916年作为行吟诗人来中国柯族地区演唱《玛纳斯》。他是孤儿，七岁开始给财主放羊，一天，财主叫他打草，铁尼拜克忘了。财主打了他，并叫他马上去打草。他累得睡着了。他做了一个梦，坐在毡房里，一切都很漂亮，一会来了一位白胡老头和一位老太婆。老人说：

“认识我吗？”

“我不认识！”

“我是巴卡依[1]，她是卡妮凯[2]，今后我们一起过活。”

过了好长时间，老人说：

“今夜玛纳斯来，他是威严可怕的，但你不要怕。他无论说什么，你不说话就行了。”

夜里，玛纳斯来了，铁尼拜克一看吓坏了，没敢说话。

第二天，老人问：“见玛纳斯了吗？”

“见了！”

“过几天玛纳斯的四十勇士之一额尔奇吾勒[3]来，他给你什么东西，你就要上！”

有一天，铁尼拜克正睡时，额尔奇吾勒来了，骑着白马，身体粗壮，是一个很难看的人。他说：

“你把嘴张开！”

铁尼拜克一张嘴，额尔奇吾勒就将一把小米放在他嘴里，因为额尔奇吾勒的手掌太大，他只吃了一半，额尔奇吾勒就回去了。

第二天，铁尼拜克的鼻孔里流出了奶汁，流了毡房的一半。

老人问：“你要了什么东西？”

“我吃了小米，一把小米只吃了一半。”

“你流了多少奶？”

“流了毡房的一半！”

---

1 巴卡依，是《玛纳斯》中的一位重要人物，诗中称巴卡依老人是玛纳斯英雄最忠实可靠的助手。

2 卡妮凯，是玛纳斯的妻子。

3 额尔奇吾勒，《玛纳斯》四十勇士之一，传说《玛纳斯》是他为记录下玛纳斯的事迹而写的。

“呵，坏了，你只吃了一半小米，要是全吃了，你就成为世界上最大的歌手了。”

过了一两年，老人说：

“今夜额尔奇吾勒还来，他要听你唱玛纳斯，试试你的本领。你不要怕，能唱多少唱多少。”

夜里，额尔奇吾勒又来了，说：

“你开始唱玛纳斯吧！”

唱了一夜，额尔奇吾勒告诉他哪里唱得好，哪里唱得不好。

过了一天，额尔奇吾勒又回来说：

“你听我唱吧！”

唱后，又把铁尼拜克遗漏的地方告诉了他。

从此，铁尼拜克专唱《玛纳斯》，过了两年，他睡醒来时，毡房也没有了，人也没有了。铁尼拜克就回家了，回去一问，已经过了七年了。人们还以为他已死了哩！

他回到家，也没有唱《玛纳斯》，这时已经是十四五岁了，学会了打猎。一天他去打猎，找不到公羚羊，一个猎人说：

“你等一等！我到山上去看看有没有公羚羊。”

那人刚走以后，铁尼拜克就看见一只公羚羊，于是将它打死，放进锅里煮。猎人回来了，说：

“我怎么没看见公羚羊呀？”

“是我打死的，真的，不信你看羊头！”

俩人煮肉，水刚开，铁尼拜克不能说话了，嘴里出了白沫，那猎人很害怕，认为鬼缠上了他。过了五个小时之后，铁尼拜克叹息了一声说：

“我想唱《玛纳斯》，我的灵感来了，可能唱的很长！”

唱了一天一夜，两人才回家。那猎人告诉了亲戚，宰了白马，又叫他唱。他连唱了七天七夜，从此，铁尼拜克就成了歌手了。

居素普·玛玛依讲的这个故事，是由沙坎先生口译，笔者记录的。它在阿合奇等县流传甚广。居素普·玛玛依讲完了这个故事之后，曾经声明，他不相信这个梦。显然，这个传说是被群众夸张和神奇化了。这真是个奇异的梦，这梦竟然一做数年，并学会了《玛纳斯》，成了著名的大歌手。这说起来虽然荒唐，然而这个“荒唐”里却包含着一些值得研究的原始宗教和民俗信仰的观念。为什么史诗的歌者往往说是“梦中神授”的呢？为什么歌手大都经过一个病态着魔的阶段才有了唱史诗的灵感呢？这是值得研究的现象，需要从宗教信仰、风俗习惯和民族心理的角度加以阐释。

据说原来居素普·玛玛依也说过他是“神授”的。在调查中我总想解开他究竟怎么学会的《玛纳斯》这个谜。我们之间渐渐熟了，谈话无隔阂了，经过我与《玛纳斯》调查采录组的刘发俊、沙坎、帕兹力等同志的多次采访，终于解开了居素普·玛玛依这位大歌手唯一会唱全部《玛纳斯》之谜。

居素普·玛玛依很坦诚地给我们讲了他学唱《玛纳斯》的真实过程：

原来，他的爸爸是位《玛纳斯》的爱好者，他的哥哥巴勒瓦依·玛玛依是一位《玛纳斯》搜集家和歌手。凡附近的和苏联来中国的著名“玛纳斯奇”，他都请到家里演唱过，并亲自记录。记录时间有的长达半年。像居素普·阿洪和苏联的萨根巴依等大歌手，都被巴勒瓦依请到家里去唱过《玛纳斯》。巴勒瓦依不但亲自采录《玛纳斯》，而且还四处搜集《玛纳斯》的手抄本，甚至不惜用十只或二十只羊的代价购买。巴勒瓦依从小上经文学校，聪明过人。据居素普·玛玛依说，他哥哥背诵的能力比他强。《一千零一夜》，只看一遍，就给人家讲。《可兰经》别人念几年才会背诵，他念几遍就可背过。他唱《玛纳斯》或情歌，都很受人们的欢迎。后来，巴勒瓦依把搜集的《玛纳斯》，从头至尾整理了一遍，计有八部。

居素普·玛玛依七岁的时候，他父亲对他说：“你哥哥收集的《玛纳斯》资料很多，你背会它吧！”从此，居素普·玛玛依就念《玛纳斯》，整整念了八年，全部会背的时候，已经十六七岁了。可惜的是当时他的哥哥、搜集家巴勒瓦依被反动派盛世才逮捕入狱，一去未回。巴勒瓦依搜集整理的《玛纳斯》被全部抄走，流失于四面八方。但巴勒瓦依的搜集成果并未白费，手抄本虽然大部分流失了，然而它的全部内容却保存在居素普·玛玛依的脑海里。这就是现在我们记录的长达廿余万行的史诗巨著《玛纳斯》的来历。当我们今天听唱《玛纳斯》的时候，我们首先应当感谢歌手居素普·玛玛依，但我们也不应该忘记歌手兼搜集整理家居素普的哥哥巴勒瓦依的功绩。至此，居素普·玛玛依“神授”之谜，也就解开了。“梦境神授”，只是一种传说，读了八年的《玛纳斯》。从而全部背诵，才是事实的真相。

在旧时代，史诗歌手大都自称“梦中神授”，史诗听众也深信不疑，而在今天仍然有些史诗歌手承袭“神授”的说法。那么，史诗“神授”说的来由是什么呢？

创世史诗的“神授”说，一般地讲，是由宗教祭祀者巫师为树立自己神使者的威望而宣扬的。于是代代巫师沿袭此说，成为风俗。史诗最初产生的时候，都是为本族的祭祀大典用的。许多史诗与宗教有关，甚至于有的史诗就是他们的宗教经典，如纳西族的《崇搬图》，就是“东巴经”之一部。创世史诗，在原始民族中是宗教祭祀的诵词。有些创世史诗不是什么人和什么时候都可以随便唱的，只有宗教职业者例如巫师兼歌手，才有资格按照一定的祭神、祭祖的仪式歌唱或朗诵。例如佤族的创世史诗《司岗里》，它是佤族原始信仰的经典，只有举行祭祀仪式时才能诵念。现在，如果外族人随时要求佤族巫师讲《司岗里》，那将被视为不受欢迎的人。阿昌族的创世史诗《遮帕麻和（与）遮米麻》，也是原始宗教巫师的念词，它是由该族“活袍”（巫师）在祭神或葬礼时向族人念诵的。讲唱创世史诗，只有能通神的“巫”才有资格。关于史诗这种宗教上的职能，决定了歌手（亦即巫师）必须宣扬“神授”说，才能完成他在宗教上的神圣使命，祭坛上的专职人员——巫师（亦即歌手），在原始社会中，被认为是神与人之间的中介人，人与神之间的信息都是由他们转达的。只有他们才能通神，神的意志只有通过他们才能转达到人间，所以，作为祭典的颂词——史诗是“神授”的，就很自然了。也只有“神授”说，才能强化巫师（歌手）们的神灵地位。

英雄史诗的“神授”说，一般地讲，是由行吟诗人欲提高自己的社会地位而编织的。后来的行吟诗人，便一直沿袭了这种神秘的传统。英雄史诗产生的时代较晚，大约是奴隶社会的产物。英雄史诗除了祭典上的作用之外，逐渐地产生了社会审美作用，成为一种群众所喜闻乐见的艺术形式。适应这种群众需要，就产生了一批以说唱史诗为职业的行吟诗人。他们像流浪汉一样到处说唱，他们是精神劳动者，一般没有生产能力，他们的生活实质上是靠社会上的听众自愿资助，在客观上成为一种流浪行乞的人。行吟诗人为了提高自己的社会地位，让人们尊重他的人格，就说他的本领是“神授”的，表明他不是凡人，而是被神选中的才智超群的人。这种说法，果然灵验，史诗歌手走到哪里，都受到尊重，连贵族老爷们请歌手唱史诗，也不得不把歌手奉为贵宾。所以，歌手们宣传“神授”，是可以理解的。

群众相信“神授”说，从根本上讲也是由于宗教上的原因，他们相信“神”，理所当然的就能接受“神授”说。此外，歌手们对于自己学歌的真实途径，又总是保密，不让群众知道，这是造成群众相信“神授”说的第二个原因。如，西藏的《格萨尔》歌手玉梅姑娘，在她生了一场大病之后突然唱起《格萨尔》来，在这之前，谁也没听见过她唱《格萨尔》，更无人知道她学过《格萨尔》。居素普·玛玛依也是这样，谁也不知道他学过《玛纳斯》，也是“一鸣惊人”的。对于玉梅的父亲是位大歌手，她父亲又如何家传，对于居素普·玛玛依如何念了八年他哥哥整理的《玛纳斯》，他们本人不透露，别人是无法知道的，从表面现象看，他们都是在一夜之间变为能唱几万行长诗的歌手的，这就增加了神秘性、迷惑性。使人们不得不相信“神授”说了。另外，史诗歌手们惊人的记忆力和着魔似的激情也是使人们相信“神授”的重要原因。他们滔滔不绝地日日夜夜甚至成年累月地唱个没完，当人们对歌手钦佩得五体投地的时候，不由得就相信“神授”了。

今天，我们从唯物主义观点看，“神授”说当然是站不住脚的，在理论上是讲不通的。事实上，一些有觉悟的歌手如居素普·玛玛依自己揭开了“神授”的迷雾。

以上是我在调查史诗“神授”中了解的一例，以及我对“神授”说的一些看法。我相信，今天少数坚持“神授”说的歌手，不久也会揭开他们自己“神授”之谜的。

附记：

1964年至1966年居素普·玛玛依唱的《玛纳斯》记录到六部，现在新疆《玛纳斯》工作组记录了八部。

从闻一多的端午考窥其神话观[1]

潜明兹 ※

为探求中华民族及其文化的源头，闻一多对原始社会的生活与神话，进行了深入的研究。他的重点在对一部分古神话传说的再建。从而发现“这原始的文化是集体的力，也是集体的诗，他也许要借这原始的集体的力给后代的散漫和萎靡来个对证下药罢”[2]。这同样是他对端午及其神话传说背景考释的契机。由于他学识的渊博，考索的精密，眼光的锐利，立说的新颖，材料的翔实，使他对先秦古籍《周易》《诗经》《庄子》《楚辞》和神话传说的考释都有突破性的成就。他对神话和人类上古文化史的研究，几乎达到触类旁通，举一反三的地步，在这方面有长足的进展。他吸收了近代资本主义国家兴起的文化人类学和民俗学的观点和方法，结合中国实际，加以变通，不但通过对古老风俗的追寻，把已经失却原意的神话，恢复了它们本来的面貌与含义，而且以神话传说为背景，探讨了某些古代风俗的渊源，帮助后人加深了对古神话传说的理解。

像端午这样一个从南到北、从汉族到少数民族都过的节日，它是如何起源、发展和演变的，为何成了中国历代人民对屈原的永恒纪念，其有关的神话传说背景又是什么，等等，都吸引了闻一多的注意。

据古籍资料载，端午和几个历史人物均有关。北方传说“太原旧俗以介子推焚骸，有龙忌之禁，至其亡月，咸言神灵不乐举火，由是士民每冬日辄一月寒食，莫敢烟爨”。（《后汉书·周处传》）但也有说寒食不在一月，而在五月五日：“并州俗以介子推五月五

---

1 刊于 1986 年第 3 期。

※ 潜明兹（1931— ），北京师范大学文学院教授，长期从事神话学、民间宗教与民间文化的研究。

2 《朱自清序》，《闻一多全集》第一卷，第 17 页。

日烧死，世人为其忌，故不举饷食。”（《书钞》一五五引《邺中记》）但这个传说在民间口头并没有广泛流传。

南方有关的传说颇多，有说龙舟竞渡起于越王勾践，也有说是越国人民对忠臣伍子胥的追念。《荆楚岁时记》特别说明：“斯又东吴之俗，事在子胥，不关屈平也。”但是更具体的还是把端午和屈原联系在一起，《续齐谐记》《荆楚岁时记》《襄阳风俗记》等，皆有大同小异的记载，都说到屈原于五月五日自沉汨罗，楚人哀之，投食而祭，或其妻祭之，因防蛟龙窃食，故以叶裹，五色丝缠之。这一传说历久不衰也，至今在民间仍为妇孺皆知。说明屈子精神之伟大，超越于同一风俗传说的其他历史人物，因而端午便蔚成我国各族人民对屈原的深情怀念。

闻一多不但和屈原有着相似的诗人的气质，而且同样有着一颗爱祖国、爱人民的炽热的心。他称屈原是“人民的诗人”，认为古今没有第二个诗人像屈原那样曾经被人民热爱。这说明闻一多是多么地崇敬屈原。所以他要让大家都知道，端午这个本来是非常古老的节日，中国人民却送给了屈原，为屈原所专有，以此说明屈原人格之伟大。他说：“端午是一个人民的节日，屈原与端午的结合，便证明了过去屈原是与人民结合着的，也保证了未来屈原与人民还要永远结合着。”[1]

他对端午的考证，有别于清代朴学大师们的考据目的，仅只是继承了他们的方法，而且具有明确的现实动力。

他的《伏羲考》问世之后，对中国现代神话学有重大的建树。该文对龙的形成与演变、龙的综合图腾性质，特别是龙在我国文化史上的崇高地位等等，都作了精辟的论述，创前无古人的立论，给后人打开神话世界的奥秘，提供了一把钥匙。[2]也为他自己的端午考及其他神话研究奠定了基础。

我国自古以来，不但一些古老的风俗和龙的神话传说有直接的关系，而且龙对我国人民的心理结构，也起到不可磨灭的影响。我们还发现，龙这一怪异而威严的形象，在世界上许多民族的口头文学作品中都普遍存在。这是一种偶合，还是文化交流的结果，它的祖籍又是哪里呢？这都很耐人寻味。闻一多正是在他对龙考证成果的基础上，发现了端午这个节日，原来比屈原要古老得多。就这一点言，他的端午考，在学术探讨上，

1 《神话与诗》第259页。
2 已另撰文。

又正是对龙研究的继续。

端午的两项主要活动，一为龙舟竞渡，一为吃粽子。后者的起因，是为怕给祭者的食物被蛟龙所夺，故以竹叶和彩色丝缠之，后来才相沿为吃粽子。这两项活动都说明，这个风俗的神话传说，一定和龙有关，最早可能出现于南方产稻米之地。

如果以此便将屈原传说作为端午起源与龙有关的根据，还属孤证。闻一多同时发现端午与龙有关的其他佐证。他在《吕氏春秋·介立篇》见介子推的故事中有《龙蛇歌》。另又有已经失传了的一些古风俗也与此有关。如《异闻集》记扬州曾有端午铸盘龙镜的风俗，镜匠移炉置船，“五月五日于扬子江心铸之，背龙颇异。后大旱，祠龙，乃大雨”。原来此日所铸之龙，能使人间免去干旱。又如，在汉武帝时，有一种用蜥蜴和丹砂所制之药，是用来检验宫人贞操的，名“守宫”，也是在端午日所制，又名“龙子”。这一种对妇女有神秘作用的风俗，既和端午有关，也和龙有关。

据此，闻一多才断定端午不但有龙神话传说作背景，而且甚至可能就是龙的节日。这就启发了他，顺着端午与龙的关系这一宝贵的讯息，去追寻那久已逝去的原意，并有步骤、有层次地进行考据。

首先，他确定这类神话传说起源的地域，究竟是在南方的什么地区。他认为最初起源于产稻米的多河港的古吴越民族。

论据之一，即前面提到的有端午的四种神话传说，其中有三种是在南方；这三种神话传说中，吴越的伍子胥、勾践又占三分之二，再加上扬州铸镜的故事，都属于吴越地区。吴、越两邦，本属同俗并土的毗邻，故《越绝外传》称它们“同气共俗”。而古籍中关于端午的记载，最早见于东汉，这正是吴越一带开辟的时期。所以端午最初不可能是楚地的风俗，而是吴越被开辟后，在“与中原文化的对流中，端午这节日才渐渐传播到长江上游以及北方各地”[1]。

为什么和龙有关，他除了运用上述的神话传说材料之外，论据之二，便是又进一步从民族学的角度，论证古越人为龙图腾团族的子孙。在《伏羲考》，对古越人信仰龙图腾作了详细的考证，谓越人断发文身的古俗，是为表明自己是龙之子孙的身份。他引用了丰富的古籍资料为证。列其中三条和越人关系最直接的如下：

1 《神话与诗》第 224 页。

诸发曰:“彼越……处海垂之际，屏外蕃以为居，而蛟龙又与我争。是以剪发文身，烂然成章，以象龙子者，将避水神也。”(《说苑·奉使篇》)

越人以箴刺皮为龙文，所以为尊荣也。(《淮南子·泰族篇》许慎注)

(越人)常在水中，故断其发，文其身，以象龙子，故不见伤害也。(《汉书·地理志》下应劭注)

这都是图腾心理的遗迹。闻一多从图腾崇拜的心理来分析古越人断发文身的古俗。越人既以酷似龙祖为荣，又为了便于龙祖保护而使自己拟龙化。这种图腾心理，当时他还缺乏更多的民族学资料，特别是缺乏考古学资料来进一步证实。直至解放后，我们才获得大量的“活化石”。最生动具体的是鄂温克、鄂伦春人对熊图腾的心理。他们叫熊是“老爷子”，打死熊称之谓“睡着了”，要举行隆重而复杂的谢罪仪式。又据民族志得知，哀牢山的彝族在狩猎的庆功仪式上，全寨人必须由女巫带领，其中八人分别戴着虎、熊、马、牛、鼠、穿山甲等动物的假面具，跳拟兽化的舞蹈以媚神，这都是母系社会遗留下来的图腾心理的生动表现。[1]类似情况，在世界其他原始民族中也存在，这都能印证闻一多所说断发文身乃越人一种以“模拟巫术”求得安全感的心理，颇有道理。

和断发文身相类的端午风俗彩丝系臂，早已失传，这是因为“图腾文化消失(逝)以后，文身变相为衣服的文饰”[2]。但对龙舟，闻一多则认为“只是文身的范围从身体扩张到身体以外的用具，所以它是与文身的习惯同时存在的”[3]。并在宗教仪式上重复出现。他发挥了充分的想象力，把龙舟竞渡的场面，描绘为“穿着模拟文身的彩衣的水手们划着龙舟——一幅典型图腾社会的‘浮世图’”[4]。

至此，闻一多对端午起源于吴越，并是龙的节日的论证，应该说是持之有据，言之成理的，不管这结论是否为大家所接受。

然而，由于闻一多还未曾完全摆脱正统的言必称“三代”(尧舜禹)的传统史观，认为南方诸古民族的文化，来自黄河流域的夏、商，而忽略了当地土著民族文化的创造与相对独立性。所以他不但将夏禹、共工、祝融、黄帝、匈奴都列为龙族，他还通过祝

1 参考吕光天《崇拜熊的奇特习俗》,《北方民族原始社会形态研究》，宁夏人民出版社，1981 年。

2 见《神话与诗》，第 237 页。

3 见《神话与诗》，第 237 页。

4 见《神话与诗》，第 237 页。

融从神话形象到传说人物，最后历史化的演变，来说明祝融的后代八姓之中有芈姓，“而越是芈姓四国之一”[1]。据此来进一步证明“越人的老家在北方”[2]，是夏禹的后裔，越为龙子之无疑。对此，有的当代学者已提出质疑。[3]

越为禹后说，始见于《史记·夏本纪》：“越王勾践，其先禹之苗裔……”后人沿袭此说。其实，太史公是缘禹葬于越为据。

顾颉刚从疑古出发，走向另一极端，“假定禹是南方民族的神话中的人物”，并列举了九条例证，其中证据之一，便是越人自称为禹后。[4]他的同时代人张荫麟在《评近人对于中国古史之讨论》中，提出了另一种意见：“禹之神话盛于楚越，不能为禹之观念创自楚越之证，安之非由于楚越与中原民族接触后，禹之史迹输入，因而放大附会耶？”再者，“越欲借华夏自重，以洗刷蛮夷之名，而自认为禹后（此正犹刘渊自认为汉高祖后），益有制造禹迹以弥缝之必要”[5]。

那时，闻一多不可能见到近年发现的距今七千年左右的河姆渡文化，所以无法将远距中原的古越文化和仰韶文化作对比研究，难免有主观推测的因素。但他提出端午与龙有关，并认为最早不是源于楚地，却是很有启发的创见。

《淮南子·要略》有关于“龙忌”的记载，据许慎注，认为“中国以鬼神之事曰忌，北胡南越皆为‘请龙’”。这里所说的北胡即南匈奴，他所说的“请龙”实为祭龙。这种祭龙，一年至少有三次之多。《后汉书·南匈奴传》曰：“匈奴俗岁有三龙祠，常以正月、五月、九月戊日祭天神。”《史记·匈奴传》曰：“五月大会茏（即龙——引者注）城。”可见五月祭龙可能是龙团族一年中最大的一次请龙活动。为什么要把这样一次盛大的祭龙日安排在五月呢？闻一多大胆地认为这和中国古代的五行思想有联系。

出现在殷、周的《易》之八卦哲学，有朴素的辩证法，是和奴隶主的巫教神学相对立的，“因而所谓八卦，便不外是天、地、山、泽、水、火、风、雷等被认识的自然界的、客观世界的八种物质现象。”“作为客观世界的存在的物质的东西去认识”；“宇宙间的万物，都是由这八者之间相互矛盾、相互排斥而引起的变动所产生出来的，并向前发

1 《神话与诗》第 225 页。

2 《神话与诗》第 226 页。

3 见蒋炳钊《“越为禹后说”质疑——兼论越族的来源》，《民族研究》1981 年第 3 期；吴绵吉《从越族图腾崇拜看夏越民族的关系》，《中央民族学院学报》1985 年第 1 期。

4 见《古史辨》第一集《讨论古史答刘胡二先生》一文。

5 《古史辨》第二集。

展而演化出万事万物”。[1]这是当时新兴阶级的思想武器，认识到事物之间的矛盾的对立，但没有认识矛盾的内在性及矛盾对立的统一，所以又成为后来形而上学的、玄学的宇宙观。形而上学作为一种哲学范畴的思维方法，严格讲是西方15世纪下半叶，由于近代科学的兴起而出现的，“在深入的、细节的考察方面它比古代哲学是一个进步”[2]，克服了古代朴素唯物论对整体各个细节缺乏认识的局限，但又脱离了从总体来考察事物和过程。《易》之朴素的辩证法思想有个根本的弱点，在于它的神秘性，人们最终仍跳不出神学的圈子，因此较之西方近代在自然科学发展基础上所产生的形而上学思想，更为唯心和原始。

五行最早见于《尚书·洪范》:“一曰水，二曰火，三曰木，四曰金，五曰土。”《国语·郑语》曰:“土与金、木、水、火杂，以成百物。”在这基础上，产生了战国时期以这五种物质相生相克的思想。相生，即木生火，火生土，土生金，金生水，水生木。相克，即水胜火，火胜金，金胜木，木胜土，土胜水。以五种物来说明宇宙的起源和变化，有朴素的唯物论思想，对古代天文、历法、医药的发展起过积极作用。但后来被子思、孟子、邹衍神秘化。特别是邹衍将《易》的阴阳说和《尚书》的五行说，加以融合，夸大了其中形而上学和唯心论的因素，创立起阴阳五行家。西汉董仲舒又将《易》之阴阳说与战国阴阳五行说，融合成为《春秋公羊传》。这样，阴阳五行家便和儒家相结合，提出仁、义、礼、智、信，为统治阶级所需要。

闻一多所指的五行，是指早期的还是后来融合而成的思想，他没有明确说。他把五行的起源，作为一个复杂的问题，暂未论及。但他断言，五行“最初必有某种实用的意义，而不仅是分析自然势力（而）加以排列的一种近乎思想游戏的勾当。”他还指出:“五行中最基本的观念是五方，而五方是一种社会政治组织形态的符号，兼宗教信仰的象征。依图腾制度的通例，一个团族（clan）之下往往又分几个支族（phratries）。我们疑心古代奉龙为图腾的团族之下有四个支族，每个支族又各为一龙，共有五龙。”[3]他列举了八条有“五龙”的记载来说明“五龙”之普遍，并以“黄帝四面”的神话来说明黄帝实乃中央之龙，另有四龙分治四方。同时，强调这都是国家出现以后的产物。“五龙用五个色来区分，所以龙是五个色生的名目，由图腾崇拜演化为祖宗崇拜，于是五色龙

---

1 吕振羽:《殷周时代的中国社会》，生活·读书·新知三联书店，1962年，第116页。

2 钱学森等:《论系统工程》，湖南科学技术出版社，1982年，第75页。

3 《神话与诗》第228页。

也就是五色帝。”[1]这个“帝”，既是天帝，也是人王，中央帝为共主，四方帝各治一方。龙的综合图腾的性质便有了变化，渐变为人间帝王的象征。于是《墨子·贵义篇》才有了杀四方帝，即杀四色帝的记载：“帝以甲乙杀青龙于东方，以丙丁杀赤龙于南方，以庚辛杀白龙于西方，以壬癸杀黑龙于北方。”闻一多归结为，原先是用五色龙区分五方，后来五色和龙分开了，就只以五种色素为代表，再后来，便用色彩相近的五行，即木、火、金、水、土来象征青、赤、白、黑、黄。这样，“五方之龙”“五行之龙”“五方神”等几乎含义相同，而中央共主恰恰又是第五条龙，由此，“五”便成了一个神秘而神圣的数字。“端午”最初是“端五”，所谓五月五日端午节，实际是反映了龙图腾观念的见证。上述端午节，“彩丝系臂”的风俗，或在衣服上保留着龙文（纹）的装饰，或彩色龙舟竞渡，等等，都可能是五色龙观念的遗留。

杨宽在《中国上古史导论·五帝传说之起源与组合》中，对近人谓五帝传说源于邹衍之五德终始说持异议，他认为“五帝之说当起于五方帝五色帝之祠”，然五方帝五色帝之祠，最迟当春秋时已有。这些意见和闻一多的观点甚为吻合。

由此，便可以比较确凿地断定：古代“午”“五”相通，五即五色，五色最初指五色龙。因为“五”与“龙”分不开，“五”的神圣性反映了图腾观念的遗迹。所以说，端午的起源很古老，决不可能开端于屈原生活的战国末期，必定另有五色龙或五色帝的神话传说背景。可惜，随着岁月的流逝，后人已不知其原貌，只能透过一年一度的端午节，去推测和想象龙族的子孙们，曾经多么虔诚而热烈地“请龙”“祭龙”。

这个龙的节日，久而久之，竟传成了屈原的节日，也是中华民族对屈原的缅怀和追念的全国性的节日。这一事实，有力地证明，任何一则神话传说和与之有关的风俗，如果不能适应发展了的社会和人们新的道德观念，必然逐渐消亡，相反，如果它们逐步变化得能满足现实的需要，必然能焕发出新的生命。傣族的泼水节及有关的神话传说，起源于印度时，原是婆罗门教的宗教仪式及其传说，流传到我国傣族地区以后，宗教色彩虽仍未完全消失，但已经是以表现善恶斗争观念为主，并和历法、农事的关系越来越密切，这和端午及其神话传说的演变规律便十分相似。

闻一多的端午考，仅只是他那大含细入、博大精深的神话论著的一角，也不是他的论著中最有代表性的，但读者却能以小明大，窥一斑而知全豹，从中窥视出其神话观的

1《神话与诗》第 229 页。

独特性。他虽然未曾完全摆脱封建社会文人言必称“三代”的影响，但他在神话研究中仍不忘注入一些新意。“越为禹后”从民族学观点看，也许是对古越民族重视不够。越是不是禹的后代，根据新考古发现，还是个值得进一步研究的问题。不过闻一多在自己研究结论的基础上，特别强调我国文化古老，渊源流长，四方民族同一祖源，都是龙的子孙，这在民族危亡的特定历史条件下，客观上有利于团结。“从前作为帝王象征的龙，现在变为每个中国人的象征了，也许这现象我们并不自觉。但一出国门，假如你有意要强调你的生活的‘中国风’，你必多用龙纹的图案来点缀你的服饰和室内陈设。”[1]至今，在世界各国朋友心目中，不是仍将中华民族视为“龙的传人”吗？可见传统文化的威力何等坚实，龙在我国历史与文化中的意义何等重大。所以他的端午溯源，决不是为考证而考证，不是为学术而学术。这一点，他远远超越了清代的朴学大师们。就是和他同时代的古史辨派的学者相比，也有所不同。疑古派的功绩主要是剥了“经”书的神圣外衣，成为“五四”以后反对封建思想体系的一个重要方面，但运用的方法基本上是先假设，后求证，对遗产否定太过，这同样反映在他们讨论中国远古神话传说的论著中。所以讨论了几十年，对他们自己所提出的问题，有许多都没有得出明确的结论，这和他们在枝节问题上大作文章很有关系。把神话传说和古史混为一谈，总以信史的标准去要求神话传说，这实际上还是没有弄清楚神话传说的性质。闻一多有时也难以摆脱先假设、后求证的研究方法，如“假定端午这节日的起源和龙有着密切的关系”[2]，并加以推测，找出论据来，检验自己的假设能否成立。这就难免带有若干主观色彩。但他能充分运用民俗学、民族学方面的成果，对古籍资料，在充分占有的基础上加以对比，多层次地进行考据，用剥笋的方法，层层深入，最后得出确凿的结论，使读者信服。

他最富个人特色的是把研究和现实斗争紧密结合，站在时代的高度去认识过去，预测未来。他不是沉溺于故纸堆中搞单纯的考证，而把对神话的研究与祖国的命运兴亡，紧紧联结在一起，为探求祖国的前途，去总结历史的教训。这在他的端午考中表现尤其明显。他于1943年7月写的《端午节的历史教育》，把端午的古今意义作了鲜明的对比，他说：“给图腾神，也给自己取乐。这一切，表面（上）虽很热闹，骨子里却只是在一付（副）战栗的心情下，吁求着生命的保障，所以从冷眼旁观者看来，实在是很悲

---

1 《神话与诗》第33页。

2 《神话与诗》第223页。

的。这便是古端午节的意义。”[1]这对古代在自然威力压迫下的祖先，理解得何等深刻。他又说：“从越国到今天，应该是怎样求生得光荣的时代。如果我们还要让这节日存在，就得给他装进一个我们时代（所）需要的意义。”[2]这正是这位伟大的民主战士，通过端午古俗，论及神话传说的真正目的。这鲜明地表现了他的神话观是：

继承朴学大师们的考据方法研究神话，但不是为学术而学术。

和古史辨派的神话观有某些偶合，都运用了近代的社会科学知识和方法，但不仅仅限于反封建，在神话理论中，也贯穿了坚决反帝的民主革命精神。

重视古俗与古神话的关系，并站在人类文化发展史的高度研究神话，目的是为了写一部规模宏大的中国文学史。[3]他对端午、龙的考证，和对其他神话的研究一样，都是为这作准备。

他在神话研究中，不只是用一种学派的观点和方法，他继承并吸收了中外古今的多种方法，加以融合，化为血肉。后期并学习过有关的马克思主义经典著作，这些对他都不无影响，所以才能以敏锐的眼光，发现端午神话传说演变的必然趋势，以及它的新含义。

写于 1985 年

---

1 《神话与诗》第 242 页。

2 《神话与诗》第 243 页。

3 见朱自清序。

日月神话初探[1]

屈育德[2]

一

《周易》说："日月丽乎天。"太阳和月亮，辉耀于蓝天，给大地带来了温暖和光亮；日月昌明，对于远古时在生产和生活上都依赖于大自然的原始人来说，更显得至关重要。而日月东升西降，日复一日，从无差错，阳光灿烂而月色幽明，这些都引起了原始人的极大关注和好奇。原始人类希望日月造福于人类并由此探索日月奥秘的结果，便产生了有关日月的神话。由于相同的生活和心理条件，世界许多民族都创造了这类神话。

远古人类对于日月和天体的关注和遐想，也有力地回响在我国各族人民的神话中。从先秦古籍到现代搜集的神话、史诗中，都有这方面的记载。而关于日月怎样产生，则是其中的一项重要内容，概括起来大致有以下几种类型。

（一）生育说。认为日月和人一样，也是父母生养的。《山海经·大荒南经》载："东南海之外，甘水之间，有羲和之国，有女子名曰羲和，方浴日于甘渊。羲和者，帝后之妻，生十日。"又《大荒西经》载："有女子方浴月。帝后妻常羲，生月十有二，此始浴之。"

这两则神话意味着什么呢？根据神话是原始时期自然和社会形态的折光反映，下面试结合有关神话对其中的经济、技术、社会、文化及观念诸因素进行初步的分解。

---

1 刊于 1986 年第 5 期。

2 屈育德，女，1955 年毕业于北京大学中文系，1955—1959 年为北京师范大学中文系民间文学研究生。现任北京大学中文系副教授。主要论著有：《传奇性与民间传说》《论巧女故事》《中国传统文化中虎的观念》《中国民间文学史略》等。

第一，这是产生于我国东部地区的神话。帝后，即数见于商代卜辞的高祖夋，是东方殷民族所奉祀的上帝。据《山海经·大荒北经》载，他有一个方圆三百里的竹林，其中的竹子“大可为舟”。毛竹是我国东南地区的产物，舟船也是多水地区常用的交通工具。

第二，这位日月之父是一位显赫的宇宙统治神。他的子孙有的管理着各个国族，有的则是人类重大的物质和精神文明的创建者，于此可见对日、月的重视。

第三，太阳和月亮是同父而异母。帝后还有一个妻子，那就是“生此三身之国”[1]的娥皇。一夫多妻，反映了父系夫权的确立。但“羲和之国”以女性的名字命名，则又显示了母系氏族制的痕迹。羲和所生十日很可能是后来才认上了父亲的。在人们心目中，太阳神是女性神，即羲和。

第四，太阳和月亮的数字，都不是一个而是十个和十二个，这和初人以此计算年月有关。

第五，日月不仅是羲和、常羲所生，还要母亲为他们洗澡，像人间的婴儿一样。原始人根据自己生活的体验来理解自然现象，因而产生天真的联想。

（二）肢体化生说。此说始见于三国时徐整的《三五历记》[2]：“首生盘古，垂死化身。……左眼为日，右眼为月。”约后三百年，又见于梁任昉的《述异记》：“昔盘古氏之死也，头为四岳，目为日月。”在白族人民古老的长诗《创世纪》中，事情比较复杂了一点，是由盘古和盘生两兄弟共同化身为“木十伟”，然后再化成万物，也是左眼变太阳，右眼变月亮。据此我们看到：

第一，原始人的艰苦生活使他们具有自发的唯物辩证思想，认为高悬于蓝天的日月是由物质转化而来的。然而由于认识的极端幼稚，又使其认识中的合理内核呈现为奇幻的形式——幻想的同一性转化为不合理的因素。

第二，他们的认识既源于事实，又带有很大的任意性。太阳月亮都呈圆形而有光，又正好是两个。尸体化生万物，两眼变成日月是最合适不过的了。固然，它们之间无论功能、大小，都相差十万八千里，但原始思维中不依赖于必然性和可能性的变形观念却为这两类事物架起了桥梁，真可谓“天堑变通途”。

1《山海经·大荒东经》。
2《绎史》卷一引。

第三，在这里，日月仍然出之于人。固然，这个人躯体巨大，非一般的人所能企及；而且，他是那么无私地献出了自己的躯体，造就了一个生气勃勃的世界。巨大、有力和无私，是原始人所尊崇的人品。

第四，男性神。《绎史》卷一引《五运历年纪》说："盘古有髭。"可见这是父系社会出现后的男性大神。

（三）英雄神说。屈原的《九歌·东君》生动地描绘了他的形象："青云衣兮白霓裳，举长矢兮射天狼。操余弧兮反沦降，援北斗兮酌桂浆。"

在这首经过诗人加工的楚国民间祭歌中，太阳已是一位气宇轩昂的天神，他在天上保护着人类。因此，人们尊崇它、奉祀它，反映了宗教的情绪。对此应一分为二来看。从本质上讲，太阳是有利于人类的自然力，"举长矢兮射天狼"，便是人们对这一点的概括而带幻想性的认识；但是崇拜它，便是对大自然具有依赖性的表现。

（四）铸造说。这个说法，在黔东南地区苗族人民所流传的《古歌》中记载得相当详尽。其中专有一节"铸日造月"，说是天被撑稳，地被支住以后，却没有太阳和月亮，于是宝公、雄公、且公、当公四位传说中的祖先用金银铸造太阳和月亮，这个过程相当曲折，大致可分成几个阶段。一阶段是寻找仿造日月的样子，二阶段是铸造。宝公等四位祖先挑来金银，开始熔铸。他们"九岭当炉子，九冲当风箱，岩包当打锤，山头当钻磴"，四个人不停歇地干了十二天，造成了十二对日月。三阶段是把造好了的日月安到天上去。两次连遭失败，第三次找来了冷王。这位巨人"头上生水井，肩上有鱼塘"，具有"越烫他越凉"的本领，终于把日月挑上了天。

剖析这则神话，我们看到的是：

第一，铸造业的发展给人们的幻想提供了新的现实基础。而金银的铸造应该是比较晚的，说明金银铸造日月的神话产生也较迟。

第二，在这个神话中，日月不再是生物或人体某一器官的异化物，而是劳动的产品。这个认识前进了一步，表现出人类对客观世界认识的进展和对自身力量信心的增强，但仍未摆脱其幼稚性。

第三，神话突出了铸日造月的艰辛。其间的想象既神奇，又带有明显的现实生活因素，反映出人类思维现实化倾向的发展。

第四，铸日造月的千秋业绩，是依靠了巨人群的力量才完成的，人们之间的协作起了决定性的作用。初期神话中常见的以"个体"代表"全体"的方式，已为以"集体"

代表“全体”所取代。

第五，巨人群中处主要地位的是男性，这是人类生产中以男性为主要劳力的反映。

第六，但是女性亦以辅助劳力的身份出现，女性神人月黛和月优在铸造日月的过程中三次登场。

（五）天帝说。汉代班固所撰的《白虎通义·五行》说：“炎帝者，太阳也。”意思是炎帝为太阳之精。同时代的《淮南子·天文篇》说：“南方火也，其帝炎帝，其佐朱明（按即祝融）执衡而治夏。”同书《时则篇》说：“南方之极，赤帝（按即炎帝）祝融之所司者万二千里。”祝融是炎帝的后裔和佐助，他是火神，《山海经·海外南经》记述他是“兽身人面，乘两龙”。

这则神话仍然保留了明显的原始观念。让太阳和火发生联系，这是原始人的自然联想。火在远古人类的生活中占有重要地位，因此想象火神“乘两龙”，形象很雄武。祝融以兽身人面出现，这也是许多原始神的共同形象特征。

同时，在这则神话中，太阳神是男神，反映了男权中心社会的确立。他并且是主持一方（南方）和一季（夏季）的天帝，与东方治春的太皞、西方治秋的少昊、北方治冬的颛顼及“执绳而制四方”的中央天帝黄帝共同形成了一个统治体系，这就明显反映了人间已经出现了像商周那样分封诸侯而拥立共主的社会。

以上各类神话解释了日月的由来。但是日月不仅出现在蓝天，他们还日复一日地在空中作从东到西的有规律的运行。远古人怀着强烈的好奇心，探索其中的奥秘。在这方面，对于太阳的关注更多。这很可能是因为太阳与人类生活更加密切相关的缘故。

首先是无论太阳或月亮，都要在运行前洗澡。原始人见到旭日或明月东升，光辉普照，因此想象它们和人一样，沐浴之后才能如此光洁。这方面除去已引述的材料外，还有：

> 汤谷上有扶桑，十日所浴，在黑齿北。[1]
>
> 日出于旸谷，浴于咸池。[2]

进一步看，有一种说法是太阳出入之处，都与水有关。屈原《天问》：“出自汤谷，

1 《山海经·海外东经》。
2 《淮南子·天文篇》。

次于蒙汜”。《淮南子・天文篇》则说：“日入于虞渊之汜，曙于蒙谷之浦。”汜和浦都是水滨的意思。汤谷，又作旸谷。《说文》：“旸，日出也。”明代李陈玉说：“汤谷即阳谷，日出处海波如沸，故又名汤谷。”[1]

汤谷也好，旸谷也好，都是人们根据太阳的主要特征（火热）和自己居住的环境（近水）进行虚拟而产生的地名。因此居住环境近山的，就另有说法了。《山海经》所记日月所出之山就有六处；均见于《大荒东经》，有大言山、合虚山、明星山、鞠陵山、猗天苏门山、壑明俊疾山。还有孽摇頵羝山，是太阳出入之所。

记日月所入之处，集中见于《大荒西经》，也正好是六座山，它们是：丰沮玉门山、龙山、明山、鏖鏊钜山、常阳山、大荒山。

是否和《大荒东经》的六山各各搭配？有此可能。《大荒西经》亦另有一条并记日月之出入：“有方山者……日月所出入也。”

众说纷纭，随地而异。而出东入西，却是有条不紊。例外的是方山和孽摇頵羝山，一西一东，既是日月所出，又是日月所入。以上两说似指太阳或日月的家之所在，因此，出也从那里，回来也到那里，完全是以人间的情景推想天庭。只是头天太阳在西方降落之后，次日怎么又从东方升起呢？又如果像东边的方山和西边的孽摇頵羝山那样，既是日月出处，又是日月入处，那么它们究竟是依照怎样的途径行走的呢？这个问题，看来对远古人类来说是难度太高了，关键是他们看不到，无从施展想象，因此很少回答。只从《九歌・东君》中，露出了探索的端倪。这首祭歌唱述了东君自晨至暮的所作所为，最后以这样的诗句作结：“撰余辔兮高驼翔，杳冥冥兮以东行。”看起来它是在地的背面，在黑暗中，从西方再返回东方的。

那么日月又何以能在天空运行呢？原始人饶有兴味地解释了这个问题，他们说：日之出入，“皆载于乌”[2]。原来是因为能飞的乌运载的缘故。《楚辞・天问》有“羿焉弹日？乌焉解羽？”之句，可见乌和日确有同命运、共存亡的密切关系。只是有的又明确指出乌在太阳之中，《淮南子・精神篇》说：“日中有踆乌。”踆乌即三足乌。张衡《灵宪》曰“日，阳精之宗，积而成乌。”《春秋元命苞》说：“日中有三足乌，乌者阳精。”则这只三足乌然已成为太阳精魂的化身，所以又称阳乌、金乌。

---

1 《楚辞笺注》。

2 《山海经・大荒东经》。

远古的人们为什么如此热衷于把乌和太阳联结在一起呢？可能有以下几点缘由：第一，因为乌是有翅能飞的。太阳依傍于能飞的动物，故能在空中运行。

第二，这是一种孝养母亲的鸟。据《格物论》述，乌的“种类亦繁”。一种“长而反哺其母者，为慈乌。”“不能反哺者，南人谓之鬼雀……鸣则有凶咎。”《禽经》曰：“慈乌亦为孝乌。”《本草释名》说得更具体：“此乌初生，母哺六十日，长而反哺六十日。”《春秋元命苞》更明确指出这一设想的目的，它说：“乌在日中，从天以昭孝也。”推崇孝养母亲的鸟，这种观念很可能和母系氏族社会的存在有关。

第三，踆乌又名金乌，说明它的羽毛是金红色的，和阳光的颜色一致。《伏侯古今注》提到一种叫赤乌的鸟，说：“朱鸟也，其所居高远，日中三足乌之精降而生。”既然由“其精降而生”的乌是红色的，说明三足乌也是红色的。

第四，何以三足？古人认为：“阳数奇也。”[1]而“数起于一，立于三。”[2]踆乌在这里已成为男性权威的象征，因此，作为阴精的阳乌就生了三足。

关于太阳由羲和驾驭车子载以运行的说法，更为人们所知。屈原在《离骚》中写道：“吾令羲和弭节兮，望崦嵫而勿迫。”王逸注：“羲和，日御也。”那么拉车的是什么呢？《初学记·天象部》引《淮南子·天文篇》：“爰止羲和，爰息六螭”；[3]又引许慎注：“日乘车，驾以六龙，羲和御之。”也是说驾车的是三足乌。旧题为郭宪所撰的《洞冥记》对此作了饶有风趣的记载，说是“东北有地日之草，西南有春生之草”，这两种草，其他鸟兽吃了，“则美闷不能动矣”，独有三足乌吃了，竟能不老，所以它“数下地食此草”。但是羲和要驱使它运载太阳，不能停顿，便“以手揜乌目，不听下也。”

再说月亮的运行。

月亮也有御者，就是望舒。《离骚》：“前望舒使先驱兮。”王逸注：“望舒，月御也。”关于月的运行，古神话言之不详。倒是对月的盈亏，和月中阴影的产生，倾注了更多的注意。如屈原《天问》发生了“夜光何德，死则又育？厥利维何，而顾菟在腹？”的问题，提到了月中有兔的说法。稍晚的《吕氏春秋》则说：“月望则蚌蛤实……月晦则蚌蛤虚。”对月中翳景，各有不同的解释。《北堂书钞》百五十引《灵宪》说：“月者阴精之宗，积而成兽，象兔蛤焉。”这是把以上两种说法合并起来了。到了汉代的《淮南子》

1 《伏侯古今注》。
2 《艺文类聚》卷一引《三五历记》。
3 今本作：“爰止其女，爰息其马。”

中，月精一变而为蟾蜍，说是因为嫦娥窃药奔月，故“托身于月，是为蟾蜍”。[1]于是又有把蟾蜍和兔合起来的说法。《论衡·说日篇》:“月中有兔、蟾蜍。”晋王嘉《拾遗记》记瀛州及昆吾山时，也两次并举蟾兔。至唐段成式《酉阳杂俎》所录传闻，除仍言及蟾蜍外，又出现了桂树和吴刚:“旧言月中有桂，有蟾蜍。故异书言：月桂高五丈，下有一人，常斫之，树创随合。”人姓吴，名刚，西河人，学仙有过，谪令伐树。可见嫦娥和吴刚的上月亮，都带有惩罚的性质，嫦娥更变形为丑恶的癞蛤蟆。此类解释月中阴影神话的产生，显然和封建礼教的建立及道教的传播有直接的关系。

一则产生于我国南部瑶族地区的同类神话情调迥异。它说，古时候，天上没有月亮，一到晚上，四处墨黑。忽然在一个晚上，天空中出现了一个七棱八角、不方不圆的热烘烘的月亮，照得禾苗枯焦，人也不得安眠。这时有一对青年夫妇，男的射得一手好箭，女的织得一手好锦，他俩立志要为众人除害。男的射了一百次箭，把月亮的棱角都射掉了，成了圆的；然后又把女的所织的锦射到月上去遮挡强光，从此月亮才发出了清幽的光芒。那张被射上天的家庭装饰锦上，有房子、桂花树，草地上有白羊、白兔；那对青年夫妇也上了月亮，女的织锦，男的放牧，过着美满的日子。这则神话的基调坚强、开朗、活泼、乐观，使我们看到朦胧的月色在不同的民族心理上激起的不同色彩的幻想浪花。

在关于日月运行的神话中，还出现了专司日月出入的神。《山海经·大荒东经》载有女和月母之国的鳧，《大荒西经》载有石夷和噎，说他们“司日月之长短”，管理“日月星辰之行次”，在远古人类看来，日月的有规律运行，也是因为有神人管着的缘故。

二

以上大致归纳了我国一些关于日月产生和运行的神话的基本内容，很不全面，但已可以看出我国的日月神话是相当丰富的。它们在我国的神话史上，占了一席相当重要的地位。

日月神话在天体神话中尤其是一个突出的部分。星辰、风雨、雷电等自然现象，神话中亦有所解释，但不如日月神话数量多而且系统化。而在日月之间，有关前者的神话又更为周详。上述现象，说明远古人类之所以创作神话，主要是出于实用的目的。夜晚

1 《初学记》卷一引《淮南子》。

碧空中闪烁的星星使原始人感到惊喜，但这和他们的实际利益关系不大。风雨、雷电的袭击确令住所简陋的人们陷于困境，但毕竟还不是天天遇到的。相形之下，日月和人的关系更为密切。尤其是太阳，原始人已经下意识地认识到自己的生存离不开它，因此有的氏族集体把太阳奉为图腾。秘鲁古代的印加人以为世间万物都出于这个造物主的恩赐，每当晨曦初露，就要向太阳朝拜。我国云南白族人民有“本主”信仰，各村寨都有自己的“本主”，保佑境内人民清吉平安。其中云沧乡洞滂村的“本主”就是太阳神。因为沧浪峰多云雾，庄稼缺少日照，往往不得成熟，人们相信，只有太阳才能驱除云雾，保障农作物的丰收。月亮的作用虽不及太阳，但对缺少照明的古人来说，也是颇有实惠的。因此日月都引起人们密切的关注，希望了解它、掌握它，以利于自己的生存和发展。这是日月神话产生的首要原因。往往是先于以审美观点来看事物的。

日月神话的内容也明显反映了人们这种出于实际功利目的的创作动机。神话中说，日月也在母亲的护养管教之下，或有专门的神管理，所以虽然有十个、十二个，却能井然有序地轮相出没，既有利于劳作，也有利于休息。日月的母亲还照料它们浴洗，以使它们保持洁净，光辉照人。《九歌·东君》更明白表现了古代人们颂日神、娱日神以达到祈求庇护的意图。其中第二段是群巫的合唱：“緪瑟兮交鼓，箫钟兮瑶簴。……应律兮合节，灵之来兮蔽日。”这场面是何等庄严而热烈！人们感激东君日夜奔驰为人间送来光明和温暖，也祈望他射落专造灾祸的天狼星，以保证人间平安无事。

射日神话可以作为以上论断的旁证。远古人类是崇拜、赞美太阳的，这是有关神话的总趋势，反映了太阳与人们关系的主流。但是，当久旱不雨的时候，人们面对酷日临照，以为是十日并出所造成，就对它提出了强烈的谴责。《楚辞·招魂》：“十日并出，流金铄石。”《淮南子·本经篇》的描述更为具体：“焦禾稼，杀草木，而民无所食。”于是人们诉诸行动，动用武器——弓箭来对付为人间造成了灾难的太阳。如此，产生了著名的羿射九日的神话。以射日为内容的神话在我国少数民族中多有所见。壮族朗正射落十一个太阳，哈尼族俄普浦罗射落八个，布朗族顾米亚射落七个，其他苗、彝等族也有此类神话。同样产生于远古时期的神话，对于太阳采取了如此截然不同的态度，看来是自相矛盾的。而顺藤摸瓜，就不难发现这种“反覆无常”，实际上却有一个共同的现实生活的根源，那就是人们在很低的生产水平下，渴望征服自然、求得生存和发展。正如恩格斯所指出的：“这各种各样的关于自然，关于人类本身的构成，关于神灵，关于魔力等等的不正确概念，大多数是只有着一种消极的经济基础的；史前时代的低级的经济发展，把这些关于自然的错误的概念当作了它的补充，有时甚至当作了它的条件，并且甚至当作了它的原因。”[1]日月神话对于它的创造者来说，实在具有今天早已丧失掉的严肃的、实际的意义，而决不是作为一种有意识的艺术创作。

既然如此，为什么却出之以如此神奇的情节和幻想的形象呢？我以为神话创作的主观前提，是人类意识的产生。所谓意识，指的是“高度完善、高度有组织的特殊物质——人脑的机能，是人所特有的对客观现实的反映”[2]。然而，人的意识不仅是自然的产物，它同时也必然是社会的产物。马克思指出：“意识一开始就是社会的产物”[3]，人们的意识，受到社会生产力、生产关系、实践经验和知识水平的直接制约。因此，当日月神话作为一种意识形态产生于人类社会的早期阶段，便决定了它必然呈现出“神话式”的形态。

初民具有了意识，于是有可能对日月这一客观事物进行自觉的积极的反映。人们正确总括了日月的运转方向，因此在不同的神话中，日月都是从东方出发，向西方降落。虽然处在不同地方的人给日月规定了不同的起落点，但是从来没有一则神话说日月是从西向东的。又如在一定的时间里，天上总是只有一个太阳或月亮；虽然总数有十个或十二个，甚至更多，但它们是轮替出现的。一旦多日并出，就会有神人来除去那多余的。人们还发现了太阳的运行与时光推移的关系，《淮南子·天文篇》中关于“日出于旸谷……入于虞渊之汜，曙于蒙谷之浦，行九州七舍有五亿万七千三百九里”的一段记载，依据太阳运行中的位置，把一天的时间，分得头头是道。这段记载显然经过了文人哲士的加工，但基本观念则始于民间。总之日月神话中对有些自然现象的描述和解释是丰富的，也是多样的，而归根到底总使人看出它对客观事物的反映是自觉的、积极的，同时又是认真的、严肃的，原始人很以为自己发现了真理。从这个角度来说，日月神话是初期人类对日月天体的认识，也是以后天体科学的萌芽。

但是原始人类对客体的自觉而积极的反映受到低下的生产力、知识水平和思维能力的严重制约，所以这种反映不仅只能停留在事物之间外部的、表面的、片面的联系上，而且，这种短途联系的接通又掺和了许多主观的设想。神话创作者看到人和动物生养下一代，便推想日月也是它们的母亲生养的；日月呈圆形而大（月亮虽有盈缺，基本形状还是圆的），因此说是巨人的双目变化而成；月亮上有阴影，人们便认定其中有人、有

1 《给史密斯的信》。
2 《辞海·教育心理分册》。
3 《马克思恩格斯选集》第一卷。

物。日月神话所作的这些判断推理，既有规定性，又有随意性。比如，铸成的日月必须是圆的，各自发出耀眼或清幽的光芒，这是受到客体本身形状、功能的规定；但不考虑变化的条件而认为圆的金银就可以成为日月，这种转化就是随意的。英国民俗学者柯克士曾指出："神话作者的一种不穷不竭的情节乃是对于人与动物以及一般自然现象的形式上的特质的幻想的解释。"[1]

与此同时，原始思维还带有很大的具象性。它的概括、推理、判断，都伴随着表象的分解和综合，这就使神话表达人的认识都出之以生动的形象。加以原始人不能把自己和自然分开，而把自然万物看成有意志的实体，这就导致了神话的拟人化的想象。例如：日月运行一天或一夜后，也要像人们劳作完了时一样回家去休息。人们自己构木为巢，于是太阳也被安排住在扶桑木上。十日轮流出巡，要由母亲羲和为他们驾车，有的神话说日月是同父异母的兄弟姊妹，也有的神话说太阳是英雄有为的男子，月亮是温柔秀美的女子，他们还结成了夫妇。当十日一起跑出来调皮捣蛋时，人间的弓箭也可以惩治他们，等等。总之，这里既充满了奇幻的想象，又洋溢着人间的气息，二者融合无间，妙趣横生。然而，这决（绝）非初民们自觉的艺术构思，而是从他们心田中自发结出的思维成果。恩格斯指出："在所有文明民族所经历的一定阶段上，他们用人格化的方法来同化自然力。正是这种人格化的欲望，到处创造了许多神。"[2]

正因为如此，初民以独特形态所表现的对日月的认识——日月神话，实际上是从对人类自身生活的知识经验中分解出有关的表象，再和有关日月特征的表象综合在一起，从而完成了对日月的优美想象。所以，日月神话又都提供了人类初期社会状况的鲜明投影。羲和、常羲虽作为帝俊之妻生下了日月，但是她俩作为日月的守护神，在群神中占有相当重要的地位，这里曲折反映了母系社会的痕迹和父权社会的确立。上面引述到的瑶族射月和苗族铸造日月的神话中，女性的协作都是成就功业的不可缺少的因素，这也无可怀疑地反映了实际生活中妇女的地位和作用。日月铸造的过程生动再现了当时人们在生产中的集体性。对于神人们忘我献身精神的颂扬，则又表达了人们的道德观念。对东君的崇拜和祈求，反映了原始的宗教观念。而射日的神话，既可看出人们渴望战胜旱灾的愿望，也说明了弓箭在当时狩猎生产中的作用。凡此种种，使得本来是解释天体自

1 郑振铎译《民俗学浅说》。
2 《〈反杜林论〉材料》，见《马克思恩格斯全集》第二十卷。

然物的日月神话，同时又从各种角度反映了当时的社会现实和人群的观念，因而实际上成为历史、道德、宗教等多种意识形态的统一体。

神话中奇妙的幻想也和原始心理的特点有关。人们总是期望过富足安定的生活，为此具有创造的愿望。可是远古时期人类控制自然的能力却极为低下。主客观矛盾的高度尖锐化，大大激发了原始人类指向未来的特殊想象幻想。在日月神话中，人们幻想着可以自造太阳，可以管束太阳、飞向月亮，还相信人类的语言、歌舞可以上达太阳，使它乐于为人们服务。早期的心理学家曾提出神话是一种“群体狂想”。我们认为，神话代表的是全民生存发展的愿望和理想，符合于人类的根本利益，符合于历史前进的要求。正因为如此，认识和控制日月的课题一经在神话中提出，千百年来就一直成为科学家们探索的目标。今天文明时代在这方面取得的高度成就，日月神话已启端倪。神话的幻想作用于人类发展的影响于此可见一斑。

最后我们还要看到，远古人类在进行初步的判断、推理时，往往不以客观的逻辑关系为依据，而以自身对待生活的态度为依据。这就使得神话在解释自然现象的过程中，主要是根据作者本身与特定对象的关系，来表述自己的愿望和感情。日月与人类关系密切，主要是造福于人类，因此他们在解释日月的现象时一般出之以美好的形象、有趣的情节。加以幼年人类的想象还具有夸大性，结果就以各种奇特的方式突现其美好的、有利于人群的一面，从而形成了日月神话中颂歌或乐歌的格调。必须指出，这种格调绝不止于艺术鉴赏的价值。它对于远古人类来说，是一种实实在在的慰藉和不可缺少的支持。英国人类学家马林诺夫斯基说：“以原始的活的形式出现的神话，不只是说一说的故事，乃是要活下去的实体。”[1]

综上所述，远古时期的日月神话，乃是人类社会初期独特的思维和心理状态下得出的对日月的认识。它既是早期人类的自然科学，包含有历史、哲学、道德、宗教等意识形态的因素，而归总出之以后人视为具有高度幻想性的艺术形式。造成神话这一本质的特点，绝非人们有意掺和所致，而是纯出天然。法国杰出的马克思主义者拉法格指出：“神话既不是骗子的谎话，也不是无谓的幻想的产物，它们不如说是人类思维的朴素的和自发的形式之一。”[2]

1 《巫术科学宗教与神话》。
2 《关于亚当和夏娃的神话》。

青蛙崇拜与稻作农业——壮族蚂拐节试析[1]

宋兆麟[2]

在广西西部地区，壮族每年都欢度一次蚂拐（青蛙）节，这是一种比较奇特而又富于历史意义的风俗，其间所唱的“蚂拐歌”也是一部著名的民间文学作品。过去对此已经有过不少报道和研究，但是在定性上分歧较大，有人认为是蛙图腾崇拜，有人认为是动物崇拜，还有人认为是一种农业祭祀活动，争论纷纭，莫衷一是。那么，青蛙节是一种什么性质的节日呢？又是怎么起源的？作者在（20 世纪）50 年代和 80 年代都去过壮族地区调查，对青蛙节风俗颇感兴趣，曾搜集一些有关民族学资料，又熟悉了一些有关考古资料，觉得青蛙节绝不是近代的民族风俗，而是一种极其古老的信仰。乍看起来是对青蛙的崇拜，实际是一种祈求风调雨顺的农业祭祀，而且与祈求人类的繁衍有密切的关系。壮族巫教对青蛙的崇拜与该民族先民对水稻的发明有着深厚的历史渊源。现在，综合民族学、考古学的资料，对青蛙节的起源、性质和社会功能提出一些粗浅的看法，请专家们指正。

一、青蛙节

壮族蚂拐节又名蛙婆节、埋蛙节。该节主要流行在广西东兰、巴马、凤山、河池、天峨等县，是当地壮族的重要巫教盛典，又是一个传统节日，每年举行一次，均在正月，具体时间不一，其中凤山县三至五天，天峨县五至七天，东兰七至九天，东兰县的长江

---

1 刊于 1987 年第 2 期。

2 宋兆麟，男，1935 年农历十二月生于辽宁省辽阳县。现为中国历史博物馆研究员。著有:《巫与早期文明》《中国原始社会史》《纳西族的母系制》（后二书与人合作）。

乡为期一个月之久。主要活动包括找青蛙、祭青蛙、葬青蛙和青蛙歌圩等几个阶段[1]：

第一阶段找青蛙

正月初一清晨，天刚亮，男青年即三五成群，到田野挖泥土、翻石块，争先恐后地找青蛙。第一个找到青蛙的人，欢喜若狂，高呼乱叫，通告众人，并且放七声土炮，向雷神报喜，意思是说这个男青年与青蛙婆结婚了。因此，谁最先找到青蛙婆谁最光荣，他自然成为雷神的女婿，变成青蛙婆的丈夫，故称青蛙郎。众人听到炮声也蜂拥而上，以先睹为快，庆幸青蛙郎将交好运。然后青蛙郎把青蛙带回村寨。

第二阶段祭青蛙

壮族把青蛙视为神灵，是雷神之女，习俗规定不能吃青蛙，故有“我不抓青蛙，不怕雷神打”之谚。在第二阶段要有一个主祭人。一般由能歌善舞的人担任，称歌主，有些是巫师充当，有的则由青蛙郎为主祭人。主祭人毕恭毕敬地把青蛙放在一个竹筒里，或者放在一个精致的小棺材内，外罩一个彩纸扎的花轿，俗称“鬼楼”。接着把青蛙抬到村寨的公共活动场所——凉亭，悬于梁上。这时人们要击铜鼓，放鞭炮，围着青蛙唱“蚂拐歌”。此时的青蛙尚处于“冬眠”状态，人们认为它已经死去，也希望它死去，这样青蛙才能离开人间到雷神那里去。因此才以小棺材装殓，由青蛙郎和青少年们守灵，并且供奉食品。同时也举行各种娱乐活动，其中按年龄分开活动：老年人击铜鼓，以求娱乐；年轻人跳青蛙舞，以求配偶；少年则装扮成牛羊，作游牧之戏。

第三阶段游村祝福

在守灵期间，每天都由青蛙郎率领青少年们边歌边舞，抬着青蛙挨门逐户报喜，祝主人人畜两旺，万事如意。每家主人都向来报喜的人们赠送米、钱，有些家庭还送粽子、彩色鸡蛋，据说这是献给青蛙的食品。但是，晚上青蛙郎就把食品分给大家食用了，米则让青少年带回家中，请大家共食，号称“福寿饭”。老人吃了健壮，小孩吃了不生病。正因为如此，许多人都主动前往凉亭索取食品，相信吃了青蛙的食品自己也有青蛙的神性。在这一阶段，青年们在守灵同时，也对歌嬉戏，谈情说爱。

第四阶段葬青蛙

这是青蛙节的高潮。当天清早主祭人和众人在广场竖一根竹竿，其上挂有红、白、蓝三色纸幡，下设支架，供吊铜鼓之用。当时各户都要分别祭青蛙，请亲友吃饭，席间

1 参见周作秋《壮族的蚂拐节和〈蚂拐歌〉》，《民间文学》1986年第6期。

进行对歌。早饭后，歌手和众人都奔赴凉亭，青蛙郎和青少年抬着棺材，像为死人送葬一样，把青蛙抬到野外，在田地里转一圈，边走边唱“蚂拐歌”，然后抬到青蛙坟地安葬。具体将青蛙埋在何处，要依占卜确定，方法是捉一只狗，以布蒙住狗眼，布上绘有五谷、牲畜等形象，然后以放土炮的巨响把狗惊跑，如它跑到某地嗅味，就在该地挖墓穴。下葬时，主祭人要屏住气，谨慎地捧着青蛙棺材，按着坐东朝西的方向入土，众人向青蛙致哀，纷纷为青蛙填土，垒成一个小坟堆，在坟的四周插若干彩旗。传说所以埋葬青蛙，是将青蛙送上天，请雷神降及时雨，保证农业丰收。

葬青蛙以后，即举行歌圩活动，这就是青蛙节的全过程。

二、青蛙节的性质和起源

青蛙节是怎么产生的呢？有以下几个传说：

（一）请青蛙求雨传说

天峨县壮族传说，远古时期天下大旱，庄稼枯黄，人们请雷神降雨。但是左喊神不应，右喊神也不应，大地仍然处在旱灾的威胁下，于是人们请古代一位英雄布洛陀想办法。布洛陀说：“你们去找蚂拐，它是雷神的儿子，请它去求雨，雷神才能相信。”事后人们又找到了青蛙，青蛙也不开口，人们又给青蛙杀猪宰羊，为青蛙供献许多丰盛的食品，还把青蛙放在铜鼓上供奉，才使青蛙感动，对雷神喊了话，雷神信以为真，才下令降雨。从此人们年年都要祭青蛙，甚至把青蛙铸在铜鼓上，一敲起铜鼓就能请神降雨。

（二）孝母杀蛙传说

东兰县壮族有一个传说，说很古以前有一个叫东灵的人，十分孝敬老人，后来母亲病逝了，他十分悲痛。当时有一种食老人的风俗习惯，儿子对此极为反感，便把母亲的尸体藏起来，心里既悲伤，又提心吊胆，情绪十分烦躁。这时房外水池中青蛙叫个不停，更增加了东灵的烦闷，他实在忍不下去了，一怒之下煮了三锅开水，把青蛙浇死了，东灵的心里才平静下来。然而这却激怒雷神，不让下雨，结果天下大旱，赤地千里，正如青蛙歌所形容的那样：“河底鸟筑巢，潭底鼠造窝。”在这种情况下，食不果腹，社会动乱，往往刀棒相见，骨肉互相残杀。人们对这种惨相百思不解，便去请求布洛陀和姆六甲帮助，他们对来者说：

青蛙和蚂拐，它妈在天上，
名字叫伢雷，专管风和雨。
伢雷将蚂拐，派往到人间，
帮它妈报仇，好来定雨晴。
你把它浇死，得罪了雷神，
伢雷生了气，就叫天大旱。

布洛陀和姆六甲都是创世者，威信很高，人们就按布洛陀和姆六甲的办法，将青蛙尸骨找回来，游街串巷，打鼓唱歌，为青蛙举行了葬礼，而且按着安葬祖先的形式，披麻戴孝，真诚以待，才取得了雷神的谅解。天上又雷鸣电闪，开始下雨了，久旱逢雨，农业获得了丰收。从此之后，人们十分感谢布洛陀和姆六甲，“教我孝蚂拐，教我求雨下，年年孝蚂拐，年年有雨下。”天所以下雨，是雷神及其妻子伢雷的神明，也与他们的子女——青蛙有密切的关系，所以要祭青蛙。

（三）雷神降青蛙于大地

凤山县壮族传说很早以前，雨水由雷神管理，但他每年都要到地上来收租子，有一年收成不好，人们无法交租，都恳求雷神减免。雷神执意不肯，说：“我打那么多的雷，下了不少雨，怎么会谷米不成呢？”雷神的儿子青蛙插话说：“爸爸，你说的不对，那雷声是我敲着雷锣玩，不是下雨的雷。”青蛙这么一说，揭穿了雷神说谎的秘密，使雷神很生气，把青蛙训斥一顿，并且说：“从今以后，你就在地上吧，不要上天了。”于是把青蛙罚到地上，让它充当人间求雨的传话人。人们认为青蛙是替自己鸣不平才被罚到地上生活的，心里十分过不去，因而对青蛙格外同情和尊敬，青蛙死后，为其举行丧礼，把青蛙灵魂送到天上，认为青蛙永远保佑人间的农业丰收，所以子孙都要祭青蛙。

上述传说虽然背景不一，但是基本事实还是共同的。第一，在壮族的巫教信仰中，主宰雨水和影响干旱的神是雷神和伢雷，即雷公和雷母，尤其是雷神；第二，人与雷神有一道鸿沟，青蛙是两者的媒介，上可代表雷神，下可反映民意；第三，人们要风调雨顺，防止干旱，必须尊重、祭祀青蛙，否则会激怒雷神，导致天下大旱。由此看出，壮族先民为了农业丰收，必然祈求风调雨顺，从而把影响雨水和丰收的青蛙加以膜拜，仔细加以安葬，进而将青蛙人格化并作为主祭者的妻子，力图以姻缘关系加强人与青蛙的联系，有利于求雨目的实现。这种人格化显然是在父权制确立之后才发生的。久而久之，才使崇拜青蛙仪式演变为祭神、求雨、娱乐和择偶于一身的传统节日。

壮族的青蛙节是一种什么性质的崇拜呢？过去比较流行的看法是图腾信仰。认为“按蛙之崇拜，即为图腾主义之遗迹。东兰瑶人（壮族之误）之埋蛙婆，即为祭祀图腾仪式之一种”[1]。这种说法是缺乏事实依据的。

首先，什么是图腾呢？图腾是原始信仰之一，该词是北美印第安人鄂吉布瓦人的方言，意思是“他的亲族”。图腾信仰认为人与动植物或无生物有一种特殊的关系，每个氏族都起源于某种植物、动物或无生物，这个图腾就是该氏族的一个来源和保护神，也是该氏族的徽号和标志。“图腾崇拜的特点就是相信人们的某一血缘联合体和动物的某一种类之间存在着血缘关系。”[2]具体地说，图腾有若干特点：其一，每个氏族都有自己的图腾，这个图腾的名称后来就发展为该氏族的姓；其二，认为本氏族为自己氏族的女祖先与图腾所生，两者有一定的血缘关系，从而出现不少感生神话；其三，对本氏族的图腾有一套祭祀和禁忌。这些特点对我们认识和识别远古图腾有重要借鉴，也就是说，若确定某种事物为图腾，不仅要考虑到产生它的社会背景，观察其形象，还要看它是否具备图腾特点，从而才能把图腾与一般动物崇拜区别开来。

其次看看壮族有关青蛙崇拜的资料。壮族虽然有不少青蛙传说，但没有任何有关青蛙与人的感生神话，也看不到青蛙与壮族先民有血缘关系的迹象，壮族也未曾以青蛙作为氏族的标志或徽号。至于青蛙节的祭祀活动，也不是出自图腾崇拜，而是一种与农业有关的动物崇拜，即青蛙是雷神的子女，是雷神派到人间的使者，或者称“雨水的使者”。祭青蛙的目的就是祈求雨水，为水稻耕作提供前提。这一点在“蚂拐歌”中有明显的反映：

大年初一敲铜鼓，请蚂拐进村同过年。
请它坐上大花轿，全村男女庆新年。
游村三十日，欢乐三十天。
又请千人来送葬，还请万人来比“欢”。
从此年年降喜雨，从此月月雨绵绵。

---

1 陈志良：《漫俗札记》，《说文月刊》二卷合本。
2 《普列汉诺夫哲学著作选集》（第三卷），生活・读书・新知三联书店，1962 年，第 383 页。

人畜安宁五谷丰，欢乐歌舞落人间。[1]

由此看出，壮族崇拜青蛙，属动物崇拜性质，目的是求雨，而不是图腾信仰。

三、祭青蛙的双重目的

无论从传说还是从仪式上看，青蛙节的目的都是祈求雨水和农业丰收，但是这不是唯一的目的，此外还有祈求人丁兴旺的社会功能，现在进行一些具体剖析。

青蛙节的主要目的是祈求风调雨顺，农业丰收。

壮族是古越人的后裔，这是学术界所公认的。古越人是长江流域以南的古老民族，有过许多卓著的贡献，如水稻的发明，水牛的驯育，善于舟楫，有发达的制玉、丝织和漆器手工业等。其中的水稻种植与北方黄河流域的旱地粟作农业有很大区别，它需要在翻地之前就有充足的水利，并且要经常进行灌溉。当地有不少这方面的谚语："有水才有稻"，"稻是水生，麦是火生"，"稻要水，麦要旱"。说明水是稻作农业的生命，没有水就没有稻作，有了水才能稻作。从考古资料看，远在七千年以前的河姆渡文化已经普遍地使用了骨耜，这是翻地的农具，也是水利工具[2]，后来又发明了石犁和破土器，这是当地稻作农业和水利开发历史悠久的标志。[3]广西虽然地处亚热带，雨量充足，但是雨旱两季十分明显，雨量分布不均，其中雨季雨水过多，经常发生水灾，尤其在左右江流域更为严重，当地壮族及其先民对水神崇拜已极，且由来已久，左江崖壁画就是骆越人祭祀水神的遗迹。[4]但是旱季到来以后，雨水又十分缺乏，在生产力低下的条件下，人们还难以把河水引向台地，特别是在水田开垦季节，正是旱季，然而水田的翻耕急待水利泡灌，但是当时没有雨，一旦旱情延续下来，必然影响当年水稻的丰歉。然而当时人们不理解旱灾发生的原因，而认为是天上的雷神们主宰，因此把祈求雷神降雨当作解除旱情、获得雨水的根本方法。同时还崇拜青蛙，从壮族的神话传说中得知，青蛙是雷神的子女，是沟通人和雷神的桥梁，由于青蛙是陆地上的两栖动物，与水有密切的关系。青蛙又称田鸡、雨蛙，古代称蛙黾，《楚辞·七谏》："鸡鹜满堂坛兮，蛙黾游乎华

1 潘世雄：《铜鼓入土原因论》，《广西民族研究》1985年第2期。
2 参见宋兆麟《河姆渡遗址出土骨耜的研究》，《考古》1979年第2期。
3 牟永抗、宋兆麟：《江浙的石犁和破土器——试论我国犁耕的起源》，《农业考古》1981年第2期。
4 宋兆麟：《左江崖壁画考察记》，《文物天地》1986年第2期。

池。”青蛙肺小而薄，必须借助于皮肤的帮助才能呼叫，而阴晴旱涝都能影响青蛙的叫声，特别在雨前和雨后，青蛙叫声尤其频繁和宏亮，使人们感到蛙声是降雨的前兆，并且象征旱情即将解除，稻作就要开始，有许多谚语可证：

立冬蛙仔哮，有谷无稻草。

青蛙叫，好落谷。

蛤蟆咯咯叫，种子莫乱粜。

青蛙田里叫，谷种田里跳。

蛤蟆叫，就插秧。

蛤蟆叫得欢，稻刈一厝搁。

这些谚语说明，春天青蛙叫，象征雨水的到来，水足田饱，既利于翻耕田地，又能撒种插秧了。稻作民族依赖水利而生存，必然对象征雨水来临的青蛙顶礼膜拜，而且与雷神、雨水联系在一起了，认为青蛙与天气、雨水有一种神秘的关系，只要虔诚地崇拜青蛙，就会感动雷神普降春雨。令人注意的是，壮族求雨时必跳一种蛙舞，以此取悦于雷神，这种巫舞与上述青蛙传说是吻合的，都植根于对青蛙的崇拜。

对青蛙的崇拜是相当普遍的，在不少民族中都比较流行，试举一些例证：

汉族有一个“青蛙公主”的神话传说，认为青蛙为龙王之女，与降雨有关。这个传说与壮族的青蛙传说如出一辙。

黎族有一个“蛤蟆黎王”传说，认为青蛙有神性，善巫术，能喷毒气令人昏倒，从而打败了五指山的官兵，被推举为新黎王。在黎族文身和服装图案中，均有不少蛙的形象，在铜锣上也铸有蛙纽，称之为蛙锣，认为蛙能左右风调雨顺，并且有一种避邪作用。在海南岛昌江县王岭居住的“祀”黎，从事火耕——“砍山栏”，一般是一月砍倒树木，二月把树木晒干，三月焚烧树木为灰烬，但是烧山必须听到蛙鸣，否则会触犯神灵，遭到报应，造成减产。[1]

彝族有一个“支格阿龙”的神话，相传在水潭里有一个大嘴长腿青蛙，能从背上喷出粉雾，上升到天空后化为白云，又与天鹅吐出的水珠掺和，变成暴雨。

---

1 参见潘世雄《铜鼓入土原因论》，《广西民族研究》1985 年第 2 期。

白依人（彝族支系）在请龙王下雨的传说中，相传在祈求龙王后，突然从水中跳出一个青蛙，人们将它放在铜鼓上，抬到山脚下，青蛙又变成一头水牛，水牛一蹲又变成个大水洞。因此白依人相信青蛙与水有关。

普米族称青蛙为“阿够巴迭”，汉语意为舅舅，该族认为青蛙有灵性，是由水龙变来的，蛇也是水龙变的，两者是兄弟，主管雨水。人们不能伤害青蛙，遇到青蛙也要敬而远之，否则会招来霹雷、天旱。

纳西族认为龙和蛙都主管雨水，祭龙时也要祭青蛙。

四川阿坝藏族地区流传的“青蛙骑手”故事，也说青蛙为神下派的，是神与人间相联系的使者，青蛙的喜怒哀乐也是神意的反映，尤其是青蛙不快时能引起洪水、地震。

佤族传说在西北方向有一个不见底的绿水湖，湖里有一对青蛙神，该族认为青蛙是自己的祖先，并且用铜铸成鼓和青蛙，经常加以供奉。

此类例证不胜枚举。这些事实说明崇拜青蛙与祈雨有关。事实上，古代文献中有不少这类记载。《春秋繁露》:“春旱求雨，取五虾蟆。”《古今图书集成·禽虫典》引唐朝章孝标:“田家无五行，水旱卜蛙声。”同书卷一八五《蟾蜍部》:“虾蟆群聚，从天请雨，云雷连集，应时辄下，得其所愿。”《古今图书集成·职方典》引《尔雅·翼》载云蟾蜍“五月五日得之，谓之辟兵。”同书《虾蟆部》引葛洪《抱朴子》蟾蜍“能食山精，人得食之可仙，术家取用以起雾、祈求、辟兵、解缚”。可见青蛙能求雨、知吉凶，甚至能避邪，把青蛙视为神灵。所以，自古以来越人就以青蛙的勇武精神鼓励士兵的斗志。《韩非子·内储说》:“越王虑伐吴，欲人之轻死也，出见怒蛙，乃为之式，从者曰:‘奚敬于此。’王曰:‘为其有气故也。’明年有以头献王者十余人。”壮族也相信青蛙尸骨具有一定神性，能通鬼神，知人间吉凶，当然也能预卜农业丰歉与否，因此，在青蛙节中有一个重要的蛙卜内容，具体占卜方法是这样的:

在葬青蛙前夕，要把头年的青蛙尸骨挖出来，壮族认为蛙骨颜色能显示一年的年景，如果蛙骨呈黄色，则象征风调雨顺，五谷丰收；如果蛙骨为黑色或灰色，则说明今年雨水不调，农业要减产。人们根据蛙卜情况，具体安排一年的农活，防止不测的灾害发生。过去进行蛙卜必须利用铜鼓，即将青蛙放在铜鼓上，一并埋入地下，第二年把铜鼓和蛙骨都挖出来，除看蛙骨外也要看铜鼓的颜色，其中铜鼓呈黄色预示丰收，铜鼓为黑色标志歉收。这种以铜鼓占卜方式，是因为铜鼓为通神之器，青蛙则是通神的动物神，两者有异曲同工的作用，都能反映人们祈求雨水的愿望，又能显示神的意志。后来由于铜鼓容易丢失，已不用铜鼓占卜了，但是蛙卜必须击铜鼓，且唱铜鼓歌：

打鼓响一声，万村得太平，
不受水旱灾，不受豺狼侵。
打鼓响二声，五谷得丰登，
一穗三百粒，十粒有半斤。
…………
打鼓响十声，报给众万人，
今年风雨顺，万家喜盈盈。
今日埋蚂拐，求玉皇开恩，
祈求及时雨，干旱莫来临。[1]

从占卜和铜鼓歌中也可以看出，壮族崇拜青蛙的主要目的是求雨和农业丰收。有人认为蛙卜是一种巫术，其实不然。所谓巫术是原始信仰的表现形式，是根据被歪曲了的人与自然的关系，通过一定的方式和方法来改变或控制自然现象或人为活动的手段。蛙卜显然不能改变或控制雨水的多少，仅仅是一种“预测”而已，所以它不是巫术。但是壮族巫师也用青蛙作为巫术手段，以达到害人的目的。[2]

祭祀青蛙还有第二个目的，就是祈求人类自身的繁衍。

人类所以能够生存和发展下去，除了要有提供衣食之用的物质生产而外，也要求有自身的繁衍，因为在生产力较低的条件下，人们为了维持物质生产必须依靠集体的力量，当时“氏族的全部力量、全部生活能力决定于它的成员的数目”[3]。为此必须不断生育新的氏族成员，促进氏族间的婚姻往来。这在青蛙节中也有明显的反映。

正如前面所及，在寻找青蛙时，第一个找到青蛙的男青年被称为青蛙郎、雷神之婿，整个青蛙节就是由他主持的他与青蛙结为婚姻关系，显然是基于这样的考虑：第

1 杨豪：《岭南与云南的青蛙族群研究》，《广西民族研究》1986 年第 3 期。

2 在广西靖西县壮族巫师有一种害人巫术，他们在三月三、五月五、七月七三天内，要观看着“捷威”鸟的动向，因为这种鸟专门吃青蛙，一旦发现“捷威”鸟吞食青蛙，就要想方设法把该鸟打下来，取出青蛙晒干，作为施巫的手段。如果害人放屁不止，就把该人放过屁的地方的土取一点，放在青蛙嘴中，这样该人在走路时总放屁不止，直到青蛙烂掉为止，否则就使人患一种放屁症，据说巫师还能以青蛙作更危害人健康的巫术。

3 ［俄］普列汉诺夫：《论艺术（没有地址的信）》，曹葆华译，生活•读书•新知三联书店，1973 年，第 58 页。

一，与神结婚，更便于达到求雨的目的；第二，与青蛙联姻，有助于获得较旺盛的生育力。众所周知，青蛙产子多，繁殖快，有较强的生育力。应该指出，在古代越人的不少铜鼓上都铸有累蛙，即叠踞的青蛙，少者为一大一小相背负，《岭外代答》：广西铜鼓有的鼓“面上有五蟾，分踞其上，蟾皆累蹲，一大一小相负也”。多者有三叠、四叠，在大蛙背上背中蛙，中蛙背上背小蛙。这种累蛙有两种情形：一种是青蛙交媾之状，这是主要的形式，另一种是母蛙负小蛙，无论哪种形式，都是青蛙富于繁衍的象征。人们对青蛙生育能力的颂扬，既是祈求青蛙自身多多繁衍，有利于风调雨顺，促进农业丰收，也希望人类也获得有青蛙一样的生育能力，使人口发展，民族兴旺。这种宗教心理不仅反映在青蛙郎身上，在青蛙节最后的一项活动——青蛙歌圩中还变成了真正的实践。

青蛙节不限于祭祀青蛙，在祭祀过程中都伴随有许多歌舞娱乐活动，在节日的结尾还以大型歌圩为其高潮。壮语对歌圩有不同的称呼，有“欢陇洞”，意为田野的歌；“欢容敢”，意为洞外的歌；“欢谷埠”，意为野外集会的歌。在宋代文献中已有歌圩的记载，明代《赤雅》一书记载甚详，称浪花歌：“峒女于春秋时，布花果笙箫于名山，五丝刺同心结纽鸳鸯囊，选峒中之女子者伴峒官之女，名曰天姬队，余则三三五五，采芳拾翠于俶水湄，歌唱为乐，男亦三五成群，歌而赴之，相得则唱和竟日，解衣结带相赠以去。春歌正月初一，三月初三，秋歌中秋节。三月之歌，曰浪花歌。”

据民族学调查所知，歌圩规模很大，少者数千人，多者数万人。歌圩开始后，与会者多是不相识的人，人们往往按性别分摊，互相唱挑逗歌，从中物色对歌人。进而才开始对歌，互相盘问，知情后彼此赞扬。第三步双方唱盘歌考察对方功夫，一问一答，内容涉及很广，有天文、地理、神话、故事、生产技艺，如果认为对方有水平，彼此满意，才进入第四步唱情歌。有些人就是通过歌圩活动物色情侣，最后成为眷属的。过去有人认为壮族歌圩就是单纯的谈情说爱，其实不尽然，它的社会作用应说是多功能的，除了谈情说爱，选择配偶而外，还兼有接受社会教育和进行娱乐的作用。[1] 但是就歌圩的起源来说，它却发端于氏族间男女的婚姻往来。这里必然谈到歌圩的起源问题。

关于歌圩的起源也有种种说法：一种传说认为过去天下大旱，人们唱歌悦神，终于感动了雷神，降雨后获得了农业丰收，于是每年都要唱歌悦神，举行歌圩活动。一种说

1 参见兰鸿恩《广西民间文学散论》，广西人民出版社，1981 年，第 93—94 页。

法是过去一家有三个姑娘，长得十分美丽，求婚者挤破了门，她们的父亲就以唱歌的形式考验求婚者，谁唱得好谁就能娶到美丽的姑娘，从而发展为歌圩。另一种传说古代有一对情人，因为不能结为良缘，俩人殉情而死，青年们都十分悲痛，纷纷唱歌为其吊唁。此外还有一种传说，认为是刘三姐发明了歌圩。在上述传说中，殉情说和刘三姐说显然都距歌圩起源较远，但悦神说求偶说却与歌圩的出现有密切的关系。但是近代歌圩较大，人数众多，活动内容也很复杂，说明歌圩是经过长期发展形成的，历代都有改进和充实。歌圩的最初形态应是两个氏族间男女求偶的重要形式。民族学资料说明，在氏族外婚制的走婚形式下，男不娶，女不嫁，无论是男子或女子都是在与外氏族的异性交往中寻找配偶，互相对歌就是这种交往的手段和媒介。嘉靖《南宁府志》："婚姻以答歌踏青为媒妁。"《粤西丛载》："……男女未婚者，以诗歌相应和，自择配偶。"从这种意义上说，壮族歌圩起源于求偶是顺理成章，到了父权制时代，歌圩又成为选婿的方式。同时，歌圩与祭神也有一定联系，《尚书·商书·伊训》："敢有恒舞于宫，酣歌于室，时谓巫风。"疏："以歌舞事神，故歌舞为巫觋之风俗也。"特别在青蛙节过程中，不仅有蚂拐歌，还有歌圩活动，正说明祭神与歌圩有密切关系。与其他原始风俗一样，祭青蛙是有一定功利目的的，而且是多种功能的，祭青蛙既是祈求风调雨顺，农畜丰收，又兼有人口繁衍、民族昌盛的目的，因而使祭青蛙与歌圩活动交织在一起了。

四、结语

通过壮族青蛙节的分析看出，任何一个民族的节日都有产生它的社会根源，而且在漫长的历史过程中经过不断丰富和发展，才形成比较复杂的民族盛会。壮族的青蛙节也是如此。壮族是一个古老的稻作民族，他们每年都在旱季之末迎来春耕，因此急切渴望雨水的降临，然而何时降雨往往不尽如人意，一旦旱季拖延，必然引起旱灾和农业歉收。在当时巫教思想——鬼神世界观的支配下，人们把雨水的有无、农业的丰歉，归咎为与雨水关系最密切的雷和地上的蛙，在自然崇拜的基础上发展为农业祭祀性质的雷神和青蛙崇拜。不难看出，青蛙崇拜与越人的稻作农业有密切的关系。是稻作农业在宗教中的反映。这一事实对解释有关青蛙崇拜的历史资料有重要借鉴。如在壮侗语支诸民族中普遍崇拜青蛙，都以青蛙作为重要的艺术题材，追溯其根源当与求雨有关。在考古中曾发现不少蛙形象，如黄河流域仰韶文化和马家窑文化中有不少蛙形彩陶纹饰，北京平谷刘家河遗址出土有商代蛙黾铜泡，广西恭城发现有春秋时代的蛙蛇纹青铜尊，左江崖壁画和内蒙古阴山岩画中也有许多蛙形人，至于越人铜鼓中的青蛙形象就更可观了。在上述考古中的青蛙形象，有些可能是动物崇拜，有些也许与图腾信仰有关，但是无论出于什么原因，都是与求雨和农业丰收相联系的。说明青蛙崇拜源远流长，分布很广，这是中华民族以农立国在巫教中的反映。

论中华葫芦文化[1]

刘尧汉[2]

緜緜瓜瓞，民之初生。

——《诗·大雅·緜》

这首称为《緜》的诗，是我国最早的民间歌谣中的珍品，是《诗经·大雅》的首句。而此诗在民间的流传，则当更早。

对此诗的理解，可以近年出版的《诗经全译》为代表。

“緜緜不绝瓞和瓜，好比周初人生涯。”[3]这实际上，是沿袭孔颖达朱熹注疏之旧，以绵延不绝的瓜类，象征周人的兴盛繁衍。我则以为，古今这些解释并未得《緜》诗的真谛。瓜即葫芦，葫芦生人。此诗应是葫芦文化的有机组成。本文将从现实的民族学资料出发，联系有关的神话传说、文献记载，以至考古资料，来阐明中华民族源远流长的原始葫芦文化的内涵和意义，同时也对此诗提供新的理解依据。

一、人类历史上曾有过葫芦容器时代

中华民族葫芦文化渊源于周初《緜》“緜緜瓜瓞，民之初生”反映的远古葫芦崇拜，

---

1 刊于1987年第3期。

2 刘尧汉，彝族，1922年生，1947年毕业于云南大学社会学系，现任中国社会科学院民族研究所研究员，接受支边兼任楚雄彝族文化研究所所长。主编《彝族文化》年刊和《彝族文化研究丛书》，著有《彝族社会历史调查研究文集》《中国文明源头新探》，与人合著《彝族天文学史》《文明中国的彝族十月太阳历》《哈尼族简史》及彝族、纳西族中若干调查报告等。

3 袁愈荽译诗，唐莫尧注释：《诗经全译》，贵州人民出版社，1981年，第304页。

它与仰韶文化时期陶容器渊源于葫芦容器相关联。通常认为，人类在新石器时代或仰韶文化时期，就发明了陶容器；但忽略了前此尚有一个相当长的使用葫芦容器的时期，然后将葫芦容器作为陶器的天然模型，从而制成陶容器。

我们根据民族志资料可以推断：世界上凡是远古曾生长葫芦的地方，那里的原始先民，在使用陶容器之前，曾先使用天然容器——葫芦；而葫芦容器也就是陶容器的现成模型。葫芦的特点之一，是它在青嫩时可作为食物（苦葫芦除外），到成熟晒干后就成为硬壳的干葫芦。可以设想，我们的远古祖先对于干葫芦，只需略经琢磨或焚烧其某一部分，作这样粗略加工，便可作成盛水或食物的容器。甚至捡一个破葫芦也可用来盛水。在盛产野生葫芦的地区，这种天然容器俯拾可得。至于特大的葫芦，乃至可作为载人的水上交通工具和捕鱼捞虾的天然舟船了。唐代滇西尚产“瓠（葫芦）长丈余，皆三尺围”（《樊绰蛮书》卷二）的大葫芦。周代黄河长江地区所产大葫芦，可作船用。例如,《国语・鲁语》说:“夫苦匏不材，于人共（供）济而已。”庄子向惠子说:“今子有五石之瓠”，可“浮乎江湖”。(《庄子逍遥游》）此“五石瓠”可作容载数人的船只了。我国新石器时代，浙江地区已种植葫芦，作为食用和器用了。1973年和1977年，两次发掘浙江余姚县河姆渡村距今七千年的原始母系氏族公社遗址，其种类相当多的植物遗存里已有葫芦。由此可推断：我国原始先民知道野生葫芦可作食用和器用，进而把它移植栽培成作物，距今当在万年以上。

葫芦能成为原始人简单易制而又轻便的容器，这是它的形状和性能决定了的。按照《本草纲目》的分类，葫芦基本上有五种。人们对这五种葫芦以不同方式割截，便可制成各种形状的容器。葫芦及其容器形状如下图：

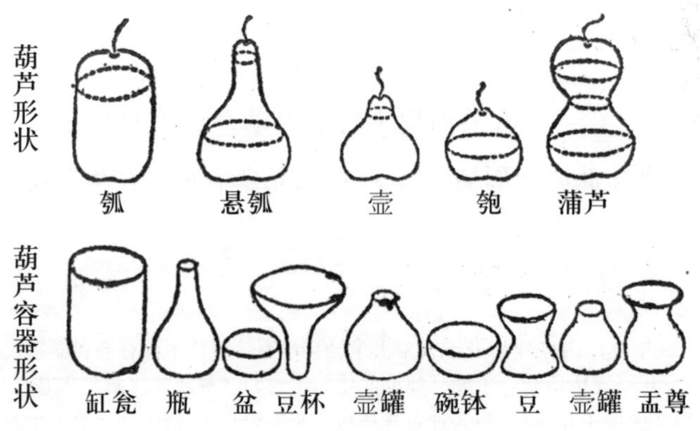

我国中原、东北、西北、东南和南方各地出土新石器时代的陶容器如：壶、瓶、盂、缸、豆、盆、尊、罐、杯、碗、钵、瓮等等形状，皆类似葫芦容器。其中，有些为便于提携或放置稳当，只是再加耳（单耳、双耳）、添足（鼎、鬲三足）、置底（如圆底瓶等）而已。这里略举数例，其图如下：

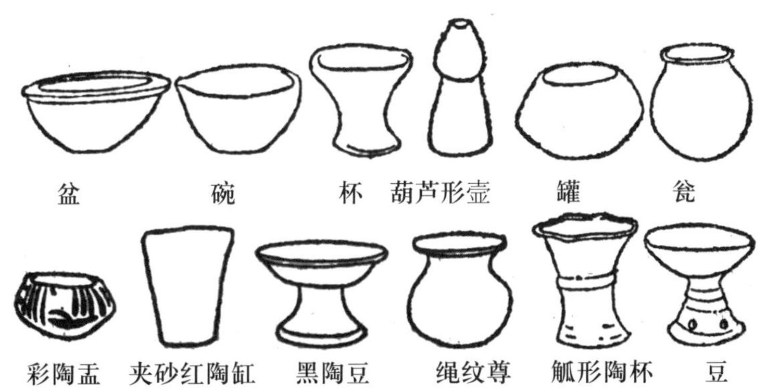

其他陶容器也无非是对上列十几种葫芦容器的变形多样化。由此可推知，凡产葫芦的地区，陶容器是葫芦容器的进一步发展；葫芦容器是陶容器的天然模型。

我们的先民在长期、广泛使用葫芦容器的过程中，对葫芦的运用也必然突破容器的范围。如果说以葫芦充舟济渡运用不算广泛的话，[1]那么，把葫芦作为乐器和礼器却是相当普遍的。

我国各族的葫芦笙见于记载也是历史悠久的，《礼记・明堂位》（引《世本》）记载：女娲"承庖（伏）羲制，始作笙簧"。《白虎通・礼乐》说："瓠（葫芦）曰笙。"《诗・小雅・鹿鸣》所说的"吹笙"，是由十三个竹管排列插入葫芦制成的葫芦笙。这是汉族的笙。其他各族的葫芦笙形状，多种多样，列管由四管到十四管。据彝巫说，按彝族古礼，举行送祖灵大典时，必须用最古老、最简单的四管葫芦笙。其他祭祀、喜庆、节日的舞蹈场合，就可用各所喜爱的多管葫芦笙。《蛮书・蛮夷风俗》记载：南诏"少年子弟，暮夜游行巷间，吹壶芦笙"。师范《滇系》说："云南诸儸与四川建昌诸儸相同，男吹芦笙，女衣绢衣，跳舞而歌，各有其拍。"广西苗、瑶、侗等族，每年举行有男女老幼群集的"芦笙堂"盛会（刘锡蕃《岭表纪蛮・节会》），男吹芦笙，女歌舞相合，笙歌大作，尽情欢乐。

我国许多民族的葫芦笙，若隐若显地同象征伏羲、女娲的葫芦崇拜相关联。如彝巫

1　据调查，至今海南岛的黎族仍用葫芦作腰舟。

认为，从葫芦笙里发出的声音，是汉、彝、苗、傣、哈尼等各族共祖伏羲、女娲的声音。汉文典籍中也有近似的记载，如《礼记·明堂位》所说，女娲“承伏羲制，始作笙簧”。连同《楚辞·大招》所谓“伏羲《驾辩》”，即伏羲谱制了名叫《驾辩》的乐曲。这就是说，葫芦笙及其乐曲是由伏羲、女娲制作的。由此反映了中华民族大家庭各成员，尽管语言有别，但在远古曾有过一个共同的声音，它就是通过葫芦笙发出的中华民族原始母系氏族时代的共祖伏羲、女娲的声音。这虽属神话，但也不失为各族先民共同心理状态的一种表现。

说葫芦笙的声音是各民族共祖伏羲、女娲的声音，还可从另外两个具体事例得到反映。其一是：在川、滇之间的泸沽湖周围地区的纳西族梭摩人中，迄今还可窥见母系时代“知其母不知其父”的遗俗。当地举行送葬仪式时，由葫芦笙歌者，边走边吹，载歌载舞，作为前导。摩梭巫师手持的木制道具所刻许多神灵中，则有上为双人头，下为蛇身两尾相交的伏羲，女娲，[1]此与考古发现的山东、河南、新疆、四川等地的石刻伏羲、女娲相似。其二是：滇南“土僚（仡佬），送葬则女婿吹芦笙，跳舞于尸前”[2]。纳西和仡佬采用葫芦笙为送葬前导，及彝族采用葫芦笙伴奏送祖灵葫芦，均与把葫芦作为母体崇拜（详下节）的原始习俗的遗留相关。

母系氏族解体，父权制确立以后，产生了男娶女嫁的婚俗。而以葫芦来象征人类繁衍这个古义，在婚礼中仍然有突出的体现。《礼记·昏义》说：“男女有别而后夫妇有义，夫妇有义而后父子有亲，父子有亲而后君臣有正；故曰：昏礼者，礼之本也。”这就是说，人类的“礼”的确立，是从结婚需要行婚礼开始的；因为婚礼巩固了单偶制，单偶制明确了父子关系，意味着私有财产的父子相承；此后才有了君臣上下的等级区别。这一段论述是很符合历史发展的客观过程的，它包含着单偶婚—父系—国家这三者之间的内在联系。因此，也就突出了婚礼具有的重要的社会历史意义。《礼记·昏义》详细记载了古代结婚大典的过程。当新娘来到丈夫家时，要“婿揖以入”，接着举行婚礼，夫妇“共牢（同居）而食，合卺而酳（饮酒）；所以合体同尊卑，以亲之也”。郑玄、阮湛《三礼图》说：“合卺，破匏（葫芦）为之，以线连两端，其制一同匏爵。”“卺”就是把葫芦一分为二成两个瓢，“合卺”是把两瓢相合以象征夫妇“合体”

---

1 宋兆麟等 1963 年收集，实物藏中国历史博物馆。

2 龚家骅编著：《云南边民录》，正中书局，1943 年，第 45—46 页。

（即“合体同尊卑”），又回到了伏羲、女娲以葫芦为化身这个原形（卺形如右上图）。因此，俗称新婚夫妇饮交杯盏为合卺；于是，夫妇成婚也叫合卺。

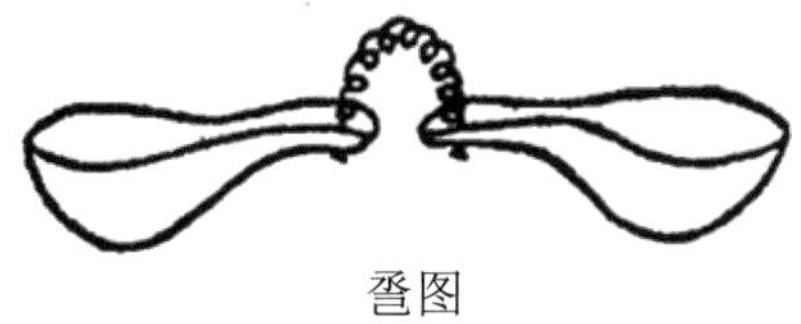

卺图

汉族的合卺，古时是剖葫芦成两瓢，后来演变为用两个杯子代替，所以叫“交杯盏”。按古礼说，应该称为“交瓢饮”才对。此种古俗在汉族中早已看不到了，但在一些少数民族中还存在。哀牢山的“罗罗”彝就有此种习俗。本来，当地早已使用由汉族地区传入的陶碗、陶杯，唯在新婚夫妇饮交杯酒时，不使用陶质器皿，仍沿用传统规定的——剖葫芦所成的两瓢。据彝族巫师说，这个古礼，象征着新婚夫妇也成了一个合体的葫芦，这是效学远古祖先由葫芦里出来的伏羲、女娲成婚。

由彝族剖葫芦作为新婚夫妇“交瓢饮”的含义——以葫芦象征夫妇合体；可知汉族称男女成婚的古礼为合卺，也具有同样意义。这正表达了《诗经》所说“緜緜瓜瓞，民之初生”的寓义。它渊源于各族原始共祖伏羲、女娲的合体葫芦，而又由彝族的祖灵葫芦所体现。由此可看到，东汉郑玄、阮谌《三礼图》对合卺的解释，是知其然而不知其所以然。他们不可能理解合卺与“緜緜瓜瓞，民之初生”之间的内在联系。这只是到了近代有了民族学，通过实地观察才能给予科学的解释。

在中原地区，合卺已不存在于现实生活中，只见载于古籍；而在云南哀牢山野则是现实。古语说：“礼失而求诸野”，确实如此。

上文所表述的我国先民曾以葫芦为容器、舟楫、乐器、礼器等现实，反映出葫芦具有广泛的实用价值，它在人类社会生活的多方面产生了不小的影响。它的这种重要的性能，不能不反映到各族先民的思想意识中来，这就是许多民族中产生葫芦崇拜的物质基础。

二、《诗》“緜緜瓜瓞，民之初生”所反映的中华原始先民的葫芦崇拜及其活标本“彝族祖灵葫芦”

在中华民族这个大家庭里，许多成员的先民都曾崇拜过葫芦。时至现代，还有相当多的民族如汉、彝、怒、白、哈尼、纳西、拉祜、傈僳、阿昌、景颇、基诺、苗、瑶、畲、黎、水、侗、壮、傣、布依、高山、仡佬、德昂、佤等族，都有关于中国各族出自葫芦的传说。尽管这些传说的情节不尽相同，但都说葫芦是各族共同的母体。这种葫芦崇拜，越古越浓。在现时生活中，也有很突出的实例，直到今天，云南楚雄彝州南华县属哀牢山区摩哈苴彝村，还有少数彝族仍把葫芦当作祖先的化身来供奉；而滇西的佤族还把被称为“司岗里”的特定洞穴当作人类的发源地，“司岗里”的意思也就是葫芦。可见葫芦象征母体，葫芦崇拜也就是母体崇拜。即葫芦象征着繁育人类的子宫和母体的生殖力。

母体崇拜产生于母系氏族时期。由于这一历史阶段是人类的共同经历，母体崇拜也是人类共同的一种意识形态，只是表达的形式不尽相同罢了。在国外，这一时期的遗址中曾出土过各种形态的女性特征突出的妇女小雕像，这正是母体崇拜的一种象征。近年，我国辽西红山文化也出土了多种形态的妇女塑像，但我国母体崇拜的象征物则以葫芦崇拜最为广泛。由于葫芦不易保存，考古资料中是难以寻获的，然而许多民族中保留的母体崇拜的“活化石”足资证明。产生这种共同的崇拜形式，是基于各族先民自古生息在祖国大地上，都是“元谋猿人”“蓝田猿人”“北京猿人”等中国猿人的后裔。就是说，我国许多民族用葫芦来象征共同的母体，认为彼此同源同祖，确属兄弟民族，是有着悠久的历史渊源的。因而，我们今天来研究这种共同的原始葫芦崇拜，不仅有历史意义，还有民族团结的现实意义。

《诗经》“緜緜瓜瓞，民之初生”;《楚辞》“伏羲”“女娲”;《风俗通》“槃瓠”;《三礼图》“合卺”;《华阳国志》“沙壶”;《后汉书》“沙壹”;《水经注》“沙壹”；等等记载，乍看莫不相干，从书本到书本，千古难解。我们借助民族学的现实资料与之作比较研究，便可以明白，这些记载，说的都是一脉相承的有关葫芦崇拜的事。“緜緜瓜瓞，民之初生”的意思是：中华民族的先民，最初是出自共同的母体——葫芦（瓜瓞），它世代绵延，子孙繁衍。这种民从葫芦出之说，即是把葫芦作为孕育人类的母体。它其实也就是关于葫芦崇拜的较早的文字记载。历代大儒把它解释为以瓜瓞之绵延不绝来比喻周王室及周民的兴盛，显然是未得其真谛之所在的。

关于“沙壶”传说，首载东晋（317—420）常璩《华阳国志·南中志》：

永昌郡，古哀牢国。哀牢，山名也。其先，有一妇人名曰沙壶，靠哀牢山下居，以捕鱼自给。忽于水中触一沉木，遂感而有娠，度十月产子，男十人……时，哀牢山下，复有一夫一妇产十女，元隆兄弟妻之。由是始有人民……

南朝宋范晔（398—445）《后汉书·西南夷传·哀牢夷》记载此事，与《华阳国志》基本相同，却把“沙壶”改作“沙壹”，并删去“由是始有人民”。这就使后人更难理解这个传说的历史意义了。此后，《通典》《通志》和《通考》这著名的所谓“三通”，有关“哀牢夷”均基本照抄《后汉书》。晚唐樊绰《蛮书·六诏》说：南诏“自言永昌沙壶之源”。而《后汉书·哀牢夷》本是从《华阳国志》抄来的，却把“沙壶”改成“沙壹”，删去“由是始有人民”。因《后汉书》在著名的“四史”中，名列《史记》《汉书》之后，“三通”只信《后汉书》，照抄、照改、照删；它们不信地方史《华阳国志》和《蛮书》。其实，《华阳国志》和《蛮书》是近闻录或见闻录，较为可信。向达《蛮书校注·六诏》在南诏“自言永昌沙壶之源”下注：“沙壶，《华阳国志》卷四《永昌郡》条同。《后汉书》卷百六十《哀牢夷》作沙壹。”究竟是“沙壶”还是“沙壹”，谁对谁错，校注者不能定夺，把它们从两本书汇抄在一起，只能如此。

此“沙壶”或“沙壹”或“沙臺”，自常璩、范晔迄今向达；直到 1984 年成都巴蜀书社出版刘琳校注《华阳国志》，仍与《后汉书》“沙壹”相校“未知孰是”（第 425 页）；历时约一千五百年，不得其解。其实，所谓“沙壶”的“沙”是指果实成熟，“壶”是葫芦；“沙壶”就是成熟了的葫芦。滇西潞西、镇康等县（属古永昌郡）的德昂族传说，其祖先出自葫芦。滇西边境各县（古永昌郡）佤族传说，其祖先都是从“司岗里”出来的，最初出来的是佤族，依次是汉、傣、拉祜……各族。佤语的“司岗”意为熟葫芦，即佤、汉各族的祖先都是从熟透的葫芦里出来的。显然，《华阳国志》和《蛮书》所记永昌“沙壶”，是如实地反映了当地的民间传说；而正史“三通”照抄正史《后汉书》，却并不正确而是抄错了。佤族传说是先有葫芦，然后才有各族人民。《华阳国志》所记汉代滇西哀牢夷说，也是有了妇人“沙壶”（成熟了的葫芦——喻成年妇人），“由是始有人民”。这些细节也是当地民间传说的如实反映，《后汉书》把这重要的一句也给删去了。

《后汉书·哀牢传》将《华阳国志》的“哀牢沙壶”之“壶”改成“壹”，可能形近而误；但删“由是始有人民”。此足可说明范晔实不解“沙壶”之义。到 1981 年刘琳校注《华阳国志》与《后汉书》“沙壹”相校，仍“未知孰是”。从范晔到向达、刘琳的蔽障，在方法上从书本到书本；在思想上囿于“正史”，轻视野史、民间传说。

东晋《华阳国志》记载滇西佤、德昂等族西汉时先民的传说：有“沙壶”（葫芦），“由是始有人民”。它同《诗经》所载西周时，我国西北甘、陕地区民间传说“緜緜瓜瓞，民之初生”，遥相呼应。两者都是说，中华民族的原始先民，是由一个葫芦所代表的共同母体繁衍出来的子孙。再从葫芦被人格化的传说来考察，则同它相关联的民族就更多了。俗话说的“自从盘古开天地”，是把盘古看作创造天地万物的造物主；前面已提到盘古就是葫芦，现在要进一步考证，它为什么是葫芦？

盘古的“盘”，它的本字是“槃”，而槃即葫芦；“古”义为开端；所谓“盘古”，就是“从葫芦开端”的意思。由葫芦又转为“槃瓠”。即槃瓠是葫芦的别称，由槃瓠再转为开天辟地的盘古。

“槃瓠”一名，首载东汉末应劭（约158—220）《风俗通义》，然后由《后汉书·南蛮西南夷传》引用补述。湖南、广西以槃瓠为始祖的仡僚（佬）、瑶、僮（壮）、侗各族，又自认是“盘古后（裔）”[1]。可证槃瓠与盘古是相通的。贵州布依族请巫师祭祖时说：“盘古有灵”，“圣母（女娲）有灵”，“走入葫芦”。贵州水族传说，葫芦是由伏羲、女娲兄妹首次栽培出来的，由此繁衍出人类。[2]贵州、湖南的苗族祭祖时，“用巫设女娲、伏羲位”[3]。“苗妇有子，祀圣母；圣母者，女娲氏也。”[4]广东海南岛黎族传说，黎、汉各族是由葫芦里出来的兄妹俩相配所生子女的后裔。[5]滇西白族传说，各族是“盘古、盘生两兄弟”[6]的后裔。滇东北和川西南的凉山彝族传说，远古洪水泛滥时，伏羲、女娲兄妹躲入葫芦避洪灾得活，相配成婚，生三子分别为彝、藏、汉三族的祖先。[7]滇东北的汉族则传说“人从瓜出”。[8]闽、浙、赣、粤的畲族奉“盘瓠”为祖先。[9]由滔滔黄河到滚滚长江，如此广大地区，如此众多民族，从古文献到近现代传说，基本一致。

---

1 《路史·发挥·论槃瓠之妄》并注：《古今图书集成》第1410卷《职方典·柳州风俗》。

2 参见岑家梧《西南民族文化论丛》，广州清华印书馆，1949年，第84—85、178页。

3 陆次云：《峒溪纤志》。

4 青桥：《苗俗记》。

5 《民间文学》1957年7月号，第10—12页。

6 《民间文学》1958年11月号，第81—91页

7 《四川及云南昭通地区社会历史调查资料之三》，1963年，第91页。

8 云斋：《巫教创始者一赵罗的故事》，云南《正义报》副刊《大千》1948年4—12月连载。

9 《畲族简史简志合编》第18页。

由此看来，盘古、槃瓠、葫芦是三位一体的东西，多被人格化为伏羲、女娲。各地汉、彝、白、苗、瑶、畲、黎、侗、水、壮、布依、仡佬、德昂、佤等各族，语言有别，但都以表征女娲、伏羲的葫芦为原始共祖。由此连同《诗经》“緜緜瓜瓞，民之初生”所表达：以汉族为主体的中华民族渊源于以葫芦为象征的共同母体。这都反映了葫芦崇拜的广泛性和源远流长。而这一切的含义，又集中地、具体地反映在滇西南彝族供奉的祖灵葫芦上。它是我们研究中华民族原始先民崇拜葫芦的活标本。

滇西南华县属摩哈苴（彝村），有七十五户（1947 年），有鲁、李、罗、何、张、杞六个汉姓，各按其传统采用某种植物（竹、栗等等）制作祖先灵位，其中鲁、李两姓尚有五户供祖灵葫芦。1986 年 5 月，我曾带领我的女儿和学生到本村观察祖灵葫芦。

凡供奉祖灵葫芦的家庭，其正壁（土墙或竹笆墙）的壁龛或供板（或供桌）上，通常供置着一两个葫芦。一个葫芦代表一代祖先（父母、祖父母、曾祖父母）。若有新的亡灵就请巫师来举行送祖灵大典，把曾祖父母的祖灵葫芦烧毁。当举行送祖灵大典时，巫师手敲羊皮鼓，口唱有韵咒词，旁有吹葫芦笙乐曲伴奏。彝巫认为，从葫芦笙里发出的乐曲，是各族共祖伏羲、女娲的声音，当演奏起葫芦笙乐曲时，巫师（女巫或男巫）把羊皮鼓柄和击鼓棒插在后背腰带上，翩翩起舞，双手表演采摘葫芦等野果状；两腿蹦跳表演追逐野兽状；从旁捡起牧鞭并吹口哨表演驱羊放牧状；又捡起木棍表演哼呀哼地锄地状等舞蹈姿态，通宵达旦，弥漫着原始时代采摘、狩猎、牧畜、农耕的气氛。

按早先的传统，母先亡，请巫师做法事将其灵魂引入葫芦；待父亡时，再将父魂引入母魂原居葫芦；若父先亡，母后亡，须弃父魂先居葫芦，另换新葫芦，将父母新旧亡灵一并引入。传说在距今约二十代人时，父母亡魂所居葫芦作了改变，即母先亡，父后亡，须弃母魂原属葫芦，另换新葫芦。从此，早先的父魂从属于母魂，就改变成了母魂从属于父魂。这当与妻方居住变革为夫方居住相适应。何以要用葫芦作为祖先亡灵所居呢？这有其神话传说：远古时，兄妹俩受天神指点，当洪水降临时避入葫芦，得免于难。之后，兄妹婚配，重新繁衍人类。故后人用葫芦作为祖先灵位，以示不忘祖先罹难。且葫芦籽粒多，象征“人畜兴旺，五谷丰收”。

据彝巫说原先各地彝族（滇、川、黔）全用葫芦作为祖先灵位，后因人口增长分支，才分别采用各种植物作为祖先灵位，而这几户则保留了彝族原先奉葫芦为祖灵的历史传统。彝族不仅把葫芦作为祖先崇拜的实体，还把葫芦看作彝、汉、苗、傣各族的共同始祖。在这里的彝语中，葫芦和祖先这两个词汇完全等同，都叫作“阿普”，即葫芦就是祖先。这同汉族对照，极为相似。汉族早先称母亲为“尊堂”，即屋里受敬的母亲。而“尊”字（又作樽）的原义是葫芦。(《左传》昭公十四年“樽以鲁壶”，壶即葫芦）；把母亲称为葫芦，这是渊源于原始母系氏族社会把葫芦作为母体崇拜的对象。

三、葫芦文化的延伸——祭器“陶匏”“匏居之台”观天象，“壶天仙境”与“悬壶”济世

葫芦古写为“匏”“瓠”“壶”。周代，制“陶匏”（陶葫芦），以“象天地之性”。春秋战国时，楚国筑形如葫芦的观象台，称“匏居之台”，大约已认为葫芦与天宫是有缘的了。秦、汉、晋、唐以来，葫芦被视为仙品、仙居、仙境，连行医卖药，也要借重葫芦的仙气，悬壶为记以示灵丹妙药。由之，葫芦这一文化现象遍及神州大地。

《通考·郊祀考一》说：

> 周之始，器用陶匏，以象天地之性……报本返始也。

《国语·楚语上》记载：

> 先君庄王（前613—前591）为匏居之台，高不过望国氛。

楚庄王所筑“匏居之台”，便是踞此观测国家吉凶“国氛”的呈葫芦形的观象台。《礼记·郊特牲》说：

> 陶匏以象天地之性。

《汉书·郊祀志下》说：

> 成帝（前32—前7）初即位……其（祭）器用陶匏，皆因天地之性，贵诚尚质，不敢修其文也。

《晋书·礼志上》说：

> （祭）器用陶匏，事返其始，远以配故祖。

概言之，这就是用葫芦来象征“天地之性”，追溯到原始时代“事返其始”，把表达“民之初生”的葫芦作为远祖来供奉，“故配以远祖”，即用葫芦来象征中华民族的原始共祖。

葫芦的籽粒多，人们用以象征子孙蕃衍，绵延不绝，自西周初记录甘、陕之间的《诗·緜》之后，到东周匡王时（前612年—前607），《左传》鲁宣公（前608年前—591年）十六年，晋灭“赤狄”而赐“士伯以瓜衍县”，这是用葫芦作为地名，以象征当地人畜和作物的蕃衍。东周时晋国的瓜衍县，当在今晋南和豫北之间的王屋山区，它是道教称之为神仙所居及道士修仙的名胜“洞天福地”之境，有“十大洞天，三十六小洞天、七十二福地”之称。而王屋山则居“十大洞天”之首。唐代道士司马承祯（647—735）奉玄宗召居王屋山。唐代八仙之一张果老，国画八仙图中其腰系一葫芦，曾云游于晋南王屋山和中条山之间。唐末、宋初大思想家、著名道士陈抟“斋中有大瓢挂壁上”（《宋史·陈抟传》）。唐玄宗时，曾官至御史中丞的道士李筌，在道教典籍《集仙传》里说，他云游达王屋山，遇女仙骊山姥[1]从袖中取出一瓢给他取水。葫芦与道家真人、方士的蓬莱仙境，道教的道士和仙人及医术结下了不解之缘。现来探索其源流。

道家和道教都始于老子，而在老子之前还有壶子。《列子·仲尼篇》说，列子“师壶丘子林”，又称“壶丘子”；《列子·黄帝篇》则称“壶子”。《庄子·应帝王》里也称“壶子”，并记列子与壶子的对话。列子和壶子都是春秋时郑人（今河南郑州）。《吕氏春秋·下贤》说：“子产相郑，往见壶丘子林。”高注：“子产，壶丘子弟子。”《史记·仲尼弟子列传》说：“孔子之所严事：于周则老子……于郑，子产。”则老子、子产均当年长于孔子，壶子又当年长于老子，是老子的师辈。壶即葫芦，壶丘子林或壶子，未必是真

1　骊山姥为古羌戎中的骊戎，骊戎历来被认为在今陕西临潼县，经顾颉刚考定在今山西与河南邻近的阳城、绛县之间的析城山和王屋山地区。（见顾颉刚《史林杂识》，中华书局，1963年，第54—56页）。《史记·秦本纪》说：“申侯乃言于（西周）孝王（前897—前888）曰：‘昔我先骊山之女，为戎胥轩妻，生中潏，以亲故归周，保西陲，西陲以其故和睦。’……”骊山姥当为商周之际的羌戎女酋长，被后人奉为仙人。

名，当是以葫芦为别号。

这里引述老子与壶子的关联，旨在阐明道教宗道家老子，老子之前有以葫芦为别号的壶子；而起自东汉的道教以葫芦为象征的仙境“壶天”，当源出春秋时道家壶子。道教所谓仙境“十大洞天，三十六小洞天”。此“洞天”当源出东汉费长房与卖药仙翁共饮于葫芦之中的“壶天”，这正如唐代谪仙诗人李白诗说：“何当脱屣谢时去，壶中自有日月天。”[1]白居易诗也说：“谁知市南地，转作壶中天。”[2]这种“壶天”仙境，曾使秦皇、汉武向往不已，有必要追溯。

葫芦到秦、汉就象征神仙栖息之所。《史记·秦始皇本纪》说：

> 二十八年（前218），始皇东行郡县，上邹峄山立石，与鲁诸儒生议，刻石颂秦德；议封禅，望祭山川之事；乃遂上泰山……
>
> 既已，齐人徐市等上书，言海中有三神山，名曰：蓬莱、方丈、瀛洲，仙人居之。请得斋戒，与童男女求之。于是，遣徐市等发童男女数千人，入海求仙人。

《史记·正义》引《汉书·郊祀志》说：

> 此三神山者，其传在渤海中，去人不远，盖曾有至者，诸仙人及不死之药，皆在焉。其物禽兽尽白，而黄金白银为宫阙。未至，望之如云；及至，三神山乃居水下；临之，患且至，风辄引船而去；终莫至云。世主莫不甘心焉。

东晋王嘉《拾遗记》卷一《丹丘之国》记载：

> （东海有）三壶，则海中三山也：一曰方壶，则方丈也；二日蓬壶，则蓬莱也；三日瀛壶，则瀛洲也；形如壶器。

1 《李太白诗》卷二十二《下途归石门旧居》，所说“脱屣”指相传汉代王乔仙逝时不留尸而遗屣（鞋）。
2 白居易：《白氏长庆集》卷六《酬吴七见寄》。

秦皇、汉武奢望长生不死，均好神仙。秦皇遣童男女数千，往蓬莱三神山求仙，并未如愿。汉武并不甘心，《史记·孝武本纪》记载：

安期生仙者，通蓬莱中，合则见人，不合则隐。

汉武帝奈何不得，只好遣人远观蓬莱仙气：

入海求蓬莱者，言蓬莱不远，而不能至者，殆不见其气。上乃遣望气佐候其气云。(《史记·孝武本纪》)

此仙境终究可望而不可及。

东海三神山均以葫芦“壶”为名“三壶”，因其“形如壶器”。尔后由之出现有关仙葫芦的传说神话，西王母从东海蓬莱道士得“灵瓜”，东汉明（末）年又从西王母之邦敦煌获得此“灵瓜”。《拾遗记》卷六《后汉》条说：

明帝阴贵人梦食瓜甚美，帝使求诸方国。时，敦煌献异瓜种，恒山献巨桃核。瓜名“穹窿”，长三尺而形屈曲，味美如饴。父老云：“昔，道士从蓬莱山得此瓜，云是‘崆峒灵瓜’，四劫一实，西王母遗于此地，世代遐绝，其实颇存。”

此所谓“瓜名穹窿”，就是将葫芦比喻如宇宙“穹窿”之大。此葫芦的仙气，一直在发展。西晋初张华《博物志》卷四《物理》说：

庭州灞水，以金银铁器盛之皆漏，唯瓠芦（葫芦）则不漏。

对此，南朝宋刘敬叔《异苑》卷二补述：

西域苟夷国山上有石骆驼，腹下出水，以金银及手承之，即便对过（漏），唯瓠芦盛之则得，饮之令人身香泽而升仙，其国神秘不可数遇。

此所谓“瓠芦盛酒饮之令人身体香泽而升仙”，于是可登天。在民间传说中，有说葫芦藤可作攀缘登天的天梯。《中国民间故事选·春旺和九仙姑》里说：

> 九仙姑下凡经年，忽于天井种葫芦，遂踏葫芦藤（叶）升天为寿于其父。[1]

前面说的葫芦，尽管有灵气，只供食用或作盛水、酒的器皿之用，乃至将葫芦藤作为天梯。而早在《后汉书·费长房传》里，已将葫芦作为能容人于其中饮宴的“壶天”了。今河南汝南县人费长房看到市集上有一老翁“悬壶于肆”卖药。这老翁自称是“神仙之人”，邀费长房进入壶中饮宴，此壶中别有天地。尔后，道教就把仙人所居的仙境称为“壶天”，又把行医卖药者称为“悬壶济世”。

在周代，只把葫芦形状的“陶瓠以象天地之性”。到秦、汉却把形如葫芦的仙境，描绘得神妙莫测，致令秦皇、汉武神魂颠倒。唐玄宗思念杨妃仙逝，诗人白居易在《长恨歌》里给予讽刺：“昭阳殿里恩爱绝，蓬莱宫中日月长”；“忽闻海上有仙山，山在虚无缥渺间”。

人出自葫芦的西北民间传说和供奉于西南彝族板屋草堂里的祖灵葫芦，它们正是秦皇、汉武所仰望的仙境的渊源。

综上所述，中华葫芦文化不外乎两方面的内容，一是葫芦的实用性及其扩张；二是葫芦崇拜及其延伸。即包含了物质文化和精神文化两方面的内容。葫芦文化的发展也不外乎一方面从器用进而为礼器，为祭器；另一方面从母体崇拜、祖先崇拜而进入神道仙境。其主要内容可归结为以下三点：

（一）葫芦是我国原始先民的天然容器，我国新石器时代的陶容器与葫芦容器的形状十分相像。由此可以设想：葫芦容器是先民制造陶容器的天然模型。

（二）《诗·緜》“緜緜瓜瓞，民之初生”是关于我国先民起源的传说。云南楚雄彝州南华县哀牢山摩哈苴彝村的祖灵葫芦，和台湾高山族中派宛人崇拜的陶壶则是“人从瓜出”原始创世观的现实遗存。

---

1 转引自袁珂校注《山海经校注》卷十八《海内经》“大皞爰过”下注引，上海古籍出版社，1980 年，第 451 页。

（三）原始葫芦崇拜和种种葫芦崇拜的变体，在我国许多民族中广泛存在，反映了我国各族的原始先民有着共同的物质环境，有悠久的经济文化交流，在此基础上，产生出各族出自一个以葫芦为代表的母体的传说。这种共同的思想意识表明：我国各族确属兄弟民族，具有共同的原始葫芦文化的传统。

《黑白之战》象征意义辨[1]

白庚胜[2]

一

打开纳西族东巴经典《东岩术岩》，一个神奇的世界便会豁然出现在人们面前：

浩浩远古，以居那什罗神山为中心，分布着“东”“术”两个部族。东部族所居之地为白天、白地、白日、白月、白星，连山川河流、飞禽走兽都是洁白璀灿（璨），一片晶然。术部族所居之地则是黑天、黑地、黑日、黑月、黑星，山川河流、飞禽走兽等都无一不是漆黑如夜，墨色沉沉。[3]

这就是“黑”“白”两个泾渭分明、互为敌对的部族。

最初，他们互相隔绝，老死不相往来，“飞鸟也互不相飞”。后来，封闭状态被打破，他们之间发生了规模浩大的战争，直至术部族被完全消灭，而胜利者——东部族相延不衰，成了当今的纳西族。[4]

这就是“黑”“白”两个部族之间进行战争的基本内容。

根据“东”即“白”，“术”即“黑”，战争以“东”战胜“术”，也就是“白”战胜“黑”的推理，有关这部史诗的研究者们都异口同声地指出：《黑白之战》所象征的就

---

1 刊于 1987 年第 6 期。

2 白庚胜，男，纳西族，1957 年生人，1980 年毕业于中央民族学院汉语言文学系，现任中国社会科学院少数民族文学研究所南方研究室助理研究员。已发表的论文有《纳西族〈猎歌〉试辨》《话说“大调”》等、其中《纳西族〈猎歌〉试辨》一文曾获“中国社会科学院青年科研成果奖”以及国家科学技术奖励办公室、中央国家机关团委、《中国科学》、《中国社会科学》联合颁发的“优秀论文奖”。

3 和芳、和正才译述，李积善、周汝诚合译《懂述战争》，丽江县文化馆，1962 年石印。

4 同上。

是光明战胜黑暗，正义战胜邪恶。白色是纳西族所崇尚的色彩。

如仅以一种整理本为例，这种判断无疑可以成立。因为在《创世纪》等许多作品中，天、地、神、人、善、美等的来历无一不与白色有关，而黑色则成了邪恶、鬼怪、灾祸、污秽等的象征。并且，现行的纳西族民俗观念，尚白亦已占主导地位。然而，当我们将《黑白之战》的各种整理作品作一比较，并将它们置于整个纳西族文化系统和更为广阔的民族文化交流的背景作一分析，就会发现"黑""白"观念所包含的文化内容远比哲学性的象征更为丰富，更为深沉。

二

目前并行于世的《黑白之战》整理本共五种，可归为以下两类：（一）为争夺日月而战：1. 杨世光整理的《黑白之战》。[1]2. 周慰苍译，赵银棠整理的《东岩术岩——黑白斗争的故事》。[2]3. 和正才译，木易搜集整理的《黑白之战》。[3]（二）为创造日月而战：1. 和芳、和正才译述，李积善、周汝诚合译的《懂述战争》[4]。2. 久高恒读经，和志武记译的《动埃苏埃——动族和苏族的结仇战争》[5]。令人惊讶的是，在这些整理本中，人们对"黑""白"所持的态度不尽一致，甚至完全相反。如，在第一类整理作品中，杨世光本及赵银棠本都认为"黑""白"两个部族的战争是因"黑"（术）部族抢夺"白"（东）部族的太阳月亮而引起，持褒"白"抑"黑"的态度。木易本则持扬"黑"抑"白"的态度，称"黑"部族之所以要去争夺日月，是为了打破"白"部族对日月的垄断，战争的结果也被描写成"黑"部族解放了日月，使之共同照耀着"黑""白"两界。当然，木易本的信实程度还令人怀疑。在以下的讨论中，我们仅以杨世光本、赵银棠本及第二类整理作品为比较、探讨的对象。第二类整理作品中并没有争夺日月的情节，战争的起因在于"东主"之子阿路在其父亲"术主"的威逼之下背信弃义，故意造斜了"术"部族的天地，并下铁扣害死了尾追而来的"东主"之子安生米委。非常有趣的是，在这类作品中，"东"地的日月光辉透射进"术"地，乃是两族"白鼠"及"黑猪"等共同打通界山而造成。阿

1 杨世光整理：《黑白之战》，载《玉龙山》1979 年"国庆专号"。
2 周慰苍（霖）译，赵银棠整理：《东岩术岩——黑白斗争的故事》，《边疆文艺》1957 年第 4 期。
3 和正才译，木易搜集整理《黑白之战》，《民间文学》1985 年第 5 期。
4 和芳、和正才译述，李积善、周汝诚合译：《懂述战争》，丽江县文化馆，1962 年石印。
5 久高恒读经，和志武记译《动埃苏埃——动族和苏族的结仇战争》，载云南社会科学院东巴文化研究室编印《纳西东巴经选译》。

路与安生米委也不像他们的父辈那样决然对立，他们有一个从真诚友好到对立为仇的发展过程。在战争过程中，阿路与“术主”之女给饶次某相媾合，生下了他们的孩子，即“东”“术”两个部族血统相融合的后代哈扑罗他、哈扑罗沙。战争的结果虽取了与第一类作品相同的方式，也就是“白”部族战胜“黑”部族的方式，但这类整理作品更倾向于“黑”“白”相融合性，更注重于它们之间的发展过渡。在这里，“黑”与“白”并不是截然不同的是非、善恶的对立物。由于这两个整理本中的译述者都是著名的东巴经师，记录整理者也是多年从事东巴经翻译工作的专家，加之李积訾、周汝诚本为科学翻译版本，和志武收集自东巴教圣地——云南省中甸县北地乡，它们更多、更真实地保留了这部作品的本来面目。

如果对这两类整理作品作些比较，就会发现它们有以下共同点：

（1）对“黑”“白”两界的描写完全一致。

（2）“黑”“白”为两个敌对的部族。

（3）“黑”“白”战争的性质为复仇。

（4）战争规模及其场面的描写大体一致。

（5）战争的结果是“白”战胜了“黑”。

这些共同点正是《黑白之战》成为一部统一的史诗的必要条件。同时，它们之间也有一些明显的差别。如：

（1）战争起因不同。第一类是为争夺日月而战；第二类是因“东主”之子阿路不守信用，以及“术”部族为报杀子之仇而战，并且，没有争夺日月的内容。

（2）作品对“黑”“白”的倾向性不同。第一类整理作品不是抑白扬黑，就是抑黑扬白；而第二类整理作品则有过渡，较中和，“东”虽取胜，但对它作了某种程度的谴责。

（3）手法不一。第一类整理作品重于艺术化、哲学化，带有整理者作过的一系列“合理化”的痕迹，情节复杂，节奏上大起大伏，不同的色彩与相应的象征意义得到统一；而第二类则重于道德化、历史化较为真实，情节较单一，色彩与作品倾向性无必然联系。“黑”“白”与“是”“非”、“善”“恶”相游离，与“光明”“黑暗”相脱节。

（4）战争结果有差异。在第一类中，杨、赵本以“东”彻底战胜“术”而告终，木本则以“术”解放日月，两族共和而结束。在第二类中，在肯定“东”战胜“术”的前提下，强调了“黑”“白”的局部共融性。

由上可见，各种整理本在基本相似的情况下，其内容、情节、倾向性等方面都有较大的差异，“黑”“白”也或与“善”“恶”等观念相合，或与之相违，并没有统一的、确定的内涵。显然，我们并不能不顾它们之间的差异，以个别代替一般，先任选一者作为范本研究，然后以此为根据对整个作品作出不符合客观存在的判断。试想，如果杨、赵本的“黑”“白”确实是“黑暗”与“光明”的象征的话，那么，李、周本及和志武本中的“黑”“白”又象征什么呢?

三

黑格尔曾经把史诗比作“民族精神标本的展览馆”[1]，就是因为史诗是全民族精神的艺术展现。它之所以具有这种特性是与它在漫长的民族文化发展长河中形成，并以“百科全书”的方式全面反映这个民族的历史文化分不开的。因此，当我们把史诗当作一种对象加以认识时，除了需要认真分析作品中所反映的各种文化内容之外，还需要将它置于整个民族文化背景之中，去探讨纳西族史诗《黑白之战》与整个纳西族文化系统中的“黑”“白”观念。为史诗而史诗并不是揭示其文化意义和民族精神的有效方法。

下面，我们先来看看纳西族语言中的有关情况。因为民族语言对保持民族文化传统，增强民族内聚力具有重大的作用。由于语言中的语法结构及基本词汇的变化往往落后于时代的变迁，因而一种民族语言中往往储存有一种民族文化兴衰的真实信息，为我们的研究工作提供最为宝贵的材料。

“黑”在纳西语中读“纳”。“纳”之引申义为“尊”“贵”“伟大”等，如暴雨叫“很纳”，大山叫“居纳”，大海叫“恨纳”。

这几个词中的“纳”已经分别具有“猛烈”“巍峨”“浩瀚”的意思。这似乎透露出纳西族曾经有过尚黑的历史。“纳西”这个族称本身就是对此的最好说明，按字面解释，“纳”即“黑”，“西”即“人”，其引申义为“伟大的民族”或“尊贵的民族”。不唯语言，在纳西族习俗中也保留有许多曾经尚黑的痕迹。在滇西北地区，许多民族的妇女都喜欢身披羊皮为饰。如白、普米等族都视毛色纯白为美，但纳西族则认为毛色越黑便越显贵美。元人李京在《云南通志（志略）》中记载，当时的纳西族妇女的装饰为“皂衣跣足，风鬟高髻”。杨升庵在《南诏野史》中也记述了纳西族妇女在服饰上尚黑的特点:“戴黑漆尖帽，短衣长裙。”除妇女服饰外，男子服饰上也反映了同样的特点，《天下郡国利病书·宁番

1 《诗的分类·史诗》，[德] 黑格尔《美学》第三卷下。

卫》引《云南志》曰：纳西族男子“内着黑大编毡，外披衣甲”。从这些不同时代的不同的文献资料看，尽管纳西族服饰几经变化，但其尚黑特点却并没有随着服饰质地、款式的改变而改变。据李霖灿先生实地调查，可知云南省中甸县北地村的纳西族还要在祭天归来的路面上“遍撒青松毛，以示恭敬”[1]。这是因为“青”与“黑”通。汉语中不也把“青天”又称为“玄天”的吗？因此，撒青松毛之俗亦是尚黑遗风。

让我们再来看看与纳西族有同源关系的民族。纳西语属汉藏语系藏缅语族彝语支，与彝族、羌族、藏族等的古代文化最为接近。

据刘尧汉先生介绍，彝族有“黑彝”“白彝”之分。究其原因是彝族尚黑，故而将统治者称为黑彝，以示血统之高贵、纯正。而“白彝”则是指奴隶阶级，以示血统混杂，地位低下。这与魏源在《圣武记》中所记载的有关内容是相符的。“真夷谓之黑种，历掳汉民入内，亦化为夷，谓之白种，黑少白多，黑主白奴。”“夷”即“彝”也。怒族也和纳西族一样，与彝族的关系最为密切。他们自称“怒苏”，“怒”为“黑”，“苏”为“人”，正好与彝族自称“诺苏”，“诺”为“黑”、“苏”为“人”的情况相对应。当然，“这并不是说他们导源于黑色人种，而是怒族尚黑，以黑为贵”[2]。尽管羌族现已尚白，但在历史上也曾尚黑，任乃强先生在《羌族源流探索》中介绍说，羌族也视黑色为尊贵之色。可见，尚黑曾是氐羌文化，尤其是彝语支文化的共同特征之一。这表明，恩格斯关于“我们越是深入地研究历史，就会越多地发现起源相同的民族之间的差别是更加少的”这一论断是多么正确。当然，随着社会的变革、发展，随着同一语族、语支内民族的分化，以上的尚黑习俗也产生了较大的变化，有的民族实现了由“尚黑”到“尚白”的转折，有的民族则将它顽强地保持到了现代。纳西族属于前者。那么，是什么力量促使纳西族所崇尚的色彩有了如此重大的转折？这种转折的文化意义又是什么？

四

正如有关学者所考证的那样，纳西族先民为氐羌系统的一部分，在夏、商及周初活动于湟黄流域，过着“无君长、无常处”的游牧生活。从公元前 4 世纪起不断往西南迁徙，在汉晋时已活动于今天的川西地区。隋唐之际，纳西族各大支系陆续进入目前所居住的云南省丽江、中甸、宁蒗等地，其最前锋曾延伸至宾川县，建立了著名的

1 李霖灿：《中匈县北地村的么些族祭天典礼》。

2 少数民族史志丛书《怒族简史简志合编》（初稿），中国科学院民族研究所云南少数民族社会历史调查组编。

么些诏国。这种不断迁徙、不断改变生活空间的历史，使纳西族文化不断打破自然隔离，与斯基泰文化，夏、商、周文化，巴蜀文化，南诏文化，汉、藏文化进行直接接触、交流，进行有益的选择，形成了进取、开放的基调，以及复合多元的特点。需要指出的是，纳西族在迁徙的间隙还有过生活地域相对稳定的阶段，从而具备了修复，乃至再造文化体系的必要条件。我认为这些正是纳西族文化实现大转折的根本动力之所在。毋庸置疑，在尚黑到尚白的过渡中，宗教因素起了非常重要的作用。我们这里所指的宗教是藏族本教及佛教。第一阶段是本教，第二阶段是佛教。早在汉晋，纳西族作为白狼部落之一，与藏族有过频繁的交往。定居于现居住地区之后，这种交往得到了进一步加强。就历史渊源而言，纳西族和藏族都与氐羌系统有关，因而具有许多共同的文化因素。这些都为本教对东巴教的形成的影响奠定了基础。在吐蕃时代，佛教在藏族社会中得到迅速传播，与传统宗教本教产生了尖锐的对立。为了有效地抵抗，本教将许多佛教教义吸收入自己的教义之中，佛教也为突破藏族社会对自己的心理隔离，即原始观念、心态结构、民俗等的隔离，将本教的许多神灵招为护法神，促进了佛本互融，并把“黑本波”改造成了“白本波”。由于本教不断失势，只好逃避到边远地区，如与纳西族相接壤的地区继续负隅抵抗，[1]这就与纳西族的原始宗教直接接触，刺激了东巴教的形成、发展。史学界一般把东巴教形成的时间上推至唐末宋初。在宋代，佛教在与纳西族相毗邻的白族、藏族社会中已占有绝对统治地位。处于这两个民族区域之间的纳西族的情况可想而知。现特转引和志武先生所举之数例如下：

（一）东巴教之“东巴”即“本波”之音译。

（二）“东巴”所戴五佛冠与本教相同。

（三）东巴教始祖“丁巴什罗”为藏语音译，“丁巴”之音为“祖师”，“什罗”为“辛饶”之转音。“辛饶”为本教始祖，据说与孔子、释迦牟尼同时，生于西藏阿里地区札达县畏莫（魏摩）隆仁。

（四）东巴教三大神中的“萨英畏登”“英古阿格”为本教神，后招为佛教护法神。[2]

凡此种种，不一而足。但真正重要的是本教教义对东巴教教义所产生的影响。据善慧法日在《宗教流派镜史》中介绍，本教将“一切外器世间与有清世间”都视

1 参见［意］杜齐《西藏中世纪史》，中国社会科学院民族研究所民族学研究室翻译编印。
2 参见和志武《东巴教和东巴文化》，载郭大烈、杨世光编《东巴文化论集》，云南人民出版社，1985 年。

为“由卵而生”，并认为“万物为气数及白在天等所造”。“卵生”“气数”“白色”正是东巴教宇宙学说的支柱。且不谈《创世纪》中的描写，仅就《黑白之战》开篇的“黑”“白”两个部族本源说而言也有同样的内容：佳音佳气产生了白露，白露变成了白蛋，白蛋产生了五行，五行中的水经数度变化，产生了“东”部族与“术”部族等。到此，我们不是可以解开纳西族为何改尚白色的原因，以及《黑白之战》这部史诗中为何将战争结果规定为“白”战胜“黑”的意义了吗？

继本教之后，东巴教及其尚白观念的形成深受佛教的影响。在我国许多民族中都普遍存在有这样一种文化现象：在佛教传入前大都尚黑，而在佛教传入后则改尚白色。而且，哪个民族最先接受佛教，其改尚白色的时间也就越早。藏族是这样，羌族也是这样。因为佛教是崇尚白色的。佛教传入中国当在汉代，其流传线路为第一条，印度—中亚—敦煌—中原；第二条，印度—马来半岛江、浙；另一条被认为是从印度传入东南亚，然后，从东南亚，尤其是从越南传入广西、云南。[1]第一条路正好通过纳西族远古活动地区，只是由于过早迁往西南方，纳西族失去了最早接受佛教文化的机会。但是，在唐宋时代，纳西族所居住的丽江、中甸、宁蒗等地成了佛教从西藏传入云南及四川的必经之地，从东南亚传入的小乘佛教也不断北上，步步逼近与纳西族相邻的地区，加速了佛教在纳西族社会中的传播，也深化了白色在东巴教中的主导作用。元初，忽必烈入滇，曾封率先归附的纳西族首领阿良为“茶罕章官”，意为“白色地方的官”。由此看来，当时白色在纳西族社会中取得了统治地位。明、清两代，佛教在纳西族地区达到繁盛阶段。木氏土司曾在所辖境内大兴土木、修建了许多寺庙殿宇，并曾为拉萨大昭寺刻印大藏经 108 卷。明熹宗皇帝也曾一次赐予木氏土司六百余卷大藏经。这一切不但巩固了白色在东巴教中的地位，而且使尚白信仰在宗教以外的民间习俗中不断渗透、扩大。

除宗教之外，政治、生产形式、地理条件等也对加速尚黑到尚白的转变产生了积极的作用。在东巴教酝酿阶段，纳西族处于吐蕃与南诏之间，有时称臣于前者，有时归附于后者，而这两个政权的统治者为巩固自己的统治，通过政治上的保护支持，使佛教在自己的统治地区迅速传播。如南诏统治者曾封许多僧侣为“国师”“师僧”。到与东巴教形成的时间相当的宋代，大理国的许多官员更是从僧人中选拔而出，许多国王

1 参见张士楚《在历史的地平线上——比较文化古今谈》，人民出版社，1986 年。

也相继逊位为僧[1]。这就迫使纳西族在政治上与白族、藏族社会实现认同的同时，也加强在所崇拜的色彩上的认同，从而有利于自己的存在发展。这种情况在《黑白之战》中也有反映。在开篇的黑白等各部族的起源中，“盘”部族与“禅”部族与“东”部族都起源于白蛋，而且“盘”部族与“禅”部族也都拥有白日、白月、白星，居住在白色的天地之间。而“盘”指的正是藏族，“禅”指的正是白族。[2]《创世纪》中不也是把藏族、白族、纳西族同视为人祖崇仁丽恩及衬红褒白的后代吗？

在迁入现居住区之前，纳西族先民一直从事畜牧生产，并主要驯养牦牛。因此，在汉代纳西族先民被称为“牦牛夷”。牦牛等的黑色的皮毛在纳西族先民的生产生活中占据了重要的地位。人们对于牦牛等的皮毛的需要，使“黑”不仅作为一种单纯的色彩而存在，而且含有了审美内容、文化意义，并最终导致了对它的崇拜。然而，迁入现居地区之后，纳西族便开始了向农耕生产的缓慢过渡，对畜牧业的依赖日益减少，而农副产品在生产生活中的作用却日益加强，使尚黑信仰及其原生文化受到极大的动摇，为随着本教、佛教文化的影响刺激形成次生文化——东巴文化而实现色彩崇拜上的改黑从白作了必要的经济准备，以及具备了必要的心理承受能力。因此，我们又可以称《黑白之战》中的“白”战胜“黑”是纳西族社会从游牧社会向定居农耕社会过渡，并由农耕生产最终占据主要地位的历史变迁的折光反映。

另外，纳西族生活空间的几次重大变化，以及目前居住地区的地理条件也有利于其色彩崇拜从“黑”到“白”的过渡、转折。从种种资料表明纳西族深受汉族阴阳五行学说的影响。这与纳西族在远古与夏、殷、周等民族有过频繁的交往以及道教对纳西族近代文化的影响有深刻的关系。在汉族五行学说中，五行与五方、五色等是一个统一体，即东为木为青，西为金为白，南为火为赤、北为水为黑、中为土为黄。[3]纳西族从遥远的北方迁到滇西北及川西地区，不正与这种由方位变化而引起的由“黑”色到“白”色的变化也是相对应的吗？纳西族目前所居住的横断山脉到处是雪山、飞瀑，玉龙山与哈巴山终年积雪，四时皎洁，古人叹之曰“千里寒威望”，虎跳峡十里缓冲瀑布白浪滔滔，白水台景观更是满目银光。这些熠熠生辉，璀灿（璨）如瑜的风光景色与东巴经典及民间故事中所表现的尚白观念达到了高度的和谐。可以说，许多表现尚

1　少数民族史志丛书《白族简史简志合编》（初稿），中国科学院民族研究所云南少数民族社会历史调查组编。

2　和志武《崇搬统》注③、④，载《纳西东巴经选译》。

3　李泽厚《中国古代思想史论》。

白的东巴经文学作品及民间文学作品等正是在本教、佛教的影响下，在目前所居住的山川景物的诱发之下产生的。如“三多”被视为纳西族的保护神，他白衣白甲，身跨白骏，手持白矛，与玉龙雪山浑然一体。因此，“三多”又被说成玉龙山的化身。很难想象一种与居住地区自然地理相脱节的文化怎样得以存在、发展。在我看来，自然与社会、观念等完美统一、和谐正是一种文化生命力之所在。所以，《黑白之战》这部史诗中的有关色彩观念不是与纳西族生活空间的变迁及目前所处地域的自然地理完全无关的。

综上所述，我们并不能仅以一种整理本为依据，孤立地、静止地分析《黑白之战》这部史诗作品，而应将各种整理本之间的异同作一比较分析，然后再将这部作品置于广阔的文化背景，尤其是纳西族历史文化长河之中，动态地把握其丰富的文化内容，从而正确揭示“黑”与“白”所代表的文化意义。我认为，这部作品很可能是东巴教徒们以当时的氏族战争为背景，汇总了本民族从远古流传下来的，或是从其他民族中传播进来的太阳神话、英雄短歌、悲恋转生型故事而形成的。纳西族在历史上所经历过的宗教征服、政治依附，与白、藏两个民族的经济文化交往以及生活空间、生产形式的改变，等等，都对这个作品，甚至是整个东巴文化的产生、发展、丰富起到了十分重要的作用。在不同的整理本中所表现的对“黑”“白”的不同态度，以及最后以“白”战胜“黑”的相同方式所反映的正是纳西族从原生文化过渡到次生文化的逻辑关系，以及次生文化对原生文化的扬弃过程。因此，在这部作品乃至整个纳西族文化中的“黑”所代表的是纳西族先民作为氐羌系统一个部族而存在时的原生文化，其内容为：在北方地区从事游牧生产、信仰与整个氐羌系统相同的原始巫教等；而“白”所代表的是纳西族分离为单一民族之后的次生文化，其内容为：在西南地区从事定居的农耕生产，在本教及佛教的影响下，以原始巫教为基础创造了东巴教。

《玛纳斯》与柯尔克孜民间文学[1]

郎　樱※

一部宏伟英雄史诗的形成，要经历漫长的年代。最初，它由神话、英雄传说、英雄歌谣作为素材，经由无数民间歌手的加工、润色和创作，使之逐渐形成为一部完整的史诗。史诗在流传、发展的过程中，又不断地从神话、民间叙事诗、民间故事中摄取精华，并将大量精彩的民间谚语和格言融汇进史诗之中，使史诗日臻丰满，日臻成熟。

《玛纳斯》是一部规模宏伟、内容丰富的英雄史诗。历史悠久、蕴藏量十分丰富的柯尔克孜民间文学是《玛纳斯》生成、发展的沃壤。柯尔克孜民间文学与史诗《玛纳斯》关系密切，水乳交融。剖析《玛纳斯》与柯尔克孜民间文学之关系，认识柯尔克孜民间文学在史诗形成与发展过程中的地位与作用，这无论对于深入研究史诗本身，或是对于深入研究史诗形成与发展的规律，都有着重要的意义。

《玛纳斯》与英雄传说《阿勒普玛纳什》

在研究史诗《玛纳斯》时，首先遇到的一个问题是，英雄玛纳斯的名字有什么含义，柯尔克孜历史上是否有过一位名叫玛纳斯的英雄。带着这一问题，人们深入调查，翻遍有关柯尔克孜的史料，然而结果却不尽人意，“玛纳斯”在柯尔克孜语中没有什么含义，在柯尔克孜历史上亦未曾出现过名叫玛纳斯的英雄。这个问题曾使许多学者感到困惑。

1　刊于1990年第2期。

※　郎樱（1941—　），中国社科院荣誉学部委员，曾任中国社会科学院民族文学研究所北方民族文学研究室主任，副所长，主要学术专长是维吾尔及突厥民族文学，长期从事柯尔克孜民族史诗《玛纳斯》研究。

后来，苏联学者在阿尔泰民族[1]中搜集到一则名叫《阿勒普玛纳什》的英雄传说。“阿勒普”在古代突厥语中为“英雄”之意，《阿勒普玛纳什》直译过来即为《英雄玛纳什》。在突厥语中，“什”与“斯”只是地域方言发音之差别，因此，英雄传说中的玛纳什与史诗《玛纳斯》中的英雄玛纳斯系同名英雄。在《阿勒普玛纳什》中，英雄玛纳什有巨人的体魄，具有刀枪不入的超人神力。他时而幻化作旋风飞离而去，时而又骑乘着神驹飞上天空。这则英雄传说的内容古老而朴质。然而，将这一英雄传说内容与史诗《玛纳斯》的内容进行比较研究后就会发现，史诗《玛纳斯》中的英雄人物玛纳斯与英雄传说《阿勒普玛纳什》中的英雄玛纳什不仅同名，他们在形象塑造方面亦有许多相同、相近之处。

《阿勒普玛纳什》中的玛纳什有着巨人的外貌：

鼻子如高山，
眉毛像茂密的丛林，
圆睁的眼睛像燃烧的火焰，
宽厚的脚掌像公驼的大腿。[2]

史诗《玛纳斯》对英雄玛纳斯外貌的描绘形成一个套式：

鼻高如山，
唇上的胡须如苇丛，
喘出的气犹如一股旋风，
眼中射出的光如风箱扇旺的火。[3]

两相比较，虽然有些差异，但这两位英雄在外貌上的相似却是惊人的。

英雄传说人物玛纳什是位半人半神的英雄，具有超人的神力，刀枪不入。史诗英雄

1 阿尔泰民族是突厥语民族之一，分布在阿尔泰地区苏联领土部分。柯尔克孜人西迁中部分柯尔克孜人留在这一地区，他们与当地原居民融合；其语言属阿尔泰语系突语族，与柯尔克孜语十分相近。

2 关于英雄传说《阿勒普玛纳什》的有关情节均转引自张彦平的《〈玛纳斯〉探源》一文。

3 居素甫・玛玛依《玛纳斯》唱本第一部《玛纳斯》。

玛纳斯虽已彻底人格化了，但是他依然不同凡响，具有神力。在比较早期的《玛纳斯》唱本中，玛纳斯与哈萨克族史诗英雄阿勒帕米斯一样，“火烧不死，刀斧砍不进，弓箭射不入身”[1]。在后期的《玛纳斯》唱本中，英雄的这种神力明显减弱，只有当他穿上巴卡依老人为他准备的白色战袍时，他才具备这种神力，战袍脱去，神力亦随之而消失。

《阿勒普玛纳斯》中的玛纳什睡觉时，巨体横卧犹如山峦，头大如山峰，鼾声如雷，喘出的气能把参天大树连根拔起。他一睡就是九个月，谁也叫不醒他。最后还是七头妖骑着公牛，大吼一声，才把英雄唤醒。英雄酣睡母题是一个非常古老的突厥母题，在早期突厥英雄传说中，这一母题经常出现。公元 7—8 世纪的乌古斯可汗传说中，英雄萨拉尔卡赞盖世无双，战无不胜。然而一次于打猎途中酣睡不醒，被敌人发现，捆绑入狱，在地牢中生活达 17 年之久。[2]英雄谢克列克为营救被关入地牢中的哥哥，长途跋涉，到了敌阵困顿入睡，酣睡不醒，若不是坐骑将他唤醒，险丢性命。[3]

英雄沉睡的母题在《玛纳斯》中也保留了下来。年逾花甲的英雄玛纳斯远征途中十分困顿，勇士们外出侦察，他于山中睡着了。勇士们发现卡勒玛克人已将他们团团包围，形势危困，勇士楚瓦克忙去呼喊正睡觉的玛纳斯。但是玛纳斯酣睡不醒，急煞了勇士楚瓦克，史诗这样描绘道：

我的英雄啊，你快快起来！
敌人已经迫近，你快快起来！
玛纳斯打着击碎岩石的鼾，
依然在沉睡。
英雄楚瓦克想了许多办法，
也没有能把玛纳斯唤醒。
他拿来大鼓，
放在玛纳斯耳边击，
但是他还不醒。

1 19 世纪俄国学者拉德洛夫记录的《玛纳斯》唱本。
2 《库尔特祖爷书》中的《萨拉尔卡赞被其子吾拉孜所救的传说》，新疆青年出版社 1988 年哈萨克文本。湖南 1989 年的汉译文版（未出版）。
3 同上书，《关于乌孙乌古斯之子谢克列克的传说》。

楚瓦克聚集起全身的力量，
把沉睡的玛纳斯举过了头，
“啪”的一声扔到地上，
玛纳斯还是没有醒。
楚瓦克生气了，
他飞快地骑上骏马，
手里端起矛枪，
策马向玛纳斯飞奔而去，
把手中的利矛戳向英雄的屁股，
犹如蚊子叮了一下，
玛纳斯一点也没有在意。[1]

《玛纳斯》中的这一英雄酣睡母题与《阿勒普玛纳什》以及古代突厥英雄传说中的英雄酣睡母题是一脉相承的。

英雄传说《阿勒普玛纳什》对于玛纳什身世的叙述分为英雄特异的诞生、英雄的婚姻、英雄征战、英雄生命受到危及以及英雄死而复生这样几个部分。这也是《玛纳斯》及突厥史诗的一般框架。

《阿勒普玛纳什》在开始部分叙述了一对年老的夫妻因无子而引发的苦恼，他们通过祈祷求子，生下英雄玛纳什。

《玛纳斯》中英雄玛纳斯的身世叙述同样也是由祈子母题为开端的。加克普汗与绮依尔迪年迈无子，十分苦恼，他们虔诚祈子，加克普进山，绮依尔迪入树林独居，他们的虔诚感动了上苍，绮依尔迪怀孕生下英雄玛纳斯。

《阿勒普玛纳什》的成婚母题比较单纯，玛纳什长大，其父外出为子物色妻子，他相中柯尔克孜汗王的女儿库姆杰克－阿茹，玛纳什娶她为妻。

《玛纳斯》的成婚情节比较复杂，但基本情节与上述情节十分相似。在早期的《玛纳斯》唱本中，也有英雄的父亲外出为子求婚的情节。求婚的对象是布哈拉的卡拉汗，他的女儿卡妮凯成为玛纳斯的妻子。

---

1 居素甫·玛玛依《玛纳斯》唱本1961年新疆文联铅印汉译文资料本，《伟大的远征》篇章。

成婚母题中，在父为子求婚以及英雄妻子均为汗王之女这两点上，《阿勒普玛纳什》与《玛纳斯》完全相同。就是两位英雄的妻子也有共性：英雄传说中玛纳什的妻子是位具有未卜先知神力的女性。玛纳什外出比武，其妻劝阻，言凶多吉少，然而英雄不听劝告，化作一阵旋风离去，结果掉进八十庹深的地牢，生命受到危及。史诗中玛纳斯的妻子卡妮凯亦是一位具有未卜先知神力的女性。玛纳斯要去远征，她苦口婆心加以劝阻，玛纳斯不听，一意孤行，结果英雄头中毒斧，悲壮地死去。

英雄传说中，玛纳什成婚后又对一巾帼英雄艾尔凯·卡拉克曲倾心。女方提出比武为条件，女胜不嫁，男胜方可以娶女方为妻。在比武中，玛纳什先败后胜，娶到这位巾帼英雄为妻。

值得注意的是，《玛纳斯》中也有类似的情节。玛纳斯娶了卡妮凯为妻以后，在阔阔台依的祭典上遇见女豪杰萨依卡勒，为之动心，并上前调戏，不料竟遭萨依卡勒女杰一顿鞭抽，使英雄落马丢丑。玛纳斯恼羞成怒，祭典后便追上门去挑战，双方交手。女英雄连连取胜，并将玛纳斯刺伤。后来玛纳斯凭借坐骑之力最终战胜了女杰，并强行占有了她。因萨依卡勒告诫玛纳斯他们现世无姻缘，只能当后世夫妻，于是两人分道扬镳。但是玛纳斯去世后，她却作为玛纳斯的亲属被邀参加英雄的葬礼。[1]玛纳斯与女英雄萨依卡勒的感情纠葛，虽然与《阿勒普玛纳什》中的相关情节有异，但是英雄所钟情与追求的都是巾帼英雄，在这一点上两部作品依然是有共同之处的。

英雄传说人物玛纳什虽然具有神力，但是他也有遭难之时，甚至不幸死去。后由于饮了母乳，才死而复生。

在古老的拉德洛夫记录的《玛纳斯》唱本中，亦有英雄死而复生的情节。玛纳斯死后，卡妮凯为他修筑了陵墓。一仙女潜入墓中，将其母乳灌入玛纳斯口中，玛纳斯饮了母乳，死而复生。在我国艾什玛特的《玛纳斯》唱本中也有玛纳斯死而复生的情节，使英雄复生的不是母乳，而是圣水。但是，在居素甫·玛玛依的《玛纳斯》唱本中，英雄死而复生的母题已不复存在，只留下淡淡的印迹。

《阿勒普玛纳什》中有亲属背叛的母题，英雄玛纳什落入地牢时，玛纳什的妻子去找英雄的兄弟阿克科彪去营救。他不仅不救，还搬来一座山将地牢口堵死，置英雄于死地。他与玛纳什之父合谋，要强娶英雄的妻子。类似的母题在史诗《玛纳斯》中亦存

1 艾什玛特《玛纳斯》唱本，郎樱、玉山阿吉合译，汉译本（未出版）。

在。玛纳斯去世后，他的同父异母兄弟阿维开和阔别什与英雄的父亲加克普汗勾结在一起，篡夺大权，他们亦在坏父亲的支使下欲强娶玛纳斯之妻卡妮凯。亲属背叛母题，坏父亲母题在古代突厥英雄传说和史诗中习为常见，但是像《阿勒普玛纳什》与史诗《玛纳斯》在情节安排上亦如此相似的，却实属罕见。

通过上述多方比较，我们可以看到史诗英雄玛纳斯脱胎于传说中英雄人物玛纳什的清晰脉络和鲜明的印迹。从内容看，英雄传说《阿勒普玛纳什》显然要比史诗《玛纳斯》古老得多。在史诗《玛纳斯》形成之前，《阿勒普玛纳什》已在民间广泛流传。民间歌手将柯尔克孜民族中涌现出来的英雄人物的英雄事迹，附会在玛纳什身上，将决定柯尔克孜民族命运的战争——柯尔克孜人反抗卡勒玛克入侵者的战争作为主要内容，经过不断地加工、创作，不断地增附新的内容，英雄传说人物玛纳什逐渐演变成为史诗英雄玛纳斯。许多著名的突厥史诗大多也经历了同样的形成、发展过程。[1]英雄传说在英雄史诗形成中的重要性是不容忽视的。虽然史诗英雄玛纳斯的原初形象脱胎于《阿勒普玛纳什》中的英雄玛纳什，然而，史诗英雄玛纳斯的形象与英雄传说中的玛纳什形象已经有了本质上的区别。玛纳什是个具有浓郁神话色彩的半人半神的英雄形象，而史诗英雄玛纳斯却是一位彻底人格化了的英雄，他脚踩大地，头顶蓝天，有着与常人一样的喜怒哀乐之情，有着与凡人一样的七情六欲，他是一位率领民众与入侵之敌顽强斗争的民族英雄，他是一位为着部落、部族利益不惜流血征战、抢劫掠夺的部落联盟首领。

《玛纳斯》与柯尔克孜神话

别林斯基在论述史诗特征时曾指出："史诗是在民族意识刚刚觉醒时，诗领域中第一颗成熟的果实。史诗只能在一个民族幼年期出现。"[2]由于史诗产生于一个民族的幼年期，因此在史诗中，现实总是与神话密切交织在一起，神话成为产生史诗的土壤，构成史诗的素材。

史诗《玛纳斯》中交织着许多优美动人的神话传说。这些神话传说是柯尔克孜民间文学中的瑰宝，它们在史诗中亦占有重要的位置，使史诗大为增光添色。《玛纳斯》的开始部分讲述了一个优美的族源神话传说——《四十个姑娘》。美丽的公主与侍女们玩

1 哈萨克英雄史诗《阿勒帕米斯》与英雄传说《帕米斯·碧拉克》有着渊源关系。史诗《阿勒帕米斯》在人物、情节、叙事结构方面均与英雄传说《帕米斯·碧拉克》极为相似。

2 [俄]别林斯基著，别列金娜选辑，梁真译：《别林斯基论文学》，新文艺出版社，1958 年。

耍时喝了带泡沫的溪水，40个姑娘由此而怀孕。她们被驱赶到没有人迹的深山，40个姑娘生了20个男孩，20个女孩，他们互相婚配繁衍，人丁日渐兴旺。由于他们是40个姑娘的后代，人们称这些山里人为“柯尔克孜”。在柯尔克孜语中，“四十”为“柯尔克”，“姑娘”为“克孜”，连读便是“柯尔克孜”，意为“四十个姑娘”[1]。这是一个古老的感孕神话，是只知其母、不知其父的母系社会的产物。史诗《玛纳斯》的开端之所以讲述这一神话，目的是为了追溯英雄玛纳斯的谱系。在40个姑娘的后代中，公主的儿子及其子孙出身高贵，他们成为柯尔克孜人的首领。玛纳斯的祖先源于公主子孙系内，比一般人高贵。

史诗《玛纳斯》在着力颂扬英雄玛纳斯功绩的同时，还向人们展现出一个富于浓厚神话色彩的仙人世界。“仙人”一词在《玛纳斯》中用的是波斯语借词“Perizat”，“Peri”是神仙之意，“Zat”是后代之意，此词若直译应为“神仙的后代”。仙人们生活在卡依普山中，他们具有超人的神力，能幻化为飞禽鸟类，翱翔于蓝天，能幻化为各种形态，使人们认不出他们的真面目。他们还有魔力飞毯，魔力外衣，凡人坐上飞毯，穿上魔力外衣，也能在天上飞行。仙人的栖息之地是卡依普山。在古老的柯尔克孜神话中，卡依普是动物保护神，卡依普山由于卡依普神的居住而得名。山有神则灵，由于有动物保护神居住，卡依普山便成为神山，成为仙人出没、栖息之地。卡依普山的神话具有浓郁的自然崇拜与神力崇拜的色彩。

卡依普山的仙人与柯尔克孜人民交往密切、关系融洽。能幻化为白天鹅的美丽仙女阿依曲莱克与玛纳斯的儿子赛麦台依结为伉俪，他们的爱情与婚姻还经历了一段波折。《赛麦台依与阿依曲莱克的会见》是史诗《玛纳斯》中华彩之篇章，深受柯尔克孜人民群众的喜爱。美丽动人、纯洁善良、对于爱情忠贞不渝的阿依曲莱克仙女已成为柯尔克孜人民心目中理想女性的化身。

善战仙女库娅勒力战群雄，是位巾帼英雄。玛纳斯之孙赛依铁克是仙女所生，身材伟岸，躯体庞大，没有一匹马能驮动他。山一样的身躯行动不便，征战连连受挫，他的母亲阿依曲莱克飞到卡依普山，请来善战仙女库娅勒助战。她身着铠甲，骑着高头大马，与赛依铁克共同出征。她多次把赛依铁克英雄从危境中解救出来，自她出战以后，

1 居素甫·玛玛依1961年与1964年的《玛纳斯》唱本中均有此族源神话，但是1979年演唱本以及新疆人民出版社出版的《玛纳斯》第一部第一册（柯尔克孜文本）中没收入《四十个姑娘》。

力挽狂澜，每仗必胜。她嫁给赛依铁克，成为玛纳斯家族中的一个成员。

卡依普山的仙女，有的嫁给玛纳斯家族的英雄，有的嫁给人间的英雄豪杰。在《玛纳斯》的第三部《赛依铁克》中，有赛麦台依的养女芥孜碧莱克（仙女）与土库曼英雄萨腊玛特结婚的热闹场面。《玛纳斯》的第六部《阿斯勒巴恰与别克巴恰》则用大量篇幅描写了仙人首领莎乌斯的女儿帕提姑丽与呼罗珊英雄恰克玛克塔什结亲的曲折过程。

卡依普山的仙女喜爱人间的英雄，倾慕他们的英雄行为。当英雄遇难之时，她们总是竭尽全力相救。玛纳斯死后，仙女潜入墓中将母乳灌入英雄之口，使英雄死而复生。玛纳斯的儿子赛麦台依被叛徒坎巧绕出卖，被阴谋篡权者克亚孜杀害时，是仙女将英雄的尸体用飞毯运走，在卡依普山洞里用仙药将赛麦台依救治。

卡依普山的仙女也有落难之时，玛纳斯家族的英雄帮她们摆脱危境。例如仙人首领莎乌斯之女帕提姑丽被八头妖囚禁在一个荒凉的海岛上，是英雄别克巴恰将她从魔爪下救了出来，为此，莎乌斯对英雄感激不尽，视别克巴恰为知己。

史诗《玛纳斯》中的卡依普山仙人世界与希腊史诗中的俄林波斯山上众神的世界有很大不同。卡依普山的众仙人不主宰英雄的命运，他们亦不像俄林波斯山上的众神那样等级鲜明，分工细微，热心干涉英雄之间的征战。卡依普山的仙人如同是柯尔克孜人的友好邻邦，与柯尔克孜人平等相处。饶有兴味的是，仙人的生活习俗与柯尔克孜人十分相似。英雄别克巴恰作为特邀的贵宾参加了仙女帕提姑丽的婚礼。仙人住的毡房与柯尔克孜人的毡房一样，只是内部装饰得漂亮而豪华，别克巴恰品尝了仙人的饭食——墩牛、羊肉，这与柯尔克孜牧民的食肉习俗完全相同，只是味道更鲜美，所使用的金制餐具十分高贵。《玛纳斯》中的仙人世界是柯尔克孜人民理想中的伊甸园。

特别值得注目的是，卡依普山的仙人世界基本上是女性世界。在史诗中，凡与英雄玛纳斯家族有关的仙女——潜入墓中使玛纳斯死而复生的仙女，赛麦台依的妻子阿依曲莱克仙女，赛麦台依的养女芥孜碧莱克仙女，抢去赛麦台依的尸体、使他死而复生的仙女，赛依铁克的妻子库娅勒仙女以及被别克巴恰从八头妖那里救出的帕提姑丽仙女，等等，均为女性。她们聪明富有智慧，能幻化为飞禽鸟类具有飞翔能力；她们具有使人死而复生的神力；她们能征善战，是英雄的妻子和保护人。而这些特点正是古代萨满神话中女萨满通常所具有的神力和特征。

在北方民族的萨满神话中，人类最初的萨满都由女性担任。萨满被视为人与神之间交通的使者。而能往返于天界与人间的萨满一定是会飞翔的。于是，萨满灵魂是鹰、是鸟、是天鹅的神话应运而生。在北方民族的民间文学作品中，类似卡依普山仙女的形象不胜枚举。赫哲族《伊玛堪》中的女性个个能干，遇到紧急情况均能幻化为鹰，在天空翱翔激战，善战的本领常常使她们成为男性英雄的助手和保护人。蒙文《格色尔》中，格色尔遇难，他的姐姐幻化成小鸟飞上天空，将英雄救起;《江格尔》中的格莲金娜姑娘为了挽救危境中的洪古尔英雄，她幻化成天鹅去救英雄。厄拉特人民的英雄传奇《阿勒屯江莫日根》中的英雄阿勒屯江遭妖魔杀害，他的六个姐姐幻化成小鸟使英雄死而复生。在这一系列具有女萨满神话色彩的妇女形象中，具有飞翔能力的女性起着保护英雄、使英雄死而复生的作用。卡依普山的仙女形象与上述女性形象是一脉相通的，属于同一类型。此外，像库娅勒这样的善战仙女形象与满族萨满神话中的女英雄敖东妈妈的形象极为相似。敖东妈妈手持两把神刀，箭法超群，骑着红、白两匹战马出征，无敌于天下。[1]北方阿尔泰语系诸民族曾长期信仰萨满教，而萨满教是产生于母系氏族社会的原始宗教。可以推断，史诗《玛纳斯》中的卡依普山仙女神话是由古老的柯尔克孜女萨满神话传说逐渐演化而来的。

原初的女萨满神话在漫长的流传过程中发生了变异。早期的《玛纳斯》唱本中，阿依曲莱克、萨依卡勒摇身变成天鹅或鹰，飞上天空。然而在晚近的《玛纳斯》唱本中，阿依曲莱克有白天鹅羽衣，脱下羽衣，成为凡人，穿上羽衣，变成白天鹅。在这里，显然附加了羽衣型民间故事的情节。仙女帕提姑丽落入魔窟，被英雄别克巴恰救出一情节，亦明显地落入了民间故事中英雄救美女的模式，这显然是流传过程中附加的成分。尽管有很大的变异，但是史诗中卡依普山的仙女形象依然明显地遗存着古代女萨满神话的印迹。

《玛纳斯》与柯尔克孜民间叙事诗

史诗的发展都要经历一个由简至繁、由短至长的过程：人物由少到多，情节由单纯到复杂，乃至枝蔓横生，部数越来越多，篇幅亦日渐扩展。《玛纳斯》作为一部活形态史诗，其发展过程十分典型。在《玛纳斯》的发展中，柯尔克孜英雄叙事诗的影响尤为突出而深刻。《玛纳斯》中一些重要人物，其原型多为独立的叙事诗中的主人公。

托西吐克是玛纳斯七位附属汗王之一，他居住在喀什噶尔地区，是一位强有力的部落首领。他对英雄玛纳斯不怀好感，当他看到玛纳斯在阔阔台依祭典上威风凛凛、咄咄

1 参见傅英仁《论满族萨满神话》，阿尔泰语学民族叙事文学与萨满文化学术讨论会论文。

逼人的气势令一些柯尔克孜部落首领和邻近部族汗王们怏怏不乐的时候，他便联合突厥各部族的六位汗王在他的驻地——喀什噶尔召开了七汗会议，密谋联合讨伐玛纳斯。其结果，七汗不仅没有讨伐成玛纳斯，反被玛纳斯征服。从此，托西吐克臣服玛纳斯，成为玛纳斯的附属汗王，统辖喀什噶尔、英吉沙一带地域。他英勇善战，是玛纳斯征战中的一员干将，他参加了玛纳斯伟大的远征，并成为统率远征军的七汗之一。

托西吐克这样一位重要的英雄，原本并不是《玛纳斯》中的人物，他是另一部柯尔克孜族古老的英雄史诗《艾尔托西吐克》中的主人公。在这古老的史诗中，他有奇特的诞生，其母吃了马胸脯肉怀孕生下他，因此起名托西吐巴（胸脯肉之意）。他长一个月如普通孩子长一年，他三个月就像三岁的孩子一样跑跳，二岁就可以摔跤、骑射。他征服了作恶多端的妖魔，为了救出被囚禁于地下的美女，他下到地下，在那里待了七年，后在鹰、熊等动物的帮助下升到地面，返回人世。史诗《玛纳斯》在描绘这位英雄时常说，"这位英雄身世不凡，他曾在地下生活过整整七年"。托西吐克对别人叙述自己的身世时也说："我在地下生活了整整七年，返回人世才七天。"这说明，史诗《玛纳斯》中的托西吐克汗与古代英雄史诗《艾尔托西吐克》中的主人公系一人。《玛纳斯》在形成发展过程中，将托西吐克这一人物从《艾尔托西吐克》中吸收进入史诗之内，赋予他新的生命。

年迈的考少依汗亦是玛纳斯的一位附属汗王。他明大义，顾大局。在一些古老的《玛纳斯》唱本中，他会施魔法，通晓变身术，还知道通天之路。在阔阔台依祭典上，他主持了众人为不育的卡妮凯祈子的仪式。赛麦台依就是在这个祈子仪式后诞生的。考少依汗的原型很可能是古老萨满神话中的萨满形象。因为古代柯尔克孜人相信，萨满作为人神交通的使者，他必知通天之路，而主持祈子仪式也是古代萨满的重要职能之一。考少依原来也不是《玛纳斯》中的人物，他是一部独立的英雄叙事诗《考少依》中的主人公，与托西吐克一样，他也是在《玛纳斯》的流传过程中逐渐融汇进去的。

节地盖尔部落的首领托勒托依是《玛纳斯》的第二部《赛麦台依》中的重要人物。赛麦台依的叔父青阔交与托勒托依勾结在一起，攻打阿昆汗的城堡，欲用武力抢夺赛麦台依的未婚妻阿依曲莱克。为争夺美女，赛麦台依与托勒托依发生激战，这段纠葛、征战成为《赛麦台依》的重要组成部分。而这位托勒托依英雄原本也是一部独立英雄叙事诗《托勒托依》中的主人公，他被吸收入史诗，成为赛麦台依的情敌与对手，死在赛麦台依的勇士古里巧绕之手下。

在英雄玛纳斯的敌对阵营中，一些重要人物亦是来自独立的民间叙事诗的主人公。卡勒玛克首领交劳依汗是柯尔克孜人民的宿敌。他原是独立的柯尔克孜英雄叙事诗《交劳依汗》中的主人公。在原来的作品中，交劳依汗并不是卡勒玛克人的首领，而是一位会施魔法、神通广大的诺盖汗王。他曾与卡勒玛克人打过仗。然而，当这位主人公进入史诗人物系列后，他的身份发生了极大的变化，从抗击卡勒玛克的诺盖汗王变成了卡勒玛克人首领，从正面形象变为反面形象。[1]

类似的情况还有卡勒玛克人的神箭手阔交加什。他与卡勒玛克大将乌尚干一起入侵柯尔克孜，他射穿了柯尔克孜主帅赛麦台依坐骑的腿，使赛麦台依无法上阵；他射死勇士坎巧绕的战马，射伤勇士的脚，使坎巧绕无法上阵；他射伤英雄加勒额宰克的手臂，使他无法上阵；他还使巴卡依老人的独生子、年轻有为的英雄巴依塔依拉克丧生。他给柯尔克孜人带来巨大的灾难，死的死，伤的伤，几乎束手无措。柯尔克孜的英雄们身经百战，还未曾如此惨败过。后来，英雄古里巧绕一箭将他射中，百发百中的神箭手中箭而身亡。而这位置柯尔克孜人于死地的神箭手阔加交什原是一部柯尔克孜民间叙事诗《阔加交什》中的主人公。在这部叙事诗中，阔加交什是柯尔克孜汗王之子，自幼习箭，高超的箭术遐迩闻名。他射死了母野山羊神的40只羊羔，不听劝告，继而又射伤公野山羊神，他的行为激怒了母野山羊神苏莱奇克，他受到她的惩罚，被她施的魔法定在山崖旁，冻饿而死。这部具有神话色彩的民间叙事诗在柯尔克孜民众中几乎家喻户晓。阔加交什成为神箭手的代名词。

《玛纳斯》中还有一些人物源于叙事诗，源于民间传说。然而，仅从以上所举出的几个例子中人们便可以清楚地看出，柯尔克孜民间叙事诗在《玛纳斯》的形成，发展中所占有的重要地位。民间叙事诗的主人公进入史诗后发生了很大的变化，演变成为史诗中的人物。但是，在他们的形象中依然可以看到一些原初形象的特点和印迹。例如，阔加交什这个人物进入史诗后，其身份由柯尔克孜汗王之子变为柯尔克孜敌人阵营中的一员干将。但是，他在原作品中所具有的百发百中的高超箭术，不仅在史诗《玛纳斯》中得以保存下来，而且还被加以夸大渲染。

从总体来看，史诗《玛纳斯》形成，发展的每个阶段都离不开柯尔克孜民间文学。没有丰厚的柯尔克孜民间文学沃壤，也不可能出现这部宏伟的英雄史诗。

---

1 俄国学者拉德洛夫1862—1869年在西伯利亚搜集《玛纳斯》时同时搜集到英雄叙事诗《交劳依汗》(5322行)。

民间文学作品中的人物进入史诗的时序不同。有些民间文学作品在史诗形成之初就已进入了史诗，成为史诗古老的神话传说层，例如《阿勒普玛纳什》、卡依普山的仙人神话等作品。有些民间文学作品中的人物或是故事情节则是在史诗漫长的流传过程中不断被吸收进入史诗的，例如《四十个姑娘》的神话传说，《阔加交什》《交劳依汗》《艾尔托西吐克》《托勒托依》《考少依》等部民间叙事诗。而有些则显然是晚近时候才被吸收进去的，例如伊斯兰教圣人传说等。

民间文学作品进入史诗的形式也不尽相同，大致可以分为以下两个类型，第一类型是完整地或是基本完整地进入史诗，如《四十个姑娘》的族源神话，英雄传说《阿勒普玛纳什》；第二个类型是部分进入史诗，这种类型居多，如《艾尔托西吐克》《考少依》《交劳依汗》《阔加交什》等等。这些民间文学作品中的人物进入史诗以后，虽然多多少少保留一些原初形象的特点，但是他们在史诗中的言行与原初人物形象已基本上没有任何联系。

柯尔克孜民间文学对于《玛纳斯》语言及表现手法上的影响

柯尔克孜民间文学对史诗《玛纳斯》形成与发展的影响，既体现在内容方面（人物与情节），同时也体现在语言和表现手法上。

演唱《玛纳斯》的民间歌手不脱离生活，不脱离劳动。逢喜庆佳节群众聚会的场合，他们应邀去演唱史诗，聚会散了，他们又去放牧，成为牧民中的一员。有名的玛纳斯奇不仅会演唱《玛纳斯》，而且熟谙本民族的民间文学。我国最杰出的玛纳斯奇、被国内外誉为“当代荷马”的居素甫·玛玛依，不仅会唱八部《玛纳斯》（他是世界上唯一一位能唱八部的歌手），而且还会演唱十几部柯尔克孜民间叙事诗，至于民间传说、民间故事、民间谚语更是信手拈来，随口说出，是杰出的民间文艺家。由于许多玛纳斯奇本身就是民间文艺家，因此他们在演唱《玛纳斯》时所运用的都是形象生动、通俗易懂、富于民族特色的群众语言，使柯尔克孜男女老幼皆能听懂。史诗中大量引用民间谚语，诸如“在天堂生活一千天，不如在人间生活一天”，“爱鹰的人看蓝天，爱马的人看草原”，“敌人战胜不了团结的人民”，“任你把衣襟怎样抖展，也不能遮住太阳”，等等，一些歇后语想象力十分新颖别致，如“头破了在帽子里，胳膊断了在袖子里——家丑不可外扬”。类似的民间谚语、歇后语在史诗《玛纳斯》中非常之多，俯拾即是。它们寓意深刻、意近旨远，富于哲理性，是柯尔克孜人民在长期生产劳动和社会实践中经验的总结，是人民群众智慧的结晶。

史诗在叙事以及人物形象塑造中大量运用了比喻、夸张、重复等民间文学惯用的手法。以重复手法的运用为例，在艾什玛特的《玛纳斯》唱本中，对于一些细节的叙述，一般都要重复三遍，具有十分鲜明的口头文学特色。例如，当卡勒玛克人偷袭柯尔克孜人的繁居地——塔拉斯以后，英雄玛纳斯的母亲和妹妹被敌人俘获，英雄和勇士们也被冲得四分五散。玛纳斯和勇士们失去了联系，勇士和战士们也不知英雄玛纳斯的去向。英雄玛纳斯发出了惊天动地的吼声，听到他的吼声，汗考少依对部下说：

我亲爱的勇士们，
我们的君王健在，
他的吼声回旋在山巅。
让我们把旌旗挥舞起来，
让我们把战旗高高树立起来，
让我们从神驹骏马中，
挑选出最壮肥的马匹，
去送给君王玛纳斯。

他们把旌旗挥舞起来，
他们把战旗高高树立起来，
他们从神驹骏马之中，
挑选出最肥壮的马匹，
卡塔汗之子考少依，
带领十名勇士，
来到君王身边。
他们把带来的马匹，
摔倒在地上杀宰，
他们用火把肉煮熟吃掉。[1]

1 艾什玛特《玛纳斯》唱本，郎樱、玉山阿台合译汉译本，未出版。

第二天，玛纳斯又发出了惊天动地的吼声，听到玛纳斯的吼声，英雄阿勒曼别特对手下的勇士也说了一段话，其内容与上述的无一字之差。说完以后，他也像考少依一样，挑马、送马，宰马、吃肉。叙述动作的语言也与上述的无一字之差。

第三天，英雄玛纳斯再次发出了惊天动地的吼声。这时，40名勇士的首领克尔额勒恰克对手下勇士又说了一段话，内容与前述两位英雄的话语毫无二致。其后的动作亦完全相同。

在上述三个诗段中，除英雄名字不同外，三人所说的话，三人的行动，一模一样，是一个诗段的三次重复。在艾什玛特的唱本中，类似的重复诗段大量存在，这不仅便于记忆，利于流传，而且也起到突出人物和事件的效果。

以口头相传的方式流传至今的《玛纳斯》属于民间文学范畴。口头流传的方式决定了这部史诗的民间文学特点。无论从内容看，或是从形式、表现方法看，《玛纳斯》均与柯尔克孜民间文学一脉相承。19世纪的哈萨克学者瓦列汗诺夫是最早从事《玛纳斯》搜集工作的著名学者之一，他曾说："《玛纳斯》是一部围绕着一个民族英雄玛纳斯的形象、描述特定的时间范畴、集中了柯尔克孜民族所有的神话、各类故事和传说的百科全书。"[1]史诗《玛纳斯》是柯尔克孜民族民间文学的宝库，它为我们了解、研究柯尔克孜民间文学提供了弥足珍贵的资料。另一方面，随着我们对于柯尔克孜民间文学进一步的了解和认识，我们对于史诗《玛纳斯》的研究必然也会进一步深化。

1 ［苏］B. M. 日尔蒙斯基：《突厥史诗》一书中的《玛纳斯》章节，载国淑苹汉译文《史诗传统——〈玛纳斯〉》（未出版）。

唐人传奇与神话原型

——兼论文人创作与民俗文化的关系[1]

程 蔷[※]

唐人传奇在中国小说史上的地位，也许不能同唐诗在中国诗史上的地位相提并论。但如果称它是我国叙事文学发展的一个高峰，却似乎并不过分。鲁迅先生对它的概评，至今看来依然十分精辟："小说亦如诗，至唐代而一变，虽尚不离于搜奇记逸，然叙述宛转，文辞华艳，与六朝之粗陈梗概者较，演进之迹甚明，而尤显者乃在是时则始有意为小说。"[2]"叙述宛转，文辞华艳""始有意为小说"，指出了唐人小说创作在客观和主观两个方面不同于六朝小说之处。而所谓"不离于搜奇记逸"，则指出了唐人传奇与六朝小说的共同之处和相承关系。唐人小说之被称为"传奇"，即与此有关。

确实，唐人传奇与六朝志怪小说同样都有"搜奇记逸"的特征。这个特征就决定了它们与叙事文学的源头——神话，以及活跃在民间口头的传说故事之类有着直接的、十分密切的关系。唐传奇正处于文人对民间口头传承的神话、传说、遗闻轶事从仅作记录向自觉创作过渡的阶段。一方面是沿着旧轨相当忠实、质朴无华地记录；另一方面又不满足于这种记录而意欲有所增删、有所发展、有所变化、有所创新。这就使我们从唐人传奇中既能看到许多神话原型的再现复映，又能看到它们的种种变异。对此类现象进行探究，或将有助于我们了解并把握唐人文化意识、创作思想，以及文人创作与民俗文化关系的某些方面。唐人传奇作品中，涉及的神话原型不少，下面试择取

1 刊于 1990 年第 4 期。

※ 程蔷（1944— ），长期从事民间文学、民俗学研究，中国社会科学院民间文学研究室副主任、中国作家协会会员。

2《中国小说史略·第八篇》。

几个进行观察分析。

在中国古代神话中，龙（以及与之形状类似的蛇）的形象占据极为显著的地位。一些重要的大神，如伏羲、女娲、共工、轩辕、祝融，以及文化英雄如鲧、禹等，往往不是“人头蛇躯”，便是“人首龙身”。在长期的文化传承中，龙逐渐获得公认的、至高无上的地位。历代封建统治者，都极力以“龙子龙孙”自居，以此证明自身君临一切的权威。而且时至今日，几乎整个中华民族也还都乐意称自己是“龙的传人”。当然，今人心目中的“龙”已不是一个实体而仅仅是一种象征而已，不可与古人，尤其是不可与原始先民的信仰相混。但从用词的相同，依然可以看出其一脉相承的关系。

比如，远古神话中的龙（蛇）神有着种种行为和事迹，但在这类故事中，有一个重要的母题，就是他们往往与水有着密不可分的关系。他们之中，有的是中国历史上著名的治水英雄（如鲧、禹治水，女娲在水患后用芦灰加以堙塞等），而有的又是掀起水害的恶神（如共工“振滔洪水”，共工之臣相鲧，“禹湮洪水，杀相鲧”等）。正因为龙（蛇）神与水的关系十分明显，所以有的学者认为龙就是带来雨水的云或闪电；有的学者认为龙是某种生活在水中的动物，也有的学者认为龙就是大水冲上岸边时的层层翻滚的波浪。而在唐传奇中，那些具有龙（蛇）形象的神怪，也往往就是水神。

《柳毅传》《灵应传》《刘贯词》《张无颇》等篇，都提及处于水底的龙宫和居住在那里的龙形的水神。柳毅受见斥于夫家的龙女之托，代她送信到洞庭龙宫。他依龙女之言，来到洞庭湖南岸，换下衣带向岸边的社桔树连击三下，不一会儿，便有个武士装束的人从水里出来，“揭水指路，引毅以进”，很快就到了水底龙宫。武士的话说得明白：“吾君，龙也，龙以水为神……”刘贯词也是为替龙子送信，来到渭河桥下，依龙子所说，合上眼叩一下桥柱，“忽有一人应，因视之，则失桥及潭矣，有朱门甲第，楼阁参差。有紫衣使拱立于前……”就这样来到龙宫，见到龙母、龙女。

《张无颇》全篇并未明确提到水中龙宫，但广利王既是唐玄宗所封的南海海神，那么张无颇乘上江畔画舸直驶王府，不言而喻是到了南海龙王的府第。而后整篇故事都是在此前提下展开的：贵主所居庭院的气派，贵主和广利王所赠送的礼物，以及贵主嫁与无颇后，广利王所说的“张郎不同诸婿，须归人间”云云，无不表明此篇写的还是人与龙女缔姻的故事。而在人们的观念中，水底龙宫的水神其实就是龙形的神。

唐传奇中这些具有龙形的神，与神话原型的关系，还表现在它们与其原型一样，都具备呼风唤雨的能力和掌管人间雨情的职责。

柳毅遇到龙女时，她正在牧羊。柳毅曾问起这些羊有什么用处。女曰：“非羊也，雨工也。”柳毅再问：“何为雨工？”女曰：“雷霆之类也。”这段话告诉我们，龙女放牧的其实不是羊，而是管行雨的神灵。龙女的夫家是泾河龙神，掌管人间雨情，当然也是其职权范围内的事。柳毅在龙宫中，还见到了龙女的叔父钱塘君发怒时的情景：“俄有赤龙长千余尺，电目血舌，朱鳞火鬣，项金锁，锁牵玉柱，千雷万霆，激绕其身，霰雪雨雹，一时皆下。乃擘青天而飞去。”正是这个钱塘君，“昔尧遭洪水九年者，乃此子一怒也，近与天将失意，塞其五山”。而且，在他救回侄女的过程中，竟又杀了六十万生命，损伤庄稼八百里。钱塘君的外形，是古人想象中的巨龙，而观其行为，则明显地留有远古神话中共工及其臣相繇的影子。

《刘贯词》篇中的龙子蔡霞回家时的情景，也是“漕洛波腾，谗灂晦日”，意思是说，洛河的水波涛翻滚，水浪几乎要遮住日光。在唐代文人的心目中，龙生活于水中，又与水的涨落有莫大关系，于此也可见一斑。

由于想象的发展和推演，从龙能行雨的笼统说法而连及其他许多问题的故事，便出现在唐人传奇之中。《续玄怪录》中《李卫公靖》就是非常有趣的一篇。故事说，卫国公李靖，未做官前，有一次因射猎迷路，天色又晚，只得借住在山中一人家。奇怪的是荒山之中竟有此“朱门大第墙宇甚峻”的人家。出面接待他的太夫人又是个“年可五十余，青裙素襦，神气清雅，宛若士大夫家”的妇女。而最令人纳闷的是，招待李靖吃的东西：“食颇鲜美，然多鱼”——荒山之中，哪来的鱼鲜呢？至于请李靖住的房屋用具更是十分讲究：“二青衣送床席裀褥，衾被香洁，皆极铺陈。”接着，一件不可思议的事发生了。半夜，来了个使者，送来命令：“天符，大郎子报当行雨，周此山七里，五更须足，无慢滞，无暴伤！”原来是天帝命令这人家的“大郎子”在五更前给山周围七里的地方下一场雨，既不得迟误，又不准过猛过大。然而，所谓“大郎子”即太夫人的儿子，外出吃喜酒去了，无论如何来不及通知和赶回来，于是老太太只好来请李靖——因为他不是个寻常人。她首先告诉李靖：“此非人宅，乃龙宫也。”这就向读者解释了上述房舍宏大、食用精致（而且“多鱼”）的原因。但把龙宫安放在荒山之中，这却颇为别出心裁。至于龙的行雨，要听天帝的命令，并且限时限量，不可稍差，这更是对于以往有关神话的丰富与发展。李靖急人之难，同意帮忙。于是老太太便取出雨器——一个小瓶子，又给李靖一匹青骢马，教了他一套行雨之法。李靖照此做去，起初一切顺利，谁知后来他出于好心，想给遭到旱灾的地方多一点雨水，竟从小瓶子里洒了二十倍的水下去，却使那里发起了大水。同时也给老太太和她的儿子带来了灾难："妾已受谴，杖八十矣。"袒视其背，血痕满焉。"儿子并连坐，如何？"我们看到，龙这种神话原型，不但取得了人的外形，而且它们的生活和所受到的制约，也明显地人间化、社会化。封建社会的等级和律法制度已多多少少地映射到龙的生活中。这个故事中的龙其实已成为封建社会里掌管某种职守的官员。这可以说是唐人给口传神话打上的时代烙印。

远古神话中的龙（蛇）常常与宝珠有联系。《庄子·列御寇》篇提到骊龙颔下藏有宝珠。《让王》篇中有所谓随（隋）侯之珠（《吕氏春秋》《说苑》《淮南子》等都提到过这颗宝珠）。"（龙蛇）＋宝珠"逐渐形成稳定的结构模式，而成为一种神话原型。这种原型在唐传奇中也时有所见。

裴铏《传奇》中《崔炜》篇说，崔炜跌落在一枯井中，用艾灸医治好井中龙王（白蛇）唇上的疣，这条白蛇"遂吐径寸珠酬炜"，崔炜不受，对白蛇说："龙王能施云雨，阴阳莫测，神变由心，行藏在己，必能有道，拯救沉沦……但得一归，不愿怀宝。"于是白蛇把崔炜带入仙境，最后竟得美女、宝珠。

《传奇》还有一篇《周邯》，提到八角井中有金龙潜在井底，守着数颗宝珠，用雨水润泽一方土地，而一旦有人要夺取明珠，金龙发起怒来，将会使"百里为江湖，万人为鱼鳖"，也就是说会掀起一场大洪水灾患。在这里，龙、明珠、洪水三种意象联系在一起。这种联系，恐怕不是偶然的。人们长期以来形成一种观念，龙是深藏于水中的神灵，而生长在蚌中的珍珠，也只能是从水中来。珍珠是如此可爱，又如此名贵，它是龙宫中值得骄傲的宝藏，因此也只有作为水下神灵的龙（蛇）才有权掌握它。于是水便成了联系龙与珠的中介——龙与珠不可须臾离开的生命依托。这也许就是不合理性思维法则的神话思维逻辑吧。

上承六朝志怪小说传统的唐人传奇，还很明显地依循着这种不合逻辑的神话思维。许多作者津津乐道关于"龙"的种种传奇故事，这也可以说是当时广大民众对于"龙"故事兴趣浓厚的一种反映。口传神话不仅给文人创作提供了许多材料，而且促进了他们的想象和思索。同时，文人对有关问题系统深入的思考及其创作成果，又必然会反馈到民间，使这一类神话辗转地反复地得到流传和丰富。

裴铏《传奇》中有《萧旷》一篇很值得注意。[1]故事中有一段讲到萧旷与织绡娘子

---

1 《萧旷》，见《太平广记》卷311。

对于龙的谈论。所谓织绡娘子，乃“洛浦龙君之处女”，因此当萧向她提出有关龙的种种问题时，她均能对答如流。

萧一共提了八个问题。其中第一个属于涉笔成趣：“近日人世，或传柳毅灵姻之事，有之乎？”后面七个均与龙的特性或前此龙的故事有关。如“或闻龙畏铁，有之乎？”“雷氏子佩丰城剑至延平津，跃入水，化为龙，有之乎？”“梭化为龙，如何？”“龙之变化如神，又何病而求马师皇疗之？”“龙之嗜燕血，有之乎？”“龙何好？（有何嗜好？）”“龙之修行，向何门而得？”

如果说萧旷的问题反映了唐人对龙这一神话形象所关注的诸方面，那么织绡娘子的回答，便大致上反映出唐人对于龙的看法。这些看法概括起来说，就是要把龙与蛟螭分开，畏铁、嗜燕血的是蛟、螭或蜃，而不是龙。龙属木类，因此可以由梭而不会由剑化成。龙有好睡的特点，但却不会生病，让马师皇看病，不过是为了“验师皇之能”而已。诸如此类的说法，有的是由传承而来，有的是对口传神话的解释或补充。而其中最值得注意的还是道教思想对于神话形象的渗入。织绡娘子答龙的嗜好是极爱睡觉，竟能够一觉睡到一颗种子在其鳞甲间长成合抱大树才醒，接着说了这样一段话：

> 龙方觉悟，遂振迅修行，脱其体而入虚无，澄其神而归寂灭，自然形之与气，随其化用，散入真空，若未胚晖（腪），若未凝结，如物有恍惚，精奇杳冥。当此之时，虽百骸五体，尽可入于芥子之内，随举止无所不之，自得还愿返本之术，与造化争功矣。

在回答“龙之修行，向何门而得？”时，织绡娘子又说道：

> 高真所修之术何异？上士修之，形神俱达，中士修之，神超形沉；下士修之，形神俱坠。且当修之时，气爽而神凝，有物出焉，即老子云：“恍恍惚惚，其中有物”也。

这两篇话从内容到口气都多么像是道家方士的说教。至于“百骸五体，尽可入于芥子之内”的说法则又取自佛教的“纳须弥入尘毛芥子”。由此可见，龙的神话原型在唐人手中已经一定程度地成了他们别有寄托、别有宣阐的文学意象。唐人固然还相当尊重甚至信仰着龙，但他们也已自觉不自觉地开始以打着时代烙印的主观意识，去看待、驾驭乃至改造这个神话原型，从而使神话素材获得愈益浓厚的人间生活色彩。

足以证明这一论断的，除了上述例子外，《柳毅传》《灵应传》《张无颇》等故事，当然同样有力。洞庭龙女在夫家所受的凌辱虐待，作为寡妇的九娘子的艰难境遇，以及洞庭龙女和广利王女对于爱情和家庭生活的向往追求，如果脱去神话传说的外衣，岂非就是唐朝现实社会生活某个方面的曲折反映？这几则故事中龙这个神话原型，显然已具有更多的人间气息和人情味了。而有关龙的神话传说，在唐以后的文学创作，例如许多话本和戏曲作品中，正是沿着这个方向继续演进的。

人与异类（动物、植物或其他物体）形体的相互交换，是构成远古神话的一个重要情节因素，也是一种重要的神话思维方式。正如袁珂先生所说："人变成物，物变成人，一种事物变成另外一种事物……它往往构成神话故事情节的主干。"[1]

远古神话中，有的神本身就具有兽形外貌，除了上述所提到的与龙（蛇）的外形有关的神外，仅《山海经》一书中，所提到的具有其他动物形状的神就还有不少。如人面马身的禺疆，虎首人身的疆良，八首人面虎身十尾的天吴，等等。此外，《绎史》引《帝王世纪》说炎帝神农氏人身牛首，而干宝《搜神记》中记述盘瓠是犬形……认真翻检一下，这种人形与兽形混杂的神，在中国远古神话中可谓数量可观。

除了人与异类在外形上的天然混杂外，神话中人和异类的关系，还表现在神人能变为异类。如盘古"垂死化身"，肢体变成大地山河。炎帝之女变成精卫鸟，炎帝又一女死后化为瑶草。在关于蚕马的神话中，女子与马皮一起变化为蚕。有的神虽未明确说能变为异类，但却能与异类随便交流，如《汉书・地理志》说伯益"知禽兽"，《后汉书・蔡邕传》说他"综声于鸟语"，可见他既了解禽兽习性，又能通鸟语。《山海经》中还不止一次描绘过长相奇异，具有某种动物本领的形象，如讙头国、长臂国、厌火国等等。

这种神话和神话思维模式影响于魏晋志怪小说，便造成大量变形故事，而其流风余韵延至唐代，又使唐人传奇中充满了这一类由人与异类形体互变的神话情节素引起的异闻奇事。甚至可以说，如若撤除"变形"这个关节，许多唐人传奇作品之"奇"就会变得黯然失色，甚至荡然无存，有的连故事本身都将无法成立。

1 袁珂：《中国神话史・前言》，上海文艺出版社，1988 年，第 17 页。

也许是因为猿猴从外形到种系都最接近人类，所以猿猴化人故事便很自然地产生，这类故事在唐传奇中颇为常见。[1]著名的如《补江总白猿传》（作者不详），讲述一只大白猿，掳了几十名美妇人养在洞中，它自己则能够变为一个六尺多高的美男子，并能读木简，言语中表现得知识渊博，见解透彻。这是一个猿化为男子而夺取人间妇女的故事。另一种情况是猿化为女子而与人间的男子结合。例如裴铏《传奇》中《孙恪》篇，记述下第秀才孙恪娶袁氏女——实为老猿变化而成的女子，共同生活十几年，生有二子。某次旅行，“袁氏每遇青松高山，凝睇久之，若有不快意”。后来经过她所从出的高山，“有野猿数十，连臂下于高松……悲啸扪萝而跃，袁氏恻然”。终于她敌不过本性和同类的呼唤，“遂裂衣化为老猿，追啸者跃树而去”。张读《宣室志》卷八陈岩故事、李隐《潇湘录》中的焦封故事均属此类。

唐传奇中异类化人的故事当然远不止猿猴。《会昌解颐录》（作者不详）中《黑叟》篇，黑叟夫妇为了摆脱官兵的捕捉，双双化作白鹤，向天空飞去。牛僧孺《玄怪录》里《郭元振》篇，那个“能祸福人，每岁求偶于乡人，乡人必择处女之美者而嫁焉”的乌将军，是由大猪变化而成的。同书《萧志忠》篇，一名被仙界贬谪为人间道士的严含质，屋内木架上搭着张虎皮，披上他就会变成老虎，脱下皮时就俨然是个道士。他的朋友，那个“鼻有三角，体被豹鞟，目闪闪如电，向谷长啸”而能召集虎、兕、鹿、豕、狐、兔、雉等群兽的长人，也是亦人亦兽（有时为人，有时为兽）的角色。

人化为虎，也是这类变形故事的一大宗。薛用弱《集异记》崔韬故事，薛渔思《河东记》申屠澄故事，所述均为人娶虎化之女为妻而终于离异。裴铏《传奇》的《王居贞》篇，则是王居贞披虎皮而暂时化为老虎，却于无意中吃掉儿子的故事。在所有人变化为虎的奇闻中，张读《宣室志》所载李徵故事最有思致，最富悲剧意味。这篇作品通过李徵与友人袁修的对话，说明自己变虎的过程、原因、变虎之后的生活情状和痛苦心情，实在是借助了神话情节素精心构思的一篇借虎的形态写人之心理的小说。

此外可以与人互变的禽兽还多，例如人可以变狐、变狼、变鸟、变鱼，反过来，狐、狼、鸟、鱼乃至驴、牛等等，也都可以变成人形。不仅动物，植物中的树木花草，物件中的水精、笔、骰子、漆桶、铁杵、钉台瓦甑之类，也可以化为人形，说人话，甚至吟诗作文。诸如此类的例子在唐人传奇中可谓举不胜举。

---

1 关于猿猴变人传说，或云与印度佛经与民间神话传说之东来有关，这里暂且不论。

对于这种反复出现的有趣现象，无论究其产生的原因，还是论其意义价值，都可以作多方面的分析。本文则拟着重从它们与神话类型的关系来论述。

唐传奇中这种人与异类的互相变形，显然源于古代神话的原型。[1]这一点恐怕是众所公认的。但我们又看到了唐传奇与神话原型的不同特点。在远古神话中，人与兽的外形，有的本来就集于一身，是人与兽的拼合。但在唐传奇中已很少看到这种“野蛮”的形式，绝大多数的情况是人与异形的完全变换，即为人时，就是不折不扣的人形，如若为兽时，则又是地地道道的兽态，只不过心理上，却又可以互通互渗。古代神话中也不乏人兽转化的例子，但这种转化往往是自然而然、不需附加什么条件。而在唐传奇中这种变形却常是有条件的。最容易办到的，就是披上一张兽皮，或者吃了某种东西等等。至于有的变化，则需要更充足的理由和准备。如李徵之变虎，与他的“恃才倨傲，不能屈迹卑僚，尝郁郁不乐”，以及长期漂泊江湖，事业无成的极端忧愤有关。而薛伟之变鱼，则与他“为热所逼，殆不可堪，”遂一心一意想变成鱼去水中游泳的强烈意念有关。[2]在古神话中，能跨越人与异类界限的神，一般来说是不可匹敌的。而在唐传奇中，则他们虽获得某种异类的奇异本领或特性，因而在某个方面优于人类，但却又不免会有某些弱点，有时这些弱点还足以致命。例如，变虎者怕射；变鱼者怕被捕。又如《补江总白猿传》的大白猿，诚然力大无穷，全身坚如铁石，刀砍不进，虽百人持兵器也难以为敌，但其脐下几寸却是一个“软档”，不能抵挡兵刃。结果终于被人“刺其脐下，即饮刃，血射如注”。这些变化，似乎显示出唐人传奇在神话思维模式之外的理性思维成分，或者说唐人思维在现实性和理智性方面有所增加。唐人传奇既有继承神话思维模式、保留神话情节素的一面，同时，由于生产力水平的提高，人对自身与自然的认识均有所深化，因此即使在这种以传达奇闻异事为中心的故事中，也无可避免地反映了当时人们的认识水平，尽管这种反映是相当微弱而曲折的。

历来人与异类相通、变形的神话，表现得较多的一种模式是人兽通婚，唐人传奇似也并不例外。唐人利用这一神话原型创造了许多凄婉动人的爱情篇章。其中最脍炙人口的莫过于《柳毅传》和《任氏传》。柳毅与龙女化身的卢氏女结成美满夫妻，而任氏则以狐女之身与人结合之后，最终丧生于猛犬之口。上面提及的孙恪、陈岩、焦封、崔

---

1 按加拿大著名文学批评家、神话—原型批评论者弗莱的意见，原型，“即一种典型的、反复出理的意象”。参见叶舒宪选编《神话—原型批评》，陕西师范大学出版社，1987 年，第 151 页。

2 见李复言《续玄怪录》中《薛伟》篇。

韬、申屠澄诸故事，则或为人猿联姻，或为人虎结亲。除此而外，唐传奇中异类化为女人与男子相恋、结婚的故事还很不少。如李公佐《南柯太守传》中，淳于棼与蚂蚁化身而成的金枝公主结婚，《异闻录》（作者不详）中的《姚生传》，则叙述天上三颗星——织女、婺女、婴女——变成女子分别嫁给姚生的儿子和两个外甥，等等。

我国远古神话中人与异类通婚的情节因素，如高辛帝少女嫁于狗化身的盘瓠，禹娶涂山氏之女等，均广为人知。神话中这类情节因素的出现，似乎与原始社会不同图腾的氏族及部落之间的通婚有关。“部落划分成集团，各有其图腾，即有某种动物的或大自然其他某种造物的名称，这种有生和无生的物体，久而久之就被崇奉为该集团的第一祖先。”[1]因此，当后人在讲述祖先的婚姻故事和本族繁衍的历史时，就很容易把代表部落的图腾与祖先其人混为一谈，于是也就难免会出现婚姻中有异类（实为某集团的图腾）介入的情节素。当然，也不排除这类神话情节的发生，与先民思维中“万物有灵”“物我不分”的原始观念，以及他们对于人与自然关系的混沌意识有关。

然而，这种原始的混沌的观念，并没有因为人对自身与对客观世界的认识有所提高而完全消失。作为远古神话给予后世的影响，这种观念长久地保存在古代人民的“集体意识”之中。当人类在幻想中把握和处理自身与外界万物，特别是与动植物的关系时，表现出强烈的主体精神，这种精神的内核，即天下万物以人为主的观念。因此，一切飞禽走兽、花草虫鱼，变化的最高形式和最后归宿，只能是人。[2]既然它们可以变成人，那么就可以而且应当与人发生各种各样的关系。人与异类确实可以发生多种关系，如主仆关系、朋友关系等等。而只有冲破了人与异物关系中最大的障碍，使它们得与人发生婚媾，这才证明它们真正地成了人而不再是异物。也就是说，只有幻想到这一步，这种幻想才算是彻底了，到顶了。人兽通婚的故事之所以不但在民俗文化中被津津乐道，而且也为封建文人所喜欢采录、描述，恐怕与人们追求这种幻想的彻底性有关。当然，人类毕竟又是理智的，所以，大多数人兽通婚故事中，这种结合又往往因为某种原因而至于离弃。

当然，上述这种“集体无意识”是会随着时代变迁而不断发生变化的。一方面是神

1 见拉法格《母权制——家庭探源》，刘魁立译，载中国民间文艺研究会上海分会编《民间文艺集刊》第六集，上海文艺出版社，1984 年。

2 这一点对后代释道两家思想有着决定性的影响。如两家均认为无论是蛇虎狐兔，还是花草树木，只有数年的修行，才能变为人形，就说明了这一点。至于它们又多数变成女身，这大概与封建思想的烙印有关。

话在口头的传承中发生种种变异；另一方面，是历代各种阶层的人又在口头创作中不断地创造出与远古神话有着很深渊源关系的仙话、鬼话和种种传说故事。但不管怎么变，在这个民俗文化的历史之流中，人兽通婚始终是极受青睐的重要题材之一。

我们翻检历代文人笔记，就可以发现这类故事之数量确实可观。尤其值得注意的，则是出现了渐渐固定下来的一定的程式。这里，比较典型的有干宝《搜神记》中“毛衣女”传说（即流传于世界不少地区的天鹅处女型故事）、托名陶潜的《搜神后记》中“白衣素女”传说（即后世盛传不衰的田螺姑娘故事）以及龙女传说、白蛇传传说等。

这些故事的具体内容尽管不同，尤其是结局可以有种种情况，其中大部分是变形的鸟兽在某种特定的条件和契机下，显露本相，并终于离开人间而他去，也有一些是以夫妻和谐、白头到老为结局的。但无论它们有多少不同之处，有两个核心是必不可少的，那就是一、鸟兽的变形为人；二、这些变形为人的鸟兽与人的婚姻。我们说唐人传奇某些作品具有明显的这种神话原型，就因为它们不管千变万化，都离不开这两个核心。而且许多故事不但具有变形与婚姻两大内容，就连以往神话思维中所包含着的禁忌因素都仍留有痕迹。比如，“毛衣女”模式是由鸟变来的女子由于毛羽被藏而滞留人间，一旦发现毛羽，即重新披上了毛羽而飞走。唐人传奇中的申屠澄故事，则是其妻发现自己的虎皮并披上后重新变为老虎“哮吼拏攫，突门而去”。很显然，申屠澄妻之虎皮和毛衣女之毛羽，两者的禁忌与远古神话思维中的禁忌，性质是相同的。当然，禁忌的范围在唐人传奇中似乎又有所发展。那就是，他们很强调外界环境对于变形者的影响。裴铏《传奇》中的孙恪故事，李隐《潇湘录》中的焦封故事，他们的猿妻之所以最后会回复原形逃逸而去，就因为他们由于某种原因又回到了猿猴聚居的深山老林。这种环境的变换，同样是犯了禁忌的，于是恢复原形和兽性的事便发生了。这个情节恐怕便是后人把握了神话思维模式的精髓，又加上自己的幻想所创造的。而透过这个情节，我们不难体会到唐代传奇作家对于人以及人以外的广阔自然世界的某种思考，和由这种思考所引起的惆怅和感慨之绪。

唐人传奇中也有利用变形与婚姻两大内核构筑起来，却使之承担更多更大的社会意义的作品。在这里，作者所表现出来的主体精神和社会意图都更为强烈，因而这类具有神话传说色彩的传奇作品，也就更富于时代精神和个人的风格特色。

《柳毅传》的神话基质是丰富的，神话色彩也异常浓郁，但透过神话形式，可以清晰地看到妇女在唐代社会中的实际地位和生活状况。《任氏传》中狐化女的情节因素，渊源古老，但统观全篇，作者沈既济的注意力远非停止于传播一个凄婉动人的狐女悲剧故事，他真正的创作动力是批判现实社会中那种对女子“徒悦其色而不征其情性”的男子。从这一点来看，《任氏传》确实为古代妇女舒泄了积愤。如果说神话情节素使沈既济的感慨获得了形象体现和在当时历史条件下向外传导的良好形式，那么沈既济的感慨和他的生花妙笔，则使存在于唐时民俗文化中的一种神话原型得到了新的生命，从而对后世的文化（包括上层文化和底层文化）都产生了一定的影响。文人创作与民俗文化就是这样一种相互滋润、双向交流的关系。

借助于“异类变形”的神话原型或与其有关的民俗文化形态来抒写感慨、寄托情愫、阐述见解、发表议论，在唐代和以后的文人创作中屡见不鲜。唐人传奇中，如牛僧孺《玄怪录》中《元无有》篇，张读《宣室志》中“甑杵为妖”故事，唐人散文中如韩愈的《毛颖传》，唐诗中如白居易的《禽虫十二章》均属此类。我们在清理文学史发展脉络时，亟须充分注意其与民俗文化的关系。

在唐传奇中可以见到遗迹的神话原型，除上述龙的形象和变形模式以外，还有多种。比如远古神话中有关“人祭”“寄生”之类的情节，便屡屡在唐传奇中复现或部分复现。

裴铏《传奇》中《崔炜》篇有一个情节，崔炜来到任翁家，用艾为任翁治病。任翁家供奉一个名叫“独脚神”的恶鬼，“每三年，必杀一人飨之”。这次又到了祭祀独脚神的时候，任翁竟想杀崔炜以祭献。幸亏任翁之女相救，崔炜才逃了出来。在这个故事中，三年要杀一个活人以祭祀神，并且祭祀时还有一套仪式（所谓“具神馔”）就与原始社会的人祭习俗以及有关人祭的神话相似。《玄怪录》中《郭元振》篇，那个被供奉为神道的乌将军，也是每年要有一名女子给他当配偶，而且嫁女之日必布置得“灯烛荧煌，牢馔罗列，”次日则“女之父母兄弟及乡中耆老，相与舁榇而来，将取其尸，以备殓殡。”可见这种活动实际上也是一种“人祭”礼俗。无论唐代是否真的还存在这种陋俗，其来源之古远是可以肯定的。

寄生神话在唐传奇中的遗迹，见于《玄怪录》的《巴邛人》篇和《续玄怪录》中《刁俊朝》篇，在这些作品里，硕大的桔子和脖子上的巨瘤，其作用颇近似于古代神话中的葫芦、南瓜之类。更值得注意的是，两篇传奇都牵涉到巴地，即葫芦神话流传颇广的我国西南一带。

这些传奇作品既明显地有神话原型的存在，又像前已分析的那样，打着时代的烙印。《纂异记》(李玫撰)中《浮梁张令》篇，将贪官对华岳神的祭祀与贿赂求情、暗疏关节联系起来，非常辛辣地讽刺了封建官场中“关节既到，难为不应”的腐败现象。

唐人传奇正处于中国古代叙事文学走向成熟和繁荣的重要历史转折点上，因此可以说它非常典型而突出地表现了在传承基础上的创新，表现了源于神话原型而又突破旧有框框的特点。唐传奇一方面从古代神话（包括由于口传而留存于当时的神话传说）汲取营养，另一方面又给后世的文学，特别是小说戏剧，提供了十分丰富的原型和素材，这只要看一看宋元话本、元明戏曲直到清代和近世小说的创作情况，就可以一目了然。因此笔者认为，在梳理中国文学史，特别是叙事文学发展的历史轨迹时，应该十分重视体现了文人创作与民俗文化双向交流的唐人传奇。

中日民间故事比较泛说[1]

钟敬文 ※

引言

1934年晚春，我抛下浙江大学的教鞭，乘轮到了东京。记得那正是樱花盛开的时节。但我此行绝不是为了游览或访问、考察。我的目的是颇明显的：学习与探究。学习什么呢？学习民间文学及民俗学的主要理论和相关的各种人文科学知识。因为过去十年，我从事这两种学科的资料采录和理论探索（同时还从事这方面学术的组织、传播等活动）。不用说，多少取得了一些成绩（有些论文，后来被国际学人认为是“力作”），也坚定了在中国学术上牢固地树立这种学科的决心。但我当时也清楚地认识到，我的专业学识和能力还不足以担负起我要完成的事业。因此，我必须创造条件，填补这种缺陷。我必须争取机会，到国外去学习一段时期。这是我出国的主要目的。其次，因为从20世纪20年代末到30年代前三年，我在教授民间文学功课和写作民间故事等论文之余，阅读了一些日本语文的著作（包括高木敏雄自费出版的《日本传说集》之类）。我感觉到中、日两国（还有朝鲜）的民间故事、传说，类型和母题相同或者相似的颇多，值得联系起来研究；而且当时我国在人文科学里，比较研究的方法已相当流行。所以，我想在学习之余，也进行一些研究，把题目定为《中日民间故事（包括传说等）的比较探索》。这可说是当时赴日的副目的吧。

到了东京，我忙于学习活动。除了阅读民间文艺学、民俗学的理论及其历史的著作

---

1 刊于1991年第3期。

※ 钟敬文（1903—2002），北京师范大学教授，中国民俗学家、民间文艺学家、现代散文作家。

外，还要涉及民族学、人类学、社会学、语言学等社会、人文科学的著作。为了发表某些学术意见及卖文补助生活费用，还得执笔写作文章。限于时间和精力，我就把那副目的搁置了。在东京两年多的时间，对于日本民间故事等口头传承，我虽收集了一些资料和阅读过一些跟它有关的理论著作（如高木敏雄、柳田国男、松村武雄及芦谷重常等学者的撰述），却始终没有着手去进行那个原拟论题的研究工作。到东京不久，我曾在当时日本学者们共同出资刊行的《民族学研究》上，发表了题为《老獭稚型传说之发生地》论文。但那是关于中国、朝鲜和越南三个地区同型民间传说的比较探究，而关于中、日民间故事、传说的比较，却始终没有动手。现在回想起来，尽管已是半个世纪以前的往事，仍不免多少有些惭愧和遗憾。

近年来，我国民间文艺学、民俗学走了从来没有的好运。民间文学三大集成（故事、歌谣、谚语）的搜集、编纂工作，大大推动了这方面的学术活动。各省、自治区、直辖市都进行了普查，已印行了县、地资料本达数千册。各省、市刊行的省、市卷本（同时也是国家卷本）也在陆续定稿或编纂中。我因为职务上的关系，不断接触了故事记录资料和参与了这方面的工作讨论。这使我对中国现在民间口头的叙事文学（包括神话、传说及狭义民间故事），增进了知识和产生了新的看法。而十多年来，我国学界与海外学界的接触和相互理解逐年增多，日本这方面的学者如伊藤清司、大林太良、野村纯一和君岛久子诸先生、女士，不但一再来访，得以叙谈，并且他们中间有的关于中日民间叙事文学的论著，也使我们钦佩和感奋。对于我个人来说，也正是引起我想到半个世纪前想做而未能成功的学术课题。

今天这个中、日两国民俗比较研讨会的召开，使我有机会重新温一温多年冷却了的学艺梦想——执笔来试写作两国民间故事比较这个老问题的谈论文章。我的心是热切的，但是，碍于种种条件（例如时间的仓促、特别是应用资料的不顺手等），我的文稿只能算是一个备忘录，或是在自己老年学术上补过的一个开头。

这篇文稿主要由两部分组成：（1）对两国同类型民间故事的概观；（2）对两国同类型故事，举出两个例子略作比较。

本文的论述，日本方面的资料的取材，主要出于下列数书：

甲、日本昔话名汇 柳田国男监修 日本放送出版协会刊行 1946 年

乙、昔话の型（《日本昔话大成》第 11 卷） 关敬吾等编著 角川书店

1980年

丙、日本の昔话（1～3）（本书三册，原各册都有名称。这里用副标题总称。）关敬吾编辑　岩波书店1956—1957年

丁、日本昔话百选 稻田浩二等编著 三省堂1971年

两国同类型民间故事鸟瞰

中国和日本，由于彼此地理接近和长期历史交往等原因，文化上的亲缘关系是相当广泛和深远的。两国在民间文学，特别是民间故事方面的关系则更具代表性。因为它既有长期人民交往和移居（主要是由中国移居日本）的传播途径，又有长期文书流通的传播渠道。这方面相同和相似的篇章不少，是大家公认的。但在数量上到底有多少？过去谁也没有做过切实的调查、统计，因此谁也不能确切地回答这个问题，即使是一个不完全的、近似的数字，也不容易说出来。

尽管如此，近年来却仍有一些学者有意无意地在这方面举了一些例子，或者做出了一些极概略的估计。

前者如《日本与中国的民间故事有强度的亲近关系》的作者（此文据小泽俊夫教授编著的《日本人与民间故事》一书所载。作者署名“プソ・ユ・ホフアン”，并注明是中国人，但不知其汉语原名如何写法，不敢妄译）。他对中、日民间故事共同类型的比较篇章，举出了下列六个例子：

（1）旧房子的漏

（2）窝西拉君（或称马鸣菩萨，蚕神，即中国的马头娘）

（3）耳听（中国“月下老人”型故事）

（4）里正变作猴子的故事（中国恶家婆被罚变成猴子型的故事）

（5）蛇男子（类似中国蛇郎型故事）

（6）戴笠地藏（中国的“米泉寺”型）

在简要地比较了这六个同类型的故事之外，作者又举述了几个故事里的共同母题，那就是“从瓜中出生的女儿”“动物食了人而变成人”“用梨种子使枯了的梨树开花”“善良人跟坏邻人的对立”及“欺骗敌人而完成正义的复仇”等。

日本从事日中神话、民间故事比较研究的学者君岛久子女士，在她的《日本的故事与中国的民间传承》一文中（该文是女士最近见赠的复印本，没有详细记明写作年月及登载刊物名称），也列举了两国同类型故事的五个例子，那就是砍竹翁（中国西藏的竹姑娘型故事）、浦岛（中国的龙女型故事）、蚁通（中国的采桑娘型故事）、婆皮（灰姑娘的异式）和花世之姬（中国西藏松嘉拉毛型故事）。

此外，还有这方面的专家伊藤清司教授进行比较论述的两国同类型的一些故事（《日中两国民间故事的比较研究》，见他在华学术报告集《中国、日本民间文学的比较研究》，1983），这里就不再多介绍了。

跟上述学者一些举例式的指说相反，另一部分学者却作了概括的比较或叙述。例如《中国民间故事类型索引》（1978）的编著者已故丁乃通教授，就把自己编撰的类型跟池田弘子女士的《日本民间文学类型和母题索引》相比较，指出了两国民间故事的共同类型 23 个。他因此认为两国这方面的交流并不那么密切（跟中国和她西邻的那些国家或民族比较起来）（《中国民间故事类型索引・导言》）。

但是，也有些学者对这方面的估计，跟丁教授所说的并不一样。例如，日本这方面研究权威、已故关敬吾教授（日本民间故事类型索引等著作的编撰者）。他说，他重读了我的 20 世纪 30 年代前期在日本《民俗学》（月刊）上所发表的《中国民谭型式》一文（这是一篇未完成的著述，它只列举了五十个左右的型式，尽管所取材的故事多是比较重要的），认为"中国的民间故事有一半以上与日本民间故事相同或类似"。（关氏《寄语》——给他编的《日本民间故事》中文选译本写的序言）关氏的话虽然是一种概说，但是所估计的数量，跟丁教授所说有明显的差异——升高了。然而他这话，没有明确指出所比较的是否仅限于相同类型的或者还并包含相同母题的在内。因为两者的分或合，估计结果相当不同。但是，从大体上说，我是比较倾向于他的估计的。

中日两国民间故事（包括神话、传说在内）的亲密关系，不仅是学界同志们所承认的；而且像上文所叙述的，学者们已在这方面做了些试探、估计的工作。尽管那些成果，目前还不能使大家满足，但到底在这块学术土地上动过锄，播过种。我们有责任踏着他们的足迹前进。而要进一步发展这项工作，当前两国这方面的条件都是比较有利的。

因为时间有限，又是单枪匹马作战，我现在这个工作只是一种粗略的尝试。我以《日本民间故事大成》资料篇所载的《昔话の型》（因为它刊行在《日本昔话名汇》之后，所收类型比较多）为根据，就我个人所知道的中国故事相比较。我认为中国有同型式的，就把它登记下来，并附记上主题或中国同型故事。这样做的结果，当然不能说是完整、准确的。因为我多年来并没有专门从事这种工作（即中国民间故事的探究及其与日本民间故事的比较研究），所知道和记忆的故事到底有限。像上文所提到的，几年来，我国由于编纂民间文学三套集成，各地涌现的资料本已经有数千册，但我所读过的并不太多。然而，尽管如此，我想这次试作，仍然多少可以在这方面带个头，以促使两国更多的同志来参加这项工作。就自己来讲，也正好借此对半个世纪前想做而未完成的课题重新做点补救。

现在，我把这次初步认为两国属于同类型的民间故事，举列于下：

1. 十二支的由来（猫与鼠的纠纷故事）
2. 猴蟹合战（后半即中国的猪哥精型）
   猴的夜盗、蟹的报仇、马夫的报仇、雀的报仇，皆同型异式。
3. 旧房子的漏（中国的怕漏型）
4. 雁与龟（开口招害型）
5. 天仙妻子（中国的羽毛衣型）
6. 吹笛女婿（吹箫得妻故事）
7. 画中妻子（卖桃式、难题式，中国都有）
8. 蜜蜂的援助（蜜蜂帮助曾经救过自己的人解答难题，使其得到妻子的故事）
9. 破谜女婿（解答了女方的谜语得以成婚的故事）
10. 蛇儿子（救养小蛇，得到好报的故事）
11. 育儿的鬼灵（女鬼为育儿到市上购物的故事）
12. 烧炭财主（中国享夫福女儿型）初婚型、再婚型、中国同样存在。
13. 产神问答（享夫福型的另式）
14. 狗与猫与指环（猫、狗成仇型）
15. 花笑翁（跟中国狗耕田型相似）
16. 地藏净土（从鬼怪或动物那里得到好处。学样者失败）
17. 摘瘤爷（生瘤的人因跳舞得到好处。学样者失败）

18. 米福粟福（灰姑娘型）

米埋糠埋、皿皿山、阿银小银等都属同型异式。

19. 捡栗子（后母虐待继子的故事）

20. 歌唱的骸骨（冤魂报仇的故事）

21. 没有手的姑娘（继女为后母所害，失去双手，后终得到幸福的故事）

22. 浦岛大郎（因救助海中动物而被邀游龙宫，并得到宝物而归的故事。中国所传，大略相同）

23. 龙宫童子，是上型异式。

24. 黄金的斧头（诚实人失去斧头，因说真话，神仙给以金斧。贪心者学样失败）

25. 老狼报恩（某人帮助老狼得到报酬的故事）

26. 报恩的动物、忘恩的人（实义与忘恩型）

27. 忠义的狗（中国文献和口头传承，都有此类故事）

28. 天赐金锁链（中国的老虎外婆型）

29. 姐弟与山妖婆（与上篇同型式）

30. 旅人变马（中国的“板桥三娘子”型）

31. 收拾猴神（以人为牺牲的故事。李寄型异式）收拾大蛇，也是同型。

32. 宝怪（住凶屋得财宝型故事）

33. 甲寅三郎（与实义与忘恩同型式）

34. 太阳的三根毛（类似中国问活佛型）

35. 金子打鸭（中国享夫福型异式）

36. 手拉儿子裁判（亲生儿与养儿型。包公案故事之一）

37. 夫妻的缘分（命定的妻子故事。中国月下老人型）

38. 尼姑裁判（买镜子型笑话）

39. 牵线信号（中国呆女婿故事类型之一）

40. 新娘的齿牙（笑话）

41. 试胆（胆怯者的笑话）

42. 烧掉父亲（笑话）

43. 如果捡到金子（财迷笑话）

44. 八石山（善良人种煮熟的种子获得好处的故事）

45. 尾张远呢？金比罗远呢？（两人争论地方的远近，使裁判者得到好处的笑话）

46. 比赛沉默（愚人的笑话）

47. 蚁通明神（中国穿九曲明珠型）

48. 屙金子的马（以骗术取胜的笑话）

49. 远地的火警（合谋欺骗得利的笑话）

50. 熊的儿子（旅人与熊结合生子的故事）

51. 孟宗竹（中国古代孝子哭竹生笋的故事）

52. 竹笼打水（后母虐待继子的故事）

53. 鱼石（西域人识宝型）

以上粗略举出了五十三个共同类型。就我个人所知，这是有关本课题所列举数量较多的一个表。但是，它绝不是最后的、完整的统计。事实也远远不止于此。原因除上文所指明的几个弱点之外，还有其他一些不利条件，如我对于关氏《昔话の型》阅读得比较粗略，因而也多少影响了我确认类型的数目等。这是很抱歉的。在此，我还想附带声明一点，即我确定类型的要求，一般比较严格。双方必须主题及基本情节大致相同的才给予承认。而那些只有部分情节（母题）相同或相似的多被舍去。所举类型不太多，跟此点也有关。我希望今后自己（或者与人合作）能够把这项工作继续下去，使它达到比较完整的形态。

为了对一些重点故事作稍微具体的比较，我原拟第一次选出几个同型故事加以论述，那就是：

怕漏

老鼠嫁女

猴蟹合战

灰姑娘型故事

享夫（或自己）福的女儿

猫狗相仇

马头娘的故事

现在因为种种条件限制，暂时只能就“灰姑娘型故事”和“老鼠嫁女”两个类型进行论述，其他只好等待将来再执笔了。

灰姑娘型故事（比较例子之一）

大家知道，灰姑娘的故事是一种世界大扩布型民间故事，也是在中、日两国民间有着较广泛传播的一种故事。在中国，一千年前，就出现了关于它的记录，并且是在情节上相当忠于当时民间传承的记录。日本方面，虽然时间稍后，但也有一些故事梗概或母题大略相近或相同的前代记录。与西欧各国先后流传着的灰姑娘型故事一样，东亚——日本、中国、朝鲜、印度、越南等地区，也流传着这个故事的各种型式大同小异（当然也有小同大异者）的说法，正像有些学者所指出的“亚细亚型”——尽管它所概括的未必充分。

（一）中国的灰姑娘型故事

唐代诗人和学者段成式（803—863）在他那部颇有名声的笔记小说《酉阳杂俎》里，跟其他的一些民间故事（有些是产生和流传在外国的）一道，出现了这个各民族共有的、灰姑娘型故事的记录。从同型的故事在世界文献上的出现时间看，它是最早的（撇开古埃及《两兄弟》的部分母题相同的故事不算）。一般学者认为较早的这种类型故事，如意大利巴西勒《五日故事》里的《灰猫》，也远在段记之后。从故事的主题、思想、基本情节等看，它也当然是属于这种类型的故事的典范。但由于中国文字的特殊性，过去有些西欧这方面的专家如M.R.柯克斯女士，就在她的专著里遗漏了它。

中国这个古典的灰姑娘型故事，自从日本民俗学者南方熊楠在《随笔》里指出后，数十年，中、日学者都注意到它了。例如，周作人就在民国初年的论文中论述了它（《古童话释义》）。稍后如松村武雄编著的《世界神话传说大系》的“中国卷”也收录了它（题作《后母故事》）。近年来两国学者谈论到它的文章就更多。因此，关于它的详细情节，这里就不再细述了。

这个世界性的故事在中国境内的传播，不仅很早就被记录了，到了现代，它的传播更加广泛和深入（局部地区）。除汉族聚居的地区外，东南、西北地区的少数民族，如苗族、藏族等，民间口头上也流传着。而就汉族聚居地区（包括当地少数民族同化程度较深的地区，如广西）的情况看，该故事的主要传播地是中国南部（广东与广西，特别是后者）。中部地区（如浙江）及北部地区（如河北），也有跟这类故事基本形态相同的说法流传。本文非灰姑娘型故事的专论，因此在主要取材（探讨对象的范围）方面，尽量加以限制。汉族所传的，也只取其形态比较典型的篇章。少数民族的，则除了广西壮族地区的，其余都不涉及。这样做，是由于壮族故事本身比较完整，还有它的历史较长、传播较广泛深入等原因。

本节的论述，主要取材于下列各记录：

一、达侞与达嫁（黄革搜集整理，手稿）

二、孤女泉（覃建真搜集、整理，手稿）

三、灰姑娘和达架（蓝鸿恩著《广西民间文学散论》，广西人民出版社）

四、牛奶娘（刘万章记录，《广州民间故事》，语言历史学研究所）

五、疤妹和靓妹（姚传铿记录，《广州民间故事》，语言历史学研究所）

六、牛奶娘（费林搜集、整理，《珍珠泉》，山西人民出版社）

七、灰姑娘［王秀华讲述，王春艳整理、记录，《抚宁民间故事卷》（中国民间文学集成）第一卷，秦皇岛市抚宁县三套集成办公室］

根据上述记录，并参考其他一些有关资料，我试把中国这种故事概括为下列类型：

一、有姐妹（或姐弟）二人。姐为前母所生，妹为后母所生。姐美而妹丑。

二、后母虐待姐姐，使其干繁难工作（如短时间内完成绩麻或剥麻、纺线等活计）。由于母牛或神等的帮助，得以完成（一次或两次）。有的还有后母使妹妹学样失败的情节。

三、后母杀牛、食其肉，姐姐收藏或掩埋牛骨（或无此情节）。

四、后母带妹妹去看赛会、演戏，或参加歌会、宴会，使姐姐守家，并留困难的工作让她做（分拣相混淆的芝麻、绿豆等）。姐姐因神或母牛之灵的帮助完成工作，并得到美丽衣着（包括绣花鞋等），得以前去赴会。

五、姐姐在赴会或会后途中，失落一只鞋（或所戴戒指）。她答应鞋（或戒指）的获得者或代取者的求婚。

六、婚后夫妻生活幸福（或无以下情节）。妹妹妒忌姐姐，设法害死她，自己冒充姐姐。

七、姐姐的魂灵化作鸟儿，鸣唱以提醒丈夫；被妹妹杀害，又变为竹树等。后复变为人，寄寓邻居老婆婆家。

八、由于邻居的帮助，夫妻终得团圆。后母和妹妹受惩罚［有的较严厉（厉），如妹妹被杀或舂死等］。

这个类型，自然只是那些活生生的、姿态不一的故事情节的抽象概括。许多生动的细节，被略去或干枯了。有的情节甚至是重要情节，讲述中就被省略或改变了（如失鞋、对鞋、绣花鞋变为戒指之类）。我们所取材的记录，一般是情节比较完整的。但也有个别篇章比较简略，如抚宁的说法。对于去看赛会或参加歌会的情节，却变为王爷选王妃，因而也就没有失落绣鞋等情节，尽管她所得到的喜鹊报恩物里是有绣花鞋的。又浙江（《牛奶娘》）的说法，不仅姐姐是母牛喂大的，还有生母之灵给以蓝布衫，使她变丑，因而得嫁相爱慕的穷小子；却并没有失鞋、对鞋一类情节。至于两广故事里，婚后妹妹及后母谋害姐姐的大段情节，则是浙江、抚宁等的说法所没有的。

就上面所记类型以及所概括的原有故事的形状看，我觉得有下述几点意见需要说明。

1. 现在中国民间所流传的灰姑娘故事，与一千多年前的古代记录比较起来，虽然有些差异的地方（如帮助姑娘的是牛而不是鱼之类），但在一些重要的情节方面（如后母虐待前妻女儿、动物的帮助者，得鞋失鞋，以至与得鞋者或有身份者结婚等），大体是一致的。我们虽还不能就此断定两者有直接“血统”关系（关于这点，下面还要涉及）。但它们却无疑是有一定亲缘关系的——在广泛范围内的亲缘关系。

2. 中国现在所流传的这种类型的故事，虽然其开始很可能是外来的（这一点还有待于今后的细密研究）。但是，它既然进入中国人的口和心，就必然要跟这国土上的人民的生活和文化，特别是跟它的民间口头文化，进行着或大、或小、或深、或浅的接触和交融，因此被打上中国生活、文化的烙印。换句话说，它被中国化、民族化了。有关此点，我们试举一二例证。如故事中具有重要意义的物事：“鞋子”，以及它的失落和被拾得的关键情节，在我们的叙述里，就有自己的特点。那在西方所谓金鞋、玻璃鞋之类，就大都变成了土香土色的“绣花鞋”或“凤头花鞋”。那捡到鞋子的求婚者，也多变成中国的秀才乃至贫苦青年（说是王爷的，只是北方所传的那个例子）。此外，如西方故事里的跳舞会，在我国的故事中，则一般改为中国民间流行的迎神赛会，或者演戏、庙会，甚至于某地方特有的歌圩等。它们足以说明，一个外来的民间故事在流传过程中，是怎样被民族化了。以前我们在进行故事的比较探究中，往往只着重在彼此类同的地方，而忽略了它们之间的差别。其实，这差别的地方同样具有值得重视的意义。这一点，在民间传承的研究方法上，是值得我们反省的。

3. 现代中国所传述的灰姑娘型民间故事，在结构上，有的比较单纯（即近于原来形态的），有的则比较复杂（即吸收了别的故事的母题，或复合了别的故事的）。有些日本学者就曾经指出，他们的灰姑娘型故事《米福粟福》等，是复合了两个本来各自独立的故事而成的（见下文）。在民间故事里，结构复合，特别是母题的移用，那现象的频繁恐怕是大大超出了我们的想象的。中国灰姑娘型故事也没有什么例外。

中国现在流行的灰姑娘型故事，如广东、广西的说法，故事里主人公结婚之后的那些情节，我开始怀疑它是从广泛流行的《蛇郎》型故事那里借来的。但是，看了R.D. 詹姆森的《中国的灰姑娘故事》（见《中国民俗学三讲》）之后，才知道在广西邻近地区越南的同型故事里，已经如此。可见，它的粘连或复合的由来是很早的了。至于故事中那些使灰姑娘感到无法做到的难题（如短时间内绩完麻丝，挑拣混合的芝麻、绿豆等），以及由于精灵的帮助而得以完成的母题，大概也是从别的故事中吸收过来的，尽管有的也已见于别的民族或地区的故事里。这一点对于一般民间故事结构现象的探究是有益的借鉴。

4. 中国现代民间所传的灰姑娘型的故事，与中国古代有关这个故事的记录，是不是一脉相承的呢？关于这一点，我认为需要进一步研究。我不想在此就这个问题展开探索和论证（我也没有这方面的准备）。我只想发表一点个人看法。简单说，这个故事，很难说是本土产生的（这是由于这个故事世界扩布现象以及它本身存在的那种内涵的证据）。现代中国南北所传的故事中的那个帮助者（精灵、动物，一般说是“母牛”），在我国古代段氏的记录里却明明是“鱼”。目前各国所传的故事中讲牛的固然多，但说是鱼的也有。而在跟广西接壤，并且在人民血统上多少也有关系的越南，它现在流传的此类型故事中出现的帮助者正是鱼。但在地理相接、民族聚居和迁移关系也很密切的广西和广东，两者现在所传的这类故事中的这个角色却都是牛，与古代所传的不一致。对于这种现象，可以有两种解释：①认为这是一般故事在流传过程中常见的变异（由于这样、那样的原因，从甲动物变成乙动物）。②认为是前后故事传进来时原有的差异。在这里，我们自然不能完全排除前一种看法，但是从各方面的情况（如唐以来，两广国际的民族及文化关系）加以考虑，后者对于故事来源差异的看法，也并不是纯属臆测的话。只是要充分证明这种论点，还有待于作广泛、深入的分析和考察，我这里只算提出问题和一些揣想罢了。

（二）日本的灰姑娘型故事

日本古代文献上就存在着许多继子故事，有的在情节上与灰姑娘故事有某些近似。但是比较典型的说法，似乎只见于近代的民间口头传承中。

日本学界注意民间文学工作比我国学界早些，数十年来，也在这方面涌现了一批优秀学者。依彼国的专门研究家所说，柳田国男氏主编的《日本昔话名汇》里，就举了15个型式，例子近百篇。稍后关敬吾教授编纂的《日本民间故事集成》，有关此类故事列举了20个型式，例子三四百篇。后来还继续有新的类型出现（根据山室静氏《世界的灰姑娘故事》第八章所述）。他们的工作当然使我们羡慕，但他们所谓类型，似乎是包括与该故事情节有关的许多故事篇章在内的。其中有些是谓“所异式”吧。我们现在侧重以那些比较公认的类型的篇章为主，即《米福粟福》（中译名为《米布吉和粟布吉》或《米姐和粟妹》，见关敬吾氏编《日本の昔话》第三集）、《糠福和米福》（稻田浩二、稻田和子编《日本昔话百选》），以及柳田的《名汇》、关的《民话の型》里所举的例篇等，来作为我们的考察对象。

为使读者对日本这个类型的故事有个概括认识，让我先介绍关氏所作的灰姑娘故事的类型：

一、后母把破袋子给继女（姐），好袋子给亲生女（妹），让她们去山上捡栗子。

二、姐妹投宿山妖婆的家。山妖婆叫她们捉虱子。姐姐干了，妹妹不敢干。

三、姐妹从山妖婆那里得到柳箱而归。姐姐的装着衣服，妹妹的装着青蛙和脏东西。

四、后母带妹妹去看戏（祭礼）叫姐姐看家，并令其（A）用筐打水。（B）分拣稻子、粟、米。

五、朋友（和尚）、雀子给予帮助，她跟友人去看戏。

六、（A）姐姐被妹妹看见。（B）姐姐给后母、妹妹投食物。

七、姐姐被在剧场看见的青年求婚。后母要他娶妹妹，但青年终与姐姐结婚。

八、妹妹羡慕姐姐的出嫁，母、女乘着石臼而行，落下水里，变为田螺。

——《日本民间故事大成·资料篇》第 47 页

这个类型，基本概括了现在日本境内流传的灰姑娘型故事的主要情节和大略结构。但是，正如一切民间故事类型的制成，都不免有些缺陷，因为它要舍去细节、有时还是比较重要的情节一样，这个类型也不例外。例如，日本口头传承的该类型故事里，关于姐妹关系的一种说法是：她们俩相当和睦，主要是妹妹同情，乃至协助受虐待的姐姐。具体事例是，她俩在山里时，妹妹叫姐姐去找剥树皮的爷爷补破袋。而更重要的一点，是在后母给她们分栗子时，妹妹设法瞒过母亲，把好栗子给了姐姐吃。这是在衡量故事讲述者和听讲者的思想、态度上，因而在衡量整个故事所表现的伦理观念上，都是颇关重要的。现在这种类型的做法，虽出于情节概括时的不得已，但到底不能不使人多少感到有些遗憾。

从这个类型以及一些与它关系较密切的资料来看，我们可以得出下列各点看法：

1. 这种类型的日本民间故事，尽管有些一般应有的情节被失落了（主要如灰姑娘得鞋、失鞋等情节），但是从整个故事的主题思想、重要情节以及结构框架等方面看，它基本是属于这个世界性类型的故事的。它绝不仅是只有主题思想或局部情节（某些母题）的相同或类似而已。

2. 日本这种类型故事的结构，既具有世界这种类型故事构成的共同形态，同时又有自己的特点。它是复合了其他故事或吸收了别的一些母题的，如姐妹（或姐姐）寄宿山妖婆家，为山妖婆捉虱子并从她手中受赠宝物，以及后母迫使姐妹去山上拾栗子，叫姐姐用竹篮打水等故事或情节，都有这种痕迹存在。这不仅是从故事结构分析所得到的推理，而且是有其他相关材料足资证明的。在日本，乃至于在中国的民间故事中，或多或少的（有些还是相对独立地）都是存在那种误入精怪之家，以及凶恶的人物向善良的人物故出难题等种种母题的（中国的同型故事中，就有后母使继女用煮熟的种子去播种、用漏桶或竹筐去挑水等情节）。日本口头传承中也明显存在着后母使继子拾栗子或杨莓（梅）的独立故事（参看关氏《昔话の型》）。而故事间的复合，是跟母题的借用同样常见的现象。日本学者山室静氏在他的专著《世界的灰姑娘故事》中，曾经着重指出，日本此类故事在结构上是复合两个故事而成的，前后两个故事的分界就在于参加祭礼那个地方。他并且认为因此而带来了故事的结局（妹妹的悲剧）的缺陷。他的意见，大体上是可以同意的，虽然还有些借来的情节（如使姐姐用竹篮子打水）没有被指出。

3. 日本这个类型的故事，据我看来，正如彼国某些学者所指出的，是从外国输入的，虽然那时间不能太明确决定。尽管在日本古代文献上有许多继子型传说、故事，但是像现在民间所传说的这种形态的，似乎没有见到完全相同的篇章。而这种类型的故事，既然是世界大扩布的，就有可能通过某种渠道传入三岛，又在那里经过不断讲述、改造、充实，而成为现在见到的、相对稳定的形态。因此，它一方面具有世界类型的那些重要共同点，同时又具有当地风土、文化的独自特点。它被民族化了。最显眼的，是它从最典型的说法到各种异式，有时连袜子也上场了。但那作为此类故事的重要“物事”和相关情节——鞋及其得到与失落等，却始终看不到踪影。这就绝非偶然了。它是因为日本民族的妇女，传统习惯是不穿鞋子的［她们穿的是“下驮（木屐）”或“草履”］。因此，在别的民族所有的金鞋、玻璃鞋、绣花鞋等，在她们的故事里便统统无法出场了。此外，如那山里的女妖婆（山姥）之类，也是这个岛国的俗信的产物，并且还常常出现在其他的民间故事、传说里。总之，日本现在民间流传的灰姑娘型故事，在内容和情节、结构上，既是国际的又是民族的。而且后者的香气是相当浓郁的。

4. 从民俗学、民族学乃至文化史的角度看，日本的灰姑娘型故事无疑是有相当价值的。但从一般文学的或美学的角度看，它又应该得到什么评价呢？不错，故事的主题有深刻的社会、历史意义，它的基本情节乃至一些细节，也多是写实的，或近于写实的（除了那些幻想性情节）。它的伦理意义和艺术意义是并肩存在的。但也如有些学者所指出的，它在结构上却有着拼合的痕迹，并因此导致了某些意义上的矛盾。我认为，从这种类型故事的那些世界的优秀篇章来看，它是比较质朴的、较少光泽的。也许正因为如此，它又赢得了较多的民族特色吧。

（三）两国这种同型故事的比较

关于这个问题，我只能提出一些粗浅的看法。

1. 两国现代民间所传播的这种类型的故事（它的典型或比较典型的叙述），基本是同属于这种世界类型故事的。因为它们的主题思想、基本情节及大体结构框架，大都是相符合或相接近的。但是，中国这种类型的故事（包括那个唐代的记录），在情节和结构方面，似与西方（如法、德等国）的有着较多应合的地方。在故事的情态上，有些说法好像也较为赡美些。

2. 两国的这种类型故事，在情节、结构上，都有混合别的故事或者吸取其母题的现象（后者如后母使姐姐用漏桶或竹篮子去打水之类的情节）。这似乎容易使我们推想到两者的传播问题，即出于直接的传播关系，或是直接的同一来源问题。中日两国，由于前文曾提到的种种原因，在民间口头传承（包括传说、民间故事及谚语等）方面，有许多作品的相同或相似现象是由于直接传播结果，这是不容否认的。但是，这是就大体上说的。至于个别同类型故事（特别是那些世界性的故事）要确定它们是否有直接传播关系，还必须进行全面和深入的考察，才能得出比较可靠的结论。关于中日的灰姑娘型故事，我们现在还没有做到这一步。

老鼠嫁女型故事（比较例子之二）

老鼠嫁女型故事，据日本有些学者指出，除了中国和日本之外，它还流传于朝鲜、越南、印度和印度尼西亚等国家。在东方，也应该说是一个颇有点名气的故事类型。

近年（1987），百田弥荣子女士在她的题名为《作为俗信产物的“鼠的出嫁”》的论文里，简要叙述了彼国学界有关这个类型故事的研究的（包括记录等）小史，指出了南方熊楠、松村武雄及大岛达彦等学者的学绩。我国几百年前的明代，就有学者刘元卿记录了这个型式的民间故事（《应谐录》，据《雪涛谐史》及《续说郛》所载）。五四新文化运动发生之后，记录、谈论民间文艺（包括传说、民间故事），成为学界风尚。记得20世纪30年代中期，就有一位学者（胡怀琛）发表文章谈论中国民间所传播的这种类型的故事，及其与印度故事的关系［《中国古代小说之外国资料》，《逸径（经）》半月刊，第4期，1936年4月］。全国解放前夜（1948），我国印度文学研究家季羡林教授，进一步探索这个问题，发表了《“猫名”寓言的演变》的文章（刊于上海《申报》，4月24日）。近年来，书刊上也时有关于这种类型故事的记录或译文出现。从已有的资料看，这种类型故事在中国和三岛本土上的传播，都不能说是很普遍的。它的文化史和文艺史的意义，也不一定能超越两国那些比较优异的口传作品。但它在一般民间故事里具有自己的特点，从它的产生、流传历史的久远和扩布区域的广阔看，也实在不容许我们轻视它。特别是从中、日两国民间故事的密切关系上看，尤其如此。

（一）中国的老鼠嫁女型故事

像学者们所知道的，中国这种类型故事的较早记录，是上文提到的那部明人笔记所载的。它的主要情节如下：

1. 齐奄家蓄一猫，自信其奇特，把它命名“虎猫”。
2. 客人说，虎比不上龙的神灵，请改为龙猫。
3. 另一位客人说，龙升天要靠浮云，不如叫作云猫。
4. 又一客人说，风能吹散浮云，请改为风猫。
5. 又有一客人说，墙能挡风，应该叫墙猫。
6. 再一客人说，老鼠能在墙上打洞，就叫鼠猫吧。
7. 东里丈人（智者）笑主人昧于自知，致失本真。

这个古代记录，其故事基本情节和整体结构等与古印度寓言很相似，这是国内外学者们都承认的。

这种故事在中国现代民间传承里，是否照样（或大同小异地）存在着呢？我们的回答大体是肯定的。像上文所说，几年来我们进行了全国民间文学普遍的调查、收集工作。在这当中，许多过去未曾被搜集、记录的口头文学作品都涌现出来了。关于老鼠嫁女类型的故事，我们也看到了它的新的记录。首先，让我们看看四川遂宁市地方所流传的这个故事。原记录不长，就抄在这里吧：

有一个耗子的女儿长大成人了。耗子（妈妈）想给女儿找个本领大的丈夫。她想：“太阳高高在天上，本领一定大，我把女儿嫁给他吧。”于是，她去找太阳提亲。太阳一听，双眉一皱说：“我不行，要是遇着云一来，就把我遮住了。”耗子便去找云。可是，云又说：“我不行，要是遇着风一来，就把我吹散了。”耗子又去找风。风不安地说：“不行，要是遇着墙，就把我挡住了。”耗子又去找墙。墙又说：“遇着耗子，就要把我钻垮了。”后来耗子明白，还是自己的同类本领大，就把女儿嫁给了另一个耗子。（讲述、采录者：刘仙钰，《四川遂宁市卷》，文化艺术出版社，1990）

这个记录尽管跟我国古代文献上的说法有些差异的地方（主要是主人公不是猫，而是老鼠）；但它跟这种类型故事其他地区的记录却是一致的（下文将论及）。而且这种故事的这种说法，在目前中国的口头传承中，也不是孤立的。近年出版的河北邯郸地区（涉县）的记录里，就有相似的说法。它的梗概如下：

1. 鼠妈妈生了一个俊秀的女儿。
2. 女儿长大后，许多鼠青年来求婚，鼠妈妈都看不上。
3. 鼠妈妈想把女儿嫁给一个无敌的大英雄，就首先想到了月亮。
4. 她带着女儿到天上去提亲。月亮说，他最怕云彩。
5. 鼠妈妈去找云彩提亲。云彩说，他最怕风。
6. 鼠妈妈又拉着女儿去找风。风说他的敌人是墙。
7. 鼠妈妈又转向墙提亲。墙说，他最怕老鼠。
8. 鼠妈妈看上一个好长相的鼠青年，向他提亲。他说，他怕猫，一碰上就没命了。
9. 鼠妈妈带着女儿去找猫女婿，找到了一只大花猫。她俩一下子就被他捉住了。

——（王福榜记录《鼠妈妈选婿》，《邯郸地区故事卷》中册，中国民间文艺出版社，1989）

这个故事的说法，与上述例基本相同。差异的细节，是故事前半部分有鼠青年求婚遭拒绝和被认为伟大的英雄是“月亮”，而不是“太阳”的说法。结尾处鼠妈妈拟向猫提亲，并被吃掉的情节，在同型故事中是颇特殊的。但从总体上看，这篇故事无疑是属于这种类型的。

此类故事大同小异的说法，也见于王树村君的介绍。在他所编辑的《中国美术全集·民间年画》卷“老鼠娶亲”的图版说明里，叙述了一则有关的故事（1985）。那故事的主题、人物情节、结构都与上述两篇大略相同。值得注意的，是它的结尾与上述邯郸地区的说法相符，就是鼠青年说怕猫，老鼠爹娘因此去向老猫提亲，终被吃掉的情节。这种情节，恐怕是在流传过程中由讲述者所增添的。它已带有现代民众文化思想演进的色彩。（有关此点，请参看拙作《从文化史角度看“老鼠娶亲”》，载《话说民间文

化》，人民日报出版社，1990）

综上所述，可见，老鼠嫁女型故事，在中国的民间传承中有着两种形态，我试把它们简化为两式：

1. 鼠女择婿式
2. 异猫命名式

前者即现在遂宁等处所传的，其故事主人公、基本情节同于古印度寓言（见后）。后者是明代文人所记录的（它现在仍活在日本的口头传承里，详见下文）。从故事的演变规律看，似前者的说法是原始的，后者的说法却是派生的，虽然从被记录的时间看，后者倒是远远在前了。

我国流传的这种类型的故事，既然有明显的两式，那么，它便给我们提出了一个问题：这种现象，是故事输入中国后在流传过程中才产生的？还是在它输入中国之前就存在着这种分歧？要解决这个问题，我们只有回头考察一下印度等地这类型故事的记述篇章。

印度，是众所公认的这种类型故事发源地。在印度古典文学名著《说海》和《五卷书》里，都有关于这个故事的基本相同的记录。现在，我根据季羡林教授的译文，把《说海》所载的说法简括如下：

1. 一个隐士拾得一只从鹰爪里掉下来的小老鼠。
2. 隐士用法术将小老鼠变成一个少女，带回住所。
3. 少女长大了，隐士想给她找个有力的丈夫。
4. 隐士叫来太阳，要他娶这女子。他说，云比自己有力。
5. 隐士又去叫云来，要他娶她。云说，风比自己更有力。
6. 隐士又叫来风，要他娶她。风说自己不如山有力。
7. 隐士又叫来喜马拉雅山，要他娶她。山说，老鼠比自己更有力，因为他能在自己身上打洞。
8. 隐士叫来一只林鼠，要他娶这个女子。林鼠请隐士告诉他，怎样让她钻进洞穴。

9. 隐士把她复原为老鼠，让她进洞去配雄鼠。

《五卷书》所述，基本情节亦同，只有些细节差异，如开首说一个苦行者在恒河里洗澡，他把小老鼠所变的少女收为养女，以及少女成人后，苦行者的一些想法等等。

这则印度古代寓言，与我国现代民间所传的鼠女择婿式，在精神和状貌方面都是很相似的（只是文字记录的繁简有些不同罢了）。但是，它却跟刘元卿所记的“异猫命名式”有一定的差异，即主人公是猫和主要情节产生的动机，是要为它取个伟大的名字。这是一种异式。但它是否也有国外的来源呢？可以说，我们还是能够从国际的文字记录中找到有关它的蛛丝马迹的。这就是被记述了的那个锡兰民间传承（学者认为它也是由印度传去的）：

梵志养了一只女猫，要把她嫁给世界第一个伟男子太阳。他使她去看太阳。太阳说，云比自己伟大。而云对于风，风对于蚁冢，蚁冢对于母牛，母牛对于豹，豹对于猫，递相推让。梵志终于把她嫁给猫完事。（据南方熊楠《田鼠的择婿》所引，原见《俚俗与民间故事》第9号，此依赤松启介《非常民的民俗文化》所载）

这个印度邻近地域的民间故事，就其主题思想和情节结构看，虽然类同于鼠女择婿式，但其中一个差异之处，便是主人公是“猫”不是“鼠”。我原以为中国第二式的猫及关于它的命名活动，是由印度故事传入后所产生的异文。现在觉得中国古代记录中的此类故事中的“猫”同样也是外来货。总之，锡兰所传的这个类型故事，跟中国的第二式（异猫命名）实有相当的关联，虽然它在主要情节及结构上仍近于第一式（鼠女择婿）。我们揣想，中国古代记录，大概正是沿着这种国际说法稍加变异而成的吧？而从历史上看，中国与锡兰（古称狮子国）的关系，也早在东晋时代便已开始。此后史不绝书，且一再见于唐、宋僧人、学者的记录。明郑和亦曾亲临其地。在这样的一种历史、文化背景下，该故事得以传入我国，以后在流传过程中发生一定程度的变异，这完全是可能的事。更使我们惊异的是，日本民间所传的此类故事，几乎与我国的两式完全吻合。这就不仅是一种很有趣味的现象，而且也是提供了学理上可以思考的珍贵资料了。

（二）日本的老鼠嫁女型故事

日本本土与中国一样，民间流传着这种类型的故事。但是从柳田氏主编的《日本昔话名汇》的记载看来，它却远远没有《桃太郎》《猴蟹合战》《瓜子姬》和《一寸法师》等故事那样地广为日本人民所知（《名汇》里登载的关于《土鼠的选婿》项目的记录，只有福岛县的《磐城昔话集》、新潟县的《加元波良夜谈》等寥寥几点）。尽管如此，它绝不是一个完全没有声气的故事，更不是一个毫无意义的故事。这只要看看现代彼国学者对它的注意就知道了。可惜我一时手边有关这个故事的资料太少，只能将它跟中国同类型的故事稍作比较而已。

我们在上文中谈到中国此类故事的两式，在我所接触到的有限日本资料里同样存在。现请看关氏编辑的《日本の昔话》（2）中《田鼠的婚事》所记述的情节大要：

1. 一只田鼠有一个极可爱的姑娘。
2. 一天，他同别的田鼠商量，想把女儿嫁给日本第一名大将。
3. 有个田鼠说，日本第一名大将是太阳公。田鼠就想把女儿嫁给太阳公。
4. 另有个田鼠说，太阳公悬在天空，才成为第一名大将。他又想把女儿许给天空。
5. 又有田鼠说，天空会被云彩遮住，云彩才是第一名大将。他又想把女儿嫁给云彩。
6. 又有田鼠说，风能吹散很厚的云彩，风才是第一名大将。他又想把女儿嫁给风。
7. 又有田鼠说，风吹不动土堤，土堤才是第一名大将。他又想把女儿嫁给土堤。
8. 又有田鼠说，多结实的土堤，老鼠也能挖出洞来。他又想把女儿嫁给鼠，因为日本第一名大将应该是田鼠。
9. 经过议论之后，田鼠姑娘还是嫁给了田鼠。

这个日本故事，除了一些小节如老鼠嫁女是同类相议的结果和“墙”变为“土堤”等并不动摇全故事基本情节的细微差异外，它与刘、王君等记录的故事（鼠女择婿式）大体相同；同样它与印度古寓言的关系也是如此。在日本民间故事的海洋里，这类故事的这种说法和记录当然不会是孤立的。在我手边，就有一个相似说法的故事译文，即蔡美连译的《老鼠嫁女》（注明“日本十大传说之二”，见《山西民间文学》1988 年第 3 期）。它的题旨和情节，大略同上文所记，只是细节稍有出入，如开首说鼠女的父母住在仓库里，食品很富有，但没有儿女，好不容易靠神灵保佑，才得到一美丽的女儿。当她长大后，鼠父母便要为她找一位日本独一无二的女婿。以下情节，便与这种类型中的同式说法一样了。值得特别提出的是，那挡风的障碍物，既不是“山”，也不是“土堤”，而是与中国两式相同说法的“墙”。至于故事结尾，说这对鼠夫妻的后代子孙兴旺，只是它的一个异点罢了（这篇译文没有注明原文出处及原记录者或整理者，待查考）。

那么，在日本的老鼠嫁女型故事中，是否也有明显地与中国第二式（异猫命名）相同的说法呢？回答是肯定的。请看下文叙述：

> 有一个人非常好胜，养了一只猫，还想给它起一个最伟大的名字。想了好久，它起了一个“天”字。朋友听了说：“天也争不过雨云呀！”“那么，就唤作雨云吧。”“雨云也争不过风呀！”“那么唤作风吧。”“风还是争不过窗纸呀！”“那么，唤作窗纸吧！”“窗纸争不过老鼠呀！”“如此说来，还是叫作猫吧！”（王真夫译《日本古笑话》，《文艺杂志》创刊号，1943 年）

这个笑话的主题和主要人物，与上述《田鼠的婚事》不同，而跟我国的古记录却很相近——主人公是老猫，活动的动机不是择女婿，而是选好名称。我们不知道这个古笑话的原出处，也不知道它是来自文书记录，还是现在的口头传承（据推想，前者的可能性较大）。但不管怎样，它是流传颇广泛的老鼠择婿型故事的一种异式。据种种条件揣测，它很可能是由《应谐录》里的记录传衍出来的。（我国明代书籍，特别是各类杂书，传到日本的颇多。彼国民间故事、传说，不少是源自这些书籍的记录）

（三）两国这种同型故事的比较

1. 如上文所述，中日两国民间传承中不但存在着同样类型的老鼠嫁女故事，并且同样具有鼠女择婿和异猫命名的两式。此种特殊现状，加上过去两国长期的一般文化及口头传承的密切关系的事实，就不能不使我想起它们之间的传播关系。更明白一点说，即我认为日本的这类故事是从中国传过去的。在没有得到相反的证据之前，暂时我们只能作此判断。因为对这一现象的解释上，任何“各自创造”和“偶然相似’的理由，都不大容易令人信服。同此道理，我们也推断两国这种类型故事的渊源大概都在印度和锡兰等处。

2. 中日两国这种类型故事虽然很相似，但如上文所述，也各有这样那样的差异之处。而这些差异，则往往是民族文化、民族心理的特点的显示（或暗示）。比较显著的例子，像日本的说法中，那田鼠希望女儿所嫁的，是“日本第一大将”。这使我忆起过去在东京街头常见的店铺门上所标榜的“日本第一”字样（我当时心里不免窃笑。其实，这正是研究彼国民族文化的一种好资料），以及它所体现的日本民族心态。日本以往对军人的尊重，也能帮助我们理解故事里的这种心理反应的不自觉流露。又如我国明人记录后面的东里丈人这个人物及其思想，熟悉中国文献及文化的人会感到他（智者）是很“面熟”的。那种要求“不失其真”的想法，也是中国传统观念中不难见到的一种心态。

3. 从文学角度看，印度的古寓言在艺术构思上是比较精巧的。这可能是原有的民间创作经过了记录文人的加工的结果。中、日两国的同型故事大都比较朴素，大体反映了两国民间传承的一般现象。自然，有些被记录者润色了的，如《应谐录》所记的中国故事和蔡美连所译的日本故事，也在这里或那里多少映现着执笔者加工过的痕迹。它们也因此会跟广大群众创作和口传的作品有一定程度的差异。从科学（包括民间文艺学、民俗学、民族学、语言学等）研究的角度看，固然要求记录的民间故事绝对忠实于民众的口述，但从一般文艺创作和广泛阅读的角度看，则一定的加工乃至于再创作，只要符合一般艺术的要求而能对读者产生预期的教养的、审美的效果，那也并不是什么坏事。上述这种区分，是我们今天学术发展所达到的见识。它对于历史的、或现代的部份（分）记录者，却不能这样严格地苛求。因此，对于这种类型故事中所存在着的记录者加工的痕迹，从科学的观点看，虽然不能使人满意，但毕竟是种无可奈何的事。完全符合科学研究的要求的记录，只能期望于今后那些有专业知识和受过科学训练的工作者们的贡献了。

中国洪水神话的类型与分布
——对433篇异文的初步宏观分析[1]

陈建宪※

一、古老中国的新发现

1872年，英国学者乔治·史密斯（George Smith）从古巴比伦泥板文书上，找到了《圣经》中诺亚方舟洪水故事的来源，引起了世界的轰动。[2]从那以后，洪水神话就一直成为国际学术界关注的热点。一百多年来，各国学者对这个流传极广的古老神话进行了大量研究，获得了许多成果。目前，人们在世界各地已发现无以数计形态相似而又各有特色的洪水传说，并对它的起源、传播与文化内涵等等进行了深入的研究。

人们对洪水神话了解越多，就越觉得它是一个难解之谜。因为它在世界上流传如此之广，以致在没有对世界各民族洪水神话的具体形态与分布进行系统调查研究之前，它的谜底很难彻底揭开。这正如打造一条项链，只有先造好各个链环，才能将它们环环相扣起来。

对国际学术界来说，中国洪水神话至今是一个巨大的缺环。1918年，以善于搜集资料而著称的弗雷泽（Sir James George F-razer），在《〈旧约〉中的民间传说》一书中描述了当时世界各国发现的大量洪水神话资料，将其分别归纳为以巴比伦、美洲印第安人和马来群岛为中心的三个洪水神话圈。然而，对于中国，他不无遗憾地说：

> 特别令人注意的是，在亚洲东部那些非常开化的民族中，例如中国人和日

---

1 刊于1996年第3期。

※ 陈建宪（1954— ），华中师范大学文学院教授、副院长，非物质文化遗产研究中心副主任，民俗学专业硕士点指导组组长，湖北省民间文艺家协会副主席。

2 参见Alan Dundes ed.，*The Flood Myth*，University of California Press，Berkeley，1988，pp.29-48.

本人中，据我目前所知，在他们卷帙浩繁和古老的文献里，没有发现我们这里讨论的这类大洪水的任何当地传说，即整个人类或大部分人类被淹死的世界性洪水泛滥的传说。[1]

1932年，著名的斯蒂斯·汤普森（Stith Thompson）版的《民间文学母题索引》。在该书的“洪水”（A1010）条下，他列举了几十个国家和民族的资料，而中国却只有两篇异文，就这可怜的两篇，还被认为是从印度传入的。[2]

1988年，阿兰·邓迪斯教授（Alan Dundes）汇集国际上一百多年来的研究成果，编成论文集《洪水神话》（*The Flood Myth*）书中不仅收入了对《圣经》、巴比伦、印度、希腊等地古代洪水神话的经典研究，还有对美洲、非洲、澳大利亚、东南亚、中亚等广大地区口传洪水神话研究的新成果。可是，有关中国的洪水神话，仍是一片空白。[3]

中国960万平方公里的辽阔大地，难道真是一块洪水没有波及的伊甸园吗？否！

20世纪初，一些中外学者指出：中国古代文献上的大禹治水、女娲补天，都应该属于洪水神话。1898年，法国人保尔·维尔（Paul Vial）记述了一篇彝族的洪水神话，这是笔者目前所知外界对中国少数民族洪水神话的最早记录。[4]此后，法、英、日等国学者又陆续发表了少数零星的记述。1937年，芮逸夫《苗族洪水故事与伏羲女娲的传说》一文，引用了十多篇异文。[5]1942年，闻一多在《伏羲考》中列出的异文已达48篇。[6]从40年代末到60年代中叶，随着对少数民族的调查研究不断深入，大量洪水神话被发现和记录下来。80年代中期以来，中国开展了规模空前的全国性民间文化普查。据统计，到1990年时，已采录到民间故事183万篇[7]，其中有大量的洪水神话与传说。现在，经过一个多世纪好几代学人的共同努力，中国洪水神话那丰富神奇的面貌，终于比较完整地展现在我们眼前。

---

1 Sir James George Frazer，*Folk-loke in the Old Testamnt*，Macmillan and co.

2 Stith Thompson，*Motif Index of Folk-loke*.

3 参见Alan Dundes ed.，*The Flook Myth*，university of California Press，Berkeley，1988，pp.29-48。

4 Paul Vial，Les Lolos，Changhai，1899，pp.8-9. 转引自芮逸夫《苗族洪水故事与伏羲女娲的传说》，载中央研究院《人类学集刊》第一集，商务印书馆，1937年，第174页。

5 Paul Vial，Les Lolos，Changhai，1899，pp.8-9. 转引自芮逸夫《苗族洪水故事与伏羲女娲的传说》，载中央研究院《人类学集刊》第一集，商务印书馆，1937年，第174页。

6 见《闻一多全集》第一卷，开明书店，1948年，第3—68页。

7 见钟敬文《努力开创社会主义民间文艺事业的新阶段——中国民间文艺家协会第五次代表大会会务报告》，《民间文学论坛》1992年第1期，第40页。

由于大量资料的记录与发表，我们对中国各族洪水神话进行宏观考察的时机得以成熟。这里，笔者就以433篇中国洪水神话的异文为基础，运用历史地理学派方法，对其形态进行初步的分析。这些异文来自除福建和山西以外的全国各个省份，涉及43个民族，应该说，它们是具有足够代表性的。[1]

简单说来，笔者的工作是：首先将这些异文从浩瀚的文献海洋中打捞出来，按民族和发表的时间加以编排；接着，抽取每篇异文中的典型母题，将其采集地点在地图上标出，这样我们就得到了它们的基本形态区别和大概的地理分布；在此基础上，参照有关的历史文化背景，确定主要的故事类型，追踪它们可能的发源地、族属、原型、传播过程、文化内蕴以及与周边洪水神话的关系，等等。这里发表的，只是有关中国洪水神话最主要的几种类型及其分布状况的初步研究。

世界各国的洪水神话，其形态无论怎样千差万别，都由两个主要内容组成：一是淹灭世界的大洪水；一是洪水后幸存的少数遗民重新繁衍出新的人类。中国洪水神话在内容上一般也由这两部分构成。不过，它们在具体表述方式和细节上又有自己鲜明的民族风格。

中国洪水神话极为丰富多彩，其中影响较大的主要有四个亚型，下面我们就逐一进行介绍与分析。

二、神谕奇兆亚型

这个亚型的洪水神话传说，可以归纳为下述情节梗概：

1. 神谕与奇兆。两兄妹（或某个人）心地善良（或做了某件好事），神向他们透露了洪水即将到来的消息。有时，神还告诉他们洪水的前兆：a. 石龟（石狮）的眼睛出血（或发红）；b. 城门出血；c. 臼出水；d. 其他。

2. 遗民。兄妹在大洪水后幸存。避水的方式是：a. 钻进石龟（石狮）肚子里；b. 上山；c. 其他。

1 这篇异文的民族分布是阿昌族1篇；白族8篇；保安族2篇；布朗族2篇；布依族28篇；朝鲜族2篇；傣族1篇；德昂族4篇；侗族3篇；独龙族7篇；鄂伦春族2篇；鄂温克族2篇；高山族26篇；仡佬族8篇；哈尼族7篇；哈萨克族1篇；赫哲族1篇；汉族98篇；回族3篇；基诺族2篇；景颇族2篇；柯尔克孜族1篇；拉祜族13篇；黎族6篇；傈僳族13篇；满族3篇；毛南族4篇；蒙古族2篇；苗族66篇；仫佬族2篇；纳西族9篇；怒族11篇；普米族3篇；羌族2篇；畲族1篇；水族5篇；土家族8篇；佤族3篇；瑶族24篇；彝族45篇；藏族6篇；壮族6篇；维吾尔族1篇。

3. 兄妹成亲。为了重新繁衍人类，兄妹二人必须乱伦婚配。他们为此进行了一系列难题考验，占卜天意并获得了证实。这些难题是：a. 分别从山头上滚下一扇石磨，两扇石磨叠在一起；b. 分别从不同山上扔出针和线，哥哥的针穿过了妹妹的线；c. 兄妹分别在两座山头烧烟火，烟子在天上扭在一起；d. 其他。

4. 再造人类。方式：a. 生育；b. 捏泥人；c. 其他。

我们以一篇河南北部的异文为例，看看这一亚型的现代口传形态：从前，淮阳城北有座石龟桥。伏羲女娲兄妹常从桥边过。一天，伏羲见石龟流泪，就喂了它两个馍馍。石龟忽然开口说话："好心的人哪，今后每天给我捎一个馍馍吧！"女娲知道了，让哥哥每天捎去两个。一天，石龟告诉他们：马上就要天塌地陷。并让他俩钻进自己肚子里。等兄妹俩在龟肚里吃完以前放进去的馍馍，出来一看，到处是一片白茫茫的水，万物都灭绝了。为了延续后代，哥哥提出与妹妹结婚。妹妹不答应，提出滚磨来试天意。二人从山上各推一扇石磨滚下，石磨在山下合在一起，两人于是成亲。婚后，女娲通过捏泥人再造了人类。

神谕奇兆亚型的洪水神话，似乎是由一些古老的母题在长期传播中逐渐复合而成的。这些母题在汉族古文献上很早就有记录。它们是：

1. 与女娲有关的洪水传说。它最早见于汉代《淮南子·览冥训》："往古之时，四极废，九州裂，天不兼覆，地不兼载，火爁炎而不灭。水浩洋而不息；猛兽食颛民，鸷鸟攫老弱。于是女娲炼五色石以补苍天，断鳌足以立四极，杀黑龙以济冀州，积芦灰以止淫水。"

2. 女娲抟土造人的神话。最早见汉代的《风俗通》："俗说天地开辟，未有人民。女娲抟黄土造人，剧务，力不暇供，乃引绳于泥中，举以为人。"

3. 伊尹出生的传说。屈原《天问》中有一段难解的话："水滨之木，得彼小子。夫何恶之，媵有莘之妇？"对此，汉代的王逸注释道："伊尹母妊身，梦神女告之曰：'臼灶生蛙，亟去无顾。'居无几何，臼灶中生蛙，母去，东走，顾视其域，尽为大水。母因溺死，化为空桑之木。水干之后，有小儿啼水涯，人取养之。既长大，有殊才，有莘恶伊尹从木中出，因以送女也。"

在这个关于英雄人物神奇出生的传说中，有典型的"神谕"和"奇兆"母题，它们成为这个亚型的标志。如汉代高诱在为《淮南子》中"历阳之都，一夕反而为湖"作注时，提到这样一个传说："历阳，淮南国之县名，今属江都。昔有老妪，常行仁义，有二诸生遇之，谓妪：'视东城门阃有血，便走，上北山，勿顾也。'自此，妪便往视门阃，阓者问之，妪对曰如是。其暮，门吏故杀鸡血涂门阓。明旦，老妪早往视门，见血，便上北山，国没为湖。”这个传说中，主人公也是一个妇人，并且也有神谕和奇兆的母题。不过故事中的老妪得神谕是因为“常行仁义”，带有更多社会伦理色彩；洪水前兆也不是臼出水，而是城门阓出血。到了南北朝以后，这个母题则变成了石龟眼中流血：

> 和州历阳沦为湖，昔有书生遇一老妪，妪待之甚厚，生谓妪曰：“此县门石龟眼血出，此地当陷为湖。”妪后数往视之，门吏问妪，妪具答之。吏以朱点龟眼，妪见遂走上北山，顾城遂陷焉。今湖中有明府鱼、奴鱼、婢鱼。
>
> （梁）任昉《述异记》卷一

从我们目前收集到的39篇神谕奇兆亚型的异文来看，洪水前兆以石狮眼中出血（发红）最多，共29例；其次为石龟（乌龟、金鱼）5例、石人3例、臼与老虎各1例。其中出现最早的是臼，然后是石龟。钟敬文先生在“洪水后兄妹再殖人类神话”中曾经指出：“我以为现在汉族流行的这种类型的神话，部分记录中石狮子及其预告灾难等情节，是从较早时代地陷传说中的石龟角色及其作用所蜕变而成的。而明代小说中的石狮子及其预兆作用的叙述，正是现在这种故事有关情节的较早形态。在现代同类型神话的另外记录里，那角色仍是乌龟，这是原始说法的遗留。”[1]我们认为这个论断是符合实际的。

4. 兄妹结婚的情节。其最早文献记录是唐代的《独异志》：昔宇宙初开之时，只有女娲兄妹二人在昆仑山，而天下未有人民。议以为夫妻，又自羞耻。兄即与其妹上昆仑山，咒曰：“天若谴我兄妹二人为夫妻，而烟悉合；若不，使烟散。”于烟即合。其妹即来就兄。乃结草为扇，以障其面。今时人取妇执扇，象其事也。

神谕奇兆亚型见于吉、辽、冀、鲁、豫、苏、浙、皖、鄂诸省，河南北部与山东、安徽交界处是其中心区域。据现有资料，这个亚型的异文总数有39个，其中除了白族1篇、满族1篇、回族2篇外，其他异文全部属于汉族。显然，这个类型起源于汉族并主要流传于汉族聚居区。其发展演变的大概轨迹可能是：它最初出现于山东、河南交界

1 钟敬文：《洪水后兄妹再殖人类神话》，载《中国与日本文化研究》第一集，中国大百科全书出版社，1991年，第163页。

的有莘氏族故地，是一个与伊尹出身有关的地区性洪水传说。随着时间的推移，这个传说开始向四周传播，在南北朝时已达安徽、浙江和四川，近代又传到了北至吉林、南至湖北的广大区域。在传播过程中，这个传说不断变化，将女娲补天、造人和兄妹结婚的情节连缀在一起，变成一个典型的洪水遗民神话。这种从传说到神话的变化，是这个类型最令人惊奇的特点。因为比较古老的民间故事，一般来说都是从神话向传说转化的。汉族洪水传说向神话转化的原因，很可能是受了周边少数民族的影响。至于这种变化始于何时何地，还需要进一步的研究。

三、雷公报仇亚型

这个亚型主要分布于贵州、广西、湖南、四川、云南等地，以贵州省西部为中心，向四周辐射。我们目前得到的这类异文一共有 91 篇，它们来自苗、瑶、布依、侗、仡佬、哈尼、汉、毛南、仫佬、羌、畲、水、土家、壮、黎 15 个民族，其中以苗族最多，达 39 篇。所以它是一个属于中国西南少数民族的亚型。

雷公报仇型洪水神话的基本情节，可以概括如下：

1. 女始祖（名叫巫娘、巫仰、龟婆、榜妹等）下了 12 个（或 6 个）蛋，孵出龙、蛇、虎、雷公、魔鬼以及人类始祖姜央（或名央、阿央、姜良、高比、果本等），他们分管天地。

2. 雷公与姜央闹矛盾。原因：a. 争夺掌管天地的权力；b. 争官名；c. 比本领；d. 借牛不还；e. 破禁；f. 想吃雷公的肉；g. 其他。

3. 雷公的被捉与被放。雷公下凡劈姜央，被捉住关在笼子（谷仓）中。姜央因事外出，嘱咐孩子们（名叫伏羲、女娲，或相两、相芒，德龙、巴龙，召亚兄妹，等）看管好雷公。但兄妹俩由于怜悯心（或不懂事）而帮助雷公逃脱了。

4. 雷公逃走前，送给两兄妹一颗牙齿（或葫芦籽、南瓜籽），叫他们赶快种下，并告诉他们，洪水即将淹灭天下。

5. 雷公发下大洪水，人类全被淹死，只有兄妹俩躲在雷公赠送的牙齿所长出的大葫芦中幸存。

6. 为了再繁衍人类，兄妹乱伦婚配。婚前以难题占卜天意：a. 各在一座山头滚下一扇石磨，二磨在山下相合；b. 隔河分别扔针和线，线穿进针孔；c. 兄妹绕山追逐（或妹藏兄寻），兄在乌龟帮助下获胜；d. 让踩成几瓣的乌龟或砍成几节（截）的竹子复活；e. 其他。

7. 妹妹生下一个葫芦（或葫芦形、瓜形的怪胎）。a. 兄将其切碎撒在野外，第二天这些碎片全变为人类；b. 从葫芦中走出许多民族的始祖。

关于雷公报仇亚型的发源地，如果将我们的类型分布图与中国的民族分布图叠合在一起，就会发现这个亚型正好与苗族的分布相重合。人们一般按方言的不同将苗族分为三个支系，即黔东方言区、湘西方言和川滇黔方言区，他们分别聚居在黔东南、湘西和四川省南部。而雷公报仇亚型的异文也多集中在这几个地区。由于这类故事在黔东南雷公山一带发现最多，形态也最为原始，并且该地区处于这个类型分布的中心，所以我们推测它可能发源于这个地区的苗族之中，然后向四周扩散。

雷公报仇亚型的特点是：首先，它是不折不扣的神话，是有关天地万物来源的系列神话的一部分。例如 1979 年贵州人民出版社出版的《苗族古歌》，分为四组：开天辟地歌、枫木歌、洪水滔天歌、跋山涉水歌，中间两组是洪水神话，与另两组古歌构成一个有着内在联系的系列。[1]即使在未经整理的异文中，也有不少讲到女始祖生十二个蛋或雷公与故事的主人公是兄弟关系。其次，大洪水的起因，是人与神的斗争而不是自然的原因。第三，雷公是故事的主角，也是信仰中的主神。第四，葫芦在故事中有着重要意义，它既是避难的工具，又是人类再造的物质载体。

现在我们还不能确知雷公报仇亚型起源的具体时间。它的最早记录，目前所知的是英国人克拉（克）（Samuel R.Clarke）1911 年《在中国西南的部落中》一书记述的“洪水歌”。

从这个类型已经流传到十多个民族并在一些民族（如布依族、壮族、瑶族等）中形成了地区亚型的情形来推测，它的历史一定是非常古老的。以《苗族古歌》为例，它主要流传于黔东南地区，是在“吃牯脏”和过苗年等重大民族节日时，由德高望重的老人、巫师、歌手来演唱的。它一代代口耳相传，我们今天很难确切地说出其产生年代。关于这个亚型的起源、传播以及由此涉及的西南各民族之间的历史文化关系、古老的文化遗存等，是许多学者极感兴趣并正在努力研究的问题。

四、寻天女亚型

在四川南部的凉山彝族地区、云南四川交界处的纳西族地区以及云南中部的一些地

---

1 Paul Vial, Les Lolos, Changhai, 1898, pp. 8-9. 转引自芮逸夫《苗族洪水故事与伏羲女娲的传说》，载中央研究院《人类学集刊》第一集，商务印书馆，1937 年，第 174 页。

区，有一个非常古老而富有特色的洪水神话亚型流传，我们将它称为寻天女亚型。例如纳西族著名史诗《创世纪》(一译《崇邦统》)，就是一个典型代表。下面是其梗概：

1. 宇宙和人类的最初由来。

2. 人类的第九代祖先崇仁丽恩有五兄弟和六姐妹，他们相互婚配，秽气污染了天地，天神决定放洪水毁灭人类。

3. 崇仁丽恩兄妹们开荒犁地，每天白天犁好的地，都被天神派遣（或化成）的大野猪在夜里平复。天神告诉心肠好的崇仁丽恩，大洪水将要到来，要他躲进牦牛皮制成的大鼓中。

4. 大洪水。人类灭绝，只有崇仁丽恩在牛皮鼓中幸存。

5. 崇仁丽恩不听神的指点，与一个直眼睛的美丽天女结婚，结果生下了蛇、蛙、猪、猴、鸡等动物和松、栗等植物，没有繁衍出人类。

6. 天女变为鸟下凡来与崇仁丽恩相恋，后来将他带到天上。

7. 崇仁丽恩向天女之父求婚，天神对女婿的难题考验：a. 一天砍完九十九片森林；b. 一天烧完九十九片荒地；c. 一天撒完九十九片地的种；d. 在一天内将撒出的种子拣（捡）回；e. 寻回五颗被蚂蚁和斑鸠吃掉了的种子；f. 企图在打岩羊时将其害死；g. 企图在打鱼时将其踢下江中；h. 挤三滴虎乳；i. 其他。

8. 崇仁丽恩在天女帮助下顺利通过考验，获得天女为妻。夫妻二人从天上迁到地下定居，天神以各种动物、植物及粮食种子为嫁妆。

9. 生下三个儿子。各自成为三个民族（藏族、纳西族、白族）的祖先。

纳西族《创世纪》非常古老。它不仅在民间口耳相传，而且以象形文字的形式记载在宗教典籍之上，是东巴教的核心经典之一。虽然有关它起源的确切时间，学界现在尚无定说，但研究者们都相信它的历史一定很长。例如，明代正德年间出于纳西族土司木公之手的《木氏宦谱》，在叶古年之前的十多代先祖世系，就录自《创世纪》。其中几个重要年代的说明，也与《创世纪》一致。《创世纪》中不仅记载了纳西族的许多代祖先，而且在其中最后一部分，以送祖宗之魂回先祖住地的形式，记载了纳西族祖先从北到南的迁徙路线，历数了从云南到四川、青海等地的 70 多个地名。显然，只有经过漫长时间的积累，这篇史诗才能形成。[1]有些学者认为："它的写定年代大约在纳西族从奴隶社会过渡到封建社会的初期，即公元七世纪至公元九世纪之间。"[2]

寻天女型洪水神话除了在纳西族中发现外，在彝族古代典籍和当代口头传说中也广泛流传。例如大小凉山地区流传的彝族创世史诗《勒俄特依》，其中的"洪水漫天地"里就说，人类先祖却布居木有三个儿子，他们辛劳地开荒犁地，可天神恩体格兹却每天派使者阿古叶枯变为一头野猪去拱坏他们的地。后来他们捉住了野猪，老大老二要打它。野猪告诉他们说，天神马上要发大洪水，叫他们分别躲在金柜、银柜和木柜中。结果，大洪水后，人类全被淹死，只有躲在木柜中的老三居木武吾幸存。后来，恩体格兹在天地间扯起铜线、铁线作桥梁，居木武吾上天求婚，得到了天神的小女儿为妻，然后回到地下，重新繁衍出人类。

根据有关研究，传说《勒俄特依》是彝族曲涅系著名的大毕摩（即巫师）阿什拉则根据民间口头流传的史诗整理而成，他是吴奇、布兹、舍贴几个家支的祖先，距今已有30代，约750年。[3]据此来看，彝族的寻天女亚型洪水神话也有非常久远的历史。

在我们收集到的异文中，寻天女亚型的异文共37篇。其中彝族20篇，纳西族6篇。此外的11篇来自藏、普米、德昂、独龙、拉祜、蒙等族，他们或是与彝族、纳西族一样，同是古代南迁的氐羌人的后裔，如拉祜族和普米族；或是采录于与彝族、纳西族杂居的地区，如从四川省木里县采录到的3篇藏族异文和2篇蒙古族异文。根据这个亚型的分布状况，我们推测：这个类型大约是古代氐羌人从北向南迁徙时所携带的精神行囊之一，据有关研究，他们早在公元前就到达中国西南地区，并分化为不同的支系，形成一些各具特点的不同民族。他们在近两千年艰难的生息繁衍中，通过宗教、民俗等活动，始终保持着他们祖先创造的精神文化遗产。

五、兄妹开荒亚型

兄妹开荒型是一个很特别的类型。它的前半截有着寻天女亚型中常见的几兄弟犁地被平复的母题，而后半截却是雷公报仇亚型与神谕奇兆亚型中常见的兄妹结婚再传人类

1 参见李近春《浅谈纳西族史诗〈创世纪〉》，载郭大烈、杨世光编《东巴文化论集》，云南人民出版社，1985年，第353、360页。

2 马学良、梁庭望、张公瑾主编：《中国少数民族文学史》，中央民族学院出版社，1992年，第153页。

3 参见徐铭《毕摩文化概说》，载左玉堂、陶学良编《毕摩文化论》，云南人民出版社，1993年，第31页。

母题。显然，它是一种复合的形态。从我们的类型分布图上也可以看得很清楚，这个亚型的异文正好夹杂在寻天女亚型和雷公报仇亚型的中间地带，集中在川、黔、滇交界处和云南中部楚雄、弥勒彝族聚居地区。我们现在收集到属于这个亚型的异文一共有30篇，其中15篇来自彝族，10篇来自苗族，这个统计表明，它极有可能是由这两个民族所传承的不同类型洪水故事，在交叉传播中复合而成的。

关于这个亚型的内容，贵州省西部仡佬族中流传的一首《泡桐歌》，可以作为一个例子。其主要情节是：古代有一家兄妹三人，有一次，他们白天开好的地，到第二天就平复了，他们夜里躲起来看是怎么回事，发现是个白胡子老头干的。原来这老头是太白金星，他告诉这三兄妹马上要发洪水了，叫老大躲进石柜里，老二和他妹妹躲进葫芦里。大洪水后，兄妹经过三个难题考验来测天意：1. 隔河来滚磨；2. 隔河丢簸箕；3. 丢针来穿线；得到确认后成亲。婚后生下一个儿子。天神后来派仙女下凡与其婚配，再造了新的人类。[1]

在这首古歌中，前面几个亚型的一些母题被融合在一起。寻天女型中的兄弟开荒，变成了兄妹开荒；避水工具是葫芦，洪水后兄妹难题结婚，这些都是雷公报仇型的典型母题；然而，再造人类又回到了天女下嫁。显然，它是上述两个亚型在传播中发生融混的产物。

兄妹开荒亚型早在1911年就被英国人克拉克记录在他的著作中，而且他还是转引别人的讲述，可见这个类型早就存在。在彝族四大创世史诗《阿细的先基》《梅葛》《查姆》和《勒俄特依》中，前面两部史诗中的洪水神话部分，都属于兄妹开荒亚型，足见这个亚型的古老与重要。一般来说，这个亚型应该是产生于上两个类型之后。但即使如此，它的历史也不一定就很短。有关这个复合类型的来历，我们还需进一步研究。

六、其他亚型

在我们目前收集到的中国洪水神话传说中，能够清楚地看到其亚型特征的，主要是上述四个亚型，它们的异文数合起来为196篇，约占总数的45%。其他剩下的异文，则分别属于下面几种情况。

一种是在个别民族与有限地域中流传的带有某些独特母题的亚型。例如在白族、布

1　参见贵州省安顺地区民族事务委员会编《仡佬族古歌》，贵州民族出版社，1991年，第34—38页。

依族、独龙族、哈尼族、黎族、怒族以及台湾一些土著民族中，各有一些类似如地区亚型的小群异文。它们或是上面四个亚型流传到某些民族和地区后的变体，或是有着自己的独立起源。

另一种是国际型的洪水故事。例如基督教的诺亚方舟故事、伊斯兰教的努哈故事，很早就随着移民和宗教的传播进入中国。古代印度的洪水神话，在中国也早就为人所知。在台湾、海南岛和云南省，有些民族的洪水故事似乎与东南亚地区之间存在着某种联系。这些，都是我们很感兴趣并正努力探讨的问题。

除了上述带有类型性的异文外，在中国，还有大量一般性的洪水故事流传。这些故事大都具有洪水、遗民、人类再造的主要情节，但是它们却缺乏那种能作为亚型标识的典型母题，因此我们就将它们称之为一般型。这类异文目前在我们的资料库中占有很大比重，达40%左右，并且其中大约三分之一明确指出故事中的洪水就是原始之水。

七、初步的结论

通过以上分析与介绍，我们可以得到一些初步的结论：

（1）中国是一个洪水神话极为丰富的国家。作为一个古老的农耕民族，中国曾饱受洪水之患，并且至今常常受到洪水的威胁。因此，中国从遥远的古代起就有大量关于洪水的神话与传说产生。更值得特别一提的是，中国的洪水神话不仅有古代的文献记载，而且直到今天还在不少民族与地区以口耳相承的活形态广泛流传。近年来，中国采录发表了数以千计的口传洪水神话记录，这对于世界洪水神话研究来说，是一个重大的发现。它必将对国际洪水神话研究带来新的突破。

（2）中国洪水神话绝大多数具有世界其他地区洪水神话的一般结构特征，即认为在远古时曾有一场淹灭世界的大洪水发生，在洪水后只有个别人幸存下来，并由他们重新繁殖出新一代的人类。这种情节模式的类同，究竟是由于人类早期生活与思想的相似而产生的巧合呢？还是由于中国与其他国家和民族在相当古老的时代就存在我们现在尚不知道的文化交流呢？抑或是像有些学者所认为的那样，远古时代的确有一场淹没世界的大洪水，今天的人类都是几个侥幸遗存者的后裔？随着今后对洪水神话的研究不断深入，我们可能对中外远古文化关系会有一些新的发现。

（3）中国洪水神话不仅数量众多，而且形态丰富多彩。各种不同亚型的洪水神话，反映了各民族不同的社会生活与文化性格，体现了鲜明的民族性。同时，洪水神话又记录着各民族之间的文化交流与融合，投射出我国各族人民血肉相依的历史渊源。例如，中国洪水神话的结尾有一个常见的母题，即许多民族出自同一个始祖，他们都是洪水后那对兄妹所生，或是从同一个大葫芦中出来的。我们都知道，口耳相传的神话是研究前文字社会时期民族历史的珍贵史料，而我国许多少数民族，直到解放前夕仍处在这一历史阶段，因此，研究洪水神话，对于了解我国一些民族的族源和他们之间的相互关系，有十分重要的价值。

（4）在中国洪水神话传说中，有不少异文保持着非常原始的形态。我们将其内容与国外洪水神话略加比较，不难看出这种特色。例如，在著名的巴比伦、希伯来、希腊和印度洪水神话中，人们用来躲避洪水的是人工制造的船只，然而在中国几个最有代表性的洪水神话类型里，避水工具却是葫芦、牛皮等自然物，或是神的保护（石龟、石狮）。尤其值得注意的是，中国洪水神话中人类的再繁衍，多是现实生活中严格禁止的乱伦婚配（兄妹、姐弟、母子、父女），这与西方同类情节中的由夫妻或家庭再传人烟极不相同。其他如难题求婚、葫芦生人、切碎怪胎、泥土造人等等，都是非常原始的母题。中国洪水故事还常常与许多民族的系列创世神话结合在一起，成为其中一个不可分割的组成部分。此外，洪水神话的流传往往与各民族的原始宗教、民俗紧密相联，在有些民族中，甚至只有在某些特别的场合，如祭祖、重大节日时，才能由特定的人（巫师、长老等）来讲述。因此，中国洪水神话也是研究人类早期的宗教、民俗、生活方式和思维方式等等的珍贵资料。

总之，中国洪水神话的大批发现，填补了世界洪水神话圈的缺环。对人类早期生活与文化、中国各民族的历史渊源及文化关系、中外古代文化交流等，有着极重要的价值。我们这里虽然对中国洪水神话的类型和分布进行了初步探索。但有关中国的洪水神话与传说的其他方面，还有很多问题需要进一步深入研究。特别是它们的起源、原型、传播路线、与周边地区的关系、其文化内涵和社会功能等等，将是一代代学人继续努力探险的目标。对此，中国学者有着义不容辞的责任，并一定会作出应有的贡献。

一个地域神的传说和民众生活世界[1]

刘晓春[2]

对于中国民间传说的研究，学者多从文献材料出发，考察传说的起源、播布及其文化内涵。由于缺少在田野调查基础上获得的第一手材料，因此也就无法深刻理解民间传说与民众及其生活世界之间的互动。本文试图就一个客家村落的神庙信仰的历史进行民族志的重建，分析一个地域神传说的演变与民众生活世界之间的关系，希望能够为民众如何对民间传说进行动态的创造提供一个个案，引起学者对民间传说与具体时空坐落的生活世界之间的关系予以关注。

一、神庙的区位

作为神庙的“白石仙”，位于江西省宁都县东山坝乡富东村境内，是宁都北部具有区域影响的民间神庙。庙内供奉的是一块巨大的白石。“白石仙”的区域影响覆盖了整个东山坝乡以及宁都县“上三乡”的洛口、东韶、肖田、琳池、黄陂，以及临近的于都、会昌、广昌、兴国等县。

富东村，位于宁都县北部偏东，行政上现有24个村民小组。明清时期属于太平乡十二都，为“上三乡”。全村有人口4427人（1996年统计数字），主要由罗、李二姓组成，另外还有少量的张姓，其中罗、李二姓各占2000人左右。罗姓主要居住在柞树、前门、和里（旧称窝里）等自然村，李姓则主要居住在塘边、塘角、垅田及冷田等自

1 刊于1998年第3期。

2 刘晓春，广东省湛江师范学院中文系讲师、民间文学博士。

然村。自古至今有“富东五坊”（柞树坊、前门、和里、塘角和塘边）和“罗李两姓三族”的说法，即李姓为一族，前门罗姓为一族，和里罗姓与柞树坊罗姓为一族。清康熙三十二年（1693）以前，柞树罗氏和前门罗氏还存在着血缘和仪式上的认同。从康熙三十二年（1693）柞树罗氏开始独立修谱以来，前门罗氏和柞树罗氏基本走上了家族独立发展的道路。三族均有自己的庙宇，柞树坊、和里为“白石仙”，前门为“新华山”，李氏为“明华山”。

二、传说的形态

1. 原生形态

“白石仙”首先是作为柞树坊、和里家族的信仰中心，为区域的民众所认识。其庵堂位于富东的后龙山，地名为燕子岩。关于其来历，民间的说法是：在很久以前，罗姓有一小孩每天都在燕子岩附近的稻田里放养鸭子，等傍晚回家时总要少一只鸭子，他感到很奇怪，可又没有办法。他便对着天天坐的那块白石说：“石头，你要是能保护我的鸭子不会少，我就像敬菩萨一样天天敬你。”果然从第二天开始鸭子便不少了。那小孩将白石灵验的奇事告诉村子里的人，慢慢地，人们有事情就求白石保佑，而且那块石头也越长越大，人们便为白石修建了一座寺庙，加以供奉。白石仙崇拜实际上是民众对自然物——一块巨大的白石的崇拜。民间对石头的崇拜：“一是某种石有功于人，人们感激它、崇拜它；二是某石与众不同，使人感到神秘，于是人们神化它，奉之为神。”[1]人们对其外表的奇异和神秘性的敬畏而崇拜它，进而上升为神。清代，柞树坊罗氏在白石上修建仙庵，永赡香灯执管，标志白石仙为仕荣祖派下族众所有。一般村民都认为白石仙只是一块具有神性的白石而已，笔者在调查过程中，对柞树坊6位崇拜“白石仙”的家庭妇女作过访谈，问她们是否知道“白石仙”是怎样的一位神仙，大多数回答不出其中的所以然，有的只知道其神迹的片段，能比较完整地讲述的几乎没有，基本上只知道一块白石为牧鸭孩童所朝之后逐渐为富东民众所朝拜的发展过程。这说明白石仙作为仕荣祖派下族众的家族神明的人格化时间并不遥远，以至于它的人格化之后的神迹未能在民间流传。

1 何星亮：《中国自然神与自然崇拜》，上海三联书店，1992年，第350页。

2. 人格化形态

清末民初时期，“白石仙”的传说发展进入了人格化的阶段。

“白石仙”的人格化与天花坛（又称崇善堂）的倡建有直接的关系，天花坛正是仕荣祖派下的家族精英出于家族的利益所倡建的。罗仲篪为清末民初柞树坊罗氏之族长，族谱中有这样的记载：

甲寅岁，天花盛行，先生邀集同人鼎力倡办，坛中各善举也已次第办理，所建仙坛一座……[1]

至民国三年甲寅十月恭奉天极上相孚佑帝君命大开天化敕命本境白石灵王圭石为监政座王，次年乙卯二月择地造化坛为开化地……[2]

天花坛于1987年倒塌，据柞树坊村民罗涛琳回忆，天花坛共有三层，第一层安放孔夫子像，第二层为玉皇大帝，第三层为地母娘娘。从天花坛所祀神来看，主要为道教神。所谓孚佑帝君即吕祖吕洞宾，而罗仲篪则为道教弟子。如此看来，白石仙人格化的直接原因是罗仲篪出于为崇善堂设立座主的需要。事实却并非如此简单，罗仲篪为白石灵王撰写的墓志铭把白石仙人格化的原因表达得非常明白，这就是要为“白石仙”创造一个有显赫身份的神仙。至此，白石仙的姓名、生平，葬在何处及其子嗣都有一个比较简单的说法。[3]

如果说罗仲篪为白石灵王撰写墓志铭里的创造只是简单粗略的描述，那么民国八年（1919）创造的“白大师行述”则是完成了对白石仙神性的系统创造：

大明嘉靖我初生，虔化县中认旧城，
卜处朱源岭背地，西阳旧族起家声，
父字尊荣母氏孟，好行阴骘多方便，
积功累德法燕山，自此天心常默眷，
我父登科始发祥，萍乡作宰姓名香，

---

1 《柞树坊罗氏十五修族谱・启用房重棣罗公星海先生墓志铭》。
2 《柞树坊罗氏十五修族谱・仕荣祖助建崇善堂志》。
3 详见《柞树坊罗氏十五修族谱・白石灵王墓志铭》。

十年任满归桑梓，猴岭吹笙还上苍，
所生四子予居长，小字万兴蒙上选，
十五游庠初夺魁，二十得中探花榜，
旋迁内阁侍郎官，走马长安人尽欢，
可恨严嵩怀僭窃，桂冠远隐乐盘桓，
居家学得岐黄术，救世功宏难尽述，
不可良相便为医，赤子苍生归抚恤，
贤哉内助李夫人，举案齐眉敬若宾，
俭效马妃常练服，宛然巾帼作针神，
我身不幸家多难，折翼分飞形似燕，
仲氏先亡季被虏，惟余叔子同忧虑，
有子七人慰我心，箕裘克绍守良箴，
半耕半读承先志，清白传家众所钦，
长子不才学稼圃，三男四子营商贾，
五郎夺得锦标归，六七黉宫称博古，
无何饥馑遇天灾，蒿目时艰泪满腮，
只效尧夫当锄麦，稍苏涸鲋罄资财，
凶荒既遇流瘟起，环顾遍氓忧未已，
采药炼丹妙剂成，死中得活全乡里，
家忧国难历何多，君弱臣强损大和，
因此上苍施劫运，下民无辜受灾魔，
崇祯七载天书召，身赴玉楼膺检校，
寿享期颐余二春，英灵化石彰神效，
牧竖鸭夫向我朝，曾将幻术化尘嚣，
至今佳话传千古，宫殿巍峨气象超，
一卷石子争趋拜，讵料历年形渐大，
变化无穷人不晓，小之无内大无小，
数百年来血食登，牺牲供给众钦承，
自从天化大开后，不忍伤生学老僧，

师遇纯阳学一贯，命予监政封天相，
全球善恶掌稽查，受命以来无稍旷，
迄今善举若完全，差幸功圆果亦圆，
一片苦心谁共谅，麟经补缺话连篇，
磨残木笔说干口，沥胆批肝为众剖，
好把前言剖在心，莫忘我这叮咛叟。[1]

关于这篇行述的来源，族谱中的记载是于民国八年（1919）十一月十二日白石仙显灵降于崇善堂（即天花坛）。实际上，它是由罗仲篪撰写的。

3. 衍生形态

作为柞树坊罗氏家族庙宇和区域信仰中心的“白石仙”，在改革开放后富东民间信仰复兴的运动中，关于“白石仙”的传说，除了家族与村落流传的传说与家族精英们所创造的神话之外，在村落中有增无减。据说在此之前，富东民间不能为“白石仙”做戏。1976 年，柞树坊罗氏便开始修庙，恢复每年一度的唱戏酬神活动。在破“四旧”时，原公社人武部长王某带人拆庙，将瓦、树木等搬到公社，不久他便得肝炎去世，当时参与拆除“白石仙”的其他人，其家庭或本人都不同程度地遭遇了不同的灾祸。原公社党委书记章某，其母为神婆，他向富东大队书记罗兰荣建议，将庙卖给私人，就没有人敢拆庙了。柞树坊罗氏便将庙卖给前门一罗姓，庙因此得以幸存。不久，章某便升任某县县委组织部部长。1996 年 6 月，黄陂罗姓有 20 多人来向“白石仙”进香，开车的是一个小伙子，不信神，第二天他们要返回时，汽车无论如何也无法启动，朝仙队伍中有一神婆便点香烧纸，向“白石仙”方向唱揖，请求“白石仙”恕罪，汽车果然启动。广昌一老太婆，其媳妇无生养，富东一罗姓到广昌割松油寄住在她家，得知这一事情后告诉她，“白石仙”很灵，可以求他保佑，不久其媳妇果真生了一个儿子。

三、传说与民众生活世界

1. 神庙创建与家族认同

“白石仙”神迹的原生形态，实际上与柞树坊罗氏的家族独立运动和家族认同有

1 《柞树坊罗氏十五修族谱 • 白大师行述》。

密切的联系。柞树罗氏、前门罗氏和塘角罗氏实际上是同一个开基祖发展下来的。据《富东柞树罗氏十三修族谱》载，其开基祖为三十八世祖重三郎，名权，大宋开宝九年（976）丙子七月初十日午时生。从权公开始，罗姓便从前门而柞树坊，至和里，发展成为富东乃至宁都北部的一个著姓。权公定居前门后不久，到四十三世祖元杰生有四个儿子，家庭便开始了析分乃至迁徙的过程。清康熙三十二年（1693）以前柞树罗氏和前门罗氏还存在着血缘和仪式上的认同。从康熙三十二年（1693）柞树罗氏开始独立修谱以来，前门罗氏和柞树罗氏开始走上了家族独立发展的道路。此时，柞树坊罗氏的人口已经发展到了近千人，而且分成了兴大、兴和、兴作三房，并且为"开基祖"仕荣祖以及三位支房建造了祠堂，家族有了祭祀和仪式的中心。

正是在这一段时期，柞树坊罗氏家族集资建庙，为白石建一庙宇。《宁都直隶州志》卷30有载："白石仙，太平乡十三都富东。顺治中罗仕荣建，置田，永赡香灯。"另外，据《柞树坊罗氏白石仙〈青山寺〉暨白石大仙传志》记载，"柞树坊罗仕荣祖位下裔孙，集资建庙，于清顺治三年把简陋的茅房改为普通的白石庙，清乾隆二十年在各方信士的援助下，又建起一座三宝殿"。直至现在，每年的清明节，柞树罗氏都组织族人前往东韶的南团醮地，祭拜白石仙和仕荣祖。

再从富东罗氏近年的修谱情况来看，有可能从一些耐人寻味的现象中发现神庙创建与家族独立之间的关系。1995年，柞树罗氏和前门罗氏都续修了族谱。鉴于富东罗李二姓之间的矛盾与冲突近年来有愈演愈烈的趋势，罗氏有人提议柞树罗氏和前门罗氏联修族谱，希望通过联修族谱，强化富东罗氏的"一家人"意识，凝聚罗氏的力量，共同对抗外界，维护家族的利益。但是有人提出异议，主要是出于经济利益的考虑。柞树罗氏在每年的八月都要为"白石仙"举行斋会，为柞树罗氏带来了非常可观的经济收入。一旦族谱联修，意味着仪式的共享，势必会使柞树罗氏损失一部分经济利益，联修族谱的计划未果。富东罗氏因此失去了重新联合的机会。

实际上，富东各个家族都各自有其长期以来形成的家族庙宇认同。庙的创建为各个家族在祠堂之外，又确立了一个家族认同的象征。

2. 神的人格化与庙会制度化

家族的士绅可以说为民众创造了一个具备忠臣、隐士、救世主形象的神明。白圭石可以说是比较典型的符合儒家传统的士大夫形象。神的人格化过程为神庙信仰提供了正统文化的支持。富东民间关于"白石仙"的神庙信仰可以说是结合了民间自有的地方性文化资源而最终形成的区域性信仰崇拜。

首先，民间赋予“白石仙”神奇灵验，能够化解民间的诸多苦难，民众向“白石仙”祈祷、祭拜能够满足自身的需求，从而被民间加以神化。其次，民间精英完成了对“白石仙”的人格化与神圣化过程，罗仲篪以家族族长的身份，有其固有的文化优势，作为民间精英阶层的一分子，自然掌握着比其他家族成员更多的社会和文化资源。他在这一场造神运动中，充当着民间文化诠释者的身份，依靠其在家族中的权威、地位和声望，创造了家族信仰神明的一系列神迹。再次，由于天花坛的建造，富东民间为各路神祇建构了一个体系，也就意味为社区的神祇体系作了一次安排。在民国三年（1914），“白石仙”被天极上相孚佑帝君敕命为监政座主，稽查人间善恶，正式地纳入天花坛的道教神仙体系中。

所以，一方面，神庙祭祀仪式具有巫术性质、偏重于人与神之间交流沟通；另一方面，受国家正统思想影响的家族精英，希望建立村落的信仰和道德秩序，两者之间达到了巧妙的结合。地方精英对乡土神祇有意识地摒弃其“朴野”、巫术性的一面，极力对自己社区中的乡土性神明进行帝国化的模仿，使其正统化。在家族精英看来，毫无系统的、带有明显巫术意义的民间信仰难以确立其正统的地位，因为“外神之祭，非士庶所有”[1]，只要有机会，便有可能对其进行改造，削弱其“朴野”的一面。然而，家族精英将“白石仙”纳入社区神祇体系之中，其目的不仅仅只是为了削弱其“朴野”的成分，更重要的是，将其纳入家族精英安排的社区神祇的等级体系中。“社区神祇与国家神祇、官方宗教间接相关，它是传播正统思想的一条重要途径。”[2]而在这一过程中，正如杨庆堃所说：在宗教意识上，士大夫和普通大众之间有一个稳定的交融。[3]也就是说，家族精英包括那些未取得功名的乡绅等受儒教正统思想影响深刻的人，对民间的宗教生活的正统化和等级化产生影响。

但是，“白石仙”从“朴野”的泛灵崇拜到人格化的完成，也不仅仅只是对帝国官僚体系的简单的模仿。这一过程的完成，更重要的是体现了民间神明崇拜与村落文化的结合，家族精英充分地利用了地方性资源与国家资源确立家族神明的正统地位。天花坛

---

1 《宁都直隶州志》卷 11。

2 ［美］杜赞奇著，王福明译：《文化、权力与国家——1900—1942 年的华北农村》，江苏人民出版社，1994 年，第 128 页。

3 C.K.Yang,Religion in Chinese Society-A Study of Contemporary Social Functions of Religion and Some of Their Historical Factors, University of california Press, pp.267.

是由富东罗李两姓在罗仲篪的主持下建造的，前门罗氏的“新华山”与李氏的“明华山”并不具备如“白石仙”那样的条件，因为它们一开始就是作为佛教的庵堂而设立的家族庙宇，并非属于神庙，它无须完成纳入官方承认的三教体系之中的过程，而不至于被官方视为“淫祀”之类。实际上，据老人回忆，“白石仙”的香火历来都比“新华山”和“明华山”旺盛。在民国时期，富东民间大量地放养鱼苗，村民希望“白石仙”保佑他们的鱼塘不为洪水冲决，鱼苗不为强盗所掠，能卖好价钱，使白石仙成为宁都北部的主要神明，声名远扬，播及临近的于都、会昌、广昌、兴国等地。他们对“白石仙”的许诺与酬谢都特别慷慨，每年的“白石仙”神诞日所举行的迎神赛会为柞树坊罗氏带来相当大的经济收入，客观上为“白石仙”人格化过程的完成提出了要求。同时，“白石仙”的人格化过程的完成也是家族争夺村落信仰空间的需要。在激烈的生存竞争中，为了巩固家族在村落和区域中的社会地位，政治、经济的实力固然是首要的，然而在相当意义上，利用宗教信仰的力量也是必须的，其目的无非是借助神的力量维护家族的安全、利益，维系家族内部的团结，扩大家族在村落和区域中的影响。

另外，“神庙要成为民众信仰的文化中心，最少应该具有两种文化功能，即神圣功能和教化功能”[1]。在村民看来，白石仙并不缺乏超自然的神灵力量，但是由于其来历不明，其神性无法为村民所认识，因此，家族精英试图通过为其建构人格化的神性而对村民具有道德的感召力，“行述”中为村民塑的是一位符合儒家思想的人物形象。然而，由于其神迹人为创造的时间并不远久，中华人民共和国成立之后，对“迷信”的禁锢无疑遏制了“白石仙”神迹的传播。但是，村民对神的信仰更多地关注于神是否灵验，能否解决现实生活中的苦难，能否满足村民的乞求，相对来说，神的出身和具有道德教化作用并不十分重要。

作为神庙的“白石仙”，其之所以能够成为村落和区域中民众的信仰中心，不仅仅是因为其具有村民所信服的神奇灵验，也是因为信仰中心的确立，是一个与家族、村落、区域文化互动的过程。

“白石仙”人格化的完成并不意味着家族与神之间互动的结束，而是标志着家族与神之间的互动更为深刻、更为制度化，其中更多地体现家族在利益上的统一。家族的利

---

1 郑志明：《台湾神庙的信仰文化初论——神庙发展的危机与转机》，《寺庙与民间文化研讨会论文集》，台湾“行政院文化建设委员会”、汉学研究中心。

益，一是白石仙的灵验为罗仕荣派下族众带来的是家族的经济利益以及在村落中文化资源的占有上所处的优势地位，另一方面是通过家族神明之神话的创造凝聚家族的力量。在罗仲篪为白石仙撰写的另一篇“白石大仙传”里，记载了柞树坊罗氏家族完成了“白石仙”庙会的制度化过程：

> （白圭石）化石在罗氏柞树坊显为神圣，因此白石庙所在地永远是罗氏柞树坊处敬处礼子姓所有……于是仕荣祖子姓集资为其立庙装塑其金像，并每年六月间批唱神戏一月，以报鸿庥。各方信士前来朝谒完愿者络绎不绝。所助戏捐，缴销戏价及开支外，如有剩余，均已立众，为常年醮祭香火及修整庙宇之用。现已买获田租数百担，其众以八房进出均共有份，轮流管理，或推公正廉明辈亦可。八房轮管即兴太、育逊、育顺、兴作、育政、育治六房是也，其余仕、锦、华、范四柱合为一房，民、贵、璋三柱合为一房，为此敬祖子姓占三分之二，处礼祖子姓占三分之一也。[1]

3. 传说的衍生与庙会的复兴

1988 年，柞树坊罗氏家族恢复了中断三十多年的“白石仙”庙会活动。“白石仙”斋会一年一届，演戏酬神活动原先是在每年的农历六月间举行，从 1989 年开始改为农历八月间举行，每隔十年还将为“白石仙”塑一次金身，为其举行开光仪式。在其他年份，则一般举行庙会，时间 15—30 天不等，视捐写乐助的情况而定，因为求神还愿的为多生子、考学、祛病之类。传统时期，多请湖南的戏班来演唱，村民称之为“演大戏”；现在则请附近的广昌、宁都和兴国等地的戏团。演出的剧目有《满堂福》《珍珠塔》《红绫袄》《结彩楼》，多表现喜庆团圆、多子多福、高中榜首等内容，演唱时间每晚两三个小时，观戏者远至赣州、广昌、兴国、瑞金、石城、于都等地。在庙会期间，卖有各种食品、香烛、纸钱等，传统时期，庙会期间还有富东的流浪头子开设的赌场。

在调查中我们发现，神在柞树坊罗氏家族的家族认同与凝聚中具有越来越重要的地位。在每年清明节举行的家族集体醮祭中，人们对醮祭白石仙的重视程度要大于对仕荣

1 《柞树坊罗氏十五修族谱・白石大仙传》。

祖坟茔的醮祭[1]。清明节举行的祭祖醮地仪式，罗仕荣派下所有族众均到东韶的南团醮祭罗仕荣和白石仙的坟墓，而最主要的醮祭对象已经是“白石仙”而非罗仕荣，此时，罗仕荣更多的是作为一群具有共同血缘关系的人群自我认同的象征，每年神诞日举行的迎神赛会则已经成为富东民间文化生活中最重要的部分。在当代，柞树坊罗氏更多地表现为以罗仕荣为象征的血缘群体，进而在神的力量维系下实现家族最大程度的凝聚。

这一现象，笔者以为涉及了神、祖先与人之间的关系问题。在村民看来，虽然同一祖先的族众之间在血缘上是平等的，但是由于家族内部力量的不平稳，民间总是以为祖宗对某一房分特别关照，而忽略对另外一些房分的庇荫，甚至根本就未能给某些房分带来一点利益，这种观念明显地反映在村民关于祖先风水的理解上。村民认为：兴仁房的人丁不旺，有两个原因，一是造谱，另一个就是处敬的坟茔风水只照顾老三，因为兴和房的人丁最多，而且势力也大。神则不同，只要村民信它，经常向它敬奉，为的是得到神的同情和帮助，而且还可以向神讨价还价，在村民看来，神对于每一个虔诚信仰它，并且经常贿赂它的人都一视同仁；而人们与祖先之间更多的是一种“作为继承人和后代的义务”[2]。另外一个原因是，村民认为家族的祖先对后代的庇护并不总是具有威力，富东村民认为一个风水至多只能管三至四代，而神则具有更大的威力。

再一个原因是：祖先的威力只有家族效应，而神的威力则有社区效应。祖先崇拜只能为本家族的成员带来庇荫，对于在同一个村落的其他家族来说，某一家族的祖先崇拜只是区别不同家族的一个仪式与象征而已；而神则不同，尽管神有区域与家族的所有之区别，但是，“天下菩萨天下敬”，只要该神有灵，谁都可以来参拜，谁都可以向它乞求帮助。家族所有的神在区域中所具有的声誉，给家庭带来的不仅是家族神明的香火旺盛，家族的公益事业具有一定的经济支持，更重要的是使家族在一定区域文化资源的占有上具有支配的地位。柞树坊罗氏家族每年一度的迎神赛会，以及六月的白石公公生日，与之具有经济联系和婚姻联系的远近不同的其他家族都来加入柞树坊罗氏家族的仪式庆典之中，在一定区域中为民间文化娱乐所作的安排与调节因此也抹上了浓郁的炫耀家族力量的色彩。

村民对于作为神庙的“白石仙”之态度，大多关切的是神明能否满足自己的要求，

---

1 据罗涛琳介绍，每年清明到东韶醮地的柞树坊族众是以祭扫白圭石之墓为主。

2 Arthur P. Wolf，“Gods, Ghosts, and Ancestors”，in *Study in Chinese Society*，Arthur P. Wolf ed.，Stanford University Press，p.160.

能否保佑自己以及家人的平安和福寿。民间对神明的出身并不太注意，注意的是神明是否灵验，灵验与否是决定神庙香火是否旺盛的主要原因。因此，柞树坊家族成员向外来人介绍关于“白石仙”的情况时，总是极力渲染其家族神明多么灵验，几乎有求必应。而他们只有遇到某些非自己能力所能把握的现实时候，他们才可能会向“白石仙”许愿，乞求神的帮助，向神讨价还价。据“白石仙”主持的介绍，每年 10 月举行迎神赛会时还愿的主要有生子、升学、发财、祛病消灾等，其中主要以前两者为最，这与富东的经济形态基本上是传统的农耕经济有关，村民关注的仍然是传统的光宗耀祖和传宗接代。两者的还愿明显地具有竞赛与炫耀的意识，家族意义体现得非常重要，在演戏中，人们关注的是哪姓、哪一族、哪一房的信士许愿了多少本戏，在电视等传播媒体几乎普及富东乡间的今天，人们对于演唱的内容等兴趣并不很大，需要的是那种特殊情景下的狂欢氛围。因此，村民的许愿和还愿的仪式所维系的是“白石仙”的灵验性格，神庙的信仰也就成了一种巫术化的金钱游戏。从这一角度理解，许愿是人与神之间的个体性交易，人只需向神许诺一定的财物，便会得到相应的回报，而每年的迎神赛会则是集体性的还愿行为，人们举行仪式的同时，神明的力量得到了认同和肯定，在人与神明的交易过程中，神明的灵验当成了可以用金钱衡量的商品，人与神明之间的交流越来越缺乏神圣意义，逐渐成为一种交换行为，而这种交换行为建立在互利的基础之上。

因此，民间关于“白石仙”神迹的种种传说，与世俗性的神庙信仰是相契合的。人们关注的是神的灵验，包括神对人们许愿的保佑和对人们不恭的惩罚。所以，“白石仙”的传说进入了一个体系萎缩的时代，但以“白石仙”为中心的各种神迹的衍生却极其繁盛，在日益功利的乡间广为传扬。

四、结语

“白石仙”的传说经历了原生形态、人格化形态和衍生形态的发展过程。原生形态体现了民间原创的原汁原味，全然是底层民俗的观念表现，传说的播布过程实际上是民间赋予白石神性的过程；白石神性的确立，为庙宇的创建提供了民间的观念支持，进而成为家族认同的另外一个象征。人格化形态的完成，实际上是民间文化与上层文化互动的过程，互动的中介是民间的精英分子，他们将民间的原创形态与地方的文化资源以及对正统儒家观念的理解巧妙地结合起来，为社区塑了一个符合正统观念、能够满足民众需求的神的形象，“白石仙”的人格化使家族在村落和区域的文化竞争中处于优势地位，庙会的制度化为家族带来的不仅仅是经济利益，更重要的是在村落和区域中所具有的家族实力。改革之后的时代发展，庙会的复兴，民间的功利需求，民众发展了“白石仙”的神迹，在这里，我们看到了民间传说的活态发展与民众对传统的再造之间的传承。“白石仙”传说的活态发展与民众生活之间的关系，真实地体现了民众对民俗的创造、传承和享用。

泰山后石坞元君庙与邹城西关泰山香社

——当代民间信仰组织的个案调查[1]

叶　涛[2]

后石坞位于泰山岱顶的北侧，是传说中碧霞元君修身成仙的“玉女修真处”。至20世纪初，后石坞已是一片荒芜，庙宇坍塌，杂草丛生。泰山管理部门自90年代初期开始对后石坞景点进行修复，1993年先期修复了元君庙大殿和西厢，1997年至1998年又对后石坞古建筑进行全面修复，如今后石坞已经恢复为岱顶一个著名的景区。

后石坞元君庙自修复之初就与邹城市西关以刘绪奎为首的民间香社组织发生了密切联系，后石坞的庙宇中处处可见邹城香客的供品。2003年2月7—8日（农历正月初七至初八）、9月27—28日（农历九月初二至初三）和10月2—5日（农历九月初七至初十），我们对刘绪奎为首的香社进行了跟踪调查。本文将以泰山后石坞元君庙与邹城泰山香社的关系为例，描述当代泰山香社组织的生存状况。

一、香头刘绪奎

刘绪奎，男，家住邹城市西关卜家庄卜南二巷14号，2003年58岁。刘绪奎的父亲是独子，他的祖母一直和他们家住在一起。祖母在家中供奉着泰山老奶奶像，在刘绪奎的印象中，他祖母供奉的老奶奶铜像金碧辉煌，可惜在“文化大革命”中被毁掉了。这大概就是泰山及其老奶奶给幼小的刘绪奎最初的影响。

1　刊于2004年第3期。在本文的调查过程中，我的研究生李凡、辛灵美曾参与调查和资料整理工作。泰山管委副主任刘慧、泰山管委南天门景区的张琨、陈磊等同志曾为调查提供帮助，特此致谢。

2　叶涛（1963—　），男，山东费县人，山东大学文史哲研究院教授，《民俗研究》杂志主编。

刘绪奎在16岁那一年，得了一场大病，眼看着人就要不行了，家里已经给他准备好了衣裳（寿衣），他突然又好了。大病好了以后，他就开始给人家看病。刘绪奎有一儿一女，他和老伴的关系不好，分开来各过各的，单独开伙。刘绪奎住在儿子家，在儿子的房子上面又搭盖了一间小屋，自己单独住。他把房间隔成里外间，外间正面的北墙上挂着泰山老母的画像，画像前面的桌子上供着的塑像有玉皇大帝、王母娘娘、观音菩萨、泰山老母。在这些神像的前面有一个流苏的帘子，上边绣着“佛光普照”四个字。东面的墙上挂着八卦图。门口左边放着两块泰山石敢当。

自从兖州矿务局来到邹城后，原来的土地被占用，当时的西关大队划为街道办事处，原来的村民现在也享受退休金。刘绪奎现在每月有100多元退休金，他全都交给老伴用，他主要靠给人看病为生，来看病的人自然不会空着手来，尤其是看好了病，有给钱的，也有给东西的。平时经常有人到刘绪奎家里来烧香，烧香只是一种说法，到刘绪奎家实际上主要是为了让他看病。刘绪奎说，他主要是看小孩的病，“孩子发烧时，给孩子‘捧捧魂’。发烧是病，必须要打针，结合叫魂，阴阳结合好得快一些。他们有事来找，有的拿烟，拿点心。这边人相信泰山老奶奶的比较多。孔孟之乡，思想比较传统。一直都相信”。刘绪奎不认识字，但是，据说他能够给人开药方。泰山管委南天门景区赵庆富曾给我讲过一件事：“刘绪奎虽然不认识字，但他可以给人开方，我曾试过他，让他给开过一个方子，过了一会儿，我故意说忘了，让他再说一遍，结果他说的和前面的完全一样。邹城还传说有老刘给法院院长他娘看病的事。法院院长的老娘80多岁了，得了绝症，家里人不死心，把刘绪奎找来了，他一看，就说别打吊瓶了，也别治了，回家吧（意思是没治了）。”

据刘绪奎讲，他初次到泰山上香是在1968年。当时正值“文化大革命”时期，不敢说是去泰山上香，只能对人说是去走亲戚，把香包在煎饼里才带到山上去的。“文化大革命”以后，他才开始带着人去泰山。

刘绪奎与后石坞元君庙发生联系是在1994年，他自己多次讲：“曲阜的姚村有个张五娘，男的在部队当医生。只知道姓张，不知道名字，都叫她张五娘。她在家里疯疯癫癫的，到邹城找我看病。对我说：‘我是泰山老奶奶，你没有去过我那里，我那里房子不好，窟窿朝天，我想要琉璃瓦。’我说：‘去过，每年都去。’‘你没有去，我那里最穷了。’‘你老人家说了我就去。’那一年我就带着十八个人，去了后山，找到了奶奶庙。那时候刚修好，地面都特别湿。我就许下愿要给她弄什么，后来一步步地实现，做袍、放匾。从那以后，张五娘就好了，没有再联系。现在她家里供着泰山老奶奶，张五娘的对象也相信泰山老奶奶的灵气了。”

刘绪奎一年中有好几个日子要到泰山上香。每年的正月初九，是玉皇大帝的生日，一般是他自己一个人上山；三月三王母池王母娘娘蟠桃会，他带着人到王母池上香，一般是不上山顶；四月十八老奶奶生日，带着人上山烧香；九月九也是带着人上山。除了这些比较固定的日子，有时刘绪奎也去泰山，比如单独为了替某人给老奶奶烧香也会上山。只要到山顶，刘绪奎必定要去后石坞，而且一般情况下，他都要在后石坞元君庙里住上几天。

二、邹城西关泰山香社的其他人员

邹城西关泰山香社主要由哪些人员组成呢？这是一个难以准确统计的数字。因为，每一次跟随刘绪奎到泰山进香的人员并不固定，每一次到泰山的人员数目也不相同。不过，按照他们的说法，到泰山上香并不是可以随便说去就去、说不去就不去的。他们认为，只要开始去了，就不能“辞山”，最少要去三趟才能不去，或者一年最少去一趟。如果只去一次，然后就不去了，就属于“辞山”，“辞山”就会出毛病。

关于刘绪奎泰山香社的主要人员，泰山后石坞娘娘庙中他们历年来的供献物品，为我们提供了一个非常好的观察角度。刘绪奎自己曾说：每次跟他上泰山的，少则十几个人，多的时候三十几人。这个数字是比较可信的。例如 1994 年春天，刘绪奎第一次找到后石坞的那一次，跟他上山的人数是 18 人；2003 年农历九月初九，随刘绪奎上山的人数是 27 人。这些跟他一起上山的人，都是各自带着供品。当然，这些供品有的可以为我们了解香社的情况提供线索，如有题名等文字内容的匾、旗、万民伞等；还有一些供品，由于无法确定供献者的准确信息，失去了利用价值，如袍、凤冠、现供现烧的香烛等。

后石坞元君庙正殿大门悬挂的“有求必应”匾额上面，有一组题名，这是刘绪奎泰山香社特别值得注意的一组人名，因为这次献匾是香社的一次重要活动，献匾的时间在 1997 年，当时正是刘绪奎得到泰山南天门管理部门特别青睐的时期，这块匾就是由当时的南天门景区的区长特别安排专人从山下面帮他们运上来的。匾上的题名共有 12 人，分别是：刘绪奎、李伯洋、胡建英、高潮苓、葛凡平、冯学文、张红美、刘玉凤、侯建伦、赵崇银、宋庆仓、李春英。在正殿门上悬挂的其他几块匾，分别是：“泰山神明”

（刘绪奎、李伯洋献）、“神灵在世”（刘绪奎献）。在三官殿门前也有一块匾，上书“敬献泰山老神灵济世惠民”，13 个人的题名分别是：刘绪奎、马克珠、曹保玲、孟桂兰、胡建英、张宝存、杜西英、葛凡平、李伯洋、刘应启、孔祥城、冯少文、李凡喜。

刘绪奎和上述牌匾中提到的李伯洋、胡建英、葛凡平、高潮芩等，是邹城西关泰山香社活动主要的参与者。我两次去邹城调查，见到他们商量去泰山进香事宜时，主要就是这几个人在场。每年随刘绪奎上泰山的人虽然不少，实际上大多数人只是跟着（用他们的话说是“随大流”），真正在进香活动中起作用的，不过上述三五人而已。

三、2003 年农历九月初九：一次进香之旅

农历四月十八和九月初九是刘绪奎泰山香社集体到泰山上香的两个日子。由于 2003 年春季非典的影响，四月十八没能够集体上山，所以，他们对 2003 年九月九的上山进香特别重视。我在九月初九之前的一个星期（9 月 27—28 日）去邹城调查时，就见他们已经把上山的大部分供品准备好了。为了比较全面地了解香社进香的仪式等相关事宜，对他们这次上香活动做了全程跟踪调查。

（一）准备工作

主要是准备各种香烛供品。供品是去泰山的每个人自己准备自己的，我们以刘绪奎和高潮芩为例，了解一下他们准备供品的情况。

刘绪奎准备的东西最多。这次一共准备带去 14 件袍，都是找人做的，全部给后石坞。其中 3 件是他自己的，做得高档点，连工带料每件 28.5 元。这 3 件袍是为了还愿，因为他替别人看病，治好后，患者家属总要给他送些烟酒、饮料或者钱，作为酬劳，刘自己说他要把这些得之于老奶奶的东西“上升”，再还给老奶奶，所以要做袍还愿。其余的 11 件袍都是替别人捎的，那些在他这里看好了病的人希望还愿，但又因为种种原因而不能亲自去还愿，就让刘绪奎替他们还愿。许愿和还愿都可以让别人代替，但香火钱一定要自己出。刘绪奎还花 240 元准备了 7 面锦旗，最好的一面旗是 60 元，每面旗上的字都不一样。其中 3 面写着刘绪奎的名字，其余的 4 面都没有写名字，据说是怕以后再闹“文化大革命”会出事，所以不敢写名字，刘绪奎说他不怕。刘绪奎还准备了 6 双鞋，自己的 3 双，别人让捎的 3 双；还有 6 把塑料花，12 把香，其余的供品主要是请客用的菜，有芸豆、胡萝卜、黄瓜、四季豆、菜花、苹果、石榴、柿子、核桃、蜜枣等。此外，还准备了几斤粮食酒，两个脸盆，一条毛巾（给老奶奶洗脸用），16

个碗，2 个茶盘。还有 2 斤香油，10 斤豆油，1 袋大米，1 袋面粉，20 斤面条，10 斤鸡蛋，都已经找人（泰山南天门的管理人员）弄到后石坞了，其余的东西都是随身带着的。

与刘绪奎住在同一条街上的高潮苓准备了 5 件袍，全是自己动手做的，用的都是好布料，还挂了里子，其中 1 件是自己送的，其余 4 件都是替人家捎的。此外，还准备了请客用的菜和水果等。准备东西共花了五六百元。

为了准备给泰山神灵的供品，香客们真是颇费心思。胡建英除了准备香烛、菜蔬以外，还特意准备了刚下来的新花生，当地人称花生为“长生果”，属于吉祥物品。上供不能要往年的陈花生，因为生象征着“生生不息”。由于胡建英家里没有新花生，超市里也没有卖的，所以就给她在乡下的一个侄子那里要了一大包，她的侄子特意从乡下送来的。

（二）交通

刘绪奎曾讲过，他奶奶当年去泰山是走着去的，来回要一个星期（去和上山需要 3 天，在山上 1 天，下山和回程 3 天）。如今他们去泰山，都是坐车去。邹城到泰安的距离不足 100 公里，火车和汽车都很方便。这次上山，刘绪奎提前租了一辆 12 座的面包车，老年人坐租的车，年轻一些的自己坐车去，到山上再会合。10 月 3 日（农历九月初八）早 6 点，租好的面包车从邹城出发，7 点半就到了泰山山前的天外村。从天外村乘坐汽车到达中天门后，再乘索道上山，大约 10 点半就到达山顶了。

（三）人员构成

这次进香共有 24 名香客，女性 19 人，男性 5 人，分两批上山。一批随刘绪奎包车去泰山，12 名女的，只有刘绪奎一个男的；另一批自己乘车去，在后石坞与刘绪奎会合，共 11 人，4 男 7 女，年纪较轻，都在 40 岁左右。这些香客中最年轻的 40 岁左右，最年长的将近 70 岁。

（四）岱顶进香

岱顶是泰山庙宇最集中的区域，其中碧霞祠和玉皇顶是最主要的两个庙宇，碧霞祠是碧霞元君的上庙，玉皇顶则供奉着玉皇大帝，这两处是香客岱顶进香必到之地。刘绪奎等和他一起来的人在天街上会齐以后，就安排大家先去碧霞祠上香。

他们一行人首先到碧霞祠前边专门烧香的“火池”烧香。到了火池后，大家围成一片，把自己的东西摊开。各人分头准备自己的香和纸。有的人用的是黄裱纸，上面没有印“佛”字，烧之前，要先用手把黄裱纸相互错开，然后用20、50或100面值不等的人民币在上面来回抹，叫作“印钱”，抹五六分钟即可。有的人带的是元宝，元宝在家里就已经叠好，这时只需要把元宝展开，如同真元宝一样，每个金元宝约值20两，各人准备的数量不等，有的多有的少。还有的人带的是“箔”，箔是按两计算，一打一两，在烧之前也要先把箔叠成简单的元宝样，蓬蓬松松的成一堆。还有一种金壳子，就是叠元宝用的纸，简单地折一下，呈元宝的形状，然后就可以烧了。还有的人带的是“金墩”，又称作皇冠，也是用金壳子叠成的。他们把这些元宝、箔、金壳子、金墩用红布或蓝布包好，如同烧香那样，先东南西北四方拜几拜，许上自己的心愿，然后烧掉。烧的时候说：“给奶奶送钱来了，请老奶奶收下。”有些纸箔没有叠，就说把钱存在银行里，让老奶奶自己花。以上是大家一起烧香。此外，还要自己烧自己的香，许自己的愿。胡建英烧香时，先对着碧霞祠的方向拜，许愿，她这次是替自己的子孙许愿，每替一个人许愿，就要烧一炷香。她说她从不替自己许愿，甚至连自己的腿病她也没有许过愿。其他人烧香时也是如此，点燃香后，拜四方，许愿。有个别人把少许供品装在方便袋内，在烧香的炉前拜一拜，然后拿走。在火池前专门烧香，到碧霞祠内再上供。

进到碧霞祠内，他们就把供品拿出来，准备上供。仍然是个人单独活动。多数人只是简单地用方便袋装一些供品，主要有苹果、橘子、点心等，到大殿的碧霞元君像前上供，磕头许愿。若东西很少，就直接放在靠门口的长条桌上，若东西多，而且有袍、花、鞋等物，就要交给大殿内的道士，让他们把这些东西直接摆在老奶奶面前。上完供，一般要拿回一些自己的供品，但不能全部拿回，这些上过供的东西，已经有了仙气，名曰“仙果”，说是吃了对人有益。磕头许愿时，他们往往要捐些钱，一般数量很小，多是硬币，往里投时，发出叮叮当当的清脆撞击声，主大吉。

从碧霞祠出来，经过青帝宫，就到了玉皇顶。刘绪奎在玉皇顶等着大家。大家到齐以后，刘绪奎就开始张罗着在玉皇殿内玉皇大帝像前摆供品上供。给玉皇大帝上供很隆重，供品也非常丰富，除了各种鲜水果（苹果、橘子、西瓜）、干果（花生、栗子、核桃等）、点心外，还有生鱼、活鸡（鸡最后没有带回，就留在了那里，鱼带走了）、花、袍、鞋等。因为玉皇大帝是男神，所以还要给他孝敬香烟，有的把香烟整包放在那里，有的把香烟拆开，还有的直接点了几支香烟如同上香那样摆在那里，上供用的都是济南产的“大鸡”牌香烟。有的人带了托盘和盘子，就把供品摆在盘子里，因为东西多，盘子少，刘绪奎还去管理处借了几个盘子。因为这里上供的人太多，所以非常拥挤，玉皇大帝面前的供品摆得满满的。大家把供品摆好，烧香、磕头、许愿后，开始给玉帝披袍。披袍可以由做袍的人来披，也可以由其他人披，因为今天这里的人实在太多了，为了防止混乱，就由玉皇顶的工作人员代为披袍。一名男工作人员从后面的小门进入供奉玉帝的神龛内，先把玉帝身上的旧袍去掉，然后又把新袍穿在玉帝的身上，为玉帝做的袍是黄色的。

在玉皇顶烧香大约用了 50 分钟，然后大家稍事休息，准备去后石坞。

（五）后石坞“报到”

下午 4 点左右，刘绪奎一行人来到后石坞元君庙。后石坞文管所的李所长听说刘香头到了，特意到庙门外迎接。大家在文管所办公室休息，喝茶约半小时，然后，就在刘绪奎的带领下，开始烧香，向老奶奶报到，通知老奶奶“我们到了”。报到时，要把每个地方、每个神像都拜一遍，此时不需要上供，只要烧香磕头就可以。

刘绪奎来到元君庙正殿，在老奶奶塑像前磕头、烧香，还把自己带来的鞋子献给了老奶奶。在神像前，他情不自禁地要唱，唱词是他随机编的，内容是说“老奶奶我又来给您老人家烧香了，有什么做得不好的，请您老人家原谅”。拜完老奶奶后，又拜了老奶奶旁边的送子娘娘。拜过下院正殿的老奶奶后，又到了上院。先去三官殿，天官位于殿中央，首先拜天官，刘绪奎拜天官时也唱了几句，又依次拜了地官、水官和其他神灵。又到了七仙殿，拜了七仙，并许诺说“明天就给您老人家换新袍”。此后来到老奶奶墓，烧香磕头后，又捐了些钱。他给每位拜过的神都捐钱。接着又依次拜了莲花洞、吕洞宾、黄花洞、弥勒佛。

（六）“上身”与“附体”

随刘绪奎上山的香客中，有一位老家是滕州的女香客施西美，在邹城做卖鱼的生意。她在拜三官时就出现了异状。起初，她也同别人一样，在天官前烧香、磕头，还摆上了供品。拜天官时，她就不停地打嗝，而且声音越来越大，一声比一声急促，间隔也越来越短。起初，大家没有在意，以为她着凉了，身体不适，可是待她把三官殿里的众神拜完之后，就开始痛哭，泪流满面，边哭边说边唱。这时其他几位香客就开始劝她不要哭了，有什么话就说出来，说出来就好了。可是她不理别人，只是哭，大约哭了半个小时。

后来，刘绪奎介绍说，施西美每次到老奶奶面前都这样，是不由自主，情不自禁的，这说明她和老奶奶有缘。当她恢复常态后，问她是怎么回事，她说她也不知道，到了这里就会这样，也不知道自己说了些什么，事后她就会把刚才的事情都忘掉。当天傍晚，有三个河南的女香客也来烧香，其中的一位香客同施西美一样，也是大哭不止，边哭边说，说的都是伤心事。第二天（10月4日）在三官殿上香时，有一位靠拾破烂攒钱来泰山烧香的老大娘也是大哭不止，双手撑地，几乎全身匍匐在地上，边烧香边哭。众姐妹就和她拉呱，让她把心事说出来，但是她仍然什么也不说，只是哭。在众人的劝解下，哭了有十几分钟，突然又开始大笑不止，笑了有五六分钟。她还代“老奶奶”说话，高潮苓就和她对话，说给她做袍、上供，问给她做的红袍她是否满意，还说待会就给她披袍。后来，她自己就止住了哭，又长出一口气，好像是恢复了神智。

香客们称上述情况为被老奶奶“上身了”，有的人（特别是女人）和老奶奶有缘，她们到了这里，就会被老奶奶上身，老奶奶借助她们的身体和嘴，说出自己的苦楚和愿望，对香客们有什么要求。但是，据当时观察，她们哭诉的其实都是自己家里的事情，施西美和河南的香客说的都是儿女们如何之类的事情。这些事情平常在家里可能无法说或无处发泄，来到这里可以借助这个途径一吐为快，而且还有其他人在旁边相劝，这可以达到两个效果：一是说出自己的心事，而且有人开导，心里会舒服些；二是在老奶奶面前说自己的苦和愁，希望老奶奶能听见，可以祈求老奶奶帮助自己解决家里的问题。

10月3日晚上，大家准备在文管所的办公室里坐一夜。大约20：20，胡建英提议让谁说点什么或唱点什么给大家解解闷，突然刘绪奎就开始唱了起来。唱词是根据今天的活动和现场的场景现编的，没有什么曲调，类似于说唱。起初，是他自己唱，但用的口气是老奶奶的，这就是说他被“老奶奶”上身了。过后问他，他说不知道自己刚才说了些什么。

他唱时自称“修女”（后石坞是玉女修身处），起初的内容主要是说众姐妹上山是如何辛苦，如何不容易，姐妹们如何虔诚。姐妹们不辞辛苦来到了这里，而她没有让大家吃好、住好，很对不住大家。围绕这一话题反复地唱。刘绪奎唱得很投入，很有感情，面目表情很丰富。起初，是刘绪奎自己唱，后来胡建英出来和他对话，两人一问一答。刘唱到没有把大家照顾好时，胡就说老奶奶把大家照顾得很好，是姐妹们没有尽到心，没有上老奶奶跟前去。胡给老奶奶敬了烟，老奶奶不要。一会儿刘绪奎又唱到自己是修女，她的一针一线都是众姐妹做的，胡又问奶奶还要什么，奶奶说什么也不要了，并说自己不能喝酒，今天却喝了点酒，要罚自己站三个钟头，胡为他求情，但奶奶说不行，果然众姐妹无论怎么让座，他都不坐。

刘绪奎在唱词中说胡是今天最早来到后石坞的，这是老奶奶拽着她走的，说胡是小脚胡。大家让老奶奶去休息，还说明天要给她老人家晒卧室里的被褥。刘不去，接着唱道：众姐妹给奶奶争光了，给奶奶贴金了，说胡以前给奶奶做了一床被，今晚奶奶要给大家三床被。大家又劝老奶奶早点去休息，过了不久，奶奶走了（刘出去了），胡把奶奶送到了门口。天气这时已经很冷了，屋外刮着大风，但胡让人把屋门大敞开，说是让神灵都进来。过了一会儿，“老奶奶”又回来了，而且身上多了一件道袍。这次是与每个香客对话，香客们称这种形式为“拉呱”。老奶奶又唱了一遍大家辛苦了，委屈了等等，接着又预言大家今年家里的事情都能顺顺利利，都能解决。姐妹们劝她去休息，她就唱：“你们来到我跟前，我高兴哟，怎么能睡哟，我可不冷哟，你看看你们给我做的袍哟……”

“老奶奶”和每个人都拉呱，谁有疑问也可以问，奶奶当场给予解答。刘绪奎唱的时候，神态庄重，但表情丰富，有时左手压在右手上，有时左手包着右手。有的姐妹都被奶奶感动得哭了。胡建英说，真想在这里多住几晚，可是奶奶不让。胡说我不走，奶奶说我不留。奶奶给胡要玉带，胡说明年来时给奶奶带来。

现场的气氛很活跃，大家纷纷和老奶奶对话，本来已经睡下的人也纷纷坐了起来。大家和老奶奶的关系很特别，不同于一般的人神关系。他们可以和老奶奶聊天，问问题，对老奶奶表现出尊崇和敬意，但同时也敢时不时地气老奶奶，拿话噎她几句，奶奶也无可奈何。

后来，胡建英问刘绪奎：“玉皇老爷，我的那包药哪里去了？”转眼间，刘又托身成为玉皇老爷了。这时就有人给玉皇老爷敬烟，即点三支烟倒放在桌面上。屋子里烟雾缭绕，除了敬烟外，女香客们已经抽了一晚上的烟，屋子里早已烟气腾腾，更增强了这种人神对话的效果。玉皇老爷让大家给他绣个烟包，上面要绣有祥云。胡就又开始和玉皇老爷斗嘴，时不时地气气玉皇老爷，后来胡出去了。玉皇老爷称赞胡机灵。胡回来后问玉皇老爷：“我的错多吗？”玉皇说：“多。”但改得也不慢，让老人家治治她的嘴。过了一会儿，拉呱就结束了，玉皇老爷也走了（刘绪奎走了）。

对于上述情景，众香客称刘绪奎是老奶奶和玉皇大帝的化身，或者说“被附体了”。在和附体的神灵对话中，大家对神有虔诚的一面，但同时他们在神的面前又很随便，敢随意气神，也敢大声说笑，没有丝毫严肃的气氛，类似朋友之间的相处。这与他们在日常生活中与刘绪奎相处的模式一模一样。“拉呱”好像是人神沟通的一种固定方式，姐妹们无论谁被上身附体后，其他人就和她拉呱，让她把心里想说的话说出来，有什么要求也讲出来，讲完之后，"神"自己就走了，人也恢复了正常状态。

（七）后石坞上香

10月4日，农历九月初九，是香客们正式上香的日子。这一天，他们要在每位神灵面前烧三次香，早、中、晚各一次。

早饭前，他们就开始在大殿内祭拜老奶奶。每个人都把自己带的供品拿出来，装在盘子里或放在袋子内，恭恭敬敬地端到老奶奶面前，再烧香磕头许愿。刘绪奎一大早就来到了大殿给老奶奶烧香磕头，而且分别给老奶奶、眼光奶奶、送子奶奶各送了两双鞋，在每位神灵面前又唱了几句。又在眼光奶奶面前放了一个新洗脸盆，盆内有一条新毛巾，他现场倒上热水，让眼光奶奶洗脸。然后他就开始帮助别人准备供品。每个人在摆放供品时都很小心，摆放得整整齐齐。

香客中以胡建英的供品最为丰富，共有13样，有3样点心和糖、橘子、桃、苹果、柿子、枣、花生、萨其马等，此外还有两瓶专门给老奶奶准备的桂花酒。她把这些东西整整齐齐地摆在盘子里。这时奶奶像前的桌子上已经摆满了东西，她就把供品放在右边地上。摆完供品，她恭恭敬敬地烧香磕头。此时，碧霞元君像前的香火最盛，不仅桌子上摆满了鲜花、鞋等各种供品，而且左右两边的地上也摆了一大片供品。殿内人头攒动，众人忙着烧香磕头，殿外香炉前也是烟雾缭绕。

刘绪奎帮众人摆好供品后，就开始打扫殿内的卫生。他先清扫地面，又用布小心翼翼地把神像及其周围的灰尘掸去，把屋子各处都整理一遍。他在这里就好像在自己家里一样，悉心照顾这些神灵。拜完大殿内的神像后，他们又逐次把院内的各位神灵全部祭拜了一遍。至此，早晨的祭拜活动结束。然后他们就开始打扫庭院，有的扫地，有的捡树叶，不一会儿就把后石坞的院子打扫得干干净净。他们说，这是为老奶奶等神灵打扫卫生。众人烧香祭拜、打扫庭院完毕，才早晨7点半，然后准备吃早饭。

（八）晒被褥

刘绪奎他们历年来给后石坞的老奶奶和各位神灵奉献了很多衣物和被褥，平时这些东西被管理人员放在称作"老奶奶卧室"的蔚然阁下面的地洞里，香客们来的时候要给老奶奶晒被褥。

10月4日吃过早饭，就要给老奶奶晒被褥。蔚然阁位于上院，分上中下三层，最上面供奉一尊老奶奶像，她们先给老奶奶磕头跪拜，然后就到下面去取被褥。刘绪奎和两位妇女一起下到洞内，另有两个人在楼梯上接应。下面有一张床，还有一些被褥、铺盖、衣物等。一会儿，他们就把被褥、铺盖、衣物等递了上来，拿到了屋外。因为地下室潮湿，衣物都发霉了。这天天气很好，艳阳高照，是晒衣服的好天气。老奶奶的被褥、衣物很多，床上用的有床单、被子、毛毯、枕头等，衣服有棉袄、棉裤，还有单衣、鞋、袜等，一应俱全。人们把衣物全部摊开，搭在墙头、石头上晾晒。

（九）请客与挂袍

所谓请客，就是请各位神灵下凡来吃饭。请客时，摆上菜，倒上酒，香客们在旁边看着，还得随时侍候着倒酒。玉皇大帝要吃荤的，"老奶奶"要吃素的。10 月 4 日中午，刘绪奎他们就要请客。刘绪奎和其他几位妇女整个上午都在厨房里忙活，直到下午两点才预备好请客用的东西。这次请客一共摆了三桌，办公室内一桌，院内的两张石桌上各摆一桌。每桌十二个菜，每一碗菜代表一个月。先在石桌上铺好红布，然后把菜端上来。摆好菜，倒上酒，一桌是请奶奶的，倒的是桂花酒，另一桌是请玉皇老爷的，倒的是白酒。摆好酒菜，刘绪奎带头到老奶奶殿内烧香磕头，然后由一名女香客手持点燃的香烛，从殿内走出，绕院子走一圈，意思是请诸位神灵来吃饭，最后把香插在香炉内，这就算是把诸位神灵都请来开始享用供奉了。这边的神灵正在享用供奉，那边香客们就开始准备为神灵挂袍（也称作"披袍"）。披袍的过程是这样的：首先要烧香磕头，告知老奶奶要给她老人家披袍了。然后就开始给老奶奶披袍（披袍前要先给袍喷上防火的药水），把袍给老奶奶穿上，要穿得整整齐齐，非常漂亮。穿好袍后，不能让老奶奶空手，要给老奶奶红包，把红包放在老奶奶塑像的手里。披完袍，开始挂旗。随刘绪奎来的香客分两批披袍，一批在老奶奶殿，另一批在上院三官殿和七仙殿。在香客们眼中，能把自己做的袍披在老奶奶和诸位神灵的身上，是他们无上的荣耀，若能亲手披，则更好。披袍时，其他香客在旁观看，他们也很羡慕那些给老奶奶做袍的人，而且有几个人纷纷说，下次再来时，一定要做袍。

挂完袍，香客们在山上进香的主要活动就结束了。

四、社会政策与当代民间信仰组织

以香社的形式到泰山进香的活动最晚在五代时期就已经出现，当时香社奉祀的主神是东岳大帝。宋代以后，尤其是明代以来，伴随着碧霞元君信仰的兴起，民间香社的泰山进香活动达到了高潮，这种高潮一直持续到近代。1949 年以后，由于政府对反动会道门等组织的打击，在一定程度上也影响了香社组织形式的泰山进香活动，但个人的泰山进香行为始终没有停止过。20世纪80年代以来，随着国家政策的松动，民间香社的泰山进香活动又开始活跃起来，邹城刘绪奎为首的泰山香社就是在改革开放形势下出现的民间信仰组织，他们的活动反映了近20多年来民间信仰及其信仰组织的一些新的特点。

民间信仰组织虽然延续了传统的活动方式，但名义上都不称自己为“香社”（或“香会”），表面上似乎没有组织，但活动时又有组织者（类似于过去的“会首”“香头”，泰山后石坞的管理人员就直接称刘绪奎为“刘香头”），有固定的进香仪式（上香、挂袍、请客等）。出现这种情况，是与近半个世纪以来国家的政策有关。尤其是经过了“文化大革命”，人们对于封建迷信活动心有余悸，在现今政策松动的情况下，虽然组织者和参与者都有明确的组织意识和信仰行为，但还是不愿意承认自己是民间信仰组织。这就是当今民间信仰组织“犹抱琵琶半遮面”的组织现状，也为我们开展民间信仰的调查和研究带来了许多不利。在上述九月初九邹城西关香社进香活动的跟踪调查中，我们就与参与进香的一位男香客发生了冲突，他对我们随从调查从一开始就有些不满，到10月4日下午各项活动基本结束时，他的不满就爆发出来，他威胁说不许给他们拍照，不许出现他的名字，不许与他们在一起，等等。后来，我们了解到，此人在邹城城里经营水产，已经来泰山好几次，但他不愿意让人知道他来上香。

当代民间信仰活动还会受到一些原来意想不到的因素的积极或消极的影响。比如，在我国各地出现的“旅游热”中，旅游资源的开发与旅游规划的制订成为各级政府首先要做的工作。其中，由于许多名胜古迹本来就是民间信仰活动的场所，伴随着旅游开发的需要，许多场所也主动或被动地为民间信仰活动开放，这也为民间信仰活动的发展起到了促进作用。邹城刘绪奎泰山香社在泰山的活动，就与后石坞文物古迹的恢复以及泰山岱顶旅游资源的开发有关。如果不是因为后石坞开发的需要，刘绪奎也难以得到他在泰山受到的优待，他的泰山进香活动以及香社形式的组织发展，也可能就不会出现如此长期和相对稳定的状态，刘绪奎作为民间领袖的地位也就不会得以确立。不过，原来的民间信仰中心成为旅游景点后，查收门票又为香客进香增加了经济负担，在一程度上影响了民众进香活动。

民间信仰活动受到政策的影响还表现在国家政策出现重大调整时。比如“法轮功”事件就对民间泰山进香活动带来一定的影响。据我们调查，在国家取缔法轮功以后，各地的民间信仰组织形式的进香活动都进入低潮，甚至有的地区还曾对民间到泰山进香的活动采取了封堵取缔的行为。据刘绪奎介绍，当年也有人让他加入法轮功，但他认为自己信老奶奶，不再信其他的了。国家取缔法轮功后，他的泰山进香行为也受到邻里和家人的质疑，甚至他自己也出现过动摇，但他自己说，后来“老奶奶”托梦给他，说他们的行为不是邪教，不用害怕，这才坚定了他的决心。

当前，中国的宗教信仰处于前所未有的活跃状态，尤其是西方宗教（天主教和基督教）在我国的一些地区发展势头十分强劲。西方宗教的发展受到国家宗教信仰自由的政策保护，也受到国际有关人权等因素的影响，因此会出现这种发展的态势。相对于前者，尽管我国当前的民间信仰活动也是处于比较活跃的时期，但是，由于国家对于民间信仰没有相对固定的政策，而且民间信仰的复杂性也为政策的制订带来了相当大的难度。正因为如此，对于民间信仰活动的形式、内部组织结构，以及民间信仰与当代社会伦理、农村社区建设、大众信仰心理等多方面存在的依附与制约的关系等等，都有待我们去进行深入的探讨，在科学调查和深入研究的基础上，为我国的民间信仰政策从实践和理论两个方面提供可靠依据。

当代民间信仰组织的活动，为民俗学和其他相关学科进行民间信仰的理论研究提供了鲜活的材料。关于中国民间信仰的理论探讨，现在还处于开拓阶段，从基本概念到研究方法都有许多有待突破的地方。从民俗学的角度研究民间信仰，虽然已经取得了一些成果，但是，总起来看，还是文献资料多于田野资料，活动描述强于理论分析，恰恰没有发挥出学科自身的优势。民俗学者通过对当代民间信仰组织的调查，可以提供关于当代民间信仰状况鲜活的资料，可以充分发挥民俗学田野调查的优势，为多学科的民间信仰研究提供符合学科规范的可靠的素材。

知识分子、民间与一个寺庙博物馆的诞生

——对民俗学的学术实践的新探索[1]

高丙中[2]

田野作业是社会科学诸学科广泛采用的一个流程、一种方法，最近几年特别受到中国民俗学界同人的关注，成为大家讨论民俗学的理论和方法的一个关键词[3]。当我们有了田野作业的观念并付诸实践之后，民俗学的学术活动及其反思都变得复杂了，它的学术产出具有了更加丰富的可能性。

民俗学的对象是民俗。这个很平实的立论贯彻在不同的方法论里会是不同的研究策略。如果借用已有的文本资料进行研究，学者们要分析的是已经记录的事项，大致就是“俗”。如果加入了田野作业这个研究环节，我们是通过对“民”的观察、访谈而获得“俗”，如民间仪式、民间故事、民歌。然后，我们的研究策略可以有多种组合，如：

1.“民”是达到“俗”的手段，被直接分析的是“俗”。“民”就像甘蔗，“俗”就像蔗糖。从甘蔗轧出了蔗糖，蔗糖是宝贝，剩下的就可以弃之不顾了。这是民俗研究所擅长的。分析仪式、故事、歌词就好了，它并不（过多）关心“民（间）”。

2. 从“民”获得“俗”，用意还是通过“俗”来认识“民”。这种研究取向认为：因为“俗”是“民”的表演、表现、表述，是“民”内在东西的展开，所以要通过展开的来审视内在的。通过蔗糖才能知道甘蔗是不是香甜，而且究竟有多甜。

---

1 刊于 2004 年 03 期。本项研究先后得到国家社科基金项目“国家对民间组织的有效治理问题研究”和教育部文科基地重大项目“社团组织研究”的资助，调查得到刘其印、张焕瑞、章邵增、马强等的协助，特此致谢。

2 高丙中（1962— ），男，湖北京山县人，北京大学社会学人类研究所、人类学与民俗研究中心教授。

3 特别集中的讨论可以参见 2003 年北京“青年民间文学论坛”和武汉“海峡两岸民间文学研讨会”的议题和发言。

3. 研究这个社区的“民俗”是为了探讨一个更大的共同体的问题。作为调查对象的是一地的民众的模式化的生活文化，作为解剖对象的是这里的民众与其文化模式的关系，研究者再以对其间的种种关系的认识作为经验证据，推论大共同体及其文化的问题。通过一根甘蔗和它的蔗糖的关系的判断，研究者要探究的是整个甘蔗林的问题。

是否把田野作业视为思考问题的基础，我们得到的可能性是不一样的。我十多年前思考民俗学的对象问题[1]，试图用生活世界和整体研究的概念把“民”置于不低于“俗”的地位。我申论“充分意义上的民”，是要强调“民”即使在当代社会也能够包括群体的全部成员。我一直未能用个案研究来体现我的想法。不无讽刺意味的是，在我有机会体现之前，我对民俗学的研究主体和研究对象的关系有了更加复杂的看法。

民俗学的对象首先是民俗，但不仅是民俗。那么还有什么呢？我相信对此的回答不止一种方式，不止一个答案。在此，我的回答想增加的是民俗学者自己。民俗学要把民俗学者自己、把民俗学者自己的学术活动纳入学科的对象。在通过田野作业进行研究的诸学科之中，把研究者本身也纳入研究对象的范例是由美国人类学家保尔·拉比诺开创的。他把他在摩洛哥一个乡村开展田野作业的过程作为叙述的材料，将自己与调查对象的互动一起作为研究的对象，完成了《摩洛哥田野作业的反思》[2]这一民族志著作。看调查者与被调查者的互动，反思调查者自己的经历，这种界定研究对象的思路必然要把研究者纳入进来。在田野作业中参与观察，不就是观察者参与到对象之中而成为被观察的对象的一部分吗？

社会科学的经验研究不是实验室的操作，而是一种学术实践。实验室操作的主体和对象是绝对二分的，其知识可以认为是客观的。社会科学中人对人的研究是两个主体之间的互动过程，双方都是有情感、有意向、有目的的，都在不断地影响对方并接受对方的影响，尽管所谓的研究者通常是比较主动的。作为结果的知识，作为田野作业阶段性成果的资料最起码是这个过程的产物。这个过程同样是人的生活，是有意识的实践，有所特殊的只在于是“学术性的”实践。可见，从知识生产的过程来看，田野作业中的民俗学者同样应该被置于观察、反思的对象之中。

民俗学者到民间进行调查研究，自然是作为一个专家，是一个记录叙述、拍摄现场

---

1 参见高丙中《民俗文化与民俗生活：民俗学的研究对象和学术取向》. 中国社会科学出版社，1994 年。

2 Rabinow，Paul: *Reflections on Fieldwork in Morocco*，Berkeley: University of California Press，1977.

的人，他要写出专业的论文发表。虽然并非必然但也并非不自然的是，民俗学者到田野之前、在田野之中、从田野回来之后都可能还是一个知识分子。他的初衷应该是关心一些普遍性的问题，就像所有的知识分子一样。但是，由于他对特定问题的关心是通过他的调查对象而思考，他的对象很可能只是沦为他达到研究目的的工具。具有知识分子情怀的民俗学者，除了关心他自己的问题，他还会关怀对象的问题。他多半不是来解决当地民间的问题的，但他在追求实现自己的目的的时候，不回避、不反对当地民众追求自己的目的，他有时还会让自己成为对象所利用的工具。

中国民俗学会的学者们在过去十多年里连续地参与观察河北省一个民间信仰组织的活动，见证并参与促成了它在此期间的巨大发展。这个民间信仰及其组织在当地被称为龙牌会，供奉的是龙的牌位。当第一个民俗学者刘其印先生在1991年去观察它时，龙牌被民众提心吊胆地供奉在村中禾场上临时搭建的大棚里。到2003年，龙牌已经威严地矗立在由县政府主持剪彩的大殿中。这个大殿的名称是“龙祖殿”。它的大门两边分别悬挂的招牌是：“河北省范庄龙牌会”“中国赵州龙文化博物馆”。这个寺庙博物馆或者博物馆寺庙的诞生，对于我们认识今天中国的学术界乃至整个社会，都具有非同寻常的价值。

初识龙牌会

刘其印先生在1991年的农历二月二到龙牌会现场。他当时是中国民俗学会的会员，河北省民俗学会的秘书长。他在2004年2月19日和我的谈话中回忆道[1]，人们向他介绍龙牌会时，有这样一段话吸引了他：龙牌会供奉的不仅是鬼神，也有人，人神很多，如扁鹊、孙思邈等药圣，并不都是迷信。他在调查后很快就写了文章，发表在1991年《风俗通》第一期。他又说，他在1992年明确了认识：这是龙文化的代表。他把自己的见闻通过中国民俗学会秘书长刘铁梁先生介绍给钟敬文先生。钟先生支持中国民俗学会介入其中，并指示：“要搞，就搞成第二个妙峰山研究。”刘铁梁先生在1995年的龙牌会期间组织了中国民俗学会的第一次现场考察，启动了中国民俗学会历时十年的一个工程。我是从1996年才开始加入其中的。

---

1 本文引用事实陈述时采用真名，引用观点时没有采用全名。我希望这样做既能够提出真凭实据，又尽量不给被引述者带来困扰。所有的引述都没有请被引述者审阅，如果有张冠李戴、扭曲原意的地方，责任在本文作者。特此说明。

范庄是一个有 900 多户、5000 多人的村子。村民的生计主要是水果种植和相关的加工业。全村人均年收入在本地区属于上流水平。

解放前，范庄有十多座庙。其中，玉皇庙三座，真武庙三座，五道庙二座，三官庙一座，老母庙一座，奶奶庙一座。近 20 年，这些庙宇一个也没有重建，但原来没有庙的龙牌会却恢复起来了。

龙牌会崇拜的是龙牌，俗称“龙牌爷”。“龙牌”为木牌，现在供奉的这一个看起来金碧辉煌，是 1995 年花 3 万元制作的。龙牌整体高度接近 3 米，底座宽 1.5 米，重 300 公斤，中间是蓝底金字的“天地三界十方真宰龙之位”，周边是龙的浮雕。我们在一个库房里看过以前使用的三个龙牌。其中，解放前就使用的那一个高度为 0.72 米，1958 年前后使用的那一个高度为 0.84 米，改革开放以来一直在使用的一个高度为 1.2 米。这三个旧龙牌在大小、材料、形制上与新龙牌都存在明显的差距。

村民不是在寺庙里而是在家里和临时帐篷里供奉龙牌。龙牌平日供奉在一个会头家的正厅里。这家人的职责是每天早晚为它各烧一次香，接待来烧香的村民和附近民众，并保管好他们捐献的香火钱、还愿钱。龙牌在每年一度的“龙牌会”期间则被供奉在禾场上临时搭建的帐篷（俗称“醮棚”）里享受香火祭拜。农历二月初一，村民用黄幔大轿把龙牌迎接到醮棚里，在这里供奉到初四中午，再送回原会头的家里。在初六上午，它被送到新的会头家。供奉义务就这样每年一户轮值。

龙牌会在 20 世纪 50 年代末人民公社化后遭到压制，到“文化大革命”开始，一切活动都消失了。村民在 1979 年重新按照会头制供奉龙牌，龙牌从地下转向公开。作为活动的龙牌会是从 1983 年重新开始举办的。当时轮值的会头是“老亮”（1917 年出生，1997 年去世，共产党员）。他的长子“小锁”接受我们的访谈时回忆：

> 先几年都只在家里祭祀，从供在我家的那年（1983）第一次出来搭棚办会。老八路刘英是村里的五保户。他与我父亲关系很好。他跟我父亲商量，得照老规矩搬出来办会。虽然他们跟当时的书记说后，书记不乐意支持。但他们还是下决心办会。刘英和我父亲说好，“出了事，咱俩扛被子上法院”。那时大家胆子小，办会期间叫人在各路口瞭望，如果见到公安就及时通报。我后来听刘其印先生说，公安局的内部文件曾经说龙牌会是坏的，该取缔。

供奉龙牌的醮棚原来都是搭建在村中的禾场上，1996 年才被移到村外新建的农贸市场旁，比原来的场地大多了。现在的场地约 300 亩，据说可以站 3 万人。另外，近在咫尺的新市场大道还可以容纳 5 万人。醮棚的骨架是用钢材和木头搭建的。它的外层采用的是帆布，它内部的间隔采用的是苇席。醮棚坐北向南，长 30 米，宽 20 米，分成三个厅，设为三个坛。前坛主位供龙牌，龙牌后面悬挂佛祖、圣人（手持书匣，上书《兴善论文集》）和老君的画像。大棚里除了龙牌是牌位，其他的神、仙、佛、圣、妖、怪等都是画像。画像共计 151 幅，其中前坛 36 幅，主要是儒释道的崇拜对象、八仙、奶奶（送子奶奶等）；中坛 35 幅主要是玉皇大帝及其部属、观音、关帝；后坛 11 幅主要是三皇五帝系列，如伏羲、女娲、神农；东侧 30 幅，主要是四海龙王，历代医圣如扁鹊、华佗、葛洪、孙思邈、李时珍等，28 宿中的“凶”系列；西侧 34 幅，主要是十殿阎王、28 宿中的“吉”系列；大棚外 5 幅，它们是财神、路神、火神、鬼王、灶神[1]。龙牌会在信仰上属于以多神为基础的民间宗教。

醮棚正面高悬九面龙旗，龙旗右面的旗帜绣着“神威惊天地”，左面的旗帜绣着“圣灵镇乾坤”。它们的两端各有一面大黄旗，分别绣着“因果报应”“如影随形”。龙旗之下是大幅横联，上书“龙牌盛会传千古，世代威名震四方”，与之相配的竖联是“三界佛祖聚广殿，九州神灵度众生”。一进大棚，左上方挂着一块大匾，上书“济世昌荣”，抬头还写着“弘扬龙文化造福全人类”，落款写着“大寺庄会员顶礼膜拜”。还有一面锦旗，上书“大地炎黄子孙，都是龙的传人”。

如果说大棚内是“圣”，那么大棚外就是“俗”。大棚的正面（南面）张贴着“光荣榜”，分别是为龙牌会捐款者的名单、义务出车（货车、面的、中巴等）者的名单、捐献蔬菜者的名单，以及会头名单、理事会名单。大棚的侧面是宣传栏。其一是农业科技知识宣传栏，主要是各种梨树病虫害的防治方法；其二是书法作品展示；其三是文化知识宣传栏。

文化知识宣传栏的内容非常广泛，其中一些内容与村民的生活有很大距离。有一栏是“饭后四不宜”：“不宜立即饮茶，不宜立即吃水果，不宜马上散步，不宜急于吸烟”。有一栏是“社交中的‘不要’”：如“不要失约或做不速之客”；“不要到忙于事业者那里去串门”；“聊天不要时间过长”；“不要不辞而别”。有一栏是“集古贤文”：有

1 感谢陈岗龙先生细心地绘制了“醮棚神像布局图”，我才能够便利地计点神像的数字。

“万恶淫为首，百行孝当先”之类的句子。此外还有“聪明消费者标准”“生活常识摘选”“劝报亲恩”等栏目。

龙牌会的核心是祭拜龙牌，祭拜仪式原来请道士主持，现在已经变得很简单，只是烧香磕头念经。这些仪式内容可以由信众个人自己单独做，也可以由群众自愿结成的香会一起做。龙牌会能够在庙会期间吸引 10 多万人次来参加活动，其中许多人捐献钱物。人们的捐献可以是义务劳动（除了会头、筹备会的人是有衔头的义工，还有上百名村民来做临时义工），可以是车辆和其他工具的免费使用，可以是食品（如蔬菜、水果），当然还有现金。我们在访谈中获悉，1992 年至 1994 年的现金捐献比较多，每年达 8 万元；1995 年至 1997 年的现金收入比较差，每年 4 万多元；1998 年总收入 40900 元，以后似乎再也没有超过这个数字。在开支上，1998 年支出 57000 元，其中，我们问到的开支有：伙房开支大约是 1 万元，请戏班唱戏开支 7000 元，外事接待开支 6000 元，放焰火开支 3000 元，宣传费用 2000 元。

龙牌会的组织在结构上分为当家人、会头、帮会（筹备会、理事会）。当家人，是龙牌信仰的日常负责人，并在每年的正月初六主持安排本年龙牌会的议事会，成立帮会（筹备会）。那些每年轮流在家里供奉龙牌的人家称为“会头”，现在共有 21 户，其中 2 户是在 1997 年新增的。“帮会”，是实际负责会期活动的组织。“帮会”是村民的口语，张榜公布时写的是“龙牌会筹备会”或“龙牌会组织机构”。其中有部分会头，也有其他人，个别还是外村人。当问到选择标准时，我们被告知的是“热心、能干，群众公认”。会长、副会长和委员都可以变换。它下设各种小组，分别负责外事（主要接待来做调查的学者）、文宣（宣传栏、街道标语等）、醮棚（搭建、拆除大棚）、群艺（联络附近各村花会来表演）、戏剧（接待地方戏剧团）、科技（科普宣传）、伙房、保卫。

这时的龙牌会在组织上是一个草根社团，在活动上是一个地方庙会，其性质基本上不出宗教信仰或者民间信仰的范围。它的硬件设施比较简陋，与地方政府的关系还有待改善。但是，它也具备了一些进一步发展的条件，如深厚的群众基础，每年可观的收入，与同样也是“上头的”学者们已经开始的良好的合作关系。

参与观察也不妨观察参与

龙牌会的组织者知道“上头”对他们的信仰活动持否定的看法，他们多年办会都排除不了戒慎恐惧的心情。他们后来看到，从省上来的民俗学家刘其印视龙牌会为宝贝，不惜胶卷地拍照，热情地记下他们自己认为其实是常识的事情。他们发现，比地方政府更“高”的“上头”是他们可以借助的支持力量。他们把“刘老师”作为顾问，委托他邀请“中央”的学者来发掘龙牌会的价值，他们主动承担学者们在村子里的食宿费用，并提供各种调查上的便利。

一年又一年，民俗学者们在二月二前后浩浩荡荡地来，带着照相机、摄像机、录音机，又都能够各得其所地满载而归。龙牌会每年都会发生或者安排一些新东西，即使每年都来的人也总能够有新的发现、新的收获。很多民俗学者，如陶立璠、刘铁梁、段宝林、周虹、叶涛、赵旭东、宋颖、张焕瑞、高丙中等，都利用调查资料发表了有关文章。

一些民俗学者也许只是觉得自己来是在做自己的调查，参与（空间的在场）是为了观察。而组织者邀请大家来观察，却是为了让大家参与（成事的助力）:（1）民俗学者的观察行动在当地人看来就是一种参与（助力），是对龙牌会的支持，是对龙牌会的价值的承认。学者们的在场当然对当地人评价龙牌会的博弈具有重大的影响，天平当然会向龙牌会的组织者倾斜。我们设想一下，当地的干部群众有几个人曾经有幸听过大教授讲课并记过笔记呢？现在讲话的可是龙牌会的人，记笔记的可是那些大教授。（2）龙牌会的组织者还要学者们留下看得见的东西，例如照片、墨宝，尤其是建议。

他们还现场组织学者们参与座谈会、研讨会，让他们就地发挥专家的独特功能，尤其是对事物进行定性、定义的功能。我想列举他们对迷信的论述来看学者们如何参与对龙牌会的性质和意义的生产。

迷信的问题，一直都是龙牌会的骨干最担心的。积极分子史大姐在1998年的访谈中对我说:“要突破很难。……一般人，一个蚂蚁、一片树叶都怕砸了头。前几年，一个戴大盖帽的人往这方一走，大家都怕。龙牌站住脚了，我们这些人才能站住脚。关键是回答好这个问题，破除迷信，下面的大盖帽才不可怕。”她知道龙牌会顶着一个先天的迷信标签，她也知道他们自己揭不掉也遮不住这个标签。一些学者们也深知迷信问题是龙牌会生存、发展的致命问题。在1996年龙牌会期间的座谈会上，多位学者的发言都集中在辨析迷信的问题上。

在一个历史博物馆工作的宋教授说:“这个节基本上是健康的。有迷信，但主要是一种娱乐，另外有一种教育作用，也有利于形成集市，发展经济。”他对迷信的定位使龙牌会有可能被看作有缺点的正面形象。迷信只是整个活动的一种属性，并且不是主要的属性。

在北京的一所大学工作的陶教授说："龙牌会的主旨是保农、敬祖，是一种复合文化，是多种文化综合的会。勾龙怎么成了范庄的始祖？农民尊敬对他们有益的神。这对我们是一种启示。迷信的东西也有，但是不是主要的？这里面有教育作用，其中的禁忌与这里的良好秩序有关系。"他的一位研究生说："这种信仰活动是向善的教育，而不是迷信的毒害。"他们所用的修辞手法是一样的，先把它表述为一个综合体，再把迷信说成并不影响全体的局部问题。

一位民间文艺家协会的领导董先生说："中央领导最近提出要讲政治。龙牌会对精神文明是有促进作用的。如存自行车不要钱，吃大锅饭不浪费。在商品社会，这是一片净土。现在，这种地方不多了。其实收费也可以，商品社会嘛。"从道德教化的角度进入，宗教信仰自然也不失为有效的思想教育。

中国社会科学院的王教授说："他们敬龙牌，但并不是什么都求龙牌爷。我问过一位会头，他说生病先求龙牌爷，不见好仍去找医生。可见还是相信科学的。"她还说，"民风淳朴，并不能说是信龙牌的结果。问叩头的孩子拜什么，他们一概不知。对他们来说，这只是一种聚会形式。""迷信"一直都被研究中国民间宗教的学者视为绝症。时代不同了，医生的观念和技术不同了，看来"迷信"可以像电脑病毒一样隔离起来，使之不妨碍整个系统的运作。

这些教授的有关文章和发言在当地是非常受重视的，其中一些被龙牌会自己转印、传阅、散发。他们的多种观点逐渐成为当地民众的说法。从一个中学退休的武大爷在和章邵增、马强的访谈（2003 年 8 月 23 日）中说，"龙牌会是一种民俗文化，其中也带有迷信色彩，是一种带有迷信色彩的民俗文化，我是这么认为的。当然，没有迷信，也就没有这个民俗，也就没有了吸引人凝聚人心的东西了嘛……我本人对龙牌会的态度是同情、理解、支持和积极参与，做力所能及的事情，无论是过会的时候，还是平时。"在当地人看来，民俗学者的参与，本身就用行动证明了龙牌会是有价值的民俗。否则，来的就应该是警察了。

从博物馆的建议到龙祖殿的诞生

就常识而论，在现实生活中，要给龙牌盖庙，是没有什么机会的。但是奇迹还是发生了。我们参加 2003 年的龙牌会时，看到了一座够标准的神殿，这就是"龙祖殿"。

后来听说它的造价是26万元。会里的人自豪地介绍："我们完全是按照柏林寺的大殿建造的。"柏林寺是佛教名胜，举世闻名，万众仰慕。当我坐在嘉宾席上参加由县政府主持的龙祖殿落成典礼的时候，真是百感交集。还不曾有一个建筑物的故事让我如此感叹。

龙牌会从临时大棚发展到庙宇建筑，是一个非常复杂的运作过程，对于其中的许多环节有各种不同的说法。下面的叙述，综合了龙牌会史振珠会长和县文化馆馆长张焕瑞先生的说法。

专家、学者调查龙牌会的活动在1996年达到高潮，当时主要有两个提议：一是保持龙牌会活动的原汁原味；二是弘扬龙文化，建立博物馆。村里的人真的开始琢磨这个事情。会里的几个负责人在1998年商量盖庙。到2000年史振珠当选会长，他就积极张罗起来。在这期间，形成了一个折中的意见，就是在活动形式上不介入，老百姓愿意如何搞就如何搞，但建起的房子同时也是龙文化博物馆。

赵县的领导认识到龙牌会的历史文化内涵和旅游价值，打算使它和赵州桥、柏林寺一起成为赵县著名的旅游景点。于是，县委县政府和河北省民俗学会以及多家单位联合发起在2001年农历二月二举办"河北省首届龙文化研讨会"。县里的指导思想是政府给予支持（是工作力度上的，并不是直接的财、物）、乡镇主办、有关部门配合（文化、工商、交通等等），将龙文化做大做强，为发展龙文化造势。2001年的研讨会很成功，来自全国各地的专家教授有40多位，大部分是北大、北师大、中国社科院、省内的民俗学专家。县领导和与会者在二月二去观摩龙牌会过会仪式，并为龙文化博物馆奠基。范庄龙牌会请来工匠设计，并在计委立项，由民众和会头自筹资金，乡镇政府协调（地皮等一些纠纷）。到2003年过会时，第一期工程完成，举行了"龙祖殿落成典礼暨赵州龙文化博物馆揭牌仪式"。博物馆建成以后，人们有了固定的祭祀场所，同时也有了固定的文化交流的场所。

我查看1996年在范庄的座谈会记录，找到了中国民俗学会两个教授的有关发言。宋教授谈道："调查中也提出了一些问题，如龙牌是什么？老百姓的回答是祖神。他们称为'龙牌爷'的看来本来不是龙。信仰活动与土地神有关，与古代立春、鞭春的劝农活动有关，如鞭驴、鞭春姑。这里集中了中国农业文化的很多东西。我们能否就此搞一个民俗博物馆？"

接着发言的陶教授也谈了文化保护的观点。他的意思是说，龙牌会表现出一种村落精神。村落意识给我的印象很深。对于有积极价值的东西要有保护意识。这里就有一个如何保护的问题。会头说，让搞就大搞，不让搞就偷着在家里搞。我看每年都要做，还要做好。传统文化要让它活着。只有继续做下去，这一文化才能活下去。龙牌会是活的文物，要当文物来保护。

一个教授建议盖博物馆，收藏代表农业文化的民俗及其实物。一个教授建议保护这里的活态民俗，具体一点也就是让龙牌会的传统按照老百姓的习惯流传下去。当年谁也不会想到，他们两位的建议会被当地人结合进“龙祖殿”的方案里。在这个新生事物里，博物馆的牌子还真挂起来了，龙牌会的信仰活动也照旧举办，只不过从原来的临时建筑转移到固定建筑里了。

简短的讨论

在现实中，由于国家对地表和信仰活动的行政管理达到了非常全面、系统的严格程度，一个国家承认的教派的信众要修建一所寺庙已经是不易了，而一群老百姓要凭空造出一座供奉民间信仰的神灵的寺庙，更是不容易。尽管不容易，但是我们的调查还是显示当前在各地都能够看到民间自发修造的庙宇。造归造，大多数庙宇的存废都是问题，因为它们大多没有经过管理土地、宗教的政府部门的审批，大多没有合法的身份。它们随时都可能被上面来的人拆除。电视和报纸在过去这些年隔三岔五地报道某地落后群众私建庙宇，当地党委一班人狠抓精神文明建设，坚决地予以清除之类的消息。在我们的调查地的邻近地区，这种通过拆毁寺庙来破除迷信、维护治安的事件就一再发生。附近的铁佛寺在过去二十多年里就已经经历了几个回合的再造和再拆的折腾。

我们也许应该更加准确地说，造庙本身的困难还不是难中之难，最难的是合法地造庙，最难的是让所造的庙宇具有合法的身份。本文谈论的“龙祖殿”，是经过了政府的规划的，它在物理空间和意识形态空间中都拥有合法的身份。我们看到，其中最关键的环节在于它事先已经在知识分子的话语空间里占有了一席之地。

近代以来，包括民俗学者在内的中国知识分子关于“迷信”“落后”等观念的知识生产，使神州各地的拆庙运动成为必然。时过境迁，今天让人耳目一新的是，河北省范庄“龙祖殿”的兴建得益于民俗学者的学术活动。抚今追昔，民俗学者在专业工作上也许没有太大的变化，但是作为知识分子，他们与“民间”的关系正在发生惊人的变化。

民俗学在今天要关心自己的专业队伍与研究对象的互动，使学科具有自我反思的能力；要使自己的专业活动避免原有的单纯利用调查地点的民众，让作为对象的“民间”有机会在一定的意义上成为追求自己目的的主体，从而奠定本学科适应新的时代的学术伦理基础，我们就有必要尝试把民俗学者的工作过程也纳入观察的范围、对象。作者相信这一立意是符合民俗学进一步发展的要求的，只可惜这只是一篇短篇，并且多有言不达意之处。还望各位指教。

春节民俗的社会功能、文化意义与当前文化政策[1]

陈连山[2]

一、旧历新年和春节

我国各种传统历法（夏历、殷历、周历）的正月初一就是新年，在古代被称为“新正”“元旦”“正旦”“元日”“上日”“岁首”“新年”，即一年的开端。

辛亥革命之后的1912年，为了打破封建正朔观念，并与国际接轨，在公务活动中改用公历。同时，为了便于农业生产和民众生活，仍保留夏历。于是，公历1月1日取代夏历正月初一而称为“元旦”。正月初一改称“春节”。而在中国古代，“春节”一词是指立春。不过，立春和夏历新年在时间上比较接近，现代中国的春节风俗已经在很大程度上融合了古代的立春和新年的内容。所以，现在用“春节”指代新年还是具有一定合理性的。

中国传统历法对于新年时间点的设置曾经有过变化。从《史记·历书》可知，汉代人普遍认为夏代历法建寅——以寅月作为正月，“寅月”相当于现在农历正月；而商代历法建丑——以丑月作为正月，“丑月”相当于现在农历十二月；周代建子——以子月作为正月，“子月”相当于现在农历十一月；秦王朝建亥——以亥月作为正月，“亥月”相当于现在农历十月。汉代初年沿袭秦制，直到汉武帝太初元年（前104）实施太初历，才恢复夏历建寅。太初历的这一规定一直延续至今。从此，正月一直在春季。

一天十二个时辰，24个小时，究竟以哪一个时刻为新旧交替的时刻？新年到来的具

---

1 刊于2004年第5期。

2 陈连山（1963— ），男，河南洛阳人，北京大学中文系副教授。主要从事神话学和民俗学研究。

体时刻在历史上也存在变化。夏代以平旦（实指黎明的寅时，3点至5点）为一天的开始时刻，商代以鸡鸣时（实指丑时，1点至3点）为一天的开始时刻，周代以夜半（实指子时，23点至1点）为一天的开始时刻。此后主要沿用周代人的日始概念，以子时为准。新年来临被称为“交子时”，所以，古人是把除夕夜的子时刚刚到来的子初（23点）时刻作为新年的开始时刻。不过，也有人把子正（0点）时刻当作新年开始时刻。

现代实行公历以后，我们以零点为一天的开始时刻。所以，人们通常在半夜开始放鞭炮庆祝新年的到来。

二、春节是自然性质的非宗教节日

春节是一个自然性质的节日，主要反映大自然的节律。我国旧历属于阴阳合历，同时兼顾太阳和月亮的“视运动”规律。所以，春节是一个反映太阳月亮运动规律的自然节日。

世界上每一个拥有自己历法制度的民族都有自己特定的新年，即各自历法的1月1日。世界历法主要分为三种：太阳历（阳历）、太阴历（阴历）和阴阳合历。1582年由罗马教皇格里高利十三世开始实施，并一直沿用至今的格里高利历（即所谓“公历”）是一种太阳历。由于该历法不考虑月相，所以公历新年那天的月亮形状每年不同。伊斯兰教的宗教性历法是一种太阴历，它的新年即回历1月1日。而古代世界广泛流行的历法是阴阳合历——即兼顾太阳和月亮视运动周期的历法。像古希腊历、古巴比伦历、印度历、中国夏历（农历）都是阴阳合历。

中国旧历全面反映了日、月、天、地的运动节律，旧历新年是一个反映大自然节律的节日。春季是大地上万物复苏的季节，所以夏历把正月设置在早春时节，最能体现出正月作为第一个月的意义。正月确定在春天，正月初一就叫“新年”“春节”。初一是朔日，月亮运行在太阳和地球之间，地面上看不见月亮。因此，夏历正月初一是月亮从“无”（看不见）到“有”（能看见）的一个新周期的开端，它也大致是太阳从南回归线向我们回归的开端，而且此时正好大地回春（春节总设在立春前后），大地正处于新的四季循环的开端。所以，不论从日（阳）、月（阴）两方面讲，还是从天（阳）、地（阴）两方面讲，春节都是最为名副其实的开端。

旧历春节的设置充分展示了中国人对于大自然规律的认识，是一个自然节日。它不属于宗教纪念性节日，例如基督教世界最大节日圣诞节、伊斯兰教最大节日宰牲节和开斋节等等。对于春节这样一个纯粹自然性质的节日如此重视，反映了我们民族对于大自然规律的无比关注。

1928 年 5 月 7 日，南京政府内政部决定“实行废除旧历，普用国历”，[1]企图改变 1912 年以来公历、农历并存的制度。1930 年 4 月 1 日，南京政府又强令把贺年、团拜、祀祖、春宴、观灯、扎彩、贴春联等习俗“一律移置国历新年前后举行”。[2]但是，这种不顾民族文化传统和人民希望的行为最终都遭失败。

三、春节是中国第一大节

春节不仅是汉族第一大节，也是我国的 39 个民族的共同节日。

春节是汉族第一大节日，其间的活动既包括严肃的国家礼仪，大臣在春节向皇帝贺正，皇帝赐宴，大臣之间团拜，同时也包括大量的民间风俗。它在古代是全体国民共同的盛大节日。

春节不仅仅是汉族的节日，也是其他 38 个少数民族的重要节日。按照高占祥主编的《中国民族节日大全》的材料逐一统计，目前春节已经成为我国包括汉族在内的 39 个民族的共同节日。其中，31 个民族普遍过春节，而另外 8 个民族中也有部分群众过春节。可见，春节是中国最为普遍的传统节日。

春节不仅是最普遍的节日，常常也是许多民族最重要的节日。汉族、满族、朝鲜族、赫哲族、蒙古族、鄂伦春族、裕固族、锡伯族、羌族、傈僳族、纳西族、景颇族、普米族、怒族、仡佬族、壮族、京族、黎族都把春节作为一年中最大的节日来过。

从世界范围看，由于历史影响，春节也是朝鲜、韩国和日本等国家的重要节日。海外华人更是一直把春节视为民族文化的代表。

春节，在我们中华民族的共同生活中具有极其重要的影响。中华民族分布如此广泛，却能保持强烈的民族认同感，在相当大的程度上得益于春节民俗的存在。这一点对于我们建立现代国家制度也是有益的。

---

1 中国第二历史档案馆编：《中华民国史档案资料汇编・第五辑・第一编・文化》，江苏古籍出版社，1994 年，第 424—426 页。

2 中国第二历史档案馆编：《中华民国史档案资料汇编・第五辑・第一编・文化》，江苏古籍出版社，1994 年，第 435 页。

四、春节民俗的起源和历史演变

春节的各项民俗主要包括两个方面：辞旧岁、迎新年。与春节相关的国家礼仪和民俗活动非常丰富。从腊月初八的“腊八节”、腊月二十三的祭灶节、除夕守岁、初一拜年、初五“破五”、初七人日，一直延续到正月十五“元宵节”，其间的各种民俗活动都和春节相关，人们通常都把它们看作新年的一部分。换言之，广义的“春节”概念可以包括从腊八直到元宵节。不过，为避免烦琐，本文只简略评述除夕和正月初一的节庆活动。

1. 起源

由于远古时代文献缺乏，春节的具体起源时间不详。学术界关于春节起源的几种假说（例如“源于腊祭或蜡祭”说、“源于巫术”说、“源于鬼节”说等），证据尚不充分。[1]

考古资料显示，我国七八千年前已经出现发达的农业生产。“岁”字原来是一种收割工具。当时的农业是一年一熟制，每年收获一次。收获之后，人们用“岁”杀牲祭祀，“岁”又成为该祭祀的名字。最后，“岁”字成为时间段落标志，成为年岁的岁。“年”字原来也是标志农业生产的字，《说文解字》说：“年，谷熟也。”后来，“年”的字义也发展为时间段落标志，与岁相当。《尔雅·释天》说：“夏曰岁、商曰祀、周曰年。”有了岁、年的概念，自然就会产生过新年的习俗。所以，新年是一个非常古老的节日。

2. 春联、年画

春联、年画都起源于古代驱鬼辟邪习俗，但是现代都发展为表达喜庆吉祥意愿的民间艺术。

春联、年画都起源于上古时代的驱鬼习俗。汉魏六朝时代，每至春节，家家户户都在门前立桃人，画神荼、郁垒驱鬼。后来发展为门神年画。《荆楚岁时记》记载：“岁旦，绘二神，披甲执钺，贴于户之左右，谓之门神。”宋代木版年画开始流行，年画的内容也扩大了，至今仍保存下来的《四美图》就是当时的年画。

春联出现在唐代。敦煌卷子 S0610 号记录了开元十一年（723）的一些春联。例如：“三阳始布，四序初开”“年年多庆，月月无灾”等等。[2]宋代写春联更加流行。明代贴

1 参见杨琳《中国传统节日文化》，宗教文化出版社，2000 年，第 1—4 页。

2 谭蝉雪：《我国最早的楹联》，《文史知识》1991 年第 4 期。

春联已经普及全国。春联是我国独特的语言艺术形式和书法艺术形式，并流传到韩国等地。春联既表达人们的心愿，又增添了节日喜庆气氛。

3. 团圆的年夜饭和除夕守岁

除夕夜的晚饭，俗称年夜饭，或团圆饭。它非常丰盛，要求全体家庭成员都在场，即团圆。团圆是人们对于生活幸福的最基本要求：人人平安健康。

团圆饭之后，人们开始守岁，也就是等待新旧年交接时刻的到来。汉代以后，中国人都把夜半子时视为一天的开始时刻。所以，守岁要一直守到夜半之后，甚至天亮。

守岁民俗的起源很早，南北朝时期已经流行。守岁时，全家欢聚，饮花椒酒、屠苏酒，吃五辛盘。目的是驱邪、除病、保健。皇帝也守岁，并和臣子们一起赋诗助兴。唐太宗李世民召侍臣赐宴守岁，并有 4 首守岁诗流传下来。

守岁习俗显示出人们对于新旧更替时刻的担忧。按南北朝时期的说法，除夕会有山臊恶鬼，近代民间传说有所谓“年兽”吃人，都突出表现了人们对这重要时刻的恐惧。于是，彻夜不眠，以保持警惕。但是，从另一方面来看，守岁也包含着人们对于美好未来的强烈期待。希望即将到来的新年是一个充满希望的新开端。

4. 生旺火

新年来到时，在院子里点燃火把、火堆、或炭火盆，在古代称为“庭燎”“粠盆”“烧火盆”“旺相”，现代民间称为“生旺火”或“点发宝柴”。古代的庭燎是为了驱邪，或者祭神祭祖。后来的生旺火已经发展为象征全家兴旺发达，表达美好希望。

国家礼仪中很早就有在元日“庭燎”的规定。《后汉书・礼仪志中》刘昭注引用蔡质《汉仪》云：“正月旦，天子幸德阳殿，临轩，公卿大夫百官各陪朝贺。蛮、貊、胡、羌朝贡毕，皆陛觐，庭燎。”《隋书・礼仪志四》云：“梁元会之礼，未明，庭燎设，文物充庭。”

民间庭燎习俗在南朝宗懔《荆楚岁时记》中有记载。关于庭燎的目的，一说是驱邪避灾。宋代陈元靓《岁时广记》卷四十《烧骨（骨出）》引《四时纂要》云：“除夜积柴于庭，燎火避灾。”另一说是祭祀祖先和神灵，见明代周汝成《熙朝乐事》：“除夕人家祀先及百神，架松柴齐屋，举火焚之，谓之粠盆。烟焰烛天，烂若霞布。”清代也有用炭火盆代替的。1738 年，郎世宁画了一幅《弘历雪景行乐图》[1]，表现的正是乾隆皇帝与

1 聂崇正：《中国巨匠美术丛书・郎世宁》，文物出版社，1998 年，第 16—17 页。

子女一起过年的情景。乾隆帝面前就放着一个火盆，一个小皇子正在向火盆中放松柏类的小枝（所以，不是为了取暖），应该也是一种庭燎，当时称为“烧松盆”。

现代民间生旺火常常是点燃柴堆或炭堆，火势越旺越好，象征新年全家兴旺。也有用火盆烧松柏桃杏树枝，合家跨火而过，象征燎去旧灾晦，迎来新气象。

5. 爆竹

爆竹的原始目的是驱逐鬼怪，或迎神。后来以其强烈的喜庆色彩发展为辞旧迎新的象征符号，成为最能代表新年到来时刻的民俗标志。

关于爆竹的最早可靠记载见于南朝梁代宗懔《荆楚岁时记》：“正月一日是三元之日也，谓之端月。鸡鸣而起，先于庭前爆竹，以避山臊恶鬼。”当时的爆竹是把竹子放在火里烧，产生爆裂声。目的是驱鬼怪。新年起床第一件事就是爆竹。

隋代杜公瞻注解上述引文时说：“俗人以为爆竹燃草起于庭燎。”就是说，民众认为春节点火习俗和爆竹都是起源于古代的庭燎礼仪，这是很有道理的。因为庭燎是烧柴，而南方多竹，如果用竹子代替柴，一定会爆响。宋代袁文《瓮牖闲评》卷三云：“岁旦燎竹于庭。所谓燎竹者，爆竹也。”袁文的说法证实了杜公瞻的记载。旺火加巨响驱鬼在当时人看来比原来的庭燎效果好得多。于是，放爆竹驱鬼怪的习俗受到人们广泛热爱。

根据可靠史料，宋代出现了火药爆竹，即现代的爆竹、炮仗、鞭炮。有了火药爆竹，没有竹子的地区也可以放爆竹了。爆竹于是成为全国性的风俗。

后来，爆竹本身的喜庆色彩使得人们对于爆竹的象征意义有了进一步的认识：用喜庆的爆竹迎神。民国时代《呼兰县志》《北镇县志》都记载民众放爆竹的目的是“迎神”。

爆竹本身的爆炸，也是极好的“辞旧迎新”的文化象征符号。即使完全的无神论者也都喜爱放爆竹。它可以使人更加深切地体验到旧与新的差别，使生活更加富于艺术美感。

不过，爆竹有危险性。民国政府曾经以不利于社会治安为由禁放。但是，即使在控制严密的京兆地区禁放也失败了。“燃放爆竹，本为官厅所禁止。自民国九年始，警厅忽取放任主义。于是家家户户，每至年底，争先购置。当子正初交时，乒乓之声不绝于耳。”[1]

爆竹的危险性应该通过细致的管理加以控制：从设计、生产、运输，一直到销售、燃放，全程管理。虽然复杂，但是一定会得到民众支持。1993年以来，各地常见的直接禁止烟花爆竹的做法却在重复民国时期的老做法。直接禁放看似容易，但是许多人不

1 胡朴安：《中华全国风俗志·下篇卷一》，中华书局，2002年，第16页。

支持，其最终结果恐怕不容乐观。

6. 年糕、饺子

年糕，又名粘粘糕，谐音“年年高”，包含着人们对未来幸福生活的希望。年糕一般用黏性谷物制作。北方有黄米年糕，江南有水磨年糕，西南少数民族则有糯米粑粑。公元6世纪的食谱《食次》记载了当时年糕——“白茧糖”的制作。现代北方吃年糕比较少，南方依然兴盛。

北方最流行的新年食品是饺子，又名水饺、角子、扁食。5世纪的时候，“形如弯月”的饺子已经成为民间普遍的春节食品。唐代的饺子形状的食物于1968年在新疆吐鲁番出土。宋朝以前把饺子称为“角子”，或“水角儿”。元代开始有“扁食”的叫法。明清以来，普遍使用“饺子”一词。

对于饺子的文化象征意义，一般的解释是：“角子”“饺子”谐音“交子”，即交子时的意思。就是象征春节的到来。所以，子时一过，人们立刻开始煮水饺，使之成为新年第一顿饭。更深一层的解释，饺子也包含了美食的意思。古代缺乏肉食，包了肉馅的饺子自然是上好食物，民间谚语“好吃不过饺子”表达的正是这个意思。春节时吃上饺子，当然是希望来年有更多的好食物。

饺子这种普通食物被人民创造为文化象征符号，体现了人民群众不断的文化创造力。

7. 祭祖

家庭是社会的基础，祭祖加强了家庭成员、家族成员的情感联系。中国社会里宗族力量一直强大，与之相应的作为宗族思想直接体现的祖灵崇拜也一直兴盛。加上儒家思想“以孝治天下”的政治影响，祭祖成为十分重要的民俗活动。

祭祖是春节习俗中最古老的内容之一。《尚书・舜典》记载：“月正元日，舜格于文祖。”孔安国解释这句话的意思是：舜帝在正月初一到祖庙里祭祀祖先。

春节祭祖是一年里最大规模的祭祖活动。节前要把宗祠里全部祖先画像或牌位整理好。春节前，或初一，摆上祭品，集体祭祀全体祖先。《古今图书集成・历象汇编・岁功典》卷二十二引《富平县志》云：“每族溯宗祖数世者，共为图像，名曰神轴。元日，子孙会拜。”回家还要分别祭祀自家的直系祖先。祭祖的目的是感谢祖先功德（所谓“慎终追远”），并祈求祖灵在新的一年里保佑全家幸福。当然也有团结家族力量、加强家庭关系的作用。

8. 祭神

在辞旧迎新的时刻，重申人和神的关系是非常重要的。春节各种民俗仪式中经常看到祭神的内容。腊日祭祀百神，二十四祭祀灶神。新年燃放爆竹，民间解释为迎接灶神、财神等等。天明早饭前，人们面对神像祭祀天地全神。港、台等地还有新年抢烧第一炷香的习俗，据说成功者可以得到保佑。

生活中总有个人无法应付的困难，他们需要超自然力量的帮助。所以，人们希望在新年到来时拜祭诸神，以获得精神支持。

9. 朝正、团拜与拜年

古代国家礼仪中的朝正、团拜和民间百姓之间的团拜、拜年是新年期间强化社会关系、亲情关系的重要活动。

朝正，也称"贺正""元会"，指大臣在新年向皇帝拜贺。周代每逢新年，诸侯要向周天子"朝正"，即朝贺新年。《左传・文公四年》记载："昔诸侯朝正于王，王宴乐之，于是乎赋《湛露》，则天子当阳，诸侯用命也。"诸侯国内也举行类似活动。《论语・乡党》云："吉月，必朝服而朝。"杨伯峻《论语译注》翻译为："正月初一，一定穿着上朝的礼服去朝贺。"

汉代朝正之礼依然。《后汉书・礼仪志中》记载："每岁首正月，为大朝，（天子）受贺……百官受赐，宴飨，大作乐。"其中各级官员依次向皇帝献新年礼物，皇帝安排娱乐活动，并赏赐臣子。在地方政府中也组织官员新年庆贺。

清代朝正之礼提前到腊月三十日进行。富察敦崇《燕京岁时记・除夕》记载："京师谓除夕为三十晚上。是日清晨，皇上升殿受贺，庶僚叩谒本管，谓之拜官年。"

朝正之礼可以强化上下尊卑的关系，这对于加强君臣关系、加强中央与地方关系都有作用。

"团拜"一词最早大约出现于宋代。《朱子语类》卷九十一《杂仪》云："团拜须打圈拜，若分行相对，则有拜不着处。"现代政府机关和单位之中的新年团拜活动与古代团拜非常近似。团拜有利于增强和改善同事之间的联系。团拜也在家族之中、朋友之间进行。

在家庭内，晚辈清晨起床首先向长辈叩头（现代简化为向长辈鞠躬），并祝愿长辈健康长寿。然后，依次到各个亲戚朋友家向长辈拜年。而长辈则给拜年者压岁钱，祝愿他健康成长。朋友之间也互相上门拜年。如果亲戚朋友多，则拜年活动一直持续很多天。

古代士大夫也有用名帖代替亲自上门拜年的习俗，学界一般视为中国贺年卡的起源。现代贺年卡的使用遍及各个阶层，年轻人使用尤多。这对于扩大交际很有益处。

社会变迁巨大，人们的社会交际范围更大，联系方式更多。为避免过分烦琐的拜年活动，近年来，人们开始通过电话拜年、电子邮件拜年。

春节的各项活动是从家庭内部，逐步扩大到亲戚之间，和整个社会的。除夕守岁，初一向父母拜年，然后出门给亲戚拜年。再次，向朋友拜年。再后，人们开始逛各种社区性的大小庙会。到了正月十五元宵节，则男女老少一同上街，赏灯，看狂欢游行——高跷、旱船、舞龙、舞狮、秧歌等。所以，春节是一个渗透到社会每一个方面、每一个层次的民族节日。

正确认识春节，发扬光大其中优秀的成分，完全可以成为我们建设现代国家、发展现代文明的基础。

五、春节习俗的社会功能和文化象征意义的总结分析

春节是中国传统节日的最高代表。上至皇帝百官，下到黎民百姓，都非常重视这个节日。国家礼仪和民间风俗都有关于春节的规定。所有人都基本遵循着同一个节日行为模式度过这一天。因此，在古代，春节是我们全社会、全民族的共同节日，体现了全社会、全民族的共同文化精神。

我在《论春节民俗的文化象征意义》[1]中详细分析了春节民俗活动的各种象征意义，此处只作简述，不再论证。春节的时间选择体现了我国人民自古以来就追求阴阳调和的哲学观念。新年第一件事是放鞭炮，所以，放鞭炮象征着新时间的开始。春节是人类文化生活开端的象征。春节祭神、拜祖、拜年是对人神关系、人伦关系的重新确证，即对于人类作为一个文化存在的确证。春节是人生新希望的象征。春节的“铺张浪费”行为是一种文化象征，象征着未来的生活就像现在一样丰盛。

总之，我们的祖先根据自己独有的“阴阳和谐”观念发现了早春时节一个原本普普通通的、看不见月亮的日子的价值意义——开端，是把它确定为自己历法制度中一年的开端，这就是春节。此后，人们陆陆续续创造了神话和种种仪式行为来标志这个开端，说明这个开端。不同的社会阶层按照自己的理解，赋予春节不同的文化意义。但是，春

1 陈连山:《论春节民俗的文化象征意义》,《民俗学刊》2003 年第 4 辑。

节的全部传统意义都是围绕着“开端”而存在的：宇宙的诞生、万物的起源、文化的建立、新生活的开端……

六、关于节日政策的建议

中国的现代化进程包括经济、政治、军事、科研、文化等等方面。随着其他方面的推进，中国文化现代化问题日益突显出来。五四新文化运动以来，一种常见的文化现代化策略是否定传统文化，在西方现代文化基础上创立新文化。体现在节日文化建设方面就是用公历新年取代农历新年，把农历新年变成“春节”。但是，这种脱离实际的文化变革没有得到全体国民的响应，公历新年迄今未能深入民众生活形成真正的民俗节日，基本只是一个法定假日而已；而农历新年这个事实上依然是中华民族最大的节日却遭到一定的贬斥——我们的民族文化于是遭到损害。我们的新年节日呈现出一种上下分离的不利局面——公务活动和理论上元旦是新年，可是百姓的日常生活中却以春节为新年。这种局面不利于统一的民族认同感的形成。

新的节日文化建设必须尊重既有的节日文化传统，这样才能得到人民最大限度的支持和响应。新年节日文化的重建也必须尊重原有的新年文化传统，并创造性地加以转换，使之全面适应现代国家制度，适应现代生活方式。

古老的春节民俗传统随着历史的脚步伴随我们民族走过了几千年。其间，它的名称、内容发生过多次演变，以适应当时的社会生活。我们相信，春节民俗经过转换，在当代社会依然可以发挥良好的社会功能。

我们总结春节文化的主要社会功能是：一年一度，我们民族文化的各个层面在此得到全面展示，从饮食、服装，到文学艺术、价值观念，再到娱乐游戏。全国人民，尽管来自不同地区、不同行业、不同族别，都在这个时间段自觉自愿地共同欢度节日。春节作为最普遍的超越政治、超越阶级，甚至超越国界的民俗节日，可以最大限度地促进全民族的认同感。而且，春节是一笔现成的文化财富，利用它可以更加顺利地进入大众生活，有利于建设新的全民族各阶层共同享有的节日文化。

基于以上认识，我认为未来的春节文化政策必须考虑以下几点。

1. 维持公历和农历并存的历法制度

辛亥革命以来的公历和农历并存的历法制度基本是成功的，它既保证了我们在公务方面与世界的同步，同时也保存了我们的传统文化。而1928年废除农历的做法显然是失败的，这个教训值得吸取。

政府应该重申：公历和农历并存是现政府的历法制度。近年来，一些包含日历的印刷品只有公历，没有写明相应的农历，更没有农历节日，这是不对的。应该对之加以限制。

不过，公历和农历并存，也会带来一定的副作用。比如，一年之中出现两个“新年”容易使人迷惑。那些不了解传统历法精神和春节民俗意义的人会觉得春节“没有意思”，甚至想用元旦代替春节。这方面应该推动整个学术界加强对于民俗学的研究，并加强民俗学在全社会的影响力来加以解决。

2. 春节假期应该从腊月三十开始

春节是最大节日，为了过好它，必须提前准备。而且除夕要全家团圆、要守岁，如果不放假，这些活动势必受到直接影响。所以，春节假期应该从腊月三十就开始，不能等到初一才开始放假。

3. 禁放烟花爆竹的政策应该改变

重新认识烟花爆竹的文化功能，总结民国年间和近年来禁放的经验教训，我认为简单禁放所付出的“文化代价”是巨大的，而且难以成功。

加强科研，开发危险性较小、少污染乃至无污染的新品种。

加强生产、运输和销售环节的安全管理。

加强燃放安全教育，严厉打击燃放中的故意伤害行为。

4. 增加春节贺词和春节团拜

为了加强全体国民的民族认同，缩小政府与民众的距离，应该在春节的时候请相关的领导人发表贺词。现在，国家领导在元旦发表新年贺词，与世界同步是应该的。可是，人民最重视的春节却没有贺词，实际上我们就失去了一个亲民的机会。现在，外国一些领导人为了加强对于华人的吸引力在春节特意发表贺词，向华人祝贺。在感谢之余，多少也令人感到遗憾。

各个地方单位的团拜活动安排在元旦是不妥当的，应该改在春节进行。

5. 限制春节联欢晚会

20世纪80年代出现的电视春节联欢晚会为守岁的人们提供了一个专门的娱乐节目，体现了政府对于百姓春节守岁习俗的尊重，因而也得到人民的喜爱。但是，近年来，人们对它的批评越来越多。原因何在？守岁的一家人同看一个节目，实际上就要求节目能够满足所有成员的兴趣，而这是难以实现的。中央台针对不同观众安排了戏曲、舞蹈专场，企图最大限度地满足观众，但是，它又使得一家人争电视机，或者各自分别看，结果又损害了家人团聚和交流。另外，电视春节联欢晚会目前已经成为一个商业性极强的节目，商业广告、明星广告泛滥。为了广告效益，晚会节目越来越多，质量也就无法保证，结果年年遭到人们批评。

从民俗学角度看，电视春节联欢晚会毕竟是一个视觉艺术节目，大众只能坐着看，不能参与，没有交流，因此，它无法成为一项独立的民俗活动，只是一个娱乐节目而已。它是不能代替守岁的。

其播放时间从20点一直延续到24点以后，挤占了守岁的人们本应亲身参与的一些民俗活动——包饺子、彼此交谈、话团圆等等，影响了除夕团圆在家庭亲情交流方面的功能。

基于以上理由，建议减少电视春节联欢晚会的节目，缩短其节目时间，大致以两个小时为宜。

6. 加强民俗学研究，保护优良的春节民俗

组织学术界加强对于全国各族人民春节民俗的全面调查和深入研究，总结春节民俗在民族认同、价值观培养和美学方面的意义。

对于春节民俗中公认的优良传统应该予以宣传、保护，加强引导；反对把春节活动恶俗化。例如，同事之间的拜年活动本来是借新年之机增进友情的，但是有人把它变成拉关系、拍马屁的机会，甚至于假借给领导的子女压岁钱而公然行贿。按照传统，压岁钱数额很小，的确是给孩子用的。现在由于子女少、父母溺爱，加上某些人变相行贿，最终使得压岁钱数额猛增。既是长辈的负担，又是对孩子的不良诱惑。应该宣传压岁钱的本来意义是表示长辈的慈爱。

中秋节的历史流传、变化及当代意义[1]

萧　放[2]

中秋节是中国秋季的传统大节，明清以来它的地位仅次于春节。中秋节的主旨是亲朋团圆庆贺。中国节日时间大都与月亮的运动有关，节期以月的弦、望、晦、朔为基准。月半时节的满月，常给人以圆润丰满的美感，中秋之夜是一年中最迷人的月夜。“一年月色最明夜，千里人心共赏时。”人们围绕着中秋明月这一特殊天象形成了中国人特有的月亮节、团圆节。祭月、拜月，赏月、玩月，走月、跳月，中国人的心态情感在如水的月光之下，表现得生动而自然。

一、中秋节的名称及其含义

中秋节，是仲秋之节，在进入秋季的第二个月，以十五月圆为标志，这天正值三秋之中，故谓之“中秋”。此夜月色比平时更亮，又谓之“月夕”。因为中秋节在秋季、八月，又名“秋节”“八月节”；因为祭月、拜月，又叫“月节”“月亮节”；中秋家人团聚，出嫁的女儿回家团圆，因此又称“团圆节”“女儿节”；仲秋时节各种瓜果成熟上市，因称“果子节”。侗族称为“南瓜节”，仫佬族称为“后生节”等。人们在中秋时节欢聚赏月、祭祀、庆贺丰收。

1　刊于2004年第5期。

2　萧放（1960—　），男，湖北英山人，北京师范大学文学院教授，博士，主要从事民俗史与民俗学史的教学与研究。

二、中秋节起源及历史演变

春节、清明、端午、中秋是近世中国的四大传统节日。其中，中秋节形成最晚，在汉魏民俗节日体系形成时期，中秋节日尚无踪迹。唐宋时期因时代的关系，以赏月为中心节俗的中秋节日出现，明清时中秋节已上升为民俗大节。中秋节虽然晚出，但它是秋季时令习俗的综合。其所包含的节俗因素，大都有着古老的渊源。

1. 起源于古老的月亮天体崇拜

“悬象著明，莫大乎日月。”[1]日月崇拜是原始宗教的重要内容之一，中国古代很早就有祭祀日月的宗教礼俗。日月这两大天体，在古人的观念中代表着世界的两极。“日者，阳之主”，“月者，阴之宗也”。日月分别为阴阳的代表，在时间上分属日夜。同时，日月是构建历法体系的基础，季节上分属春秋，空间方位上属东西，五行中属水与火。二者相互配合、相互依存。《礼记·祭义》所谓：“日出于东，月出于西，阴阳长短，终始相巡，以致天下之和。”日月的正常运行是宇宙和谐的保证，因此古人很重视对日月的祭祀。

殷人已将日月分称东母与西母，周代依据日月的时间属性行朝日夕月的祭礼。“故作大事必顺天时，为朝夕必放（仿）于日月。”[2]这种朝日夕月的祭礼，据唐人孔颖达解释说，春分日的早上在东门外祭日，秋分的晚上在西门外祭月。因为秋分时节太阳几乎直射月亮朝向地球的那一面，所以月亮看起来又大又圆。正如后人所说：“祭月祭日不宜迟，仲春仲秋刚适时。”

周人的日月祭祀的方式是：“祭日于坛，祭月于坎。”以坛、坎这两种物象作为日月的象征，坛在上，光明，坎处下，幽静。[3]祭品为牺牲玉帛之类。

春秋战国时日月神分别称为东皇公、西王母。《吴越春秋·勾践阴谋外传》云：“立东郊以祭阳，名曰东皇公，立西郊以祭阴，名曰西王母。”沂南汉画像石中西王母与东王公分坐在柱状物上（有说是昆仑山），西王母两旁跪有捣药的玉兔。由此可知，郭璞《山海经图赞》“昆仑月精，水之灵府”的说法言之有据，后世的月神嫦娥即由西王母（最早名常羲）演变而来。

秦汉时期，日月祭祀仍为皇家礼制。秦雍都有日月祠，山东有日主祠、月主祠。汉

---

1 李道平：《周易集解纂疏·卷八·系辞上第八》，中华书局，1994 年，第 603 页。
2 孙希旦：《礼记集解·卷二十四·礼器第十之二》，中华书局，1989 年，第 659 页。
3 《礼记集解·卷四十六·祭义第二十四》，中华书局，1989 年，第 1217 页。

代武帝时，祭日以牛，“祭月以羊彘特”，行朝日夕月之礼，“朝朝日，夕夕月则揖”。[1] 此后北魏、隋唐以至明清历代都有秋分祭月的礼仪。现在北京的月坛公园就是明清祭月的坛场。

月为“夜明之神”，它与太阳同辉。奎诺尔特人称月为“夜间的太阳”，与明朝人的“夜明”之称相同。祭月在上古作为季节祭祀仪式列入皇家祀典、例行祭祀后，民间缺少了祭月的消息。这可能与古代社会的神权控制有关，在“绝地天通”之后，像日月这样的代表阴阳的天地大神，只有皇家才能与之沟通，一般百姓自然是无缘祭享的。月亮对于平民来说，是一种外在的神秘的支配力量，无法接近它，祭祀它。因此华夏文化系统内民间祭月的习俗，在汉魏时期不见著录，更不用说出现以拜月为中心的节日。

2. 唐宋以后中秋节俗主干因素的确立

隋唐以后，随着天文知识的丰富与时代文化的进步，人们对月亮天体有了较理性的认识，月亮的神圣色彩明显消褪。这时皇家也逐渐失去了对月神祭祀的独占权威。月亮对一般平民来说，不再是那样高不可及。唐人精神浪漫、气象恢宏，亲近自然，唐朝虽没有中秋节日，但中秋赏月玩月已成为文人的时尚。人们将清秋明月视为可赏可玩的宇宙奇观，吟咏中秋明月的华章丽句寻常可见。秋月也常常引发人们感物怀人的情思，如白居易所说：“三五夜中新月色，二千里外故人思。”（《中秋夜禁中独直对月忆元九》）古代传承下来的有关月神的神话，这时出现了新的情节，月宫中除了寂寞的嫦娥、蟾蜍、玉兔外，又添了一位据说因学仙有过而被贬谪来的吴刚。吴刚从事的是一项惩罚性工作，即砍伐一棵永远砍不倒的桂树。太阴之精月亮在这时成为仙界的流放地，从嫦娥偷吃不死仙药、化为月精，到吴刚被贬往月中伐桂的传说看，月神已由原始的宇宙主神演化为具有道教色彩的神仙。

宋代中秋节已成为民俗节日，中秋放假一日。以赏月为中心的中秋节俗的形成，大概与都市生活情境有着内在的联系。《梦粱录》说：八月十五日中秋节，此日三秋恰半，故谓之“中秋”，因此夜月色倍明于常时，又称为“月夕”。（卷四）月夕之名，显然与古代秋分“夕月”有关。文人沿袭赏月古风，但宋人赏月的情趣大异于唐人。唐人大多由月亮的清辉联想到河山的壮美，友朋千里，邀赏明月，诗酒风流。宋人对月感物伤怀，常以阴晴圆缺，喻人情世态。当然，对于宋人来说中秋还有另一种形态，中秋是世

---

1 《史记·卷二十八·封禅书第六》，中华书局，第1394—1395页。

俗欢愉的节日。北宋东京，中秋节前，“诸店皆卖新酒”，市人纵酒度节；中秋夜，“贵家结饰台榭，民间争占酒楼玩月”。[1]南宋杭州中秋夜更是热闹。在银蟾光满之时，王孙公子、富家巨室，莫不登楼，临轩玩月，酌酒高歌，“以卜竟夕之欢”。中小商户也登上小小月台，安排家宴，“团圆子女，以酬佳节”。[2]市井贫民虽无富户铺张的财力，可过节的愿望十分强烈，“解衣市酒，勉强迎欢，不肯虚度”。宋代中秋夜是不眠之夜，主管治安的官员取消例行的宵禁，夜市通宵营业，“闾里儿童，连宵嬉戏”，玩月游人，达旦不绝。

明清之后，因时代的关系，社会生活中现实的功利因素突出，岁时节日中世俗的情趣愈益浓厚，中秋节俗的变化更是明显。以“赏月”为中心的抒情性与神话性的文人传统减弱，功利性的祭拜、祈求与世俗的情感、愿望构成普通民众中秋节俗的主要形态，中秋成为民众时间生活中的重要节点。唐宋时代地位微弱的中秋上升为与年节、端午并列的民俗大节。节俗活动丰富多样。

三、中秋节的主要民俗事象

八月十五日，中秋节，是明清时期的民俗大节。中秋节在宋元时代是一般性节日，明朝以后中秋地位显著上升，清代成为与新年、清明、端午并重的四大节之一。

明清时期的中秋节俗内容较前代有了显著的扩充，节俗主要表现在以下六个方面：

1.祭月、拜月，庆祝丰收

唐宋时期的中秋节主要是赏月、玩月，中秋是一般的社交娱乐性节日。明清时期节日性质发生变化，人们同样赏月，但似乎更关注月神的神性意义，以及现实社会人们之间的伦理关系与经济关系。中秋是丰收的时节，人们利用中秋节俗表达对丰收的庆祝。祭祀月亮时的时令果品，既是对月亮的献祭，更是对劳动果实的享用。

明朝北京人八月十五日祭月，人们在市场上买一种特制的“月光纸”。这是一种神码，上面绘有月光菩萨像，月光菩萨端坐莲花座上，旁边有玉兔持杵如人似的站立着，并在臼中捣药。这种月光菩萨像小的三寸，大的丈余长，精致的画像金碧辉煌。北京人家家设月光菩萨神位，供圆形的果、饼与西瓜，西瓜要切割为莲花状。夜间在月出之

1 《东京梦华录·卷八》，中国商业出版社，1982年，第56页。
2 《梦粱录·卷四》，中国商业出版社，1982年，第24页。

方，向月供祭，叩拜，叩拜之后，将月光纸焚化，撤下来的供品，由家人普遍分食。[1] 清代北京祭月有所变化，月光神码由道观寺院赠送，题名为“月府素曜太阴星君”。

祭月、拜月是明清中秋时节全国通行的习俗，清代俗谚有：“八月十五月儿圆，西瓜月饼供神前。”清代有特制的祭月月饼，此月饼较日常月饼为“圆而且大”。《燕京岁时记》称：“至供月月饼到处皆有，大者尺余，上绘月宫蟾兔之形。”特制月饼一般在祭月之后就由家人分享，也有的留到除夕再来享用，这种月饼俗称“团圆饼”。

各地对月亮神的形象有不同的描述与理解。在福建汀州一带，中秋夜有“请月姑”的习俗，浙江西安县小儿女凑钱备办糖、米果，“拜月婆”。诸暨的大户人家在中秋节制作大月饼，杂以瓜果，“宴嫦娥”。江浙一带中秋祭月有“烧斗香”的习俗。苏州所谓斗香，是用细的线香编制成斗状，中间盛香屑，香店制作后卖给僧俗人等。人们在中秋夜，焚于月下，称为“烧斗香”[2]。扬州小秦淮河，中秋节“供养太阴”，彩绘广寒清虚之府，称为“月宫纸”；又以纸绢作神像冠带，月饼上排列素服女子，称为“月宫人”；然后以莲藕果品祭祀。[3]

值得注意的是前代拜月男女俱拜，宋代京师中秋之夜，倾城人家，无论贫富，从能行走的孩童至十二三岁的少年都要穿上成人的服饰，登楼或于庭中“焚香拜月，各有所期”。男孩期望“早步蟾宫，高攀仙桂”，意思是说，请月神保佑早日科举成名。女孩则祈求有一副美丽的容颜，“愿貌似嫦娥，圆如洁月”。宋人推重的是郎才女貌。

明清以后，祭月风俗发生重大变化，男子拜月渐少，月亮神逐渐成为专门的女性崇拜对象。北京有所谓“男不拜月，女不祭灶”的俗谚。明清时代北京中秋节新添了一个节令物件——彩兔，清人昵称玉兔为“兔儿爷”。人们用黄沙土作白玉兔，装饰以五彩颜色。兔儿爷的制作工艺精美，造型千奇百状、滑稽有趣，京城人“齐聚天街月下，市而易之”。[4]兔儿爷给市井生活增添了许多的情趣。20世纪初，民间径将祭月称为“供兔儿爷”。名称的这一变化，包含着丰富的文化信息，高悬的明月，在近代百姓那里已俗化为可触可摸甚至可以把玩的物件。虽然人们依旧供奉它，但其已失去神圣的品性，成为一种世俗观念的表达。

---

1 参见（明）刘侗、于奕正《帝京景物略·卷之二》，北京古籍出版社，1983年，第69页。

2（清）顾禄撰，王迈校点：《清嘉录·卷八》，江苏古籍出版社，1999年，第164页。

3 参见（清）李斗撰，周春东注《扬州画舫录·卷九》，山东友谊出版社，2001年，第240页。

4 参见（清）潘荣陛《帝京岁时纪胜》，北京古籍出版社，1981年，第29—30页；（清）富察敦崇《燕京岁时记》，北京古籍出版社，1981年，第77—79页。

2. 分享、馈送“团圆饼”

中秋节令食品是月饼，月饼在民间称为“团圆饼”。中秋时节正是收获的季节，人们为了加强家族、社会成员之间的联系，互相馈赠礼物，月饼就成为人们相互交流的信物与吉祥的象征。

月饼的形制在宋代可能就有了，苏东坡曾诗赞曰：“小饼如嚼月，中有酥与饴。”但从文献记载看，当时的节物重在尝新，如尝石榴、枣、栗、橘、葡萄等时新水果，饮新酒等，有“秋尝”的意味，还没有将月饼作为重要的节令食品。以月饼为中秋特色食品及祭月供品的风俗大概始于明朝，民间流传的元朝末年八月十五吃月饼反抗统治者的传说虽不足信，但至少部分说明了明初以来中秋吃月饼的事实。明代中秋节馈送月饼是全国普遍通行的重要节俗。在明朝初年中秋已有食饼习俗，据《客座赘语》记载，明宫廷中秋太子向父皇进献月饼，民间城乡更是以月饼为节礼互相馈送。

先看明代京城“士庶家俱以是月造面饼相遗”。这种面饼大小不等，呼为“月饼”。月饼的制作在明代后期的北京已经十分考究，价格也不便宜。“市肆以果为馅，巧名异状，有一饼值数百钱者。”[1]清代北京中秋祭月除香灯品供外，就是团圆月饼。[2]清代后期北京出现了品牌月饼，前门致美斋的月饼为“京都第一”。供月的月饼大的直径有尺多长，上面绘有月宫、蟾蜍、玉兔等图案。[3]月饼有祭祀完后全家分食的，也有将月饼留到岁暮除夕“合家分用之，曰团圆饼也”[4]。江南人家同样以月饼为中秋节物，相互馈遗。[5]

现代月饼生产形成地域风格，有京式月饼、广式月饼、苏式月饼、甬式月饼等，它们在月饼内馅、月饼形制及加工方法上都有自己的特色。北京月饼，酥皮、冰糖馅；广式月饼以糖浆面皮为主，有酥皮、硬皮两种，月饼有咸甜两味，馅有肉类与莲蓉、豆沙等；苏式月饼，也是酥皮，饼馅常用桃仁、瓜子、松子，配以桂花、玫瑰花等天然香料；甬式月饼（宁波），酥皮，多用苔菜为馅。传统月饼糖多油重，近年来多流行以果类为馅的低糖月饼。

小小的月饼在民间生活中作为团圆的象征与联系亲族情感的信物互相馈送，从而实

---

1 沈榜编著《宛署杂记·第十七卷·民风一·土俗》，北京古籍出版社，1982年，第192页。

2 参见《帝京岁时纪胜》，北京古籍出版社，1981年，第29页。

3 参见《燕京岁时记》，北京古籍出版社，1981年，第79页。

4 刘若愚：《酌中志·卷之二十》，北京古籍出版社，1994年，第181页。

5 《清嘉录·卷八》，江苏古籍出版社，1999年，第166页。

现对亲族关系的再确认。中秋月饼有具体的吃法，一般民间切月饼都要均匀切成若干份，按人口数平分，每人都享受到月饼的一块，象征家庭成员是团圆的一部分。如家中有人外出，便特地留下一份，象征他也参加了家庭团聚，这块月饼留待除夕他回来享用。这种以饮食团聚家人的方式是中国人所特有的文化习惯。

3. 家人团聚

团圆是中秋节俗的中心意义。因为家族生活的关系，中国人有很强的家族伦理观念，重视亲族情谊与血亲联系，较早形成了和睦团圆的民俗心理。家庭成员的团聚成为家族生活中的大事，民俗节日就为民众的定期会聚提供了时机。在传统年节中都不同程度地满足着人们团圆的要求，如除夕的“团年”，重阳的聚饮等，中秋为花好月圆之时，“海上生明月，天涯共此时”，人们由天上的月圆联想到人事的团圆，因此中秋在古代被视为特别的“团圆节”。宋人的团圆意识已与中秋节令发生关联，前述宋城市居民阖家共赏圆月，就是体现了这一伦理因素。明清时期，由于理学的浸染，民间社会乡族观念增强，同时也因为人们在世俗生活中更加认识到家族社会的力量，因此人们在思想情感上，对家庭更为依恋。秋收之际的中秋节，正是加强亲族联系的良机，“中秋民间以月饼相遗，取团圆之义”。[1]值得注意的是中秋节民间尤其重视夫妇的团圆。出嫁的妇女中秋要赶到娘家与父母团聚，当天又必须返回夫家，与夫君团圆。俗语云：“宁留女一秋，不许过中秋。”

4. 祈婚嫁子嗣

中秋正值秋天收获的季节，民间在对神灵酬谢的同时，也祈求着生殖的力量。

上古“合男女”是秋收后的主要人事活动，古代秋社中的祈子仪式就是这一活动的时间规范。中秋节出现以后，男女相会，祈求子嗣习俗逐渐转移、合并到中秋节俗之中。妇女对月祈祷与月下出游大都与婚嫁子嗣相关。中秋夜游玩月在宋代已经流行，明代益盛，特别是在江南苏杭地区，杭州西湖“苏堤之上，联袂踏歌，无异白日”[2]。苏州夜游盛况，由明人张岱《虎邱（丘）中秋夜》描述可知，不一具论。清代以后俗称为“走月亮”，中秋夜妇女盛装出游，踏月访亲，或逗留尼庵，深夜不归。[3]“走月”是民间妇女的解禁日，在“结伴闲游”的背后隐含着祈求生殖的意义。据同治《江夏县志》

1 田汝成:《西湖游览志余·第二十卷·熙朝乐事》，上海古籍出版社，1980 年，第 361 页。
2 田汝成:《西湖游览志余·第二十卷·熙朝乐事》，上海古籍出版社，1980 年，第 361 页。
3 参见《清嘉录·卷八》，江苏古籍出版社，1999 年，第 164—165 页。

记载，中秋夜江夏城中滋阳桥特别热闹，桥上的石龙首成为出行少妇争相抚摸的对象，为的是能得到媒神的恩惠，祈子的意义十分明显。近代湘潭一带，中秋游宝塔的习俗，也与“走月”一样，祈求着人类的生殖与健康，当地传唱这样一首歌谣：“八月十五游宝塔，带起香烛敬菩萨。老人家青头发，后生子有财发，堂客们生个胖娃娃，满妹子对个好人家。”

“摸秋”或者称“偷瓜送子”，是南方地区普遍流行的中秋祈子习俗。人们在中秋之夜，到田间“偷”瓜，然后吹吹打打、热热闹闹地将描画成婴儿模样的冬瓜或南瓜送给婚后数年不育的夫妇，以求瓜瓞绵绵。浙江、江西、湖北、湖南、安徽等地都有各色生动有趣的祈子习俗。一般以芋头、瓜果为象征，也有的地方夜中摸索的不是瓜果之类，而是瓦片、石子。如安徽怀宁，“是夕，城中妇女率至枞阳门内，百子庵前、鹭鸶桥畔摸索砾块占子，石为男，瓦为女焉”[1]。南方少数民族的男女青年中秋跳月，对歌联欢，更是保存了中秋月下活动的原始属性。湘西、黔东侗族流行着中秋“偷月亮菜”的习俗。传说这天晚上天宫仙女下凡，将甘露洒遍人间，人们在月光下“偷”这种洒有甘露的瓜果蔬菜，就能获得幸福。偷瓜菜的地点，青年男女各有自己的选择，一般都去到意中人的园中“偷”。偷时嬉笑打闹，引出自己的情侣，共享“偷”的幸福果实。[2]

5. 燃宝塔灯

八月十五中秋夜，明清民间还有燃灯习俗。中秋灯与元宵灯不大相同，典型的是宝塔灯，而且主要在南方流行。宝塔灯，即由村童捡拾瓦砾搭成宝塔形状的灯。清代苏州村民在旷野用瓦叠成七级宝塔，中间供地藏王，四周燃灯，称为“塔灯”。[3]广州儿童燃“番塔灯”，用碎瓦为之；还有柚皮灯，用红柚皮雕刻各种人物花草，中间安放一个琉璃盏，红光四射。另外一种是素馨茉莉灯，这种灯香气四溢。[4]在安徽、江西、湖南等地都有砌宝塔灯的习俗。江西清江，中秋多镂瓜作灯，其形似月。儿童堆砌瓦砾作浮屠（佛塔），中置薪柴，点燃，“四面玲珑，如火树”。[5]湖南宁乡小儿堆宝塔，中间焚

---

1 道光《怀宁县志》，载丁世良、赵放主编《中国地方志民俗资料汇编・华东卷中》，书目文献出版社，1995年，第961页。

2 参见巫瑞书《南方传统节日与楚文化》，湖北教育出版社，1999年，第190—192页。

3 参见（清）顾禄撰，王迈校点《清嘉录・卷八》，江苏古籍出版社，1999年，第166页。

4 参见《广东新语・卷九》，中华书局，1985年，第301页。

5 同治《清江县志》，载丁世良、赵放主编《中国地方志民俗资料汇编・华东卷中》，书目文献出版社，1995年，第1119页。

烧，“以红透为吉兆”。[1]安徽庐江：“小儿堆瓦砾为浮图，敲锣鼓，谓之‘闹宝塔’。”[2]这些燃烧塔灯或闹宝塔的民俗行为，都有着借助佛家力量求取生活平安的意义。

6. 账目清结日

中秋，在文人士大夫看来是赏月的良宵，在农人那里为占卜来岁气候天象的时日，在妇女眼里是难得的嬉游之夜，在工商民户那里，却是一个结清钱债的日子。“凡钱债至五月节、八月节，必清结，谓之节关，而中秋视端午尤重。”[3]中秋是一年中最重要的算账日，也是老板与雇员续约或终止契约的时日。债务人愁眉苦脸想方设法捱过此节，店家伙计也担心在晚间盛宴之后被告诉明天不要再来。对于这些人来说，中秋不那么令人兴奋，月亮有无并不重要，过节也就是过关，所以“节关”之说，十分妥帖。中秋节在这里演变为工商社会的时间段落标志，显示了节日对经济社会的调节意义。

节日是日常生活的亮点，节俗文化是时代精神的聚焦。中秋经历了文人赏月雅趣、民间拜月的情趣，以及有心吃月饼、却无心看月的俗趣，节俗形态从古至今发生了重大变化。明月依旧，人心已非。一部中秋节俗形态演变史，也就是一部中国民众心态的变迁史。

四、当代社会对传统中秋节俗的传承与更新

当代社会处在全面变革的过程之中，中西古今各种文化因素错综复杂，在节俗文化上，同样有着多样化的表现。传统节日、新型政治节日、外来节日在当代节日习俗中都有一定的影响。比较而言，在广大农村，传统节俗的风气较浓厚，人们一般仍然过农历的各种节日。

在现代城市生活中，主要传统节日还有相当的影响，但主要为商家利用，作为经济活动开展的时机。毋庸讳言，无论城乡，传统节日的影响在消退。消退的原因如上论述，一方面是社会进程的客观原因，人们生活方式的变化，实用性的季节时间提示意义与祭祀性的神性意义已经明显失效。传统节日在传统社会是重要的时间标志，它与生产生活都有密切关系。人们依照传统的农时在其基础上形成的一系列岁时节日，安排一年

1 同治《宁乡县志》，载丁世良、赵放主编《中国地方志民俗资料汇编·中南卷下》，北京图书馆出版社，1991年，第681页。

2 雍正《庐江县志》，载丁世良、赵放主编《中国地方志民俗资料汇编·华东卷中》，书目文献出版社，1995年，第952页。

3 尚秉和：《历代社会风俗事物考·卷三十九“岁时伏腊”》，上海文艺出版社，影印本，1989年，第448页。

四季的物质与精神生活。进入现代社会之后，特别是引进西方历法体系之后，我们的主要生活形态发生了重大变化，也就是我们通常说的文化转型，由传统的农业社会时间体系进入现代工业文明的时间体系。我们的生活节奏不再是依靠观测太阳方位来确定，我们的时间计量依靠物理结构的钟表。因此，传统节日在现代生活中实在的辅助意义已明显消退，传统节日地位的下降，可以理解。但是，如果遵循社会演化规律，传统节日的变化只能是程度上的，或者是形式的变化，人们追求生活和谐、闲适，以及满足精神需要的本性是不会改变的。因此我们可以从社会变化的角度来看待节日地位变化，但不能用来说明我们必须抛弃传统的理由。

另一方面，传统节日地位的明显下降是人为干预的结果。一段时间内，人们对传统节日的有意漠视，甚至觉得是旧的风俗习惯，应该进行禁止、改造、抛弃。因此，传统节日所负载的精神层面有益因素，也被丢弃。因而导致传统节日的空洞化、表层化，人们对传统节日的感觉大多只剩下回忆，传统节日的社会地位的急剧衰落，造成传统节日文化传统的中断。这种人为的阻断是当前社会出现节日文化断裂的重要因素。这种断裂的后果是严重的。那么，我们是否可以在“进步的代价”的借口下，聊以自慰？是否可以用旧习俗难以适应现代社会生活的需要为托辞，来表明我们“与时俱进”的姿态？我觉得对于文化传统的问题，应该特别慎重，尤其在我们这样一个急剧变化的时代，我们应该特别具有一种文化自觉意识。要珍重与呵护我们祖先传承下来的精神财富，为我们的后人留下一些念想。

一种事物是否为人们接受、认同，就看它是否具有认知的价值与生活的意义。传统节日是在数千年的文明传承中形成的时间生活传统。它不仅是一个时间段落标志，在节日之上，人们赋予了丰富的文化意义，节日表达着中国人的情感与信仰。它与中国人的精神联系紧密而强烈。而现代时间体系背后没有本民族的情感与信仰，对我们来说它是一种纯技术的计时手段。因此，我们对元旦没有知觉，却对春节特有感情。

中秋在传统的四大节日中，虽然成形最晚，但影响很大。部分原因是中秋节俗有久远源头，更重要的是中秋节俗贴近了民众生活的需要。民众将秋季的节俗都集中到中秋，使中秋成为四季庆赏的大节之一。传统中秋节俗的核心拜月、赏月、团圆庆贺，从当代社会生活看，依然有着符合民众生活需要的现实意义。当然这种需要重点体现在精神生活与社会生活上。

五、政策建议

当代中国社会应该有自己的传统节日体系，这是中华民族文化确认自己文化身份的重要需要。就中秋节日来说，如何能够在社会发生巨大变化的今天使它实现传统与现代的过渡与衔接，我们有如下建议：

1. 建议以政府的名义恢复传统节日体系，恢复中秋节秋季大节的社会地位，将中秋节定为法定假日，假日时间可从国庆长假中调配

中秋节是传统节日体系中的第二大节，它历史悠久，文化积淀深厚，节俗丰富，贴近人民生活的本性，体现人与自然协调的理念，是全球华人共享的传统大节，是创造与传承民族精神的重要载体，它通过周期复现的形式，强化着中华民族的文化认同意识。同时中秋还是东亚多数国家共享的节日，中秋节日具有重要的国际影响。因此适当缩短国庆放假时间，将中秋作为秋季大节，并给社会假日，让人民有时间、有闲暇来品尝秋天丰收的成果，这对于社会的良性运行、经济活动的开展，都有着现实的积极意义。

2. 重建中秋传统节日习俗，丰富传统节俗活动，增添适应时代发展的新的节俗内涵

由于多种社会原因，传统的中秋节俗在传承中出现断裂，因此目前的主要工作任务是通过全社会的共同努力，修复或重建节日传统，复兴传统节日中具有积极意义的节俗。同时对不合时宜的旧俗予以放弃或置换更新，并根据社会民众的需要，增添新的习俗内容。在城市，可开展社区赏月茶会，给社区民众创造交流的机会和气氛，以融洽社区邻里关系。可举办中秋赏月游园活动与大型灯会、诗会、露天歌舞晚会等，以丰富中秋活动内容，增强节俗的娱乐性、趣味性。在农村，可沿袭传统的丰收庆祝游行方式（广东佛山称为秋色赛会），表达民众欢庆丰收的喜悦。

3. 将中秋节作为调整家庭关系、社会关系的活动日，鼓励人们团聚庆贺，以此缓解春节人口集中流动的社会压力

中秋是亲人团聚的节日，亲人的团聚有利于培养人们的家庭意识，家庭意识往往与义务、责任感有着密切联系。家庭是社会组织的细胞，它是社会稳定的重要基础，是社会凝聚力的重要来源。传统中秋节俗十分重视亲情的培育与表达，我们完全可以利用这一传统节俗的优势，顺应民众的诉求，实现社会人事的和谐，以提高人们的生活质量，促进社会的进步与发展。中秋亲人的返乡团聚，对于当今城乡人口大流动有着积极的调节作用，有利于从根本上减轻春节假期人口集中流动的交通运输压力，及其他社会服务

压力。对于农民工的工资也可以通过中秋节的传统结账日的形式，使它不至于拖到秋后，在年底之前造成集中的资金压力与社会安全压力，化解社会矛盾。

总之，中秋节日在现代社会生活中依然发挥着服务与调节功能，这种功能是我们通常所过的国庆节日长假不能替代的。因为它在中国民众生活中流传了近千年，跟中国人有着密切的精神联系。我们应该充分重视传统节日中所传递的精神传统，将它视作当今民族文化建设的精神资源，以建构更加适合民族性格、更贴近民众心理的民族新文化。同时在有选择地继承传统的基础上，积极创造适应现代社会生活需要的节日新传统，以实现传统节日与当代生活之间的协调，达到社会均衡发展的理性状态。

韩国文化遗产保护运动的历史与基本特征[1]

苑　利[2]

一、韩国文化遗产保护史回顾

韩国对文化遗产的保护是从1910年开始的。这一年的4月23日，政府以学部令的方式颁布了《乡校财产管理章程》。从严格的意义上讲，这部法令并非真正意义上的文化遗产法，但其中确实涉及有关乡校财产中的有关文化遗产的问题。许多韩国学者认为，《乡校财产管理章程》的出现，标志着韩国文化遗产保护工作法制化建设的开始。

1911年9月，也就是日本侵占朝鲜半岛的第二年，当时的朝鲜政府颁布了《寺刹令》。该法令明确规定，寺刹所藏贵重物品的处置及寺刹住持人选，必须经过日本驻朝鲜总督的同意。这项法令虽然接近文化遗产管理方面的内容，但离真正的文化遗产法仍有一定距离。

历史上，韩国真正的遗产法颁布于1916年7月。这一年，日本总督颁布《古迹及遗物保存规则》，第一次以法令的形式对古迹与遗物提出了法律保护问题。直接以文化遗产作为法律保护对象，这在韩国还是第一次。它清楚地告诉世人，韩国的文化遗产保护工作，早在20世纪20年代就已经走上了法制化道路。这项法令一直沿用了17年。1933年，《朝鲜宝物古迹名胜天然纪念物保存令》出台，自动取代了《古迹及遗物保存规则》。

《朝鲜宝物古迹名胜天然纪念物保存令》是在《古迹及遗物保存规则》的基础上制定出的一项法律。与前者相比，它首先扩大了文化遗产保护法的保护范畴，由原来以保

1　刊于2004年第6期。

2　苑利（1958—　），男，山东齐河人，中国社会科学院民族文学研究所研究员，主要从事少数民族文学与文化研究。

护古迹、文物，发展成为对文物、古迹、名胜及天然纪念物的全面保护。与现在比较流行的日本、韩国等广谱文化遗产保护法律法规相比，除尚未将无形文化遗产及民俗文化遗产纳入其中外，今天许多国家遗产法所保护的对象，在这部70年前颁布的法律条文中都已出现。因此，《朝鲜宝物古迹名胜天然纪念物保存令》的出现，具有里程碑意义。其次，这部法规进一步加大了对文化遗产的保护力度。该法律条文规定，无论是文化遗产的指定还是解除，都必须得到日本驻朝鲜总督的批准；已经被指定的古迹、城址等等，未经总督许可，任何人不得挖掘，甚至是改变现状。韩国目前仍在沿用的文化遗产总统负责制，是一直沿袭着这个传统。其三，这部法规提出了成立总督府宝物古迹名胜天然纪念物保存会的设想，在体制上向前迈进了一大步。

1945年，日本战败，但由于此后内战连连，韩国政府根本无暇顾及对这部日帝时期文化遗产法的修改，依韩国宪法第100条规定，这部法令依然有效，仍可作为韩国文化遗产保护方面的根本大法。这部文化遗产法直至1962年韩国政府新版《文化财保护法》出台，才正式完成自己的使命。

韩国政府1962年颁布的《文化财保护法》是一部综合性的文化遗产保护大法，一直沿用至今。

韩国文化遗产普查工作始于1911年。它是在日本本土文化遗产大普查的基础上、在日本驻朝鲜总督府的领导下实施的。因此，这次普查与日本在台湾等殖民地国家和地区的民俗调查一样，具有明显地为殖民政策服务的特点。这项普查为期5年，于1915年结束。

1916年，日本驻朝鲜总督府又开始了为期5年的第二个“五年计划”。在这一年颁布的《古迹及遗物保存规则》中，明确地划定了文化遗产的保护范围，同时对古迹遗物调查，甚至是调查过程中所需记录的内容要点，都提出了具体要求。

1945年，日本战败，撤出朝鲜。朝鲜新政府在文教部文化局下设文化保存课，主管朝鲜文化遗产的保护与管理工作，同时负责接受李氏家族的家产及汉城五大宫殿及散落在各地的坛陵墓园。

20世纪60年代，在美国的帮助下，韩国开始步入现代化快车道。随着大型工程的动工，城市改造的开始，其传统文化，特别是传统建筑遭受到了史无前例的冲击。在有识之士的呼吁下，政府开始意识到文化遗产抢救的重要性。这一时期他们主要做了这样几项工作：

（一）系统引进日本《文化财保护法》中的各种理念、技术与组织体系。如在日本

《文化财保护法》的影响下，引进了“文化财”这一全新概念，并将日本文化财分类方法介绍到韩国。

（二）在组织构架上，韩国政府于1961年对文化遗产管理机构进行了大规模调整，将原文教部文化局下属的文化保存课与原旧皇宫文化财事务局合并，成立了文化财管理局（后改为文化财厅）。同时，制定了《文化财保存委员会规程》，并于1960年以国务院第92号令的名义公布于世。

韩国人自主进行的文化遗产大普查始于20世纪60年代。其行动指南、行为标准所依据的就是1962年颁布的《文化财保护法》。在这部法律中，韩国将本土文化遗产划分为有形文化财、无形文化财、纪念物及民俗文化财四个部分。在全国范围内进行的文化财大普查也是依据这个分类标准进行的。经过近40年的努力，韩国学者对韩国有形文化财、无形文化财、纪念物及民俗文化财进行了系统而全面的普查。截至2004年8月31日止，韩国文化财厅共指定重要有形文化财1722件（其中国宝307件，宝物1415件），重要无形文化财116件，重要民俗资料244件，史迹名胜475处（其中史迹454处，名胜12处，史迹兼名胜9处），天然纪念物441处。同时，他们对文化财进行了全面而深入的普查，出版民俗调查报告书2028卷，并指定重要无形文化遗产传承人367名，候补传承人51名，使无形文化遗产传承进入良性发展状态。

二、韩国文化遗产保护工作的主要特点

《文化财保护法》是韩国文化遗产保护工作的根本大法，也是韩国文化遗产观、文化遗产保护观的终极体现。此外，《文化财保护法》自1962年颁布以来已经经过14次修改，基本上能反映出韩国人对文化遗产的最新看法。因此，要了解韩国文化遗产保护的特点，《文化财保护法》是不能不给予关注的。

那么，韩国文化遗产保护工作具有怎样的特点呢？

（一）韩国人对文化遗产保护所采用的基本是日本模式

这可能与曾作为日本殖民地的韩国长期受到日本文化的影响有关。

正像大家所熟知的那样，韩国历史上所颁布的几部文化遗产保护法，基本上都与日本文化遗产保护法有关，有些甚至可以说就是日本人为推行自己的殖民政策而制定、移植过来的。譬如，人们从《寺刹令》（1911年）中很容易看到日本《古社寺保护法》（1898年）的影子；从《朝鲜宝物古迹名胜天然纪念物保存令》中，也很容易看到日本

《史迹名胜天然纪念物保存法》（1921 年）的影子。其中的一些法律条文不仅在殖民地时期，就是在朝鲜光复之后的相当长的一段时间里也仍在继续沿用。如 1933 年 8 月 9 日由日本驻朝鲜总督府颁布的《朝鲜宝物古迹名胜天然纪念物保存令》，就一直沿用到 1962 年韩国《文化财保护法》颁布之日。

20 世纪 60 年代，韩国政府根据现代社会飞速发展的需要，开始考虑制定一部新的有关文化遗产保护工作的大法。他们在借鉴国外经验的过程中，首先考虑到的便是日本。历史上，日本曾给朝鲜半岛带来无穷灾难，极大地伤害过朝鲜人民的感情。从这个角度来说，“日货”是很难被这里的人们接受的。但是，从学理的角度说，由于两国文化背景相似，在文化遗产观上韩国人对日本《文化财保护法》有着更多的理解与认同。从 1960 年开始，他们便开始认真研究日本《文化财保护法》，并在此基础上制定出韩国历史上最为完整的具有综合性特点的文化遗产保护大法《文化财保护法》。

在这部法律中，韩国人首先接受了日本人提出的“文化财”这一全新理念，同时对日本人提出的“有形文化财”“无形文化财”“民俗文化财”等理念也给予了全盘接受。

在对文化遗产分类这个问题上，韩国所套用的也是日本文化财的分类方法。他们将文化财分为“有形文化财”“无形文化财”“纪念物”和“民俗文化财”四类，取消了原来日本《文化财保护法》中“传统建筑群落”一项。韩国认为“传统建筑群落”亦属“建筑”可直接放入“有形文化财”和“民俗文化财”中，没有必要单独列为一类。《文化财保护法》第 8 条规定：“在文化财的保护上特别需要时，还应指定保护物或保护区。”

（二）建立严格的管理体系

韩国对文化遗产的严格管理源于他们以法律的形式制定出了一套完善的管理体系。在韩国，文化遗产的最高责任人是国家总统，而文化遗产保护工作的主管行政机构，则是文化观光部下属的文化财厅。文化财厅长有权监督各地文化遗产的管理情况，但通常的做法是文化财厅长将部分权力委任给当地政府，具体的管理工作由各地市、道知事负责。[1] 地方政府及其所属教育委员会有义务保护和管理各辖区内的文化遗产，同时为当地文化遗产保护提供财政方面的支持。

需要特别注意的是，上面所述只是韩国文化遗产管理、执行机构，而真正的决策机

---

1 《文化财保护法》第 13 条第 2 款规定：“文化财厅长通过与市、道知事协议，由国家制定有关文化财保存、管理及使用方面的基本计划，”然后，“通知给市、道知事，并由市道知事根据基本计划，制定、实施详细计划。”

构则是由韩国文化财厅负责组建的文化财委员会。与日本的文化财委员会一样，韩国的文化财委员会也是文化遗产保护工作中的唯一的一个专门负责提供咨询审议的顾问机构。按韩国《文化财委员会规定》，这个委员会的委员必须由德高望重、学识广博的专家学者组成，相关官员不得介入。委员会委员分文化财委员和文化财专门委员两种。前者可参与全面咨询，而后者只能参与小范围的专业咨询。文化财委员的人数不得超过60人。按1970年2月7日颁布的《文化财委员会规定》，他们主要负责审议以下事项：

1. 指定文化财及临时指定文化财的具体保护措施；
2. 有关文化财的研究、开发及普及方面的事项；
3. 对国家购入之文化财的评估；
4. 对发现埋藏文化财的相关人员补偿金的发放；
5. 文化财厅厅长附加在委员会议题中的其他事项。[1]

而按照韩国《文化财保护法》第1章第3条规定："对于文化财的保存管理及其使用事项的调查审议工作由文化财厅设立的文化财委员会完成。"其工作内容主要包括：

1. 国家指定文化财的指定和解除；
2. 国家指定文化财保护物及保护区的指定和解除；
3. 重要无形文化财持有者、名誉持有者及持有团体的认定及解除；
4. 国家指定文化财大修及复原令的颁布；
5. 国家指定文化财现状变更及出口许可的颁布；
6. 国家指定文化财周边环境限制、禁止令及相关设施的设置、拆除及搬迁令的颁布；
7. 文化财的登录及取消；
8. 地下文化财发掘；
9. 处理国家指定文化财保存、管理及活用的专业技术事项及重要的需要

1　中国民族民间文化保护工程领导小组办公室编：《中国民族民间文化保护工程试点工作会议参考资料》（一），2003年10月，第39页。引用时对翻译用语略作修改。

认定的事项；

10. 处理市道指定文化财和文化财资料指定与管理等文化财厅长交办的事项；

11. 处理有关文化财保存、管理及活用等文化财厅厅长附议的其他事项。[1]

根据《文化财保护法》第 3 条第 2 款规定，委员会下设 6 个分科委员会及相关法规审议委员会和博物馆分科委员会。

第一分科委员会主要负责有形文化财及民俗资料中的建筑部分。其中，包括对传统建筑物或传统建筑保护区的指定和解除。

第二分科委员会主要负责除建筑物以外的有形文化遗产的指定和解除。

第三分科委员会主要负责纪念物中史迹的指定和解除。

第四分科委员会主要负责无形文化财及除房屋以外的民俗资料的指定和解除。

第五分科委员会主要负责除史迹以外的纪念物的指定和解除。

第六分科委员会主要负责地下文物方面的有关事宜。

此外，国法制定分科委员会主要负责有关法规的制定；博物馆分科委员会主要负责与博物馆或美术馆的登记、取消登记等有关事宜。[2]

这种由日本"文化审议会"脱胎而来的文化财委员会，在韩国文化遗产保护工作中发挥了非常重要的作用。它确保了韩国文化遗产指定、解除过程中的科学原则和公正原则，是一个非常值得推荐给国人的管理方法。

不仅仅是行政机构和有关咨询审议机构，就是对普通的文化财保护人员，韩国《文化财保护法》亦有着相当严格的要求。按《文化财保护法》第 2 章第 18 条第 2 款规定，国家指定文化财的修理工作，只能由有资质的文化财修理技术者负责。"要想从事文化财修理，必须符合总统令指定的条件，技术上应该通过文化财修理技术者的资格测试。"这些测试包括严格的履历审查、笔试及面试。只有从事文化财修理工作 10 年以上的 6 级公务员才可以免除笔试。同时，第 18 条第 3 款规定以下人员不得获得技术修理者资格，他们包括：

1 《文化财保护法》第三条，详见韩国文化财厅《文化财关系法令集》，2003 年，第 21—22 页。

2 韩国文化财厅：《文化财委员会规定》，1970 年 2 月 7 日制定，1999 年 5 月 24 日修改。

1. 未成年者；

2. 禁治产者或限制治产者；

3. 已经破产者或没有复权者；

4. 违反《建设产业基本法》《建筑师法》受禁锢以上刑罚，其结束执行或经过确定不受执行后不到2年者；

5. 违反第4号法律接受缓刑而缓刑期尚未结束者。

在韩国，即使已经具有修理资格的人，要想从事文化财的修理工作，也必须进行登记。而一旦出现“伪造其他方法登记”“有意或无意在施工过程中因重大过失破坏或损坏文化财”“因身体或精神上的原因不能承担业务”“将修理技术登记证借予他人，或同时在2家以上的文化财修理公司就业”“不用指定的修理材料或不按传统样式进行修理”“根据第18条第5款规定，在对文化财进行实测或是在图纸设计过程中，有意或无意因违反标准或是做得不够坚固，从而造成重大过失或是被认定损坏或毁坏文化财原形”时，都将被取消登记，并处以停业2年的处罚。[1]

我们可以从以上的法律规定中看到，在韩国，从行政机关、咨询机构直至文化财修复人员每个人、每个单位都有明确的社会分工。他们既不能越俎代庖，也不能消极怠工，更不能违法操作。这种严格的岗位责任制，有效地保护了韩国传统文化遗产保护工作的正常进行。

（三）关注无形文化遗产

韩国人对于无形文化遗产的关注是有目共睹的。这一点也集中表现在韩国《文化财保护法》中。该法第24条明文规定：“国家为继承和发展传统文化，而保护、培养重要无形文化财。”这一规定也从一个层面告诉我们，韩国对于传统文化遗产的保护，已不仅仅局限于“死”的文物，更多的鲜活的文化遗产，也将在他们手中传承。所以，《文化财保护法》在“重要无形文化财的保护、培养”一项中，突出了“发展”“培养”这样一类仅用于“活态”文化保护的字眼。

在无形文化财保护这个问题上，《文化财保护法》授予文化财厅长官以这样的权力：“文化财厅长为继承、保存重要无形文化财，可命令该重要无形文化财的持有者传授其

1 韩国《文化财保护法》第18条第5款。

所持有的技艺。”并为此特别规定：“若为传统教育需要的经费，在预算范围内，应当由国家负担”，同时，“文化财厅长对受传统教育者应给予奖学金”。

为保护无形文化遗产，韩国各地都成立有相关的民间团体。这些民间团体多由民间艺人、工匠或社会热心传统之人士所组成。他们在一起一方面可以利用这些组织相互切磋技艺，同时也可以通过这些团体将自己的手艺传承给更多的人。

按韩国《文化财保护法》规定，在指定重要无形文化财时，也应同时指定重要无形文化财的持有者或持有团体。所谓“持有者”，就是指那些可以“原原本本领会或保存重要无形文化财之技艺、技能，并能够原原本本地进行艺术表演或进行工艺制作的人”，而所谓“持有团体”，则是指那些可以“原原本本地领会并保存重要无形文化财之技艺、技能，并能够原原本本地进行传统表演或进行传统工艺制作的团体。但这只限于那些在性质上无法由个人独立完成的无形文化财或指认持有者过多的无形文化财”。[1]这两类指定的区别在于：重要无形文化财属个人所有时，指定对象是持有者本人；指定对象属团体所有时，指定对象便是持有团体。当然，即使如此也应遴选出自己的代表。在认定之前，无形文化财持有者及持有团体应接受文化财委员会中该领域委员、专员及相关专家的调查。

作为无形文化财传承者，除可获得必要的生活补贴和崇高的荣誉外，他们同时也有义务传授他们的技艺或艺能，这也是获得重要无形文化财持有者的基本条件。按韩国《文化财保护法》规定，即或具有很高的技能或技艺，如果他们对自己的技艺严防死守，秘不传人，也不可能获得“重要无形文化财持有者”的光荣称号。此外，按《文化财保护法实施规则》规定，为配合无形文化财持有者的工作，文化财厅长有权为他们配备助教，但助教人选必须接受文化财委员会中该领域委员、专员及相关专家的审查。[2]

在传授奖学生的选拔方面，《文化财保护法实施规则》有着更为详尽的规定。《规则》要求：传授奖学生必须是“从重要无形文化财的持有者或持有团体接受6个月以上传授教育、且在该重要无形文化财的技能、技艺方面具有相当素质的人员”，或是“在与重要无形文化财相关领域工作经历超过一年以上者”。在年龄方面，各领域亦根据各年龄段接受能力的不同而有所区别（见下表）。重要无形文化财的传授奖学生一般学期5年，但已获得传授教育证者除外。[3]

---

1 《文化财保护法实施规则》，韩国文化财厅：《文化财关系法令集》，第25页。
2 《文化财保护法实施规则》，韩国文化财厅：《文化财关系法令集》，第91页。
3 《文化财保护法实施规则》，韩国文化财厅：《文化财关系法令集》，第93—94页。

（四）建立严格的奖惩制度

建立严格的奖惩制度，是韩国文化遗产保护工作的一个突出特点。

在韩国《文化财保护法》中，非常强调奖励机制对文化遗产保护所带来的积极影响。按该法第66条规定，文化财厅长有权对以下人员给予表彰并给予一定的奖金。这些人士包括：发现、报告地下文物后经鉴定成为国宝及宝物的文化遗产发现人；非重要无形文化财持有人但对重要无形文化财之保护、扶持作出过显著贡献者；在管理、保护、公开展示文化财（无论是公开指定之文化财还是临时指定之临时文化财）方面发挥过表率作用者。其实，韩国政府对传统文化遗产保护、传承人所实施的奖励远不止于此，如对于无形文化财传承人的定期补贴、对学习文化财之奖学生的奖学金的发放，都可视为一种奖励。

有奖必有罚。韩国《文化财保护法》第7章《罚则》，即针对各种犯罪现象，制定出各种不同的量刑标准。这些罪名包括：无许可输出罪、虚伪指定罪、损伤或隐匿罪、盗掘罪、加重罪、淹没史迹罪、其他淹没罪、未遂犯罪、过失犯罪、无许可搬出域外罪、违反行政命令罪、妨碍管理行为罪等等。且判罚极严。如，私自挖掘文物者，判5年以上徒刑；对淹没史迹、名胜、天然纪念物或侵害保护区者，判2年以上、10年以下有期徒刑；即或在未经许可的情况下将指定文化财或临时指定文化财搬出保管场所者，也要处5年以下有期徒刑或5000万韩元以下的罚金（相当于一个熟练工人20个月的工资）。在这种严格的管理体制和森严的法制氛围中，像浙江定海那种大规模毁灭文化遗产的现象几乎不可能发生。

选拔重要无形文化财奖学生标准[1]

领域	选拔者年龄（岁）	备注
戏剧领域	18—40	重要无形文化财的持有者或持有团体提出特殊理由予以推荐时，可以不受选拔年龄的限制
音乐领域	18—30	
舞蹈领域	18—30	
工艺领域	18—35	
民俗游艺领域	18—40	
祭祀、宫廷料理	18—40	
其他领域		

1 本表引自《中国民族民间文化保护工程试点工作会议参考资料》（一），引用时对翻译用语略作修改。

（五）强调法律的可操作性

与中国《文物保护法》及《文物保护法实施细则》不同，韩国的《文化财保护法》及《文化财保护法实施规则》几乎没有任何说教，它所看重的是法律的可操作性原则。例如：地方市道知事在提交国家指定文化财申请书时，必须具备以下内容：

1. 文化财类别、名称、数量、所在地及管理者的姓名、住所。

2. 文化财的所有者、持有者、占有者或管理者的姓名及住所。是无形文化财持有团体时，还要标明团体名称、设立日期、代表人姓名及住所。

3. 文化财的所在地或保管场所的所有者、占有者或管理者的姓名及住所。有必要指定保护区或保护物时，要标明所在区域、数量及所有者、占有者或管理者的姓名及住所。

4. 文化财的作者、由来及传说。

5. 有关现状方面的说明。

6. 文化财的材料、品质、构造、形式、大小及形态是无形文化财时，要说明其内容含义及特征。

7. 文化财的照片、图纸、录音及记录。

8. 有关保护、管理文化财所必须的限制及禁止事项。

9. 在指定方面的必要事项。

在提交申请书时，还需同时提交持有者或持有团体代表的履历及6个月以内的近照2张。如果属持有团体，则需要将团体设立的背景资料一并附上。

此外，如何提交重要文化财申请，如何补办重要无形文化财认定书，如何办理文化财的解除手续以及各种表格，在《文化财保护法实施规则》中都可以找到。

庙会类型与民俗宗教的实践模式

——以安国药王庙会为例[1]

刘铁梁[2]

在中国城乡普遍存在的称作“庙会”的活动，大部分兼有祭神和集市的双重目的。也有偏重实现其中一个目的的庙会，这需要从活动的具体情况出发来给予认知。但是，只有那些举行祭神仪式的庙会才成为民俗宗教在地方存在的显要标志，只有在神圣仪式空间的设置之上才足以表达一定区域社会或一定行业团体的共认感和集体的共同意志。所以，我在2000年初步提出，可以按照庙会组成的基本单位和地域边界，即哪些群体在庙中有“份”和庙处于哪一块“地界”来划分庙会的类型。但这并不排斥从其他角度，如神灵符号、活动内容、仪式的目的和手段、参与者的身份及地位等，进行“能够说明庙会某种本质特征的类型分析”。[3]当时提出庙会类型的问题，是出于对庙会作为汉民族民俗宗教[4]实践活动形式的关注，试图对庙会传统的基本形态给予一定的归纳，并不是在跨文化比较的视野下来讨论汉族民俗宗教的基本特征。也就是说，问题的提出尚受到一定的限制。但是，对于庙会类型问题的深入讨论，必然需要结合对汉民族民俗宗教统一性特征的辨识。

同一年，我有机会对香港长洲岛的称作“太平清醮”的玉虚宫（北帝庙）庙会和大

---

1 刊于2005年第4期。本文是北京师范大学研究生精品课程项目“宗教民俗学”研究成果之一。

2 刘铁梁（1946— ），男，辽宁绥中人，北京师范大学文学院教授，博士生导师，民俗学与文化人类学研究所所长，中国民间文艺家协会副主席，中国民俗学会副理事长。

3 刘铁梁：《村落庙会的传统及其调整——范庄“龙牌会”与其他几个村落庙会的比较》，郭于华主编：《仪式与社会变迁》，社会科学文献出版社，2000年，第269—280页。

4 本文中的“宗教”，是采取宗教文化学或宗教社会学等学科所使用的广义的概念，将所有群体人们的信仰及其实践活动都包括在内，因而，也包括汉族民间比较普遍存在的信仰及其实践活动。人们在平时谈话中提到宗教，常选取狭义的概念，限指那些有固定组织、教义经典和教规制度等要素的宗教现象，而把民俗宗教（民间信仰及其活动）排除在外。

埔的文武二帝庙作短暂的调查，体会到这些地方在从集市向商埠发展的过程中，庙宇建筑和庙会活动在促进经贸和整合商家店铺的协作上发生了非常重要的作用。于是在关于宗教实践与生活秩序关系的思考中，宗教与经济生活模式之间如何交互发生作用的问题就被突显出来。

2002年，我应邀到河北省保定地区安国市对中药市场和药王庙进行考察，进一步感受到集市商业与庙会活动所结成的密切关系。本文拟回顾这次调查，以安国药王庙及其庙会作为个案，补充我对传统庙会类型的分析并进一步讨论汉族民俗宗教统一性特征的问题。

一、药王庙会的类型性特征

安国药王庙有很大的知名度，这与它的悠久历史和作为北方最大的中药材集散地，（民国以前被称为“祁州药市”）有直接关系。“药不过祁州没有药味”“鄚州庙货全，祁州庙药全”，这些话说的都是祁州药市在远近闻名的程度。[1]特别令当地干部群众引为自豪的是毛泽东曾对这处庙宇有过谈话。1958年8月5日毛泽东到安国视察，在从田间地头回来去县委机关途中，经过药王庙。他问陪同的县长：“这里的药王爷是谁？”见答不上来，毛泽东幽默地说：“你这县官光管人不管神呀！”略停片刻又说：“全国药王有几个，祁州的药王叫邳彤，是汉光武帝刘秀的二十八宿将之一。”[2]毛泽东能够知道安国药王庙里药王的来历，也在一定程度上说明了这处庙宇的确是名声在外。邳彤作为药王爷，是仅仅在安国才有的情况。[3]应该是安国本地士绅同各地前来安国做药材生意的人，共同创造了药王邳彤和以他为主祀神的药王庙会。

至少从清代乾隆年间以来，药业团体成为支撑这一庙会传统的基本力量，这是安国药王庙会不同于大部分农村地区庙会的特殊之处。显然，这是一种以特殊商业群体利益的整合为动机的庙会。但是我们也知道，所谓庙会，应该并不局限于具有商贸经济活动内容的庙会。如果把先秦就有的祀社神之类的集体聚会，看作庙会的早期形态，那么由

1 李新锁、王玉宝主编：《燕南赵北民俗》，方志出版社，2002年，第307—308页。

2 李振清：《药王史话》，中国民间文艺出版社，1995年，扉页。

3 安国药王庙之外，各地药王庙中所供奉的药王不出现邳彤。如江西省药业重镇樟树，商家民众所供13位神祇以及流传的《药王十三代歌》大体是：伏羲、神农、黄帝、扁鹊、华佗、张仲景、王叔和、王惟一、李时珍、叶天士、皇甫谧、葛玄、孙思邈。中国医药行都以伏羲、神农、黄帝为医药鼻祖，又以其他历代名医为医药祖师，各地药王庙或者主祀三皇，或者主祀孙思邈等某一名医。河北鄚州有明万历间《敕重修鄚州药王庙碑文》记：“独祀春秋扁鹊”又“特仿京师医王庙之制，加祀三皇，而以历代名医衬之，示不忘本也”。（邱国珍，1996年，第64—65页）

地缘关系结成的群体开展宗教祭神活动，应当是庙会最主要的传统。[1]在这种场合，人与人之间感情的交流，人群社会靠神灵的符号加强认同感，调整巩固公共的生活秩序，显然都是现实的需要。大约在商周以来，交易性经济活动开始介入聚会之所，《易·系辞》载："日中为市。"之后，随着社会经济水平的提高，逐渐出现越来越多的将敬神、交易、娱乐三项内容结为一体的庙会。今天各地方的庙会，有不少可以联系到明清时代，具有较为清楚的历史延续线索。一般而言，完全没有物资交易内容的庙会已不多见，但是，娱神娱人，却是大多数庙会得以举办的基本动机。从政治的角度来看，数量最大的庙会存在于村落社会当中，显示出乡民参与乡里社会自治的动机。即使是在集镇和城市等级别的社会中，在那些包含大型经济活动内容的庙会上也离不开宗教结社与民间自治的互动关系。所以，近些年来学界从民间自治组织和地方象征文化资源的角度加强了对于各类庙会的调查研究，这当然有利于我们认识中国乡土社会的生活秩序以及地方与国家在权力话语关系上的交流机制。但是，从经济生活模式与宗教实践模式关系的角度来观察庙会，也必然是需要继续探讨的课题。

安国药王庙与药市的密切关系，是一个不言而喻却又值得深究的问题。安国当地学者根据现存地方志、碑刻、拓片、档案等有关资料对于药王庙的记载推断药王庙和药市二者历史变化的过程，认为大约自宋代咸淳年间起开始已出现限于在邻近地区交易和在庙会期间举办的药市。[2]而作为大江以北药材集散市场的形成大约是在明朝永乐至万历年间。药业全盛时期可从明朝泰昌年间算起，至清朝康熙末年或雍正初年已形成每年两次庙会，据雍正己酉（1729）进士刁显祖所作《祁阳赋》："年年两会，冬初春季，百货辐辏，商贾云集，药材极山海之产，布帛尽东南之美，皮货来岛夷而贩口西，名驹竭秦晋而空冀北"，可知药市已相当繁荣。而药市达到鼎盛的标志是"十三帮""五大会"的出现和招待客商、管理市场机构"安客堂"的建立。清朝乾隆五十六年（1791）的《重修药王庙碑记》载乾隆四十四年（1779），怀庆一带药商曾集资修葺药王庙，这是"帮"的雏形。道光年间逐渐形成"帮"，同治四年（1865）在药王庙中所立《河南彰德府武安县合帮新立碑》记载："凡客商载货来售者各分以省，省自为帮，各省共得十三

---

1 《左传·昭公二十九年》："共工氏有子曰句龙，为后土"，"后土为社"。《礼记》："句龙为后土，能平九州，故祀以为社。"

2 杨见瑞：《祈州中药志》，河北科学技术出版社，1987 年，第 7 页。
李振清：《药王史话》，中国民间文艺出版社，1995 年，第 62 页。
寇建斌、朱永发、赵平均：《安国药王庙》，香港银河出版社，2002 年，第 133—134 页。

帮。”“安客堂”由安国当地士绅、药商组成，至民国初年改为商会。[1]“五大会”是本地药商或外地经营其他生意的商人，按经营地点和商贸种类组成的行会，分为北大会、南大会、皮货估衣会、杂货会和银钱会。这些“会”的成员各自经营，互不约束，共同行动只限于为药王庙募集资金。[2]

1906年至1912年京汉与津浦铁路先后筑成，均距安国较近，为药材交流提供了更为有利的条件，而100多家钱庄银号的发展也为金融周转提供了极大方便。与药市的发展过程一致，安国的药材加工业在清末民初已经不仅在本地发展，而且在外地开设商号。但是至抗日战争爆发，安国药市与药业很快遭到沉重打击，庙会活动也随之衰落。

药市和祭祀神灵的庙会，二者是同命运共兴衰的一个整体。“十三帮”对庙宇修葺及神庙祭仪的积极参与，不仅有《河南彰德府武安县合帮新立碑》等碑文，还有清朝道光九年（1829）铸造的两大铁旗杆的铭文可资证明。铁旗杆高24米，每根重15吨，历时三载浇铸而成。杆上各设大小三斗十二风铎，三斗将旗杆的高度形成几段间隔，造成高耸入云的视觉感。又各有两条盘（蟠）龙蜿蜒缠绕，构成二龙戏珠造型。旗杆顶上有托盘，上立凤凰，展翅欲飞，中部有铁铸对联：“铁树双旗光射斗，神庥普荫德参天。”根座是六面体型（形），铭刻着纪念文字并署有做出捐献的各帮名称。[3]现在还保留的药王庙戏台遗址更能够说明问题。采访中得知，在民国以前，每一年各地的药商都会在不同时间收市返乡，而离开时总要请戏谢神，所以药王庙前的戏台上常年不断地都有演剧，而且在台口上都会垂挂着负责请戏的帮会的旗标。为了满足各帮商号请戏的需要，清末之前就在庙后的东南侧增建了一个戏台[4]，以备急用。[5]所有这些都印证了在将近二百年的安国历史上，作为宗教活动的庙会与作为经济活动的药市曾一直相互依存，是一个整体的现象。从庙会类型分析的角度来看，安国药王庙会不仅具有鲜明的特色，而且具有突出的代表性。

1 杨见瑞：《祁州中药志》，河北科学技术出版社，1987年，第7—11页。

2 李振清：《药王史话》，中国民间文艺出版社，1995年，第66页。

3 记有：“大药市、陕西帮、京通卫、杂货行、山东帮、山西帮、黄芪帮、关东帮、古北口外、五台厂、皮袄行、估衣行、蔚州厂、曲阳厂、四路各客商、首饰行”。寇建斌、朱永发、赵平均：《安国药王庙》，香港银河出版社，2002年，第32—33页。

4 药王庙主体建筑坐东朝西，因而庙前戏台是坐西朝东。后建的戏台其实是面朝着原来的“皮场王祠”。

5 报告人：李文策，中年干部。

在主要从事农耕生产的广大农村来说，庙会是具有开放性和自由参与性的公共活动，所以其活动的空间范围，就成为庙会研究中不可回避的问题。这牵涉到对庙会作为集体表象的具体意义的认知和对传承集体边界的把握。我认为，由于村落作为举办集体或者参与集体而在庙会上打出各自的旗号并张扬个性是普遍存在的情况，因此，按照举办和参与的地域范围、群体内部的主客关系、服从关系等标准来划分庙会的类型，这不仅是切实可行的而且是关注民俗传承主体的研究方法。采用这一方法，有利于将特定区域社会背景下的诸多庙会的个案加以比较，从而在一定程度上克服类似“小社区与大社会”研究上的不确定性问题。为此，我曾初步提出包括村落内部型、聚落组合型、邻村互助型、联村合作型、地区中心型这样一些庙会类型。同时也指出，必须把这些类型看作是历史发展的结果。它们都是动态变化的，是可能互相转换的。

但是这次到了安国，发现原有的这些关于庙会类型的认识还很不全面。安国药王庙会参与者来源的地域空间实在是太大了，尽管邳彤这个神灵的影响有一定地方性，然而这位神灵所召唤的却是整个北方乃至全国的药商。当然，我们还要考虑到一个问题，虽然药市的规模很大，客商也来自大半个中国，但是药市毕竟不等于庙会，客商毕竟不等于各地民众。谁来到这儿谁才有机会参加庙会，药商之外大概没有多少外地人知道这个庙会，即使知道了也未必想来到此地。也就是说，参加安国药王庙会的群体具有一个特殊边界的限制，这个边界仍在安国：除了安国本地人（主要也是药商和药业界人士）之外，还有在安国有客居经历的药商，他们共同组成了安国“药市”的群体与社会。

安国（祁州）药王庙会上的商业活动具有专一门类的特点，这与另外一些比较著名的特种物资交易性庙会有相似之处。如，山西就有雁北的阳高县、临汾的尧庙、鲍店和五台山的骡马大会。特别是后者，在农历六月开始，正值水草丰茂的季节，骡、马、驴、牛遍布山谷，买者卖者摩肩接踵，可算是晋冀鲁豫、陕甘宁及内蒙古数省、自治区范围内空前的骡马盛会。[1]如此兴旺的原因，除了地利之外，好像主要是借了五台山佛教圣地的灵光。不过，与安国药商相比较，进行买卖的人在多大程度上介入了宗教活动，却需要给予进一步的考察。

如果与南方著名药市江西樟树的“药王会”作一比较，就可以更加清楚地认识到安

1 山西省史志研究院：《山西通志第四十卷·民俗方言志》，中华书局，1997年，第67页；温幸、薛麦喜：《山西民俗》，山西人民出版社，1991年，第363页。

国药王庙会的类型特征。现根据邱国珍的专著《樟树药俗》（邱国珍，1996），对樟树药王会活动特征进行几点归纳：一、樟树的药王是孙思邈，对这位唐代名医的崇拜流行于各地，并没有地方神的痕迹。二、药王会时间虽然不算很短，从四月二十八的神诞日到五月初五的端午节，但是活动空间比较分散，包括各中药店歇业在家的宴请与请戏，在会馆、三皇宫、药王庙、仁寿宫，边洽谈生意边饮酒看戏，还有端午这一天当地百姓都到野外采挖草药，认为这时候采到的草药最灵。三、请戏一般是在三皇宫，表示对药王的酬谢，但在神诞庆典活动中既有焚香上供，也有宴饮聚会和交流药材的活动，这与过节例如春节期间的谢神没有太多差异。所以，尽管有"药王会"存在，樟树药市却不能说成是庙会形式的药市。相比之下，安国的药王庙会具有更为严密和固定的组织，神圣空间在整个药市空间当中的核心性地位和象征意义也更为明显，突出的表现是药商们无论来自何地，都要积极参与在庙宇的祭神活动，特别是要请庙戏。这说明安国的药王庙会对于大部分药商来说已成为在整个交易活动中不可或缺的组成部分，甚至成为他们职业身份的标志。

从历史上看，樟树药市的形成，很大程度上得益于水运码头和位临药材产地的地理条件。从这个"药码头"出发，樟树人奔走于各地，形成著名的"樟树帮"。然而安国药市却没有那么优越的自然条件，它的形成更多地需要靠庙会来"搭台"，以便能够坐在家门口就应接不暇地接待来自各地的药帮。应当说，安国药王庙会上的宗教活动与药商经济活动几近为一体。这个事实说明，民间经贸活动是构成中国城乡庙会的重要实践内容，而且它与宗教实践的结合并非完全松散的情况。所以，我们对于庙会类型的考察就不能仅有地域空间的角度，还有必要结合物资交换活动和商贸群体参与祭神的程度、方式等情况做出更为周全的判断。除了在各地较为常见的超出一般集市规模的"中心集市交易型"庙会之外，"跨地域行业性交易型"庙会的存在乃是一个引人注目的现象，现在看来安国药王庙会就是这种类型庙会的一个代表。

二、药王邳彤的神性传说

从参与主体的地域边界、群体组织特征等方面来考察中国城乡庙会的类型，需要全面观察仪式过程及与其相关的各种活动。这是一条基本的途径。但是为理解参与者宗教的动机、情感、观念等精神内涵，还需要解读在他们当中传播的神话、传说等。因为，所有这些都是基本的"宗教事实"（religious facts）和"宗教表现"（religious manifestations）[1]。这里要说明的是，关于安国药王邳彤的地方传说对于我们认识以他为主祀神的庙会具有特别重要的意义。

作为中国传统医药业祖师崇拜对象的药王和医王，二者既有区别又有联系。李振清编著《药王史话》（下称《史话》）一书列有"关于医王的传说"和"药王有关诸说"两节文字，主要是根据历代文献资料上所提的神灵称号，分别给予叙述。可以看出这两个称号与历史传说中具体人物的关联并非固定，在不同时期、不同地域有一定变化。伏羲、神农、黄帝"三皇"被称为医王的情况相对多见，但有时也被称为医药之祖或药王。关于药王为何人，《史话》从文献记载上总结了七种，也就是三皇之外还有六种不同的说法。有一点是肯定的，即药王被改称为医王的情况少见。事实上，在大多数地方敬奉所有这些神灵的庙宇都被称为"药王庙"，说明这些药王在民众心目中都具有消灾祛病、保佑百姓健康的神性。显然，各地信众是根据中国医药传统的特点——懂医必然懂药，将医药业祖师的本领加以神奇化。《史话》编著者是安国人，当然对于邳彤这位药王的来历有很多了解，所以书中的主要篇幅是写安国药王庙中的药王邳彤。正史载邳彤是汉光武帝刘秀的一员大将，并没有关于他行医的记载。事实上除了安国地方文献，在通行的文献中几乎也见不到邳彤和医药有什么关联。但是，《史话》给我们提供了许多在安国搜集的民众历史记忆的资料，这些资料对于我们理解地方社会如何创造、传承和利用药王邳彤的神话传说，安国药王庙会如何演变，都具有很大的参考价值。

安国人尊奉邳彤为药王，是运用了本地历史的某些特殊荣耀，其中最重要的就是旧城南门外的邳彤墓和"皮场王"庙。皮场王，安国人认为是他们当地的"土神"（即地方独有的神），但其庙宇却与南宋临安的"皮场土地祠"有关系。宋人吴自牧所作《梦粱录》记临安有皮场庙，而且说原在"东京显仁坊"，"隋朝到杭，累加封号曰明灵昭惠慈佑王"，"其神乃古神农"。不过皮场王是否就是指神农，以及是否就是药王，从其他文献上来看仍有歧义[2]，让人很难得出结论。但是乾隆二十年（1755）所修的《祁州志》避开了这些歧义，做出了关于本地皮场王和南宋临安皮场王出于一源的记载，写到咸淳六年（1270）度宗赵禥加封皮场王为"明灵昭惠显佑王"（与上文"明灵昭惠慈佑王"

1 ［法］埃米尔·迪尔凯姆：《迪尔凯姆论宗教》，周秋良等译，华夏出版社，2000年，第66页。

2 如清光绪二十七年（1901）编《祁州乡土志》写道："考夷坚志、西湖游览志及俞樾丛书，皮场王姓张名森，相州汤阴人，生为疡医，有方书一册。绀珠闲录、燕翼贻谋录、汴京遗迹考文献通考皆以为皮场土地。"

有一字之差）并制文，其中有“肇迹东京，显灵河北，厥贶甚大”之句。[1]可是清乾隆朝距宋咸淳朝已有600多年，却没有其他文献可以旁证此事，故难免令人生疑。其出自附会的可能性极大。将邳彤塑造为药王，遇到一个最缺乏历史文献依据的难题：邳彤怎么会与医药发生了关系。但是在民众宗教实践的过程中，口头传统发挥了特殊的历史记忆作用，当地的传说故事将这位原本只是武将的生平给予重构，说他还是一位能够让人起死回生的医生。

经统计，在《史话》和寇建斌等编著的《安国药王庙》（下称《药王庙》）两书当中，共收有关于邳彤及其祀庙的传说故事25篇。其中有7篇属于同一个故事的异文，实为18则故事。可以分为两大类，一、关于邳彤学医行医的故事；二、关于药王庙建筑及相关风土人情的故事。前者9则，基本上是叙述邳彤虚心学医、医术高超神奇的内容。后者9则，多通过庙宇前的铁旗杆、庙中的白马显灵的故事情节，烘托药王邳彤的神威。值得注意的是，这些故事中包含有药市“十三帮”“五大会”对于庙宇如何重视和爱护的情节，对于认识安国药王庙会与药商关系有一定价值。《药王庙》中记有一篇《广东秀才巧对药联》的故事比较特殊，是讲一位弃文经商的广东秀才，来安国在药市上与店掌柜、小伙计、摊贩、农夫等比赛对对联，最后不得不佩服安国人的修养，承认了“祁州药市”名不虚传。这一故事折射出外地药商与安国人逐渐认同，在文化上相互交流的情况。

关于邳彤本人学医，有一则故事比较感人，讲他的姑妈长了“对口疮”，他没有办法治好，却让乡间医生治疗成功，为此他羞愧难当，摘下了家中“药王邳彤”的匾额，重新踏上寻师求学之路。有关医术神奇的故事，如《药王医母》，讲母亲陪他在南方行医时突然病重，他居然让母亲只身赶快回家。母亲在路上碰巧喝了雨水和吃到一个双黄鸡蛋，大病立即痊愈。原来这是邳彤天算人测的一服药方。在此故事中邳彤已接近于神仙。另有两则，都是解释药王与药王庙的来历。其中，《药王显灵医秦王》是《祁州志》就已记载的，讲他化身凡间的郎中，医好宋代秦王的病而不报姓名，只说自己是“祁州南门外人也”。故事从邳彤的仙迹和他与朝廷的关系这两大要点上，为他成为药王提供了神圣的历史根据。《邳彤医公主》讲他在京城揭下皇榜，前去医治公主的病患，但由

1 杨见瑞：《祈州中药志》，河北科学技术出版社，1987年，第4页。李振清：《药王史话》，中国民间文艺出版社，1995年，第36页。

于用的药是用脚趾缝的积泥，担心被问罪，于是悄悄赶回祁州，吊死在一棵枣树上。公主的病被治好，皇帝派人寻找医生，最终下旨在那棵枣树那里修了药王庙。故事情节虽然有些滑稽，但解释药王来历的意图却与上一则故事异曲同工。两则故事，都毫无例外地讲邳彤为皇室人员医病，并被朝廷敕封，体现出民众认同王权的心理，也是汉族民俗宗教神灵体系模仿官署制度的表现。不过，这种心理在其他地方的药王故事中也有更为曲折的表达。例如，河北任丘有座药王庙，供奉的是战国时的名医扁鹊，相传他曾劝齐桓公看病，而齐桓公却讳疾忌医，不治身亡；他又为赵简子、虢国太子治好了病；最后他在秦国遭到了太医的嫉妒和暗害，任丘百姓冒死到咸阳取回他的头颅，葬于蓬山脚下。[1]

安国的药王邳彤与其他药王的不同之处，在于他于史书上没有行医的记载，因而对他的神话塑造就有些勉为其难。但正如地方学者已指出的，药商云集祁州，药王怎么可以没有真名实姓，于是祁州的绅士阶层可能是经过一个相当长的酝酿阶段，最后才把南门外邳彤墓中的邳彤搬了出来。又利用原有民间传说的一些影子而进一步证明他的“医术”。[2]邳彤不同于其他药王的地方，还在于史书上记载他是刘秀这位中兴皇帝手下有战功的人物，因此，与流传于河北、河南等广大地区的“刘秀走国”的故事群相结合[3]，他又容易获得神性的光环。《史话》一书也收有16篇在安国流传的关于刘秀的传说，大部分都与村落的名称和风物联系在一起。在这种情况下，安国一带的传说中等于已有两个邳彤，一个是作为武将的邳彤，一个是作为医生的邳彤。但是，这二者都成为塑造药王邳彤形象的既是草根的又是流动的口头文化资源。这是很值得传说学研究的一个现象，而对于庙会研究来说也具有特别的意义，因为可以从中发现参与庙会地方传统构建的多元权力的话语来源。如果把这种传说与庙会活动之间的关系引申开来，不难发现在一定时空中的各种民俗现象，彼此之间存在着意义互通的生活逻辑关系，我称之为民俗的互释性。

1 段宝林、祁连休：《神头的来历》和《望诊齐桓公》，《民间文学词典》，河北教育出版社，1988年，第472—473，554—555页。

2 杨见瑞：《祈州中药志》，河北科学技术出版社，1987年，第6页。

3 关于“刘秀走国”传说可参考尹虎彬的一篇论文《刘秀传说的信仰根基》，《民间文化论坛》2004年第4期。

三、庙会与“民俗宗教”

庙会类型的分析不仅有助于我们对庙会地方性意义的理解，也有助于我们对汉民族民俗宗教统一性的理解。在汉民族的乡土社会中，从古至今延续下来的信仰观念和仪式活动是否可以看作一个民族统一的“宗教”或“民俗宗教”？这种宗教有没有统一性的特征？问题的答案应当是肯定的。庙会作为汉民族民俗宗教的一个集体的实践模式，能够体现出这一宗教的若干基本的特征。

目前，研究中国民间文化的一些学者已经开始认识到，“佛、道、释”三教，并不能作为考察一般民众信仰习俗的出发点。也就是说，不能按照三教各自设定的偶像、教理教义、组织和礼拜制度等，来衡量民众在实际生活当中的宗教观念与仪式行为。现在，在一般学术界似乎存在有两种看法：或者认为绝大部分汉族人“不信宗教”，或者认为他们是“信混合宗教”，显然都是按照“佛、道、释”等宗教观念与实践体系的标准做出的判断，但却忽略了对民间信仰及其活动本身系统性的理解。走进中国城乡的基层社会，不难发现有许多传统的宗教文化现象，特别是庙会祀神、祠堂祭祖等活动，普遍存在于各地民众的群体生活中。这方面情况的了解如若深入一些，就必然对上述两种判断产生怀疑。此外，我们乡土社会中的节日庆典、婚丧嫁娶和故事传说等，都与这些宗教民俗难解难分。这说明，我们民族在长期历史中形成了自身的宗教传统。如果不抱偏见的话，应当承认在中国汉民族同一的文化中，确实存在着同一的民俗宗教。

汉族民俗宗教的基本特征，从观念的构成和行为的规范来讲，最根本的一点，就是始终没有脱离现世实际生活的功利需要，为此而力图与支配命运的超现世神灵世界（包括各种超自然力量）加以沟通。所以有国外人类学学者指出，在汉民族，宗教的信条就是“生活的信条”[1]。

和所有其他宗教文化的情况一样，民俗宗教的观念和行为现象并非都表现在庙殿和祠堂里面，还表现于人生和节日的仪礼，某些天灾人祸等危机时刻的法术和各种禁忌。但是这些广泛影响于生活的情况，并不表明汉族民俗宗教是十分杂乱的，没有严整的秩序。相反，由神、祖先和鬼组成的另外一个世界，有一个等级化的秩序，而且对应着中国农民经验的社会生活秩序，这可能就是汉族民间宗教的另一个重要特征。神灵是封建帝国官僚的化身；鬼是陌生和危险的“外人”，可以比作强盗、土匪和乞丐；祖先是人

1 ［日］渡边欣雄：《汉族的民俗宗教——社会人类学的研究》，周星译，天津人民出版社，1998 年，第 234 页。

们在家族继承线上高级的成员，可以给后人带来财产与社会地位。在这个分析的基础上，学者们还有其他关于中国民俗宗教超现世世界秩序的见解。如指出神、祖先、鬼的世界分为天上、地上、地下的宇宙三界，[1]总之是说明了其宗教世界观的体系性。

第三个特征，是汉民族的人们认为，神、祖先和鬼的全部秩序都是动态的存在，各个等级之间的角色，会由于人们祭祀行为的得当与否而发生变动。因此，为了不使宇宙的秩序被破坏，从而给人间生活带来灾难，人们需要经常整肃祭祀的规章和方法。[2]同时，神、祖先、鬼等也直接介入人间的生活，我们从“许愿”与“还愿”的关系上分明看到了中国社会的馈赠与回馈的现实习惯。

在第三个特征方面，我认为中国民间神话、传说、唱经等口承作品的创造与变异，对于这个宇宙图式动态的变化，也有着重要的关系。或者说，这些文本与祭祀相结合，既是人们解释上述秩序的工具，也是努力改进仪式行为的根据。

本文所考察的安国药王庙会在上述三个特征方面均有体现。作为跨地域行业交易型庙会，世俗与神圣的交织和宗教整体的生活信条性质自然表现得非常明显。神灵符号的塑造和流动的变化，仪式由于参与者群体的需要而几乎常年不断地进行，使得庙会不仅拥有了作为市场生活的精神主体性的内容，而且成为整个市场社会生活秩序的鲜明表象。但是所有这些情况并不是个别的存在，而是体现中国城乡庙会普遍性本质的鲜明个案。

关于汉族民俗宗教的统一性特征，如果广泛考察包括节日、人生仪礼、亲属制度等在内的民众的生活，我们还发现一些需要讨论的问题，比如在组织制度的层面上，具有较为自由结合（庙会）与归属性结合（宗族）的双重性表现。再比如在观念与仪式结合的层面上，祓除（傩）与祭祀（供）的结构；神灵符号所体现历史统一性与地方性；“圣贤”崇拜为核心的儒教的本位性；等等。这些问题的讨论已超出本文的任务，但希望能够首先得到从事民间文化研究的同仁们的重视。

---

1 ［日］渡边欣雄：《汉族的民俗宗教——社会人类学的研究》，周星译，天津人民出版社，1998 年，第 234—239 页。
2 ［日］渡边欣雄：《汉族的民俗宗教——社会人类学的研究》，周星译，天津人民出版社，1998 年，第 234—239 页。

上海城市传统民俗文化空间

蔡丰明[1]

“文化空间”一词是当前学术界运用得较为频繁的一个学术概念，它主要来源于西方都市理论研究专家亨利·列斐伏尔等人有关“空间”理论的阐述。列斐伏尔认为：空间是通过人类主体的有意识的活动而产生的（包亚明，2003：8）这种有关空间问题的理论阐述，把人们的学术视野引向了一个超越以往历时性研究为主的领域，强调了“人类特性”“人类欲望”及其活动在共时性场景中的重要作用。

“民俗文化空间”这一术语，是基于“文化空间”理论而提出的一个人类学概念，从它的性质来看，与当前较为盛行的“大众消费空间”“公共言论空间”有很大的区别。它的实质内涵是指：某一民间传统文化活动汇聚集中的场所，或某种民间文化表达方式有规律性地进行的地方。这一概念在1998年10月举行的联合国教科文组织第155次大会上得到了明确的表述。此次会议上发表了“人类口头及非物质遗产代表作宣言”，并在其宣言及其评选规则中将“文化空间”定义为：“具有特殊价值的非物质文化遗产的集中表现”（strong concentration）以及“一个集中举行民间传统文化活动的场所”（a place in which popular and traditional cultural activities are concentrated）。从这一定义上可以看出，人类学意义上的“民俗文化空间”，具有十分鲜明的“生活文化”性质，它强调的重点主要有三方面，一是传统性，二是集中性，三是非物质文化性。

上海是一个具有深厚历史文化基础与民俗文化传统的城市，从其文化的渊源关系来看，主要属于吴越文化圈中的一种亚文化类型。在长期的历史发展中，上海逐渐形成了

---

1 蔡丰明（1951— ），男，上海市人，上海社会科学院文学研究所研究员，主要从事民俗学与民间文化研究。

一系列兼有吴越文化特征与自身本土风格的民俗文化形态，它们具体地表现在与当地民众的社会生活关系极为密切的各种民俗文化行为方式之中，如锣鼓说唱、滚灯舞龙、滩簧、申曲、皮影、顾绣、城隍庙会、观音信仰、民间制艺等等方面。但是近代以后，随着经济文化的发展与城市化进程的加快，上海城市文化中传统民俗文化的生存空间日益缩小，生存基础日益削弱。造成这一结果的原因在于：其一，上海城市经济文化现代化程度较高的特点，已使传统的民俗文化逐渐失去了相应的生态环境。传统的民俗文化形态，大都是古代农业经济的产物，它们与农业时代的经济方式与生活方式密切相联，反映了农业时代人们的思维方式、价值观念、文化心态与审美情趣。因此，随着上海现代工商业文明的繁荣与发展，以及人们价值观念、文化心态、审美情趣的迅速变化，传统的民俗文化空间势必会逐渐衰弱与缩小，逐渐退出历史舞台。其二，上海城市文化多元化的特点，制约了传统民俗文化生存发展的广阔空间。在现代化程度很高的上海城市中，文化空间主要为一些反映现代文化需求的强势文化形态，如代表国家意识形态的思想政治文化、代表上层知识分子人文精神的道德审美文化，以及代表市民文化价值观的大众通俗文化所占领，在各种强势文化的挤压与制约下，传统民俗文化势必很难找到自己广阔的容身之地。

但是，这并不等于说传统民俗文化在上海这样一个大城市中已经完全丧失了自己的地位，或者已经完全没有生存发展的空间。大量事实表明，即使在当前经济全球化时代的 21 世纪，传统民俗文化依然在上海城市中占有一席之地，甚至依然显示了自己勃勃的生机。导致这一事实产生的根本原因在于：民俗文化作为一种具有深厚历史文化基础的文化形态，深藏着丰富的历史文化内涵与人类生活价值，它深刻反映着一定地域中广大民众群体的最为基本的人生需求以及建立在这一基础上的共同理想、共同情感与共同价值取向，因此绝不可能完全被现代化的社会文化湮没、替代。正如世界教科文组织文化遗产保护专员杜晓帆所说："民俗文化遗产是人类文明的结晶，是人类社会得以延续的文化命脉。无形的文化遗产包括了人类无限的情感，包含着无限的意义和深远的价值，关系着人们的生活和整个社会。"（杜晓帆，2003）同世界文化发展的整体趋势一样，随着现代化、全球化进程的加快，上海城市中的强势文化已由过去的民俗文化走向了精英文化和大众文化。但是即使这样，上海城市的文化生态也依然保持着平衡发展的状态，文化空间多样化、多极化的格局并没有被打破。就当前上海城市的文化特点来看，其中既有代表主流意识形态与精英文化精神的上层文化空间，也有代表广大市民群众与其他社会群体文化情趣的大众文化、民俗文化等下层文化空间。它们会在相当长的一个历史阶段中处于一种同生共容、相得益彰的状态。

那么，在当前各种文化激烈争夺的上海城市中，我们从哪里才可以找到这些代表昔日传统社会中人们那种悠闲、和谐、淳朴的文化情趣，那种欢乐、有趣、热闹的文化场景的民俗文化表达形式与民俗文化生存空间呢？笔者认为，其一，是那些具有庆祝、庆典性质的节庆活动。中国古代社会中的节庆活动，大都反映了农业社会的生产方式与文化心理，具有鲜明的祭祀神灵、祈求丰收、保佑平安等方面的意蕴。进入现代社会以后，节庆的意义逐渐转化成为表达人们文化娱乐、经济贸易、社会交际等需求的一种方式，节庆场合中所呈现的各种民俗文化表达形式，如歌舞、戏曲、故事、仪式等等，被现代生活中的人们较好地继承与保留了下来。当前活跃在上海城市中的节庆活动中，有相当一部分包含了大量的传统民俗文化的内容，例如在上海虹口区举办的茶文化节中，容纳了茶道、茶礼、茶艺、茶俗等各种与喝茶品茗有关的民俗活动；在上海南汇区举办的桃花节中，容纳了踩水车、赶牛车、撒网捕鱼、织布推磨等各种与农业生产、农村生活有关的民俗活动。与这类节庆活动相类似的，还有上海豫园民俗文化节、上海大世界民俗文化节、上海桂花节、上海红楼荷花节、上海竹文化节、上海奉贤风筝节、上海宝山龙舟节等等。总之，在这些现代节庆活动中，我们都可以看到大量传统民俗文化的形式与内容。

其二，是那些具有祭祀兼贸易功能的季节庙会。庙会本是古人为了祭祀神灵、祈求保佑而创制的一种宗教信仰活动，进入现代社会以后，庙会的宗教功能逐渐淡化，请神敬神一类的宗教民俗活动逐渐趋于衰落，但其中一些具有文化娱乐和商品贸易功能的民俗活动却被较好地继承了下来，促使传统庙会逐渐演变成为一种具有融会各种民间文艺、民间娱乐、民间物资交流等内容的群众性集会活动。上海城市中原有许多颇具地方特色的庙会形式，如城隍庙会、龙华庙会、真如庙会等等。20世纪末21世纪初，这些庙会逐渐得到了恢复与振兴，其中所吸纳的民俗文化形式也越来越丰富。例如，在2002年至2004年举行的几届龙华庙会中，融入了撞钟、击鼓、品素斋、猜谜语、打普佛、抬阁、高跷、巡街表演、民间小吃、民间竞技等各种民俗文化活动，塑造了浓重的民俗文化氛围。（徐华龙，1996）

其三，是那些具有游览、观瞻功能的景点展示。上海城市中原有许多具有悠久历史传统与丰富文化内涵的乡镇城区和街衢小巷，它们以前大都是本地民众生活与劳动的地方，保留着大量反映这些民众生活特点与文化情趣的民俗文化形式。进入现代社会以后，这里的生活环境与物质条件发生了很大的变化，但是一部分具有鲜明地方特点的民俗事象却依然被保留了下来，成了一种具有很高的历史文化价值的民俗文化生态。这些地区经过融入现代理念的开发以后，改造成为一些诸如“民俗文化村”“民俗风情园”“民俗旅游街”之类供人游览、参观的旅游景点，向游人展示自己丰富多彩的民俗文化。例如，20世纪90年代末进行开发的上海七宝老街，除了对一部分传统的民居建筑进行改造修缮以外，还保留了大量具有地方风情的民俗文化形式，如敲钟、纺线、织布、扎染、坐花轿、斗蟋蟀、皮影戏、听书喝茶、投壶射矢等等。地处上海青浦的朱家角镇经过改造以后，也保留了摇快船、划龙舟、灯游船、扎肉提香、放风筝等大量传统古老的民俗活动。

其四，是那些具有自娱自乐功能的街区社乐。街区社乐是一种具有自娱自乐性质的群众性文艺体育活动，其主要特点是具有较强的参与性，反映了人们文化情感自我表露、自我宣泄的需求。在当前上海城市大量存在的群众性自娱自乐活动中，一部分反映了现代文化与西方文化的特点，例如迪斯科、卡拉OK、时装表演等等；但是也有相当一部分是传统民俗文化的产物，例如太极拳、木兰拳、扇子舞、气功、戏曲演唱、喝茶听书等等。这些活动大都是在上海本地市民，尤其是本地老年市民居住较为集中的地方，如石库门弄堂、小区绿地、街头广场、市内公园、老年活动室中进行，展现了一种与现代高雅文化与大众文化形态迥异的传统文化空间。20世纪90年代以后，上海南市区、黄浦区、卢湾区等几个老城区在一些街道中还经常定期组织举办“上海弄堂风情活动”，设立了包粽子、滚铁环、太极拳比赛等多项传统民俗文化节目，使一些几乎濒临失传的传统民俗文化形式在当代上海这样一个国际大都市中又重新焕发了光彩。

由此可见，当前上海城市中仍然保留着一定的传统民俗文化空间，它们主要存在于一些与庆典、娱乐、旅游有关的文化活动之中。当产生这些民俗形式的生态环境、社会条件、生活方式发生根本性的改变以后，这些民俗形式本身却并没有全部消亡与泯灭，它们只是被改头换面成为一种具有一定历史价值的文化遗产，与跟它们有着一定渊源关系或者保持着千丝万缕联系的现代庆典、娱乐、旅游等文化活动一起，广泛地进入了人们的社会生活。

但是值得指出的是，迄今为止仍然保留和存在于当代上海城市中的传统民俗文化空间，从其性质来看，实际上已经是一种传统民俗文化空间再生产的结果，已经与原来土生土长的原生态民俗有了一定的本质差异。原生态的传统民俗本是依附于本地民众现实社会生活基础上的产物，它们与本地民众的现实生活紧密结合在一起，反映了本地民众生活方式的客观现实与真实面貌。但是现存于上海城市中的传统民俗文化空间，却是一种再生态的文化现象，它们已经与原来的现实生活场景相脱离，已经被现代社会中的人们按照自身的文化需求进行过一定程度的复制、再创与加工改造。它们的文化内涵中，固然还保持着一定成分的传统民俗文化原貌，但同时也融入了某些代表现代都市人的文化情趣与文化理念。因此，较为客观地说，至今仍存的上海城市传统民俗文化空间，实际上已经不是一种纯粹的原创文化类型，而是一种经过复制、重塑与改造过的再生文化形态。

从具体的表现形式上看，现存于上海城市中的传统民俗文化空间主要呈现了如下三个特点：

1. 节律性。传统民俗文化活动本来就具有一定的节律性特点。在古代社会中，它们主要是根据气候季节特点与农业生产规律来制定自己的运行节奏。例如元宵闹花灯、吃汤圆，立春祭勾芒、鞭春牛，清明踏青、扫墓，端午吃粽子、划龙舟，中秋吃月饼、拜月亮，重阳登高、赏菊花，冬至祭祖宗、做粉团，除夕守岁、吃团圆饭，等等。上海城市中的传统民俗文化活动在一定程度上仍然遵循着这种固有的节律。根据2004年上海旅游部门的一份民俗文化活动节目单显示，当前上海城市中的民俗文化活动基本上还是根据气候季节与传统民俗活动规律来排序的。例如1月22日至2月8日为豫园新春民俗艺术灯会，3月22日至4月13日为上海南汇桃花节，4月12日至4月18日为上海国际茶文化节，4月中旬至5月中旬为豫园春季民俗庙会，4月底至5月初为龙华庙会，6月19日至7月19日为红楼荷花节，9月中旬至10月上旬为上海弄堂风情游，9月底至10月底为上海桂花节，9月至10月为古猗园竹文化节，10月初至10月中旬为宝山罗店龙舟节，10月下旬为上海风筝会，12月31日晚为新春龙华撞钟。但是，除了遵循民俗活动本身的规律以外，上海城市中也有相当一部分民俗文化活动是根据当代人们的生活作息特点与文化消费时间展开与进行的，例如五一劳动节、十一国庆节中的各种民俗文化展览，双休日中的各种群众性戏曲演唱会、民间歌舞比赛，以及一些由政府或商家出面组织的各种阶段性民俗文化宣传活动等等。它们之所以被安排在一些国家法定节假日或者生活闲暇时间中进行，显然是为了适应当代上海市民工作与生活上的需要。

2. 集聚性。人类学意义上的“文化空间”是指一种“具有特殊价值的非物质文化遗产的集中表现”，这一特点在上海城市传统民俗文化的活动形式中得到了充分的体现。作为一个经济文化发达的特大型城市，上海具有文化资源丰富、信息渠道畅通、文化集聚熔铸能力强大等多种优势，这些方面的优势为上海民俗文化的集聚与融会创造了十分有利的条件。在当前上海城市的传统民俗文化空间中，往往融合了各种性质的民间文化成分，例如民间戏曲、民间曲艺、民间舞蹈、民间歌谣、民间礼仪、民间传说、民间工艺、民间信仰等等。它们为上海城市民俗文化空间的拓展与繁荣创造了一个坚实的基础，为充分地展现上海城市民间文化的价值与魅力搭起了一个广阔的舞台。例如近年来在上海龙华地区多次举办的龙华庙会，包含了舞龙、舞狮、荡湖船、高跷、武术、杂技、捏泥人、棕编、剪纸、民间雕塑、民间绘画、民间音乐、灯彩、楹联、碑刻等三十多种民间文化形式，吸引了数十万来自五湖四海的民众与国外游客，塑造了极为浓烈的传播民俗民间文化的氛围。在上海城隍庙举办的豫园民俗文化庙会，则融会了诸如皮影戏、踢毽子、扯铃、卖梨膏糖、唱小热昏、看西洋镜、石库门风情、坐黄包车之类的民俗文化事象。尤其是如卖梨膏糖、唱小热昏、看西洋镜、坐黄包车之类的事象，大都是上海进入近代工商业文明以后的产物，由于它们的加入，致使上海的民俗文化空间更为充分地展现了自己城市文化的个性。

3. 流动性。传统社会中的民俗文化事象由于与本地民众的现实生活紧密结合在一起，因此一般都具有较为鲜明的本土性特点，它们主要是在本地民众中产生，同样也是在本地民众中流布和传承。但是存在于上海城市中的民俗文化事象却与此有着很大的不同。由于它们大都是一些经过人们复制、重塑以后而形成的再生文化形态，并不直接与本地民众的现实生活具有牢固的依附关系，因此往往可以经常转换生存空间，根据人们的需要随处流动。例如，在青浦县节庆场合表演的一些荡湖船、踩高跷、舞龙舞狮等传统民俗节目，同样也可以在南市区的庙会活动中见到，而在大世界民俗文化展览中陈列的一些民间剪纸、民间雕塑、民间绘画等民间艺术，同样也可以在七宝镇上的民间工艺摊点上出现。这种生存空间上的转换与活动形式上的流动，大大地拓展了上海民俗文化的表现力与影响力，为上海城市民俗文化品牌的创立和特色民俗事象的保存奠定了重要基础。但是另一方面，正是由于这种流动性，也导致了这些民俗事象日益脱离了它们的原生态特征，日益变成为一种具有浓厚的商业色彩与教育宣传意蕴的表演活动。

对于当代上海城市及其广大的市民来说，传统民俗文化空间的存在与保留具有两个方面的重要价值与意义：其一是延续了具有深厚历史基础的文化传统，保持了城市文化发展的生态平衡。上海的传统民俗文化，是上海历史文化中一个相当重要的组成部分，它以群体性生活行为的形式，记录了世世代代上海人成长发育的历史，留下了经历过无数磨难与创伤的上海滩崛起与奋斗的记忆。它们作为一笔宝贵的历史文化遗产，值得我们去深深地爱护与努力地保存，从中揭示上海文化发展的规律，领悟上海文化发展的真谛。当然，随着社会的进步与经济文化的发展，上海的文化空间有日益走向多元化的趋势，传统的民俗文化显然已经不能成为其文化发展的主流。但是在众多的上海城市文化形式之中，民俗文化依然是一种十分重要的文化样式，它以鲜明的本土性与民族性特点，展现了与那些建立在工业文明基础上的现代西方文化具有显著区别的风姿态相。现代化的上海城市当然不能没有先进发达的现代文化，但是现代化的上海城市同样不能没有源远流长的民俗文化，只有同时拥有不同类型的文化空间，上海城市的文化才能达到一种平衡的生态关系，才能更好地体现出作为一个国际大都市应有的气度与风范。

其二是满足了都市人文化多样性方面的审美需求，调整了都市人较为压抑的文化心态。都市生活丰富多彩、纷繁复杂的特点，致使都市人往往会产生不满足于身边的一些较为固定的文化表现形式的感觉，他们希望到更多的、离现实生活较远的一些文化形式中去探索奥秘，寻求趣味，而在这些方面，传统民俗文化正好可以满足他们的这种心理需求。传统民俗文化虽然大都是由古代社会中的一些平民百姓所创造的，但是随着时代的发展，它的历史价值与美感作用也会逐渐产生出来。对于现代都市人来说，它们往往已经不是一些简单的生活行为方式，而是成了一种具有一定历史积淀的文化审美对象。它们能够在现代都市人的心理上形成一种强烈的反差，创造一种独特的美感，激起一种好奇的情绪，促使人们从中体验到与现代文化截然不同的情感与乐趣。更为值得一提的是，传统民俗文化对于调整、缓解都市人长期较为压抑的心态也有着十分重要的作用。由于都市社会那种紧张的工作节奏与激烈的社会竞争，人们往往容易产生压抑、紧张的心态，他们需要利用某些文化形式来进行一定程度的调节与缓解，而那些产生于农业文明时代的传统民俗文化，那种缓慢舒徐的节奏，热烈喧闹的气氛，诙谐有趣的场景，和谐放松的格调，则正好可以弥补现代都市人缺乏心灵沟通、缺少放松机会的不足，满足他们希望调整紧张心态、缓解压抑情绪的渴求。

咒语、祷词与神谕：民间信仰仪式中的三种“神秘”语言现象[1]

黄　涛[2]

民间信仰仪式中出现的语言形式主要有三种：咒语、祷词与神谕。[3]这三种语言现象的性质与用途皆有不同，但是由于它们都出现于超自然力崇拜活动中，而且经常混合、交融在一起，在体现形态上往往没有可以用来将它们区分开的显而易见的外部特征。一些当代人类学者、民俗学者倾向于归并巫术与宗教，将巫术称作巫教或巫术的宗教，与神灵崇拜一起总括为宗教。这样，“宗教”就成了含义宽泛的术语，可以概指巫术崇拜、神灵崇拜等多种超自然崇拜现象。持这种观点的一些论著就将咒语、祷词与神谕处理为同一类语言现象。将巫术和宗教视为一类，合乎民间仪式常将巫术崇拜与神灵崇拜混合操作的事实，在研究上有其合理和便利之处。但是，在专门研究语言民俗的时候，将巫术崇拜与神灵崇拜混为一类，无法认清语言灵力崇拜的原理及其相关的各种语言现象，不利于各种语言民俗的区分和研究。另外，在各地纷繁复杂的民间信仰仪式中，仪式参与者对超自然力进行崇拜的具体状况都会在仪式语言中体现出来。通过对仪式语言的分析，可以明了特定仪式崇奉何种超自然力、崇拜到什么程度、神灵崇拜与巫术崇拜是如何混合连用的，等等。所以，本文将巫术崇拜与神灵崇拜区分开来，并以这种理论上的区分来考察实际存在的民间信仰仪式和其中的相关语言民俗。自然，在面对各地繁杂多样的民间信仰状况时，这种理论区分和对三种“神秘”语言的分类考察是有

1　刊于 2006 年第 2 期。本文是北京师范大学民俗典籍文字研究中心承担的教育部项目子课题“俗语民俗志”的阶段性成果。

2　黄涛（1964—　），男，河北景县人，中国人民大学文学院副教授，博士。

3　本文将民间信仰仪式中可能出现的篇幅较长的叙事形式如神话、史诗、经文等看作与民间语言相对的成篇作品，不予讨论。

很大难度的，尤其是咒语的情况更为复杂。但是如果出于特定研究课题的需要，对之进行细致的区分也并非做不到。

一、咒语

学界对咒语的概念有不同理解，在使用上有广义狭义之别。广义的咒语，包括了巫术与宗教仪式中的所有“神秘”语言，将祷词、神谕也涵盖在内。狭义的咒语，即本文所用的咒语概念，仅指那种以语言灵力崇拜为主的神秘套语，它在民间信仰中的神奇效力在根本上不是来自神灵的力量，而是主要依靠语言自身的魔力。就是说，本文的咒语概念，是与取悦、乞求神灵的祷词，以及民间叙事中神的语言即神谕相区分的。

咒语是一种古老的语言民俗现象，它的形态也经历了一个漫长的演变过程。在万物有灵观和神灵崇拜产生的初期，咒语以命令、驱使鬼神为主。随着神灵崇拜越来越盛行，人在遇到无法解决的困难时越来越多地求助于神灵，在神灵面前也更多地以侍奉、献媚和祈求的姿态出现，于是巫术操作者在更多的情况下收起了自己无所不能和刚愎强横的姿态，先以供品、歌舞等讨好鬼神，然后借助鬼神的名义或威仪施展巫术的法力，这时很多咒语便体现出这种转变，它们的内容一般是先呼唤、恭请神灵，然后再借神灵的威势施展语言自身的魔力。

从历时的角度看，咒语魔力的构造机制的确经过了由巫师直接命令客观世界到通过驱使、祈求鬼神来控制客观世界的一个清晰的过程；但从共时的角度看，情况又是错综复杂的：现在中国的民间信仰并存着各种形式的崇拜活动，既有原始形态的拜物教形式，也有与神灵崇拜结合的巫术形式；有较少巫术成分的鬼神信仰，还有外来的佛教、基督教、伊斯兰教等大宗教的渗透。而且，同一个社会群体甚至同一个人所举行的崇拜活动也是各种形式并存，因而咒语的形态也相应的复杂多样。

咒语可从诸多角度进行分类，常见的是从咒语的用途来分类，可分为农事咒语、治病咒语、护身咒语、隐遁咒语、祈子咒语、建房咒语、婚嫁咒语、丧葬咒语、招魂咒语、驱鬼咒语等，其中一些类型又可再分为更小的种类，如治病咒语又可分为止痛咒、跌打损伤咒、牙痛咒、烧伤咒、眼疾咒、疟疾咒、昏倒咒、小儿夜啼咒、止血咒、肚痛咒等。由于咒语曾广泛用于民间生活的各个方面，从用途角度进行分类可以列出很多类别，实际上没有固定的类别数目，也很难穷尽各种类别。从咒语是企图致福于人还是降祸于人，可分为善意的祝词与恶意的诅咒，或称为白巫术咒语与黑巫术咒语。这里我们从民众信仰中咒语魔力的构成状况以及与神灵崇拜的关系的角度来看咒语的类型，可将咒语分为三种基本类型：原咒、驱鬼咒、请神咒。

（一）原咒

原咒指原始形态的咒语，施咒者直接对客观对象下命令，以施咒者的意志力和语言的魔力来影响和改变客观事物，没有神灵崇拜因素加入。我国古代文献上记载的较早的咒语皆向自然物直接发号施令，如《史记·殷本纪》载商汤向鸟兽发出咒语：“汤出，见野张网四面，祝曰：‘自天下四方皆入吾网。’”《礼记·郊特牲》记载了年终蜡祭的咒语：“土反其宅，水归其壑，昆虫毋作，草木归其泽！”这些都是原咒。现在中国各地虽然早已进入崇拜神灵的宗教时代，但许多地方的巫术活动仍然流传着这种原始形态的咒语。在河北省景县黄庄，人们现在还有对原咒的崇拜。他们把巫婆神汉分为两类：一类是“念咒的”，靠咒语和法术“治病”；一类是供奉某路神仙、靠神“治病”的“道人”。前者声称不供奉鬼神甚至不信任何鬼神，民众也说“人家那套法儿管事，咒管事”，而主要是咒管事。巫婆给生病的小孩子“收魂”时默念咒语，仪式的其他部分可展示给别人，唯独咒语密不示人，说明咒语是这套仪式的核心。这种咒语就是典型的不掺杂鬼神崇拜的原咒。由于民间信仰一向本着实用的原则，对各种超自然力资源杂取并收，原咒也可以出现在祭祀鬼神的仪式中。比如有村民在为生病的孩子收魂时，既请“道人”请神许愿，又请不靠鬼神的巫医念诵原咒，自己也烧香磕头并祈求鬼神，念诵原咒的仪式虽然没有与鬼神崇拜活动发生交叉和渗透，但很自然地成为整个收魂仪式的一个组成部分。

在各地民众的口头上流传着许多形态古朴的咒语，广泛运用于生产、婚礼、节日、建房等方面的活动中。人们在这些民俗活动中念诵的咒语有一定的传承性，但不像职业传承的咒语那样有很强的固定性，也不保密。山东鄄城等地大年三十的下午要洒扫庭院，担满水缸，然后在院子里撒上芝麻秆，叫作撒岁，并且唱着：“东撒岁，西撒岁，儿成双，女成对，白妮胖小，都往家跑。”其中“岁”是“祟”的谐音，“撒岁”就是把邪祟撒出，踏在脚下，让它永不翻身。过去山东农村孩子们没完成家长交给的割草任务而要回家时，就把镰刀往空中一扔，同时喊道：“镰，镰，往下扎，家去不挨打！”他们相信，如果镰刀扎进土里，回家就能免遭家长的责难。有人夜里做了噩梦，早晨起来就贴一张纸条破解，上面写上："夜梦不祥，贴在西墙，太阳一出，化为吉祥。"[1]在黔北余庆，每年农历九月九过重阳节，三元街的人家都要炒一盘"虫菜"吃，一边炒一边念诵："炒！炒！炒！是虫都炒死，是虫都吃光；来年庄稼长得好，谷吊吊有尺把长。""虫菜"并不是用真虫子做的菜，而是将糍粑条染成彩色做的假虫子，吃起来又脆又香。有一些地方在七月初七"炒蚂蚁"，就是把瓜子、花生、白果放在锅里翻炒，象征着炒蚂蚁，便炒边念诵："炒蚂蚁来炒蚂蚁，千家万户除蚂蚁。七七送你西天去，从此永远莫回乡。"[2]这些习俗活动并不是严格的巫术仪式，但是有很强的巫术色彩，应该是古时巫术的遗留，其中唱颂（诵）的套语就是当时的原咒。

（二）驱鬼咒

指驱使、驱赶鬼神的咒语。"驱"有两方面的含义：一是驱使、驱遣，二是驱赶、驱逐。相应地，驱鬼咒也包括两种类型的咒语：一种是命令、驱使鬼神做某事的咒语，一种是从特定场所、社区将邪魔鬼怪驱赶出去或驱除杀灭的咒语。

驱鬼咒的内容涉及鬼神信仰，但是念咒者对相关的鬼神并不是毕恭毕敬、俯首称臣，不是靠讨好、祈求鬼神来达成某种愿望，而是相信自己的咒语具有凌驾于鬼神之上的力量，对特定的鬼神以威胁、恫吓的口气发出命令，强制或要求鬼神做到某种事情。也有的咒语口气缓和些，先对鬼神表示尊敬，要求他做事，但接着又威胁他：如果不做某事的话就给他什么惩罚。也包括这样的咒语：念咒者站在与鬼神平等的地位，同鬼神谈条件、讲道理，要求他做某事。驱鬼咒是相信语言灵力胜过鬼神的表现。

从咒语演变的历史进程角度看，驱鬼咒应产生于鬼神信仰产生的初期，是前宗教时代向后宗教时代过渡时期的产物。在人格化、偶像化的神灵崇拜产生的初期，巫师相信自己的法力是凌驾于一切鬼神之上的，不管大神小神、大鬼小鬼，他一律采取居高临下的态度予以驱使、调遣，如《山海经·大荒北经》记载上古人们驱逐旱魃所用咒语："魃时亡之，所欲逐之者，令曰：'神北行！先除水道，决通沟渎。'"随着神灵崇拜的逐渐盛行，普通民众在遇到靠人力解决不了的困难时，越来越多地崇奉和求助于神灵，相对而言，敬奉和利用巫师、巫术的机会逐渐减少，于是，巫师也不得不适应这种变化，逐步调整自己的位置、姿态和口气。巫师将鬼神系统区分为神与鬼，他对人们普遍敬奉

1 山曼、李万鹏、姜文华、叶涛、王殿基：《山东民俗》，山东友谊书社，1988 年，第 62、372 页。
2 李炳泽：《咒与骂》，河北人民出版社，1997 年，第 15 页。

的地位高、神通大的神也持敬重并借用的态度，而对地位不高、本领低微的鬼或害人的恶鬼、冤鬼则持驱遣、驱逐的态度。但在这个阶段，祭祀和召唤神灵还只是巫师的法术仪式的引子或背景，在施术过程中还是靠巫师的法术，神灵在其法术中不占引人注目的位置，而咒语里一般也不出现借助神灵的内容。这种情况，在自然宗教兴盛的许多少数民族地区很常见，而在神灵崇拜占主导地位的汉族民间信仰中也存在，但比较少见。在现实中，驱鬼咒与其他形态的咒语并存于民间信仰仪式之中。施术者一般是号称掌握法术的巫师、道士。驱鬼时，要郑重其事地举行仪式，并借助法剑或法印等法器，咒语或符箓是仪式的重要组成部分。

在原始崇拜盛行的一些少数民族地区，人们对于小鬼小神的敬畏程度较弱，虽然也简单地祭祀他们，但是又以不敬的态度威胁、恫吓他们，或驱逐他们，或同他们讲条件、讨价还价。他们在仪式中所使用的咒语就体现了这种内容。在四川理县，羌族的巫师端公虽号称能通神，也敬神请神，但他对小鬼大鬼持居高临下、颐指气使的态度。按习俗，人死了安葬完毕，要请端公作法清除宅内的怨鬼，端公所念咒语大意为：

> 人现在已经死了，一切后事都办完了，现在这一家大小，求神多加保佑，家无病痛，六畜兴旺。现以钱纸香蜡、草扎人马，送你们怨鬼出去，你们若不去，端公见了，自讨苦吃，各自放明白些，好好去吧！

家里总有人生病或有其他忧患时，就怀疑是因为家里有鬼作祟，便请端公作法送鬼。这时所念咒语大意是：

> 你们（鬼）不要扰了，主人家给你们水饭盐茶米豆香蜡纸钱，各自走吧！你们快走，如其不走，端公看到了，铁锤铜棒来打你们，大鬼拿来洗牙巴，小鬼拿来化灰尘，各自快走，九支路途，十字路口，送得远远，永不回转！[1]

从这两则咒语可以看出，端公对各种鬼的态度有客气的地方，即送给鬼纸钱香蜡、

---

1 教育部蒙藏教育司编：《川西调查记　羌人之部　羌人之信仰》1943 年 3 月，转引自和志武、钱安靖、蔡家麒主编：《中国原始宗教资料丛编》，上海人民出版社，1993 年。

水饭盐茶等供品，但是他是以本领超过这些鬼的形象出现的，自信他的法术可以制服、惩罚、消灭他们，咒语的内容以威胁、警告为主。

云南兰坪县和维西县的白族那马人（“那马”是纳西族人对他们的称谓），其宗教信仰由自然崇拜、鬼魂崇拜和神灵（偶像）崇拜三部分组成。偶像化的神灵崇拜在其宗教信仰中还没有占据主要位置，特别是在社会经济发展较迟缓的边远山区，宗教信仰以自然崇拜和鬼魂崇拜为主。人们对自然神和鬼魂的态度不像对神灵的态度那样高度的敬畏，所以在祭祀自然神和鬼魂时所念诵的咒语多为命令、驱使性的。

> 维西县维登公社那马人每年要祭树神……正月初三，每家拿着一把斧子、一块油炸粑粑和烧的香等祭品，到村子附近的核桃林、漆树林去祭祀。家长用斧子在树腰上砍三下，将粑粑塞进刀痕里，香插在粑粑上，口中念道：“核桃树，你今年不结果，砍你一斧；明年不结果，砍你一斧；后年不结果，再砍你一斧，希望你能年年多结果。”对漆树则说：“希望你多产漆。”[1]

他们对树神用了比较原始的直接祭祀自然物的方式。引人注意的是，他们对树神采取软硬兼施的态度：一方面奉献供品，另一方面又以利斧恫吓，所念咒语是威胁性的、命令式的。

（三）请神咒

请神咒，指请求、呼唤神灵的降临，或以神灵为依托、旗号，借助神灵的威势来实施巫术的咒语。这种咒语的显著特征是既邀请神灵，又施展语言灵力。在念诵请神咒的仪式中，能邀请神灵本身就是一种法术，是咒语的魔力或巫师的神通。巫术崇拜与神灵崇拜本来是矛盾的，但在这种仪式中，二者被策略地结合到一起。

当神灵崇拜在民间信仰活动中占主导地位的时候，巫师就分化为两类：一类是自信自己的巫术至高无上，不遵奉神灵也敢于像对待其他自然物一样命令、驱使神灵的，他们所念诵的咒语是原咒、驱鬼咒；一类是相信、敬奉神灵，但是把请神作为自己的一种本领，垄断通神权力并借助神的威名施展自己的法术的，他们所念诵的咒语就是请神咒。从数量上讲，后一种巫师远远超过前者。这两种巫师又都不同于祭司类的神职人

1　詹成绪等：《那马人风俗习惯的几个专题调查》，《白族社会历史调查》，云南人民出版社，1986年，第35页。

员，后者只是以神像前的侍奉者、祭祀仪式的主持者的身份出现，本人没有什么法力。

自从神灵崇拜占据民间信仰的主导位置以来，请神咒就成为咒语中的主要部分。念诵请神咒的仪式要先祭祀神灵即“请神”，然后念诵咒语。这种咒语的明显标志是先呼唤神名，然后说出对某事的安排、希望达到的目标。如《道藏》洞真部的《太上三洞神咒》记载治寒病的咒语：“火铃火山神，烧鬼化为尘，风病从风散，气病气根除，瘟疫诸毒害，寒热速离身，疾痛从此散，男女保安宁，急急如律令。”这种先呼唤、邀请神灵，再施展语言魔力的咒语是大量的。民间广泛运用的治孩子夜啼的咒语也是此类：“天皇皇，地皇皇，我家有个夜哭郎，过路君子念一遍，一觉睡到大天亮！”

在念诵请神咒的仪式中，虽然敬奉、请求神灵的做法引人注目，但是这种仪式在本质上仍然不能看作神灵崇拜仪式，而应看作有神灵崇拜因素加入的巫术仪式。因为这种仪式整体上具备巫术的特点：迫切追求短期或眼前的功效；巫师通常处于前台的神通显示者的位置，信徒不能直接求告神灵；仪式中虽然也有神灵崇拜，但是神力只起辅助作用，巫术是仪式超自然力的主要来源；巫师虽然也恭敬地邀请神灵，但只是把神灵当作旗号，对它予以利用和操纵。显然，在这种巫术仪式中，咒语灵力仍然体现为基于巫术原理的语言自身的魔力，而不是神灵法力在咒语中的寄寓，即不能认为在存在神灵崇拜的仪式中咒语灵力根本上是神灵的法力。

二、祷词

祷词，是信教者以赞美、禀告、恳求、感谢等方式，向他们所信奉的神灵进行祷告以祈福禳灾的语言。祷词是神灵崇拜的产物，它出现于神灵崇拜仪式之中。这种仪式是以神灵为直接膜拜求告的对象，以神灵法力为主要超自然力资源的仪式。其中主要的交流关系是人神之间的交流，人用祷词向神讨好和告求，期望获得神灵的佑助。在严格规范的宗教仪式中，仪式的主持者如祭司、和尚、道士、尼姑等神职人员不再是巫术仪式中法力无穷、架空神灵的角色，而仅仅是人神交流活动的组织者。他们作为神人之间的中介、宗教活动的主持人，不能刻意突出自己的本领，信徒要在他的引导下直接向神灵祷告。也有许多念诵祷词的仪式是没有神职人员主持的，民众直接向神祷告。

祷词出现的场合主要是庙祭、按照时序举行的年节祭祀、发生重大事件时的祭典等。它的内容一般有迎合和告求两部分：迎合包括呼唤神名、对神的德行和智能的赞颂、对神的屈从态度和供奉祭品的陈述；告求则是向神倾诉自己某方面的苦难，祈求神的帮助。祷词所使用的词语可以按祈祷者的愿望变换，不像咒语有较强的固定性。汉族民众在春节举行的家祭仪式中向神灵念诵的语句大部分都是祷词。云南西双版纳地区的基诺族在集体狩猎祭祀活动中，供奉猪一头、鸡若干只，由寨父卓巴主持，向寨神“周米山巴”和猎神“嗯探木利”祈祷：“周米山巴！嗯探木利！我们用猪和鸡来祭你，请你收下，请你吃，求你保佑我们多多打得野兽。”云南省镇源、新平、墨江重视对雷神的祭祀，其仪式按举行的时间说有三种：一是在雷击造成灾难时就在雷击过的地方祭祀；二是每家统一在每年农历正月的第一个属马日祭祀；三是小部分不能在第一个属马日祭祀的人家，要在第一声雷响时祭祀。在上供、烧香后，人们唱颂（诵）道：

> 雷公有眼睛，雷神有眼睛。凡间你望得见，人畜草木你分得清。做好你认得，做丑你认得，做恶你也认得。好的你要爱，善的你要保；好的你不要怪，善的你也不要害。给他有好吃穿，给他多子多孙，给他无痛无病，给他无灾无难；全家老小平平安安，人畜五谷快快长。丑的你扯闪（打雷）打死他，恶的你打雷劈死他……[1]

从以上祈祷仪式的具体活动和祷词的内容，可以看出祷词与咒语的显著差别。巫术仪式中的咒语总是以命令的语气向客观世界发布，用表示着人的需要和希望的言辞直接对事物的进程做出安排，对于神灵也像对待人和生物一样不客气地支使和操纵；而祷词则表现出人对神卑躬屈膝、讨好祈求的态度。咒语往往致力于眼前可见的事功，而祷词往往着眼于长远的根本利益上的功效，多数情况下不是解决眼前的困难，有时表现为没有直接、明确的功利目的。

虽然祷词与咒语可以在理论上作出清晰的区分，但是现实中的神灵崇拜仪式往往有巫术的渗透，仪式中祷词与咒语并用，或者在一段仪式语言中先祈祷后念咒的情况并不鲜见。

三、神谕

神谕指被认为体现神的意志的语言或其他象征形式。神灵既是信众虚构、幻想出来

---

1 周鸣琦、李人凡主编：《中国各民族年节祭会大事典》，陕西人民教育出版社，1995年，第269、301页。

的产物，就不可能有什么真实的语言形式告谕信众。但是在信众的信念里，神灵是真实存在的，而且掌握着世界的进程，知晓过去、现在和未来的一切事情。所以，信众就以各种虔诚、殷勤的方式祭拜神灵，希望获得神谕。在这种愿望无法达成的情况下，就以各种变通的方式获知神的旨意。实际上这些方式都是虚妄的、自欺欺人或被人欺骗的。但长期以来，这些求得神谕的各种方式已经成为民间信仰传统的组成部分。以寻求神谕为目标的各种民间信仰仪式有附体、占卜、托梦、神判等。

附体即求神附体，一些号称有通神本领者如巫婆、神汉、童乩等以亢奋狂乱的动作和恍惚迷离的精神状态做出神灵附体的样子，并模仿神的腔调说出“神的语言”。这种形式，俗称“跳神”，是一种常见的求得神谕的做法。

占卜常见的形式有抽签、扶乩等形式。抽签是在拜神、许愿之后，在神像之前抽签，将签上的话认作神谕。扶乩，又写作“扶箕”，是民间一种常见的占卜方法，是将不由自主状态下在沙盘等物上所写的字认作神谕。一般的做法是，在一根架子或某种家什上吊一根棍儿，两个人抬着这个架子或家什，一会儿棍儿就在沙盘上画出一些符号来，占卜者将之辨认为字句，当作神的指示。民间妇女所信奉的厕神紫姑，即是一个主扶乩占卜、专替人预测吉凶祸福的神。此外还有很多占卜形式。

托梦即神灵托梦，认为梦境中神灵所说的话是灵验的语言。俗话说“日有所思，夜有所梦”，梦本是人们白日里思想活动或潜意识的结果，民间信仰里往往将它神化，将梦境看作指示未来事情的征兆，并有种种解梦的说法。如说梦见屎要发财，梦见鱼要有喜事，梦见掉牙主亲人有灾等。梦里也会见到去世的亲人，有人就把梦里已去世亲人的话当作神异语言。自古以来就有对梦境的迷信。

神判，就是民众在遇到争执、纠纷、疑案等类似情况难以决断是非、找不到答案或灾祸的源头时，就请神来裁决，将某种征兆当作神给出的结论。神判的方式有很多种，其中一种有名的方式是捞汤锅。捞汤锅的神判方式之所以能够被人们遵行，并且具有很强的权威性，关键在于人们对于神灵的虔诚信仰。人们认为这种仪式是有神灵在一边看着并给出结论的。而用手抓烧红的石块、从沸水里捞石头是一件危险、令人畏惧的事。人们相信，神是圣明的，神会保佑无辜的人不受伤，会使做坏事的人受伤，并且做出公正的裁决，被告是否受伤就是神给出的结论的征兆。基于这种信仰，无辜的人才勇敢地接受、参加这种仪式，做了被告发的坏事的人就会心虚而不敢参加仪式。这样，在对神灵有着虔诚信仰的社群里，这种仪式是有一定可参考价值的，因为凭借被告是否敢于参加仪式就可做出初步的判断。但是是否被烫伤则有很大的偶然性，根据这种征兆来断定被告是否做过某事，从科学角度讲，是不可靠的。

各种形式的神谕与咒语的区别是显而易见的。除了表现形式的显著不同，二者在性质和内容上也有根本差异：在信众看来，咒语的灵力在于套语自身，因而主要崇拜巫师和这些套语；神谕的灵力在于这些虚幻的语言形式寄寓了神灵的旨意，所以崇拜神灵而不崇拜这些词语。咒语的念诵通常都是为解决眼前的困难，神谕以预言未来的居多。

结语

区分巫术与宗教本是人类学早期著述中的经典内容。弗雷泽在《金枝》中对巫术与宗教已做了清晰的区分，马林诺夫斯基在《巫术 科学 宗教与神话》等著述中对弗氏的观点又做了肯定和发挥。本文对于巫术崇拜与神灵崇拜的区分即是以他们的论述作为理论上的主要依据。

我国民间信仰对于各种超自然力资源惯以实用的原则杂取并收，根据所遇困难的种类寻求适应这困难的解决的超自然力，但求对症，不管这超自然力是出于巫术崇拜还是神灵崇拜。出于实用的需要，在多种崇拜活动并存的情况下，民众在遇到科学的经验与技术不能解决的困难时，便开发和借助多种可能有效的超自然力资源。如果巫术与神灵法力都能适用于他所遇的困厄，他在急切中自然两种方法都取来应用，这就造成民间迷信活动中巫术仪式有神灵崇拜因素的加入，神灵崇拜仪式也运用巫术的手段，或者将巫术手段与神灵崇拜不分主次地拼合为一个连贯的仪式。在这种情况下，巫术崇拜与神灵崇拜两种信仰体系便不能保持单一传承的分立形态，而是相互借助与杂糅。

从咒语、神谕、祷词发生情境的角度来看，三者都出现于超自然力崇拜仪式中，因而对三者的考察要放在其发生的仪式中进行。根据巫术与宗教的基本原理，可以将现存的超自然力崇拜仪式分为五类：第一类是较为原始的巫术仪式。在这种仪式中，没有神灵崇拜因素，甚至巫术施行者声称他是不信任何鬼神的。这种仪式使用的咒语是原咒。第二类是有神灵崇拜因素加入的巫术仪式。在这种仪式中，巫力被当作主要的超自然力资源，神力只起辅助和助威的作用，或者只起名义的旗号的作用。巫术为了增强自己的威力，便呼唤神灵加入自己的仪式，但这种结合的方式是巫力占据支配性地位，巫师自认为可以调遣、操纵或敦促神灵做事，使神灵服从他的号令或邀请。这种仪式使用的咒语是驱鬼咒、请神咒。第三类是掺入巫术手段的神灵崇拜仪式。在这种仪式中，神力处于至高无上的地位，但祭司类通神者为了满足信徒急功近利的要求，在祭祀之外，又以术士的身份，以符咒、动作等显示自身的法力；民众在举行自发的祭神仪式时，为了满足眼前的现实需要，在供奉、祈求特定的神灵之外，也加入巫术的手段来增强祭神仪式的灵验和效力。这种仪式中发生的神圣语言是祷词、神谕，有的仪式也有咒语成分混入。第四类是将巫术崇拜、神灵崇拜交叉组合的仪式，在这种仪式中施术与求神并重，根据现实需要将两种方法按实用原则分段组合在一个仪式中，巫力与神力各有用途，它们在仪式操作者的观念中不分主次。这种仪式的组织者和主持者通常是不掌握较专业化法术或优越通神条件的普通民众。在这种仪式中，各种形态的咒语、祷词和神谕都可以出现，通常是祷词与咒语交替或联合使用。第五类仪式是比较单纯的宗教仪式，基本上没有巫术崇拜成分，这种仪式主要是引进的国外制度化宗教的仪式。这种仪式中发生的神圣语言是祷词。将咒语、祷词、神谕放在这样五种不同状况的民间信仰仪式中来分析，我们对这三种语言形式各自的本质、功能、使用场合、三者相互间的联系与区别就有了较为清晰的认识。

民俗文化空间：中国非物质文化遗产保护的重中之重[1]

乌丙安[2]

近几年来，我国政府在国际、国内经过多方面的努力，终于形成了抢救和保护非物质文化遗产的热潮，取得了十分显著的成绩。最有力的证明就是，联合国教科文组织批准公布的中国4项世界非物质文化遗产代表作和我国政府2006年6月批准公布的第一批国家级非物质文化遗产代表作名录518项。

但是，毋庸讳言，到目前为止我们的工作与已经取得的上述成就相比照还存在着一些明显的缺欠。其中存在的主要问题之一，就是相对说来偏重于文化表现形式类遗产的保护，对民间传统的文化空间类遗产的有效保护有所忽略。而民俗文化空间的保护，正是我国非物质文化遗产保护的重中之重。有下列事实可供思考和讨论。

三个事实

（一）被联合国教科文组织先后三次批准为世界非物质文化遗产代表作的有中国4个项目，都属于文化表现形式类，包括：传统戏剧类昆曲艺术1项，音乐类古琴艺术、木卡姆艺术、蒙古长调艺术3项，而属于文化空间类项目为零。

（二）在518项首批国家级非物质文化遗产代表作名录中，属于文化表现形式类的有468项。其中民间文学和各种艺术形式的项目共有333项，手工技艺形式的项目有89项，杂技竞技形式的项目有17项，传统医药形式的项目有9项，民俗文化表现形式

---

1 刊于2007年第1期。

2 乌丙安（1929—2018），男，蒙古族，内蒙古自治区呼和浩特市人，辽宁大学民俗研究中心教授。主要从事民俗学与民间文艺学研究。

的项目有 20 项；属于节会、庙会祭典类文化空间的只有 50 项。在这里，文化空间的保护项目，只相当于艺术类项目的 15%，只占全部第一批非物质文化遗产项目的 9.65%，明显失衡，与中国传统文化遗产中文化空间大量存在的真实国情不相符合。事实上，不算其他多样的文化空间，仅就全国重点文物保护单位的国内外知名寺庙宫观的庙会就有 300 多个。面对第一批国家级非物质文化遗产代表作的 1315 个项目申报所做的鉴别和筛选，反映了在一定程度上偏重于文化表现形式的艺术遗产保护，对民俗文化遗产特别是对民俗文化空间类的非物质文化遗产保护有所忽略。

（三）只要参照一下已经宣布的世界非物质文化遗产代表作的各类比例，就可以发现我国的差距。从 2001 年 5 月到 2005 年 11 月，联合国教科文组织先后批准公布了三批世界级人类口头和非物质文化遗产代表作共 90 项，成为世界非物质文化遗产保护中的耀眼亮点，在全世界产生了轰动效应。在三批 90 个代表作中，和我们国内相同，也把节庆文化空间计算在内统计的话，共有 19 个属于文化空间类的代表作，占所有代表作总数的 21%。其分布状况如下：

亚洲地区 4 项——乌兹别克斯坦：博逊地区文化空间，约旦：皮特拉和瓦迪鲁姆—贝都人文化空间，越南：铜鼓文化空间，韩国：江陵端午祭；

欧洲地区 5 项——俄罗斯：塞梅斯基口头文化及文化空间，爱沙尼亚：基努文化空间，比利时：班什狂欢节，比利时和法国：巨人与龙游行仪式，西班牙：贝尔加帕图姆节；

美洲地区 5 项——玻利维亚：的奥鲁罗狂欢节，哥伦比亚：巴兰基亚狂欢节，圣巴西里：约帕伦克文化空间，多米尼加：梅拉镇孔果圣灵兄弟会文化空间，墨西哥：土著亡灵节；

非洲地区 5 项——摩洛哥：Djamaa el-Fna（吉马・埃尔 – 弗纳）广场文化空间，坦坦穆塞姆集市、几内亚：尼雅嘎索拉索索・巴拉文化空间，马里：雅阿拉勒和德加勒文化空间，科特迪瓦：塔格巴纳族群的横吹喇叭音乐及文化空间。

从上述比例来看，文化空间在全世界各大洲非物质文化遗产保护中占有重要优先地位，然而中国作为文明古国和文化大国却没有文化空间的代表作贡献给世界，令世人遗憾。目前在我国非物质文化遗产保护工作中，加强鉴别和认定“文化空间”的工作不仅是不可或缺的，而且是非常重要的、具有文化战略意义的程序。因为，许多大型的文化空间保护，都牵动着亿万海内外中国人的文化情结，应当给予特殊的关注。

六项论证

从近年来我国非物质文化遗产保护工作的运行中还可以测查到，之所以在保护文化空间方面有比较明显的欠缺，还在于对文化空间的概念理解上存在不小的模糊认识。所以很有必要重新解读非物质文化遗产有关定义中的文化空间（cultural spaces）概念：

（一）在联合国教科文组织发布的《保护非物质文化遗产公约》和相关非物质文化遗产保护文件中，有关文化空间的具体表述至少出现过60多处，几乎所有的表述和解说都是和文化表现形式一起并列提出的，这是个重要的标志，它一再表明非物质文化遗产只有两大分类：一个是文化表现形式，另一个是文化空间。我国作为重要缔约国对此不能不考虑履行公约规定的责任和义务。

（二）联合国教科文组织在1998年11月第155届执行局会议宣布的《人类口头和非物质遗产代表作条例》第一条宗旨中的第一款就提出："这一口头和非物质文化遗产（文化空间或民间传统表现形式）将被宣布为人类口头非物质遗产代表作。"明确提出非物质文化遗产包括两大种类：一个是文化空间的形式，另一个是文化表现形式，文化空间在理论上和实践上都占据半边天下。第三款进一步指出："为本《条例》之目的，'文化空间'的人类学概念被确定为一个集中了民间和传统文化活动的地点，但也被确定为一般以某一周期（周期、季节、日程表等）或是一事件为特点的一段时间。这段时间和这一地点的存在取决于传统方式进行的文化活动本身的存在。"

（三）在联合国教科文组织之后宣布的非物质文化遗产代表作《申报书编写指南》的第四条介绍非物质文化遗产种类时再一次阐述文化空间的概念说："宣布人类口头和非物质遗产代表作针对的是非物质文化遗产的两种表现形式：一种表现于有规可循的文化表现形式，如音乐或戏剧表演，传统习俗或各类节庆仪式；另一种表现于一种文化空间，这种空间可确定为民间或传统文化活动的集中地域，但也可确定为具有周期性或事件性的特定时间；这种具有时间和实体的空间之所以能存在，是因为它是文化表现活动的传统表现场所。"

（四）联合国教科文组织在1998年的那次会议上，用额外的基金还创立了一个奖金，用来激活人类口头和非物质遗产的"文化空间或文化表达形式"。联合国教科文组织北京办事处的文化官员爱德蒙·木卡拉有一个关于文化空间的解说比较适当。他说："文化空间指的是某个民间传统文化活动集中的地区，或某种特定的文化事件所选的时间。在这里必须清醒认识到文化空间和某个地点的区别。从文化遗产的角度看，地点是指可以找到人类智慧创造出来的物质存留，像有纪念物或遗址之类的地方。文化空间是一个人类学的概念，它指的是传统的或民间的文化表达方式有规律性地进行的地方或一系列地方。”在中文版本的联合国教科文组织文件中也曾有人把“文化空间”译作“文化场所”，这就很容易让人们理解为文化空间就是指某个地点。

（五）必须充分理解非物质文化遗产保护对象中的“文化空间”概念，是申报和保护这类大型文化活动项目的关键。在各级非物质文化遗产保护工作培训班中，管理干部和各种专业类型的学员提出最多的疑难问题，都集中在对“文化空间”的解释上。实际上这是不难回答的具体问题。一是“文化空间”这个外来的名词术语，在联合国教科文组织官方文件中的定义，中文译文比较空洞难解。我们要做保护工作就不能死抠字眼去解读那些脱离了中国文化语境而又难以操作的文字，最重要的是把握好定义中的关键词语，抓住定义内容要旨，就可以进行操作了。二是这里所说的“文化空间”不能理解为我们中国社会知识阶层通常讨论文化时所说的十分宽泛的“文化空间”。那种文化空间的理解十分随意，甚至中国也可以叫作一个具有五千年文明史的文化空间，一个学校也可以叫作一个文化空间，一个居民小区也是一个文化空间，等等，甚至把所有的公众聚集的场合都叫作文化空间。这是一种“泛文化空间”的随意表述。非物质文化遗产保护的“文化空间”是一个专用名词，是有所专指的。

通俗地说:“凡是按照民间约定俗成的古老习惯确定的时间和固定的场所举行传统的大型综合性的民族、民间文化活动，就是非物质文化遗产的文化空间形式。”有了这样的理解，就会自然而然地发现，遍布在我国各地各民族的传统节庆活动、庙会、歌会（或花儿会、歌圩、赶坳之类）、集市（巴扎）等等，都是最典型的具有各民族特色的文化空间。

我们在保护工作中选择文化空间为保护项目，就不可以使用“泛文化空间”的随意性理解，把过去文化部门命名过的一个“故事村”“剪纸之乡”“艺术之乡”“文化生态保护区”“区域文化”等等都拿来申报文化空间。必须运用非物质文化遗产保护工作用的这个专有名词的专指概念进行认定，因为它指的是每年固定周期性地在固定场所举办的具有规模的民间传统综合文化活动，而不是指的某一个只有一般性普通日常文化生活的乡村或地区，否则的话，全中国所有的自然村落都可以叫作文化空间了。

（六）在已经批准成为世界非物质文化遗产代表作的项目中，还有以下两种文化空间形式值得参考借鉴。一种是多米尼加共和国孔果圣灵兄弟会文化空间、爱沙尼亚基努文化空间、俄罗斯塞梅斯基文化空间、乌兹别克斯坦博逊地区文化空间、几内亚尼雅嘎索拉索索·巴拉文化空间等的文化表现形态。它们的共同特点是：在一个相对独特的古老地区，有一个独特文化传承的文化群体，用他们的信仰和独有的合唱、舞蹈、神圣乐器演奏，主持他们的神圣的宗教节日，于是这些神圣的歌舞、音乐就成为这个文化群体中最重要的文化表现形式，于是形成了他们自己的文化空间。另一种文化空间是摩洛哥吉马·埃尔－弗纳广场文化空间。这是一种古老的国际游客活动空间，从 11 世纪起这里就是远近闻名的游乐胜地，从每天清晨直到午夜，各国游客蜂拥而至，欣赏这里的音乐、舞蹈、杂耍以及用各种语言讲古老故事，形成了最为典型而独特的时间、地点和活动千年不变的广场文化空间。

一条建议

自从 2003 年年初我应邀参加国家文化部有关民族民间文化保护工作以来，直到现在直接参加第一批国家级非物质文化遗产评审工作，完成并参与全国大多数省市地方保护工作的咨询为止，一直有一个不小的困惑缠绕着我，那就是在保护各个非物质文化遗产门类单一的文化表现形式的同时，应该如何保护遗产中综合的大型的文化空间活动。这是我国非物质文化遗产保护的重点和难点，必须找到一把开启难关的钥匙，才有可能解决这一难题。其中，积极努力保护我国民间庙会文化空间和保护我国民俗节日文化空间就都具有十分典型的意义。这正是 2004 年春天我大声疾呼保护端午节的动因，也是 2006 年 7 月申报国家级非物质文化遗产时我对北京妙峰山庙会、山东泰山岱庙庙会、河南太昊陵庙会、河北娲皇宫庙会、广东南华寺六祖惠能诞辰庙会、佛山北帝祖庙庙会、福建湄洲妈祖祖庙庙会等牵连着数以百万计民众文化情结的文化空间申报，持全力支持和赞成的原因。

因此，我建议：在 2007 年即将进行的第二批国家级非物质文化遗产代表作名录的申报和审批工作中，当务之急应该把关注保护的重点向各民族、各地方民俗文化遗产的文化空间项目倾斜，特别是应当把早已列为全国重点文物保护单位的海内外著名寺庙的 300 多个庙会，以及其他密切联系着亿万民众生活和心理愿望的大型文化空间列为保护的重中之重。

羊獬、历山三月三“接姑姑”活动调查报告[1]

陈泳超　钟　健　孙春芳　王　尧　姚慧弈[2]

山西省临汾市洪洞县有这样两个村民聚落，一个叫羊獬（包括南、北羊獬两个行政村），一个叫历山（包括东、西圈头等六个行政村）。前者坐落于汾河东岸的河谷平原上，后者处于汾河以西的丘陵山区，两者相去 80 余华里。按照中国乡村的交往传统，这两者之间由于存在较大的距离和地形差异，似乎很难发生稳定持续的集团关联。但是，至少几百年来，在这两个村民聚落之间，却每年浩浩荡荡地举行着当地称为“接姑姑迎娘娘”的走亲活动。具体而言，每年农历三月三，羊獬村民从本聚落的神庙里，通过很隆重的仪式抬出两位女神的驾楼（神轿），然后鸣锣开道，仪仗护持，在“威风锣鼓”和铳炮声中，一支以男性为主的队伍神圣地走出村庄，越过汾河，涌上历山，第二天又更加隆重地（因为羊獬与历山两边的接驾锣鼓汇合演奏）从历山神庙里接回两位女神的神像，迤逦回到羊獬。这是上半段。到了农历四月二十八，历山的队伍又来到羊獬，将两位女神的神像抬回历山，途中热闹一如三月三。

显然，是女神的感召力纽结了这两个村民聚落。虽然近古以来华北地区女神信仰非常普遍，但是常见主神通常是无生老母、碧霞元君、天妃妈祖、送子娘娘、三霄娘娘等，她们大多是神灵世界里的创生物，即便像天妃妈祖那样由人变神，往往也是独立自

1　刊于 2007 年第 3 期。

2　陈泳超（1966—　），男，江苏常州人，北京大学中文系副教授，博士。
钟　健（1982—　），男，广西宜州人，北京大学中文系民间文学方向 2005 级硕士研究生。
孙春芳（1982—　），男，浙江绍兴人，北京大学中文系民间文学方向 2006 级硕士研究生。
王　尧（1984—　），女，北京人，北京大学中文系民间文学方向 2007 级硕士研究生。
姚慧弈（1986—　），女，马来西亚人，北京大学中文系民间文学方向 2007 级硕士研究生。

在的，并没有太多的人际关联。可是洪洞县的这两位女神，却是传说中尧舜时代的娥皇、女英，而羊獬被认为是尧的故乡，历山则被看作舜的故乡，也就是说两地分别是女神的娘家和婆家。这就昭示了本地神灵令人注目的特性——历史化、祖先信仰及其世俗化。

本文的第一作者陈泳超因为撰写《尧舜传说研究》的博士论文，曾于2000年5月31日至6月2日到该地进行过实地考察，并撰写了《羊獬、历山“迎姑姑”习俗之考察报告》。[1]那次考察其实只看到了该活动的后半段，即四月二十八历山人接娘娘回去的过程，此后作者一直希望能再去做更深入的田野调查，可惜机缘吝啬，始终未能成行。2007年，随着非物质文化遗产申报工作的风行，洪洞县、甘亭镇两级政府官员及相关人士非常重视该活动，热情邀请我们前往考察。于是陈泳超带钟健、孙春芳、王尧、姚慧弈4位学生，于2007年4月16—22日，再次前往考察，这回看的是该活动的前半段，即三月三羊獬人去历山接姑姑的过程，特撰调查报告如下。

一、活动过程

4月18日（三月初二）

1. 地点：羊獬村唐尧故园、将军庙

羊獬原名周府村，如今的村名来自一个传说：在周府村有一放羊的老者，他的羊群中有一母羊生下一只独角小羊，与众不同，能够分辨善恶忠奸，在解决纠纷时会用它的独角去顶恶人，如果恶人不肯承认，它的独角会一直将人顶死。老者将此事报告给尧的法官皋陶，皋陶知此为神羊，名獬，又报告尧王。尧王领着妻子、长女娥皇到周府村亲自观獬，发现其果然不同寻常，又到生獬的地方观看，发现此处周围一片绿草，唯独生羊之处寸草不生，下雨不湿，下雪不沾。正在此时，尧王夫人分娩，生下次女。此女婴坠地能坐，三天能说话，五天能走路，七天能干活，百天能通天文地理，是个神女。尧王大为惊喜，此地既生神羊又生神女，便为此女取名女英，将周府村改名为羊獬村。尧王又听从夫人提议，迁居于此，从此羊獬村成了尧王的第二故乡，因他仁政爱民，羊獬村都称尧王为爷爷，称尧王的两位女儿为姑姑。[2]

---

1 参见陈泳超《尧舜传说研究》，南京师范大学出版社，2000年。

2 根据三月初二李学智讲述录音（王V071）概述。

约9：10，本地领导、群众、媒体代表、专家学者等陆续来到了羊獬村“唐尧故园”内“英皇双凤殿”（当地俗称“姑姑庙”）前广场，各队人马全部准备就绪。

“唐尧故园”内坐东面西正对“圣德门”牌楼的是活动中心地“姑姑庙”，殿内正中供奉两位娘娘神像，左右两侧各有侍女像，门口两旁有牵马的戎装女子，是娘娘的“拢马将军”[1]。因新修不久，尚未开光，各塑像都以红绸布覆盖头面。娘娘殿左侧小殿内还供奉送子娘娘。

仪式开始前，先由威风锣鼓队演奏“西河滩”等曲目。威风锣鼓队由两队组成，一队身穿绛红色上衣，头扎黄毛巾，由十几位老人组成；另一队由四五十个青壮年男子组成，身穿白色或绿色的统一服装。鸣铳之后，当地领导致辞，仪式正式开始，全体人员在姑姑庙前跪拜。

约9：20，由羊獬总社邵财旺，北社袁国喜、薛海水，南社王文华、乔龙海等各社首领在姑姑庙和北侧的尧王寝殿前焚香辞行。在尧王寝殿还举行了吉祥索的“开光”仪式。所谓吉祥索，就是红绸带和黄丝带，这样开光后就具备了吉祥驱邪的功能，以供沿途布施，全体群众在场内跪拜。

约9：35，祭拜完毕，由接亲仪仗总指挥翟元丰诵念“启行令”，娘娘驾楼穿过园中的“圣德门”牌坊，先绕行至尧王寝殿前辞行，锣鼓队则没有跟随，待驾楼绕行回来后组成一个有序的队伍，向“唐尧故园”外出发，边走边敲，行进很慢。

整个迎亲队伍由近百人组成，由前至后依次是：摩托队11人在前开路，每人身披绶带，上书“弘扬尧舜精神”等；然后是铳队8人（包括提火药壶的），铳分一眼、三眼、四眼、五眼不等，以三眼为多，下接三尺三寸木柄铳杆，俗称“三眼枪”，几乎每行至一个路口都会鸣铳；后面是由二人抬一面大锣，时走时敲；再往后由一人举“羊獬总社”大旗，后接龙凤幡旗一对，“狼牙旌旗”12对；再后便是最热闹的威风锣鼓；再后跟一对“肃静”“回避”牌、一对龙头、一对盘龙棍、一对金瓜、一对银瓜、一对朝天蹬、一对判官笔、一对春秋刀、一对方天画戟、一对钺斧、一对日月。11对銮驾仪仗后便是驾楼。

驾楼是“接姑姑”队伍中最为尊贵之器，通高6尺6寸，体围8尺有余，应当地建筑物不取“奇数”之说；楼体下端3尺处，左右各穿抬杠一根，各长9尺余，杆上楼体

---

1 另有人称之为“牵马将军”。

檐下中空，为供奉娥皇、女英二女神像的神龛。龛体殿阁造型，红墙黄瓦、雕栏朱柱，上有小小的匾额写着“德配重华”。起程时由8名轿夫抬扶。驾楼后打龙凤扇一对，之后撑万民伞一顶，最后为二人抬食盒一副，内装面制寿桃等。仪仗队伍就此结束，后面跟着大量的随行群众，浩浩荡荡，十分壮观。队伍在村子中穿行，所经人家都出门观看。

约10：10，队伍到达羊獬村口将军庙。将军庙形制简单，一间小殿，没有塑像，只在墙上有一黄纸，上书“供奉火龙将军神位”，红布覆盖；下面靠墙边有供桌。队伍在此停下，由老社首薛海水带领着在将军庙焚香，群众跪拜，请“火龙将军”为接姑姑的队伍开道，保佑一路平安。威风锣鼓队在此敲一曲“笑回乡”，意为庆祝队伍启程，接姑姑回娘家。

在将军庙门外马路上，有一草木扎成的临时门框横跨马路两侧，上贴红纸金字“省亲门”，由此出了羊獬村。所有人员（都是男性）、仪仗上车出发，妇女老幼目送后回村。

2. 地点：屯里渡口

约10：40，“接姑姑”队伍到达屯里渡口，跨越汾河。河滩旁有一供桌，在此祭祀河神，以保佑迎亲队伍平安渡河。

在汾河渡口一直流传着一副古联，上联：“远迎近送逍遥过”，下联：“进退运还运道通”，横批：“泽润滨汾”。过去人们一直将这对古联书于纸上，贴在汾河渡口边的小屋，但因纸张易损，2007年人们将它刻在木牌上。迎亲队伍通过时在此停留，祭拜河神之后，由老社首和渡口看守为古联揭幕，然后由羊獬村老干部闫正红当场讲解古联的来历和含义：上联保佑人们渡河平安，下联保佑河道运输通畅，都与行路有关，因此十四个字都带“走之底”（当地称为“坐船”）；横批四字都带“水”部。此时汾河已近干涸，队伍很容易也很热烈地跨过了浮桥。

3. 过屯里、洪堡二村外缘，未进村，留待回程

4. 地点：南马驹

马驹村的村名来历也与二位姑姑有关：传说本村原名王家庄，村中有桥，桥两侧各有桥楼，二位姑姑出嫁时娥皇骑马，女英乘车，骑马的姑姑途中经过王家庄桥上时，所骑母马下了一只小马驹，此后王家庄就改名为马驹村，因河道从村中流过，人们就依河

道南北两岸为界，将村子自然分为南马驹和北马驹两村。[1]

约 11：30，迎亲队伍到达南马驹村，南马驹村和沿途各村的威风锣鼓队都早早在路边等候了，待能远远看见羊獬接姑姑队伍时就开始敲打。南马驹以及后面的赵村、兰家节等村的威风锣鼓队全部由妇女组成。据当地村民说：男子农活较忙，妇女的闲暇时间相对较多，由妇女组成威风锣鼓队不会对农忙造成太大影响。

南马驹村没有娘娘庙，只在路边摆放供桌，供桌上也没有娘娘塑像，只有香炉和供品。待娘娘驾楼停在供桌前，人们就上香跪拜。包括南马驹在内的很多村子的供桌上，都有一种形状奇特的枣糕，借谐音祝福娘娘“高寿”。供桌旁还为“亲戚”们准备了白开水，羊獬接姑姑的“亲戚”一来，桌旁的妇女就会非常热情地给亲戚们倒水。跪拜结束之后，队伍继续前行。

5. 地点：北马驹

约 12：00，迎亲队伍前行到达北马驹，该村也没有娘娘庙，跟南马驹情况相似，在路旁摆供桌，上有枣糕等供品。但不同的是供桌上有从 2006 年四月二十六从羊獬请来的二位娘娘塑像。[2]据羊獬村民边小林说，娘娘的驾楼沿途摆放是要坐北朝南的，但在北马驹等几个村子因为供桌摆的方向不同，娘娘驾楼也有坐东朝西的，总之都背对供桌、面向村民放置。

6. 地点：赤荆村

约 12：40，迎亲队伍到达赤荆村。

传说姑姑骑马经过这里时，马驹口渴，就用两只马蹄在地下一刨，只刨了一尺深便涌出两汪泉水，人们称之为“马趵泉”，泉眼至今仍在；这个村子也因此而名为“尺井村”，后演变为“赤荆村”。[3]

7. 地点：赵村

约 13：50，迎亲队伍过赵村。据说 2006 年三月三“接姑姑”队伍经过赵村时，为了赶时间，羊獬的威风锣鼓队演奏时间较短，未与当地锣鼓队合奏就出村上车了，这使赵村村民颇为不满，因为他们为这一天已经辛苦排练了半年。他们拦住了羊獬队伍的去

1 根据三月初二边小林讲述录音（王 V023）概述。三月初二“南马驹 68 岁王老先生讲马驹村名和争大小故事”（王 V030）也有类似内容。

2 根据三月初二录音（王 V035）概述。

3 根据三月初二赤荆村民讲述录音（王 V039）概述。

路，经过双方领头人的紧急交涉，羊獬的队伍才被放行。今天，迎亲队伍再次从赵村经过时，我们发现赵村的威风锣鼓队尽管全由女子组成，但非常昂扬热烈，表现力很强。行进途中，羊獬人要求赵村锣鼓队分开让道，但赵村人坚持要行至村口才分开，羊獬照办了，未发生 2006 年那样的纠纷。

赵村路边的墙上、电线杆上以及娘娘庙门外贴有很多彩纸条幅，写有如“二位娘娘赐福”“欢欢喜喜接亲戚”“我敬二位娘娘就如在”“我敬神诚心诚意”等字样。娘娘庙旁边的子孙娘娘殿门外正中写“子孙堂”，两侧对联是“送男送女送子孙，造福人间和谐神”。

在沿途经过的所有村子里，很多人家门口都摆着一张小桌，上有香炉，分别备茶水、馒头、油饼、香蕉、苹果等食品饮料，队伍经过时，主人就会热情地张罗“亲戚”们吃喝，他们都以招待“接姑姑”的“亲戚”为荣。

8. 地点：西乔庄

据说西乔庄以前某一年［很多人说是民国二十五年（1936）］，娘娘借马子的嘴传达旨意，在西乔庄建了娘娘行宫。当时村里有一个水塘，青蛙和癞蛤蟆特别多，不停地鸣叫。“亲戚”来了说话都听不到。最后马子上马后（关于马子和上马等语，详见后文），拿起鞭子在水塘边上甩了三鞭。从此往后，亲戚来的时候青蛙就不叫了。另外，亲戚来的那几天蚊子也不叮人。羊獬人原来是三月初一出发，在西乔庄住一宿，后来因为去的人太多，村里人家少住不下，经过协调改为羊獬人初二出发，在西乔庄只吃饭不住宿。这个改动约在 1980 年，距今已有 20 多年。[1]

约 14：50，迎亲队伍进入西乔庄村口。因为此地是娘娘行宫，所以该村也有一个驾楼摆放在村口迎接。两支队伍会合后，一起边敲打边行进，约半小时后到达西乔庄的娘娘庙。娘娘庙坐落在一个大院中，庙门口有二位女子各手牵一马，是为“拢马将军”；庙内供有二位娘娘。院中娘娘庙西北侧还有一佛教寺庙。迎亲队伍进入院里，将娘娘驾楼坐北面南停好上香，两个村子的威风锣鼓队就在院子里对敲【西河滩】【五点子】【吃凉粉】【风搅雪】等曲牌。当时院子里外、院墙上甚至周围房屋的屋顶上都站满了人。两村对敲持续半小时左右，“亲戚”们被村民分散邀请到各家吃“腰饭”（中饭的意思）。

在邀请我们吃“腰饭”的村民家里，堂屋一角的桌子上供奉有二位娘娘的图片，前

1 根据三月初二西乔庄村民尚金财讲述、边小林解说的录音（姚 2007-4-18V025）概述。

面有香炉、茶水、食品等，据主人讲很多人家里都有。此时，西乔庄的乡亲们自己也没有正式吃过午饭，等亲戚到家后一起吃。先摆上八个早已准备好的冷盘，续有热菜供应，开始吃饭前先要在娘娘像前鞠躬。家中男主人给“亲戚”倒酒，酒只能由他来倒，不可羊獬“亲戚”自己动手，因为按照辈分，羊獬人比西乔庄人高出一辈，所以无论主客年龄高低，都由主人倒酒；主食是本地常见的圆形小油饼，女主人不停地从锅里端上热的来，盘里有增无减。冷菜里有一道炒菠菜，他们说是接待媒体才有的，取“传播”之意，可见民俗的与时俱进。大约 1 小时，听到外面三声铳响，无论吃饱与否，一律回到娘娘庙起驾出发。

约 17 : 00，两支队伍一起敲打到村外的西乔庄将军庙，上香跪拜，双方惜别，羊獬队伍上车继续前行。

9. 地点：兰家节

约 17: 45，接姑姑队伍过兰家节，开始进入历山山区。这个村子较小，穿迷彩军装的女子锣鼓队在路旁迎接，小学生此时已经放学，组成彩旗队夹道迎送。规模比前面几个村都简单。

10. 地点：历山神立庙

关于历山神立庙的由来，当地人这样传说：历山原是舜王耕种的地方，也是尧王访贤遇舜的地方，同时也是舜王和二位娘娘后来一直居住之处。历山群众出于对舜和娥皇、女英的崇拜，决定为他们建庙，庙址选在离历山二里多远的三教村。选好以后，人们将建材陆续运往工地。娥皇、女英此时在羊獬娘家，听说修庙一事之后连夜赶赴工地查看，认为这里不宜建庙，而应建在历山山顶，即今天的神立庙处，她们便指挥六畜将全部建材运往历山。第二天前来建庙的人们不见了材料，大惊失色，随着牲畜脚印追踪到历山山巅一看，所有的建材都码放得整整齐齐。人们这才意识到这是娘娘对地址不满，亲自选在此处，便遵从娘娘的旨意在此建庙，称为“神立庙”。[1]

约 18 : 55，羊獬“接姑姑”队伍到达历山神立庙外，远远下车，历山浩大的迎接队伍早已在庙前等候多时。两支队伍会合后，在通往娘娘庙的台阶上要大斗锣鼓威风，活动进入一个高潮，往年只要时间允许，据说一个台阶斗一曲，常常斗到天黑才罢。2007 年到得比较晚，此时已近天黑，神立庙的台阶、走廊上站满了群众，非常拥挤。

1 根据李学智自编册子《羊獬 • 历山联姻传记》概述。

安全起见，队伍没有敲几组曲牌就到了山顶庙宇群。

在舜王殿前广场上，历山及羊獬威风锣鼓队合敲锣鼓，当地领导、社首等人先到舜王殿再到尧王殿，最后到娘娘殿（大殿）上香。上香之后，与在西乔庄吃“腰饭”情况相似，羊獬“亲戚”们被热情邀请至村中各家吃饭、歇宿。

约 20：20，我们到达东圈头村吃饭，然后去西圈头马长兴先生家借宿。

历山地区有六个村庄，按地理位置分为三社，即中社：东圈头、兰家节；东社：三教村、宋家沟；西社：西圈头、神西村。每年三月三和四月二十八的仪式活动中，三社轮流负责接待亲戚食宿，2007 年轮到了中社，即东圈头和兰家节，2008 年轮到东社。[1] 我们因为人多，只好借宿在西社的马先生家了，他们家很宽敞。

4 月 19 日（三月初三）

1. 地点：历山神立庙

这一天附近的村民都会到娘娘庙里上香，因此一早神立庙前后的人群络绎不绝，在庙后的路两侧摆满了各种小吃、商品、游戏的摊位，形成了非常热闹的庙会集市，据说这几天晚上山上还演戏。

约 9：40，威风锣鼓队已经准备好了，开始在庙门前的台阶下敲打，并缓慢登上台阶，进入神立庙正门“景行门”。门两侧的对联是：“帝尧举贤大道资万古；皇英匹圣懿德著千秋”（李学智撰）。此时娘娘殿内也十分拥挤，人们赶在娘娘被接走之前上香许愿。神立庙娘娘殿的正中并排供奉着二位娘娘塑像，面前摆满各种供品。同其他村的娘娘庙一样，供桌旁坐一人负责接受并记录村民的捐资。两侧的整面墙壁上都有关于二位娘娘和舜王传说的彩色壁画。娘娘殿东侧是尧王殿，供有尧王和夫人两座神像，两侧墙壁上也绘有彩色壁画，讲述了尧王的功绩。

约 11：00，鸣铳，仪式正式开始。老社首等人进入娘娘殿上香，跪拜。此时娘娘殿前的香炉里塞满了上香者烧的黄裱纸，塞不进的就堆在炉子脚下。戏台在演戏，娘娘的驾楼就停在正对娘娘殿门口的地方。

约 11：20，一位历山主事老人在众人的协助下将二位娘娘的神像从殿内小心翼翼地捧出至驾楼前（神像高约 20 厘米），拥挤的人群纷纷跪拜。几位妇女将驾楼内部反复擦拭之后，众人将神像缓缓放进其中，驾楼起驾，抬至娘娘殿东南侧，徘徊不去。照常

1 根据三月初二“西圈头借宿采访主人马先生”（王 V068）概述。

规，此时应该有马子上马。所谓“马子”，即是娘娘早已选定的代言人。每当涉及娘娘的重大活动，他都会出现，并进入迷狂状态，俗称“上马”，传达娘娘的旨意，并为娘娘开道。这个马子名叫郭路路，本名郭安民，是万安镇郭家庄人，约 40 岁。但 2007 年马子没有如期上马，其师父一直在用黄纸擦拭锁口签和开顶所用的小铁片、法尺，已经将所有道具准备完毕，而马子坚决不同意当天开顶，不愿插锁口签，大概意思是说娘娘当日没有命令，不能开顶。

约 11：30，马子来到娘娘驾楼前跪下，烧黄纸，唱歌，然后就“上马”了。他手执火鞭（一端有形似铁铲的很多铁片，另一端有几个铁环，长约 70 厘米），在娘娘殿前条形空地上来回奔走多次，其间多次跪下歌唱。尤以在娘娘殿东南侧停留时间为久。在此处马子跪下，其师父点燃黄纸，在马子身上来回挥舞，形似祓除，然后起行，为娘娘驾楼开路，队伍也开始缓缓穿越人山人海。驾楼由娘娘殿东南侧又经殿前，抬至西侧，从台阶上一路走下，出了正庙门“景行门”，向庙后走去。在此过程中队伍的顺序还和先前一样，马子则走在娘娘驾楼前，有两人作为辅助与马子一道握着火鞭，据说是为了防止马子失控，伤及路人。每走一段，马子就要停一下，跪倒歌唱（距离不等，有的每隔几米，有的数十米，此时众人不跪）。两侧人群拥挤，路边山坡上也站满了观看的人。队伍穿过写着“古历山”的大牌坊，在不远的转弯处停了下来，据说此地就是原来的将军庙，现在庙已不存。马子跪下，所有群众一同跪下，面朝驾楼。马子歌唱，辅助之人点燃黄纸，跟上马前一样。歌罢，用黄纸为马子擦脸，随后下马，恢复成正常人。驾楼及仪仗队伍上车离去。

2. 路过石家庄，2007 年未停留

3. 地点：韩家庄

传说中舜的后母就是韩家庄人，她外表丑陋，内心毒辣，生了儿子象之后，就对前妻之子百般虐待，舜的哥哥就被她害死了，舜逃亡在外，四处耕种，后来因父母年老，恐失照应，所以才在历山驻留。[1]

此前我们听羊獬以及其他村的人说，韩家庄过去都不接待“接姑姑”的队伍。但进入该村后我们发现热闹程度并不亚于其他村庄，当地村民都说虽然舜的后母对舜王不

1　根据李学智自编册子《羊獬·历山联姻传记》概述。

好，但哪家没有一点纠纷呢？这里是舜王的娘舅家，亲戚总归还是亲戚嘛。他们坚持说一直都“接娘娘”的，只是不管饭。

约 12：30，队伍到达韩家庄的时候，很多村民早早等在路边，娘娘驾楼一到就跪拜。之后，驾楼被抬至村中庙前，村民在此上香、烧纸。庙内中间供观音菩萨和两位侍女，左侧墙边供二位娘娘的小塑像，殿门口的红纸对联是：“尧婿传万代，舜乡放光芒”。娘娘庙外西侧还有一间小殿，供奉地藏王菩萨，门口的对联是：“尧帝赐富贵，舜王保平安”，这些对联内容与里面所供神像并无关联。路边墙上、电线杆上也贴有很多彩纸，写着“三月三是中华民族节日”等等。

经与几位跪拜的妇女聊天我们得知，韩家庄信仰二位娘娘的人也非常多，全村约有 2000 人，其中约有 70% 信娘娘。信仰娘娘的人家里都供有二位娘娘神像，信仰程度并不亚于其他村落。[1]

4. 地点：杨家庄

约 13：50，队伍到达杨家庄，情形与前面相似。驾楼被抬入村中菩萨堂前，停放在院中空地上。庙内正中供奉观音男身像，两侧分别供奉文殊、普贤菩萨像。右壁挂有娘娘像的镜框，镜框内有对联“父夫称帝王，姐妹为皇后”，横批“英娥”。殿内左右壁上挂着写有“求子有功”“求子有灵”字样的镜子，而殿内所供皆为男身神，观音亦然。此地备“腰饭”，但停留时间很短，我们光顾着拍摄、采访，还没有来得及吃饭，已经鸣铳启程了，只好随便拿些馒头拔腿就追。

5. 地点：万安

据说旧的“接姑姑”路线中是不经过万安村的，后来有一年，万安有一家姓乔的，曾到历山神立庙许愿，如若娘娘保佑他发财，就在万安为娘娘建庙。娘娘果然灵验，不久此人财运亨通，成为富甲一方的大财主，从此万安人对娘娘深信不疑，不但建庙，还坚持要接亲队伍从万安经过并招待吃住，尤其要招待羊獬亲戚吃万安小吃“油盐饽饽”，吃了可以保佑健康平安。从此万安成为接亲路线中的重要一站。[2]

约 14：30，步出杨家庄，万安村的队伍已经在村口迎接了，万安也有自己的驾楼，背面画有万安人到羊獬迎娘娘的路线图。

---

1 根据三月初三韩家庄 55 岁韩大爷录音（王 V016）概述。

2 根据三月初五王开源讲述录音（王 V007 号）概述。

约 14：45，队伍进入万安村的繁华地带，沿途不断有居民燃放鞭炮，队伍也不时停下敲打锣鼓，万安是一个相对富裕的村子，其热闹程度远胜沿路其他村庄。队伍每行至一个较大的路口，执铳者都会停下鸣铳；锣鼓队也会停下原地敲打一支曲牌再行。道路两旁的很多店铺门口都在地上铺一挂鞭炮，队伍一走近就燃放起来，空气中弥漫着火药的味道。

约 15：30，队伍到达万安娘娘庙。万安娘娘庙规模较大，庙门附近有一戏台，戏台对面踏上台阶是穿亭式献殿，东西两侧各有一个亭子，此后便是娘娘大殿。队伍进庙后，娘娘的驾楼就放在献殿内。社首等人到殿内上香后，两支队伍大斗锣鼓。随后，羊獬“亲戚”被领到村中各户食宿，情况与历山类似。

4 月 20 日（三月初四）

1. 地点：万安

万安“娘娘殿”东侧是“尧王殿”，供有尧王和夫人两座神像，两侧墙壁上有彩色壁画，东侧为“尧王掘井”“周村观獬”“尧王访贤”等传说，西侧为尧王夫人“杀黑龙”“传播火种”“教化民众”等传说。娘娘殿西侧是二郎殿，中间供有二郎神君，墙壁上也有关于他的传说的彩色壁画，东侧的是“神童降生”“孤苦无依”“天资聪颖”，西侧的是“认师修炼”“万民敬奉”。

正中的“娘娘殿”开有三扇大门，门上各悬一匾，中间的是“德配重华”，两侧对联是“父帝王夫帝王父夫帝王，姐皇后妹皇后姐妹皇后”；东西两侧门上匾额分别是“有虞内助”和“妫汭芳型”。“娘娘殿”有内外两进，外间较为空旷，东侧墙上绘有“女二十四孝”图，靠墙边放着仪仗队的铁扇、兵器等，靠内的门两旁各塑有两位戎装女子，一个牵红马，一个牵白马，为二位娘娘的“拢马将军”。里面一间装饰华丽，中间供奉二位娘娘神像，面前的帷幔两侧写“二位娘娘，护国佑民”，前有一很大的供桌摆满枣糕等丰盛供品，供桌前有功德箱，同样也有几位妇女负责接收捐资等，功德箱前放着从羊獬娘家一路抬过来的大木箱果盒。二位娘娘神像东侧是“送子娘娘”“奶母娘娘”和“痘儿娘娘”，面前的帷幔上写“送子娘娘，有求必应”。西侧的两位被当地人称作“消灾娘娘”“五毒娘娘”，面前的帷幔上写“法王娘娘，保儿健康”。紧挨着的东西两侧墙前面各有不同姿态的十位神君（女）。娘娘大殿东边，另有舜王大殿，但不知为何与所有仪式并无牵涉。

跟历山神立庙的情况相似，在仪式开始前，娘娘殿里前来上香的村民络绎不绝。

约 10：30，一个男马子在“二郎殿”内上香、唱歌、上马。出来后走到庙前，有一老妇人在马子前唱神曲，被人搀扶着边唱边哭，非常悲伤，右手不时捏毛巾擦眼睛，唱完后马子接唱，如此往还数回后，老妇人退至马子后侧随行。男马子开路，有一和他年纪相仿的青年男子一直在旁用手抚顺他的背，并不时为他擦汗。马子时走时停，行进缓慢。途中我们了解到，这个马子名叫闫宏伟（音），是羊獬村人，今年约 30 岁，已婚，有孩子，初三那天他也到历山神立庙去了，只不过没有上马。队伍走到中途突然一中年女子倒地昏迷，自称菩萨，她在半路突然上马了，很快被村民架着离开了队伍。

约 12：15，队伍到达万安原将军庙处（已不存），在一个宽阔的路口停下，马子在娘娘驾楼前上香、烧纸、下马，队伍上车继续返程，所有情形与历山相似。

2. 地点：东梁村

约 12：35，队伍到达东梁村，驾楼停在庙前，村民跪拜上香。东梁村庙门口柱子上写对联：“佑子玄孙桦堂映日，尧舜精神时代相传”。庙内正中供奉“送子娘娘”，两侧站着“哥哥”“姐姐”，方言中即男孩、女孩的意思，是在娘娘旁边管孩子的。送子娘娘两侧分别是娥皇、女英二位娘娘，东侧墙下供奉“五台娘娘”，西侧墙下供奉“通天二郎”。二郎神君旁有一牌子上书：“弘扬中华道教精神”；殿正中“送子娘娘”像旁挂的牌子上书：“山西省洪洞县东梁村民主宗教活动点”。据庙里的老奶奶讲，这个庙本来只是送子娘娘庙，后来才有娥皇、女英二位娘娘，因此只能位列两侧。

3. 过熟堡村，因修路未停留

4. 地点：新庄村

约 13：40，队伍到达新庄村娘娘庙，院子中间坐北面南的正殿门口红联正中写“马王殿”，对联内容是：“良马日行千里路，龙驹夜走八百程”，里面供有“马王”居中，保佑牲畜；左侧是“牛王”，也是保佑本村牲畜；右侧是“药王”，管治病。二位娘娘被供奉在偏殿，门口红联写“二位娘娘”，对联内容是：“虔心秉烛神乃在，沐手焚香圣有灵”；东侧的小殿内供奉“观音菩萨”，门口红联正中写“观音”，对联内容是：“观音有色西方月，盛世无声南海潮”；西侧的小殿内供奉“太上老君”，据说保佑本地煤窑、铁路、生意人和在外务工者；院子东南角的小殿供奉“关帝老爷”，保佑做官人升官，学生升学；西南角靠近院门的位置供奉“二郎神”。[1]

1 以上说法均据三月初四马王殿前大妈讲述录音（王 V019）概述。

队伍到了新庄村要吃小米饭，到下面白石村要吃苦苦菜。据白石村 73 岁大妈讲，从前接娘娘时从这里过，当时穷，娘娘和大家一起吃苦苦菜，因此现在每次接娘娘路过此地都要吃苦苦菜。而羊獬村民王开源说是尧王访贤的时候吃小米饭和苦苦菜，后人纪念他，传下这个风俗。[1]如今的小米饭是用本地产的很黏的小米拌着红枣、红豆、糖一起蒸熟的，味道香甜诱人。

5. 地点：西李村

约 14∶20，队伍到达西李村。西李村村口路边摆有供桌，在此停驾跪拜后，驾楼继续向前，被抬到一个院子里的简易棚前面，简易棚的对面则是村里的戏台。西李村的娘娘庙早已毁坏，原址就在今简易棚及其后马路对面的整片地方，已经被改建为小学，村民们认为这样很好，娘娘会保护孩子们，因此没有重新建庙，每年的“接姑姑”活动路经此地都在这个简易棚前开展。此地以及后面杜戍、洪堡等村都有一项求药活动，很多人拿着黄纸折叠的酒盅状东西在架楼或香案前挥动，最后将它展开，有些黄纸上略有斑点，据称是娘娘舍下了神药，回去后将黄纸和水吞下，可以治病。

6. 地点：白石村

约 15∶00，队伍到达白石并在此吃了苦苦菜。

白石村的娘娘庙供奉“三霄”娘娘，中间是云霄，左侧碧霄，右侧琼霄，西边是娥皇、女英二位娘娘和一位账房先生，东边是“送子娘娘”“痘儿娘娘”和“奶母娘娘”，有趣的是，“痘儿娘娘”不同于万安娘娘殿里的“痘儿娘娘”手中执针，而是拿了一个球状的“痘”在手中。

7. 地点：杜戍村

约 15∶35，队伍到达杜戍村，吃“腰饭”。杜戍娘娘庙是个三孔窑洞，中间一孔是“三霄娘娘”，左侧窑洞里是娥皇、女英，旁有二郎神；娘娘左侧的位置还有一个供桌，供奉墙上一张黄纸写“供奉诸佛观世音菩萨、文殊菩萨、普贤菩萨之位”，由黄布盖着，旁有一副红对联：“红尘苦海普众生，诸位菩萨宝莲灯”。右侧窑洞供奉“送子娘娘”。

8. 地点：洪堡村

约 16∶45，队伍到达洪堡村，与别处迎接队伍举娘娘庙大旗、条幅不同，洪堡村迎接队伍举的是“通天二郎宫”的横幅。洪堡村没有娘娘庙，在一栋白色小楼的二层房

1 分别根据三月初四白石村老奶奶讲述录音（王 V025）和三月初五王开源讲述录音（王 V007）概述。

间里，右边供奉着“观音菩萨”塑像；左边供奉二位娘娘，没有塑像，只有一张书本大小的黑白图片，是姐妹两人的画像，上书“娥皇女英”，并有一段关于湘妃竹来历的文字，两侧有对联“父帝王而夫亦帝，姐皇后而妹犹后”。一层的房间里中间供奉菩萨，右边是“二郎神”，左边是“关帝老爷”。

又有“腰饭”，洪堡村民把供娘娘和二郎神的衣服、纸钱拿到院子里在娘娘驾楼面前点火烧了。

9. 地点：屯里村

约 17：45，队伍到达屯里村“菩萨庙”。菩萨庙坐南朝北，庙门有对联“紫竹林中好慈悲，莲台宝座观世音”，横批是“南海大师”。庙内左、中、右供有三尊观音菩萨塑像，在右侧塑像旁边的桌上摆着两张二位娘娘的图片，一张和洪堡村的黑白图片一样，另一张是二位娘娘塑像的彩照。

我们发现，与羊獬至历山路线上的庙宇不同，在回程中除万安之外的其他村庄里，娥皇、女英二位娘娘并不是村民们供奉的主要神灵，当地主神分别是送子娘娘、马王爷、三霄娘娘、观音菩萨不等，二位娘娘在庙里一律居于次位，或旁或侧。我们猜测这些村子原本都有自己的神灵信仰，只是后来“接姑姑”路线变更后经过此地，娘娘信仰才被带入，因此只能居于次位。

10. 地点：屯里渡口

约 18：30，队伍敲打着又跨过汾河。

11. 地点：羊獬村

约 19：00，到将军庙，羊獬女子威风锣鼓队早已在此等候迎接，男子锣鼓队再次演奏“笑回乡”。在给将军焚香跪拜后，两支队伍会合在一起绕村游行，这时村里的学校已经放学，执彩旗的队伍变成了一群小学生。

约 19：40，我们比队伍提前到达“唐尧故园”城楼上，此时天色已暗，当队伍远远可见的时候，城楼两旁的两串红灯笼缓缓升起，城门打开，走出两队手执宫灯的女子，一队绿衣，一队红衣，她们迎着队伍走去，与队伍会合后走在最前引路，队伍后面跟着黑压压的人群。

约 20：05，队伍经过尧王寝宫，跪拜上香（威风锣鼓队随行，留在姑姑庙前演奏），由总指挥从驾楼内将娘娘神像请出来参拜尧王及尧王夫人，然后交给助手，恭敬地捧到娘娘殿前，鸣铳敲锣，举行归位仪式。中午，已经预先举行了新姑姑庙开光典礼，神像头上的红布全被揭去，一派喜气。当地领导在此迎接，由一位老太太恭敬地将娘娘塑像安放在殿内塑像前供桌上。社首和当地领导先行跪拜，然后百姓进殿叩拜，百姓上香之后会从里面取一支带回家，插在家里的娘娘像前，表示将娘娘请回自己家了。

4 月 21 日（三月初五）

此地传说，二位姑姑一起嫁给舜王后，像凡人一样争起大小来，经过很多次的难题考验（包括前面南、北马驹村名的由来，也跟争大小有关），女英大多获胜。但是此事被尧王知道后非常不悦，严厉批评女英。女英羞愧难当，不好意思跟姐姐同时回娘家，所以总要先在村外二姑姑庙暂歇一晚，第二天才被迎接回去。[1]但是这个传说最近在羊獬人口里已经发生了变化，他们说有一年二位姑姑回娘家时，汾河正在泛滥，小姑姑就下轿视察，指导村民搭桥抗洪，河北岸至石止村，河南岸直至泊庄，忙了整整一晚，到天快亮时才回到羊獬村，为了不打扰父母休息，就在村外等待直至第二天早上。村民们在她休息的地方搭建了二姑姑庙，这才是接二姑姑的时间比大姑姑晚一天的缘故。[2]

约 8：40，锣鼓队从唐尧故园门口集合直接出发，没去娘娘殿参拜。接二姑姑的队伍既没有抬驾楼，也没有銮驾仪仗，只有彩旗队和威风锣鼓，全部由中老年妇女担当。原因有二,一、由于去历山接亲的队伍多为青壮年男子，三天下来疲惫不堪，而且要赶快各自忙活了；二、村里的老年妇女不能跟随前去历山，只有今天才能为接姑姑出力。二姑姑庙位于一片麦田中，才一米多高，砖石砌成，形制简单狭小。两侧有对联“为众生不畏寒，探水患居荒野”，横批是“二姑堂”，内中没有二姑姑塑像，只有一张残旧的黄纸写着“供□献二位皇姑之神□”，字迹已模糊。队伍至此鸣铳，锣鼓队在路边敲打，社首等人走入麦田上香、跪拜后，队伍返回娘娘殿。很多村民跟随队伍出了麦田以后就各自回家了 。村民王开源解释说，这个过程里虽然没有抬驾楼等形式，但在观念中已经接回了二姑姑。

二、初步分析

虽然我们这次才考察了整个活动的上半段，但因为下半段与此大致相似，且作者之

1 根据李学智自编册子《羊獬·历山联姻传记》概述。“争大小”的故事流传很广，也多有异说，在录音三月初二“南马驹 68 岁王老先生讲马驹村名和争大小故事”（王 V030）和三月初二“晚上李学智讲传说”（王 V072）等文件里都讲到了。

2 根据三月初二闫正红讲述录音（王 V019）概述。

一的陈泳超7年前曾考察过下半段，因此最后在这里对整个活动进行一些初步的分析。

1. 传说历史化的信仰构建

所谓尧舜时代，早在先秦即被构建缔造，此后被正史记录，成为官方主流文化，同时也是汉民族上下共享的远古历史，两千多年来形成了稳固的传统。虽然经过“五四”以后现代理性的审视，逐步将之看作神话传说，但这主要是学术范围内的进展，对于广大民众究竟有多少影响力，还是很难估测的。

人所周知的尧舜传说讲：身为圣帝的尧在年老的时候希望找到贤德之人禅让帝位，众大臣推荐以孝道闻名的普通臣民舜，尧就将自己的两个女儿娥皇、女英下嫁于舜，并让自己的儿子们和一批大臣听命于舜，用以观察舜治理内（家事）外（国事）的能力，在看到舜卓越清明的政治能力之后，尧欣然将帝位禅让于舜，舜也因此将国家治理到了完美境界，这是传统中国的黄金时代，是道统与政统的最高起点。在这一历史传说背景下，洪洞县“接姑姑迎娘娘”的走亲活动中，又有一个非常完备的传说体系：羊獬村原名周府村，后来有一只母羊生出了一只独角羊，它的名字实际叫“獬”，是一只神兽，具有分别善恶的本领，如有争讼不决之事，它会用独角抵触恶人，一如《路史》所言：“性知曲直，识有罪，能触不直。”此事被邻村（现名“士师村”）圣人、尧的司法官皋陶知道了，上报尧帝。尧都平阳就是今天的临汾，尧带着怀孕的妻子亲自前来视察，不料妻子在生獬之地分娩了女英，生而神异。尧见此地连生神兽、圣婴，便举家搬来居住，改村名为羊獬。而舜耕历山是典籍明载的故事，尽管全国叫历山的据统计有20余处，但此地人坚信舜就是在这个历山上耕种并被访贤的尧王看中，将娥皇、女英嫁给他的。于是羊獬和历山就分别是两位女神的娘家和婆家了。每年三月三，羊獬人从历山上接她们回娘家省亲，因为三月三接近清明，是扫墓祭祖的日子，直到四月二十八，据说这天是尧王的生日，历山人来给尧王拜寿，并将两位娘娘再接回去，然后就都要进入农忙季节了。这就是整个仪式活动的内在框架。

这个内在框架以理性眼光来看是传说；从考据立场看，现存最早的记录只能看到北宋年间在历山上已有舜庙（见《山西通志·祠庙》）；但在当地，无论是普通乡民、地方知识精英乃至政府官员，都坚信这是真实的历史，并认为整个“接姑姑迎娘娘”的走亲活动也是从尧舜时代一直流传下来，具有四五千年的历史了。他们为此感到无比骄傲，并以实际行动捍卫着自己的信仰，即便在“文化大革命”严厉禁止此类活动的时期，仍冒着危险、乔装打扮地秘密接送姑姑，很多人因此被拘留、坐牢，也都在所不辞。尽管在传说—历史的叙事框架里，两位女神其实不过是祖先而已，但在现实中她们却被扩展为一种有求必应的全能神格，当然送子之类的女性神职会更加明显一些，她们与观音菩萨、碧霞元君之类女神在神格上并无二致，却又多了一种祖先神灵的身份，这就决定了她们相对狭小却十分牢固的信仰区域。

2. 地域关系的血缘化

为什么同样的两位女神要分别拥有“姑姑”和“娘娘”两个称谓呢？这里面有着辈分的差异。羊獬人是尧王的后代，他们称女神为“姑姑”；历山人是舜王的后代，他们称女神为“娘娘”。这里的“娘娘”不是皇妃的意思，而是当地人对奶奶的称呼，因为舜王比尧王要小一辈，所以历山人向来都认为比羊獬人小一辈，见到羊獬人都要喊“表叔”或“表姑”。当然这只是原则的认定，具体现实中由于年龄辈分的差异，通常都含糊地互道“亲戚”。因此，这两个差异甚大的村民聚落从外观（etic）来看不过是地缘关系，而在民俗内观（emic）里，却纯然是血缘的关系。

这种血缘关系是超历史的。当地有一个说法，这两个聚落之间自古以来从不通婚，因为本身已自认为是“血缘亲属”了。其实，即便这种血缘关系是真实的，按照中国传统，“五服”之外就被视为血缘关系中断，可以互相通婚了。所以，当地互不通婚的习俗反而显得非常特别，仿佛现代民众跟远古尧舜时代直接挂钩，中间漫长的历史变成空白而被轻易跨越了。这一现象与其说是女神信仰的笼罩力度，不如看作当地信众对该信仰合法性的努力营造和证明。

这种血缘化了的地缘关系借着信仰的媒介，甚至弥散到了羊獬与历山之间的其他村落。在“接姑姑迎娘娘”的走亲线路上，许多村落也生出了相应的传说。比如，当年娥皇、女英共嫁一夫，据说引发了“争大小”的矛盾。舜王为了调节两姐妹的纠葛，就让她们比赛谁先回到羊獬娘家，姐妹俩一个选了骑马，一个选了乘车。结果骑马的半路上马要下驹子，乘车的半路上车坏了，都耽误了时间，最后同时到达，不分胜负，现在的南马驹、北马驹、车辐村等村名就是因此而来。还有一些村落名称上没有什么特别，却有其他关于女神的灵验传说，比如西乔庄行宫传说。而这些因着各种缘由与娘娘相关的村落居民，也统统成了羊獬和历山人的“亲戚”，他们像历山人一样视羊獬人为长一辈。传统的“接姑姑迎娘娘”走亲习俗有古今两条路线，并有来回不同路的传统。以现今走亲的固定线路而言，其间涉及两个县（区）5个乡20多个自然村，各村或有娘娘神庙，或只设香案锣鼓接驾，他们或负责全部食宿、或专门负责“腰饭”、或沿途供应茶水点心请走亲人员随意吃喝，虽然对娘娘的供奉程度和形式不同，但对于“亲戚”的认同感却是没有差别的。

其实，即便是羊獬人也无法与尧舜真实地联结起来，据采访所得，现在羊獬村的居民没有一户自称土著，都称是从外地迁入的。唯一提供家谱实物的闫姓在羊獬村算是根底最深厚的姓氏之一了，该谱记录了从最新去世者上溯的16代谱系，证明其本地居住历史在四五百年。这一现象可以证明，姑姑的信仰具有强烈的地域依附性，无论本地的还是外来的，只要定居于此，就自然进入了该信仰体系之中，成为“亲戚”中的一员。相反，本地迁出去的人士，一般都不再持续该信仰，因为姑姑的神像不像观音那样可以家家户户供奉一尊，而是必须经过走亲之后，在神庙里焚香请神回家，迁外人员无从实践。可见，该信仰与地域走亲仪式的粘连性是异常牢固的。

3. 政治文化的世俗化

尧舜时代向来被描画成一个人伦和顺、政治清明的黄金时代，具有强烈的制度文明的象征意味。但是在洪洞县“接姑姑迎娘娘”的走亲习俗里，尧舜高度的政治文明只是一个虚悬的伟大框架，人们认同它，景仰它，但未必亲近它。真正在习俗活动中处于中心地位的，却是两位娘娘，供奉迎接，都只有她们姐妹俩的事，尧舜作为她们的父亲和夫君，只是被礼节性地照顾到罢了。她们在典籍的叙述里只是尧试验舜的一个环节、一种工具，但在民俗信仰中却是关心民谟、可亲可近的慈爱化身，这是民俗文化不同于官方文化的特殊选择。这一点，在羊獬的神庙格局上有充分的体现。在有点模仿紫禁城外部形态的“唐尧故园”里，坐北朝南的中轴线上由南向北紧密安排着献殿、尧王殿和尧王寝宫，献殿之前是一个面北的戏台供尧王夫妇观赏娱乐。但是在献殿和戏台之间有非常大的一个广场，广场东侧坐东面西的是姑姑庙，看上去只是尧王的配殿，但可资注意的是，在姑姑庙的正对面却有一个高大牌楼，额题“圣德门”。牌楼是门中之门（唐尧故园本有城门），从这个门楼进来，姑姑庙却在中轴线上。这样就构成了南北向和东西向十字交叉的两个中轴线，恰恰暗示了庙宇群落具备两个中心，南北向是政治文化的象征，以尧王为中心；东西向是民俗信仰的象征，以两位姑姑为中心。事实上，前一个中心是大传统（great tradition）的要求，真正小传统（little tradition）的重要仪式活动，几乎都在牌楼和姑姑庙之间举行。

其实，便是尧舜本人，在当地民众的口头传说和信仰活动中，也更接近于常人而不是高高在上的圣人。比如尧王之所以访贤得舜，据说是看到舜耕历山时，用黄牛和黑牛犁田，舜舍不得鞭打牛，就在牛后面挂一个簸箕，牛走得慢了就敲簸箕，这样两头牛都以为鞭打对方而各自惕励（据说“威风锣鼓”就从此起源）。尧王觉得此人恩及牲畜，一定对百姓有仁爱之心，才决定把女儿嫁给他；甚至舜的后母也被落实到走亲线路上的韩家庄，有意思的是，韩家庄人并不反感，他们认为后母确实对舜不好，但毕竟总还是“亲戚”，因而照样接待走亲队伍。更不用说围绕着两个神女，还有很多类似争大小之类的凡人苦恼了。

另外一个值得注意的事象是獬的在场与皋陶的缺席。獬，在大传统里被看作司法公正的象征物，是皋陶执法的得力工具。但在整个信仰体系中，被公认是有史以来第一位清明大法官的皋陶并没有太多表现，他所在的士师村尽管与羊獬相去只有10华里，也没有加入走亲的仪式行列。反是獬在当地信仰中具有比较突出的位置，它是整个传说体系的开端。不过，羊獬村虽以獬得名，却只关注它的神异性，并以此牵连出女英的神异出身，它本身的政治符号尽管依旧存在（当地人也大多敬重其明辨善恶），其实并不显眼。

那么，这是不是表明主流文化与民俗文化背道而驰、各异其趣呢？并非如此！从本质上说，两者的目标是一致的，都希望建构一个完美和谐的人间世界，只是侧重点有所不同：前者需要在国家的层面上考虑其现实功用，因而更关注政治制度之类宏大宣叙；后者不必负载这么重大的使命，他们着力营造的是村落邻里之间、人与人之间的和谐关系。而这一关系的达成，在民俗思维里，最合适的莫过于建构出血缘化的“亲戚”关系了，但是现实的“亲戚”关系是固定不可更改的，于是必须求助于传说、历史和神灵，在更高更远的层面上，重新建构一种“亲戚”的纽带，然后回射到现实世界，就会产生更广泛更持久的效力，这或许正是该习俗最深刻的情怀和功能吧。

进一步说，主流认同的以炎黄为共祖的民族国家，又何尝不是出于同样的思维呢？早在战国秦汉之际，为了替大一统格局寻找合法性依据，以便将迭经战争、充满恩怨情仇的不同部族人群更好地共存一宇，就出现了很多类似的努力。最典型的莫过于《史记》，在这部被公认为正史开端的伟大著作中，其开篇的《五帝本纪》，就是从各地、各部族纷繁的历史传说中遴选出黄帝、颛顼、帝喾、尧、舜五位来，并隆重地把他们说成是同一血缘，甚至紧接其后被认为信史开端的夏、商、周各民族始祖，也被编织进了这一血缘关系的“族谱”之中，由此催发同根共祖的民族认同感。这一“族谱”，2000多年来都被主流认定，也被广大民众信奉，逐步形成了今日的中华民族及其内在凝聚力。

对民间文学集成工作的回顾[1]

张　文[2]

民间文学集成已经全部出齐，这一浩大工程算是告一段落。她是自“五四”时期肇始的新文化运动以来，在民间文化方面一次承前启后的，在全国范围内广泛、深入地对民间文化遗产抢救、保护的科学实践。我有幸从头至尾参与其中。《民间文化论坛》主编刘晓路同志要我写点什么，我觉得这是对我的一种鼓励和鞭策、是我应尽的义务。学如逆水行舟，不进则退，说实话，我已经二十多年不写东西了，突然又要写点什么，还真有点力不从心了。说些什么呢？以我现有的能力，只有对所经历的这一工作，做一些回顾。

一

事情还是要从十一届三中全会提出的改革开放、解放思想、实事求是说起。因为没有改革开放，就不可能有民间文学集成。在那场史无前例的浩劫之后，改革开放初期，中国民间文艺研究会（现在的中国民间文艺家协会）算是恢复比较早的。1978 年秋，恢复工作后，首要的任务是拨乱反正，正本清源。1979 年 1 月《民间文学》复刊后，首先就针对甘肃康乐县对花儿歌会动用民兵进行封山禁歌的行为进行了纠正。为有名的莲花山花儿会开禁。当时的甘肃省委书记肖（萧）华为此写了文章《大力提倡民歌》，新华社记者田恒江也对禁歌的事进行了评述。《民间文学》2 月号接着发表了编辑

1　刊于 2009 年第 5 期。

2　张文（1929—　），男，山东桓台人，中国民间文艺家协会编审，《中国歌谣集成》常务副主编。主要从事民间文艺学研究。

部文章《为藏族史诗〈格萨尔〉平反》。7月号发表了钟敬文先生的《为孟姜女冤案平反》。中国民间文艺研究会于1979年9月25日至10月5日，在北京召开了“全国少数民族民间歌手、民间诗人座谈会”，为受过林彪、“四人帮”迫害的民间歌手、民间诗人彻底平反昭雪，恢复了名誉。在这一系列的拨乱反正，平反昭雪过程中，还对民间文艺界的思想解放开展了学习和自我教育。如3月为了解放思想，冲破禁区，也为了纪念周总理，专门召开了学习周总理《在文艺工作座谈会和故事片创作会上的讲话》的会议，发表了钟敬文先生等多人的文章，批判了林彪、“四人帮”对民间文艺的诋毁和禁锢，鼓励人们以周总理为榜样，认真学习和正确运用马列主义、毛泽东思想，勇于解放思想，冲破种种禁区，打破那些不切实际的条条框框；批判“左”倾，发扬民主，勇于实践，坚持真理。使人们的思想解放，大大地向前推进一步。4月号又发表了钟敬文先生的《“五四”前后歌谣学运动》以纪念五四运动60周年，以便让我们更好地继承和发扬五四新文化运动的传统。5月号继续纪念五四运动60周年，《民间文学》编辑部召开了座谈会，请当时还健在的五四时期及民间文艺界的老人顾颉刚、常惠、容肇祖、杨成志、钟敬文、于道泉、常任侠、马学良等专家进行座谈，大家一致认为要发扬五四运动的革命精神，把民间文艺事业推向前进。（见《民间文学》1979年6月号）还发表了《民俗学的性质和它的历史作用》，把1949年后，屡遭批判的民俗学及其作用重新提了出来。在《民间文学》11月号上又发表了7教授（即顾颉刚、白寿彝、容肇祖、杨堃、杨成志、罗致平、钟敬文）的《建立民俗学及有关研究机构的倡议书》，中国民俗学会很快就成立了。在改革开放、解放思想方针指引下，经过一系列的拨乱反正、正本清源后，人们从种种禁区中解放出来，全国各地的民间文艺家协会相继恢复或成立，民间文学和有关刊物也如雨后春笋般地纷纷创刊，受到了广大人民的欢迎。民间文艺工作热潮空前地高涨起来。

在新中国成立到“文化大革命”前的17年间，民间文艺工作者就深深感觉到“人亡歌息”的事时有发生，民间文艺急需“抢救”，并有同志就此问题写了文章。在“全国少数民族民间歌手，民间诗人座谈会”期间，虽然大家沉浸在平反昭雪，获得解放的喜悦之中，但有些知名的歌手、故事讲述人都未能与会，有的是接到通知，在即将来京的前几天去世了。令人痛惜之余，越发感到大力“抢救”民间文艺的迫切。这就是提出编辑民间文学集成的时代背景。迨至1981年12月29日至1982年1月2日中国民间文艺研究会常务理事扩大会议时，以上想法变成了会议的决定：在全国普查、采录的基础上，编辑一套《中国民间故事集成》《中国民歌、民谣集成》《中国谚语大观》（简称民间文学集成或三套集成）。

二

任务是提出来了，但要去完成它，就还有很多工作要做。从 1982 年年初提出任务，到现在（2009 年）全部完成，历经 28 年。它是伴随着我国的改革开放事业逐渐完成的，我把它分成三个阶段来叙述。

第一阶段：1982 年年初至 1984 年 5 月 28 日由中华人民共和国文化部、中华人民共和国国家民族事务委员会、中国民间文艺研究会共同签发的文民字〔84〕第 808 号文件的下达为止。这两年是筹备阶段。在这一阶段主要做了两件事。一是争求文化部、国家民委同民研会共同来完成这一任务。提出任务后，即研究如何完成任务。民间文艺研究会是一个事业单位，能力有限。虽然有各地分会的支持，但要单独完成这一任务是不可能的。要在全国各少数民族中进行普查、采录，还牵涉到一些民族政策和民俗的问题。因此，必须争取文化部、国家民委的支持。二是起草文件，这就是《关于编辑出版〈中国民间故事集成〉、〈中国歌谣集成〉、〈中国谚语集成〉的通知》和《关于编辑出版民间文学〈三套集成〉的意见》。这两方面的工作集中体现在 1983 年 4 月中国民研会在北京西山第二次学术讨论会期间召开的工作会议上。不只商得文化部、国家民委、中国民研会联会发布关于编辑出版《中国民间故事集成》《中国歌谣集成》《中国谚语集成》的文件，周巍峙同志还代表文化部、洛布桑同志代表国家民委作了热情洋溢的发言。文联驻会领导延泽民同志、文联党组书记赵寻同志也作了中肯的讲话。会上还商定由周扬同志为中国民间文学集成的总主编，钟敬文、贾芝、马学良为副总主编，并分别任《中国民间故事集成》《中国歌谣集成》《中国谚语集成》的主编。（以上讲话均见《民间文学》1983 年 6 月号）。

第二阶段从 1984 年 5 月 28 日文民字〔84〕第 808 号文件下达至 1991 年首卷编选结束。这个时期主要是制定规划、广泛宣传动员、组织队伍、进行普查、采录编选县卷本。在这一阶段中，主要负责民间文学集成工作的中国民间文艺研究会连续 3 年，每年都召开一次集成工作会议。1984 年 7 月在山东威海第一次集成工作会议上，讨论了编辑出版三套集成的指导思想、工作方针、步骤等问题，同时决定：各省、自治区、直辖市应在当地党委的领导下，成立由宣传部、文化厅（局）、民委、文联及有关各方面负责同志组成领导小组，同时成立省卷编委会及集成办公室。1985 年 1 月正式成立集成总编委会办公室。1985 年 6 月在北京召开了中国民间文学集成第二次工作会议，讨论并通过了《中国民间文学集成编辑出版规划》和三套集成的编辑方案。此外，还求得了中宣部的领导和支持，于 1985 年 11 月，中宣部颁发了《关于转发〈关于编辑出版中国民间文学集成第二次工作会议纪要〉的通知》，通知要求各省、自治区、直辖市党委宣传部、人民政府文化厅（局）、文联要关心、支持并督促本地民间文学集成的编辑出版工作。1986 年 1 月，在北京召开了有文化部、国家民委、中国民间文艺研究有关领导及民间文学集成副总主编钟敬文、贾芝、马学良参加的联席会议，决定：1986 年一季度成立总编委会；总编委会办公室在主办单位的领导下，代表文化部、国家民委及中国民研会负责处理集成的日常工作。1986 年 3 月在北京召开了各卷主编、副主编（人选）参加的工作会议，会上讨论并通过了总编委会的组成，总主编周扬，副总主编周巍峙（常务）、任英、林默涵、高占祥、钟敬文（常务）、贾芝、马学良；决定争取三套集成列入文化部和文联其他协会共同承担的全国七套文艺集成志书系列的意见。

1986 年 5 月，在北京召开第三次集成工作会议，会议决定：总编委会委员的组成，由中直系统有关人员及各省卷 1 人参加，讨论并通过三套集成各卷副主编名单。全国艺术学科规划领导小组组长周巍峙同志在会上宣布接纳中国民间文学三套集成与其他七套艺术集成志书并列成为“十套文艺集成志书”，并向国家申报列入“国家七五计划”重点项目。从此，民间文学集成统归全国艺术科学规划领导小组及所属的规划办公室领导，由中国民间文艺家协会具体组织实施和负责编审工作。紧接着 1986 年 6 月 5 日，全国艺术规划领导小组在北京就十套集成编纂问题召开了记者招待会，周魏峙同志宣布，十套集成于 1979 年始编，1993 年全部编就；十套集成均按省分卷，每省一卷。1986 年 8 月又在兰州召开了全国文艺集成志书编纂工作会议。民间文学集成由副总主编钟敬文率团与会。

在这一阶段中，民间文学集成办公室依据总编委会的要求加强宣传，连续召开了几次座谈会或学术讨论会进行宣传动员。

1984 年 9 月，在云南召开了有 25 个省、自治区、直辖市民研会参加的全国民间文学集成工作座谈会，着重讨论了普查、采录、翻译等工作中如何贯彻“三性”（科学性、全面性、代表性）问题。

1985 年 12 月，在贵州省举办了有 26 个省、自治区、直辖市派员参加的培训班、座谈会，讲解、研讨贯彻各套集成作品的分类以及编选中如何贯彻“三性”要求。

1986年9月，在江西举办学术讨论会，围绕贯彻“三性”要求，对采录作品时怎样做到忠实记录、慎重整理的问题，及集成资料统一分类编码保管的问题，进行了讲解和讨论。会上，第一个中国民间文学集成资料本“湖南省石门县民间文学集成资料本”面世。

此外，集成办公室还根据各地工作进程中遇到的问题，随时组织专家、学者前往指导和共同研究解决。以上工作到1987年9月杭州会议时基本告一段落。杭州会议是民间文学集成首届编选会，周巍峙、钟敬文两位常务副总主编又从各自的角度强调了编选三套集成的重大意义；广泛深入地普查、采录对集成的重要性；对编选工作的指导思想及原则等作了指示。周巍峙同志还号召所有民间文艺集成的参与者、工作者，既要默默无闻地工作、埋头苦干，又要大声疾呼、大张旗鼓地争取支持和援助。然后，各省、自治区、直辖市汇报了工作进展情况及遇到的问题，并对编纂总方案及编选细则进行了讨论。最后周巍峙同志做总结，解决了大家提出的问题。

这次会议极大地鼓舞了全国集成工作者的工作热情，增强了信心；对编纂总方案及编选细则有了统一的认识；提出和讨论了与编纂集成有关的问题并取得了统一的认识。会议交流了经验，有益于省卷的编选。几个工作进度快的省介绍了广泛深入的普查、采录后，先编县卷本，然后在此基础上再编省卷的经验，大家认为这是避免遗漏，实现“三性”的好办法。

关于普查、采录，它是编选民间文学集成最关键的基础性工作。在这方面，“五四”以来，特别是新中国成立后，虽然也进行一些普查、采录的工作，取得了不少成绩和经验，但是这一次在全国范围内，56个民族大体上同时进行普查采录仍深感没有把握，再加上思想认识上的障碍、人员的匮乏，各种困难有些是难以预料的，工作的开展又有先后。因此，从1984年808号文件下达后不久，有些省市即开展工作了，并将普查、采录贯彻集成工作的全过程，有些地方直到省卷已开始送总编委会后还在查漏补缺，很难确切地划分此项工作何时结束，大体上可以说是各县卷基本编齐，作为它的结束时间。以《中国歌谣集成》来说，那已到首卷编选出版的1991年了。卷首《广西卷》编审完毕即召开了全国歌谣卷的主编会议，进一步贯彻“三性”要求。

第三阶段：1991年首卷编选出版至2009年全部出齐。这一阶段主要工作是编辑、审稿和出版。在各卷的编选工作中，总编委会与各卷的主编、编委们密切协商，进一步贯彻总编纂方案中所提出的“三性”要求，从两方面来说明：

第一，在分类问题上作了较深入的探讨，力求切合各地实际。拿歌谣卷为例，歌谣的分类从“五四”以来就进行了大量的探索，形成了一门学问。制定编纂总方案时，就是汲取了过去的经验和钟敬文先生主编的大学教材中的分类制定的，又在历次有关的会议上进行了讲解和讨论，基本上取得了一致的认识。但在编选过程中仍遇到了问题，例如“革命斗争歌谣”编纂方案中并无此类，只是在“时政歌谣类”中有所涉及，但在实际编选过程中大量的农民革命斗争歌谣，特别是十年土地革命及各抗日根据地中产生了大量的革命斗争歌谣，它们当然与时政有关，但要都归到时政类中，时政歌谣类就太庞杂了；近代的农民革命斗争如太平天国、义和团等反抗统治阶级的斗争离时政似乎更远了点，放在“历史、传说、故事”等类，又有把农民革命斗争埋没的味道，何况各革命根据地和抗日战争歌谣也不好归入“历史、传说、故事”等类。经过一番探讨，“革命斗争歌谣”这个类别就产生了。再如“生活歌类”，哪一类、哪一首歌与生活无关？民歌就是人们生活的产物，“生活歌类”是其他类别所包含不了的那些歌谣，实际上是个不管部，其他类放不进去的歌又都可以归入“生活歌类”。这样编辑方案中留有余地的那个“其他类”就可以消（销）号了。另外“生活歌”类中的某一小类量特别大，显得这卷的“生活歌”太臃肿，比如某些卷的“风物歌”或“劝戒歌”特别多，经过总编委会与省卷编委（或主要编辑人员）商讨，可以允许他们在按内容分类的原则下，另立门户。再比如“花儿”“信天游”等全国知名的，又是某一地区特有的民歌，也可以根据各地具体情况采取不同的处理方法。“花儿”在宁夏汉族、回族都唱，在甘肃又是在草原地带多个民族共同的民歌，两卷就采取了不同的处理方法。而“信天游”在陕西卷内量特别大，陕西卷还要借它突出特点，就按上下编的办法，把它作为下编，再按内容分类，既不违背总编辑方案的原则，又突出了该卷的特点。

第二，为了使卷本更具有科学性，歌谣卷除在歌谣的分类上力求切合实际外，对每首歌的规范化，如歌名、曲调、流传地区、演唱者、讲述人、采录者、采录的时间地点等，力求完备，由于各种条件的限制，实在有缺项的也要作说明。还要求卷首要有概述或前言，每个类前有简要的类序，对与各首民歌有关的历史背景、民俗文化生活，要尽可能地用附记的形式加以说明，某些词语要加必要的注释。为使读者对歌谣加深了解，有些歌谣的附记要比歌谣本身的文字多出好多倍。

民间文学三套集成的主编，对卷本的科学性要求是相当严格，例如故事卷首卷《吉林卷》送审时，钟敬文先生那时已 80 多岁了，不但亲自审阅，而且对每个地方词语注解，都要求通俗、准确。把某些有疑问的注释，逐条抄贴在墙上，争求大家的意见，直到改得大家都认可为止。我们大家（总编委、省委编委）就是在这种精神感召下工作的。这样做的目的，就是要使卷本更切合实际，更具科学性，也给使用这些卷本的同志提供多一点的民间文化内容，多一点方便。

三

通过对民间文学集成工作的回顾，我觉得有几点是值得肯定的。

通过搞民间文学集成进行全国范围的普查、采录是对民间文学、民俗学、民间文化的一次广泛深入的宣传。上至有关部、委领导，省委有关领导及文化厅（局）有关人员下到县委领导及有关人员和文化馆、站干部，民间歌手、故事家等等，都提高了对民间文化的认识。工作中之所以遇到种种困难，原因很多，认识不足是其中之一。从民间文学集成文件的起草、下达，到组织人员普查、采录、编选等各个环节，反反复复地讨论，无不是对领导及相关工作者的宣传。在编选出版阶段，某些地方遇到了困难，周巍峙同志以80多岁高龄，频频四处奔走呼吁，大张旗鼓地争取各级领导的支持，困难终于得到解决，使民间文学集成得以顺利完成。

多少年来，田野作业都提倡参与生活，也就是人们常说的深入生活，同吃、同住、同劳动。我们这次的普查采录工作，是发动本地土生土长的干部，他们就是当地群众中的一员，生活在当地的民间文学和民俗文化之中，搞普查采录比外来的人员有着得天独厚的方便条件，采录到的作品更加真实可靠。

这次民间文学集成工作所取得的成果是从县卷本到省卷（也是国家卷）所有参与这一工作的同志共同取得的。从编纂方案制定时即强调贯彻“三性”原则，尽管受到各种条件，如参与人员的文化素养、科技手段、社会生活的变化等的限制，不能尽如人意。但对“三性”的要求，应当是可信的。

通过整个工作过程，培养了一大批民间文化工作方面的干部，新发现了一些民间歌手、故事家，甚至出现了故事村、谜语村。涌现出一大批可钦可敬的民间文艺工作者，这些人都是当前民间文化遗产抢救、保护工作的积极骨干分子。

千秋功过，当由世人评说，我们这一代人尽力了。现在民间文学三套集成同其他七套民间艺术集成志书一同摆在世人面前。又恰逢新中国成立60周年，改革开放30周年，算是一份献礼吧！

针笔线墨：无文字民族的另类书写[1]

邓启耀[2]

筒裙上织着天下的事，那是祖先留下的字。

——景颇族谚语

如果以书本记述的东西为依据研究文化，会发现很多文化事象遗失在常识和权威框定的“文化史”之外；如果以文字的产生来界定所谓历史，也会发现无数文明或文化类型，被划到了历史之前（即所谓“史前”）和历史之外。

几千年间，一些民族饱受大民族欺压，一直被迫漂泊流浪，居无定所。受游徙地的自然和社会条件的限制，他们很难大规模聚居，只能因地制宜，小群体和其他民族杂处。为了不致消融在其他强势族群中，他们的族群认同意识必须格外明确。服饰是一种鲜明的标识符号，它一目了然地分隔出族群和文化时空的边界。所以，他们无论走到什么地方，分为多少支系，他们的服饰都会保留一些古老的形式，有的甚至几百年没有太大变化。尽管近年在少数民族男性中，以服饰作为族群边界的区隔功能有所淡化，价格低廉的流行便服和西装大量涌入他们的日常生活，然而，传统服装的族群认同意义却是依然存在的，特别是在节日、仪式、生葬等标志性文化时间和社会空间之中，传统服饰作为族群的视觉标识和文化象征，往往会得到特别的坚持和强调，成为附着上许多社会

1　刊于2011年第1期。本文为笔者2008年参加美国夏威夷大学主办的“针笔线墨：中国西南少数民族服饰”展览和研讨会提交的论文，主要引述和浓缩了近20年来笔者在民族服饰研究中的一些田野资料和基本观点（如笔者著《民族服饰：一种文化符号》，云南人民出版社，1991年；《五尺道述古》，云南美术出版社，2008年）。英文本已经刊于*Riting with Thread*，University of Hawai'I Art Gallery，2009。本文有所修改。

2　邓启耀（1952— ），男，广东顺德人，中山大学人类学系教授，主要从事民俗学和视觉人类学研究。

规范、族群认同、记史述事功能的文化符号。

社会规范的构成方式至少有两种，一种是有形的规范，一种是无形的规范。有形的规范，一般采用较为直观的形式，含冠服制度及车舆、建筑、饮食等方面的“规格”；无形的规范，主要指传统的观念、感情和集体意识、潜意识等的影响，如神话、宗教、伦理、审美以及其他社会意识的潜在规范力或制约力。某些仪礼、待遇、法度等方面的明确规定，也是一种形式化的规范。

当执政者或精英层的学者按照帝王朝代更迭顺序叙述历史的时候，少数民族却在另外的语境中用另类的方式创造历史。他们不仅创造了另类于“主流”官方史的民间史，另类于“主体”大民族史的族群史，还创造了另类于文字史的口述史、图像史和文化史。服饰，是他们进行族群文化认同、表达自己社会历史的一种书写方式，通过这种书写，他们建构了自己特有的文化时间和文化空间。

现在的问题是：我们怎样识这一类“字”？怎样认识过去被归入“另类”的文化？

一、祖先留下的“字”：族群迁徙的集体记忆

“你识字吗？”

当学识渊博的学者被放牛老倌问到这句话的时候，一定有些张口结舌。

更让学者难堪的是，放牛老倌指着一位姑娘的绣花衣裙说：“你要打听老古辈的事，都写在上面了。”学者这个时候才发现自己真的一“字”不识。

于是，老者会指着衣装上的那些纹绣，告诉学者哪种图案说的是人和万物来源的创世神话，哪种花纹记录了前辈迁徙的故事，哪种衣装表述着不同族群关系和村社传统，哪种穿着体现了人伦辈分和冠服制度，哪种针法来自谁的发明，哪种染料和面料对人的健康有益，哪种式样和颜色与人的信仰及命运联系……这是我们做田野考察时经常会遇到的情景。

当你走的地方多了，看过各族霓裳，更会感叹那种依天时地貌物产和人文而生的服装，与自然和文化保持的那种极其谐和的关系。高原大漠的民族，皮袍毛毡厚重宽博；河谷滨海的民族，蝉衫柔裙行云流水；丝绸之路的民族，衣裙艳如彩虹；藏彝走廊的民族，多样的服饰更是如同一个流动的博物馆。中国56个民族，都有自己独特的传统服饰，不少民族居住分散，支系繁多，每个支系甚至每个村寨的服装自成一体，许多民族，仅服装款式就多达上百种，手工精细，面料、形制丰富多彩。民间出人意料的创意，常

常让专业艺术家和设计师目瞪口呆；而衣装上深厚的文化蕴义，更让学者们赞叹不已。

限于篇幅，这里只简单介绍一些田野考察实例，试“读”几个“写”在他们衣裙上的叙事主题。

在云贵高原一些贫瘠的荒山上，有一些服装奇异的苗族，女子穿百褶裙，无论男女老少，都穿自织的麻布长衫，不染色，也没有纽扣，披着挑绣了红色大花纹的宽大披肩和背牌，扎绣花绑腿，人称“大花苗”。妇女在额上缠高髻，有的地方还修饰得尖尖的像一只角，所以又被外人称为“独角苗”。他们自称“阿茂”（Hmaob），说自己来自黔西南威宁等高寒山区，经昭通、宣威、曲靖等地，从乌蒙山南行到滇中横断山余脉温暖的山地。看地图，他们正是沿秦汉古道中的五尺道一带山岭辗转而来的。

图 1　19 世纪末 20 世纪初的贵州大花苗基督教徒。他们的服饰和头上的“尖角”发髻一直没变，和迁徙到云南的同胞完全一样（原书未署摄影者名）。Samuel and Clarke, *Among the tribes in South-west China*.ChinaInland mission London.1911, p.136.

遗憾的是，当我试图查询史书，却发现这似乎是一个在主流历史中缺乏记录的族群。偶有在志怪野史或《山海经》那样类似博物志地理志之类的古代科学著作中提及，却是类似神话的叙述：“西北海外，黑水之北，有人有翼，名曰苗民。”[1]在述及苗族始祖蚩尤族和黄帝族逐鹿中原的那段历史时，如“炎帝之裔”蚩尤“兽身人语，铜头铁额，食沙石子”[2]等等，似乎是“黄帝子孙”们对异族的夸张描述，对异邦他者充满偏

1 《山海经・大荒北经》，见袁珂：《山海经校注》，巴蜀书社，1996 年，第 436 页。
2 李昉：《太平御览》影印本，中华书局，1960 年，第 368 页。

见。这当然是所谓主流族群留下的文献。胜者记述的历史，就像所有的“正史”一样只是王者和英雄的事迹，百姓历来失语，异姓异族因其“非我族类，其心必异”，更被置于“化外”。苗瑶等族的历史，除了史籍近乎神话的描述，那场与炎黄族群“逐鹿中原”的大战及今后的历史，就只留存在他们的口传史诗和服饰符号、节祭仪典之中了。近年来，曾有人发起寻找苗瑶先王的发祥之地，亦众说纷纭，一片迷茫。他们的历史散落在南部大山，散落在东南亚，甚至散落在大洋彼岸。也许，除了活态的文化遗存，传说中“铜头”部落的历史遗迹和文物，似乎要等待21世纪的人们去发现。

其实，这些神话，本可以不成为神话的，之所以成了“神话”，大约有这样的原因：一是黄帝“遏绝苗民”[1]的政策，使苗族自古以来便落了个东躲西藏的命，让史家们见头不见尾，只好乱说。什么“兽身人语，铜头铁额”，什么“胳下有翼”，或许正是对古代苗族喜“斑斓衣”（或兽皮衣），戴巨型金属头饰，穿如翼披肩的一种描述吧。可惜当时民族隔阂一定很厉害，彼此无法深交，只能远远观之，见有与自己不同的“奇装异服”，不免生出遐想，将其讹传为神怪异物。二是苗族先民在远古那场著名的战争中，逐鹿中原败走他乡后，四处漂流，当然无法像得胜的黄帝族一样静坐下来修史立传。长年的迁徙生涯，迫使苗族不得不将自己民族的文化，用最便易的方式，变为密码，随身携带。于是，口传的古歌和手绣的斑衣，便成为他们记史述古、文化传承的基本样式。

后来帝王为了了解治下的族群，发旨记录和绘制各地风土人情，人们才在类似《职贡图》[2]这样的图像民族志文献中看到他者的身影。

可惜苗—盘瓠族群和许多少数民族一样，没有自己的文字。虽然后来改信基督教的一部分苗民使用了传教士新创的拼音文字，但他们的古史和许多本土传统知识，还主要依靠口传身授，用具体的、具象的或象征的方式传承。

1989年9—11月期间，我在已经定居很多代人的武定县九厂乡椅子店村公所干海子苗村和安宁县草铺乡青龙哨办事处水井湾苗村做田野考察，向苗族长者请教他们的“原籍”或历史。长者指着女人的衣裙说：“我们的来历，老古辈经历的事，祖先都记在上面啦。”

---

1 《尚书·吕刑》，见阮元校刻：《十三经注疏》，中华书局，1983年，第247页。

2 《职贡图》最早为梁元帝萧绎（508—555）所作，图中绘列国使者立像十二人，皆左向侧身，身后楷书榜题，疏注国名及山川道路、风土人情、与梁朝的关系、纳贡物品等。今有宋人摹本，绢本设色，纵25厘米，横198厘米，藏中国历史博物馆。http://www.esgweb.net/Html/ldmh/renwu/022L.htm。清代以来，由于朝廷重视，各地都绘制了大量职贡图，后来冠以“皇清职贡图”的名刊刻传世。本文所指即此。

苗族长者耐心地向我解读女人衣裙上的这些“字”。那件像武士铠甲的加花披肩，形制为两块织得很厚的毛织物，缝连一角而分披两肩，形如锁甲（传说它即为苗族首领的锁甲）：

这衣服苗话叫“戳苏”。是我们苗人的京城。几千年前，黄河一带是苗族的地盘，我们的祖先格蚩爷老（ke qi ya lou，“格”是尊称，“尤老”是长老、首长，连起来意为“尊敬的长老蚩尤”）、格也爷老和甘骚卯碧，在北方建了一座京城，城建得又大又漂亮。后来，你们汉族的祖先来抢，有三个部落的首领，叫山岛觉地福、老教福自老、开元福自老，人称“三福”。他们想占苗族的城，又怕苗族厉害，就想办法来破城。

图 2　这是我 20 世纪 70 年代在云南省会泽县乌蒙山山区调查时画在笔记本上的苗族速写。她们身穿自织的麻布衫，百褶裙，披肩宽大像铠甲

“三福”先派人化装进城埋伏。开初，苗人看到有许多人进城卖针卖线，报告首领:“怎么有那么多人来卖针卖线？”首领说:“一个城市要是没有人卖针做生意，就不是城市了。”

又有许多乞丐进城讨饭。众人将这个情况报告首领。首领说:“花子（乞丐）进城讨饭，并不奇怪嘛，有饭就给点。”

“三福”安排好以后，就从外面开始攻城。里面埋伏的生意人和乞丐纷纷抽出刀，杀起人来，苗人死了很多。众人埋怨首领:“我们报告你不听，现在从城里杀人的就是那些卖针做生意的和讨饭的。”首领听后说“完了”，准备率苗民出逃。“三福”分兵四层包围了苗族京城，苗族首领叫人在城中央竖立一根木桩子，两边各拴一只山羊和绵羊，再放两只铜鼓，中间放一盆饲料。两只羊争吃饲料时，踢得铜鼓咚咚响。敌军以为苗民实力在城中部按兵不动，就集中兵力向那里围歼。趁敌军把注意力放在城的中部时，首领安排一将坐镇掩护，一将率领苗民从城后突围。

逃出来的人汇拢到一个叫蝴蝶山的地方。先在山上住，找山茅野菜吃。后来山茅野菜吃完了，山上也躲不住了，就商量要走。

走的那天，我们的人聚在蝴蝶山山顶上，远远地望着家乡。方方的城墙里有我们的家，现在却成了别人的地方。女人都哭了，舍不得走。但不走不行，山上也躲不住了。

舍不得又夺不回的苗城带不走，只有记在心里，绣在身上，全族的人带着它们走。

前襟“嘎叨让”，代表城门，护肩是苗寨，后襟上四四方方的图形，就是我们的京城。搭缝在两块披肩后的方块巾叫“劳搓”，上绣方形图案，正规式样为三道，和我们苗族古歌上“格蚩爷老练兵场上花三道”的说法正相符，所以，传说它象征首领的练兵场或令旗。披肩两头的部分叫“搞”，“搞”上的花纹叫“鲁老”，代表过去京城的城市和街道；中间部分那个小方框，叫“苏”，上面的花纹叫“凿苏”，是我们的演兵场。苗话说：“阿苗莱老”，意思是“苗族穿全城”，苗家把自己的老家全背在身上，记在心头。

苗女的百褶裙，平装白裙叫“点撒”，蓝裙叫“点扎”；盛装有蜡染裙绘的叫“点老”，折叠扎染不透靛水的叫“点带”。苗族衣服和百褶裙，图案构成多为“X”形，中间用正“T”和倒“T”相隔，表示山川；“T”上空隙处由有菱形花纹及各种小图案构成，表示五谷；裙上必有的三道红黄相间、叠压并行的饰条，腰部和裙角这两道横贯始终，叫“上朗”和“下朗”，上代表黄河，下代表长江；中间一道间断的布条叫“布点”，代表灌溉的水渠（一说有一条代表云贵高原）；裙角红黄布条下蜡染的方田形图案，代表城墙。

图3 云南嵩明县大花苗不穿加花披肩，但她们的百褶裙还保留有较多蜡染图案，纹样比较复杂。底纹为有菱形花纹及各种小图案构成的蜡染图案，裙上必绣三道金黄和红色饰条，它们就是苗族历史的写照。1997年，邓启耀摄

绑腿叫“炒老”，约两米长，二十公分宽，黑底镶红黄两色条布，也有加白色条布的。绑腿是纪念南渡黄河的日子。据说，那天渡河时，阳光映在河面上，像血的河。还有的说，绑腿上的红色，是真的血色。当时苗人败走中原，一路奋战，绑腿上都沾满了鲜血，以后的绑腿，也就模仿了这种样式。过了黄河，多数人来到湖北湖南就走不起了（听说他们变汉人了，现在叫“汉苗”）。少数一部分狠的（听说有12对姑娘小伙子），跑到贵州和云南。

至于女人头发缠成的尖角，那不是角，而是一路上过水太多，怕弄霉了苞谷种子，女人就把它们缠在头发上，顶着过河。据老人说，

离开京城，苗家游一天一夜水，走一天一夜干地，又游两天两夜水，走两天两夜干地，再游三天三夜水，走三天三夜干地，最后游五天五夜水，走五天五夜干地，才到了这里。一路上过水太多，妇女怕苞谷种泡霉了，就把苞谷种绕在头发上。所以，直到现在，妇女都喜欢梳高发髻，就是从那时兴起的。

讲述者：云南省安宁市草铺乡青龙哨办事处水井湾
苗村龙树岗武定县九厂乡椅子店村公所干海子村
张文志、武定县文化馆朱宪荣
采录者：邓启耀
流传地：云南省安宁市、武定县一带
采录时间：1989 年 9 — 11 月

云南武定县苗族妇女头上还戴有一个形似王冠的三角形铜花冠，基座为有塔形板的黑色头箍或羊毛帽，塔形板上缀数枚芒纹圆铜片，再用毛线或彩穗由前至后缠出一个半圆形，线穗垂于身后。这个铜花冠传说也和远古的那次战争有关系：

苗族喜欢打猎，弩射得好，再凶猛的野兽，也耐不住一弩箭。这是因为弩箭上擦过毒药，见血封喉。“三福”派人来学射弩，苗人教他们学了九种射法，就是没教擦药。后来打仗时，他们射伤苗人，苗人不会死。

汉人的年三十是腊月三十日，苗族的年三十是冬月三十日，“三福”来攻打时，挑冬月三十日，苗族过节，没有防备。尽管这样，苗兵很勇敢，还是把这一仗打赢了。

打退了敌人，放心过年。大家把酒端出来，喝得醉倒一大片。只有一个人心眼多，他不敢喝醉酒，就砍来沙劳树，套上一种叫“幻香皮”（是一种树）的皮扎（树枝），做成葫芦笙，一个人在城墙外的大浪场，边吹边跳，很是灵活。城外的敌人本来想趁苗人喝醉酒时再来攻打的，看见他跳得那样灵活有劲，都说：“打不起，打不起，一个人都是那么厉害，城里的人肯定更有准备。”

这样来了几次，都回去了，不敢攻打。最后一次，小伙子跳累也睡翻了，敌人来，没见这小伙子吹跳，往城门口一看，醉倒的一大片都是人，就趁势冲进城去，乱砍乱杀。有些人被吓醒，想逃出城去，城门已被堵上了。正着急，听见有人在外面唱芦笙调，告诉人们，城墙上有蓬大青藤，拉着青藤爬出来。里面的人听了赶忙寻到大青藤，这才跑出来一些，没被杀绝。从这以后，大家聚在一起吹芦笙调和跳芦笙舞，就成了一种规矩。

苗王也逃出来了。为哪样逃得脱？原来，王后见到处都是敌人，戴着王冠的苗王跑到哪里，哪里的追兵就越聚越多。王后为了让苗王逃脱，就把苗王的王冠拿来自己戴着，朝另一个方面逃走，吸引了追兵的注意，苗王才脱了身。从那以后，那王冠便可以让妇女戴了，以纪念为保王而献身的王后。据说，现在被称为“高孚”的帽子，就是王冠的样子，也是苗城的标志。在民间，要大女儿婚后生下第一个娃娃，才能回娘家来戴一次“高孚”，然后传给二女，再依样传下去，代代相传。

图4　云南嵩明县白邑乡拱董箐村苗族高发髻。1997年，邓启耀摄

讲述者：云南省武定县九厂乡椅子店村公所干海子村张文志

采录者：邓启耀

流传地：安宁、武定一带

采录时间：1989年9月[1]

1　以上民间传说，主要根据笔者1989年在云南省安宁县和武定县的田野考察所获口述材料整理，另外，还对比参照了笔者1983年、1987年和2002年在昆明近郊、武定县、文山苗族自治州等苗族山村的调查情况。部分资料见笔者著《民族服饰：一种文化符号——中国西南少数民族服饰文化研究》，云南人民出版社，1991年，第277—284页。撰写本文时，笔者对照当年田野考察笔记做了一些补充订正。

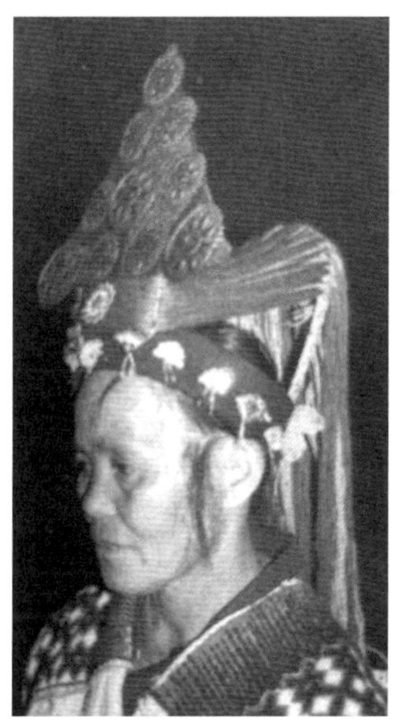

图5　云南武定县苗族形似王冠的三角形头饰和加花披肩。云南会泽县、武定县和安宁县大花苗也穿服类似的加花披肩，和贵州威宁县苗族基本相同。1989年，邓启耀摄

关于铜花冠上的铜片数量，当地还有说标准的需缀9枚，代表“九黎”[1]；铜片边缘的芒纹有81齿，代表蚩尤[2]81兄弟，但现在很多人已经不知道这些数字的意义，实际装饰也比较随意了。苗族服饰上还有很多代表城池、山川、沟渠、河流、五谷等的物象符号，究竟要为后人传达什么信息，讲述什么往事呢？它们的来由，是否与上古九黎三苗[3]有关？与苗族艰难的迁徙史有关呢？

对照苗族口头流传的古歌，我发现两者的记述可以互证：

【滇北、滇东南和黔西】：

……在万国九州的中间是罗浪周底，

我们的先人就住在那里。

在万国九州的范围之内，

甘当底益捧和多那益慕是苗族的根基地。

1　九黎在远古时代是一个部落联盟，传说共有九个部落，居住并发展于黄河中下游一带，为中国最早进入农业时代的民族集团。

2　蚩尤是九黎的大酋长，传说有兄弟81人，骁勇善战。

3　在中国传说中，“九黎”和“三苗”都是黄帝至尧舜禹时代的部落联盟名，“三苗”主要分布在长江中游以南一带。

这些地方到底在哪里？
都在直密立底大平原。
以后启野要至老才从色米弗底走过来
占据了先人居住的地方。
格也爷老、格蚩爷老、甘骚卯碧都很悲伤。
他们可惜这块大平原，
因为这是个好地方。
他们只有把这些景致做成长衫，
把这些衣衫拿给年轻的妇女穿。
她们笼笼统统地穿起来给老人看，
穿起来给男女老少看。
衣衫上的花纹就是罗浪周底，
围裙上的线条就是奔流的江河。
他们又想起曾经住过的楼房，
他们又把这些景致做成披肩，
把这些披肩拿给年轻的男子穿，
他们一左一右地披起来给老人看，
披起来给男女老少看。
他们看看那些开垦出来的田地，
他们只有把那些景致绣在围裙上，
他们把这些裙子拿给妇女穿，
他们团团转转地围起来给老人看，
围起来给男女老少看。
让人们看到那些开垦出来的田地，
让人们看到那些修盖起来的楼房，
他们把这些当作永远的纪念，
说明苗族曾经有过这样的历程。[1]

1 夏阳整理:《苗族古歌》，云南德宏民族出版社，1986年，第47—49页。

……

那些关于几千年前族群争战、部落迁徙的古史，由于太遥远，在他们的史诗和传说中已经类乎神话；服饰上的书写，也在千年间顺应机枢运作和经纬交织的工艺传习中几乎浓缩、简化或抽象为符号，甚至提炼为文字了。但对照苗族口头流传的古歌以及差不多也变成神话的中国古史的文字记述，我发现它们虽非工对，在大写意的方向上还是可以互证的。《史记》《太平御览》等古籍记载了黄帝和蚩尤远古的那场大战。蚩尤族骁勇善战，装备精良（发明硬弩，甲胄如“铜头铁额”，有奇异粮草——可“食沙石子”）。黄帝族九战不胜，最后靠巫术克之。苗族口述文本也谈到，他们最初以人勇弩强获胜，后遇诈不敌。离开故地时他们很悲伤，只有把这些景致做成长衫、披肩和围裙，衣衫上的花纹就是罗浪周底，围裙上的线条就是江河、田地和楼房。“格也爷老、格蚩爷老、甘骚卯碧，九种式样挂身呀（把九种事情都记在衣裙上啦）。”[1]对于较近的可考历史，苗族服饰采用的则是更具象一些的记录。那些在史书里被作为“暴乱者”示众的人，在黔东南苗族的心中，却是起义首领和民族英雄，他们的画传被绣在衣袖上贴身携带。

还有类绣片在黔东南十分流行，描绘了一位名叫芜莫席（音）的女英雄，据说她是施秉县双丰镇龙塘人。她背着孩子，手舞大刀，骑在马上。当地苗族都熟知关于这位女英雄的传奇故事，“她很猴（厉害）呢！”另外一位常绣的人物是清代苗族农民起义首领张秀眉，他生在台江一个小山村，在施洞县打过工，咸同年间起义。绣有张秀眉的绣片人物众多，场面恢宏。

二、生死攸关的标识符号

当我以清代《皇清职贡图》中的“百苗图”和百年老照片对照现代苗族服饰进行比较研究的时候，几乎忽略了时间差的问题。几百年前“百苗图”上的苗族服饰、19—20世纪老照片上的苗族服饰和2006年我看到的苗族服饰，差不多没有多少变化。

在时装和时尚瞬息万变的当今世界，这有些不可思议。我忽然意识到，苗族服饰的“时”，应该不是以年季来计的，而是以百年、千年来计的！

我想知道为什么，是什么原因，使他们千百年不换装？

---

1 云南省安宁县草铺乡青龙哨办事处水井湾苗村龙树岗先生（时年46岁）讲述，1989年11月。

图 6　百年前的云南苗族。1886—1904，（法）奥古斯特·弗朗索瓦（Auguste Francois）摄。选自：*De la Mer de Chine au Tonkin, Photographies 1886–1904.* presentee a Toulouse au musee Paul-Dupuy du 1 juillet au 30 September1996, avec le concours de la ville de Toulouse.p.157,pp.1–168.

不同民族的不止一位老人告诉我：不这样穿，不是我们民族；生的时候，不赶紧用自家衣衫裹住了，会被外鬼冒领；死的时候，不穿回自己民族的服装，祖先不认。

他们用朴素的语言，谈到“认同”问题——族群认同、身份认同和信仰认同。

人从哪里来？对于这个问题，不同肤色不同民族的人都有许多自己的看法。很多民族都传说，人种是天神、祖灵给的或是从异界来的。所以，为了求育，苗族在每年农历正月初三到初九举行的“踩花山”节日里，要在龙竿两侧各吊一块青布，青布下端接一段红布，长约三丈。届时，男子围绕龙竿吹芦笙跳舞，男女青年利用集会的机会相识，彼此赛歌，山歌内容多半有关男女爱情。主办人家用龙竿大竹做床睡觉，用吊在龙竿上的青红布料做衣服。以为这样一来，他们便可望得到子女。[1]以龙竿承接天的灵气，和

1　宋恩常：《云南少数民族研究文集》，云南人民出版社，1986 年，第 671 页。

图7　当代云南苗族。选自邓启耀编著，杨长福等摄《中国云南少数民族服饰艺术》（上册）

男女青年富有生之活力的气息相互“熏染”，再用龙竿上的青红二色布料做床做衣，以得生殖的做法，是建立在一种“同构”或“感应”的假想上的。这种心理相信“同能致同”[1]：颇具生育潜力的青年男女，将通过这被“染致”或“交感”的衣服和用具，使不育的夫妇，重新获得生育的活力。

早在孩子出世以前，母亲、祖母、外婆等，就已将象征古老传统观念和种种集体意识的造型符号，千针万线地缝在了婴儿的衣服上。这些图像大都和关于始祖的信仰相联系，如苗族认为蝴蝶妈妈孵生万物，所以要在孩子衣帽和背儿带上绣蝴蝶；贵州雷山西江苗族老银匠说，苗族银角上打制的装饰纹样中必有龙纹：“这是纪念祖先蚩尤的，必不可少的。”[2]身有龙纹表示自己和祖先血脉相承。苗族、哈尼族用沾过老人或祖灵气息的布匹或旧衣缝制婴服，以此“接气”。孩子生下来，几乎每个民族都有一套迅速处理胎衣的象征方式。人一生到世上来，就不再是“自然”的人了。从婴儿离开来自彼界的“胎衣”的第一刻起，就被包裹进不同的“衣装”里去了。这不同的衣装，便是不同的文化规定。它影响乃至决定一个人的命运或所谓“社会存在”，将以什么形式出现。

贵州苗族服饰上常见的苗龙图案，生殖意象非常直露。如，交合表示：有些图案的龙都是成双成对相集，有的表示交媾态。孕育表示：龙身上长出花蕾、花朵或果子；或

1　关于以相似事物感应另外事物的做法，在各民族传统文化中十分普遍，弗雷泽（James George Frazer）在《金枝》（*Golden Bough*）里由此提出有关“染致巫术”或“交感巫术”（sympathetic）的著名理论（[英] J.G. 弗雷泽：《金枝》，徐育新等译校，中国民间文艺出版社，1987年，第19—20页）；笔者在《中国神话的思维结构》一书里，也结合中国的例子有所论述。

2　杨昌国：《苗族服饰符号与象征》，贵州人民出版社，1997年，第149页。

以产仔多，生殖繁盛的鱼虾为龙体（苗族游方歌有“子孙如鱼虾，人口越来越多”的说法）。生殖器象征：牛角龙不仅表示农业意象，也表示男性生殖器的坚挺有力。丹寨苗族把牛角挂在大门上，象征人丁兴旺。另外，苗龙图案相配的花卉果实图案，多选石榴、葫芦等，也是生殖繁盛的意象。[1]

数不清的祈育仪式或生殖崇拜表明，人们往往把孩子的诞生，看作人从另一世界向这个世界的“转世”或“托生”。母腹只是一个驿站，一个从彼世向此世过渡的中转站。孩子能否闯过此世彼世（阳界阴界）这一关，关键似乎不在母亲身上，而是被“文化”赋予了许多非生理的神秘的因素。从“彼世”过来的娃娃，横跨阴阳两界，置身人鬼之间，“鬼”气尚存，灵魂还未能“安分”于他的体内。所以，稍有不慎，便可能重返彼世（死亡）。

为了“留”住孩子，天下父母千方百计，用心良苦，其中，为孩子换装或用服饰对孩子产生神秘影响的做法，在各民族中都极为流行。苗族拴线是为“拴住命”，一般在为孩子剃胎毛之后，舅舅把带来的衣服为孩子穿上，再用七股彩色羊毛线搓成一股细绳，套在孩子的脖子上。舅舅一边为孩子系线打结（在胸前结两道），一边念：“金线银线拴你命，拴住让你长命到白头。”而另一些地方的苗族，则用更结实的银项圈、手镯、脚环给婴儿佩戴，据说也是为了封住人身上最脆弱的部分，以防止孩子游迷不定的灵魂逃回彼世。

民间信仰一般认为，生与死，或阳界和阴间的交接嬗变，是一种极为神秘的转换过程。在这重要的人生转换过程中，诸事处理得当，则可安抚死者灵魂，使其顺利“换届”，进入正常的轮回系统，同时可保佑生者，庇荫后代。如果处理不当，死者灵魂不能正常到位，便会成为游魂野鬼，扰乱阴阳两界的秩序，出现灾祸频仍，人口不蕃的恶果。佤族有俗话说：“有办法跟一山的活人谈判，没办法跟一个死人商量。”所以，葬礼之成为各民族人生礼仪中的一个大礼，有诸多仪式和禁忌，皆出于一个共同的心理，即对不可知彼世（阴间）及死者灵魂的某种敬畏心理。

1 钟涛：《苗绣苗锦》，贵州民族出版社，2003年，第12页。

图 8　云南麻栗坡县彝族花倮人贯头式龙婆衣和女装，是葬礼中主持跳送葬舞的女祭司所穿之服。即“龙公主衣”和“龙婆衣”。这是由长约三米五，宽约一米五的大幅整布缝制，外面以拼成三角形图案或蜡染有日形纹、水纹等的花布缝制，中间挖一洞，贯头而披（古代贯头衣式的一种），张臂打开，宽处遮及手腕，长处垂及脚踵，前后搭摆，类似一正方形的大型披风。1988，邓启耀摄

图 9　参加祭礼的云南麻栗坡县彝族花倮人男子盛装。衣服纹样和铜鼓纹样相似。1988，邓启耀摄

三、结语

总而言之，穿衣自古有“规矩”。服饰，是人们进行族群文化认同、表达自己社会历史的一种“书写”方式，通过这种书写，他们建构了自己特有的历史记忆、文化时间和文化空间。不同的人“穿什么”和“怎样穿”，反映了特定文化模式对角色的社会规范；而不同角色通过“穿这样”和“这样穿”，实现自己的角色认同并进而实现文化认同。在无文字时代和无文字民族中，口耳相传、动作或图像等，是信息传播的主要方式，由此而形成我们现在称为神话、传说、古歌、史诗、谣谚以及以象征性物象、图像和仪式等为基本内容的无形文化遗产。不同民族有不同的叙事传统。许多少数民族没有文字，但他们同样创造了自己的文化和历史。口述史和以图叙事的方式，过去是历史书写和知识传承的一种方式，现在对一些无文字民族来说，依然是历史书写和知识传承的一种方式，具有特定的文化功能。民族服饰的文化功能有满足生存需要的保护性功能、顺应自然环境的适应性功能、确定社会角色的区别性功能、恪守礼仪伦常的规范性功能、感应天地神灵的幻化性功能、记述史事古规的阐释性功能、美化身体生活的审美性功能等。这是一种另类的言说方式。所以我们以往的“笔墨”书写概念是应该打破的。

文化的多样性，应该包括书写或言说方式的多样性。口述、文字、图像等等，都是文化书写或“写文化”的方式，各有所长，相生互补。很多没有文字的少数民族，他们的叙事传统是很特别的。他们用口述史、神话、史诗、歌谣等形式，口传声授地叙述自己的文化；用图像、塑形、体态等形式，眼传身授地表达自己的文化。人们还以针为笔，用线作墨，将神话、历史以及他们希望记录的一切，投射在与身相随的衣装上，凝成一种文化的密码。从民族服饰的款式、色彩、印染和织绣图案上，可以看到各民族穿在身上的神话传说，读出象形的《史记》；在人生礼仪中，民族服饰是出生、成年、婚恋和死亡的标识，是家庭、宗族、血亲承诺和社会承诺的象征；民族服饰及其冠服制度在社会组织中，与角色认同、文化认同和社会规范有密切关系；民族服饰涉及许多与巫术、宗教、禁忌以及和命运、灵魂及鬼神信仰等相关的传统文化意识；而民族服饰的技艺和传承，更是非物质文化遗产研究的重要资源。

民间故事讲述人与听众关系研究

——基于孙家香讲述《春风夜雨》的分析[1]

林继富[2]

讲述是民间故事文本生成的起点和基础，是讲述人传统知识再现与理解现实的表达空间。在讲述空间内充满了人的情感活动和社会行动，交织着各种文化共生共融、碰撞冲突、妥协调适等复杂的活动。听众在讲述现场的行为影响讲述人的表达情绪和讲述质量，影响讲述人对传统的把握。讲述人所讲故事影响听众的审美接受。“民间故事如没有听众不能成立，同时也就失去了他应有的魅力。讲述人利巴利杰老人说过这样的一句至言：‘不是民间故事的讲述人不存在了，而是民间故事的听众没有了。’”[3]因此，考察民间故事生成和意义表达过程，听众显得尤为重要。本文尝试以孙家香12年间所讲《春风夜雨》的4个文本为例，讨论民间故事讲述中的讲述人与听众的关系。

一、《春风夜雨》怎样被讲述？

孙家香，1919年出生在湖北省五峰土家族自治县蒿坪白果园，现年92岁，为国家级非物质文化遗产“都镇湾故事”项目代表性传承人。1998年，萧国松共采录孙家香的故事500多篇，后来我在调查孙家香故事中，不断听到她讲新的故事，这些新故事包括先前没有讲过的传统故事，也有后来从别人那里吸收进来的故事或者将传统故事元素

---

1 刊于2012年第1期。

2 林继富（1964— ），湖北麻城人，博士，中央民族大学教授，博士生导师，中央民族大学民俗学研究室主任，民俗学学科带头人，主要研究领域：民间叙事学、民俗学。

3 ［日］饭丰道男：《采录调查的方法》，载张冬雪、张莉莉译《日本故事学新论》，辽宁大学出版社，1992年，第144—145页。

组合起来的故事，孙家香没有新创作的故事。

1998 年 3 月 25 日，萧国松前往椿树坪萧国柱家，请来孙家香，在近两个月的时间里，孙家香跟萧国松讲了 500 多个故事，其中包括《春风夜雨》，定为 A 文本：

春风是哥哥，夜雨是弟弟。他们的大人死得早。春风把夜雨引大，读书。夜雨以后教学。哥哥给他成亲，夜雨刚过喜事，春风对夜雨说："是我给你成的亲。我要睡头三夜。"夜雨答应后，到学校里去了。春风在洞房看了三夜书。第四天，他走了。第四夜，夜雨回来了。夜雨去睡，妻子说："你看了三夜书，辛苦了你，今日来睡。"弟弟才晓得哥哥是谎他的。弟弟没教学了。过了些时，春风给夜雨五百两银子，说："你们夫妇出去谋点事做。"

夜雨和妻子出门，走到一个修桥的地方，见桥停起在，便问一个人："这是修什么桥，怎么没修哒？"那个人说："是修的仙人桥。化不到功德钱修不起哒，放到在。"夜雨拿出二百两银子。人们又开始修，桥修起哒。桥上打座石碑，上面刻"春风夜雨"。他们又一走，走到一个修庙的地方，见庙停起在，便问一个人："这是修什么庙，怎么没修哒？"那个人说："是修的城隍庙，化不到功德钱，修不起哒，停起在。"夜雨拿出三百两银子，人们又开始修庙。庙修起哒。庙里挂有万民伞，上面写"春风夜雨"。他们又走，走到一户员外家门口，要讨歇。看门的给员外讲，员外说："叫他们进来，弄饭他们吃，安置他们睡。"夜雨和妻子进来，员外说："我这屋里有金龙和银龙，它们吃人。命大的，它们不吃，命小的，就被它们吃了的。"夜雨和妻子还是住起哒。第二天早晨，员外去看，他们还在打鼾。员外说："你们命大。"他要夜雨做他的儿子。夜雨答应了。过了些年，老员外死了，夜雨做了员外。

春风闹穷哒，找夜雨去。走到仙人桥，见桥碑上刻着"春风夜雨"，他说："他把我的名字放在前头。"走到城隍庙，见万民伞上写有"春风夜雨"，他说："他还是把我的名字放在前头。"他接着走，来到一户员外家门口，要讨歇。看门的给员外讲，员外说："叫他们进来，弄饭他们吃，安置他们睡。"春风进去，见员外是夜雨。两弟兄欢喜鞑倒哒。春风向夜雨借钱，说要做屋，夜雨说："我出门去，要三年才回来。等我回来后，你再走。"夜雨去了三年。春风说："他怕我借钱，跑哒，这人心狠。"夜雨的妻子说："您就在这里

> 玩，他是要回来的。”过了三年，夜雨回来和春风说：“我出门给你借钱，没借到。给你五百两银子做盘缠，你回家去。”
>
> 春风回去，找不到自己住的地方了。这里的楼房大屋和夜雨家一模一样。春风的妻子说：“你在外头做什么呀？夜雨在这里给我们做屋，忙了三年。”
>
> 春风说：“我谎了他三夜，他谎了我三年。”[1]

这个《春风夜雨》是萧国松在孙家香讲述基础上整理而成，故事文本字数为 977 个。孙家香的讲述在亲戚家，寄住亲戚家对她的讲述影响可想而知，萧国松告诉我，在开始采录的几天，孙家香对着萧国松滔滔不绝地讲，讲着讲着想不起来就去打猪草，边打猪草边想故事，打猪草时想起新故事，回来继续跟萧国松讲。就是在反反复复中讲了 500 多个故事。

2003 年 10 月 12 日上午，我把孙家香从都镇湾敬老院接到庄溪，住在时任都镇湾镇宣传委员余发勋家里。他家有幢四层楼的房子，房间宽敞，对外接待住宿。我们安顿好后，开始采访孙家香。采录孙婆婆故事的几天，这里下着雨，人少没有任何干扰，孙家香很投入地给我们讲，其中就有《春风夜雨》。

这次讲述是孙家香刚刚被政府接到敬老院。从我们与她见面的那一刻起，她就不停地说我们是她的亲人，不停地说共产党好，她明白，她晚年生活的变化因故事而起。在此之前，她生活在婆媳关系紧张的家里，每次来人采访，总是在家人的脸色和含沙射影的反对声中讲故事。下面是此次讲的《春风夜雨》，定为 B 文本：

> 那个人家两个儿子，一个叫春风，一个叫夜雨。他们的大人都不在了，春风把夜雨引大，培养他读书，读了书就教学，哥哥给他成亲。春风说：“我培养你读书，又给你成亲，我要睡头三夜。”夜雨答应了，就到学校去了，春风在洞房看了三夜书。第四天夜雨回了，夜雨去睡，妻子说：“你看了三夜书，你看好了吗？”夜雨就晓得哥哥在谎他。春风又说：“你们成双成对，我给你们五百两银子，随你们到哪里去谋事做。”
>
> 夜雨拿五百两银子，跟他妻子出门，看到一个地方修桥，是个仙人桥修到

1 刘守华主编，孙家香讲述，萧国松整理：《孙家香故事集》，长江文艺出版社，1998 年，第 289—290 页。

一半没修起。他就问:“你们这个桥怎么修得半参不落的?”那个人说:“这不是普遍桥，是仙人桥，化不到功德就修不起哒。”夜雨就在那里领导修，修起了用了二百五十两银子，打的石碑上面写“春风夜雨”。他把哥哥名字放在前头。

又一走，看见一个庙修了一半没修起，他问:“这是修什么庙?怎么没有修起?”那人说:“这不是普通的庙是城隍庙，化不到功德钱，修不起哒。”夜雨就领导修庙修起来，他的五百两银子全用完了，庙里挂有万民伞，上面写“春风夜雨”，还是把哥哥名字放前头，他们钱也用完了，地方也没找到。

到一户员外家门口，天黑了，他们讨歇，看门的给员外讲。员外说:“叫他们进来，弄饭他们吃，安置他们睡去。”员外家里有一间房是金银宝殿，有金龙银龙，命大的它们就不吃，命小的就把他们吃掉。夜雨跟他妻住进去了，说:“这么好的房子啊。”员外去看，见他们睡着在打鼾。员外就把他们叫起来说:“你们给我做儿子，当接班人好不好?就不走就落我这里。”他们欢喜完哒，员外老了，夜雨就做了员外。

春风搞穷了，屋也垮了，他找夜雨去。走到仙人桥，见桥上纪念碑上刻着“春风夜雨”，他说:“这不错，把我的名字放在前头。”走到城隍庙，看见万民伞上写“春风夜雨”，他说:“他还是把我的名字放前头。”

他接着走，到员外人家看见夜雨了，他说:“我现在闹穷了，给我点钱让我把房子修一下。”夜雨说:“你在这里玩，我出门有事，一两天是不得回，你等我回了你再去，我就给你钱。”夜雨就去给春风把房子修好，修得跟员外家的房子一样好。闹了三年才回去，春风说:“你怎么去这么长时间?”夜雨说:“我有事啊。”“那你就给我几个钱啊。”夜雨就给春风五百两银子。春风就说:“夜雨他好狠啊，我培养他读书，给他成亲。他还那五百两银子还给我。夜雨的心怎么这么狠。”

他走回家，看见原来那个烂屋不见了，进屋里去，他的妻子说:“你看你一走两三年，夜雨回来给我们把屋做得这么好，搞得像金银宝殿。”

春风说:“好，我谎了他三夜，他谎了我三年。”[1]

1 讲述人：孙家香；讲述时间：2003年10月12日上午，晴天；讲述地点：都镇湾鑫隆酒家，记录：林继富、周惠英。

上面文本字数为1032个，此次讲述是孙家香离开向家垴的家被政府接到都镇湾福利院不久，也是第一次从敬老院接到宾馆讲故事，因此，她更多的是感激政府，感激我们这些“恩人”，不难看出这次讲述或多或少地包含了回报的意义。

2006年8月7日上午7点40分，我到孙家香住的长阳土家族自治县光荣院，看到孙家香出来，就迎了上去，她见到我很高兴，拉着我的手回到她的房间。我们聊了很长时间，她告诉我这里生活很好，但很长时间不讲故事，一些故事忘记了，有些故事讲不完整。上午的讲述很顺利，故事也讲得熟练，这与每次来人她常讲熟悉的故事有关。喜欢讲的故事，她每次都会讲，不费脑筋，信口拈来，不大讲的故事越来越差，有的会遗漏情节而变成故事断片。上午她跟我们讲了20多个故事，其中的《春风夜雨》，定为C文本：

那个春风啊是哥哥，夜雨是弟弟，他们两个的大人呢都死啦。春风啊哥哥就培养弟弟读书唉，培养弟弟读书呢，后来弟弟就在教学，成教学先生啦，跟弟弟把婚结了呢。他就跟他的弟弟说：“夜雨呀，我培养你读书，你教学啦，又跟你把婚结啦，我要睡头三夜的。”那个夜雨呢就到学校去教书去啦。春风呢，就在弟弟的寝室里坐了三夜，坐在那里看书。

第四天呢夜雨就回来啦呢，他去睡去，他的妻子说：“你看了三夜书，你到底瞌睡来啦，今日还是睡啦。”夜雨就晓得他的哥哥是谎他的。

他的哥哥春风说“夜雨，我又培养你读书，又跟你结了婚，我跟你把五百两银子，你们两个去选地方去，随你们在哪里都行。”

那个夜雨就把五百两银子拿起呢，两个人啦就慢点走，走到呢那里一座桥啊，这是那么修的没有修起呢？跟他的人就说呢：“这不是一般的桥，是仙人桥，这个要化功德修的，化不了功德就没有修了的。”夜雨呢就在那里领导呢修了这个仙人桥。仙人桥修起啦呢，就花二百五十两银子去啦。桥修起来，就打了个纪念碑呢：“春风夜雨”。

桥修起来了，就又一走，走到呢就看到一座庙，庙修到个半拉子夜（也）没有修起来，夜雨就问：“这哪么庙没有修起呢？”跟他的人说：“这不是一般的庙，城隍庙，要化功德修的。功德化不到啦，就没有修的。”夜雨呢就又领导呢把这一座庙修起啦。修起啦呢，这个城隍庙的呀它有万人伞，万人伞高头就有“春风夜雨”，他横直把哥哥嘎在前头。

他就又接着走，接着走啦呢，这个银子用完了吵，哥哥给的银子用完啦。这到哪个地方呢？他接着走，走呢，就走黑啦，看到那一家屋啊就蛮好啊，那到这个屋里讨个歇去。他讨歇去呢，是员外的呀，王员外的。他说：“诶（欸），到这个老板讨个歇去。”那个站岗的说：“讨歇，那要跟员外讲啊，我是个站岗的。”“那你跟员外讲去。”好，他就到屋里去呢跟员外一讲啊：“哥哥跟我发的五百两银子用完啦，修了一座桥啊，修了一座庙啊。”员外说：“好好，那你们就到这里歇。”就弄饭他们吃呀，吃饭呢，吃了饭，就安排他们去睡去。那个屋的是金银宝殿啦，有金龙银龙，命小的呢，金龙银龙就把他们吃了的。他们两个就睡，夜雨就说“你看，这个员外呀把这么好的房子给我们睡呀。”

睡到第二天早晨呢，员外起来就去看，看金龙银龙把他们吃了没？看到他们两个一头睡一个屋，睡得粗声大鼾啦。这个员外呢就跟他们讲：“你们跟我当接班人好不好啊？你们就到这里过。”那夜雨他就欢喜到吵，就找到地方啦，他就跟员外呢当接班人啦，就在那里，在那里呢就接员外的班啦。

夜雨呢，比春风的命大些，春风家里搞穷啦，屋也都垮啦，春风说：“我去找夜雨看哈，看他们在什么地方玩？落地？这屋也垮啦，也做不拢啦，看他有钱呢跟我借点钱，把这个屋做一哈。”春风就慢点问，慢点问，他们就说：“他在这里修了一座仙人桥的，仙人桥高头有他的名字。”他慢点寻呢，寻起去呢，就看到一座桥呢，桥的碑上有“春风夜雨”呀。他又一走呢，这走哪里去呢，那你直接走，走到前面有一座城隍庙，看到城隍庙呢，那里有万人伞，那是春风夜雨修的。他就慢点走起呢，就看到万人伞上头的“春风夜雨”呀，把春风放在前头啊，夜雨在后头。他就又慢点走啊，慢点寻啦，就看见夜雨啦。

看见夜雨啦呢，他就跟夜雨讲：“夜雨啊，你走了呢，我的屋也垮了啊，没有地方住了啊，你把钱跟我借点啊。”夜雨说：“你到我这里玩，我出门去三年有事。玩到我回来呢，你就回去，我就跟你借钱。”他就在这里玩呢，夜雨就去跟春风把屋哈做好啦，把屋一换啦，搞得金银宝殿啦，跟员外家的一个相啊。

三年他就回去啦，回去呢，春风说：“那你跟我借点钱啦，你开铺几年啦。”他说:“我有事嘛，我要把事办好啦才能回来吵，跟他把五百两银子。”春风说:“好吧。夜雨好狠的心，我培养他读书呀，又跟他结了婚啊，他恰恰跟前哦把五百两银子做的个路费呀。”

他就拿着五百两银子路费慢点回去啦，回去呢，他屋的呢，这是哪么搞呀，我不是这样的屋啊。他到屋里去呢，屋的金银宝殿啦，他的姑娘就出来啦，她说:“你看你，你到哪里去啦的？去了两三年，你看夜雨来跟我们把屋做得这么好，金银宝殿，你看你操了一哈心，你到哪里去了啊？”

他说:“夜雨要我到他那里玩啦，我谎了他三夜啊，他谎了我三年啦。”[1]

故事文本字数为1676个，此次讲述孙家香已经从都镇湾敬老院搬到了长阳土家族自治县光荣院，是我们第一次来这里采录故事。由于都镇湾敬老院条件差，为了改善孙家香的生活，长阳土家族自治县政府将她接到县城龙舟坪光荣院。我们见到孙家香，感谢的话总在她嘴边。这次变动，孙家香生活条件改善许多，她的身份进入“光荣”的级别，再一次激活了她的讲述。

讲《春风夜雨》是上午10点多钟，她坐在床上，我们坐在床边的桌子旁，房间里只有萧国松、王丹和我。讲述现场很安静，天很热，为了更好的录音效果，我们把电扇关了。孙家香讲的时候娓娓道来，有些表情，但不夸张。讲到“春风呢，比夜雨的命大些，夜雨家里搞穷啦，屋也都垮啦”，明显是口误或者记忆中的错误。我在转化成文字的时候将春风和夜雨调换过来。“半年他就回去啦，回去呢，春风说‘那你跟我借点钱啦，你开铺几年啦’”又有点矛盾，前面三年，这里又是半年，我又将时间转成一致。讲这个故事的时候，孙家香已经87岁，外面骄阳似火，屋里空气热辣辣的，她连续讲了10多个故事，与2003年讲述相比，尽管都存在感恩色彩，但是，2003年的讲述天气好得多，讲述时孙家香的生活条件也好得多。这些都决定了2006年孙家香的讲述效果和故事记忆产生影响，尤其细节的准确性和语言的精练程度。

2010年7月，我带14位研究生到长阳土家族自治县进行故事调查，在8天时间内，孙家香讲了两次《春风夜雨》，7月16日的讲述为D文本:

1 讲述人：孙家香；讲述时间：2006年8月7日上午，阴天；讲述地点：长阳土家族自治县光荣院孙家香房间；记录人：林继富、王丹。

那个春风夜雨都没得爹妈哒，春风夜雨没得爹妈哒，春风是大的吵，夜雨是小的。春风呢就培养小的读书，他就只得屋里闹，落了[1]呢他读哒呢那个会教学哒，他呢，春风就把姑娘们把妻子接来哒。他说是我们啊，跟夜雨也把姑娘们弄来哒。跟夜雨把姑娘们接来呢，接来哒，那个夜雨他就说啊，他说："夜雨呀，我又培养你读书啊，又教学啊，我又给你把姑娘们弄来啊，我要睡头三夜的哈。"那个夜雨呢，这个事一过就到学里去了，在学里去哒呢。春风呢，就在弟媳房屋里看了三夜书啊，没睡，就看书，看啊三夜书呢。第四夜呢，那个夜雨一回来呢，衣裳两脱啊，朝铺盖里头一搁[2]，姑娘们就说："你就看书吵，看啊三夜书，你今晚还是瞌睡来哒？就晓得睡呀？"那个夜雨就晓得哥哥是谎[3]他的啊，是谎他，没睡。

嗯，他，那就，那个春风也就说，他说："夜雨呀，我又接你读书啊，又教学啊，又跟你把妻子弄啊来啊，我给你把五百两银子啊，你各（个）人找地方，管你在哪里。"那个春风呢就给夜雨把五百两银子，夜雨就把姑娘引起走，找地方去的吵。

走哒呢，一走到一座桥啊，一看修哒个半残不落啊，没修好啊，他就跟他问啦，他说："那座桥啊，哪修那门个又没修啊的啊？"他们说："那不是一般的桥，那是仙人桥，仙人桥化功德哒修的，化不到功德就没有修的"。那个夜雨呢就跟领导呢就修那座桥，桥修起哒呢，桥修起哒有纪念碑沙（吵），纪念碑上打的呢，打的字呢，就说"春风夜雨"。春风，把哥哥嘎[4]到前头啊，把哥哥嘎到前头。

走哒又走呢，又把姑娘们引起走吵，那就用啊两百两银子哒了，还有三百两银子，一走走呢看见一座庙啊，又修哒个半残不落，他就跟他问哪，他说："那里那么大座庙啊，修到那么个半残不落啊，哪门没修啊的？"他们说："那不是一般的庙，是城隍庙，要化功德修的，化不到功德就嘎到没修啊的。"夜

1 落了：后来。
2 一搁：钻。
3 谎：骗。
4 嘎：放。

雨呢就领导修那个庙，修那个城隍庙，修起哒呢，那个城隍庙的上有万人伞吵，万人伞，他就把春风嘎前头啊：“春风夜雨”啊。

他各（个）人又接到走走啊，走黑哒，走黑哒那个城市里呢，他就去讨歇啊。嗯，讨歇呢，员外的，有站岗的，他就讲啊，他说：“是我们将哥哥给我们把的银子啊，我们在那里修啊座桥啊，修啊一座庙啊，把钱用完哒。”他说：“是我们还是找不到地方啊，就黑哒呀，在这里讨个歇啊。”那个站岗的他说那去问哈员外去哪，讨歇要问员外的啊，最后他就跟员外一讲呢，员外就说：“那你们就在这里歇。”

就在这里歇呢，他们就吃饭，吃饭哒洗汗[1]，洗汗哒他们就睡。睡呢员外那个屋里呢，是金银宝殿的屋，屋里有金龙银龙，就把他们安置到那个屋里睡去呢，去睡去呢，那个夜雨就跟姑娘讲啊，他说：“你看那，那个员外啊，把我们安排那么好的房子睡啊，铺睡的三条毯子啊，床顶是黄盖啊，屋里金银宝殿啊，我们嘎得屋里睡。”两个睡哒呢，睡哒亮哒，亮哒呢，员外他去看看。命大的呢，金龙银龙就不吃，命小的金龙银龙就吃哒，去看看吃啊不得？一看呢，看到他们睡得呼呼打鼾咯，还在呼起打鼾啦，一头睡一个哦。那个员外就跟他讲，他说：“你昨夜是找地方啊，你们就在我这里落，就在这里接我的班，行不行啊？”夜雨说：“那好，那我们就接您儿的班哪，就照顾您儿。”他就接员外的班哪，当员外啊。

弄啊两年呢，那个春风他的屋垮哒，夜雨一走他们家就搞穷哒吵，没得银子哒，所以夜雨的命好的吵。夜雨的姑娘们的命都大，金龙银龙没吃吵，嗯，没吃呢员外就叫他们当接班人。在他那里去，他说：“我就是接班人。”弄啊两年呢，夜雨在那里弄啊两年呢，春风屋也垮哒，夜雨一走呢就搞穷哒。那夜雨（应该是春风）跟他姑娘们讲啊，他说：“夜雨不晓得在哪方去啊的，我又陪到他读书啊教学啊，我又跟他把姑娘们弄啊来啊，我跟他把啊钱哒叫他找地方啊，只看在那些地方去啊不得啊！”他说：“我去慢些查哈看哪，查到哒呢叫他给我搞几个钱哒，看他把这个屋换一下啊。”跟姑娘们就这么讲。

一去呢，就问，慢点问啦，问哒，他说那您儿要找夜雨的呢，找仙人

---

1 洗汗：洗澡。

桥，找到仙人桥哒呢，仙人桥是他领导修的。他又慢些问啊，问起去哒呢，仙人桥高头[1]那个纪念碑呢“春风夜雨”啊，他说那好啊，他说把我嘎到前头啊。那个春风说啊，他说那；您儿不晓哪个，您儿找到那个……嗯……城隍庙哒耶，嗯……也有夜雨的名字。啊，他就慢点走啊慢点问啊，看到一个城隍庙呢，它那个庙门上哪，高头就有“春风夜雨”啊，也还是把哥哥嘎到前头啊，他说那他还是把我嘎到前头啊，我还是去找他去。就一找呢找到那个城子里去呢，听说是在那个城子里住啊，一找起去呢就看到那个夜雨哒。他说:“哥哥你哪门来呀的？”他说:“我搞穷哒，屋也垮哒，我来找你给我借几个钱的啊，你看，我住不拢哒吵。”那个夜雨他说:“那你就在我那里玩，我回来哒你就走，我在远处啊，有一笔事啊，那去有几年啦，我回来哒你就走，就给你把钱。”

那个夜雨呢，就来给他哥哥修房子啊，把屋里搞建设，搞哒跟他那一样啊。春风横着在那里玩，玩啊两三年啦，他天天念，他回来哒才给我交钱哪，横着没回来，天天在那里玩。

过啊两三年呢，夜雨才回去，回去呢，他说:“你回来哒，我要你借点钱我啊”那个夜雨，春风哦，他说，那不是，我谎他三夜啊，他谎啊我三年哪，我们两个没弄对啊。[2]

7月16日，我参加土家族始祖廪君文化节活动，学生去采访孙家香，孙家香听说是我的学生，就用故事来招待他们。学生多是外地人，孙家香用方言讲，速度快，音量低，同学们听起来困难，讲述现场安静，听众却很茫然。小覃问婆婆记不记得两兄弟故事，她立即开讲《春风夜雨》。这次讲的故事文本字数为2394个，是孙家香《春风夜雨》文本中最长的一个。

7月24日下午4点，我到孙家香住的地方，婆婆在擦洗身子，我们在门外等。婆婆洗完后出来，我大声介绍我是林老师，等听明白，婆婆很高兴，就拉着我的手说起了近来的身体和生活状况。不久，她就跟我讲起故事，并说前次跟我的学生讲了很多。我

1 高头：上面。

2 讲述人：孙家香；讲述时间：2010年7月16日上午，阴天；讲述地点：长阳土家族自治县光荣院孙家香房间；记录人：张远满、李敬儒等。

静静地坐在她身边，她一口气讲了13个故事，第6个是《春风夜雨》，为E文本：

春风夜雨，大人死得蛮早，春风是哥哥，夜雨是弟弟。夜雨读书蛮狠哕，春风就培养他读书。春风就把姑娘给接来了呢，给夜雨把姑娘接来了。就跟夜雨讲啊："我培养你读书啊，还给你把姑娘接来了啊，我要睡头三夜的啊。"夜雨他跑到学里去了，春风就在房里看了三夜书。第四夜，夜雨回来了，把衣裳一脱啊，往铺盖里一搁啊，他的姑娘就说："你看了三夜书哕，看累了，瞌睡来了，还是要睡哕。"夜雨就知道他的哥哥是谎他的，没睡。

春风说："夜雨啊，我培养你读书啊，又把姑娘给你接来了啊，我给你五百两银子啊，你们去寻地方啊。"夜雨的命蛮好哕，把了五百两银子，就走。这到哪里去呢，心里就在想。就这么一走，走到上面一座桥，就问："这桥修了半头不修了，这人不能走啊，是为什么不修了呢。"工人就说："这不是一般的桥，这是仙人桥，要化功劳来修的。"他就来领导修这个桥，修这个桥啊，用了两百两银子啊，桥修起了，要树纪念碑哕，纪念碑上面写着"春风夜雨"哕。把银子用了两百两去了，还剩三百两撒，又还是走。走了多远，看见一座庙，也是修了半截不落啊，不修了。夜雨就说："这是怎么没修起呢？""这不是一般的庙，这是城隍庙，要化功德来修的。"夜雨就领导把这个庙修起了。修起了，这五百两银子用了三百两，就用完了。就要立碑哕，就写上"春风夜雨"，把"春风"嘎在前面。

走到这个城市里就走黑了，就在员外那里讨歇。员外站岗的就把他引到员外那里去："银子用完了，哥哥叫我找地方，修了一座桥，修了一座庙，来找地方啊，走黑了，到您儿这里来讨个歇。"员外就说："你就在我这里歇。"就弄饭吃，洗澡啊，洗完了就睡。睡的这个屋里金银宝殿啊，凌波床啊。毡了毯子的铺盖啊，金龙银龙啊。他们两个就讲："这么巧啊，把我放在这么好的房子里睡啊"。

早上起来了，员外就过来看。命大的咧，金龙银龙就不吃，命小的就被金龙银龙吃了，他们两个还睡得瞅瞅声。员外就跟夜雨讲："夜雨，你给我当接班人，你的命大，就给我当接班人。"他们两口子命都大，金龙银龙就没吃他们哕。就在这里当员外。

夜雨一走咧，春风家里就好穷了，屋也垮了。春风就跟姑娘们讲："我去找夜雨去，看他在哪里落了地。看他在哪里成家了，我们去借点钱，把屋换一下。"

横直就寻不到地方，就慢点问，就说："你走到仙人桥啊，那里就是夜雨修的啊。""春风夜雨"，春风就说："把我的名字放在前面，还是欢喜我的啊。"就走到庙里面了咧，又是把"春风"放在前头，就这么慢点寻起去，到屋里了呢，就看见夜雨了。

"夜雨，我请你借点钱啊，你看你们走了我们的屋也垮了啊，我们造孽。"夜雨就说："哥哥啊，你就在我这里玩，我出去有点事啊，有多远啊，要两三年才能回来啊。你就在我这里玩，我回来了你再走啊，我再把你钱啊。"就在这里玩就玩了三年啊。

夜雨就把他屋里建设得跟员外屋里一样了啊，给他弄好了才回去，给他把了五百两银子。春风就说："夜雨心好狠啊，我培养他读书啊，把他给姑娘接来啊，把他五百两银子啊，他也给我五百两银子啊，走得到屋啊？回去把这五百两银子盘缠用完了。"走到屋里，找不到地方了，到屋里一去，看见他的姑娘们。"春风你到哪里去了的啊，你看夜雨把我们的屋建设得这么好啊，你到哪里去了两三年啊？"

"是的，我谎了他三夜，他就谎了我三年啊。"[1]

这个故事是讲完《武松打虎》之后，我要求她讲的："婆婆你跟我们讲讲《春风夜雨》。"孙家香爽快地说"好啊"，就开始讲述。这次讲述文本字数为1326个。孙家香每讲一个故事都要略微停顿，较之前一个接一个地讲述有些不一样，毕竟她已是91岁的老人了。身体动作不多，是孙家香故事讲述的特点。孙婆婆耳朵越来越闭，眼睛看不清楚，因此，她现在的讲述已经很难观察听者的情绪，受听众和观众的影响较少，主要按照自己的节奏和自己的方式讲述，当然除了有目的的引导。孙婆婆讲的13个故事，有一个故事我没有听到，先前听过多次的故事这次也有变化，主要是情节和语言简单了或

1 讲述人：孙家香；讲述时间：2010年7月24日下午，晴天；讲述地点：长阳土家族自治县光荣院；记录人：林继富、李艳芳等。

出现串线。

孙家香所讲《春风夜雨》4个文本跨越12年，故事的核心母题和基本情节没有变化，从历时维度来看，12年的故事生活史之于孙家香故事发展来说几乎没有多大变化，但是，从共时维度来看，5个文本在讲述过程中出现了明显的差异，听众与孙家香“在场”的文化情境影响故事讲述差异的复杂性。

二、讲述逻辑在哪里?

孙家香讲《春风夜雨》，总与讲其他故事连在一起，从而构成了孙家香故事讲述传统的重要表达，比如，2003年10月12日孙家香所讲故事依照讲述的顺序内容如下：

福利院的生活及讲述故事情况、《财帛星》、《洪水泡天》、《向远耀》、《圆梦》、《张天师》、《皮匠招驸马》、《春风夜雨》、《董永和七仙女》、红军记忆、以前讲述故事情景回忆、《子不嫌母丑》、回忆“文化大革命”时期讲述故事、讲述当地观音庙、《彭祖》、讲述故事的习惯、《孟姜女》、《讨米佬》、《孙悟空》、《周扒皮学鸡公叫》、《周扒皮喂蛇》、《兔子的豁嘴》、《鸡公好夸奖》、《东郭先生和狼》、生活习惯、《鹦哥》、《野人嘎嘎》、《张公百忍》、《柳缺巴子斗神兵》、《木匠做活一只眼》、《鲤鱼精》、《人心第一高》、《秦始皇赶山》、《老巴子》、《蛤蟆精》、《天地良心》、对故事真假进行判断、《长鬼》、《马兰花》、《嫁匠嫁赶仗》、《请七姑娘》、《白毛女》、《小神子》。[1]

从上面的目录我们看出讲《春风夜雨》的时间出现较早，意味着孙家香对这个故事把握较为娴熟，不需要提醒。同时，这个故事出现在《皮匠招驸马》之后，且有较强的现实性，似乎透露出《春风夜雨》的传统倾向性和主题的集中性。2010年7月24日，孙家香讲《春风夜雨》之后是《胡二不贪财》《不存好良心》，三个故事主题都是讲良心好与良心坏。《胡二不贪财》《不存好良心》是孙家香讲完《春风夜雨》之后，没有任何人提醒的主动讲述，并且没有休息和停顿就顺畅讲完了。讲《春风夜雨》之前，孙家香讲的故事为《武松打虎》，这个故事的主题与《春风夜雨》有明显区别。1997年孙家香讲完《春风夜雨》之后接着也是讲《胡二不贪财》。可见，讲述人在长时段讲述中，往往能够将主题相似的故事在讲述的逻辑顺序中集中讲述，以此凸显讲述人的道德意识和社会观念。

---

1 林继富田野调查日记：2003年10月12日。

主题相似的故事集中讲述，与讲述人边讲述边联想有紧密关系，讲述人的联想记忆成为故事讲述逻辑的起点和核心，也预示着讲述人潜隐的故事分类意识。

上面的讲述更多表达了讲述人叙事主题的延续和转换，在此过程中听众跟着讲述人走，听众没有干预讲述人的讲述，听众尊重讲述人的传统选择和传统表现方式，但是，并不意味着讲述人忽视听众的存在。在民间故事讲述过程中，有的时候，因为听众的特殊性，讲述人的讲述逻辑往往被听众的兴趣和喜好淹没。2010 年 7 月 17 日，孙家香讲《春风夜雨》的前一个故事为《黄莺叼鼠》，后一个故事为《蛤蟆精》，两个故事内容的逻辑上没有多大联系，也不能产生联想性记忆，于是，《春风夜雨》的讲述只能在提醒中进行，当时采录者有一段场记："这个故事是在长阳非遗保护中心小覃提醒下讲的，她问记不记得两兄弟故事，她立即说《春风夜雨》讲完后，孙婆婆说：'说谎话，谎他的吵，三夜没睡吵，他就谎啊他三年，我谎啊他三夜啊他就谎啊我三年。'讲述现场大家认真听，很安静。孙婆婆讲得很起劲，但是，明显看出有些累了，同学们有些听不懂。"《春风夜雨》后面的《蛤蟆精》也是在提醒下完成讲述的。[1]

在这里，孙家香的讲述逻辑被淹没了，主要是调查者的引导式讲述，而引导者又非常明确地知道孙家香熟悉这个故事。听众的引导实质上是打断孙家香的讲述思路，其讲述逻辑就变得混乱了，于是出现讲述时故事与故事之间的不连贯。像这种类型的讲述在今天的故事讲述中较为突出，比如为了开发旅游和发展地方经济，利用故事打造地方文化品牌等掺杂政府声音的讲述十分明显。因此，采录故事时，我们应该更多地尊重讲述人的讲述逻辑，更多地让讲述人自己完成讲述，这样才能够清晰讲述人对叙事传统的把握，充分发挥故事讲述的社会功能。

三、听众身份的影响究竟有多大？

引起民间故事变化的原因很多：地理的、历史的、社会的等多方面的因素都可能在民间故事传承的纵轴上留下印迹。故事变异可能出现母题的缺失或增加、主人公的置换或故事背景的更改、情节的丰富或缺省，等等。然而，针对故事讲述的具体场景，每一次讲述就是一个完整文本的呈现，就是故事传统在某个时间点上的存在。因而，民间故事变异必须在某次讲述及其文本与其他讲述及其文本对比中洞察故事流动的相似性和差

1 林继富主编：《寻找传统：长阳土家族民间文化调查》（未刊稿），2010 年，第 181 页。

异性，从而建立起故事传承谱系。

在孙家香的故事世界里，保留了大量的民俗知识，也表现出她对某些民俗母题和故事的特别钟爱，她不但能够讲许多地方传统知识，而且对信仰传说持严肃认真的态度。她讲故事的神情极为专注，对故事中发生的事情深信不疑。讲述的故事要么成为自我观念的一部分，要么与地方传统融为一体。就是这样一位守护传统的传承人[1]在2010年的考察中，她为我和我的学生讲的《春风夜雨》却有明显的差异：2010年7月16日讲《春风夜雨》的长度为2394个字，2010年7月24日讲《春风夜雨》的长度为1326个字。两次讲述相距8天，第一次讲述比第二次讲述长了1068个字。如何解释这种现象？故事究竟在哪些情节上被拉长和缩减？为了清晰起见，我们将孙家香两次讲述《春风夜雨》的母题进行分解，其长度如下：

故事情节 / 讲述时间	春风帮夜雨完婚	春风赶夜雨离家	夜雨修桥修庙	夜雨接替员外	春风遭难找夜雨	夜雨帮春风渡难关
2010年7月16日	319	105	365	495	635	475
2010年7月24日	196	79	274	286	292	199
相差字数	123	26	91	209	343	276

从上表中可以看出，两次讲述时间很近，可以排除社会观念和地区文化发展水平的影响，排除历史环境的作用，排除讲述人情绪的变化。孙家香从生活在长阳光荣院那一天起，就享受到其他院友未享受过的待遇。每次调查，孙家香都流露出自己因为讲故事而有今天待遇的自豪情绪，这种情绪激励了她的讲述从容自如。县城让她的生活世面更加开阔，接触的人越来越多，探望她、听她讲故事的人较为频繁。她知道，因为讲故事才有今天的待遇，因此，每次来人她都会用故事招待，长年月久，她掌控故事讲述场面更加娴熟，讲故事的技巧更加成熟，看人讲故事，看人的身份讲故事成为她进入长阳光荣院讲故事的明显转变。

2010年7月16日，孙家香讲《春风夜雨》的听众是我的学生。在去调查孙家香的时候，由长阳土家族自治县非物质文化遗产保护中心的工作人员带领，告诉孙家香今天来的人的身份，孙家香听了很高兴。在同学们的要求下讲了《春风夜雨》。这次讲述孙家香淡化了很多观念，拂去了平日讲述中的许多禁忌，她是国家级非物质文化遗产项目代表作传承人，讲故事的水平得到了人们的肯定，且面前都是一些从未听过自己故事的

1 林继富：《民间叙事传统与故事传承》，中国社会科学出版社，2007年，第221页。

学生。学生的身份让她放下了许多冠冕堂皇的客套话和小心翼翼的语言。学生身份驱使孙家香的讲述更加详尽、细致。这些都引导着她的讲述自由、轻松，在遵循《春风夜雨》基本母题基础上随心而起，随意发挥。此次讲述在“春风遭难找夜雨”“夜雨帮春风渡难关”的情节上张扬最为充分，尤其在细节描写交代上更加详细。

2010 年 7 月 24 日，孙家香讲《春风夜雨》的听众是我和我的学生。我在孙家香的眼里是“领导”、是“恩人”、是北京来的朋友，因此，每次见面，她总是汇报自己近来的生活状况，更多的是感谢国家、感谢党，倾诉自己生活中不满意的地方，唠叨哪些人对她好，哪些人对她不好，这就决定了孙家香的讲述不可能忽视我的身份。近十年来我反反复复听她讲故事，在她眼里，我是一个喜欢听故事的人，熟悉她的故事，她跟我讲了多遍《春风夜雨》，因此，这次讲述更多地遵循《春风夜雨》的传统情节，随意发挥的地方少，也没有更多的细节描写，她的讲述比 8 天前的讲述简练清晰一些，流畅自然一些。

当然，我们也发现在跟学生讲到弟弟夜雨婚后头三夜由哥哥春风来陪的情节时，在场的学生发出了惊讶和疑惑，加上学生认真听，但是，听不懂的茫然还是影响了这次《春风夜雨》的讲述。

四、听众行为影响故事讲述吗？

孙家香 4 次讲《春风夜雨》的听众都不一样，听众的变化影响孙家香讲述的完成。听众影响故事讲述活动较为复杂，也表现出变化的多样性。

1998 年，萧国松和萧筱到椿树坪采录孙家香的故事，此前萧国松多次记录过孙家香的故事。讲述时萧国松打开卡带录音机，边录边记。孙家香是萧国松的婶娘，交流方便，讲述自由通畅。但是，这次采录孙家香故事有明确的出版任务。在采录过程中，孙家香不断地回忆，不断被老萧提醒，有的时候，讲着讲着想不起来，孙家香就会帮助主人家打猪草。孙家香的故事在讲述、记忆、劳动中完成。

1997 年 3 月，孙家香两天 7 个小时为我们讲了包括《春风夜雨》在内的 59 个故事。这次孙家香的精力充沛，故事讲得好，讲的时候像放电影时的胶片，不断外泄，滔滔不绝。如果一时想不起，她略微停顿说自己没有了，这个时候不要真以为这样，只要她喝一口水，眼睛一转，或经旁人提醒，故事又从她的嘴里流了出来。她讲故事的兴致极高，往往眉飞色舞，十分投入。孙家香说：“我讲故事很注意周围人的动作，如果听者愿意听、认真听，我就越讲越欢喜；如果听众不认真听，或者东张西望，我也就不愿意讲；如果在座的欢喜听，我就会想到很多故事。”[1]孙家香的讲述习惯告诉我们，听众的态度决定故事讲述效果，听众的行为影响故事的讲述进程。如果讲述人感到听众沉湎于她的讲述之中，倾听她的故事，那么，孙家香讲述时就会更加投入，她的故事也变得更加精彩，更加流畅。

孙家香讲故事的动作不多，但是，她常常边讲述边环顾四周、边讲述边观察听众神态。讲述现场听众的人数、听者的反应、听众的赞许、听众的笑声、听者与她的对话以及听者的神情、她与其他讲述人之间的彼此讲述形成的竞争，等等，都会调动她的情绪，都会刺激她讲故事水平的发挥，都会对她选择故事、提升故事讲述技巧产生影响。2006 年 7 月 24 日，孙家香被邀请到“非物质文化遗产保护国际学术研讨会”上讲故事，讲述地点在清江花园酒店。讲述现场听众包括参加会议的国内外代表，长阳有关部门的工作人员以及酒店的服务人员等 100 多人。由于孙家香行动不方便，她坐在代表座位区的第 2 排。这次孙家香讲了《老巴子求亲》《老虎妈妈》《许仙与白素贞》《卖吊颈鬼》4 个故事。此次讲述现场人多，听众文化层次高，摄像机、照相机不断发出咔嚓咔嚓的声音，这些因素导致孙家香在讲烂熟于心的《老巴子求亲》时紧张得几乎忘记，后来在萧国松的提醒下完成讲述。明显看出，孙家香开始不适应这样的场面，讲的时候放不开。随着讲述的逐渐展开，从《老虎妈妈》开始，她的讲述变得越来越流畅了。由于孙家香年龄大，又用方言讲述，她的讲述很多外地听众听不懂。虽然绝大部分听众有些茫然，但是每个人都认真地听，这些听众中包括参加会议的美国民俗学家莎伦·谢尔曼。会场上讲的比我们平时采访她所讲的故事要干净一些，没有那么多口语的随意和啰唆。原计划安排孙家香讲 3 个故事，讲完后，孙家香还不过瘾，主动讲了《卖吊颈鬼》。这个故事很圆满，也很流畅。看来孙家香逐渐适应了会场上的讲述，喜欢讲自己喜欢的故事。[2]

在讲述现场，一个笑声带给讲述人对故事真实性的怀疑，一次移动座位会让讲述人觉得故事讲得好或不好，因为疲倦你来来回回地走动，讲述人便会变得紧张。“每当孙家香讲述董永和七仙女传说时，她总也忘不了附会出董永的儿子就是董存瑞。听到我们的笑声，她知道故事讲述有些问题，就反复地强调‘那是真的呢，那是真的’。”这些充

---

1 访谈对象：孙家香；访谈人：林继富；访谈时间：1997 年 3 月 22 日上午，晴天。
2 林继富田野调查日记：2006 年 7 月 24 日。

分说明孙家香在不断调整讲述内容，极力跟踪时代步伐，将家喻户晓的战斗英雄董存瑞粘贴进传统的故事之中，以此拉近传统与现实的距离，拉近自身与时代的距离。我们的笑声，在她看来是对董永和七仙女结婚生下董存瑞的怀疑，于是一再强调这是真的，千真万确的。[1]

好的听众是好故事诞生的基础，凡是讲述人留下来好的故事，少不了听众的反作用。2003 年孙家香讲的《春风夜雨》是在她刚刚从婆媳矛盾激烈的家被接到都镇湾敬老院。为了调查的方便，我们把她从都镇湾敬老院接到招待所住下来，由学生专门照顾，吃和住的条件都很好，外面下着雨，没有嘈杂的声音。讲述在房子里进行，听众有萧国松、田凤鸣（都镇湾镇文化站副站长）、余发勋（都镇湾镇宣传委员）、周惠英（我的学生）和本人。现场每个人都轻松地坐在孙家香的周围，认真听。当地人多，语言交流畅通、生活习惯一致，孙家香讲述很投入，流畅自然，此次所讲的《春风夜雨》在 4 个文本中算得上较好的一个。

五峰土家族自治县的刘德培是孙家香的“邻居”，生活在五峰土家族自治县白鹿庄，离孙家香生活的向家端只有一山之隔，讲述环境与孙家香很相似。刘德培无数次讲了《皮匠驸马》，但是，讲得最丰满、最生动、最具神采的一次，则是 1985 年 7 月 24 日晚上：“刘德培应邀在宜昌地区教师进修学院演讲故事，听者绝大部分是本地区的高、初中语文教师。此既不同于存在方言隔阂的外省、外地区听众，又不同于本县人。而且，他们又是普通听众，不带民研界专家学者考究的眼光，听时想笑就笑，使刘德培全无应考的紧张感觉；他们又有别于本地区青年工人、青少年学生，年龄在 30 至 50 余岁之间，社会阅历较深，刘德培在讲述中无须顾虑什么、禁忌什么。加上环境合适，百余名听者挤坐在一间教室内（门口和走廊上另有 20 余人），刘德培与听众的情绪交流及时，因之效果甚佳。……《皮匠驸马》是刘德培在自己与老师们的情绪都达到高潮时讲的。讲述中他接连离开座椅，摸头、跺脚、伸指头、伸手、蹽脚、跳脚、摸腹、侧身拍臀等，均随兴致加以动作，为 1976 年我结识以来所少见（以往只摸头、伸手，无大幅度动作）。”[2]在这种轻松和谐，没有任何语言障碍的场景中，刘德培自由讲述、自由发挥，听众的积极反应和聚精会神的倾听使他的《皮匠驸马》讲述获得了空前的成功。

---

1 林继富：《民间叙事传统与故事传承》，中国社会科学出版社，2007 年，第 222 页。
2 刘德培讲述，王作栋整理：《新笑府》，上海文艺出版社，1989 年，第 193—194 页。

在考察孙家香故事讲述中，我的设备从卡带录音机到数码录音笔，从卡片照相机到专业照相机、摄像机，孙家香也从78岁到92岁，然而，无论哪一天去聆听孙家香的故事，录音机、照相机、摄像机等机器构成的第三只眼一直对她的讲述产生影响。见面时的闲谈，她总是从容自如。当我们打开机器、调换磁带、照相的动作、录像机的摆动，孙家香的讲述总会出现问题。在孙家香看来，机器的开启意味着将一个普通意义上的谈话变成一个真正意义上的访问，而不再是漫不经心的闲谈了。因此，讲述过程中，摆动机器的行为会在讲述人那里潜隐着哪些有价值而哪些没有价值的判断。

也就是说听众的行为，哪怕是微不足道的行为均可能对故事讲述产生影响，都会影响故事的构成。比如，讲故事开始时，听众往往很安静，这是因为还没有进入真正的讲述环境之中，也许听众在一开始很害羞，也许听众还在彼此打招呼的阶段，也许听众想静静地听出故事讲的什么，等等。在这样的情况下，讲述人会主动地、积极地制造各种机会和关扣提起听众的兴趣，使听众尽快融入故事之中，拉近自己与听众之间的距离。当故事逐次展开，故事讲述气氛慢慢形成。讲完后，听众询问故事中的细节，讲述人在回答和接受中丰富了故事，完善了故事；听众或许调笑故事中人物的行为，或许沉浸在故事美好的幻想中，或许关心人物的命运，等等。讲述过程中听众添油加醋不断使故事丰满起来，听众和讲述人对情节所发的个人感慨也伴随着讲述过程的推进使故事不断地得到丰富。但是，并不是听众的所有行为都有利于故事的发展，有相当多的听众的行为会干扰讲述人的故事讲述，引起故事质量的变化，诸如讲述现场小孩的哭闹，不耐烦的听众突然大笑转移其他人的注意力，对故事某部分好奇而不自觉发出的声音，对不理解情节的中途提问，听众表现出的不耐烦情绪，等等，常常导致故事讲述的中断和故事结构的连贯性，故事讲述逻辑的混乱，损害故事意义的有效表达。

五、故事讲述有没有听众圈？

在都镇湾，无数人听过孙家香讲的《春风夜雨》；每一次讲《春风夜雨》的现场聚合众多听故事的人。《春风夜雨》包含的传统倾向和思想观念凝聚着具有听同类故事的人。正是在长时间的相互选择和彼此认同中，孙家香和听故事的人形成了恒固的社会关系和故事连接，在他们周围各自形成了较为稳定的故事传承范围（故事传承圈）和听故事人的活动范围（听众接受圈）。

孙家香讲的神话和幻想故事相当优美，寄予当地人美好的愿望，叙事世界描绘得富有安宁和幸福美满。对于相信故事是真实的孙家香来说，讲故事成为她艰苦生活的最好补偿，“她相信故事里的东西是真的，总是希望在哪一天真的有金子突然出现在自己眼前，总希望哪一天有不愁吃不愁穿的日子突然来临”[1]。由于特殊的生活经历，孙家香讲的神怪故事和精灵故事成为比其他讲述人更富有思想深度和讲述激情的领域。孙家香已将民间故事内化为她生命的一部分，深刻影响着她的生活态度和对社会的观察。孙家香没有强烈地拒绝某些主题，却也表现出对幽默喜剧故事的不感冒，对荤故事的排斥。孙家香对现实的掌控明显比男性讲述人差，尽管她在努力追寻现实。因此，以孙家香故事为核心的传承圈就是以传统的信仰故事和传统的幻想性故事为基础，围绕孙家香的听众接受圈也是以此传统内容为根本。

当然，在孙家香故事讲述现场，孙家香不是绝对的讲述人，也没有绝对的听众，孙家香与听众处在不断变换之中，处在相互影响和被影响关系中。孙家香和听众构成故事讲述的主体角色，二者可以互换。只不过在一定场合下谁更占有讲述权而已。诚如孙家香的乡邻所说：

“讲故事就是说凑乐趣，旁边还要有帮腔的，还要有插你的言的，这样的就是讲故事一班班都能讲故事的，就是他在旁边懂一下，可以插言，那我就讲得有一点劲，他越是提醒，我就想得起来。”[2]

“比如说讲故事呢，最好是有对象的讲，有人陪到讲。比如说，我这会儿，您天天到我这儿，我天天到您这儿，互相之间逗趣，互相比赛才讲得起劲。讲故事要有对象。”[3]

这些“帮腔的”“有人陪到讲”“逗趣”等就是听众参与，讲述人与听众构成了和谐的讲述整体。讲述中的听众和讲述人缺一不可，但两种角色常常不固定，互动互置产生的碰撞和彼此转换总是发生在讲述现场，此时是听众，彼时则是讲述人，这种转换可能发生在一瞬间，可能发生在相异的讲述场域。

孙家香与听众在彼此尊重和信任中提升故事讲述质量，活跃讲述现场。“有时在座的听众变为讲述人，讲述人又变成听众；也有几个讲述人各执己见的情况，甚至出现讲述人互相争吵得面红耳赤的紧张局面。好的听众培养好的讲述人，反过来，好的讲述人

1 林继富田野调查日记：2003 年 6 月 21 日。

2 访谈对象：李国兴；访谈人员：林继富、周惠英；访谈时间：2003 年 10 月 13 日下午；访谈地点：都镇湾十五溪村 5 组李国兴家。

3 访谈对象：刘泽刚；访谈人员：林继富、周惠英；访谈时间：2003 年 10 月 13 日中午；访谈地点：都镇湾十五溪村 8 组刘泽刚家。

又能培养出好的听众，他们共同的前提是讲述人和听众对民间故事有同质的认识，对其予以充分的承认和肯定。”[1]

孙家香讲故事借助表情、手势和动作等非语言构制出一个非现实的虚拟的故事时空，并且依靠传统的力量将讲述人与听众连接。比如《春风夜雨》情节在故事时空中依照叙事逻辑演进，孙家香的讲述行为则在另一个现实时空中延续。尽管孙家香每次讲《春风夜雨》总是相信故事存在的真实性和合理性，但是她终究不能“见证”《春风夜雨》中发生和演进的世界和其中的任何事物。这种由语言构建出来的故事世界包含的传统与现实世界勾连在一起，交织在一起。她依靠与《春风夜雨》关联性传统的力量将故事世界与现实世界，将自己与故事形象融为一体，因此，《春风夜雨》讲述在场的文化语境、历史语境和社会语境始终规约着听众的“阅读”活动，规约着在场听众接受故事。

孙家香既是讲述人又是听众，时间不同、场合不同，扮演的角色也不同，但是，作为讲述人的孙家香讲的故事和作为听众的孙家香听的故事的内容、风格和传统倾向基本一致。这就导致孙家香在长期的讲述实践活动和听众不断选择故事讲述场所中，传承圈与听众圈的高度一致，呈现出的民间叙事传统具有鲜明的倾向性。

六、结语

成为国家级非物质文化遗产项目代表作传承人之后的孙家香的讲述带有回报感恩的倾向，每次在有限的讲述时间里，她往往选择自己熟悉的故事，并且是带有明确意义的故事。

作为守护传统的讲述人，孙家香擅长讲传统故事，这些故事离现实生活比较遥远，比较陌生，但是它一直在协调现实世界、地方传统和个人之间的关系，也正是在处理这些相互关系中，孙家香的故事讲述才获得了文化意义和现实功能。

在讨论孙家香所讲《春风夜雨》中，我们认识到讲述人与听众构成的关系，不是二元的，而是多维互渗、互动的关系，是意义生成和传统生成与传播的关系，是传统创新与文化遗失的关系，讲述人和听众之间并非固定不变，而是随时随地在发生转化。如果我们把讲述人讲故事作为故事文本的开始，听众接受故事作为故事意义诞生的起点，那么这个过程在传统的规约下，始终处在循环之中。

---

1 ［日］饭丰道男:《采录调查的方法》，载张冬雪、张莉莉译《日本故事学新论》，辽宁大学出版社，1992 年，第 145 页。

《亚鲁王》名称与形成时间考[1]

吴晓东[2]

一、“亚鲁”的含义与使用的演变

2011年由中华书局出版的《亚鲁王》是一部苗族史诗，在这一史诗中，亚鲁是一位英雄，他的苗文名字写作YaxLus。[3]在《亚鲁王》中，亚鲁有明确的世系：哈珈—哈泽—哈翟—迦留—珈臧—宏翁—火布冷—火布碟—火布当—耶能—瓢耶—梭耶—波彤—博咚—觥斗曦—董冬穹—乌利—耶冬—波尼本—波妮娄—冉哈嗦—吧哈沙—董哈荣—波娑—耶左—耶陔—耶欣—耶仲—翰玺鸳—亚鲁。作为这一苗族支系的重要祖先，亚鲁还有后代，他有许多儿子与女儿。这些都显示了“亚鲁”是一个人的名字。

然而，从现有的一些苗族口头文学资料可以考证出“亚鲁”一开始并非一个人的名字，而是一种称谓。那么，“亚鲁”是什么意思？我们先来看看《亚鲁王》以及异文的核心内容与主角的名。《亚鲁王》内容繁多，包括了开天辟地、射日射月、造人等等，但其核心内容讲述的是亚鲁王因战败而迁徙，其战败的原因是宝物龙心被偷。这一主题的演唱是在第一章第四节“意外得宝”，第五节“龙心大战”，第六节“争夺龙心神战”，第七节“英雄儿女的不归路”。亚鲁王意外得到宝物龙心，在龙心的协助下，亚鲁王战无不胜、攻无不克。当敌人来犯时，只要将龙心泡进水缸里，就会“惊雷三声，地动山

---

1 刊于2012年第4期。

2 吴晓东（1966— ），男，苗族，中国社会科学院民族文学研究所副研究员，主要从事中国南方少数民族口头传统的研究。

3 这里所用的苗文是中国社会科学院民族学与人类学研究所研究员李云兵在川黔滇方言川黔滇次方言第一土语的苗文的基础上修改而成的，以适应当地的口音。具体情况请见《亚鲁王》附录《贵州省紫云苗族布依族自治县宗地乡山脚村苗语语音系统暨亚〈鲁王〉苗文书写符号系统》。

摇，瞬间下起瓢泼大雨，即刻刮下碎石冰雹”。将敌人赶跑，从而保住领土。后来，敌人通过先与亚鲁王妻子交朋友的手段迷惑她们，进而抢走龙心，没有了龙心护佑的亚鲁王因此战败，被迫背井离乡迁徙到别处。相似的传说在苗族西部方言区广泛流传，而且已经有了不少的资料，这些资料主要收集在：1.1999 年巴蜀书社的《四川苗族古歌》，2.1996 年贵州民族出版社的《蚩尤研究资料选》，3.1998 年贵州民族出版社《西部民间文学作品选（2）》，4.2006 年云南民族出版社出版的《文山苗族民间文学集》，5.2008（2003）年贵州民族出版社的《西部民间文学作品选（1）》。

《四川苗族古歌》收录了一个文本叫《杨娄古仑》（*Yangx Lous Gud Nenb*），译者注释此名称为：“杨娄古仑：人名，传说中苗族古代首领人物，有时又称为‘杨娄’。”[1]这一注释值得注意，即“杨娄古仑”有时又可以简称，去掉“古仑”两个字，直接称为杨娄，那么，“杨娄”与“亚鲁”是同一个人名吗？关于亚鲁的传说，在苗族西部方言[2]区有广泛的流传。由于西部方言区是一个很广的区域，其内部有八个次方言，即川黔滇次方言、滇东北次方言、贵阳次方言、惠水次方言、麻山次方言、重安江次方言、罗泊河次方言、平塘次方言。次方言下又有诸多土语，这致使相同故事的主角亚鲁其名呈现出诸多不同的翻译，唐娜在调查报告中罗列有“亚鲁、亚努、羊鲁、杨陆、央洛、由鲁、由娄等”，[3]其实还不止这些，“杨娄”（Yangx Lous）也应该是不同的翻译之一。这不仅是因为语音的相似，关键是因为《杨娄古仑》的故事情节与《亚鲁王》的基本一致：柔耍柔吾要举行祭祀，请杨娄古仑去做掌厨人，并请其弟弟杨娄叶责去帮跑堂。祭祀用品是一头猪。到了祭祀的时候，猪心不见了，柔耍柔吾说是杨娄叶责偷吃了，于是杀死了他，并把他的心拿来祭祀。杨娄古仑为了给弟弟报仇，于是与柔耍柔吾发生了战争。杨娄古仑一开始总是输，后来挖到一颗龙心，这颗龙心能使河水退却，在龙心的护佑下，杨娄古仑战无不胜。可是后来龙心被偷换，从而战败。另外，据《亚鲁王》翻译人杨正江说，在演唱《亚鲁王》的时候，提到亚鲁王的时候，经常将“亚鹊”与“亚鲁”连说成“亚鲁亚鹊”，“亚鹊”是亚鲁的弟弟，从语音上看，应当是“叶责”的音变。

《西部民间文学作品选（2）》也收集了两篇与龙心有关的叙事诗，一篇为《直米利

---

1 古玉林主编：《四川苗族古歌》，巴蜀书社，1999 年，第 471 页。

2 苗语分三个方言：东部方言（湘西方言）、中部方言（黔东南方言）、西部方言（川黔滇方言）。

3 唐娜：《贵州麻山苗族英雄史诗〈亚鲁王〉考察报告》，载《〈亚鲁王〉文论集》，中国文史出版社，2011 年。

地战火起》，另一篇为《龙心歌》。《直米利地战火起》流传于贵州省赫章、威宁等地区，拥有龙心的英雄叫格娄爷老（Gid Ndlwl Yeul Laol）。格娄与古仑音近，爷老与杨娄音近，格娄爷老当是杨娄古仑。诗中没有描述格娄爷老是怎样得到龙心的，只是直接描述他用龙心退敌：格娄爷老便拿出一双龙角来将河水舀，舀来的河水往下倒，顿时河水暴涨漫山谷。再把最大一个龙心放入水，顿时河水又倒流。河水猛涨倒来淹，淹得沙兵死尸飘荡荡，沙敖只好收兵撤回程。[1]于是，沙敖（敌人）“派出刺探佯装卖针线，哄骗妇女拿出龙心看”。之后又用假龙心来偷换了真龙心，从此格娄爷老兵败如山倒。可见，格娄爷老、杨娄古仑、亚鲁都是同一个人。

《龙心歌》其故事情节与《直米利地战火起》基本一样，不同的是，格诺爷老并非用龙心放入水中退敌，而是用龙心辨别方向才打败敌人。沙敖派手下偷走龙心，才打败格诺爷老。拥有龙心的英雄叫格诺爷老（Gid Nob Yeul Laol），此名应该就是《直米利地战火起》里的格娄爷老（Gid Ndlwl Yeul Laol）的音变，因为这一文本流传于云南武定、禄丰、禄劝等地，与《直米利地战火起》的流传地有所差异。由此又可知，格诺爷老也是亚鲁。

《文山苗族民间文学集》收集的一篇流传在云南省文山一带的古歌《祭祀祖先》，从情节与名称来看也是《亚鲁王》的异文。故事中的主角叫古杰能，他的兄弟叫杨杰老。这两个名字从语音比较上看，当是《杨娄古仑》中两兄弟“古仑”“叶责”的音变。故事情节与《杨娄古仑》也极为相似：汉族兄弟要祭祀，请古杰能、杨杰老去帮忙，可是祭祀中杨杰老被怀疑偷吃猪心而被杀，因此古杰能与汉族兄弟爆发战争。古杰能的宝物龙心能使水浪涨高，击退敌人，把汉族打败。后来汉族人扮演商人，与古杰能的媳妇、女儿相好，用芭蕉心调换了宝物龙心，古杰能得不到宝物的护佑，打了败仗。

《西部民间文学作品选（1）》同样收录了一篇与龙心大战有关的文本，叫《古博阳娄》。与目前出版的《亚鲁王》相比较可以知道“阳娄”便是“亚鲁”：两者都详细描绘了得到龙心的过程，即一头大野猪糟蹋庄稼，被射杀之后，此心异常神奇。把龙心放在缸里的效果有所不同，《亚鲁王》里是可以涨大水退敌，而《古博阳娄》是结冰使敌人运输不便：“他把那法宝黑龙心放在缸子里，七天七夜雪凌封山岗，他把那法宝黑龙心放在缸子里，七天七夜桐油满滑路上。尤沙（指敌人）粮草运不来，兵马成群饿死在

1 苗青主编：《西部民间文学作品选》，贵州民族出版社，1998 年，第 78 页。

战场。”

以上的比较可罗列如下

英雄名	篇名	故事情节	流传地
格诺爷老	《龙心歌》	失龙心	云南省武定、禄丰、禄劝
格娄爷老	《直米利地战火起》	失龙心	贵州省赫章、威宁
阳娄	《古博阳娄》	失龙心	贵州省安顺等
亚鲁	《亚鲁王》	失龙心	贵州省紫云
杨娄古仑	《杨娄古仑》	失龙心	四川省宜宾、泸州
古杰能	《祭祀祖先》	失龙心	云南省文山

从以上比较可以看出，“亚鲁”在其他异文中又被称为格诺爷老、格娄爷老、杨娄古仑、阳娄、古杰能。其中格诺、格娄、古仑、古杰能是对应的，是人物名称，而爷老、杨娄、阳娄、亚鲁是对应的，是放在人名之前或之后的尊称。那么，亚鲁/爷老/杨娄/阳娄是什么意思呢?

除了格诺爷老、格娄爷老，《西部苗族民间文学作品选（2）》还收录了其他一些带有“爷老”一词的文本，大多体现在标题上：

《格耶爷老、格蚩爷老》

《格武爷老、格诺爷老》

《格资爷老、格米爷老、爷觉毕考》

《格米爷老时代》

《悼念格蚩爷老》

1992年云南民族出版社出版的《西部苗族古歌》也收录了类似的一些以祖先英雄命名的文本：

《根支耶劳与革缪耶劳（的故事）》

《根支耶劳往东迁》

《革缪耶劳的故事》（即《格米爷老时代》）

《根支耶劳、革缪耶劳和耶玖逼蒿的故事》（即《格资爷老、格米爷老、爷觉毕考》）

《根爷耶劳与根蚩耶劳》（即《格耶爷老、格蚩爷老》）

《根爷耶劳、根蚩耶劳、嘎骚犫彪的故事》

《根乌耶劳、根挪耶劳的故事》（即《格武爷老、格诺爷老》）

《根蚩耶劳的故事》

这些文本出现了八个英雄人物。除了爷觉毕考（耶玖逼蒿）、嘎骚犫彪两个人物的名称外，其他六个名称都在后面加了“爷老（耶劳）”两个字，即根支耶劳（格资爷老）、革缪耶劳（格米爷老）、根爷耶劳（格耶爷老）、根蚩耶劳（格蚩爷老）、根乌耶劳（格武爷老）、根挪耶劳（格诺爷老）。

这些叙事诗流传于云南的昭通、曲靖、楚雄、昆明地区以及贵州的毕节、安顺地区，这些地区的苗族所说的方言属于苗语西部方言滇东北次方言。“爷老（耶劳）”这两个字苗文写作 Yeul Laol。注释者说其意思是“对有威望的领袖人物的尊称”[1]。说西部方言的苗族学者罗兴贵则认为 Yeul Laol 是“老爷爷”的意思。[2]苗青也写道：“‘爷老、尤老、尤娄’都是老祖公的意思。”[3]由此可知，“亚鲁”是“爷老”的音变，是老爷爷的意思。既然“亚鲁／爷老”是“爷爷”的意思，那么“格诺／古仑／格娄／根挪”当是人名。也就是说，亚鲁王的真正名字应当叫格诺／古仑／格娄／根挪。关于这个名字，解释又有两种，一种出现在一篇叫《三位首领》[4]的文本中，这个文本是一位叫王大禄的民间艺人讲述的，文中说：“老人们传说在那远古的年代，格约爷老居住在格约。他居住的那座山像一个大勺（格约），因此得名。格约爷老听说格蚩爷老居住在格诺，又听说格武格娄居住在格武。这三位老祖先，是因为格约爷老居住在格约才叫格约爷老。格武格娄居住在格武爷老，又称格武格娄。格诺爷老居住在格诺因而叫格蚩格诺爷老。”这一种解释似乎不太合理，如果参考以上提及的诸多文本，可以知道格蚩格诺应当是两个人，格武格娄也应当是两个人。这里说是一个人，可能是对历史的遗忘所致。另一种认为“格／古／根”是词头，“仑／诺／挪”是一种苗姓。苗青写道：“格蚩爷老

1 云南省少数民族古籍整理出版规划办公室编：《西部苗族古歌（苗、汉文对照）》，云南民族出版社，1992年，第91页。

2 参见罗兴贵《蚩尤、亚（杨）鲁考》，《三峡论坛》2011年第6期。

3 苗青主编：《西部民间文学作品选（2）》，贵州民族出版社，1998年，第11页。

4 毕节地区民族宗教事务局、毕节地区民族研究所编：《中国西部苗族口碑文化资料集成》，云南民族出版社，2007年，第264页。

的‘格’是附加语；‘蚩’是名，以姓代名。传说，‘蚩’是苗语的‘杨’姓。”[1]照此推论，格诺爷老（亚鲁王）的原型便是一位姓诺的老爷爷。这里需要说的是，“蚩”“诺”等原来是苗姓，或者说是支系的名称，只是后来统治者在少数民族地区推行户籍制度的时候，给少数民族赐汉姓，而少数民族在接受汉姓的时候，也是以原本的姓氏或支系为单位的，比如姓蚩的人都接受了杨姓，而姓诺的人都接受了张姓。《根蚩支劳、根挪支劳[2]的故事》搜集者王建国在注释中说：“根蚩支劳姓杨、根挪支劳姓张。”[3]如此说来，亚鲁王的原型是一位张姓的老人。

那么，“亚鲁”是怎样演变为一个人的名字？

首先，在史诗的演唱中，或传说的讲述中，“亚鲁／爷老／杨娄／耶劳”与姓的结合是松散的，比如《杨娄古仑》的注释所说的那样，“杨娄古仑”有时也称为“杨娄”。另外，在《杨娄古仑》这一文本中，还出现了另一英雄的名字，即杨娄叶责。译者注释的时候说：“杨娄叶责，人名，杨娄古仑之弟，有时也称‘叶责’。”[4]可见，在说到某个人的时候，有时候直接称其姓氏，有时候则加上尊称“亚鲁／爷老／杨娄／耶劳／阳娄（即爷爷）”。而且，这两者的结合位置，有的是“亚鲁／爷老／杨娄／耶劳／阳娄”放在前面，如格娄爷老，一种是放在后面，如杨娄古仑。《三位首领》有这样的描述：“说完格约爷老唱歌问道：‘小孩儿们放猪满坝子，人们都说爷格蚩格诺、爷格武格娄居住在何处？你们是否知道？’那群放猪娃应答道：‘格蚩爷老居住在格诺，格武爷老居住在格武。’”可见，这里的“爷格蚩格诺”等于“格蚩爷老”，“爷格武格娄”等于“格武爷老”。尊称可放在前面，也可放在后面。

《亚鲁王》的翻译者杨正江说：“在演唱《亚鲁王》的时候，也有这种类似的现象，亚鲁王有许多儿子，其中一个是耶，一个是梭，在演唱的时候，经常出现‘耶亚鲁’‘梭亚鲁’这样的提法，在这里，‘亚鲁’便应当解释为‘爷爷’，与上文‘格诺爷老’里面的‘爷老’是一样的意思。”

其次，苗语在称呼上往往是原生词与借词并用。比如在东部方言区，对父亲、母亲的称呼是嘛（mat）、谜（mil），同时也使用汉语介（借）词“爸”“妈”。在西部方言区

1 苗青主编：《西部民间文学作品选（2）》，贵州民族出版社，1998 年，第 11 页。
2 支劳即耶劳（爷老），参见《西部苗族古歌》第 337 页的注释：根蚩支劳：（Gid chib zik laol）人名，即根蚩耶劳，苗族的大首领。
3 云南省少数民族古籍整理出版规划办公室编：《西部苗族古歌》，云南民族出版社，1992 年，第 173 页。
4 古玉林主编：《四川苗族古歌》，巴蜀书社，1999 年，第 472 页。

情形也是一样的。因此，有理由推论，“亚鲁／爷老／杨娄／耶劳／阳娄”是汉语借词，是“老爷”的意思，受苗语中心词后置的习惯影响，成了“爷老”。西部方言对爷爷的称呼的原生词为“博”（bos）。这两种称呼在口语中是可以并用的。杨兴斋、杨华献编撰的《苗族神话史诗》中收录了一篇名为《古博阳娄》[此文本也被收录进《西部民间文学作品选（1）》]的文本。“古”是“我”，“博”是“爷爷”。在此，“阳娄”（亚鲁）已经演变成一个人名。

由于长期使用尊称，加上方言的差别，人名就逐渐模糊了“亚鲁”的含义，直到把它作为一个人名来看待。有意思的是，这样的演变反复出现，上文提及，亚鲁王有两个儿子，一个叫耶，一个叫梭，在演唱的时候称为“耶亚鲁”“梭亚鲁”，杨正江说：“‘耶’是爷爷的意思，但是他（亚鲁王）的一个儿子就直接叫耶，也许是那个儿子的真实名字已经失传，所以只能用爷爷的意思来代替，关于那个耶的史诗要唱几十分钟，我们这边唱诵到亚鲁的儿子的时候，要先后唱三十几个人物（儿子）的迁徙路线和后代发展，最后再唱麻山群落的两个儿子的详细故事，最后再到家族发展，所以很多儿子的名字已经记忆不清。”可见，记不清名字的时候，就直接用尊称，久而久之，由于语音的演变，这个尊称就演变成了一个人的名字。

由称呼等名词演变为人名其实是口头传统的一种普遍现象。在汉文献中，最常见的就是由官名演变为人名。譬如远古的羲和，便是掌管天问的官职，可后来演变成了人名。后稷、神农、黄帝等名称也都经历了类似的演变，稷，在古代是一种很重要的谷物，“后”是“王”，后稷乃是“稷之王”。神农，乃是农之神。黄帝之“黄”，其甲骨文是一个轴的形状，是车轴的意思，黄帝的原意，乃是说此人是车的发明者，黄帝又号轩辕，可以佐证。这些现在已经演变为人名的词，在以前只是一种泛称。同理，“亚鲁”原来也是一种泛称，后来慢慢演变成了人名。

二、亚鲁王战争发生地与时间

关于《亚鲁王》形成的时间，可以结合口头文学演变特点来研究。《亚鲁王》主要是在丧葬仪式[1]中演唱的一个口头文本，它的形成应该从两方面来考察。一方面，送魂是一种很久远的仪式形式，西部苗族丧葬中的送魂也应该在很久远的时代就产生了。另

---

1 据东朗陈兴华说，在别的仪式中也演唱，只是丧葬仪式演唱得比较多。

一方面，口头文学最主要的特点就是它始终处于不断的演变之中，其中关于亚鲁王的内容，并非一定在仪式产生之初就有，它只能出现在亚鲁王事件产生之后。

前文已经说明，《亚鲁王》内容繁多，包括了开天辟地、射日射月、造人等等，这些内容不仅是本方言区所共有，同时也是整个苗族以及诸多其他民族所共有，其产生时间几乎不可考。这里所说的关于亚鲁王的内容，准确地说，是关于失龙心与争夺盐井的战争部分。

在《亚鲁王》中，提及了很多地名，但这些地名目前难以考证，那么，既然亚鲁王就是异文中的格娄爷老／格诺爷老／根挪耶劳／杨娄古仑，我们也就可以从讲述亚鲁王的这些异文以及其他相关叙事诗中所提及的地名来进行考证。从《西部苗族古歌》《西部民间文学作品选（2）》《中国西部苗族口碑文化资料集成》等文集中我们可以看到，亚鲁王所处的是一个战乱的时代，西部方言苗族此时不断迁徙，不断与周边民族发生战争。在这些战争中，涌现了一批与亚鲁王齐名的英雄，比如格蚩爷老、嘎骚卯碧、格武爷老、爷觉毕考等等。在《直米利地战火起》中，格蚩爷老、嘎骚卯碧便是与亚鲁（格娄爷老）并肩作战的英雄。对这些英雄的歌唱与追忆，形成了这一区域关于战争的叙事诗群。通过对这些叙事诗群出现地名的考证，不难发现亚鲁王战争发生地是在何处，从而也可以推论出其发生的大致时间。

这些叙事诗大多把战争的地方与一条叫笃纳伊莫（ndusnafyikmol）的河联系在一起。《格武爷老格诺爷老打仗的军队》有诗句“有一天格武爷老格诺爷老便出动，出动军队来备战，在那直米利利莫平原渡纳仪莫[1]浑水河边摆战场”[2]。《格耶爷老、格蚩爷老》描述了苗族首领格耶爷老、格蚩爷老在笃纳伊莫与格炎敖孜劳进行水战的场面。[3]《嘎骚卯碧》讲述苗族首领嘎骚卯碧住在笃纳伊莫，并在那里指挥战斗。[4]《格资爷老、格米爷老、爷觉毕考》也说三位苗族首领率领苗民来到了笃纳伊莫。[5]为此，对这条河地理位置的考证，有助于对亚鲁王战争地理位置的推定。那么，笃纳伊莫是哪一条河呢?

笔者在田野调查中了解到，“笃纳伊莫”这一词是彝语与苗语的组合，“纳伊莫”是

1 纳仪莫：纳伊莫。

2 毕节地区民族宗教事务局、毕节地区民族研究所编：《中国西部苗族口碑文化资料集成》，云南民族出版社，2007年，第216页。

3 参见苗青主编《西部民间文学作品选（2）》，贵州民族出版社，1998年，第85—88页。

4 参见苗青主编《西部民间文学作品选（2）》，贵州民族出版社，1998年，第113—118页。

5 参见苗青主编《西部民间文学作品选（2）》，贵州民族出版社，1998年，第122—124页。

彝语对金沙江的称呼。“伊莫”是大河，“纳”是黑、青等意思。“笃”是苗语，是天、天边的意思。在这些叙事诗群中，大多用“笃笃纳伊莫”，有时也直接用“纳伊莫”，意思相差不大。笔者认为，“纳伊莫”既然是苗族借自彝语，那么，它应该是苗族来到彝族地区以后才使用的，所指的河段，应该是有彝族分布的长江河段，包括金沙江。彝族早期，其势力范围曾东及目前的重庆一带，所以，西部苗族史诗中的笃纳伊莫，指的应该是从重庆以上的长江河段。

《西部苗族古歌》中收录的《自夫劳的故事》分六部分，其中的第六部分“治理昭通坝”这样写道：

> 自夫劳骑上草白神马，/来到宽宽的哩模坝。/……/沙兆玖帝敖从敖地来，/沙兆玖帝敖从沙地来，/他们看到坝子好，派出兵丁来侵扰。/黑压压兵丁开过来，/撵得彝家往外跑。/彝家老少向西迁徙，/迁向天边遍遍地方。/沙兆玖帝敖得了江山，/沙兆玖帝敖占得稳当。从此把彝家边界，/定在堵那依摸江边（大江）。[1]

史诗说的是沙兆玖帝敖（沙蹈爵氏敖）与彝族的战争，沙兆玖帝敖把彝族赶往西部，并以堵那依摸（笃纳伊莫）江定为两族的边界，可见笃纳伊莫是在彝族地区。那么这一史诗里的笃纳伊莫具体在哪里呢？翻译整理者对以上这一段文字中的地名“哩模坝”注释为“昭通坝”。[2]由此可以推断，这一史诗里提到的笃纳伊莫河段是指离云南昭通不远的长江河段。

《西部民间文学作品选（2）》收录了另一诗篇《爷觉黎刀》，有这样一段文字：

> 沙蹈爵氏敖阴谋又得逞，/强行霸占昭通坝，他们众多安家昭通坪。/慕、崩自老迁往笃直崩崩地以后，/他们起诉到朝廷。/斯米自老接状纸，斯米自老下判决：/以金沙江（注：原文为 Ndus Naf Yik Mol，即“笃纳伊莫”）为慕、崩自老的地界，拿金沙江作沙敖疆域；疆域各管维持到千古。[3]

---

1 云南省少数民族古籍整理出版规划办公室编：《西部苗族古歌》，云南民族出版社，1992 年，第 331—333 页。
2 云南省少数民族古籍整理出版规划办公室编：《西部苗族古歌》，云南民族出版社，1992 年，331 页。
3 参见苗青主编《西部民间文学作品选（2）》，贵州民族出版社，1998 年，第 172 页。

这段文字所说的与上一段引文应是同一件事情，可以相互印证。译注者也给出了很关键的注释：1. 慕自老：苗语音译，人名，系苗族对乌撒另一彝族领主之称谓。2. 崩自老：苗语音译，人名，系苗族对乌撒另一彝族领主之称谓。3. 笃直崩崩地：苗语音译，地名，指金沙江岸高山地。4. 斯米自老：苗语音译，人名，是苗族对当地领主主事人之称谓。[1]从这些注释，我们也可以看到，这一史诗里的笃纳伊莫位于云南昭通附近。

在叙事诗群中，亚鲁／格诺／格娄／杨娄是住在荡利莫平坝上的劳锢城，那么荡利莫在哪里呢？劳锢城在哪里？

从天形成那时起，／地已有了自己的位置。／格武爷老、格诺爷老已有了住地，／住在中心地直米利荡利莫的劳锢。

过去的事现在还知道，／知道格耶爷老当年住劳坞，／劳坞距笃纳伊莫十七里。／也知道格蚩爷老当时住劳锢，／劳坞劳锢相距一百二十里。[2]

可见，格诺爷老（亚鲁）所住的劳锢城离金沙江（笃纳伊莫）没有多远，不到一百五十里。

目前中国苗族的分布主要有三个区域，这三个区域与苗语方言区基本上一致。东部方言区在湖南省湘西与贵州省黔东北的铜仁地区。中部方言区以贵州省黔东南为中心地带。西部方言区分布比较广，从四川南部以及贵州北部一带，顺着云南东部与贵州西部，一直到云南的东南部和贵州的西南部。西部方言区苗族的分布，其实正是由于其迁徙路线形成的，也就是说，西部方言苗族的形成，是从东部苗族分化出来的。

苗族被认为在历史上曾经居住在荆楚一带，是荆楚的主体民族。目前苗族分布格局的形成，是由于华夏族群的南下扩张，迫使其逆着湖南境内的各条河流迁徙，沿着资水上迁的人群，进入目前湖南的南部与西南部之后，经过广西北部进入贵州的黔东南地区，形成目前的中部方言区苗族。另一支沿着沅水西迁，进入湖南的西部，即如今的湘

1 参见苗青主编《西部民间文学作品选（2）》，贵州民族出版社，1998 年，第 163—172 页。
2 参见苗青主编《西部民间文学作品选（2）》，贵州民族出版社，1998 年，第 85 页。

西土家族苗族自治州地区，形成了苗族东部方言区的人群。这部分人群的迁徙并未停止，除了大部分人留下来之外，还有一些继续西迁，到达贵州的北部与四川的南部，这部分苗族自西迁的时候遭到了大小凉山的阻挡，从此一直南下，直到云南的文山一带，形成又一个中心区。正是由于这种长距离的迁徙，致使西部方言区分布极为广泛。

伍新福在《中国苗族通史》中大致梳理了苗族的迁徙过程。他说："秦汉至南北朝时期苗族分布的地区很广……主要聚居区是在武陵五溪和相邻的现今鄂西、渝南、黔东北一带……由于封建王朝不断的军事镇压，苗族被迫从武陵五溪地区继续由东而西，由北而南流徙……从路线来看，一部分是从武陵山脉的北端向西，进入今贵州北部、中部、西北部和川南。"[1]另外，伍新福从父子连名以及传说在当地居住的代数推算，"苗族迁徙到黔西北和滇东北的时间，大约为七八百年至一千多年前，即唐宋和北宋时代"。那么，既然西部方言苗族口传的这些关于战争的叙事诗是在这一迁徙过程中产生的，那它产生的时间上限只能是在唐宋时期，也就是说，虽然丧葬仪式中所长（存）的诸多内容可能在很久远的原始社会时期就产生了，但关于亚鲁王的故事情节的产生时间，上限在唐宋时期。

口头文学的特点之一，是演唱者会将其所处时代的一些特点添加进字里行间去，也可能会将战争的地点附会到自己所熟悉的地方。那么，是否就可以说，《亚鲁王》里关于失龙心、争夺盐井的内容可能发生在更久远的时代，只是演唱者后来把战争地移植到了川西南、滇东北、黔西北挨近金沙江一带？关键是，要使这样的预设得到证实，必须在其他方言区找到类似的故事类型，但目前没有发现。再说，这些叙事诗群里描述的与战争相关的地理呈现出一个完整的系统，并非像一般的传说那样，只是对某一座山、一条河的简单附会。

从目前所见到的资料来看，处于滇东北、黔西北一带的叙事诗群所描述的内容战争比较多，迁徙的内容相对要少一些，而目前出版的《亚鲁王》对战争的描述不算很多，迁徙内容却占了很大的篇幅。这也佐证了滇东北、黔西北、川西南挨近金沙江一带是亚鲁王战争的发生地，之后苗族经历了长途的迁徙。

这一战争地点的推测从目前见到的《亚鲁王》也能得到佐证。《亚鲁王》中关于战争的描述一处是"龙心之战"，另一处是"盐井之战"。关于盐井的争夺是在第一章的第

1 伍新福：《中国苗族通史》，贵州民族出版社，1999 年，第 90 页。

七节“射杀怪兽，发现盐井”与第八节“争夺盐井大战”。以上说亚鲁王的战争是在滇东北、黔西北、川西南挨近金沙江一带，这一区域是有名的井盐区。四川的自贡自不必说，云南的盐津县也因曾拥有盐井产盐并设渡口渡汛而得名，其县城所在地为盐井镇。

刘半农的绥远采风和《北方民歌集》[1]

刘晓路[2]

《北方民歌集》对很多人来说是陌生的，但是提起它的促成者和主持者刘半农[3]的名字，却充盈于同业者耳中。他从20世纪初发起歌谣运动开始，用了一生的精力从事着民间文学，尤其是歌谣方面的搜集和研究工作，直至生命的最后一刻。这部《北方民歌集》就是他在生命终结前一个星期完成的一次重要调查的成果。这份用生命换来的成果，至今没能呈现在人们面前，甚至很少被人知晓，令人遗憾。这部手稿从诞生到存于今世，起伏的经历和自身的价值，都值得进行一番研究。本文仅以匆匆翻过的感觉，作一简析。

一、手稿发现的经过

这部手稿的重新面世实属偶然。2002年，本人从中国民间文艺家协会民间文学集成总编辑部转到研究部任上后，经常在重新整理过的协会图书室逗留，这里很多图书资料是20世纪50年代建会以来积攒下的珍贵之物，“文化大革命”期间因战备而集中封存，直到20世纪90年代，由中国文联退还协会。一次不经意间，发现了一本棕红色硬皮封面、淡黄毛边纸装订成册的稿件，书脊上印有“《北方民歌集》、刘半农手稿、中国民间文艺研究会资料室藏”的字样。原稿是打孔穿线装订，棕色硬皮显然是后来的重新

1 刊于2012年第6期。

2 刘晓路（1955— ），男，浙江人，中国民间文艺家协会国际联络部主任。

3 刘半农：1891—1934年，又名刘复，我国五四新文化运动、歌谣运动的先驱和倡导者之一，著名的文学家、语言学家、教育家。法国国家文学博士学位，北京大学国文系教授。著有《扬鞭集》《瓦釜集》，搜集江阴船歌、绥远民歌等民间歌谣。1934年在北京病逝，鲁迅发表《忆刘半农君》一文表示悼念。

包装。因为干了这行，对刘半农和他在民间文学方面的成就早已熟知，绥远调查之事也略有耳闻。面对这份独一无二的珍贵文物，兴奋之余，仔细翻看起来。

稿子用工整小楷抄在印有“研究院文科研究所”字样的稿纸上。除了正文外，没有相关说明文字，目录是用白纸作隔页，上写“民歌”“情歌”“儿歌”的类名、流传地和数量，正文中一些作品之后有采录地及土语和风俗等的注释。

翻看的过程中，我发现一张有协会老领导、著名民间文艺学家刘锡诚[1]笔迹的字条。我把这件事告诉他，很快收到他的邮件和不久前发表的文章《刘半农：歌谣运动的首倡者》，里面就提到了这部手稿，文中说道：“刘半农在绥远收集的爬山歌，是他在民间文学领域里所做的最后一次科学采集，给我们留下了一份珍贵的遗产。20 世纪 50 年代，笔者在中国民间文艺研究会工作时，曾从头到尾读过他搜集的这部绥远地区[2]的歌谣记录誊清本，是用毛笔竖行写的，浅黄色的毛边纸，装订成厚厚的一大本，外有红色硬壳的封皮。可惜，这部珍贵的民歌记录簿在‘文化大革命’中遗失了，是为憾事。”[3]没想到几十年之后，这部几乎被人遗忘的手稿能完好无损地重现，实为幸事。我也为能亲历这个过程感到荣幸。

刘半农先生在绥远调查时染病，回京后 4 天便不幸去世，这部手稿是否其亲手所为，还有待核实。但从民间文艺学的角度看，它的珍贵程度是不言而喻的。关于手稿来源，笔者推测是某位资深民间文学研究者和编辑者，或是刘半农先生的后人所赠，但在 20 世纪 50 年代初民研会编辑的《民间文学集刊》1 至 3 册刊登的“征集民间文学资料目录”中并没此项。后据刘锡诚老师提示，著名民间文艺学家常惠[4]和江绍原[5]都向民

---

1 刘锡诚：1935— ，著名民间文艺学家。曾任《人民文学》编辑部评论组长、《文艺报》编辑部主任、中国民间文艺家协会副主席兼党组书记、顾问。《民间文学》《民间文学论坛》《评论选刊》《中国热点文学》杂志主编，中国文学艺术界联合会理论研究室研究员。现任文化部民族民间文化保护工程专家委员会委员、中国民间文艺家协会民间文化抢救工程专家委员会委员。

2 绥远地区：指绥远省，民国时期行政区划，在今内蒙古自治区中部，与陕西、山西、宁夏等省接壤，行政区划源于清政府的归绥道，时属山西省管辖。1914 年由民国政府照准设立归绥特别区，1928 年改为绥远省，省会归绥（今呼和浩特）。1954 年撤省，辖制入内蒙古自治区。

3 刘锡诚：《刘半农：歌谣运动的首倡者》，《民间文化》2001 年第 1 期。

4 常惠：1894—1985，著名民间文艺学家。1922 年至 1925 年负责北京大学《歌谣》周刊的编辑，长期从事民间文学作品编辑和歌谣搜集工作，编著有《北京歇后语》《谚语选录》《北京歌谣》《山歌一千首》《北京谜语》等。新中国成立后，参加了北京鲁迅博物馆筹建工作，是中国民间文艺研究会、中国民俗学会、中国歌谣学会顾问。

5 江绍原：1898—1983，著名民俗学家和比较宗教学家。1922 年毕业于美国芝加哥大学比较宗教学专业，北京大学教授。新中国成立后，先后任山西大学英语系教授、中国科学出版社和商务印书馆编审。中国民间文艺研究会、中国民俗学会顾问。著有《佛家哲学通论》《发须爪——关于它们的迷信》（上海开明书店，1928 年）等。

研会捐赠过图书资料，而常先生是刘先生的密友，自《歌谣》周刊后一直从事民间文学编辑工作，手稿为常先生所赠的可能性最大。此外，这部手稿曾有一个面世的机会，我在整理周作人先生《绍兴儿歌（集）》手稿及相关资料时，知道这部手稿在上（20）世纪60年代被民研会列入民间文学资料出版计划，只是因为当时的政治形势没能实现。

二、绥远北方语言声调调查的背景

刘半农先生于1925年从法国获得博士学位后回国，在北京大学国学院任教授，从事语言学方面的教学、研究，并建立了国内第一个语音乐律实验室，同时继续民间文学的调查研究。此外，他还加入“中国学术团体协会”和由该协会组成的西北科学考察团理事会、南京政府成立的古物保管委员会等组织，从事抵制外国人在我国不当考古调查和盗取文物的工作，同时，也积极促成中外学者的联合科学调查。瑞典学者斯文·赫定和中国学者共同组成西北科学考察团[1]，就是在他们的协调下成立的，刘半农在其中担当了重要的角色。这是在中国境内中外学者共同进行的第一次科学考察，其成果为我国西部开发和自然、人文学科研究起到促进作用。刘先生绥远北方语言声调的调查也与此有关，是为践诺瑞典皇家地理学会计划出版纪念斯文·赫定七十大寿（1935年2月19日）文集的约稿而进行的，也是为他《四声新谱》和《中国方言地图》的写作做些准备，调查的路线也是循着西北科学考察团的考察路线。

绥远调查团的成员，除了刘半农外，还有他的助手和学生，他们的分工是：北大语言乐律实验室的白涤洲[2]负责记录方言、同室的沈仲章[3]负责记录音乐，北大国学院学生周殿福[4]负责器材和文稿抄录，调查团还有其他工作人员等。

调查的时间和行程。调查团一行于1934年6月19日下午4时，从北京西直门火车

---

1 西北科学考察团：指1927年中国学术团体协会与瑞典探险家斯文·赫定联合组成的西北科学考察团，又称“中瑞西北科学考察团”。考察团从1927年5月起，从北京出发，经内蒙古至乌鲁木齐。考察内容包括地质、气象、历史等，考察持续到1933年，其成果自1937年起，以《斯文·赫定博士领导的中国—瑞典考察团在中国西北各省科学考察的报告》为总标题，在斯德哥尔摩陆续出版，已达50种。

2 白涤洲：1900—1934，蒙古族，1930年毕业于北京大学国文系，1933年受聘北大研究院文史部语音乐律实验室助教，著有《〈广韵〉声纽韵类之统计》《北音入声演变考》《关中方音调查报告》《〈广韵〉入声今读表》《〈广韵〉通检》等，1934年10月因病逝世。

3 沈仲章：1904—1987，苏州人，毕业于北京大学物理系，1934年加入北大语音乐律实验室，兼任西北科学考察团理事会干事，精通多国语言和音乐，擅长二胡演奏，曾为刘天华试拉新曲，抗战以后成为实业家。

4 周殿福：1910—1990，毕业于北京大学国文系，留校工作，曾任北大语言研究所副研究员，中国社会科学院语言研究所研究员，著有《艺术语言发声基础》《国际音标自学手册》等。

站出发。6月20日抵达包头，停5天，调查了包头、绥西、安北、五原、临河、固阳、萨县、托县等地的方言、声调，并用录音机记录民歌7筒；24日抵达归绥（今呼和浩特），停6天，调查了归绥、武川、丰镇、集宁、陶林、兴和、清水河、凉城等地的方言和声调，录制民歌5筒，并由沈仲章记录了曲谱；29日，从归绥出发到百灵庙游览，途经武川、召河达尔罕旗，30日下午到，在此期间，因住宿条件不堪，刘半农在夜间露宿草原时被蚊虫叮咬，留下了病根；7月2日从百灵庙返回归绥后的3天时间，刘半农应邀到绥远中学作讲演；5日调查团前往山西，在大同停留2日，调查了雁北等地的方言、声调，收录当地民歌5筒；8日抵达张家口，次日刘先生应邀在张家口第一师范讲演并作调查工作，此时他已经身感不适，发烧到39.5摄氏度，当晚启程返京，次日早上到达北京，结束调查。

回到北京后，刘半农一病不起，终因误诊，于7月14日下午2时在协和医院逝世。不幸的是，调查团另一位重要成员白涤洲也于当年10月因病去世。连续的不幸，是此番调查命运的不祥征兆。

三、《北方民歌集》所收作品的基本情况

这次调查中采录到的民歌，其流传地区涉及绥远、察哈尔（现分别归内蒙古、河北、山西）、山西和河北的归绥、包头、河套、凉城、东胜、大同、萨县、丰镇、陶林、清水河、任丘、托县、临河、阳高、和林、武川、固阳、兴和、灵丘、雁北、安北、应县、朔县、集宁、天县、河曲、塞北、定县、行唐等地，因行政区划的变更，上述地名中有些已经改变或撤销。

调查的中心——绥远地区，是民族聚居区，蒙古部落的草场，清朝初期被政府跑马圈地，作为储备军粮之地。为了管理有序，清政府开始在当地设立管理机构，并不断演化成以后的“绥远行政区划”。绥远地区的草场，土地肥沃，流传有“上后套，后套好，后套养畜不用草，庄稼不用天雨能长好”的俗话，而且人口稀少，比较临近的山西、陕西等处地少人多、干旱少雨、灾祸不断的状况，这里很利于生存。后来，这些土地多租给山西、陕西等地逃难、躲灾、谋生计的农民，“走西口”的现象由此而兴旺起来。因为清代户籍管理制度的限制，“走西口”最初是“春来秋回”，后来绥远地区部分地方开禁，鼓励外来人口落户开荒。“走西口”的农民携妻带子，在此建房置地，使当地耕地面积不断扩大，成为半农半牧地区，当地经济、社会、文化和风俗诸多方面也随之发生

了变化。这些变化，也为当地民族民间文艺的丰富和发展，注入了积极因素，产生许多独特的民间艺术种类，民歌是其中表现最突出的一种，从中可以感到陕北信天游及山西、河北小调的影响。

这次调查的成果《北方民歌集》共有326页，652面，记录了各类民歌1870余首；抄录者将其分为民歌、情歌、儿歌三部分，其中“民歌”部分比较杂乱，包括了时政、生活、风俗等多方内容，情歌的数量最多，有1500多首；对采录情况有简要的记录；作品以爬山歌[1]为主，也有小调。这次调查还有录音17筒，因为没有见到录音带，不知道时长和记录内容的详细情况。

“民间文艺，是历代广大人民在社会生活和斗争中，在与创造必需的物质文化的同时，所集体创造的必需的精神文化。她反映着各个不同时期的社会生活景象，写述着人民的观感和欲求，表现着广大群众的美学观念和艺术才能。”[2]正如所说，《北方民歌集》中收录的作品，真实地表现了20世纪30年代绥远地区的社会景象、人们生活、文化和风俗，以及人们的思想感情和“对当时社会，尤其是政治的批评”。以下按照类别，列举一些，供读者鉴赏。

时政类作品，如：“中华民国大改良，拆了庙院筑学堂”（归绥）、“剪发头呀脚板子大，三民主义留遗下”（大同）、“包头民众真难过，天灾兵祸谣三拜强干活”（归绥）、“老天爷呀！救一救命，叫我小子翻一翻身，衙役老爷太可恶，拷打小子无其数，倾家荡产付捐税，卖了老婆还不够”（凉城）、“牛一群呀羊一群，绥西土匪成了群”（包头）、“临河的百姓真倒霉，官兵来了变成土匪”（临河），反映了时代变革、军阀混战、官府压迫和土匪横行的现状。

1931年九一八事变后，国内反对日本侵略的呼声日高，也影响到绥远地区，歌谣有：“关外的哭声什么人哀唉！连天的炮火什么人开。关外的哭声老百姓哀唉！连天的炮火日本人开。什么人最是心肠坏，什么时日并到来一呀唉！日本人最是心肠坏，九一八日兵到此来一呀唉”（归绥）、“中华民国二十年，家家都要大洋钱，有钱不买日本货，你看中国阔不阔”（河北）。

---

1 爬山歌：也叫“爬山调”“山曲”，中国北方民歌体裁之一。它主要流行于内蒙古西部、山西北部和陕西榆林地区。歌词基本形式是，每首分上下两句，押脚韵，一般是七字、四拍。根据所唱内容和当地口语特点，每句字数有变化，拍数基本不变。常把几首连起来唱，近似陕北信天游。

2 钟敬文：《新中国学术史上富有意义的一页——纪念中国民间文艺家协会成立四十周年》，载钟敬文等《中国民间文艺学四十年》，敦煌文艺出版社，1991年。

生活类的作品，如："小孩娃娃好耍土，磨烂袖子没人补，亲娘死在阴曹地，娶下后娘不成器"（归绥）和"小白菜"等；"回一回婆家如坐监，住一回娘家如上天"（归绥）、"大白毛驴灰耳朵，抽起洋烟卖老婆"（包头）、"洋烟好抽瘾难退，花上银钱活受罪"（归绥、托县、凉城、包头、大同）、"铁蚕豆大把抓，娶了媳妇不要妈，要妈就打架，大家就分家"（归绥）、"叫一声爷爷你不要娶，孙女子奉养你足顶你的妻"（清水河）、"人人都说野花香，家花异枝香更长"（清水河）、"为上庄户人常常在，为下当兵的常开差"（凉城、归绥、包头、河曲）、"说了笑了枉徒然，学下唱曲子解心宽"（归绥）、"说了个难呀真也难，泪蛋蛋漂起一只船"（归绥）、"一阵说呀一阵阵笑，心上难活谁知道呀"（包头）。

这些歌谣有着鲜明的时代特点和生活气息，像"一面镜子"真实而又生动地为我们展现了那个时代的社会、生活情景和人们的精神状态。同时，也"给历史家提供了最正确的社会史料。民间文艺才是研究历史的最真实、最可贵的第一把手的材料"[1]。

《北方民歌集》中数量最多、内容最丰富、形式最优美的，是情歌。这些情歌详细地描述了男女恋爱的各个环节和感情历程——慕情、恋情、离情、思情、苦情等等。表现男婚女嫁的，如："一进门来叫一声妈，多会给奴寻人家"（归绥）、"为人寻不上个好男人，不如早死早转生"（归绥）、"顿！顿！捣花椒，媒人不来好心焦"（托县）；写初恋的，如："一对对鸳鸯一对对鹅，一对对毛眼眼瞭哥哥"（归绥、萨县、和林、凉城、托县、包头）、"一把拉住妹妹的手，说起为朋友心也抖"（归绥、萨县）、"年轻娃娃们成（沉）不住气，一见妹妹就没主意"（归绥）；写择偶的，如："大姊姊老来三妹子小，所留下二妹子正好好"（归绥）、"山药开花结圪蛋，如今的姑娘爱老汉"（归绥、凉城、包头）、"骑马要骑大走马，维朋友要维十七八"（归绥、萨县、凉城、丰镇、朔县）；赞美意中人的，如："大榆树榆钱钱，小妹妹长着一对毛眼眼"（归绥）、"场面大来碌碡小，小妹妹脚小脸儿好"（归绥、托县）；写定情的，如："白布衫衫对门门扣，咱两个交朋友天生就"（东胜）、"大青山石头乌拉山的水，天定姻缘没改悔"（归绥、阳高）、"有朝一日和你枕头上睡，铡草刀割了头我也不后悔"（归绥）、"灯瓜瓜点灯半炕炕明，酒盅盅挖米不嫌哥哥穷"（凉城、归绥、萨县、托县、包头、安北、和林）。

---

1 郭沫若：《我们研究民间文艺的目的——在中国民间文艺研究会成立大会上的讲话》，载中国民间文艺研究会《民间文艺集刊（第一册）》，人民文学出版社，1951 年。

还有许多表现男女交往过程的歌谣，如："拿上刀子割韭菜，慢慢地看一看哥哥心好坏"（包头、归绥、后套、东胜）、"手提羊肉怀抱上菜，我同妹妹回家来"（归绥、萨县）、"大黄狗不要咬，我要看看小樱桃（注：小樱桃，女子之名也）"（归绥）。过去，青年男女没成亲以前的亲热交往比较隐蔽，经常是像"偷情五更歌"唱的那样，"一更里跳风墙，手扳住窗棂细端详；端详见妹子灯影后边坐，十指尖尖绣鸳鸯。二更里靠门听，忽听见门外有人声，双手儿拉开门两扇，我把情郎哥哥叫几声。三更里进绣房，手拉手儿上了炕，两手拉开红绣被，扑面嗅见的果子香。四更里月斜西，冷身靠个热肉肉睡，小妹妹胳膊给哥哥枕，四更天要到五更天。五更里大天明，叫一声情郎哥哥快起身，二老爷娘全不怕，单怕那个偷来倒茶，不要慌，不要忙，只怕哥哥穿错了衣裳"（雁北）。

绥远地方有很多为了生计背井离乡"走西口"的人，离别便是其中恋人之间经常的事，因此民歌中有很多这方面的表现。"大风刮得树叶响，你走我在好凄凉"（归绥、集宁）、"哥哥走来妹子拉，无根沙蓬往哪里刮"（凉城、阳高）、"哥哥走了五里多，小妹妹还在门前坐"（归绥）、"手扳着房檐脚踏着墙，瞭不见哥哥又上房"（归绥、凉城、丰镇、托县、后套），一一唱的是离别时的难舍难分。"想你想你真想你，三天没吃半碗米"（凉城、归绥、托县、集宁、安北、和林、萨县、包头、大同、阳高、东胜）、"你走东川捎上一句话，就说她妹妹思想他"（包头、归绥）、"我走临河你在套，想你想得上了吊"（包头）、"三天没见哥哥面，拿起针来衽不上线"（归绥）、"听见哥哥唱过来，热身子爬在冷窗台"（凉城、归绥、丰镇、萨县、包头、固阳、后套），倾诉的是分开后不尽的相思。还有"月儿高高亮晃晃，一人睡下真凄凉"（武川）、"井里头的黑蛙见不上天，打光棍的哥哥实在可怜"（包头）、"二套牛车拉咸盐，没老婆的哥哥实可怜"（清水河）之类对爱情的渴望。从这些歌谣里看到，那个兵荒马乱、饿殍遍野的年代，给普通劳动人民带来的，不仅是贫困的生活，还有恋爱和家庭的困境。

"甜不过冰糖辣不过蒜，亲不过伙计黑不过炭"（丰镇）、"这个娃娃笑嘻戏，我和你妈搭伙计"（归绥）、"莜麦开花铃铛铛多，不要怕哥哥有老婆"（归绥、萨县、凉城）、"大河岸边栽柳树，没有丈夫怎有了肚"（安北）、"花狸猫猫钻水道，咱二人调线谁知道"（大同）、"走不是个走来在不是个在，搭下个伙计成了害"（后套），这里表现的两性关系，与"走西口"现象的盛行和当地的文化、习俗密切相关，是一种很值得研究的社会现象。

因地理的、历史的、文化的多种因素，河套地区民众的生活既是富裕的、又是悲苦的，尤其是“走西口”的历史现实（如“打光棍的哥哥”等），给这里豪放激越的歌谣，增添了几分有别于其他地方民歌的特色。从以上所举不同内容和种类的情歌中，可以感受到劳动人民中间纯洁、健康的爱情观和审美情趣，以及朴素的道德观念和对封建礼教的轻视和反抗。

除了内容丰富之外，从《北方民歌集》的作品中还可以看出民间艺术创作的基本规律，选用离自己生活最近的素材，毫不遮掩的感情抒发，很少修饰的表达方式，精心提炼的民间语言，以及起兴、比喻、比拟、谐音、双关、重复等表现手法，形成自然朴实、直抒胸臆、真切形象、生动有趣、合辙押韵的风格，读起来朗朗上口、引人入胜、回味无穷，因此，广泛流传，经久不衰。

四、《北方民歌集》的特点

刘半农在民歌的采集记录上，无论是他 1917 年 8 月从江阴老家北上京城沿途向船夫采录的《江阴船歌》，还是 1918 年由他在《北大日刊》上编定发表的 148 首“歌谣选”，以及 1927 年受蔡元培和傅斯年之命创办前中央研究院历史语言研究所民间文艺组时制订的计划，都始终如一地遵循和倡导采录的真实和科学的原则。1934 年，在他亲自领导下于绥远地区所进行的民歌调查和采录及其最终成果《北方民歌集》，同样体现了民间文学调查的科学性原则，最大限度地保持了民歌在演唱中的原真性和特点。

20 世纪 80 年代，由我国几家文化主要部门共同主持的民间文学集成普查工作指导文件中，对科学性的界定是，“第一，入选作品必须是真正的民间口头文学作品；第二，必须执行忠实记录的原则进行采录；第三，尽可能把与作品有关的资料同时记录下来；第四，少数民族作品翻译，应力求忠实、准确。坚决反对胡编乱造和任意增删改换，严禁伪造”，以及对各个时期、各种内容的作品“必须坚持历史唯物主义的态度，进行科学的评定”。[1]

歌谣运动的倡导者们虽然没有鲜明地提出上述观点，但在《北京大学征集全国近世歌谣简章》中也作了相关要求：“一、字迹宜清楚；如用洋纸，只写一面。二、方言成语，当加以解释。三、歌谣文俗，一仍其真，不可加以润饰；俗字俗语，亦不可改为官

1 中国民间文学集成总编委会办公室编：《中国民间文学集成工作手册》，北京，1987 年。

话。四、歌谣性质并无限制，即语涉迷信或猥亵者，亦有研究之价值，当一并录寄，不必先由寄稿者加以甄择。五、一地通行之俗字，及有其音无其字者，均当以注音字母，或罗马字母，或国际音标（International phonetic Alphabet）注其音；并详注其义，以便考证。六、歌谣通行于某地方某社会，当注明之。七、歌谣中有关于历史地理，或地方风俗之辞句，当注明其所以。八、歌谣之有音节者，当附注音谱（用中国工尺、日本简谱、或西洋五线谱均可）。”[1]这表明，我国早期民间文学采集工作就是在先进理念指导下进行的。

刘半农先生作为歌谣运动的倡导者之一，怀着对民间文学热爱的心情，以自己的术业专攻和科学态度对其进行了采集和研究，尤其是在语言方面。他是现代民间文学采录的拓荒者和实践者，1917 年 8 月他在北上途中，向船夫采集江阴民歌始，魏建功称“中国近代采录民众文艺之风，自先生开之”[2]，周作人在《江阴船歌·序》中也说“半农这一卷的江阴船歌，分量虽少，却是中国民歌的学术的采集上第一次的成绩”[3]。至 1934 年绥远调查，刘先生为这个事业奋斗了一生。

如果说《江阴船歌》“分量虽少”，那么《北方民歌集》就是收获颇丰，这收获不仅是数量上的，也是内容上的。如“中华民国袁世凯，剃了辫子留胡柴（注：胡柴，即胡须也）”（归绥、凉城）、“前婚老婆后婚汉，睡到半夜登（蹬）了蛋；你哭你的老婆，我哭我的汉”（萨县）、“冷弹子垒墙冰盖房，过路的夫妻不久长”（凉城）、“七层藿芦八层蒜，哪一个年轻的不嫁两天汉”（包头）、“白面揪片不加盐，人对心对倒贴钱”（归绥）、“打鱼划子渡口船，搂住妹子多心欢”（归绥）、“半夜叫门半夜开，热洞洞的盖窝（注：盖窝，俗谓被子）钻进来”（归绥、临河、清水河、大同、阳高、山西）、“不走宁夏走陕坝，你把妹子怎扔下”（归绥、包头）、“想哥哥想的我迷了窍，头枕便壶睡了觉”（归绥、东胜、包头），生活、爱情、时政、风俗、儿歌面面俱到，为科学研究奠定了基础。

绥远民歌调查对那些“语涉迷信或猥亵者”也作了忠实的记录，如“羊肚子手巾两头花，一个人抱你们姊妹俩”（归绥）、“哥哥给你说好话，你把你的裤带解开吧”（包头）、“姑娘借皂篱：嗳！为娘想吃捞捞饭，打发上十七八的姑娘借皂篱，一出门，面

---

1 《北大日刊》，1918 年 2 月 1 日。

2 魏建功：《故国立北京大学教授法国国家文学博士刘先生行状》，《国学季刊》1934 年第 4 卷第 4 期。

3 周作人：《中国民歌的价值》［即刘半农〈江阴船歌〉序，北京丙辰学社编辑《学艺杂志》1920 年第 2 卷第 1 号；北大《歌谣》周刊第 6 号（1923 年 1 月 21 日）］转载。

迎西，从南上来一个无头光棍冒失鬼；冒失鬼不说理，扳着肩肩吻了一个嘴，一把手拉在麻地里，麻叶好比纸层房，麻秆好比四个墙，脱下姑娘的红裤子，露出姑娘的好东西，左手按，右手乂，指头缝缝钻进去”（归绥），这些富有时代感的作品，都是研究历史、文化和风俗不可缺少的材料。而这些作品，是我们在现已发表的爬山歌作品中看不到的。

可以看出，手稿中的作品是按照《简章》要求，经过认真整理，重新抄写的，除了字迹工整、格式统一外，从稿子上的不同笔迹还可以看出，经过了认真的核对和修改，这种修改应该是根据调查采录的语言和民歌的录音进行的，整理者是语言学家，在表现语言原貌上很准确。整理者在每首民歌的末尾都标注了采集地，如“妹子腰细脚又小，大年下的饺子比不了”（归绥、丰镇、包头、后套）、“宁吃一苗韭菜不吃葱，宁为个老百姓不为个兵”（归绥、包头、凉城、河曲），通过反复标注，我们可以清楚地了解这些民歌的流传情况；就作品中涉及方言字词和习俗地方进行的注释，为更多方面和更深入的研究提供翔实的资料，如“一斗麦子压成面，我给媒人蒸供仙（注：供仙，即供神之馒头也）”（归绥）、“山药圪蛋煮白菜，婆婆公公就是妹妹的害（注：山药圪蛋是马铃薯，前一句表示后套人民常用之食品，后则乃既有情人，出嫁后对公姑严防之不满意也）”（后套）、“山药圪蛋家常饭，大闺女养娃娃不稀罕（注：未嫁而生子，已为习见之事，可见风俗已不堪，处女时代，便可和人相妍——恋爱，实在是不稀罕）”（后套）。

绥远调查，在遵循科学性理念的同时，在采录方法上也是十分先进的。为了取得好的效果，这次调查做了充分准备和周密计划，参与人员有语言学家和音乐家等，采录民歌时不仅记录歌词，也能记录乐谱；用录音机现场录音，使歌词和音乐有机结合，便于日后研究时能找到语言与音乐的密切关系，同时在整理时也有可靠的依据。这种多学科人员共同参加的民间文学调查和使用先进设备进行记录，也应该是中国民歌史上的第一次。它在今天的民间文学调查中仍然是很先进的，何况当时了。遗憾的是那些宝贵的录音至今下落不明。我曾托金荣华老师和陈美玲老师在中央研究院查找，没有结果。余下的可能是，录音被带回北大并在整理手稿时发挥了作用，语音室并入社科院语言所后随行；成果整理好后，录音被参与者收藏。无论哪种，都希望它还存在，并在大家的努力下，像这部手稿一样再现。

绥远民间文学调查，可以说是 20 世纪一个有组织、有一定规模的民间文学调查的范例。很短的时间里，能采录到那么多的民歌，在那个年代是一件不容易的事情，体现了那个时代，包括刘半农先生在内的民间文学研究者对事业的执着精神、认真态度和先进理念，以及宽松的研究环境和良好的研究机制，让我们既敬佩又羡慕。

客观地说，《北方民歌集》在搜集整理当中也有不足之处，如缺少了调查对象和调查背景的详细记录，后期整理时没能很好地对作品进行分类，没有对此次调查及成果作系统的学术总结，这与刘半农先生过早离世后，缺乏专业的指导有关。这一结果，给我们对这次调查进行更广泛深入的研究和学术上的借鉴留下遗憾。

从真实到传说：麒麟的故事[1]

侯仰军[2]

一、“西狩获麟”，孔子究竟看到了什么？

春秋末年，麒麟现身巨野泽。《春秋·哀公十四年》载：“十有四年春，西狩获麟。”《左传·哀公十四年》载：“十四年春，西狩于大野，叔孙氏之车子鉏商获麟，以为不祥，以赐虞人。仲尼观之，曰‘麟也’，然后取之。”这两段史料说明，鲁哀公十四年即公元前481年，也就是孔子去世的前两年，一代学问大师孔子看到了实实在在的、当时一般人已经难以见到的“麒麟”。这在当时本不是什么惊天动地的事情，但由于麒麟在先秦时期就是“四灵”[3]之一，是华夏民族特有的带有神性的动物，加上后世文人的渲染，“西狩获麟”竟成为中国文化史上带有里程碑意义的大事。

有人认为，孔子因为麒麟在乱世出现，悲叹自己生不逢时，把正在写作的《春秋》打住，《春秋》记事到此为止；也有学者认为，孔子是因为见到麒麟，深恐自己的事业后继无人，才动手写作《春秋》。《公羊传》说：“春，西狩获麟。何以书？记异也。何异尔？非中国之兽也。然则孰狩之？薪采者也。薪采者则微者也，曷为以狩言之？大之也。曷为大之？为获麟大之也。曷为为获麟大之？麟者，仁兽也。有王者则至，无王者则不至。有以告者曰：‘有麕而角者。’孔子曰：‘孰为来哉！孰为来哉！’反袂拭面涕沾袍。……西狩获麟，孔子曰：‘吾道穷矣。’”《史记·孔子世家》则记载：“鲁哀公十四年春，狩大野。叔孙氏车子鉏商获兽，以为不祥。仲尼视之，曰：‘麟也。’取之。曰：‘河

1 刊于2012年第6期。

2 侯仰军（1966— ），山东微山人，历史学博士，中国民间文艺家协会办公室主任，编审。

3 《孔子家语·礼运》：“麟、凤、龟、龙谓之四灵。”

不出图，雒不出书，吾已矣夫！’颜渊死，孔子曰：‘天丧予！’及西狩见麟，曰：‘吾道穷矣！’喟然叹曰：‘莫知我夫！’……子曰：‘弗乎弗乎，君子病没世而名不称焉。吾道不行矣，吾何以自见于后世哉？’乃因史记作春秋，上至隐公，下讫哀公十四年，十二公。”不论是因麒麟出现写《春秋》还是因麒麟出现不再写《春秋》，麒麟的出现不同凡响是确定无疑的。

《公羊传》还只是说麒麟“非中国[1]之兽也”，而到了后世，多数学者认为麒麟只是传说中的一种动物，在现实生活中并不存在；也有一些学者认为麒麟在古代确实存在，至于是哪一种动物，有不同的说法：有的学者认为麒麟是獐，所以古书上说麒麟是“麇身”，有的学者认为麒麟就是现实中的牛，还有的学者认为是印度犀牛。

那么，麒麟在现实生活中是否真的存在过？如果麒麟是真实存在过的动物，“西狩获麟”时，孔子究竟看到了什么？

笔者认为，说麒麟“只是古代传说中的一种动物”，“现实中并不存在”，是站不住脚的。其一，在我国最早的成熟文字甲骨文和最早的诗歌总集《诗经》中，就有关于麒麟的记载。殷墟发现的可识别的甲骨卜辞中，多次出现麒麟，如“又（侑）白麐于大乙”（《甲骨文合集》36481正），“庚戌卜贞，王□……于麐、驳、駁”（《甲骨文合集》36836）……其中“又（侑）白麐于大乙”出自甲骨卜辞中一片非常著名的“小臣墙刻辞”：“小臣墙比伐，禽（擒）危、美……人廿人四……又（侑）白麐于大乙”（《甲骨文合集》36481正）。这是一次战争俘获与赏赐的记录，是出土文献中最早而且是目前仅见的关于“白麟”的记录。值得注意的是，用“白麟”祭祀大乙即商朝开国君主商汤[2]，在“国之大事，唯祀与戎”、鬼神信仰十分盛行的商代，显示出人们对“白麟”的高度重视。

这两片卜辞都是帝乙、帝辛时代（前1101—前1046）的，证明在商朝后期，麒麟的地位已经很高，但并不难见到。

殷墟甲骨文是商王室用于占卜记事而刻（或写）在龟甲、兽骨上的文字，商代臣民对鬼神信仰十分虔诚，“国之大事，唯祀与戎”，人们不大可能欺骗鬼神；商朝灭亡后，

---

1 先秦文献中的“中国”指当时的中原一带，即黄河中下游地区，包括今河南省的大部、山东西南部、河北省南部、山西省南部。

2 商汤，名履，又称成汤、武汤、武王、天乙。在殷墟甲骨文中称成或唐，亦称大乙。西周甲骨文与金文中称成唐。

甲骨文被深埋地下三千年，不大可能存在后人造假的问题，还是很可信的。

《诗经》中，也有对麒麟的歌颂和褒扬："麟之趾，振振公子，于嗟麟兮。麟之定，振振公姓，于嗟麟兮。麟之角，振振公族，于嗟麟兮！"[1]赞美贵族公子，而以"麟"起兴，说明麒麟在当时人的心目中地位之高，同时也反映出麒麟的真实存在。

其二，《春秋》和《孔子家语》中关于"西狩获麟"的记载，为我们提供了生动的例证。孔子非常严谨，《论语》说他不谈论怪异、勇力、悖乱、鬼神。[2]他对于《春秋》的写作高度重视。在写作《春秋》时，"笔则笔，削则削，子夏之徒不能赞一辞。弟子受《春秋》，孔子曰：'后世知丘者以《春秋》，而罪丘者亦以《春秋》。'"[3]因此，《春秋》记载的内容，应该是可信的。《春秋·哀公十四年》载："十有四年春，西狩获麟。"由此可知，孔子当时看到了实实在在的、一般人已经难以见到的"麒麟"。近年来被学者称为"孔子研究第一书"的《孔子家语》对"西狩获麟"的记载更为详细："叔孙氏之车士曰子鉏商，采薪于大野，获麟焉，折其前左足，载以归。叔孙以为不祥，弃之于郭外。使人告孔子曰：'有麇而角者，何也？'孔子往观之，曰：'麟也，胡为来哉？'反袂拭面，涕泣沾襟。叔孙闻之，然后取之。子贡问曰：'夫子何泣尔？'孔子曰：'麟之至，为明王也。出非其时而见害，吾是以伤焉。'"[4]

其三，从古文献看，麒麟在商代之前的中原时常出现，西汉至北宋时也有麒麟的活动，如汉武帝元狩元年（前122）往雍郊祀而获一角兽麒麟[5]；汉明帝永平十一年（68）麒麟出现[6]；汉章帝元和二年至章和元年（85—87）"麒麟五十一见郡国"[7]；汉安帝延光三年（124）"麒麟见阳翟"，同年八月"颍川上言麒麟一、白虎二见阳翟"，延光四年（125）正月东郡上言"麒麟一见濮阳"[8]；汉献帝延康元年（220）"麒麟十见郡国"[9]……

由此看来，麒麟怎么能只是古代传说中的一种动物，现实中并不存在呢？

那么，麒麟到底是什么呢？笔者认为，真实的"麒麟"或者说"西狩获麟"时孔子

1《诗经·国风·周南·麟之趾》。
2《论语·述而第七》："子不语：怪、力、乱、神。"
3《史记·孔子世家》。
4《孔子家语·辨物第十六》。
5《史记·孝武本纪》。
6《后汉书·明帝本纪》。
7《宋书·符瑞志》。
8《后汉书·孝安帝纪》。
9《宋书·符瑞志》。

见到的“麒麟”，不是獐，不是牛，也不可能是印度犀牛，麒麟就是麒麟，它是一种与麋鹿相似的鹿科动物，只不过到了后世由于气候变化和人类的猎杀而消失了。麒麟的模样也不像后世描述的那样：龙头、鹿角、狮眼、虎背、熊腰、蛇鳞、马蹄、牛尾。

我们从现存的汉碑上还能看到汉代人心目中的麒麟形象，如东汉山阳太守碑上的麒麟就像一头鹿。成书于秦汉之际的《尔雅》[1]则说：“麟，麐，麕身，牛尾，一角。”也就是说，孔子见到的麒麟，是一头长得很像麋鹿的动物。

明朝时期的人曾把长颈鹿误认为是麒麟，足以说明麒麟是一种与麋鹿相似的鹿科动物。曾随郑和在 1413 年、1421 年、1431 年三次下西洋的马欢，在其所著《瀛涯胜览》中提到了“阿丹国麒麟”：“阿丹国麒麟，前足高九尺余，后足六尺余，项长，头昂，至一丈六尺，傍耳生二短肉角，牛尾，鹿身，食粟豆饼饵。”阿丹国就是亚丁国，在今天的亚丁湾一带。马欢所说的“阿丹国麒麟”，其实就是长颈鹿。

麋鹿是中国特有的珍稀动物，体长约 2 米。雄性肩高 0.8—0.85 米，雌性 0.7—0.75 米。初生仔 12 公斤左右，一般成年雄麋鹿体重可达 250 公斤，角较长，每年 12 月份脱角一次。雌麋鹿没有角，体形也较小。善游泳，喜群居，因面似马、角似鹿、蹄似牛、尾似驴而俗称“四不像”。由于它有宽大的四蹄，非常适合在泥泞的树林沼泽地带寻觅青草、树叶和水生植物等。麋鹿在 3000 年以前相当繁盛，主要分布在中国的中、东部，日本也有，东海、黄海及其附近海域也曾发现麋鹿的化石。由于气候变化和人类的猎杀，汉朝末年麋鹿在中原就近乎绝种，只有少量存在于长江中下游沼泽地带。大约在 150 年前野生麋鹿就消失了。

比麒麟、麋鹿幸运一些的是扬子鳄。扬子鳄是短吻鳄的一种，古称鼍或鼍龙。它生活在地球上已六千万年，比人类的历史长得多。扬子鳄性格凶猛，寿命可达一两百年，体长可达两米。背面覆有六列坚硬角质鳞板，这就是传说的龙身上的鳞甲。背部多为暗褐色，即青色，故多称青龙或苍龙；腹面为灰色，有黄灰色横条，尾巴为灰黑相间的环纹。现今扬子鳄分布在长江下游的有限地段中。但在公元前 4000 年—公元前 3000 年，在北纬 36 度附近却有鳄的存在。山东兖州王因遗址发现了至少分属于 20 个个体的扬子鳄残骨，与其他水生动物如鱼、龟、鳖、蚌等的遗骸混杂在灰坑中。这些鳄大的有 1.5

1 多数学者认为，《尔雅》成书的上限不会早于战国时期，因为书中所用的资料，有的来自《楚辞》《庄子》《吕氏春秋》等书；成书的下限不会晚于西汉初年，因为汉文帝时已经设置了《尔雅》博士。

米以上，小的不到 1 米。骨板深黑，被火烧过。显然，灰坑中的残骸都是六千多年前的王因人熟食了这些水产品后弃置而成。烧黑的骨板是他们烧吃鳄肉的铁证。泰安、泗水、兖州、滕县各地发现的商代及以前的鳄皮制品也应该是就地取材、当地制作的。

笔者认为，麋鹿、扬子鳄的命运可以看作麒麟命运的一个旁证。由于商代之前鲁西南地区气候比较温暖湿润，又有大野泽、菏泽、雷夏泽及黄河、济水等广阔的水域，这里自然成了麒麟、麋鹿、扬子鳄等动物生长繁殖的乐园。西周之后，由于人类的滥捕滥杀，加上该地区的气候变得干旱，水域大面积减少，麒麟、野生麋鹿逐渐消失在人们的视野中。

二、进入民间传说

现实世界中麒麟的消失为麒麟在传说中留下广阔的想象空间，借由人们的想象，麒麟无论在形象上，还是在德行上都发生了巨大的变化。

麒麟的形象，在汉代人的眼里，还是和麋鹿一样的动物，汉代之后，日益丰满。唐宋时期，麒麟已成为集众多动物特点于一身的神兽、仁兽：龙头、鹿角、狮眼、虎背、熊腰、蛇鳞、马蹄、牛尾。

“西狩获麟”之前，麒麟已经带有神性。如前所述，商朝人用“白麟”祭祀大乙即商朝开国君主商汤，其地位不仅高于人牲，甚至高于用方伯做的人牲。[1]“西狩获麟”之后，随着儒家思想的传播，进而被定为一尊，麒麟被进一步神化，其形象日益丰满，其德行日益完美。被当今学者誉为“保存了某些独一无二的文献资料，是研究孔子、孔子弟子及先秦两汉文化典籍的重要依据”[2]的《孔子家语》，在提到麒麟时，已经把它作为神性动物来记述了：“何谓四灵？麟、凤、龟、龙，谓之四灵”；如果君主遵循礼制，则“天降甘露，地出醴泉，山出器车，河出马图，凤凰、麒麟皆在郊薮”；等等。

宋代学者罗愿著《尔雅翼》，对于后世神化麒麟的现象作了一番总结，可谓代表之作：“麟，麕身，牛尾，一角，《春秋》之书麟亦曰有麕而角者耳。盖古之所谓麟者止于此，是以其物可得而有，而其性能避患，不妄食集，故其游于郊薮也，则以为万物得其性，太平之验，是不亦简易而自然乎！至其后世论麟者，始曰马足，黄色，圆蹄，五

1 参见王晖《古文字中“麐”字与麒麟原型考——兼论麒麟圣化为灵兽的原因》，《北京师范大学学报（社会科学版）》2009 年第 2 期。

2 王承略：《论〈孔子家语〉的真伪及其文献价值》，《烟台师范学院学报（哲学社会科学版）》2001 年第 3 期。

角，角端有肉，有翼，能飞，含仁怀义，音中律吕，行步中规，折还中矩，游必择土，翔必后处，不履生虫，不折生草，不群居，不旅行，不犯陷阱，不罹罘罔，牡鸣曰游圣，牝鸣曰归和，夏鸣曰扶幼，秋鸣曰养绥，呜呼，何取于麐之备也！”

先秦以来，民间产生了数不尽的有关麒麟的传说，如《麒麟送子的传说》《梦麟而生孔子的传说》《西狩获麟的传说》《麒麟被获和孔子“见麟而死”的传说》《麒麟冢、麒麟台的传说》《获麟集的传说》《麒麟兜肚的传说》《麒麟锁的传说》《牛生麒麟的传说》《麒麟李的传说》等。这些传说，在山东省的西南部地区特别是巨野县（今属菏泽市）、嘉祥县（今属济宁市）尤其盛行。

明朝天启年间编写的《巨野县志》记载：“巨野东南金山下焦氏山产麒麟，孔子未生时，麟衔玉书至阙里，其文曰：‘水精子继衰周而素王。’颜氏异之，以绣绂系麟角，信宿而去。怀妊十一月而生孔子。遂改焦氏山为麟山。”这段记载，既是当时民间麒麟送子传说的反映，又成为后世《麒麟送子的传说》的母本。

《麒麟送子的传说》故事情节大略是这样的：在孔子的故乡曲阜，有一条阙里街，孔子的家就在这条街上。孔子的父亲孔纥（叔梁纥）与母亲颜徵在仅有孔孟皮一个男孩，但患有足疾，不能担当祀事。夫妇俩觉得太遗憾，就一起在尼山祈祷，盼望再有个儿子。一天夜里，忽有一头麒麟踱进阙里。麒麟举止优雅，不慌不忙地从嘴里吐出一方帛，上面还写着文字：“水精之子孙，衰周而素王，徵在贤明。”第二天，麒麟不见了，孔纥家传出一阵响亮的婴儿啼哭声。孔子诞生了。[1]

牛生麒麟的传说在巨野县也有多种版本，皆生动详细，活灵活现。在巨野县麒麟镇的传说是这样的：春秋时期，巨野泽畔有一宋姓老汉，日出而作，日没而息，过着安乐而平静的生活。他家中养的一头舐牛（母牛）怀犊了，可过了老长时候还迟迟不将（巨野方言，即分娩）。地里急需耕种，宋老汉只好再套上牛去耕地。到了地里，套牛耕地，犁到这头犁那头，犁到那头犁这头，一气犁到中午时牛不走啦。宋老汉只好让它歇子（巨野方言，即休息）。歇子的时候，牛趴下开始抱（巨野方言，即分娩）犊。宋老汉大喜，急忙给它准备草料，在一旁照护着。不一会儿牛抱下一个犊子，宋老汉一看，大吃一惊。那个犊子长得太奇怪啦，啥都像又啥都不像，头上有角，身上有鳞，马蹄子，牛尾巴。更让宋老汉吃惊的是，那怪物一落地就活蹦乱跳，见风就长，还饥不择食，一转

1 据巨野县文化局提供的资料（电子版）。

眼竟将宋老汉犁地用的犁铧片吃掉半拉。宋老汉心想："我这一辈子也没听说过这样的东西，别说见啦，它连生铁都能嚼动了，吃人不跟喝面条似的？"老汉当是一头怪物，害怕连自己也吃了，惊慌忙乱，拿起打坷垃的榔头一下子就把它打死啦。这件事一传十、十传百，传到鲁国国都。国君听说了这回事，请孔子前去察看。孔子受国君之托，急急忙忙从曲阜赶到巨野泽。孔子一看是神兽麒麟，非常伤心，大哭一场。人们这才知道这头怪兽叫麒麟，是仁兽、瑞兽，给人们送福来啦。宋老汉后悔不及。孔子说："这事也不怨你，这是天意。您想想，既然麒麟是神兽，日行千里夜行八百，平时人见都见不到它，别说逮它啦。这是它主动现身，叫你打死的。预示天下将要大乱。"果然，不久天下大乱，各国征战开始了。[1]

这个故事，在清朝道光年间编写的《巨野县志》里有记载：雍正十年（1732）六月初五日辰时，巨野新城农民李恩家母牛产一麒麟。《曹州府志·艺文》载有山东巡抚岳濬的《恭贺瑞麟表》，描述甚详。

这些传说，有一个共同的特点，即麒麟是神兽、仁兽、吉祥物，能预知未来，能给老百姓带来福气。正如唐代文学家韩愈所说："麟之为灵，昭昭也。咏于《诗》，书于《春秋》，杂出于传记百家之书，虽妇人小子皆知其为祥也。"[2]

由麒麟传说所引发出的麒麟崇拜和相关习俗以及由此派生出的戏曲、民谣、曲艺、舞蹈、建筑、雕刻、刺绣、剪纸、绘画等艺术更是经久不衰。巨野民间流行祈麟送子风俗，方式是由不育妇女扶着载有小孩的纸扎麒麟在庭院或堂屋里转一圈。也有学阙里人的样子，系彩于麟角。

如果说麒麟在现实中的消失是人类社会的一大损失，由麒麟传说引发出的麒麟崇拜和相关习俗对我国民间文学、民间文艺的贡献则是人们意想不到的弥补。

三、麒麟传说的背后

从现实存在的动物到传说中的动物，到人们认为它只是传说中的动物，麒麟的故事反映出历史与传说之间的复杂关系。

众所周知，民间传说是围绕客观实在物，运用文学表现手法和历史表达方式构建出

---

1 据巨野县文化局提供的资料（电子版）。
2 韩愈：《获麟解》。

来的，具有审美意味的散文体口头叙事文学。在民间传说的创作中，客观实在物始终处于核心地位，因此人们又将它称为“传说核”，“传说核”可以是一个历史人物、历史事件，也可以是一个地方的古迹或风俗习惯等。因此，民间传说无不包含着历史真实的要素，我们从民间传说中还是可以找到历史的真实存在的。

殷墟甲骨出土地的安阳属于豫东，“西狩获麟”发生地的巨野属于鲁西南[1]，反映出先秦时期豫东、鲁西南的地理环境适宜麒麟生存，这是该地产生并传播麒麟传说的基本要素。

地理环境是指一定社会所处的地理位置以及与此相联系的各种自然条件的总和，包括气候、土地、河流、湖泊、山脉、矿藏以及动植物资源等。地理环境对于人类的生存与发展影响甚大，也决定着文化、文明的产生与传播——特别是在人类社会的早期。先秦时期鲁西南地区优越的地理环境使麒麟传说具备了可能性，也使麒麟传说向四周传播并成为中华民族共同的特殊的记忆具备了必然性。依据近年来的考古调查发现，我们认为，鲁西南地区的地理环境在先秦时期是气候温暖、雨量丰沛，沼泽遍布、林木茂密，动植物资源丰富，一般人不易见到的珍稀动物在这里出现不足为奇。

考古发现证明，在距今8000—5000年期间，全球气候较今天温暖得多，被称为全新世中期或全新世大暖期。而据当代著名的地理学家和气象学家竺可桢先生研究，商代的气候温暖而潮湿，温度比今天要高出二三摄氏度。[2]黄河流域史前及商代遗址里发现许多厚壳蚌及蚌制品：镰、刀、矛、镞、饰物等等，尤以河南、山东交界处为多。1975年在兖州王因遗址出土的蚌壳多达数十公斤；梁山青堌堆遗址发掘面积仅72平方米，蚌壳亦有十数公斤之多。其中以一种壳体甚厚、壳面多瘤的丽蚌最多，其次为壳体较扁平宽大的帆蚌。前者现仅存在于长江以南，后者适应性较强。1976年至1979年春，菏泽地区文物工作队对曹县莘冢集遗址进行了两次发掘，出土了陶网坠、陶纺轮、骨锥、骨

1 狭义上的鲁西南专指位于山东省西南部的菏泽市（下属一区八县），有时也包括古大运河以西山东省济宁市的二区五县（市中区、任城区，金乡县、嘉祥县、鱼台县、梁山县、汶上县）。“鲁西南”的名称最早出现于抗日战争时期中国共产党在山东曹县建立的鲁西南地委，那时的鲁西南大体上包括山东省的曹县、定陶县、菏泽城区的西部与南部，当时属于河北省的东明以及长垣东部，河南省的兰考、民权、商丘与曹县接壤的部分地区，中心是曹县。新中国成立后，鲁西南的概念有所扩大，除了以前的鲁西南地区外，增加了运西地区（大运河以西，以郓城为中心）。湖西地区（微山湖以西，以单县为中心）。包括现在菏泽市的全部地区以及济宁的一小部分、河南省的一小部分。本文中所说的“鲁西南”，指的是广义上的鲁西南，即泰沂山脉断裂带以西的地区，大体为今泰山以西的菏泽全部，济宁大部，枣庄、泰安、聊城的一小部分。重点或中心点是菏泽地区。

2 参见竺可桢《中国近五千年来气候变迁的初步研究》，《考古学报》1972年第1期。

凿、骨匕、骨棱形器、石铲等。另外，还有大量的鱼刺、螺壳和少量的兽骨等。这些遗物在别的堌堆遗址中也有大量发现，反映了商代先民的经济生活虽以农业生产为主，但渔猎和采集经济仍占有相当大的比重。1984 年，北京大学考古系对菏泽市的安邱堌堆遗址进行发掘，发现了“有明显使用痕迹的蚌镰、蚌刀、尖锐锋利的骨针、骨锥、骨镞等”[1]。考古工作者在定陶县官堌堆遗址发现了蚌壳坑，发现和采集了新石器时代和商周时期的大量遗物，计有鹿角化石、野生动物骨骼、牙齿、石刀、石斧、石镰、骨针、贝壳、陶斧等。

一般来说，气候变暖，导致气候带北移，华北大平原地区以及黄河流域的降水也相应有较大幅度增加。地处黄河下游华北大平原上的鲁西南地区，乃降水丰沛之地。根据成书于春秋、战国时的《禹贡》《左传》等书记载，鲁西南地区在先秦时期著名的湖泽有菏泽、大野泽、雷夏泽、孟诸泽，著名的河流有济水、濮水、沮水、灉水、菏水、泗水，菏泽、大野泽、雷夏泽、孟诸泽的主体水域都在今天的菏泽地区，其中以大野泽水域最为辽阔。

《水经注・济水注》曰：“巨野，湖泽广大，南通洙、泗，北连清、济。”《元和郡县志》说：“大野泽在巨野东五里，南北三百里，东西百余里。”《大清一统志》说：“（大野泽）在巨野县北五里，济水故渎所入也。自汉元光三年（前 132），河决濮阳瓠子，注巨野，下逮五代晋开运，宋咸平、天禧、熙宁，金明昌，元至正决入者凡六次，自涸为平陆，而岸畔不可复识矣。”

经多次文物普查发现，巨野县东北部，嘉祥县的西部，郓城县的东部，梁山县的东部，再北至今东平湖，基本上不见堌堆[2]遗址。这一南北长条状地带，应为大野泽的方位和范围。若以堌堆遗址为大野泽四至坐标的话，西岸自南至北的堌堆遗址为：巨野县田庄镇冯堌堆遗址→郓城县城东 3 公里的苏庄遗址→梁山县城西北方向的土山遗址→梁山县大路口乡贾堌堆遗址→北至现东平湖西岸。东部一带的嘉祥县的老僧堂乡、梁宝寺乡和黄垓乡均无堌堆遗址，当为东岸以内的湖区范围。能够确定的是东岸中北部梁山县开河乡五里堡的吴堌堆遗址→梁山县李官屯乡的青堌堆遗址，再向北则为现东平湖东岸、大野泽北岸当年与现东平湖北岸相当。南岸则以巨野县麒麟镇的麒麟台遗址为界。若将这组

---

1 北京大学考古系商周组：《菏泽安邱堌堆遗址发掘简报》，《文物》1987 年第 11 期。

2 古人为了躲避水患，常择高地而居。这种高地，古人称为“丘”（今或作“邱”），如“陶丘”“楚丘”“商丘”；或称“虚”（今多作“墟”），如“颛顼之虚”“昆吾之虚”“少皞之虚”；或称“陵”，如“桂陵”“马陵”“鄢陵”。今鲁西南、豫东、皖北一带称之为“堌堆”或“孤堆”。

堌堆遗址连起线来，则形成南北方向呈长条状的区域。若以此来推断，大野泽的水域面积在2000平方公里左右（南北长约70公里，东西宽约30公里）。[1]

一系列的考古发现表明，鲁西南地区在先秦时期沼泽遍布、林木茂密，动植物资源丰富，麒麟在这里生存繁衍是非常自然的。

一直到金、元黄河泛滥之前，以菏泽为中心的鲁西南地区在中国社会发展史上都举足轻重。鲁西南地区是古代九州之一——“兖州”的中心区域，地理位置十分重要，交通发达，号称“天下之中”，为当时的交通枢纽。在麒麟传说产生以后，鲁西南地区优越的地理环境又成为它得以迅速传播的必不可少的条件。

---

1 张启龙:《从鲁西南堌堆遗址看古泽薮地望》，载《齐鲁文博》，齐鲁书社，2002年。

论家族傩

——以临武县大冲乡油湾村王氏家族的傩祭为例[1]

朱恒夫[2]

家族傩在中国的行傩活动中是一个重要的类型，它以有血缘关系的宗族为单位，以家族的祠堂与村庄为行傩的地点，以祈求整个宗族的平安福祉为目的。形成家族傩需要具备三个条件：一是村庄以一个宗族的人口为主，至少要占到80%以上，且宗族在村庄中有着绝对的权力；二是宗族有着较长的历史，行傩活动经过数百年，已经形成了一种家族习惯；三是宗族的人口众多，应在二三百人之上。家族傩分布于皖南、赣南、闽北、粤北、湘南、川东等地，虽然各地的家族傩不完全相同，但是其形成的过程、傩祭的组织、目的，以及其内容构成，还是较为相似的。湖南临武县油湾村的王氏家族的行傩活动，其傩文化形态较为完备，由傩祭、傩歌、傩舞、傩戏等构成，其来源、组织、仪程、内容等，呈现出鲜明的家族傩的特点，极具学术研究价值。笔者分别于2009年11月和2012年8月两次去了油湾村，对王氏家族的家谱、祠堂、村庄的人口、经济、物产、风俗、宗教信仰、文化教育等做了调查。现以油湾村为例，对家族傩作一简浅的论述。

一、家族傩是在家族祠祀的基础上形成的

家族傩的首要条件是有一定人口规模的大家族。在中国古代社会，因农业经济的客观要求和在重农抑商与人口不允许自由流动的政策的影响下，村庄多半是由一姓人家经

1　刊于2013年第4期。此文为“都市社会发展与智慧城市建设”课题的阶段性成果。

2　朱恒夫，中国傩戏学会副会长、中国戏曲学会常务理事。上海大学教授、博士生导师、上海大学中国戏曲发展研究中心主任。主要从事戏曲学、古代文学与文化史研究。

过数百年繁衍而成，因而许多村庄的姓氏单一，即使有几个姓氏，之间也有血缘关系，或为姑表，或为姻亲。所以，中国的乡村遍布着以姓氏为名的村庄，如王村、李庄、陈家集、张家界等等。这种情况在南方更为突出，其主要原因是北方战乱，或是“江西填湖广”之类的移民政策，造成很多家庭迁移至南方，在移居处拓地垦荒，然后代代相传，而成村落。

油湾村的王氏亦是从江西迁移而来，然第一代到湘南的先祖仁鞠公，移居之处并非油湾村，而是今蓝山县的蓝邑。王氏族谱对其由来有这样的记述：

> 仁鞠公字子养，号毅斋，别号嵩山官印子。恭生于大宋至道元年乙未岁（995）六月初二寅时，享寿六十有三，殁于大宋嘉祐二年丁酉岁（1057）九月十七日。……公原籍洪都太原，吉安府太和县桐枧下人。虎奋鹰扬，龙韬豹略，于大宋仁宗天圣五年（1027）丙辰间曾充御营宿卫使职，奉命来监桂阳。惠泽宏敷，上下相得。解组后封德勇大将军，斩鲸鲵，振王旅，欢歌奏凯。际中书佐丞郑公佑擢助分理云南诸路，因征蛮拜任祖获俘馘加授平蛮侯，复守吉安桐枧等处。康定间（1040—1041）七月初七日，同姑表雷大郎逾我衡山，来蓝邑杨鸟田，继迁赤竹，渡逆流而上，过涧溪，直抵里田，上湾叠嶂，层秀耸翠，青龙蜿蜒，白虎驯蹲，奠子孙之鸿基，凭眺山水以诗酒终。[1]

到二世祖“添羽，授都公断事，京中司官。又移居里田上湾”。随着族人人口的增多，裔孙不断分蘖移居他处，到了明代天顺年间（1457—1464），其十七世祖思能公，才迁移至今临武县大冲乡油湾村。

由族谱来看，思能公仅是个普通的农民，而非地主乡绅，他是以自己的小家庭为单位移居油湾村的，其人口为五六人，至多十几人吧，这自然不能称之为家族，能称之为家族非有几十口人不可。

不论家庭人口多少，其生活中都少不了祭祖的活动，因为祭祀祖先是中华民族尤其是汉民族的传统，亦是风俗与道德要求。思能公移居油湾村之后，他与之下三四代的子孙，其祭祖方式只能是两种：一是家祭，即在油湾村遥拜祭祖，因为先祖的坟墓与祠堂

1 《临武王氏宗谱》上册“谱系”第 1 页，1991 年重修。为王氏后人、临武图书馆馆长王珍贤提供。

都不在油湾村；二是祠祭，到先祖墓地和设在大宗所在村庄的祠堂进行祭祀。等到油湾村的人口增加了几十人或上百人，分家立户后有了好几房，这时，族人便会建立自己的祠堂，排列其从仁鞠公到思能公的牌位，从此就在本村进行祭祀活动了。

人们为何如此重视祭祖呢？因为祭祖有着这样的功能：一是通过缅怀先祖，饮水思源，培养族人感恩念德之高尚感情；二是祈求祖先赐福子孙，保佑族人，使后裔昌盛；三是强化族人对家族成员、族规、家族组织的认同感，使家族团结、和睦、互相帮助、互相监督，激励一代代人不懈努力，以光宗耀祖。因有这样的功能，故而人们对此从来不敢马虎敷衍，每到清明、中元、除夕等节日和先祖生辰、辞世之日，必以恭敬的态度、隆重的场面，按照一整套烦琐的仪式有条不紊地进行，其气氛肃穆、庄严，一如孔子所说："祭如在，祭神如神在。"[1]

现在的油湾村共有 826 人，王姓依然是独姓。虽然村落不大，却有三座祠堂，即使在今日，祭祀活动也从未间断过。每到除夕，各家家长都会带领全家老小，到祠堂里，摆上祭品，插烛焚香，依次跪拜。中元节时，即使远在广州、长沙，甚至在杭州打工的人也会不吝路费与时间，回家祭祖。由现在村民的祭祀态度，可以推测在旧时的礼教社会中油湾村的王氏家族那祭祖时虔诚、认真、隆重的情景。虽然现在找不到有关王氏家族祭祖仪式的文字记载，但好在封建社会家族的祭祀大同小异，我们可以由其他家族的祭祀来看彼时一般家族是如何祭祀的。

山东即墨杨氏家族的《祭法》规定：元旦祭祖，先男子，后妇女。元宵节祭于祠堂，晚间举行。清明前二三日，合族扫墓，依次祭始祖，各房祭本房始祖，各家祭祖，并祭伯叔高曾祖、伯叔祖、伯叔。初伏日献新，祭于祠堂。中元日，晚上在祠堂祭祀。中秋节亦祭于祠堂。十月初一日祭扫祖先坟墓。冬至前一日祭于祠堂。各家祖先的忌辰，各自前往墓前祭奠。[2]

祭期是固定而不能变更的，到了该祭祀的日子而不举行祀典，或家族举行祭祀，某个小家庭或个人却不参加，那会被认定为大逆不道，是绝对不允许的，所以江阴袁氏《祠约》规定："祭期不许旷缺不举及有事不到"，"如有并非远出、患病，三年不入祠与祭报者，罚祭筵三席"。[3]参加祭祖是家族中每个男丁的义务，为了在祭祀中熟练地扮

1 《论语·八佾》第十二章。
2 山东《即墨杨氏家乘·祭法》。
3 常州《澄江袁氏宗谱》卷八《祠约》。

演好自己的角色，康熙间山东即墨的杨文敬曾这样教训他的族人："子弟幼时嬉戏，当令习拜跪，学揖让，设祭祀，扮长官。"[1]

祭祖仪式包括行祭礼、上供品、主祭人祝词、祭品分配等内容。"司仪所以谨亵也。主祭者先行礼，设茅行灌，出迎牲，既奠读祝，焚明器，工奏乐，子姓拜，以世及昭穆相祭礼行之，献毕，彻俎。"[2]供品的品种、多少，各个家族是不一样的，这主要由家族的经济状况来决定，与祭祖的态度无关。山东即墨杨氏是一大家族，经济厚实，族人众多，故供品质高而量丰，如除夕祭三世以上祖先，用大馒头、蒸卷各五个，糯米、黍米糕各二大方，牛羊猪三牲各一份，另有茶、酒，祭时烧纸钱。

明清时的油湾村，其人口有一二百人，又因地处穷乡僻壤，经济落后，其祭祀想必不如江南、山东等地的大家族那样规模宏大，但是，主要仪程当是一样的。然而，据该村主持行傩的法师王本佑介绍，很久以来，王氏合族的祭祖仪式就已经由家族的傩祭代替了。何时替代，具体时间无法确定，但是可以由法师的世代传承做一推断。油湾村王氏法师传承人，从思能公开始，到现在最小的传承人，共十七代，他们是：

思能—廷恺—朝济—上朝—国桂—志杰—士忠—启兰—文光—明远—忠周—孝则—安康—邦济—本佑—贤儒—才华

思能公是在成化年间（1465—1487）从外地学得做法事的本领而成为法师的，他不可能一成了法师，就改变了家族祭祖的传统，而改用道士、巫师打醮行傩的祭祀方式，非要两三代法师的影响不可，才能改变族人的观念。若是从思能公的孙子朝济公开始，传统的家族祭祖方式改由家族傩祭的话，油湾村的家族傩当肇始于嘉靖年间（1522—1566）。

这种改变还需要一个前提条件，即儒教对家族的影响力越来越小，而道巫的影响力越来越大。王氏家族的历史确实如此。王氏家族八世之前，读书风气很浓，族谱上标明为庠生、监生者数以百计，从八世祖开始，进学而后成为乡绅者则寥寥无几，入仕者更是凤毛麟角。从思能公开始到清末，谱上几乎找不到一位是县学诸生的人。可以说，王

1 山东《即墨杨氏家乘·祭法》。

2 任兆麟：《有竹居集》卷十三《任氏祠规六则》。

氏一脉迁移到油湾村之后，儒学的风气是愈来愈薄，可能在解放之前，文盲或半文盲的男丁占总人口的绝大多数。

在这样的情况下，儒家礼制的祭祖方式便发生了变化。说它变化，而不说它完全被道巫的行傩活动替代，是因为此傩祭不同于一般的打醮与行傩法事，它是将家族传统的祭祖仪式和道巫的打醮行傩相结合，以家族传统的祭祖方式为基础，掺进了打醮行傩的一些内容。这种形式，我们称之为家族傩。

家族傩有三点突出的表现：

一是主要在家族祠堂里进行活动。油湾村的傩仪，尽管有游村、路祭、敬土地神等，但是，它绝大多数活动的地点都是在家族祠堂里。何以会在家族祠堂中，是因为祠堂中供奉着列祖列宗的牌位。自然，被供奉的还有其他神祇，但是，王氏家族先祖的木雕塑像不仅数量多，占据的位置亦是重要的。无论是歌唱、舞蹈、乐器演奏的音乐，还是供品、纸钱，主要是让先祖歆享。

二是合族参与。一般的巫师法事和道士打醮，仅是巫师或道士在做踏罡布斗、念咒化符等事情，愿主家的人参与不多，村邻们只是看看热闹而已。油湾村的傩祭则完全不同，合族大小人等尤其是男丁都要参加。有的戴着面具，装扮成鬼神；有的在游村或路祭时，抬着或抱着祖宗的塑像或牌位；有的击鼓敲锣；有的点炮放铳；有的摇旗呐喊。即使不参加上述活动的，也会做后勤的事务性工作。2009 年冬，油湾村举行傩祭活动，许多在外地打工的青壮年放下手头的工作，回村来参与祭祀。在他们的观念中，这是敬奉祖先和神灵的事情，作为王氏后代，是必须要尽的义务。既然是一个家族集体参与的行傩活动，其预期目的也就不同于一家一户的行傩活动，它是祈求合村老幼的安泰，而不仅仅是一个家庭人的福祉。由悬挂的“愿语”即可以看出：“坊村扫除邪魔境”“愿此黎民大吉昌”等等。自然，愿书最后签名的是“信士油榨湾村全体村民”[1]。

三是祭祀的时间与供品同于儒家的祭祖礼制。油湾村行傩法师王本佑或他的儿子王太保（贤儒）若到外地为人家行傩作法的话，有这样的程序：某人家因家宅不宁，牲口不兴旺，或为了求丁、求财、求福、求寿，请法师先为福主（祈福之人）作法许愿，然后请法师择日做法事还愿。然油湾村的家族傩祭则不同于一般的行傩法事，它必须安排在新年正月举行，而这与传统最重要的祭祖日期“元旦”是完全一致的。同样，其准备

1 油湾村早期名为“油榨湾村”。

时间，亦从旧年的腊月开始。再说祭品，除了不断地杀雄鸡取血以祭祀族外神祇之外，最重要的供品是现杀的猪羊。在2012年的傩祭中，我看到案台上摆列的一如传统祭祖的供品。

二、家族傩是儒道佛与巫教的结合

油湾村王氏家族傩的成分较为复杂，因它是以家族祭祖为基础的，其中有儒的成分也就（是）自然而然的了。道教的成分也是很多的，我们可以由以下两个方面看出来。

一是供奉的神灵中有道教的三清大帝与八仙。在傩祭的主要地点凯公祠堂中，悬挂着三清大帝的图像，三清大帝是道教的最高神灵，分别是元始天尊、灵宝天尊和道德天尊。元始天尊，又名“玉清元始天尊”“玉清大帝”“天宝君”，全称“玉清圣境虚无自然原始天尊”。在“三清”之中位为最尊，也称原始天王，神仙中的第一位尊神。他是道教开天辟地之神，为上古盘古氏尊谓，天尊生于混沌之前，太无之先，元气之始，故名“元始”，位于三清之中。灵宝天尊，又称“通天教主”或“上清灵宝天尊”。原称“上清高圣太上玉晨元皇大道君”。齐梁陶弘景编定的《真灵位业图》列其在第二神阶之中位，仅次于第一神阶中位之元始天尊。唐代时曾称其为“太上大道君”，宋代起才称为“灵宝天尊”或“灵宝君”。道德天尊，即“太上老君”，为道教天神、教主。列三清之第三位。又称“道德天尊”“混元老君”“降生天尊”“太清大帝”等。在道教宫观“三清殿”中，其塑像居右位，手执扇子，相传其原型为老子。凯公祠中没有悬挂八仙的图像，只是用文字表述他们的本领，如“洞宾一点镇乾坤”“果老二万八千春”“拐李仙师道德高”等等。

二是音乐歌唱基本上属于道教的。它有独唱、齐唱、散板式吟唱和鼓乐、吹打乐以及合奏等多种形式。单纯的器乐形式常用于法事的开头、结尾、唱曲的过门以及队列变换、禹步等场面；歌唱主要有“颂”“赞”“步虚”“偈”等格式。演奏中，以吹管、打击乐器为主。无论是所演奏的乐器，还是曲调、歌唱的方式，和道教没有多少差异。

至于法师的服装、法器、踏罡布斗和咒语符箓亦属于道教的，至少接近于道教。譬如向神求愿的“愿书”与道教法事上的“愿书”格式完全是一样的，疏奏封面亦写着：“上诣 太上天曹掌愿府案前进呈秉道老君 心印谨封 焚香颁恩进愿大疏一道 俯伏百拜”。何以会在行傩活动中融入道教的成分？有两个原因：其一，道教是我国土生土长的宗教，它吸收了巫教的思想和巫教祈禳仪式，故而，人们称巫教为道教的源头。在道教形成之后，它的一套严整的法事仪式，又反过来对巫教产生了影响，巫教套用了它的求神还愿、驱邪纳吉等法事的程式。所以，人们总是将“巫”与“道”相提并论，在人们的认识中，“巫”与“道”是分不开的。其二，王氏家族的第十七世祖思能公出外所学的很可能是道教法事。因为他所生活的郴州地区，虽存在着几个宗教，但是影响力最大、人们信奉最多的还是道教。历史上郴州地区有“九仙二佛”之说，当地的苏仙岭就是一个闻名的道教圣地，百姓常到那里求福。从古至今，郴州地区的道教法事一直兴盛。思能公是出于增加收入的动机出外学法的，生意兴隆的道教法事，他自然最愿意学习。由传承其衣钵的后代法师的作法形式，亦可以断定思能公所习的是道教法事。据已经辞世的老法师王本佑和现在的法师王太保介绍，他们每年都到宜章、北湖、桂阳及本县临武等一些地方做二十几场“道场”。而在做道场时，基本上用的是道教的科仪。

佛教在王氏家族傩中亦占有一定的份额，在行傩活动中至少有三点表现：一是在着装打扮上，有三位法师完全穿着僧人的袈裟，他们是以和尚的身份来参加行傩活动的。二是傩戏《三娘寻夫》中的来保，袈裟着身，戴着光头和尚的面具。油湾村前广场上的来保塑像下有这样的介绍：“得道高僧，喜游三山五岳。”戏中的表演也表明他是一个和尚，如在《夜叉关》中：

夜叉：你这个野和尚，经文、经忏、经点，念得清楚，念得明白，还要念一个经。

来保：将军要我念一个什么经？

夜叉：念一个西弥山上的藏经。

来保：将军要我念一个西弥山上的藏经，易得易得，你听着：

（唱）西弥山上一渡桥，这头踩起那头摇。[1]

来保陪伴三娘万里寻夫，对于三娘的“过关”，起着很大的作用，他自然是作为正面形象出现的。三是傩舞《打狮子》彰显了佛教的力量。其表演内容是狮王与猴王为争夺珠宝而大战，狮王虽然凶猛，但最终还是被机智的猴王降服。猴王擒住狮王后，将其从山上牵了下来，经过长沙、衡阳，遇到了舞岳傩神，狮王被指点迷津，得到超度。这

1 王本佑口述：《临武傩戏》（油印本），临武文化局，2009 年，第 10—11 页。

一内容显然受了孙悟空西天取经故事的影响，它让我们联想到了《西游记》第七十五回“心猿钻透阴阳窍 魔王还归大道真”。这里的猴王是佛的智慧与力量的代表，而狮王则是世俗中迷恋名利之人的缩影。

在行傩活动中的儒道佛及巫教，它们之间的关系，并不是油与水的关系，而是水乳交融的关系，不论是哪一种，它们的目的与功能都是一致的，即求神祈福、驱邪纳吉。我们试以“路祭”为例，作一分析。

“路祭”在今日各地的行傩活动中，是不多见的，可以说是王氏家族傩的一个特色。然而在古代，路祭是时常举行的祭祀活动，它属于儒家的礼制。汉字“祖”，其词义之一就是祭祀路神。路神的作用有三：一是保护行人。人们在行旅之前，往往祭祀路神以求保佑。李白《留别金陵诸公》中所云的“五月金陵西，祖余白下亭”即是。二是引领亡魂回家。人们都希望客死他乡的亲人，其鬼魂能回到自己的家乡，而不能游荡在外，成为无人祭祀的孤魂野鬼，于是，就祈请路神将他们引领回来。三是给人们招财进宝。清代顾禄《清嘉录》云：“（正月）五日，为路头神诞辰。金锣爆竹，牲醴毕陈，以争先为利市，必早起迎之，谓之接路头。”又说：“今之路头，是五祀中之行神。所谓五路，当是东西南北中耳。”（顾禄，1986：22—23）路神之所以当作财神，是因为财货无不凭路而行，人们祭祀路神，是冀求他们引财入门，或出行获利。

王氏家族傩的“路祭”，因融汇了儒道佛及巫教的成分，故其内涵比起民间的路神祭祀要丰富得多，相应地，科仪也要复杂得多。它动用的神灵有道的、巫的、佛的，还有民间信奉的武圣关云长。它的科仪作法既是道教的，也是巫傩的，如“会兵设宴”：用五个酒杯盛酒，按金、木、水、火、土五个方位放在茶盘中，两位法师手持雄鸡、法铃，摇旗作法，会集各路神兵猛将。接着，杀雄鸡，将鸡血滴入五只酒杯中，以款待神灵。也有的就是儒家礼制中的祭祖，如“会兵”之后的翌日黎明，由法师在祖祠中将装扮傩神的面具安置在供桌上，备三牲、酒馔等祭品，宣读祭文。它的功能亦很多，让神兵猛将驱除妖魔鬼怪、魑魅魍魉，以保障行旅安全；让关云长斩杀掉由傩神捉来的小鬼和将装有邪祟的草船送到村外烧掉，再将九位神摆成九宫八卦，法师持土地棍，念咒语，按乾、坎、艮、震、巽、离、坤、兑、中走罡。意味将瘟神、百怪精邪等等封锁隔离，不得入村，以确保村庄安宁；将祖宗塑像、牌位以及傩神、道佛神灵的面具排列在路上，进行祭拜，其时法师祝愿时，请所祭对象帮助招来客死他乡的亲人鬼魂，是主要内容之一。

三、傩戏《孟姜女》寄托着家族的愿望

王氏家族在行傩活动中，都会演出傩戏《三娘寻夫》。这部戏由《夜叉关》《云长二郎关》《土地关》三个部分组成。剧写一个称为“三娘”的女子由弟弟来保陪同，寻找远方的丈夫。在旅行的途中，他们受到夜叉、关云长、土地神的阻碍，三娘以真诚的态度和对丈夫真挚的情感打动了百般阻挠的鬼神，使之放行。或许有人以为，可能在王氏家族傩中，还有很多傩戏剧目，因为长时间停演，只剩下了一部《三娘寻夫》。其实不然，我曾询问过法师王本佑先生，他明确地说，只有这一部。如果我们对南方的傩戏较为了解的话，会确信王本佑说的是事实。

根据戏的内容来看，《三娘寻夫》是由《孟姜女》的戏剧改编而来的。她的丈夫亦是“范喜良”（只不过发音为“范石郎”），也是万里寻夫，路上也要经过很多的关卡，守关者同样不轻易地放她过关。而孟姜女的戏剧与行傩活动的关系十分密切，尤其是长江流域及以南地区的家族傩，几乎无一不演《孟姜女》。如流行于苏北的僮子戏，分布于重庆、四川[1]、贵州等地的阳戏，湖南、广西等地的傩堂戏、师公戏，皖南贵池的傩戏，等等，都有《孟姜女》的戏剧。在湖南许多方志中，常常记载着当地盛演傩愿戏《孟姜女》的风俗，如康熙四十四年（1705），任沅陵教谕的向兆麟有《神巫行》一诗，云：“汝有病，何须药，神君能令百病却。汝祈福，有嘉告，神君福汝万事定。走迎神，巫吹角，呜呜神巫来降神……拜送神巫刚出门，阿郎哭爷已声吞。走过东邻还歌舞，今年高廪富禾黍，明年多财复善贾，事事称意惟凭汝，愿唱一部《孟姜女》。”清康熙四十四年（1705）《沅陵县志》“风俗”记载：“辰俗巫作神戏，搬演孟姜女故事。以酬金多寡为全部半部之分，全者演至数日，荒诞不经，里中习以为常。”清乾隆十年（1745）的《永顺县志》“风俗”也有类似的记载：“永俗酬神，必延辰郡师巫唱演傩戏。……至晚，演傩戏。敲锣击鼓，人各纸面，有女装者，曰孟姜女；男扮者，曰范七郎。”乾隆二十二年（1757）《泸溪县志》“风俗”云：“……入冬迎傩神还旧所许愿时，须唱一本《孟姜女》。”乾隆三十年（1765）《辰州府志》“风俗”中记述了这一带的傩戏情况：“……割牲延巫，或一日、二日，名曰‘还傩愿’，唱《孟姜女》戏。亲友

---

1 于一在其《巴蜀傩戏》第三章“别具一格的演出剧本”中说：“第一类以梓潼阳戏、射箭提阳戏、傩坛戏、剑阁阳戏等为代表。这一类傩戏共同特点都有着天上三十二戏、地下三十二戏和每坛必演‘三女戏’（孟姜女、龙王女、庞氏女）的剧目套路。”大众文艺出版社，1996 年，第 66 页。

来观者，以钱掷赏，名曰‘歌钱’。”清道光元年（1821）刊刻的《辰溪县志》“风俗”云：“如求财、求嗣、求雨、禳灾、禳病，必延巫致祝，或请道士建醮燃烛。又有还傩愿者，遇有祈禳，先于家龛焚香叩许，择吉酬还。至期，备牲牢，延巫至家，具疏代祝，鸣金鼓，做法事，扮演《桃源洞》《神梁土地》及《孟姜女》等剧。主人衣冠，随巫拜跪，或一日、三日、五日不等。其名有‘三清愿’‘朝王愿’‘云霄愿’‘白花愿’之属。亲友送贺，分掷钱赏巫，曰‘歌钱’。又，邻里有病，互为敛钱延巫，名为‘祈祷’，曰‘保福’。”清宣统元年（1909）《永绥厅志》卷三十“信仰民俗”云：“届三五年，延巫设坛，宰牲牢祀之，或三四日不等，名曰‘还傩愿’。唱《孟姜女》戏文，亲友来观者以钱掷赏，名曰‘歌钱’。”而演傩愿戏《孟姜女》的行傩活动基本上都属于家族傩。湖南的家族傩所演的傩戏除《孟姜女》之外，还有《桃源洞》等剧目，而江西省广昌县有一种被人们称之为“孟戏”的傩戏，只演孟姜女的戏剧，这倒和油湾村王氏家族傩的傩戏一样。

为什么许多地方的傩戏都有或只有孟姜女的剧目呢？其原因大概有两个。

一是孟姜女戏剧中的“过关”演出，寄托着行傩家族生活平安、事事顺利的美好愿望。

江苏淮阴、盐城、连云港等地的傩戏——僮子戏，所演出的孟姜女故事的剧目，一般不搬演全部内容，而只演其中的《过关》。《过关》的剧情并不复杂，说孟姜女在送寒衣的途中，经过苏州浒墅关，关官向她索要财物，否则不许过关。盘缠用尽的孟姜女只得把自己的悲惨身世编成小曲唱给关官听，终于感动了关官，放她过关。僮子戏为什么在行傩时多半只唱《过关》一出呢？那是因为人们认为“过关”具有象征的意义，既然孟姜女过关了，那么遇到人生关卡的人们，可以祈求孟姜女顺带着一起过关，从此踏上人生的平坦大道。所以，当僮子（巫觋）们演完《过关》的节目之后，紧接着就带着出资做会（当地称行傩活动为“做会”）人家的家人做消灾纳福的“过关”活动：在院场上，僮子用三条长凳搭起一座“品”字形的小桥，上蒙白布，“桥”下放置一盛着水的木盆，盆中放一活鱼，此鱼为“替身郎”，它将代替人们承担所有的不幸。祈求一生平安顺利的人们在所有做会僮子们的带领下，手举纸幡，身披红巾，围着“桥”走七圈的圆场，走在最前面的是“领圣”（领到神仙圣旨）的僮子，他怀抱一只公鸡。僮子一边走，一边击鼓歌唱，唱词则是请求姜女娘娘施展法力，保佑人们闯过人生所有的关口。随后，僮子率领人们“射关”——用弓箭将东西南北四个关门射开。领圣的僮子用剪子刺破公鸡的鸡冠，把冒出来的鸡血依次点在每一个祈福者的额头上，以示他们从此以后远离灾难，一生平安。然后，领圣的僮子一个个高呼祈福者的名字："××× 过关啊！"另外一个僮子则应声道："过来了！"应声答应者也可以是祈福者本人。如此一呼一答，直至祈福者全部过完。（朱秋华，1991：103—106）

油湾村王氏家族傩的傩戏《三娘寻夫》也舍去了范石郎为何远出、如何与三娘结婚、夫妻俩为何又生生地分离开来、三娘寻到丈夫后又是怎样等等的情节，只表演她"过关"的情况。一般的傩戏中，孟姜女仅过一个关，而三娘过的却是三个关，这个"三"，不是实数，而是多的意思，它象征着在人生旅途中，有着无数的关隘。三娘过关的难度也远远超出了其他的孟姜女傩戏。她所遇到的关官不是人，而是鬼神，要想打动他们，不是唱个《十二月花红》之类的小调就可以的，而是需要更大的努力，以致身心俱疲的三娘哀叹道："过一关来又一关，关关盘我十九日。一心要往山中去，恐怕山中有豺狼；一心要往小路去，恐怕小路有歹人；一心要往大路去，恐怕大路有人盘。一心要往河边去，河边必有渡船人。"[1]《三娘寻夫》中"过关"的演出，除了像江苏的僮子戏那样预兆着家族男女老幼的平安，还会对王氏家族成员有着这样的启迪：人生的道路会充满着坎坷、关隘，但是只要有像三娘那样的勇往直前的精神，就一定会到达目标。

二是该戏融入了人们的生活理想和对繁重的徭役政策的不满。

中国人对生活的期望有很多，但最基本的则为夫妻在一起生活。在古代的农村，就是白天男耕女织，夜晚同处罗帐。之所以有这样的最基本的要求，是因为只有夫妻生活在一起，人生才有幸福的可能；只有夫妻不分离，家庭才算是完整的，男女才能阴阳互补、身心和谐、生儿育女、发家致富。就一个家族来说，人丁能否兴旺、后代能否在政治地位与财富数量上光宗耀祖，首先决定于家族成员能否按时婚配，能否多子多孙，能否有教育子女的严父慈母的良好环境。然而，这种美好的家庭生活不是由家族更不是由个人所能决定的，而是取决于统治者对待民众的态度。若统治者体恤民情，采取休生养息、无为而治的政策，民众不需要承受繁重的徭役，家族自然是田园如画，房屋俨然，五谷丰登，六畜兴旺，子孙繁衍，努力奋进。若统治者如嬴政、杨广那样，好大喜功，不恤民力，筑城开河，修宫建陵，必然会使大批青壮男人背井离乡，苦役连年，致使田园荒芜，怨女在室，不要说添人加口了，丁男不减亦无可能。由此，我们就不难理解一

1 王本佑口述：《临武傩戏》（油印本），临武文化局，2009 年，第 13 页。

个家族在其行傩求福的活动中，为何选择孟姜女的戏剧了。孟姜女万里寻夫的心理动机，实际上是对家室团圆生活的强烈渴望，是对生儿育女的热切期盼。而造成孟姜女与万喜良的人生悲剧的，毫无疑问，就是统治者的暴政。演出孟姜女的戏剧，既表达了人们对夫妻相依、儿女成群、桑麻丰茂、牛羊兴旺的乡村生活的憧憬，也抨击了多数统治者忽视民众福祉、恣意妄为的虐民政策。王氏家族所表演的傩戏《三娘寻夫》，毫不掩饰他们对合族平安、人丁兴旺的祈求，在该戏最后一出“土地关”中，土地神与后台的家族主事者有这样的问答：

> 土地：福主家中，锣鼓阵阵所为何事？
>
> 内白：迎接你土地。你土地来在福主家中所为何事？
>
> 土地：赐福！
>
> ……
>
> 内白：你赐他的福都有了，还要赐他家中人丁、赐他老者什么？
>
> 土地：重添甲子寿。
>
> 内白：赐他少者什么？
>
> 土地：四季注长庚。
>
> 内白：有妻者？
>
> 土地：早生贵子。
>
> 内白：无妻者？
>
> 土地：早配枕边婚。
>
> 内白：读书者？
>
> 土地：金榜题名。
>
> 内白：耕种者？
>
> 土地：五谷丰登。
>
> ……[1]

该戏总是安排在全部行傩活动的最后来演出，以三娘的顺利“过关”预兆着合族之

1 王本佑口述：《临武傩戏》（油印本），临武文化局，2009 年，第 30 页。

人在未来的时光中，能逢凶化吉，平安和顺；而土地神的赐福无疑增加了他们对自己、对家族未来的信心，并对幸福的日子充满了憧憬。

与祭拜祖先的仪礼、道士许愿还愿的法事相结合的家族傩祭，当成为家族生活的一个不可或缺的生活内容时，它至少有着两点意义：一是保持了传统的文化。在这个经济落后的小山村中，充满了典雅的文化气息。绝大多数王氏男性，不但有名，还有字。如接受我采访的村党支部书记王聪明，名本坚，以字行。现在主持傩祭的法师、省级非物质文化遗产传承人王太保，名贤儒，字化凤，太保是他的号。现在不要说一般的中国人没有字号，即使是专业为中国古代历史或中国古代文学的教授，又有几个人承继传统，立字取号？二是会使村庄的人与人、人与自然极为和谐。据王氏家族的人们告知：油湾村从没有发生过吵骂打架、偷鸡摸狗的事情，人们都能按照《家训》的要求，为人处世："凡宗族有少而孤，则老者字之；贫而无归，则富者收之；时有缓急，则相与扶持之。至于有丧事，不徒吊哭而已也，必为之致力焉，贫不能自给者，则助而葬之。"[1]从这些意义上说，家族傩祭的价值应该引起我们高度的重视。

1 《临武王氏宗谱》上册"谱系"第123页。

三种力量的互动：中国农民画艺术的生成机制[1]

郑土有[2]

中国农民画肇始于20世纪50年代中期，至今已走过了风风雨雨的近六十个年头。在其曲折的发展过程中，农民画享受过辉煌的荣耀，也遭受过种种诟病；有过风雨飘摇的低谷，也有大踏步前行的高潮；但它始终在行进，在探索属于自己的风格。农民画作为中国特定历史情境中的一个“文化事件”，一直处于变化发展的过程之中，至今已发生了三次大的跨越（变相）：邳县、束鹿模式，户县模式和金山模式。这三次跨越不仅说明任何艺术的存在都与当时的社会文化情境密切相关，同时也表明“农民画”在适应历史文化情境变化的过程中具有自我更新的内在动力。因此，只有将农民画置于其发展的历史文化情境中加以考量，综合考虑各种力量在其中所起的作用，才能揭示农民画生成及艺术特征形成的独特规律。

一、三种力量的“组合”：中国农民画生成的基础

农民画是新中国社会主义文化制度下形成的独特艺术形式。它是由文化部门组织、专业画家指导（辅导员）、农民作者创作“三结合”形式下的产物，政府力量、精英力量、草根力量三者共同促成了农民画的生成。

20世纪50年代，农民画活动作为新中国的群众文化工作体系的工作之一而兴起。其时，它已具备了产生和发展的两个前提：一是文化观念上实现了理论先行，二是美

---

1 刊于2014年第1期。本文为复旦大学“985工程”三期整体推进人文学科研究项目“图像的文化书写：中国民族民间艺术图像文本的人类学研究”（2011RWXKZD032）子项目“农民画与文化记忆”的阶段性成果。

2 郑土有，博士，复旦大学中文系教授，博士生导师。

术体制上有相应的方式来保证其生产、流通、宣传及展览等方面的顺利进行。新中国的群众文化工作理念发展了左翼文艺思潮中“文艺大众化”的内在逻辑，由“化大众”（即以艺术的方式影响大众、教育大众，以理想主义的观念改造国民性）走向“大众化”（文艺具有明确的大众指向和来源，由大众直接参与），让工农兵直接参与到艺术的创作，真正成为艺术的主人和“有社会主义觉悟的有文化的劳动者”。同时，新中国建立了包括画院、研究机构、展览馆、美术工作者协会、美术院校、美术杂志等各种文艺团体和文化机构的美术体制。尤其是 1955 年，全国各省、自治区、直辖市继北京和浙江之后陆续建立了群众艺术馆，紧接着各地基层普遍设立地区群众艺术馆及县、区人民文化馆（后改称文化馆），担负起政治宣传、城乡扫盲及指导群众文艺活动等重任。在具体指导农村群众业余美术活动的过程中，江苏邳县、陕西户县等地文化馆实践了“农村俱乐部”“农民美术组”的构想[1]，这些农民美术组在合作社党支部的领导下，选择直观易懂的图画艺术形式来为党的中心工作服务、为生产服务。

学术意义上的中国农民画正是在这样的历史情境中应运而生的。被公认为中国第一幅农民画的《老牛告状》（江苏邳县陈楼乡张友荣作）创作于 1955 年。此时乡村俱乐部作为农村业余美术活动开展的实际操作机构，担负着向农民群众传达农业合作化理念，强化提高合作社社员社会主义觉悟的职责[2]。上过一年私塾的张友荣被选入邳县陈楼乡新胜一社俱乐部为黑板报作插图，在“既没有老师，也没有范本，甚至连工具也没有”的情况下，与美术组其他成员共同商讨，研磨画法。首先用树枝在地上画，画了几天再试着用粉笔在黑板上画，有时向小学里要些旧卷子纸在背后用铅笔画，学画劲头很足，并提出“每人每天一张画，三个月能应付宣传，半年能独立创作”的口号，互相开展竞赛。[3]张友荣回忆《老牛告状》的创作时说：

有一次，我发现第十四生产队的饲养员克扣牛料，以至牛养得很瘦，很多

---

1 据 1955 年统计，江苏邳县陈楼乡全乡成立了 137 个农民美术组，平均每个合作社有 11 个。陕西户县在 1956 年合作化以后，根据党的文化工作要求，经过文化馆干部蹲点，较大的社队都建立起了俱乐部，全县共有 50 个俱乐部，下含 30 个美术组。

2 1955 年 10 月，中共七届六中全会通过的《中共七届六中全会关于农业合作问题的决议》中要求：“加强政治工作和文化教育工作，提高社员的社会主义觉悟，发挥社员的积极性和创造性。提倡爱社和爱护公共财产的集体主义思想，逐渐地克服社员的个人主义，反对破坏劳动纪律的行为。领导的任务是必须尊重和启发群众的创造性和积极性，保护新生力量的生长。”见《中国党史参考资料》第八册，人民出版社，1980 年，第 183 页。

3 张友荣：《坚持画画二十三年》，载《邳县农民画资料》（第一辑），江苏省邳县文化馆编印，1977 年，第 51 页。

社员就对我说:“友荣，你成天画画，就不能画一张画吗？”我心里本来就很气愤，一听这话，回家后我就伏在油灯下，连夜画了一幅“老黄牛告状”的讽刺画。……画成后，我又犹豫了，这要贴出去，不是和饲养员结下仇了吗？王支书看出了我的心思，就说:“你们搞画画的光是带头劳动、画画还不够，还要敢于和坏人坏事作斗争。这张画就很好嘛！”于是我鼓起勇气把这画贴在办公室门口，因为向（从）来没人贴过画，忽然有画贴出来，就轰动了社里的群众，大家争着来看，看了以后，纷纷议论，对饲养员偷盗饲料的自私自利行为，感到了极大的愤怒。饲养员找队长作了坦白，下决心改正错误。大家议论说：思想工作磨破了嘴皮子，没想到画张画这样起作用。[1]

《老牛告状》以拟人化的图像叙事方式，并配以歌谣式的文字表述对合作化过程中产生的问题进行批评教育，虽然是农民画作者在日常生活情感基础上的自主构思和创作，却符合了国家关于合作化问题的思想指针，以宣传社会主义、集体主义意识来批判小农意识，提高农民的社会主义觉悟。农民画在农村政治宣传与文化教育方面价值的凸显，由此开启了江苏邳县合作化时期农民画创作的热潮，并在示范作用下推动了全国的农民画创作。

从发生学的角度看，农民画的产生是三种力量为适应农村宣传工作需要而“组合”的结果。

首先，如前所述，新中国文化政策、文化运作机制是农民画产生的原动力和推动力，体现为主流意识形态借助绘画的形式来实施政策的宣传，代表这股力量的是农村文化工作职能部门，如省、市、县各级艺术馆、文化馆，以行政指令的方式有效地组织和推进了农民画的创作；同时有美术体制中的单位如美协、美院、出版社、美术展览馆和研究院等在一种分工合作的意义上展开活动，以主流意识为准则，进行对农民画的宣传和评价。

其次，农民画活动的辅导者是农民画艺术模式的塑造者，“‘没有辅导就没有农民画，有怎样的辅导就有怎样的农民画’——这两句话虽排斥了农民画创作的自发性因素，

---

1 张友荣:《坚持画画二十三年》,《邳县农民画资料》（第一辑），江苏省邳县文化馆编印，1977 年，第 51 页。

却道出了辅导的决定作用”[1]。农民画辅导者一般具有美术专业的学院式经验，与文化程度较低的农民画作者相比，属于美术界知识精英阶层。辅导者对农民画创作的牵引力是其运作机制中不可忽视的另一股力量。

第三，作为农民画创作者的农民虽然有可能缺乏本体的艺术自觉，但其自身具有丰厚的传统民间艺术素养，以及对生活的观察理解、切身感悟和对幸福美好生活的热烈追求及向往，以稚拙的技巧展示丰富的内心情感，形成了农民画的独特韵味。

由此观之，正是这三种力量的有机组合，促使了农民画这种独特艺术样式的生成，并在“农业合作化”“大跃进”“文化大革命”和改革开放以来的不同历史情境下沿（延）伸、绽放。

二、三种力量的“消长”：农民画风格的嬗变

三种力量的合力是在历史中形成的，每一种力量在不同历史情境下对农民画创作趋向的可控度并不一致，三种力量此消彼长，农民画的变相也由此成为可能。

邳县、束鹿模式阶段的农民画活动，大致可分为“农业合作化”和“大跃进”两个时期。其间，起主导作用的是政府的力量，农民画作者则从被动参与到逐渐得到锻炼，而专业美术工作者则在后期中介入。

“农业合作化”阶段农民画活动的主要特点是：

> （1）不是先练好技术（更不是从石膏像或静物写生之类开始，也不是先从临摹开始）再开展创作活动，而是一开始便是根据当前政治任务的迫切需要开展了创作活动，在无数次的创作活动中逐步提高了艺术水平；（2）密切结合当时、当地的政治任务和生产任务，在最大多数的情况下是以真人真事为题材，创作连环画、组画、漫画等，用以表扬先进和批评落后，解决社里当前最主要的思想问题；（3）开始的时候，因为技术差，有强烈的自卑感；但是由于在政治运动和生产活动中起了很大的作用，受到了领导的重视和群众的爱戴，因而逐渐建立了自信，打破了对绘画的神秘观念，扩大了自己的队伍；（4）活动方

1　郎绍君：《论中国农民画》，陕西省文化厅、中国艺术研究院美术研究所主编：《中国现代民间绘画（农民画）研究》，陕西人民美术出版社，1990 年，第 5 页。

式很灵活，有时是配合宣传队贴到牌子上到处流动，有时集中在工地、田头、场边等处展览，有时也贴在村里的画廊（用石灰在墙上做成固定的画栏）上，有时配合开会贴到会场上……三幅、两幅，甚至一幅也不嫌少，几十幅、几百幅也不嫌多，只求达到一个目的：在实际上起作用；(5) 他们的一切活动都是在党的直接领导之下开展的，他们接受党交给他们的任务和指示，为实现党在每一个时期中的中心任务而贡献自己的全部力量。生产任务越紧张，美术活动越繁荣，因为它是党推动生产的有力工具，而不是为艺术而艺术的消闲。[1]

正是这样一批农民，响应政府的号召，被“赶着鸭子上架”进入了绘画创作的领域，他们凭着自身的传统审美意识与原初性的绘画本能和对新生活的向往，历经自我磨炼和不断摸索，创作出了能承担宣传社会主义意识形态功能的作品。这一时期的农民画形式往往具有稚拙性和随意性特征，多以漫画的方式呈现。

邳县与束鹿模式农民画的鼎盛之势是在“大跃进”运动中凸显出来的。作为反映并执行国家意识形态重要部门之一的文化部与全国开展的“大跃进”运动相呼应，于1958年3月发出了“关于大力繁荣艺术创作的通知”[2]，接着于4月20日至30日在北京召开“全国农村群众文化艺术工作会议”[3]，会议提出对农民群众文艺爱好者的普及、提高和培养问题。由于行政部门对于农民画意识形态功能的重视，以行政指令的方式促使专业美术工作者参与到农民画活动中来。从而使农民画辅导制度逐渐成为农民画发展不可或缺的重要一环。如1958年5月13日至6月15日，江苏省群众艺术馆在邳县举办了徐州、淮阴两个专区文化馆、站干部的美术培训班，辅导者为时任南京美术工作委员会副主任的朱克可和群艺馆美术专家李畹（李可染的妹妹），教授课程主要是进行以线描为主的短篇连环画创作，并传授一些绘画基本知识，如速写、素描和欣赏课等。[4]同

1 十丁：《邳县农民业余美术活动的发展》，中国美术家协会南京分会筹委会编《美术战线上的一颗卫星：江苏省邳县农民画文集》，上海人民美术出版社，1958年，第106—107页。

2 《通知》强调：“必须充分注意发挥工农群众在艺术创作上的无穷力量，采用业余艺术会演、美术展览会、征稿、评奖、进行辅导、推广试点经验等等办法，发动广大的工农业余作者、艺术爱好者和各式各样的群众创作组织，如编写音乐组、美术组、戏剧组、快板组、墙报组、幻灯组等进行创作。领导上对于业余创作越能发动得广泛与深入，就越能发现更多更好的作品。”文化部办公厅编印：《文化工作文件资料汇编（一）》，1982年，第221页。

3 《生产大跃进，文化艺术紧紧跟——记全国农村群众文化艺术工作会议》，《美术》1958年第5期。

4 参见付小彦《社会事件中的邳县“农民画活动”与“农民画”——以大跃进年代为核心的邳县“农民画活动”个案研究》，硕士学位论文，中央美术学院，2007年，第25页。

年10月，南京艺专美术系绘画专业师生到邳县实习和业务辅导，其辅导方式分为两种：一是现场辅导，在绘制壁画的过程中提出内容和技术上的问题，尽量在构思方面给以启发，着重保持农民自己的风格，有时也与农民作者合作；二是短期辅导班，学员主要是壁画运动中的骨干，辅导班教学以座谈会、观摩画作、西方绘画技法辅导、写生和画记忆画、命题创作等方式进行，强调技术必须为内容服务、作品的政治标准第一。[1]这一次辅导是美术界精英阶层直接介入农民画活动的开始，其倡导的辅导员政治挂帅，党委、辅导员、学员“三结合”原则等辅导经验，在一定意义上促进了邳县壁画创作与辅导模式的构建。随后华君武、英韬、米谷等漫画家通过修改农民所作壁画的形式与邳县农民作者合作[2]，直接参与到农民画的创作机制中，此种合作形式的出现，接驳了60年代、70年代的农民画辅导模式，是专业美术工作者与农民作者之间的关系进一步产生互动、农民画创作风格向专业化靠拢的一个先兆和示范。[3]

“大跃进”时期农民画活动的运作呈现出以下特点：县乡行政、文化等机构直接推动、引导轰轰烈烈的壁画运动；美术精英阶层配合国家主流意识，对农民作者的辅导以政治思想内容作为农民画的最高价值，对绘画技法的培训虽然使农民作者在技术上有了些提高，但尚未构成对农民作者自身审美品格的冲击。

当“大跃进”运动退潮后，农民画的创作也进入低谷。而户县农民画运作机制中一些在当时看似微不足道的变化，却使其发展出中国农民画的一次变相——现实风格的农民画形态。

关于户县农民画运作的组织形式，早在1959年成立的“户县美术工作者协会”已形成雏形。协会以大会的形式选举委员和秘书，设立行政业务、创作绘画、剪纸雕塑、美术研究等组织机构。户县农民画作为一种“有组织的艺术”，具有明确的领导与组织。户县文化馆邀请省、市、地区的专业美术家与馆内的专职辅导员、骨干美术作者一起对农民画的创作进行辅导。美术界精英与农民画作者的结合，成为户县农民画活动运作机制中最重要的一环。美术训练班分为两种档次，一种是普及班，目的是吸收作者壮大队伍；一种是提高班，对有潜力的作者的好作品集中指导，使之更趋成熟。“文化大革命”

1 参见再萌《在邳县做辅导工作的初步体会》，《美术》1959年第1期。

2 如米谷修改官湖镇壁画《技术革命，快中加快》（1958年，作者佚名）等。

3 参见付小彦《社会事件中的邳县“农民画活动”与“农民画”——以大跃进年代为核心的邳县“农民画活动”个案研究》，硕士学位论文，中央美术学院，2007年，第42页。

期间，“专业与业余相结合”的提高班更是其中的典范[1]，其结合方式被认为是适应发展社会主义文艺创作的途径：

> 在进入创作过程以后，我们采取了“五共同，三辅导，一到底”的方法。“五共同”是：和“红画兵”共同学《讲话》、共同深入生活、共同研究题材、共同构思、共同速写；“三辅导”是：辅导他们画小草图，辅导他们画正稿，辅导制作全过程；“一到底”是：分工包干，责任落实，一包到底。……根据各阶段需要解决的问题还进行了：(1) 专题讲课。如讲了“怎样画速写”“怎样创作”“怎样着色”等。(2) 示范表演，如作了“速写表演”“着色表演”“构线表演”等。……画草图，反复讨论，画正稿，反复矫正。人物形象的刻画、画面的情景处理、色彩的对比配合、构线的疏密与粗细等方面都进行了反复研究，基本上做到了节节把关，环环紧扣，精益求精。[2]

此种结合方式无疑是在原有农民画辅导模式上的一种精细加工，或者说是一种共同创作的关系亦不为过。一方面，美术精英对农民画创作过程的全程参与，节节把关，基于“怕影响户县农民群众美术创作方向”的顾虑并没有简单地代笔，而是循循善诱。比如王有政在认真分析农民作者张林的原作《家大业大》之后，认为立意不高、人物处理一般化，于是以“业大更勤俭”的主题对其进行提炼，并指导他到七一村饲养室体验生活，以老饲养员教青年饲养员修补牛笼嘴这个情节点明题旨，在画面审美意境与人物加工方面精心揣摩，使作品高度凝练，立意深远。另一方面，农民作者的绘画技术与艺术修养也在与美术精英的合作中得以提高。美术精英对农民作者的“提高”作用主要体现在提供艺术技术支撑以提高作品质量，“被提高”作品的最初模胚（坯），包括对生活的观察和思考视角、作品想要表现的内容与主旨等都得到了充分的尊重。[3]从绘画技巧上说，这一时期创作的农民画一般比较注重人物的合理比例，准确的造型以及人物在空间里的有序排序，色彩趋向理性，线条也较熟练流畅，原先很少出现在民间绘画中的焦点

---

1 参见段景礼主编《户县农民画研究》，西安出版社，2010 年，第 78 页。

2 户馆发（73）第 11 号文件：《户县文化馆关于举办“双结合”美术训练班情况的报告》，段景礼主编《户县农民画研究》，西安出版社，2010 年，第 79 页。

3 参见王春艳《一个农民的“美术史”：户县农民画代表人物刘志德的个案研究》，硕士学位论文，中央美术学院，2010 年，第 51 页。

透视也被广泛地运用其中。

与邛县、束鹿模式阶段相比，户县模式时期的农民画运作机制中国家主流意识形态占据绝对主导地位，专业美术辅导趋向组织化和制度化；作为创作主体的农民作者，虽然在美术精英的辅导下逐渐彰显出自身的艺术自觉，但专业创作的倾向也在一定程度上遮蔽了其自身传统民间艺术审美品格的发挥。

户县农民画无疑是新中国农民画发展的一个重要阶段，然而，它的形成是特定历史阶段和政治环境的产物。随着“文化大革命”结束，户县农民画模式陷入低谷。如果没有一种新的艺术模式来替代，农民画必将成为历史符号而无法“活化”在当下。[1]金山农民画正是以一种新的“变相”，以其民间风格和乡土味道成为适应当时历史情境的艺术模式，并由于美术界精英的推动促使全国各地画乡以突出各自乡土特色为出发点，相继向金山学习，使中国农民画进入了一个新的发展阶段。

金山农民画是在户县农民画的影响下发展起来的，最初也是按照户县模式进行农民画创作活动的。1974年户县农民画到沪展览，掀起上海郊县的农民画创作热潮。从当年4月开始，金山县文化馆举办数期美术培训班，参加者为有一定文化、接受能力较强的青年农民和下乡知青，讲授内容以专业绘画基础为主，作品模仿户县写实主义的风格。经过培训，这些青年在素描等技法上提高很快，但在创作方面缺乏生活气息和乡土味，农民群众看了没有亲切之感[2]，由此促发当时在文化馆主持群文美术工作的吴彤章开始思考农民的审美趣味问题：

> 农村和城市里人的审美特点是两样的。举个例子，我从部队转业后，在农村供销社听一个农村妇女讲个事情对我启发很大。她说城里人比较傻，拿了钱去买旧布穿。开始我不大理解。后来我知道她的意思是城里人买的布灰不溜秋的，像旧布一样。乡下人买的布颜色鲜艳，而城里人看不惯，认为大红大绿很乡气。这就是审美上的不同。农民画是农民画的。我想应该反映农民的审美特点，应该有乡土气息。[3]

1 参见陈琦、陈永怡《来自泥土的芬芳——新中国农民画运动及演变轨迹》，《美术》2010年第9期。

2 参见吴彤章《金山农民画的艺术道路》，《美术》1982年第8期。

3 吴彤章于2006年7月10日下午接受访谈时的话。访谈地点：上海金山区朱泾镇北圩新村吴彤章家；访谈人：刁颖、曹玮等；整理人：曹玮。

农民审美意识的发现，是金山农民画割舍户县的写实主义画风而另立一派的思想源泉。同时，挖掘农民作者自身的审美意识也在实践的过程中逐渐成熟。1978 年 2 月 24 日，金山县文化馆在枫泾林园场举办该年度第一期农民画创作学习班，作为刺绣能手的农村妇女曹金英被动员来参加，她在学习班上的作品《喜庆丰收》被认为是第一幅金山风格的农民画。在曹金英的作品里，辅导员吴彤章看到了金山农民画发展的新途径，即吸收刺绣等农村妇女手工艺形式的元素，使农民画更有乡土气息。这些元素不仅仅体现在大红大绿的强烈色彩上，而且体现在色彩思维（根据刺绣配色的方法）和造型特点上。[1]之后，吴彤章召集了一批能织善绣的妇女参加农民画学习班，在辅导中倡导“揭瓶盖”方法，设法挖掘其身上的艺术潜能，引导她们将民间审美特性作为农民画创作的资源，而不是灌输专业的艺术理念。在他看来，农村妇女“本身就是一瓶陈年老酒，要把她们倒出来，不是改造什么，而是要去发现，发现后要去鼓励，去启发。在辅导过程中，要尊重人，尊重人的个性和感情，去帮助他们，鼓励他们，而不是以专家的姿态改造他们”[2]，“因为个性是不好掺杂的，特别是农民画，见画如见其人，它的价值不在技巧，而在生活、气质、情趣”[3]。以此辅导理念为准则，吴彤章摸索出了一套将传统民间艺术的工艺技法移植于绘画创作的辅导方法：刺绣等民间艺术与绘画有着相通的艺术规律，但又不是相同的，将她们掌握的剪纸和刺绣技能作为绘画入门的途径。她们不知道绘画的一些陈规旧法，正便于发挥她们的艺术创造才能，而不是用划一的形式来束缚人们思想感情的表达。当人们不能用现成的绘画语言而只能用自身创造的绘画语言来表达时，才有艺术的创新。她们开始把纸当布，把笔当针，把颜色当成有色的丝线，照绣花样配色，像剪纸一样造型，但又不纯粹是。如曹金英大嫂画的“庆丰收”运用了帐檐形式，“鱼塘”借鉴了蓝印花布的风格，但又不是帐檐、蓝印花布的设计图。它们是从帐檐、蓝印花布中脱胎出来的另一种形式。[4]

---

1 曹玮：《作为都市“乡土想象”的金山农民画》，载《守望与开拓：上海非物质文化遗产保护的理论与实践》，上海社会科学院出版社，2009 年，第 219 页。

2 2006 年 7 月 3 日上午吴彤章接受我们采访时的原话。访谈地点：上海金山区朱泾镇北圩新村吴彤章家；访谈人：郑土有、赛瑞琪等；整理人：赵娟。

3 吴彤章：《金山农民画的艺术道路》，《美术》1982 年第 8 期。

4 参见吴彤章《金山农民画的艺术道路》，《美术》1982 年第 8 期。

这种简单“移植”的做法，有效地开发了农村妇女们所具备的传统民间艺术的潜能技法，使得其笔下的农民画别有一番传统民间艺术的意味。乡土生活给予这些农村妇女艺术的期待和憧憬，所以一旦有了创作的条件，这种审美期待便会在农民画中展现出来，而辅导者正是在深切地理解了她们这种审美要求的基础上，以符合民间艺术创作规律的方式为她们打开了通向农民画艺术世界的大门。

在辅导中，吴彤章发现农村妇女的作品不论剪纸型、刺绣型或是从其他民间艺术中脱胎而来的，都具有某些共同的审美特性，没有立体造型，配色不受自然局限，构图不分远近。比如画面处理可使高山低于脚下，道路回转在天际，银河里有鱼在游来游去。又如画水阶石（当地人叫水桥石），在画面上出现反透视，画成上阔下短，用她们自己的话说：“我伲淘米洗衣服，走下水桥石，看到的是上阔下短，所以画成靠岸的阔近水的短呀。”[1]从专业美术高度进行总结后，他认为：“农民画不是直观的现实，而是观念性的艺术品，它讲究观念的现实，不是根据眼中看到的东西，而是观念的艺术。你比如说一个桶的桶口吧，根据我们视觉的真实，按照透视它应该是一个椭圆的，而在农民画家观念中，桶口明明就是个圆的，所以他们根据观念中的现实把桶口画成圆形的，通过这种方法，他们把视觉上的虚幻抛开，表达观念的真实。”[2]同时，农民作者自身的审美意识是由其观察生活和表现生活的方式所决定的，因此，对于农民画所要表现的内容，吴彤章延续了户县农民画“生活化”的主题模式，江南的农村生活便成为金山农民画的主要题材。不过，此时的“生活化”内容是带有浓重乡土气息与地域特色的“民俗生活场”，其内容主要包括两个方面，一是对以往生活的记忆（如传统结婚场景、庙会等），二是描绘当下的生活场景（如种田、养鸡、捕鱼、集市、过年、走亲戚等等）[3]。他认为农村生活的体验和审美情感是农民画的创作源泉，要从作者自身生活的实感出发反映生活情趣。

金山农民画风格的形成，是吴彤章等金山县文化馆专业美术辅导员与农民画作者合力的结果，而其被专业美术界认可并成为引导中国农民画发展方向的一种新模式，与当时对于民间美术价值的重新估价和认识的社会思潮相关。改革开放所带来的西方文化的

---

1 吴彤章：《金山农民画的艺术道路》，《美术》1982 年第 8 期。

2 2006 年 7 月 3 日上午吴彤章接受我们采访时的原话。访谈地点：上海金山区朱泾镇北圩新村吴彤章家；访谈人：郑土有、赛瑞琪等；整理人：赵娟。

3 郑土有：《金山农民画的审美启示》，《杭州师范学院学报（社会科学版）》2006 年第 6 期。

冲击，促使美术界产生对本土文化的回归意识，民间美术的价值在与西方美术的比较中得到了肯定。[1]基于此，金山农民画独特的艺术风格和创作辅导经验备受文化部、美术界专家和全国农民画乡的推崇，在全国掀起了农民画创作的新一轮高潮。金山农民画成为中国农民画艺术形式的典范，各地的农民画创作也纷纷转向民间风格模式，成为当前中国农民画的主流模式。

从以上对于三种模式农民画生成及运作机制的简单梳理可知，三种力量共同作用于中国农民画始终，但在不同时期的作用是不均衡的。农民画一直与中国社会宏大的历史话语紧密相关，政府的力量一直是推进农民画发展的主要力量，其作用主要体现在两方面，一是组织推动，二是弘扬主旋律的内容引导；在前两个时期起到主导作用，而到金山模式时期其作用呈逐渐弱化的倾向。精英的力量（辅导员）对于农民画成为一种艺术起到了至关重要的作用，但辅导意识不同其功能也不同，户县模式时期侧重于从专业美术的角度对农民画作者进行辅导，虽然对农民作者专业技法的提高有很大的帮助，但忽略了农民作者自身艺术素养的开发；而到金山模式时期，辅导员以挖掘、提升农民画作者自身的艺术潜力为己任，尊重作者的自主创作，故而形成了农民画独特的艺术风格。农民画作者群体至（自）始至终是农民画创作活动的主体，虽然在前两个时期其自主性一定程度上被意识形态（内容）和专业美术（技法）遮蔽，但其本身所禀赋的传统民间审美意识，却往往在进入艺术创作过程中受艺术规律的支配无意识地突破某些局限，传达出属于传统民间的审美品格。这在金山模式中表现最为突出。

三、三种力量的“合力”：农民画健康发展的保证

随着改革开放的深入和市场经济的发展，尤其是农村城镇化带来的生活方式变革，20世纪90年代以来，农民画创作活动正经历着一场前所未有的考验：首先是农民画作者队伍新老更替带来的观念变化，老一辈农民画家已年老体弱相继退出，新生代画家正在崛起，但他们既缺乏老一辈画家深厚的农村生活积淀和传统艺术的熏陶，在绘画技巧上又比不上学院派，同时在市场经济浪潮的冲击下，追求利益成为最大目标，作品粗制滥造，模仿成风，原创失去热情；随着新生代画家的崛起和市场经济的冲击，辅导员制度正受到越来越多的诟病，甚至有人认为辅导员束缚了画家的创作个性，使得农民画风

1 潘鲁生：《论现代民间绘画》，《美术研究》1990年第2期。

格趋于单一，应该废除农民画辅导员制度。而作为农民画创作活动的组织和推动者，政府文化部门这些年由于各方面的原因，对农民画创作活动的掌控也日趋薄弱。即便是在非物质文化遗产保护活动中，不少地区已将农民画列入省、市、县级保护名录，政府主管部门的组织和号召，其影响力也大不如前。应该如何看待这些在当下语境中出现的新情况，三种力量在今后农民画的发展过程中到底该起怎样的作用，政府和辅导员制度是否应该退出农民画活动？都值得深入探讨。

从这些年的情况看，农民画发展比较好的画乡，如上海金山、陕西户县、浙江秀州、广东龙门，都是由比较强有力的政府主管部门予以组织和推动的。如上海金山的农民画活动主要由金山区文广局主导、金山农民画院负责实施，几乎每年都有一至几项大型的展示活动，如 2000 年 10 月主办的第三届“中国农民画联展”，2001 年 6 月赴台湾举办“上海金山农民画优秀作品展”，2004 年 10 月举办“第七届中国上海国际艺术节 · 中国金山国际民间绘画邀请展”，2006 年 3 月举行“绿色化工，金山未来——金山农民画科普专题创作”，2006 年 10 月主办“泥土的芬芳——中国金山农民画三十周年回顾展”，2007 年 4 月主办“喜看家乡新面貌——金山农民画新作展”、11 月举办“中国农民画——金山、东丰、户县、湟中、綦江五地联展”（同时举行“建设大文化、迎接大发展”为主题的“中国农民画高峰论坛”），2008 年 4 月中国农民画村揭牌（邀请吉林东丰、天津杨柳青、陕西户县、重庆綦江、青海湟中、云南腾冲、山东日照、湖北黄州、河南舞阳、上海金山的画家正式入驻画村），2010 年 3 月举办“迎世博盛会，展城乡风采——中国农民画原创作品展（上海金山）”，2011 年 7 月举办“纯真的回归——中国金山农民画原创作品暨衍生产品展”等。在这些活动中，不仅展出农民画家近期的优秀作品，激励画家的创作热情；而且在活动开始之前，辅导员就介入了对画家创作的辅导，实际上每次活动都是一次创作辅导活动，一方面督促画家进行创新，另一方面提高画家的创作水平。其他画乡的情况也大多如此。除此之外，还有一些与农民画相关的文化产业开发，也只有依靠政府主管部门的参与才能做到，如金山农民画院近些年来已开发农民画衍生品、创意产品近百余种，如丝巾、挂毯、贺卡、瓷盘、环保袋、交通卡、贺年片、瓷板画、全棉 T 恤衫等，需要大量物力、财力、智力的投入，依靠画家个人的力量是无法做到的。在中国语境中，政府的力量是最强大的。至少从目前的情况看，农民画的发展仍然离不开政府的支持和扶持。

从艺术家个人的创作层面来看，每件艺术作品都是作者的一种独特表达，大体上不需要外在力量的干预，但农民画的创作活动有若干特殊性。从发生学的角度而言，辅导员曾在农民画的发展过程中发挥过至关重要的作用，当其介入农民画的创作中时，使得农民画有别于民间艺术的民间性与自发性。辅导员通过对农民作者画作的理论总结提炼出一些基本元素，再用于充实完善农民作者的创作实践，逐渐形成农民画的艺术风格。这种特性决定了在农民画的创作过程中，农民作者接受辅导是必需的。因为辅导员既熟悉传统民间艺术，又具备一定的专业知识，对农民画的特点也了然于胸；而农民作者是一个特殊的群体，他们有一定的绘画才能，但受教育的程度普遍不高，虽然拥有基本的创作能力和较熟练的绘画技巧，但是在风格把握、审美处理、理论素养等方面均有一定的局限性。他们的艺术自觉性需要外在的启发，其艺术个性和风格的形成需要外在因素的定向塑造。因此，要使农民画作为一个特殊的画派发展下去，相应的辅导是完全必要的。[1]从这些年的创作实践情况看也是如此，大凡优秀的农民画作品基本上都是在辅导员辅导下完成的。

目前部分年轻（青）一代农民画画家中普遍存在着一种强烈的求新意识，强调自我的表达和艺术的个性，希望能打破农民画的固有模式（主要是指金山模式）。求新无疑是一种良好的愿望和艺术发展的必经之路。但很多年轻的农民画作者盲目崇拜专业绘画，不满足于农民画传统的纸本设色的表现手法，试图借助兄弟画种的材料和方法，创造出一个令人惊喜的艺术效果，追求与现代艺术之间的彼此借鉴和融合，可是由于自身艺术素养的局限，其作品往往既不能达到专业绘画的水准，又丧失了农民画的特有韵味和风格。从根本上说，农民画的立身之本就是反专业的，它的特色就是对专业绘画语言的颠覆。如果抛弃农民画的那些令专业画家无法画出和让外行人一眼就能辨认出的“味”，农民画也就不复存在了。[2]因此，应该借鉴什么与如何借鉴，是值得深思的一个问题。也是目前农民画发展过程中迫切需要解决的问题。此外，农民画作者热衷于复制、缺乏原创作品也是发展中的一大隐患。虽然说农民作者复制自己的作品，从某种程度上说也是一个再创作，在复制的过程中会有所修改和完善。但大多数农民画作者受经济利益的驱动热衷于复制而大大减少甚至停止了对新作品的创作，这对于一个画种的发展来说是极其有害的，长期不创作将会导致原创能力的下降。因此，就

1 参见郑土有《金山农民画的审美启示》，《杭州师范学院学报（社会科学版）》2006 年第 6 期。
2 参见郑土有《金山农民画的审美启示》，《杭州师范学院学报（社会科学版）》2006 年第 6 期。

农民画作者群体而言，目前也存在着较多的困惑，无论从创作的角度，还是艺术风格的坚持方面，都需要正确的引导。

农民画艺术的独特之处在于它一开始就不是以纯艺术的面目出现的，而是政府、专业美术工作者、农民画作者三种力量合力作用的结果。尽管这不符合教科书上所论的艺术创作原理，但同样也创造出了大量优秀的艺术作品，为中外人士所喜爱。这一方面说明艺术的生成没有统一的模式，而是多样化的。不能以所谓的政治干预就否定它，也不能因为它的作者是不识字的农民而贬低其艺术价值。另一方面也说明农民画艺术与生俱来的独特性，这也是形成其艺术风格的基础。时至今日，三种力量的交互作用仍然是保持农民画风格、推动农民画健康发展的保证。

“文化展示”中的传承人：基于非物质文化遗产保护的思考[1]

毛巧晖[2]

19 世纪 40 年代民俗学兴起之后，民众就受到研究者关注。但较少对“个体”进行阐述。中国现代意义的民俗学兴起于 20 世纪 10 年代，最初研究者关注民间文艺的搜集、民俗事象的调查，对于“民众”，只是将其作为相对于知识精英的“群体”。20 世纪三四十年代左翼文学以及中国共产党重视民间文艺，他们开始关注具有特殊才能的民间艺人，“链子嘴”、说书盲艺人等，但当时以革命为旨归，重视他们在文艺宣传中的功能。1949 年以后，国家重视对民族文化遗产的保护与搜集，从国家的文化政策到具体文化实践都较为重视“民间艺人”[3]，但这一思想并未在之后民俗学的研究中沿承。

一

近期对于传承人的关注，与非物质文化遗产保护的兴起直接相关。从 2006 年国家全面启动非物质文化遗产（intangible cultural heritage）保护，至今已有十余年，“非遗”亦从生僻词成为流传度极高的语汇，从“庙堂之高”到“江湖之远”均有其“身影”；同时亦在学术领域成为话语引领。“非物质文化遗产的一个最大属性是，它是与人及人

---

1 刊于 2019 年第 4 期。本文为国家社会科学基金重大项目“中国少数民族神话数据库建设”（项目编号：17ZDA161）阶段性成果、“中国社会科学院登峰战略民族文学研究所重点学科·中国神话学”阶段性成果。

2 毛巧晖，中国社会科学院民族文学研究所研究员。

3 如沙垚在陕西皮影戏调查中，查阅了 20 世纪五六十年代的档案，也访谈了老艺人，都提到了当时的具体文化政策与措施。详见沙垚《新中国农民文化主体性的生成机制探讨——基于 20 世纪 50 年代关中农村皮影戏的实证研究》，《开放时代》2016 年第 5 期。

的活动相联系和共生的。”[1]人是非物质文化遗产存在的必要条件和重要前提，这也恰是非物质文化遗产与物质文化遗产的根本区别。而此处的“人”，主要指向非物质文化遗产的传承人及其相应文化区中的民众，他们是文化记忆缔造的参与者与践行者。

根据中国知识基础设施工程，即中国知网（www.cnki.net）数据统计，从 1992 年 1 月至 2018 年 8 月，主题为“传承人”的论文共计 15448 篇，从发表年度、研究机构、研究层次、基金支持、作者、学科分布统计（图一至图六），图表显示如下：

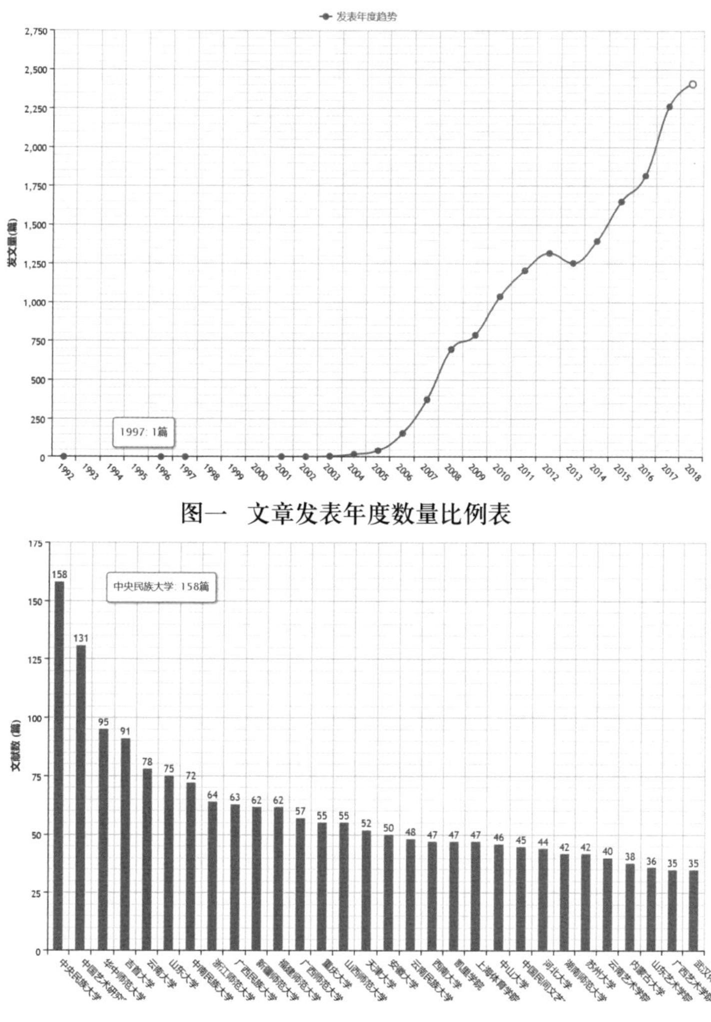

图一 文章发表年度数量比例表

图二 研究机构所发论文数量统计表

---

1 朝戈金：《非物质文化遗产：从学理到实践》，《西北民族大学学报（哲学社会科学版）》2015 年第 2 期。

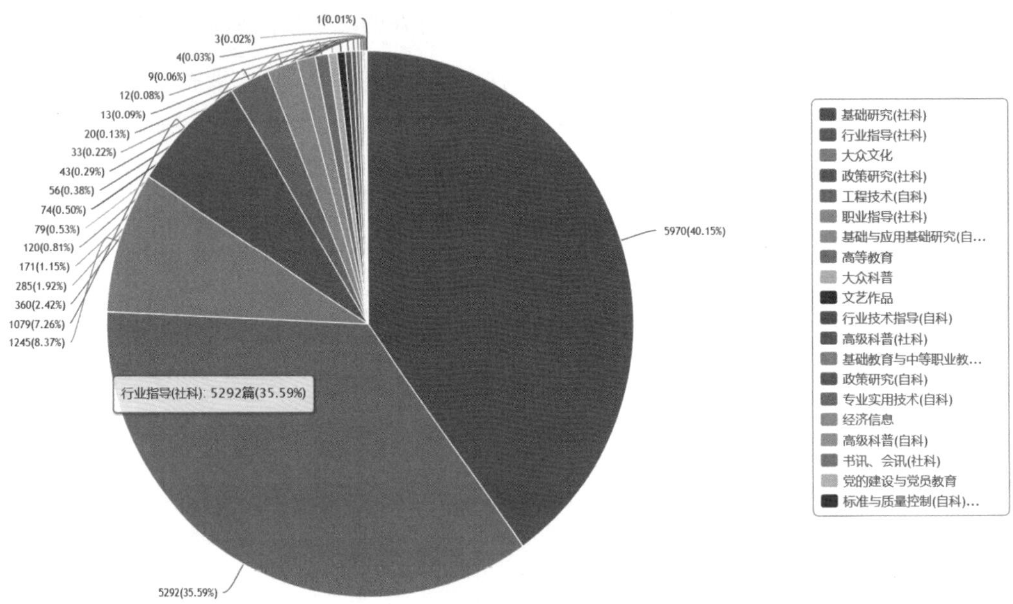

图三 研究层次比例图表

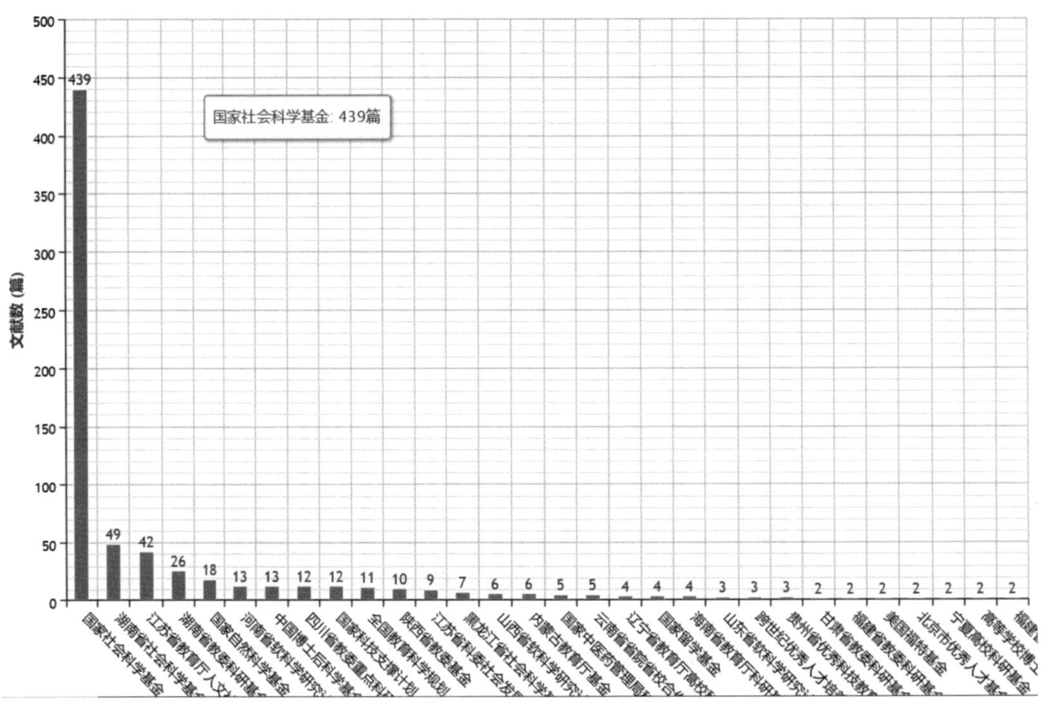

图四 基金支持比例图

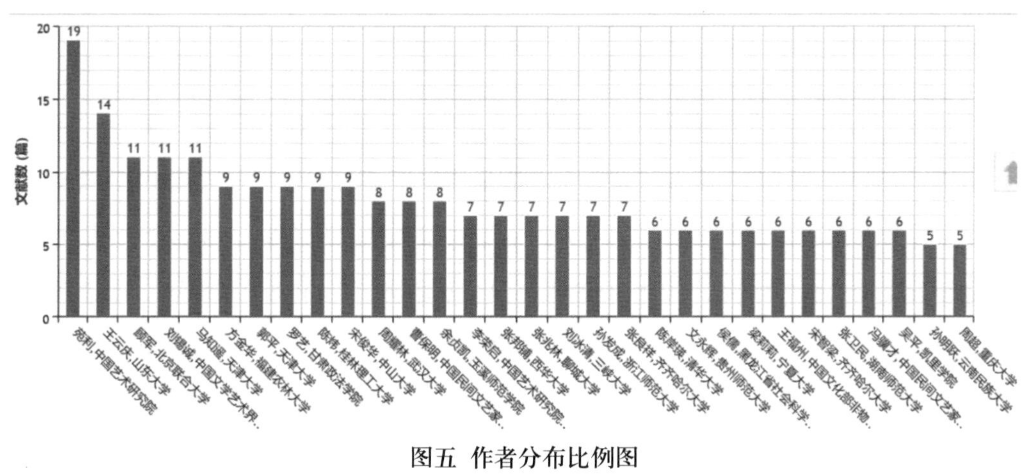

图五 作者分布比例图

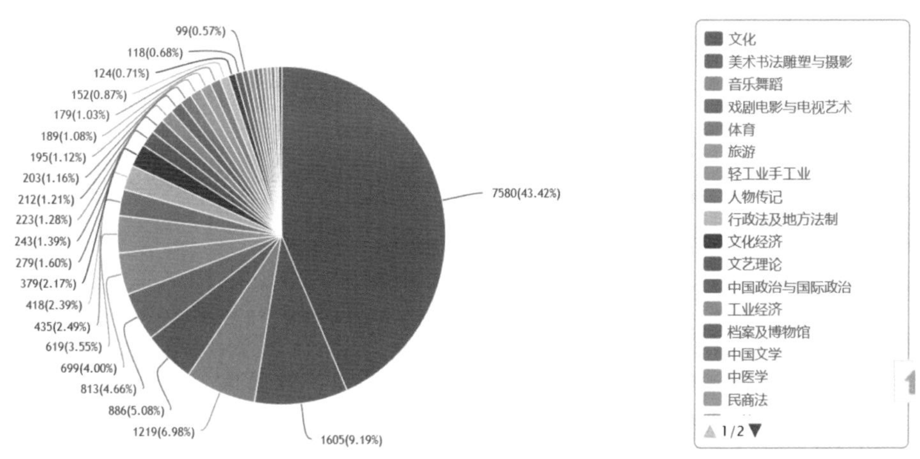

图六 学科分布数据图

从中国知网的数据来看，较早的一篇是1992年所刊发，其着眼点在于分析民间文学的基本特征，指出民间文学传承人的特点为传承人的普遍性、发生和传承的创作无意识性。[1]但就资料所见，目前较早一篇提出“传承人”概念的文章为1982年乌丙安所撰写的《论民间故事传承人》。文中提到“常见的故事转述人固然也能起到传播故事的作用，但是，真正传播民间故事、发挥民间故事作用的，主要还是民间故事传承人”[2]。但此处的“传承人”与当下话语表述之意亦不同，这只是学者对故事讲述人“个体”与“群体”之差异意义的表达。当然其也引起了民俗学研究者对于“个体”故事家的关注

1 曲金良：《民间文学本质及其特征的再认识》，《烟台师范学院学报（哲学社会科学版）》1992年第3期。

2 乌丙安：《论民间故事传承人》，载于中国民间文艺研究会辽宁分会编：《民间文学论集》1，内部资料，第159页。

与挖掘，在此不议。

从图一可知，传承人研究从2006年开始数量激增。而2006年恰是我国“非物质文化遗产”保护工作在国家层面全面启动的年份。从图二至图六可知，从2006年开始对于传承人研究的学科分布、基金支持、学者数量都发生了极大改变。从其变化年份、基金、学科等分布都看到与非遗的兴起与介入有着直接关系。从2006年至2009年文化部合计公布五批国家级传承人，共计3068人。这一选取方式与非遗项目的认定渠道相似。

在口头传统、表演艺术、仪式、节庆活动、传统手工艺以及有关自然界、宇宙的知识与实践等[1]遗产化的过程中，改变了以往对民间文化资源的传统认知，亦改变了其传统样态。无论是霍布斯鲍姆所论“传统的发明”，还是斯昆愓从非遗保护视野提到的“遗产的生产”[2]都展示了“传统”的流动与文化的变迁。一成不变的文化遗产并不存在，从古至今国家话语、权力就在推动或影响着其流变。[3]当下在遗产化过程中，“口头传统”“民俗”“手工艺”“民间信仰”等开始作为“文化生产”“有利可图的资源”[4]展示给“他者”。与此同时，他们在《公约》及其相关文件中原初被倡导的社区主导、

1 根据《保护非物质文化遗产公约》（简称《公约》）的表述：“非物质文化遗产”，指被各社区、群体，有时是个人，视为其文化遗产组成部分的各种社会实践、观念表述、表现形式、知识、技能以及与之相关的工具、实物、手工艺品和文化场所；这种非物质文化遗产世代相传，在各社区和群体适应周围环境以及与自然和历史的互动中，被不断地再创造，为这些社区和群体提供认同感和持续感，从而增强对文化多样性和人类创造力的尊重。2006年5月20日，国务院在中央政府门户网上发出《国务院关于公布第一批国家级非物质文化遗产名录的通知》（国发〔2006〕18号，以下简称《通知》），批准文化部确定并公布第一批国家级非物质文化遗产名录（518项）。2007年6月5日，文化部印发了《文化部办公厅关于推荐国家级非物质文化遗产项目代表性传承人的通知》（办社图函〔2007〕111号）。其选出路径为：经各地推荐、申报，专家评审委员会评审、社会公示和复审，最后确定第一批民间文学、杂技与竞技、民间美术、传统手工技艺、传统医药等5大类的226名国家级非物质文化遗产项目代表性传承人。参见《文化部关于公布第一批国家级非物质文化遗产项目代表性传承人的通知》，http://www.ihchina.cn/3/10338.html2010-04-21/2018-08-21。其后2008年公布第二批国家级非物质文化遗产项目代表性传承人551名，2009年第三批国家级非物质文化遗产项目代表性传承人711名，2016年第四批国家级非物质文化遗产项目代表性传承人498人，2017年12月第五批国家级非物质文化遗产代表性项目代表性传承人1082人。参见巴莫曲布嫫《从语词层面理解非物质文化遗产——基于〈公约〉“两个中文本”的分析》，《民族艺术》2015年第6期。

2 “遗产保护意识的产生有一个先决条件，即‘地方性的生产’（*production de la localité*, Appadurai 1996）及其模式与机制的转变；同时还造成了一个代价，即在周围一切或几乎一切遗产都消失的时候，感到惊恐的人们才去寻找坐标（repères）和里程碑（bornes），以维系他们陷入剧变中的命运。正是在这种情况下才出现了遗产的生产，不论是遗址、文物、实践或理念；这种遗产的生产能够恰如其分地被视为一种‘传统的发明’。”［摩洛哥］艾哈迈德·斯昆愓：《非物质文化遗产及其遗产化反思》，马千里译、巴莫曲布嫫校，《民族文学研究》2017年第4期。

3 如1937年至1949年华北根据地“过年”习俗在革命动员中的变迁，对于“春节革命化”与“革命化春节”的推动。参见李军全《过年：华北根据地的民俗改造（1937—1949）》，中国社会科学出版社，2018年。

4 ［英］贝拉·迪克斯：《被展示的文化：当代“可参观性”的生产》，冯悦译，北京大学出版社，2012年，第126页。

参与的特性逐渐变化。[1]在此过程中传统的民间文化资源的底层、边缘性亦被改变，它开始成为国家话语的文化资源。传承人不再仅仅是地域文化的“自然”传承者[2]，他们往往只有符合文化部规定的传承人评审标准以及按照其规定程序才能进入国家非遗传承人系统，并享受传承人相关的待遇及其资源；进入国家认定系统的传承人亦从“下里巴人”转化到“阳春白雪”。[3]此外遗产化过程中，作为非遗的“民间文化”转化为可被“展示”的地域文化资源，这就在一定意义上改变了传承人的“地域”特性，也就是说传承人要有进入国家传承人话语体系的公共认可度。以下通过民俗类非遗项目北京怀柔“敛巧饭”与壮族布洛陀史诗、苗瑶盘瓠神话等少数民族口头传统类项目的传承进行阐述。

二

2009年，北京怀柔“敛巧饭”习俗被纳入第二批国家级非物质文化遗产名录，其项目编号为：978X-71，隶属于元宵节习俗。[4]对于民俗活动，在非遗名录中，与民间工艺技艺类项目不同，个人传承占少数。“敛巧饭”活动最具有仪式性的就是“扬饭喂雀”。这一仪式并不具有严格的时间性、程序性，只是当地流传的为了感恩山雀叨出种子，每年阴历正月十六村民模拟“敛饭”情节，各家力所能及地提供食材，聚合共餐，村中长者用吉祥语祝福民众、祈福来年风调雨顺。仪式并无仪式专家，只要是村中德高

---

1 “‘社区’（community）无疑是联合国教科文组织（以下简称为 UNESCO）发动的非物质文化遗产保护工程系统中的一个关键词——在该系统中，从‘非物质文化遗产’（以下简称‘非遗’）的认定、清单编制、保护措施的规划和实施，到申请进入各类名录的整个过程，都强调‘社区最大限度的参与’（widest possible participation of the communities），倡导‘将社区、群体或个人，置于所有保护措施和计划的中心’（at the centre of all safeguarding measures and plans），主张‘相关社区、群体和个人在保护其所持有的非物质文化遗产过程中应发挥主要 作用（should have the primary role）’。”参见杨利慧：《以社区为中心——联合国教科文组织非遗保护政策中社区的地位及其界定》，《西北民族研究》2016年第4期。

2 此处用“自然”传承者，只是为了与国家认定的传承人予以区分。

3 王万顺、梁成帅采访整理：《从下里巴人到阳春白雪——高密扑灰年画代表性传承人吕蓁立访谈录》，《文化遗产》2019年第1期。

4 敛巧饭习俗是北京怀柔与延庆一带元宵节的风俗活动，目前主要流传于怀柔琉璃镇一带。关于敛巧饭习俗，传说是村民为感恩雀儿为大家带来种庄稼的种子。每年正月十六要从全村收集粮食（意为“敛”），联合起来做一顿饭先喂雀儿（本地语称“雀”为“巧”），然后共食以示感恩雀儿，庆贺春耕开始。后来，这项活动由对雀儿的感恩意识演变成了村中少女们乞求巧艺和财运的节日。其活动形式亦变为全村参加敛巧饭活动，先做饭再乞巧，最后吃团圆饭。饭后，人们还要在村边小河的冰上行走，曰走百冰（病），即去掉百病。并且在这一时段还会有戏班及花会等活动。之后妇女们将它们做熟供全村人共食。此习俗已有近二百年历史。《中国非物质文化遗产百科全书•代表性项目卷》中“敛巧饭条”，“敛巧饭”写在“元宵节”名称后的括号内，即“元宵节（敛巧饭）”，对其内容的描述突出了“感恩”“春耕”及“乞巧”。参见冯骥才总主编《中国非物质文化遗产百科全书•代表性项目卷》，中国文联出版社，2015年，第1037页。

望重之人即可。

后来这一民俗活动申报了国家级非遗名录，其传承人为琉璃庙镇文化馆工作的杨姓老人，当年他也是积极参与非遗申报活动之人。后怀柔将“敛巧饭”活动作为每年怀柔杨树底下村招徕旅游的一项活动，“敛巧饭”就不再局限于当地民众，而成为了由政府主办，村落参与的“展演性”民俗。杨姓老师由于户籍不属于杨树底下村，传承人就由村落的JHA担任，他本人也承担村支书的职务。2017—2018年两年的民俗活动中，在活动广场有专门的“神雀台”，“扬饭喂雀”仪式由他作为主祭人。

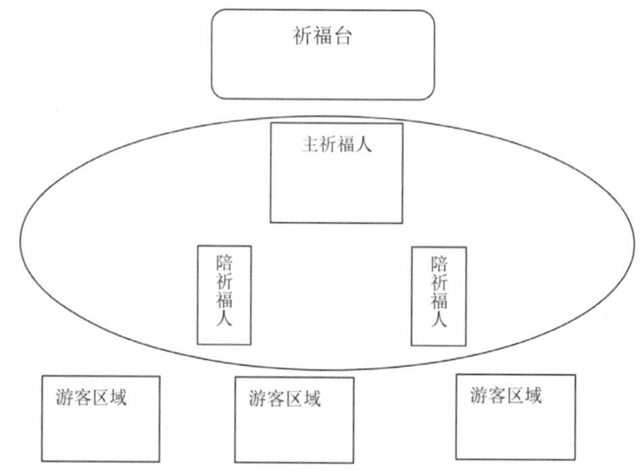

图七 杨树底下村“2017敛巧饭民俗风情节”仪式场域示意图

这一活动核心仪式就是主祭人站在“祈福台”前诵读祭文[1]，此祭文由活动组织者邀请北京某话剧院院长撰写。祭文模仿《诗经》“颂”的文辞、风格撰写，对于文本所表达的意义，诵读者（传承人）、观众（包含当地村民）皆不关注，他们只是“欣赏”“观看”“主祈福人”（传承人）在舞台的“表演”。此时的文化承载者成为旅游中的“凝望者”，他们不再是仪式的践行者或《公约》所提到的“传统持有者”（tradition bearer），而成为文化的“观赏者”。在这一“文化展示”中，政府试图借这一契机，将其转化为文化资本。当然这并不是指责政府在这一“文化展示”中的工作，他们“运用‘阐释’的技巧小心翼翼地创造意义”[2]，如果是种生意，只要能让传统文化借此红火，未必不是件好事。但是在“舞台”上展演的“仪式”，文化的持有者参与性与认知越来

1 祭文由怀柔区琉璃庙镇宣传部王颖女士提供，特此致谢！

2 ［英］贝拉·迪克斯:《被展示的文化：当代“可参观性”的生产》，冯悦译，北京大学出版社，2012年，第12页。

越低，他们逐渐失去了文化传承主体的位置，作为展示的仪式日渐“常规化”，失去了仪式的“神圣性”“功能”。“敛巧饭”仪式传承人的推选也是目前这一民俗仪式的重要问题之一。在“敛巧饭”习俗兴起传说中，特意提到了“德高望重”的长辈，但是2008年确定的传承人由JHA担任。这也是当下传承人的共有问题。很多传承人并不掌握技能，对于传承人的确定、考量是否应制定更细化、具体的细则？非遗保护与传承，最核心的就是“人”，即文化承载者与传承人，而且他们对自己的文化项目有知情权与处理权。“应确保社区、群体和个人有权使用为表现非物质文化遗产所需而存在的器具、实物、手工艺品、文化和自然空间以及纪念地，包括在武装冲突的情况下。接触非物质文化遗产的习惯做法应受到充分尊重，即使这些习惯做法可能会限制更广泛的公众接触。”[1]保护是一方面，而且保护的方式与路径当下研究者关注也众多，但对于非遗而言，更重后者，即传承。如果没有传承，非遗可能更多就要进入博物馆，成为静态呈现。传承则要关注人，在非遗公约与非遗保护伦理原则强调，“尊重社区、群体和个人的价值认定和文化规范的敏感性，对性别平等、年轻人参与给予特别关注，尊重民族认同，皆应涵括在保护措施的制订和实施中”[2]。在“敛巧饭”习俗传承中，由村支书担任传承人。当下非遗项目中，相似情况较多，即传承人身份与社会行政身份重合，有的则还是当地文化馆工作人员等。对于传承人选择，尤其是民俗类非遗项目传承人选择存在诸多问题，民俗类项目的团体性、族群性较强，是否应该突出个人？这应与民间工艺等技能性传承予以区分。传承人选择不当，会影响到文化项目的保护，因为他们是区域文化发展的重要灵魂与核心。“敛巧饭”习俗传承人，他对扬饭喂雀仪式并不熟悉，只能按照外来文化——他者的设置与规划来“表演”，这对于敛巧饭的传承没有积极意义。

---

1 《联合国教科文组织：〈保护非物质文化遗产伦理原则〉》，巴莫曲布嫫、张玲译，《民族文学研究》2016年第3期。

2 《联合国教科文组织：〈保护非物质文化遗产伦理原则〉》，巴莫曲布嫫、张玲译，《民族文学研究》2016年第3期。

三

在笔者调查中，很多少数民族区域传承人出现“知识化”倾向。布洛陀[1]史诗是高度韵文化的壮族口头传统精华，是壮族社会的“百科全书”，主要在壮族原生性民间宗教——麽教的各种仪式上吟诵。[2]《布洛陀》口传史诗被列入国家第一批非物质文化遗产名录。在壮族地区有大量的经史演述人，农吉勤是其中的一位。他生于1952年，为田阳县坡洪镇陇升村个强屯人，毕业于田阳师范，中师文化，是小学退休教师，自称为壮族曼（man^{2}）支系。

农吉勤既是布麽，也是道公，道名为农善升。根据农家传承的经文上写有“天命丙辰年”的记载来看，麽经在1616年已存在，农家祖上接触麽经抄本至少已有四百年历史了。据说他家祖上做麽做道传到他这里，已经是第13代。[3]20世纪八九十年代，农吉勤会偶尔跟父亲一起出去做仪式。在2000年作为正式在编教师后，他就不多去参加做麽的活动，直到退休才重新继续。2005年，农吉勤举行了受戒仪式，正式成为布麽（道），可以正式主持仪式。据其回忆，他第一次参加仪式是在坡洪陇安的陇敦，做的也是斋戒、消灾解难的内容，俗话叫作“解关卡”。他第一次单独主持仪式则在1994年[4]，也是去为别人解灾解难的。在布麽和师公的传承人中，农氏在对外交流以及布洛陀的影像资料中出现较多，尤其是当地文化精英黄明标在布洛陀文化推广中，极为重视对于农吉勤的介绍。[5]

2016年至2018年，笔者多次前往湖南、广西、浙江等地调查盘瓠神话。2017年在对畲族盘瓠神话进行调查时，对传承人钟小波进行了访谈。钟晓波是浙江丽水畲族自治

---

1 “布洛陀”是壮语发音的汉字记录，也被写作“保洛陀”“保罗陀”“布洛朵”“布罗陀”等等。各地“布洛陀”的读音稍有不同，如广西河池市东兰县坡峨乡（壮语北部方言红水河土语区）的读音为$pau^{5}lo^{4}to^{2}$，广西百色市田东县义圩乡（壮语北部方言右江土语区）、田阳县玉凤镇（壮语北部方言右江土语区）、坤平乡等地的读音为$pau^{5}luk^{8}to^{2}$，云南壮族侬支系西畴县（壮语南部方言砚广土语区）的读音为$pu^{11}lɔk^{44}to^{44}$等。虽然发音和所使用的汉字、古壮字稍有差异，但对布洛陀的信仰仍然自成体系，叙事具有内部的一致性。

2 参见李斯颖、李君安《布洛陀史诗：壮族传统社会的百科全书》，《中国社会科学报》2015年11月6日。

3 传承代数为田阳布洛陀文化研究会会长与农家根据族谱等推算得出。农吉勤的二儿子农英松（1980年生）也是一位资深的布麽，是家传第14代布麽。农家做麽的第一代祖师为农金禄。记录在农家手抄本中的“举师牌”共记录人名19个，即农金禄、农元广、陆景、农元通、农元达、农善福、农善道、农国贵、黄廷才、农具新、农朝廷、黄道隆、农道祥、农道和、黄道榜、颜法章、黄法斌、农法新、农吉勤。从名字的字辈上看，传承已达十代以上。此资料由中国社会科学院民族文学研究所副研究员李斯颖博士提供，特此感谢！

4 农吉勤第一次主持仪式在正式受戒之前，这是父亲让他去实践做麽的一种行为，而不是常态。

5 此部分撰写得到中国社会科学院民族文学研究所副研究员李斯颖博士的帮助与支持，资料也大多来源于她的史诗百部工程《布洛陀》的调查。特此致谢！

县郑坑乡柳山半岭村人，2014年从宁波职业技术学院退学，回家照顾双亲，后加入了学师传师的行列。学徒生活单调枯燥，师父博大精深的技艺令小波的不少师兄望而却步，浅尝辄止。他用三年时间从取材、制器到雕刻、上漆，从书法、绘画到典礼、法器，后学成出师，成为全县乃至全国最年轻的传师学师的传承人，在对外交流中，他积极与外界联系，在搜狐、优酷等上传视频，我们调查时，他的师父等长辈都推荐他。他的师父、长辈都强调，“他普通话好”，“能说清楚”。他自己也阅读了大量学术著作，在对于畲族“盘瓠信仰”中龙麒的说法，他还借鉴了刘宗迪《拨云见日寻“龙”踪——“龙”崇拜与中华文明》等，断定龙麒这一说法不合理。

盘王节是“瑶族人民纪念始祖盘王的传统节日”，过去民众一般称其为“做盘王”“跳盘王”“祭盘王”“还盘王愿”等。[1]各地举办时间不一、形式不同[2]，这一仪式活动后被统一冠名为“盘王节”，全国瑶族共同庆贺，两年举办一次，成为瑶族的节日符号。[3]2006年，“瑶族盘王节”列入国家第一批非物质文化遗产名录。湖南资兴市碑记乡茶坪瑶族[4]，“迄至宋代景定元年时遣派于湖南郴州各县几百里之山地刀耕火种为生”[5]。他们每年十月十六日盘王生日举行“还盘王愿”仪式。其仪式传承人为赵光舜，他1949年出生，退休前为初中英语教师。后跟随湖南江华师公学习，自己撰写了三本

1 祭盘王相关记载从晋代已有，“用糁杂鱼肉，扣槽而号，以祭槃瓠”。干宝《新辑搜神记》卷二四，中华书局，2007年，第294页。

2 “历来在每年的秋收后到春节前的农闲季节进行”。参见奉恒高、何建强编著《瑶族盘王祭祀大典：瑶族盘王节祭祀礼仪研究》“前言”，民族出版社，2010年，第2页。其形式：广东连阳“排中定例为三年或五年一次”；广东连山“一人一生必定要还愿一次……一般是三天三夜，也有长至五天五夜，七天七夜的。‘还愿’以家为单位，但亲戚邻居都参加”；湖南新宁县“祭盘王要跳长鼓舞”；湖南宁远县瑶族“十月十六还盘王愿。杀猪供盘王。……请道公唱神，要还三天三夜的愿。”广西灌阳“每年还一次盘古愿……不准汉人入愿堂观看”。张辑：《解放前各地过“盘王节”简况》，载广西民族学院民族研究所、民族语言文学研究所编《瑶族“盘王节”资料汇编》，内部资料，1984年，第21—22页。

3 1984年8月17—20日，全国瑶族干部代表座谈会在南宁举行。参加座谈会的有来自中央民族学院、中国社会科学院民族研究所、中南民族学院以及广西、湖南、广东、云南、贵州等单位和省区的瑶族代表28人，座谈会就民族节日的意义以及选定“盘王节”缘由达成共识。他们商定每年的农历十月十六日为瑶族统一的节日——“盘王节”，与会人员一致认为：“民族节日是民族文化的组成部分……对民族的发展进步有着积极作用，通过节日活动，可以发展民族文化……加强与其他民族间的相互了解，振奋民族自豪感”，而“盘王节”民族特点突出，“比较集中地反映了瑶族的历史传统”，而且“‘盘王节’所反映的瑶族历史传统和心理感情，具有广泛的代表性”。《全国瑶族干部代表商定瑶族节日及瑶族研究会座谈会纪要》，载广西民族学院民族研究所、民族语言文学研究所编《瑶族“盘王节”资料汇编》，内部资料，1984年，第35—38页；谭红春《关于少数民族非物质文化遗产保护实践的反思——以中国瑶族盘王节为例》，《广西民族研究》2009年第2期。

4 茶坪村2010年以前处于碑记乡茶坪岭，因资源开采，此地生存条件逐渐恶化，2010年整体搬迁到唐洞街道田心社区，碑记乡并入唐洞街道。另其他有关资兴盘王节的活动资料主要参考相关文献与其他学者的调查。

5 乾隆六十年修《盘式族谱•序》，见赵砚球《湖南勉瑶来源考》，载刘满衡编著《塔山瑶寨》，海天出版社，2005年，第189页。

还盘王愿仪轨、歌谣，并且培养歌娘。笔者于2017年12月1日至12月5日到湖南资兴唐洞街道茶坪瑶族村调查“丁酉年资兴瑶族‘盘王节·还盘王愿’”祭祀活动时，他是郴州市还盘王愿祭祀仪式市级传承人。2018年9月，他被列入湖南省第四批省级非物质文化“民俗类”盘王节传承人。[1]当地政府还在积极将其推荐到国家级非物质文化遗产传承人名录，并在对外传播中将赵光舜作为主要的仪式传承人，因为当地文化主管部门负责人认为他的学习能力强。他在仪式活动以及传承中，积极推动仪式文本的“书面化”，希冀还盘王愿仪式能规范与标准化，通过书面加速其传播与推广。

上述三位传承人，他们都有较高的文化程度，尤其是公共认可的“教育水平”，他们的教育经历使得他们容易接受公共“知识标准”，再加上在对外推广中的语言优势，对自我文化与“他者”标准的理解与阐释，让他们在传承人中脱颖而出。他们的“文化转述”，就如“翻译”一样，会不会加上“个人”色彩？另外他们对于本民族、本地域文化与标准化的知识体系之“考量”，是否会屏蔽“文化”本身的“多样性”？

泸溪被称为盘瓠传说（盘瓠与辛女传说）发祥地，1991年召开了全国盘瓠文化研讨会。泸溪有辛女村（原名侯家村）、辛女岩、盘瓠岩（原名狗头岩）、刘家滩（流狗滩）等盘瓠传说中提到的文化景观与名称。盘瓠传说纳入国家级非遗项目后，当地从2012年开始打造了辛女广场、盘瓠广场等。这一文化的兴起与当地文化人侯自佳有直接关系。1983年8月至9月，侯自佳到中央民族学院参加少数民族文学培训班（45天），在培训中，钟敬文讲授了盘瓠神话，这对他启发很大。从那时起，他就开始关注盘瓠神话。后来在参与民间文学三套集成搜集工作中，他发动泸溪各地作者搜集盘瓠与辛女的故事。1988年开始筹备全国盘瓠文化研讨会。之后他一直积极推进湖南泸溪一带盘瓠文化的发展。1991年召开全国盘瓠文化学术研讨会后，泸溪盘瓠神话的影响在全国范围开始传播，再加上侯自佳自己以创作为主，他撰写了大量关于盘瓠、辛女的诗歌。在地方性知识系统中他的影响极大。“盘瓠与辛女神话传说”后列入国家级非遗项目，侯自鹏为传承人。侯自鹏，1959年生，泸溪辛女村（侯家村）人，高中毕业，后又到长春作家班进修了大专文凭。他的讲述追随侯自佳[2]，在他的讲述中，盘瓠列入了三皇五

1 《湖南省文化厅关于公布第四批省级非物质文化遗产代表性传承人的通知》（湘文非遗〔2018〕95号），湖南省文化和旅游厅，http://www.hnswht.gov.cn/xxgk/gggs/content_129918.html，2018-09-30。

2 侯自佳不让提盘瓠是被自己儿子打死的，因此就不将“打狗冲”列入盘瓠传说体系。在他的讲述中，也尽量避免此故事情节。

帝谱系，以及黄帝与蚩尤战争等中原历史神话。他大量阅读中国古史以及盘瓠相关论文集，自己撰写了日常专家学者访谈的文本与民俗文化进校园的讲述简本。他的讲述与当地普通民众有着一定的差异，在访谈中他强调盘瓠传说不易找到传承人，因为文化不能太低，要了解中国古史，能阅读古文文献等。

少数民族非遗传承人知识化的发展趋势、发展倾向，或许与汉族地区的乡贤类似，但如此地方性知识与公共知识体系是否会逐步交融，文化的多样性反而因为传承人对于公共知识体系的接近与趋向逐趋式微？再加上我们对遗产“情感阐释”的缺失[1]，不同民族、地域的口头传统阐释更多参照“精英文化”“科学规范”等，使其所具备的文化因子在“文化展示”中被遮蔽。因为被冠以非遗，地方文化精英（有些与被认定的传承人合一），尤其是地方政府希冀其标准化，而具有现代教育体系知识的传承人往往接纳标准会较快，他们又作为地域文化“代言人”，由此容易让文化交流的“互流”式变为“单一”吸纳。在他们的文化讲述中，文化承载者“我者”渐渐被“陌生化”“他者化”，或许这也是当下地域流动的一个表现，这些都引发我们对于传承人认定以及当下“非遗”的进一步思考。

1 张青仁：《殖民主义遗迹与墨西哥恰帕斯州印第安人的“反遗产化”运动》，《文化遗产》2018 年第 5 期。

图书在版编目（CIP）数据

《民间文化论坛》40年精选集．专题研究 / 中国民间文艺家协会编．-- 北京：中国文联出版社，2024.2

ISBN 978-7-5190-5386-4

Ⅰ．①民… Ⅱ．①中… Ⅲ．①俗文化－中国－文集 Ⅳ．① G122-53

中国国家版本馆 CIP 数据核字（2024）第 034190 号

编　　者　中国民间文艺家协会
责任编辑　王素珍
责任校对　秀点校对
装帧设计　张亚静

出版发行　中国文联出版社有限公司
社　　址　北京市朝阳区农展馆南里 10 号　邮编 100125
电　　话　010-85923025（发行部）　010-85923091（总编室）
经　　销　全国新华书店等
印　　刷　北京雅昌艺术印刷有限公司

开　　本　787 毫米 × 1092 毫米　1/16
印　　张　37.75
字　　数　670 千字
版　　次　2024 年 2 月第 1 版第 1 次印刷
定　　价　198.00 元